賈　晋　華　著
齋藤　智寛　監訳
村田　みお　訳

古典禅研究

――中唐より五代に至る禅宗の発展についての新研究――

汲古書院

目次

凡例

一、本書は賈晋華『古典禅研究——中唐至五代禅宗発展新探（修訂本）』（当代中国哲学叢書）上海人民出版社、二〇一三年、の全訳である。ただし、翻訳の底本には原著者から提供された未公開の再修訂本を用いた。そのため、引用文の誤字等が正されているほか、論旨に若干の変更のある箇所がある。

二、引用文の日本語訳は、前後の解説から原著者の読解が推定できる場合や、原著者に質問して解釈を確認し得た場合にはそれに従って訳出した。しかしほとんどの場合には、訳者の理解によって翻訳せざるを得なかった。

三、翻訳にあたっては、不明な箇所はできるだけ原著者に質問して確認した。この場を借りて賈先生の献身的なご協力に御礼申し上げる。同時に、当然のことながら誤訳の責任は訳者にあることも申し添えたい。

四、翻訳はまず村田が作成した草稿に齋藤が修訂意見を付し、それを参考に村田が改めて決定稿を作成した。最終責任は、監訳者である齋藤が負う。

古典禅研究

——中唐より五代に至る禅宗の発展についての新研究——

第一章　序　論

二十世紀八十年代以前の研究においては、古典禅（classical Chan Buddhism）という語はしばしば、馬祖道一（七〇九―七八八）ら中唐の禅師及び晩唐五代の後裔の活動を描写するのに用いられ、おおむね八世紀後期から十世紀後期の約二世紀の期間をおおう(1)。禅仏教が発展したこの古典時期は、またしばしば黄金時代とも呼ばれる(2)。これらの大師に帰される語録と関連のエピソードは伝統的禅文献の核心を構成し、古典的公案となって、後世の禅僧によって繰り返し提起され、説法に取り上げられ、解説され、讃詩をつけられた。彼らのイメージは偶像化され、禅精神を代表し特徴づけるものとなり、中国・朝鮮・日本・ベトナム等の禅僧によって共通して尊崇された。

しかし、九十年代からは、古典禅という語に対する新たな解釈が登場した。一部の学者の見解では、古典禅は宋代の禅僧が遡って創り出したもので、馬祖及び他の唐代の禅師は彼ら自身の時代が既に過ぎ去った後で初めて古典時代の代表となったに過ぎず、この時には宋代禅宗の発展による要請に適合できるように、彼らの特徴はすでに再構築されていた。古典禅そのものは後代に捏造された機縁問答文献のある種のロマンチックな記述で、禅の黄金時代は中唐から五代の古典時期ではなく、宋代なのである(3)。

この新たな解釈は、ここ二十年来の八～十世紀禅文献に関する「疑古」の潮流に基づいている。もっとも、同種の疑惑は早くも二十世紀初頭には萌芽してはいた。二十世紀二十年代、胡適（一八九一―一九六二）が中国禅宗史の原稿を書き始めたが止めざるをえなかったのは、彼が「現在存在している禅宗の資料は、少なくとも八〇～九〇％が北宋の僧である道原、賛寧、契嵩以後の資料であり、往々にして様々な改竄と偽造の手続きを経ているため、深く信じることはできない。我々がもし禅宗の信頼できる歴史を書こうとするなら、必ずまず唐代の原資料を捜さねばならず、五代以後に手を加えられた資料を軽々しく信じてはならない(4)」と感じたからである。そこで彼は敦煌文献へと方向転換してオリジナルの禅宗史料を探し求めた。その結果、彼とその他の学者は願い通りに多くの初期禅宗テキストを探し当てたのだが、しかし同時にこれらのテキストにも問題があることに気づいた。「神会の多くの文書を発見し、さらに『壇経』の三つの最古本を発見したが、我々はまだ真の歴史を見つけてはおらず、ただ偽の歴史を作成した人々を見出し、偽の歴史がどのように作られたのかの来歴と経緯を見出しただけである(5)。」

その後八十年あまりのうちに、多くの学者が考証と解明に努めたことで、敦煌禅宗史料を覆っていた疑念は次第に取り払われ、初期禅宗の発展の歴史も次第にくっきりと描き出されてきた(6)。しかしながら、敦煌文献中には中唐～五代時期の禅宗の発展に関係する資料が少ないため、研究者は再び伝統の語録と灯史資料に回帰せざるをえず、そのために方法論と解釈学の二つの困難に直面し、様々な態度と方法を示すことになった。これらの態度と方法はおおまかに三つの類型に概括することができる。(一)比較的初期及び少なからざる現在の研究者は、考証することなしに現行の語録と灯史を歴史的事実と見なし、禅宗の伝統的系譜を基礎としてこの時期の禅宗史を構築した。(二)二十世紀五十年代の胡適と鈴木大拙(一八七〇―一九六六)による禅と歴史学に関する論争以来(7)、一部の学者はこの時期の禅文献に対して一種のやや折衷的な態度をとった。一方ではこれらの語録・灯史が絶え間ない拡張・増広と捏造・潤色の過程を経たことを認めつつ、また一方では宗教学と文学の角度から、禅宗史料が体現する現代の歴史学とは異なった歴史意識と叙述パターンの存在を強調し、例えば法系の正当性や本来心の開悟に対する究極的な関心、大げさな宗教的宣伝方法、及び禅的な機縁問答における儀礼的実践パターン等については、一定の寛容と理解を見せた(8)。(三)

近年の少なからざる学者は一種の急進的な態度をとり、唐代の大禅師たちに帰される文献、特にそのうちの機縁問答及び関連のエピソードは、みな宋代の禅師たちが遡って創り出したものだと見なす。ある学者は、次のように断言しさえする。「慧能以後の唐代の禅師の伝記と語録はいずれも後世の編纂物（九五二年より早いものは見たことがない）に見え、しかも敦煌で発見、あるいは日本で保存されていた唐代資料の中には現れない」以上は、これらの文献は宋代の禅僧が創り出した宗教的神話にすぎない。その目的はこれによって宋代禅宗の領域の中で宗派・論争・儀式・説法などに関する機能を発揮することであり、そのためそれらの資料はただ宋代禅宗を研究するためにに使えるだけで、唐代禅宗とは無関係だ、とするのである[9]。またある学者はこの断定についていささか訂正しつつ、しかしまた別の否定的論断を持ち出して、以下のように指摘している。宋人が編纂した唐僧の語録は一般的に略伝・示衆法要・機縁問答という三部分で構成されており、前の二つの部分は唐代から世に伝わってきたテキストを基礎として改編したものであり、完全に宋僧が創り出したわけではない。しかし機縁問答の部分は、十世紀中葉以前のいかなるテキストにも見られず、従ってこの部分の内容は宋代禅宗の伝統を研究するのにしか使えない、とする[10]。上述の古典禅の新たな定義は、まさに第三類の判断に基づいている。

以上のような八〜十世紀禅文献に関しての信頼する者・寛容な者・疑問を抱く者には、各々一定の理由がある。しかし問題は、今に至るまで大多数の結論が感覚あるいはごく少数の例証によって得たものであり、古典禅文献について一つ一つ精密で全面的な考証を行い、真偽が混ざった実情と捏造が積み重なった年代を明瞭に弁別する人が少なかったことにある[11]。宗教に関する歴史文献を研究し、解釈することには、むろん様々な角度と方法があってよいが、しかしテキストの年代に関して、後代に捏造・潤色した部分の年代も含めて解明することは、一貫して研究の出発点たるべきであり、さもないと研究の結果は全く逆のものになりかねない。史実を探求しても史料に対する批判的精神と厳密な態度を欠いていたら、構築した禅史は恐らく史実から逸脱してしまうのである。懐疑と批判という健康的な学術的態度を保っていても丹念で勤勉な考証を繰り広げなければ、実際には学術研究の実行可能性を放棄することになる。

そのため、本書は文献学的考証・歴史学研究・哲学宗教学的解釈を総合した研究手法をとり、それによって方法論と解釈学という二つの困難を克服する。筆者の考えでは、中唐から五代までに関する禅文献は真偽が混交して、何層にも積み重なっている。この時期の禅宗の発展を研究するなら、第一に重要な仕事は、元来の、あるいは比較的信頼できる、おおむね年代を定めうる禅文献から、後代に潤色・増補した層を逐一分離させて区別することであり、このような具体的で精確な考証を完成させる前には、直接に真偽の判断を下すことは恐らくできないであろう。そこで、我々は馬祖及びその後裔に帰される文献資料に対して徹底的な調査を行い、比較的信頼できるテキストを探し出し、これを基礎としてさらにこの時期の禅思想と実践を検討する必要がある。また一方では、陳寅恪が指摘したように、偽のテキストの中においても本物の史料を探し当てられるかもしれず[12]、後世に潤色・増補された部分も歴史上と教理上の価値を有している可能性があり、簡単に捨て去ってはならないのである。この点はこの時期の禅宗発展の研究の中で特に重要であり、何故なら本書の考察によれば、馬祖及びその後裔の語録に対する潤色・増補は決して宋代に始まったわけではなく、晩唐に始められ、しかも五代時期を通して盛行したからである。そのため、弁別された文献資料は我々の哲学的分析と歴史の再構築の中において、様々な効用を発揮しうる。例えば、馬祖とその直接の弟子に帰される禅文献の中では、比較的信頼できる部分によれば中唐期洪州禅の宗旨と実践を検討できる。また晩唐五代に増補された部分によるならば、当該時期の禅僧による洪州禅思想への反応・批評・補足や、古典禅の成立と発展、機縁問答という新たな教学方法と宗教実践の成熟、多くの法系の出現と分化及びその原因、といった点を研究できる。

このような歴史学的考証学的手法は果たして実行できるだろうか。答えはイエスである。我々は主として比較的信頼性が高くおおむね年代を定めうる三つの大きな文献史料のグループに頼るとよい。第一グループは伝世あるいは近年出土の碑文史料であり、大部分が同時代人によって唐五代の禅僧あるいは禅院のために撰述されたものである。これまでの研究において、学者たちは既にそのうち幾つかの比較的ありふれた、誰もが知っている碑銘を用いており、それは例えば馬祖及び数人の高弟のために撰述された碑誌である。しかしながら、まだ大量の石刻史料が十分に利用されないままであったり、あるいはほぼ完全に見落とされている。例えば、中唐から五代の禅師の新羅・高麗の弟子のために撰述された多くの碑文は、この時期の禅宗の発展に関して多くの貴重な情報を含んでいるが、しかし学者に注目され利用されることは極めて少ない。また例えば、賛寧（九一九―一〇〇一）は『宋高僧伝』序の中で、編纂の過程において「或案誄銘、或徵志記、或問輶軒之使者、或詢耆旧之先民、研磨将経論略同、讐校与史書懸合[13]（あるいは誄銘を調べ考え、あるいは記録から証拠を探し、あるいは各地を巡る博識な使臣に尋ね、あるいは年長の賢者に意見を求め、内容を練り上げて経論とほぼ一致させ、対校して歴史書と遙かに符合させる）」と言う。この中で第一に置かれている「誄銘」とは、すなわち墓誌・塔銘といった類の史料を指す。宋代の僧慧洪（一〇七一―一一二八）と志磐はいずれも賛寧が「聚衆碣為伝[14]（多くの碣を収集して伝を作った）」と述べているが、碣もまた碑碣の文章を指している。この点は現存の碑文と『宋高僧伝』の文を比較して容易に証明できる。例えば、楊歧甄叔の本伝の末尾に、賛寧は釈志閑が碑文を撰述したと言う[15]。この碑石は現存しており、「大唐袁州萍郷県楊岐山故甄叔大師塔銘」という題名である[16]。他にも『全唐文』もこの碑のテキストを保存している[17]。三つのテキストを対照させると、賛寧の伝の文章がほぼ一字一句まで碑文を写していることが分かる。また例えば、『宋高僧伝』中の雪峰義存伝も、ほとんど全て黄滔（八四〇？―？）撰述「福州雪峰山故真覚大師碑銘」から写し取られている[18]。同書の慧明伝の末尾には「俾昼公為塔銘焉（昼公に塔銘を作らせた）」と言うが、昼公とは皎然（七二〇?—七九三?）、字は清昼のことで、この伝はまさに皎然「唐湖州仏川寺故大師塔銘並序」を引き写してやや節略している（もとの碑文は大変長い）[19]。同書の子瑀伝は皎然「唐湖州大雲寺故禅師瑀公碑銘並序」を引き写してやや節略している[20]。同書の道遵伝は皎然「蘇州支硎山報恩寺法華院故大和尚碑並序」を引き写してやや節略している[21]。類似例はまだ沢山あるが、一々列挙しない。一般的に言えば、もし賛寧が伝の末尾で、ある人が伝主のために塔銘あるいは墓誌を撰述したと言及していれば、彼は既にこの碑文を参照して引用したということである[22]。その他、賛寧はいくつかの伝においては複数の材料を取り混ぜて採用しているが、しかしまさに周一良が指摘したように、唐代の文人（あるいは文才に富む詩僧）が撰述した碑銘は表現の様式において非常に華麗であり、神異譚あるいは後世の禅僧の捏造といったその他のタイプの記述とは、容易に区別することができる。例えば、『宋高僧伝』善無畏伝では、生涯についての部分ではほぼ手直しせずに李華（七一五—七六六）の「東都聖善寺無畏三蔵碑」から流用しているが[23]、しかし奇跡の物語は『酉陽雑俎』の記述を基礎としており、二つの部分でスタイルが全く異なる[24]。そのため、もし唐代の各種の文体を熟知していれば、伝の文章がオリジナルの碑銘を踏襲しているか否かの判断の手助けにもなる。その他、『唐代墓誌彙編』、『唐代墓誌彙編続集』、『歴代石刻史料彙編』、『全唐文』、『全唐文補編』の中の碑文等にも、役立つ資料が大量に含まれており、まだ十分に発掘・利用されていると言うにはほど遠い。本書が引用する百篇余りの碑文は、大多数が従来の禅宗研究では見落とされていた。

一部の学者は『全唐文』が後になって出来たことを理由として、その中に収録された碑文の信頼性に漠然と疑念を抱いている[25]。しかし、ここに収録された中唐から五代の禅僧に関する碑文は、ほとんどが宋代の金石志や地方志に収録されていたり、唐人の別集や『文苑英華』、『唐文粋』といった宋代の総集に収められていたり、石刻が世に伝わっている場合すらあり、内容上その他の関連史料と互いに呼応していたりする。従ってほとんど全てが信頼できるものであり、何の証拠もない状況では、軽々しく全否定してはならない。例えば、晩唐の文人である陸希声の名で収録される「仰山通智大師塔銘」は、仰山慧寂（八〇七―八八三）が前後して袁州仰山、洪州石亭、韶州東平山に住持したこと、及び陸希声自身がこれらの場所で節度使である鄭愚の官府の従事に任ぜられた際の仰山との交際の経験を述べている。これらの記述は、公乗億「魏州故禅大徳奨公塔銘」、宋斉邱（八八七―九五九）「仰山光湧長老塔銘記」、余靖（一〇〇〇―一〇六四）「韶州重建東平山正覚寺記」といったその他の唐宋の碑文に記された関連の記述、新旧『唐書』が記載している陸希声と鄭愚の事跡、『祖堂集』等の禅宗文献が記載している仰山の事跡、これらの寺院の建設に関する地方志の記載等と、いずれも逐一符合しており、しかも宋代の金石志『宝刻類編』はつとに陸希声のこの碑を著録している。[26]ある学者はこの文章が『全唐文』に載っていること、及び陸希声が禅宗に興味があったという他の記事を見かけないことを理由にして、この碑は信頼できないと疑っているが、[27]必要な証拠と考察を明らかに欠いている。類似の疑いを取り除くため、本書は参考書目の碑銘部分において関連の金石書における著録及び各種の初期の総集・別集の収録状況を詳しく列挙した。

禅僧に関連する碑銘を用いる時に、本当に特に留意する必要があるのは、その中に含まれる伝記（biography）と聖人伝（hagiography）という二種類の要素の性質と、その間の矛盾である。伝記は伝主の生涯の経歴と思想の傾向についての真実の記述（description）であるが、聖人伝はというと宗教的聖者が精神的手本となることについての規範化した表現（prescription）であり、一般に神異・誇張・虚構といった色合いを帯びている。宗教史においては、人物の伝記の中には往々にして聖人伝の要素が含まれ、聖人伝の中にも往々にして伝記の叙述が現れる。この様に両者はいつも混じり合い、入り乱れているため、後の研究者を困惑させている。[28]法蔵（六四三―七一二）に関する著作の中で、陳金華氏はこの二つの難題を解決する方法を提案し、かつ実践に成功した。すなわち、歴史資料を全面的で綿密に考察することを通して、法蔵に関わる大量の史料の中で入り混じっている伝記と聖人伝の要素を明瞭に区別し、それによって読者に法蔵の実人生とイメージの複雑多彩さを示した。[29] これは禅僧に関連する碑文・伝記の研究と利用についての重要な啓示であり、本書の研究もこの方法を用いることを心がけている。例えば、権徳輿（七六一―八一八）が馬祖道一のために撰述した塔銘は宋代の金石著録及び各種の総集・別集に見え、その信頼性には疑いの余地がないが、しかし文中では馬祖の尋常ではない外見を「舌広長以覆準、足文理而成字（舌は幅広で長く鼻筋を覆うほどで、足には模様があって文字の形をしている）」と描写している。[30] 仏陀の三十二相の中には広長舌・足輪があるので、碑文の描写は明らかに高僧の聖人伝の慣例であり、馬祖の実際の容貌であるとは見なせない。碑文の中ではさらに馬祖が「嘗以為九流六学、不足経慮、局然理世之具、豈資出世之方。唯度門正覚、為上智宅心之域耳（かつて考えたのだが、九流や六学といった伝統的学問には考える価値などなく、俗世を治める道具に過ぎないのだから、どうして世俗を超越する方法になるだろうか。ただ仏教の正覚だけが聖賢が心を寄せられる場なのだ）」と言う。ある学者はこれに基づいて馬祖は上流の家庭に生まれ、若い頃には伝統的な古典の教育を受けたはずだと推断している。[31] しかしながら、権徳輿のこの話は高僧の聖人伝の常套手段であり、もしその他の証拠によって支持されていないなら、そのまま事実と見なしてはならない。逆に、馬祖が遙か遠い蜀の地で幼くして出家したという経歴によると、彼は下流の貧困家庭に生まれ、「九流六学」を学ぶ機会はなかった可能性の方が高い。後に宋代の『円悟心要』と『五家正宗賛』は馬祖の父親が「馬簸箕（箕づくりの馬）」と呼ばれたという物語をでっち上げてすらおり、この物語は信頼できないとはいえ、宋人が馬祖を貧しい出身と見なしていたことが分かる。[32]

第二グループの資料は大蔵経の中の比較的信頼でき、おおむね年代を定めうると確認できる文献資料であり、例えば法蔵、澄観（七三八―八三九）及び圭峰宗密（七八〇―八四一）の著作、黄檗希運（？―八五五）の『伝心法要』、日本の多くの入唐僧の書目と著作等である。宗密は彼が属していた荷沢宗に偏向しており、洪州宗の宗旨については批判が多いが、しかし現代の学者はおしなべて、彼の作品は中唐の禅宗の各系統についてほぼ正確で信頼できる同時代の記録を提供しており、従って宋代の禅僧が述べる偏った禅史をある程度修正することができ、非常に重要な参照価値を有すると考えている。(33)考古学においては、学者たちはいくつかの既に年代が定まった青銅器を「標準器」とし、それによってその他の器物の時代を決定する。宗密は馬祖の直弟子とは比較的若い同世代人に当たり、彼の著作をちょうど「標準テキスト」として、馬祖及びその弟子に帰されるテキストの年代と信頼性について判断することができる。例えば、馬祖上堂語の要旨や、果てはある表現様式すら宗密の洪州禅についての総括と批判に見えるため、馬祖の弟子による潤色・増補を経ているかもしれないとはいえ、我々はこれらの上堂語が馬祖の思想を代表するとおおむね確定することができる。(34)黄檗の『伝心法要』は裴休（七八七？—八六〇）によって八五七年に編纂されており、裴休と黄檗の弟子がこのテキストにある程度の修補をしたかもしれないとはいえ、同じように「標準テキスト」として、中晩唐の間の各種の禅文献と概念を判断する助けにできる。(35)最澄（七六七—八二二）、円仁（七九四—八六四）、恵運、円珍（八一四—八九一）等の日本の入唐僧の書目と著作も、みな年代を定めうる「標準テキスト」である。

第三グループの相対的に信頼でき、おおむね年代を定めうる資料は、敦煌で発見された写本、唐代から宋初の文人の詩文作品、各種の正史と筆記、及び年代が比較的早い地方志等を含み、これらの文献の中からも中唐から五代の禅宗発展の史実に関わる大量の重要な記事を探し出すことができる。

これら三グループの資料の調査と考証を通して、我々は宋代以降の禅僧が中唐から五代の禅文献に付け加えた大量のものを取り除いたが、しかし同時に、馬祖及びその後裔に帰された比較的信頼できる幾つかのテキストの中から、この時期の禅思想の発展を考察できることも確認した。我々は、機縁問答は確かに中唐に出現して晩唐五代に成熟したことを発見し、しかも『祖堂集』と『景徳伝灯録』よりも早い幾つかの機縁問答の記録を見つけ出した。我々はまた、中唐における禅宗の各系統の興亡、晩唐における洪州系の分化と石頭系の勃興、五代において多くの法系が至る所で花開いたこと等に関連する幾つかの記事を探し当てた。これらの発見は、古典禅は完全に宋代の僧侶が創り出した神話というわけではなく、歴史上に存在した、活力に満ちあふれた伝統であることを証明している。後代に捏造・累加した幾重もの外殻を剝ぎ取ると、我々は比較的史実に近い核心を発見し、かつそれを手がかりとして元を探り、この伝統の形成と発展を探求することができる。そこで本書は、やはり古典禅によってこの時期の禅宗における宗旨の発展、実践活動及び寺院の建設等を総括しうると考えるのである。

古典禅という概念以外に、中唐から五代の禅宗の発展に関しては、他に「宗」（school）、「家系」（lineage）及び「正統」（orthodoxy）という三つの互いに結びついた概念があり、整理を加える必要がある。宗という字の本義は宗廟であり、また祖宗（祖先）・宗族・宗系（法系）・宗主（本家）・宗旨・正宗（本家筋）等の各種の意味を派生させた[36]。湯用彤は宗の字の中国仏教典籍における様々な含意に最も早く気づき、その後真野正順、平井俊栄、スタンリー・ワインスタイン（Stanley Weinstein）等もみなこの問題を論じた。これらの学者たちの議論によると、中国仏教典籍の中で、宗は主に三つの意味で用いられる。（一）ある種の特定の宗旨、あるいはその宗旨についての解釈。（二）ある経論の主旨と理論、あるいはその経論についての解釈の伝統。（三）ある教団もしくは伝統がある創立者にまでその起源を遡り、しかもその継承者が共通の宗旨と実践を奉じていること[37]。学者たちはおしなべて、三つ目の意味の宗は宗派（school）と呼べるとして意見が一致している。

しかし、近年は幾人かの学者がこの用法に賛成せず、家系（lineage）という言葉がこれに取って代わるべきだと言い出した[38]。家系は確かに宗の基本的な含意の一つであり、しかも中国仏教の宗もしくは家系に関する観念、特に禅宗の宗系の観念は、中国の祖宗崇拝の伝統に重要な影響を受けたことを表す証拠がある。[39] 嫡嗣が本家を継承する中国の父権制度の下では、宗系あるいは家系は常に身分、合法及び正統の観念と結びつく。正統の本来の意味とは正宗であり、嫡嗣の純正な宗系のことである。しかしながら、我々はさらに、仏教の伝統の中においては、家系あるいは宗系は重要な受戒の伝承と教団組織の枠組みであり続けたことを見て取るべきである。インド仏教の中では、早くも仏滅後一世紀に、釈迦牟尼の直弟子から続いてきた複数の家系に関する記述が既に見られる。家系の伝承は当時にあって既に神聖な問題と見なされており、何故なら一連の戒師と受戒の弟子の家系を通して仏陀へと遡れば、受戒の合法性と正当性を証明し認可することができるからである。[40] 部派仏教の時代になると、家系はさらに一歩進んで派閥論争の道具となり、幾多の派閥が嘘の家系を捏造して、釈迦牟尼の直弟子にまで遡ることで、その系統の宗旨の合法性と権威を公言した。[41] 中国仏教史上、天台の伝統は最も早くに『付法蔵経』に基づいて経典伝授の祖統を創り出し、二十三人（あるいは二十四人）のインドの祖師にまで遡った。[42] しかしながら、禅宗においてのみ祖統の問題が関心の中心となるのであって、それはまさにベルナール・フォール（Bernard Faure）が指摘したように、祖統は周縁に位置する教団が正統の派閥になることを追い求める強い願望を現しているからである。[43] その教団が仏祖の正統な直系であると公言することを通してなら、社会と政治権力の認可・支持を得て、周縁から正統へと向かえるかもしれないのである。『続高僧伝』によると、六世紀初から七世紀中葉には、合計六つの比較的活発な禅学教団があった。他の五つの教団はみな隋の都である長安に招かれたが、しかし達摩―慧可系統を称する教団は都の禅学の中心の外に排除された。[44] 初唐になると、東山―北宗教団が自分たちと達摩―慧可系統を結びつけ、しかも達摩から釈迦の弟子阿難にまで遡った。この祖統は彼らが周縁から一躍正統となるのを助け、神秀及びその弟子は都に招かれ、「両京法主、三帝国師（長安・洛陽両京の法主、則天武后・中宗・睿宗三帝の国師）」となった。[45] その後、荷沢、牛頭、保唐及び洪州教団が禅宗の祖統を絶え間なく再改訂したのは、同じく周縁から正統に向かおうという願望に発していた(46)。

歴史的視点からは、比較的広い文化的背景、あるいは仏教に特有の背景の下であろうと、これらの教団の創始者と継承者が実在の人物か虚構の人物かに関わりなく、仏教教団について用いられる「宗」は「家系」と称するのが最も正確かもしれない。しかし仏教の家系にはおおむね二種の異なったタイプがある。(一)幾つかの家系は比較的重要で影響が計り知れず、創立者及びその後裔によって構成されるだけでなく、比較的一貫した、独特の宗旨と実践を呈示している。(二)その他の幾つかの家系は二義的な、従属的なものであり、往々にして師弟あるいは寺院の住持の継承関係を形成するのみで、自らに特有の宗旨の内容を築いていない。違うタイプの家系をやや明確に区別し、研究の範囲を明示するためには、我々はやはり宗/宗派という言葉によって、第一のタイプの十分に発展した家系を指すのがよい(47)。そのため、本書は依然として北宗、荷沢、牛頭、保唐、洪州などの十分に発展した分派を宗もしくは宗派と称する。洪州宗は古典禅発展の初期段階であるが、しかし晩唐五代の時期には、洪州宗から幾多の家系が分化した。これらの家系はみな古典禅の思想を基本的宗旨として、機縁問答に見られる家風の面で一定の特色を作り上げたが、この時期にはまだ十分には発展していなかったので、本書はこれらの家系を宗あるいは宗派とは呼ばない(48)。

最後に、古典禅の哲学的宗教学的な解釈の面にも、見過ごしてはならない二つの困難があり、改めて考える必要がある。ある面では、鈴木大拙と京都学派によって始められた西洋哲学によって禅を明らかにする方法が、一定の程度においては禅思想についての研究を深めたが、それと同時にいくつかの無理な類比と過度な解釈という問題を生み出した(49)。まず、鈴木大拙と西田幾多郎(一八七〇―一九四五)等が論じた主な対象は日本禅であって、中国禅ではないが、日本禅と中国禅の間には多くの根本的な違いが存しており、これを見過ごすことはできない。次に、彼らの主な目標は禅研究ではなく、一種の「六経我に注す」の態度によって、あるいは日本禅に理想化した顔つきと声を付与して、新たな禅的話法を作り、禅を日本文化の典型的代表として描き出して西洋へと広めたり（鈴木）、あるいは東西を総合した自らの新哲学大系を構築し、「純粋経験」、「場所の論理」、「絶対無」等の「禅哲学」理論を提起した（西田等）。しかし、鈴木大拙と京都学派の解釈モデルはやはり中国禅の研究に対して重要な影響を生み出し、過度の解釈という現象がしばしば見受けられた。禅思想は益々巨大な哲学体系へと組み立てられ、一則の公案についての解説は時には一部の書物に近いほどの長さにまで延々と続きうる。しかしながら、隋唐期の三つの重要な仏教宗派である天台・華厳・禅の核心となる宗旨は一致しており、みな衆生が悉く仏性を有するという如来蔵／仏性理論を土台としている。天台と華厳の大師たちは『法華経』、『華厳経』、如来蔵系の経典等に基づいて、膨大な教義体系を各々構築し、仏性／如来蔵の含意と構成、衆生が悉く仏性を有することの根拠、衆生が仏となる方法と実践、成仏／開悟の内実と究極の境地等を精緻で複雑に論述した。これらの天台と華厳による受け継ぎがたい煩雑な哲理の基礎の上に、禅宗（特に古典禅）は該博から集約、繁雑から簡明へと向かい、「即心是仏」のスローガンによって直ちに人心を指し、その簡明で回り道のないことによって大量の信徒を惹き付けた。高麗のすぐれた禅僧である知訥（一一五八―一二一〇）が指摘するように、「当知禅門宗師所示無礙法門、雖同円教、而言句省略、故於証入之門切近耳[50]（禅門の宗師が示す自由自在な法門とは、完全な教えたる華厳教と同じなのだが、言葉が簡略であるため、悟りの入り口に近いのだと知るべきである）」。そのため、禅の本当の要義は広く煩雑な哲理に在るのではなく、「信」に在る――『大乗起信論』の「起大乗正信（大乗への正しい信を起こす）」、あるいは馬祖道一の「各信自心是仏（自らの心が仏であると各自信じる）」であり、衆生の心の中に仏性／如来蔵があることを信じ理解し、仏性／如来蔵の中に本来覚悟の無量の功徳が具足していると信じ理解するのである。禅宗の様々な機鋒棒喝の目的は全て、迷いを取り去り、光をめぐらせて己を照らし、この本心が仏であると信じることに在る[51]。もし我々の解釈の結果が禅宗を肝要から該博へ、簡明から煩雑へと逆行させ、巨大な哲学の殿堂を再構築するのであれば、その結果は恐らく禅に「本来の面目」を見失わせることにしかならないだろう。

また一方では、禅の普遍的な哲学上の意義を探し求めることとは逆に、一部の学者は禅を中国式の特殊な思想と定義して、禅と中国哲学の伝統を総合的に理解できる点を探すことに力を入れ、かつ直接に儒家・道家・玄学等の言葉によって禅を説明する。この種の解釈方法は禅の幾つかの本質的特徴及び中国文化との相互作用の関係を明るみに出したが、しかし時には表面的な類比と印象論的な推測に傾きもした[52]。仏教の中国化は長い発展過程を経ており、初期の仏典翻訳の「格義」から始まって、隋唐期に至ると中国思想文化の伝統の構成要素は既に仏教の伝統の中へと取り入れられ、彼の中には自分がおり、自分の中にも彼がいるというように、分かちがたくなった。禅の中国化とは、そのほとんどの部分が、ある幾人かの禅宗の大師が直接に儒家・道家思想を当てはめたことに由来するのではなく、既に中国化した中国仏教の伝統に対する継承発展として表れているのである。例えば、馬祖道一が広めた「本有今有」という本覚概念及び悟りの境地の究極が日用平常の中に現れるという宗旨は、しばしば儒家の人性論及び道家の自然主義哲学の直接的影響を受けたと推断される。しかしながら、現存している比較的信頼できる馬祖語録の中では、我々が目にしうる直接的影響とは、南北朝以来の仏性「本有始有」の論争、『起信論』の中の「本覚始覚」の論と一心二門の体用モデル、及び如来蔵縁起と理事無礙の華厳理論等である[53]。

以上の考えにより、筆者は西洋哲学の理論及び中国思想の伝統によって禅の思想と実践を解釈することの実現可能性と重要な意義を認める。しかし同時に実事求是と厳密な論証という科学的精神を堅持し、仏学研究を立脚点として、考証を経た、比較的信頼できる古典禅文献についてきめ細かい分析と解釈を行い、無理に論拠の不足した関連づけと過度の解説はしない。この点においては、印順が「仏法を以て仏法を研究し」、かつ積極的に哲学的解釈の研究方法

に通暁したことは、今なお重要な示唆的意義を持っている。(54)

上述の基本的概念、研究方法、文献資料を基礎として、本書は古典禅についてできるだけ全面的な考察と議論を行う。第二章では、例えば日本で発見された『宝林伝』の佚文等の、過去には注意されていなかった幾つかの資料を含めて、幅広く史料を引用し、馬祖道一の生涯の活動、弘法の過程、時代背景をきめ細かく論述し、関連する碑文伝記資料に対するこれまでのいくつかの誤解を明らかにし、それによって馬祖の出家、学道、伝教及び洪州教団の形成等の生活の中での重要な段階をできるだけ完全に描写する。第三章においては、馬祖の直弟子が考察対象となる。これらの弟子たちは洪州宗の核心となり、かつそれを成熟した重要な宗派へと発展するよう促した。この章では天皇道悟(七二七—八〇八)、丹霞天然(七三九—八二四)及び薬山惟儼(七四四—八二七)に関連する師弟関係についての疑問点を重点的に考証する。安史の乱が収束したばかりの初期には、唐王朝南方の広い地域において、禅師たちの間及び家系の間の関係は和やかで、相互作用的で、弾力的なものであった。馬祖の多くの弟子たちは同時に牛頭慧忠(六八三—七六九)、径山法欽(七一四—七九二)及び石頭希遷(七〇〇—七九〇)等の他の禅師に師事しているが、これらの弟子たちのオリジナルの伝記碑文資料は通常はどの人が主な師であったのかを明示しない。しかしながら、天皇、丹霞及び薬山は不幸なことに後の宗派の争奪の対象となり、彼らの本当の師が馬祖なのか石頭なのかという論争は、つとに宋代から激しく繰り広げられ、しかも今日にまでずっと続いている。中でも天皇の問題がとりわけ複雑で、天皇道悟の師承の問題に関わるだけでなく、さらにもう一人の天王道悟に関する紛らわしさの問題がそこに入り混じっている。北宋中葉には邱玄素の名を借りた「天王道悟禅師碑」が現れ、この道悟は馬祖の門下に出ていると述べた。宋代以来、中唐期には荊州に同時に二人の道悟がおり、一人は石頭を継承し、一人は馬祖を継承したのか否か、及び雲門と法眼の二系統の祖先はどちらの道悟に遡るべきか等について、絶え間なく論争が続けられ、未だ定まった見解がない。本章の発見によれば、『全唐文』が収録した苻載「荊州城東天皇寺道悟禅師碑」は元代の釈念常が編纂した『仏祖歴代通載』から書き写したもので、既に宋元の僧侶による手直しを経ており、オリジナルのテキストではない。天皇道悟の生涯は、苻載の原文から採られている『宋高僧伝』の本伝が最も信頼できるとすべきである。そしてこの伝によると、道悟は前後して径山法欽、馬祖道一、石頭希遷の三師に従っており、どれか一家だけに専従したわけではない。さらに本章の発見によると、天王碑とは荊州の禅僧である白馬曇照の事跡を採って、編集し直して出来たものであり、偽作者は恐らく達観曇穎（九八九—一〇六〇）で、これによって天皇・天王の案件は解決する。丹霞天然の生涯の事跡については、劉軻が撰述した碑文に基づく『宋高僧伝』が信頼できる。劉碑によると、天然は前後して石頭、馬祖、径山に師事し、いずれかに専従はしなかった。『祖堂集』と『伝灯録』が増補したものは互いに矛盾しており、手抜かりが多く、みな信用できない。本章ではさらに『唐文粋』所収の唐伸「澧州薬山故惟儼大師碑銘並序」は信用できることを考証しており、碑文の中に彼が前後して石頭、馬祖、中岳洪（恐らく北宗の禅師）に師事したと記しているが、しかし馬祖に二十年近く学んでおり、馬祖との関係が最も密接だったのである。最後に本章では柳田聖山の研究の基礎の上に、一歩進んで増補と削除を加え、それによって合計百四十五名の馬祖の弟子の新たなリストを提供し、生卒年・本籍・寺院の所在地・開山の祖師か否か・馬祖以外に師事した他の禅師・主要資料の出所等を各々注記した。

第四章ではまず禅宗の語録の構成と原テキストの形態について考察した。現行の中唐から五代の禅師の語録は、主に生涯についての記事と言葉の記録の二つの部分を含んでいる。生涯についての記事の部分は、往々にして唐代の関連する禅僧の行録（行状、実録とも称する）、碑銘、及び『宝林伝』、『聖冑集』、『続宝林伝』といった初期の灯史の著作に基づく。言葉の記録の部分は、宋僧が増補して捏造した部分以外は、恐らく語本、言教、別録、広語、語、法要（要訣、要旨、語要）、偈頌等と称される、唐五代の様々な種類の原テキストの形態に基づく。この章では続いて機縁問答の出現と成熟の時期について考証する。比較的信頼でき、年代を定めうる唐代の碑銘、文集、筆記等の文献によって分かるように、八世紀後半から九世紀前半まで、すなわち馬祖道一、石頭希遷、径山法欽及びその弟子たちの活躍した時期に、機縁問答は本格的に現れ始め、二種類の主な形式を特徴とした。第一は師弟間での、機知とユーモアに富み、丁々発止の応酬をし、間違っているようで実は正しいという実際の対話であり、第二は開悟に関する虚構の問答と物語である。その後、九世紀後半から十世紀前半まで、すなわち晩唐五代の時期には、機縁問答はその成熟形態に到達し、思考を切断するための論理に合致しない言葉、身振り、各種の媒介の使用、棒と喝の運用、仏や祖師への罵倒等の厳しく激しい禅風が現れた。碑文の中からは、我々はさらに『祖堂集』と『伝灯録』に先立つ多くの機縁問答の録文を探し出せる。

こうした機縁問答の出現と成熟の発展過程を背景として、第五章では一歩進んで馬祖及びその直弟子に帰される禅文献を考証する。オリジナルに近く信頼できる資料を後代の付け足し・捏造と一層ずつ分析して分離させることを通して、本章では大量の信頼しえない機縁問答と関連の物語を除去し、比較的信頼しうる幾つかのテキストと語録を確立した。それは、馬祖の六則の示衆語及び三則の対話、『大珠慧海広語』、『百丈広録』、『龐蘊詩偈』、薬山惟儼、汾州無業、南泉普願の『広語』、及び馬祖の他の弟子の十八則の語録、李繁『玄聖蘧廬』の三則の断片である。『宝林伝』等の馬祖の弟子と関連するその他幾つかのテキストは、本書の論述構成の関係により、第七章で考察する。

読者は、これらの比較的信頼しうる資料を基礎とすることで、あるいは宋代以降の禅宗の伝統的観念と視点の影響から脱し、古典禅の宗旨と実践について哲学的及び宗教学的な解釈と分析を行いうることに気づくであろう。本書の第六章はこの可能性を集中的に検討する。晩唐から宋初の語録が作った読経と坐禅に反対する「反伝統」のイメージとは異なり、馬祖は大乗経典に精通していた。彼は初期の禅の伝統を継承して、菩提達摩は『楞伽経』を伝えたと公言し、この経典及び『大乗起信論』等の如来蔵系の経典を用いて、如来蔵思想の精緻な含意を解き明かし、かつ天台思想、華厳精神と唯識理論を取り込み、禅宗の伝統のために新たな理論と実践を提起した。彼は「即心是仏（心こそが仏）」あるいは「平常心是道（現実の心が道）」を宣揚し、あらゆる衆生には仏性があるという初期禅の基本的信仰を踏襲して、さらに日常の染浄・迷悟・善悪を含んだ現実の人心を仏性と同じと見なし、かつ『楞伽経』に説く如来蔵と阿頼耶識の同一、及び『起信論』の一心二門から、理論的拠り所を探し求めた。彼は『起信論』が宣揚した本覚―不覚―始覚の循環を簡略化し、内在する本覚のみを端的に強調し、かつ如来蔵理論の「不起念（念を起こさず）」の観念を用いて、「道不用修（道は修める必要がない）」を提唱した。『起信論』の一心二門に関する体用モデル及び如来蔵縁起の華厳理論の影響下で、馬祖は悟りの究極的境地が人間の日々の営みの中に立ち現れると提起し、それによって現世の生活全体が究極的真理の意義と価値を備えていると断言した。

これらの馬祖の新たな宗旨は南陽慧忠（?―七七五）、圭峰宗密といった人による激しい批判を招いた。これらの批判は修行者の洪州禅思想に対する疑惑を引き起こし、会昌の廃仏が引き起こした衝撃と反省が加わり、晩唐期の禅宗内部には「即心是仏」と「非心非仏（心でもなければ仏でもない）」及び「石頭是真金鋪、江西是雑貨鋪（石頭は黄金を売る店、江西は雑貨屋）」という二大論争が生じ、その結果は洪州後学にさらに馬祖が提起した宗旨を発展させ、完成させるよう促した。馬祖の再伝の弟子である黄蘗希運は「無心是道（無心が道）」を提起して、「空如来蔵」及び般若の空観という超越的観念を用いて馬祖の即心是仏という肯定的モデルを補足した。それによって心性／覚悟に対する執着を一掃して、無心・空心・忘心から無境・空境・忘境に到達するという否定的モデルと超越的境地を強調したのである。黄蘗の即心是仏と無心是道に対する整理統合は、馬祖の禅法を発展させ、如来蔵／仏性思想と般若中観の智慧を取り込み、染と浄、迷と悟、凡と聖、人心と仏性、慈悲と智慧、入世と出世といった解決困難な緊張関係をかなりうまく融和させ、禅宗を現実の世界へと導いた上に、仏教の信仰基盤と超越的精神をも保ち、それによって古典禅の基本的宗旨を完成させた。晩唐以降の禅宗各家、各系は、機鋒問答の手法と家風において目新しさや鮮やかさを競ったのだが、基本的宗旨においてはみな古典禅を受け継ぎ、そこから、世俗にして脱俗、存在にして超越、世の中を救い人々に利益をもたらす大悲の心を抱きつつ、また清浄淡泊な超俗の精神に満ちているというような、禅宗独特の、時にはほとんど神秘的な宗教信仰、禅悟の体験、色あせない魅力を形成した。

初期禅の段階では、宗教的実践は、坐禅、念仏、「安心」、「守心」、「修心」、「観心」等の各種の形態の禅定に集中していた。古典禅の段階になると、理論の点から見れば、馬祖及びその弟子たちは本覚と無修を提唱し、彼らの晩唐五代における後裔はさらに経を読まない、坐禅しない、仏を礼拝しない、果ては「呵仏罵祖（仏を叱りつけ祖師を罵倒する）」といった、各種の「反伝統」の観念を宣揚した。しかしこれらが提唱されたのは主に、どの人にも本来仏性があり、円満具足していることを際立たせて強調し、外に向かって探し求めることを防ぐためであった。我々は字面に拘って、禅宗教団は伝統的寺院生活の各種の宗教的実践を本当に投げ出したのだと考えてはならない。実際には、講義・経典読誦・礼仏・禅定等といった、仏教の伝統的なメインストリームに合致する各種の宗教的実践が、この時期にもやはり禅寺禅院の中で途切れることなく行われたことを、多くの証拠が示している。この他、機縁問答の出現と成熟につれて、この新たな教学の手段と禅学の実践も広く用いられた。馬祖の「平常心」と「本覚」についての解明は、こういった新たな宗教実践の形式と教学方法に理論の枠組みを与えた。つまり、迷いの中にいる衆生はその心を汚れていると見なすが、しかし彼らが究極の真理（真如）の角度から観察した場合には、彼らはその心が本来は清浄円満であり、真如法身と異ならないことをきっと認識する。また、この心は永遠に保たれて変化しないものであり、変える必要があるのはその心自体ではなくて、衆生が心と外界の現象を観察・認識する角度と方法なのである。それ故、修行者が行う必要があるのは、啓発を受けて、自分についての誤った見方を投げ捨て、正確な視座を手に入れ、その清らかにかがやく自性と欠けることのない本来的悟りを見出すことだけである。これこそが、まさにその時その場における霊感・奮起・啓悟が機縁問答の際だった特徴となった根本的原因なのである。

馬祖は一貫して弟子の教育と教化に専念し、禅門内部での派閥争いには関心がなかった。しかし馬祖が亡くなって間もなく、彼の弟子たちは彼らの家系のための正統争いに力を入れ始めた。この努力はまずは次の二重の方策に表れている。一つには、彼らは禅宗の祖統を修正・完成させ、それによって正統の代表となったこと、もう一つには、彼らが幾つかのテキストを捏造し、それを神秘的もしくは著名な僧侶に帰して、彼らの教理を神聖化・正当化し、広めようとしたことである。第七章ではまず、『宝林伝』が恐らく馬祖の弟子である章敬懐暉（七五七―八一六）の手になり、原著は『法眼師資伝』と題され、禅門の約一世紀の長きにわたる法系祖統構築の営為を完成させるのに用いられたことを考証した。この新たな祖統はある種の二重の論争的言明を含んでいた。すなわち、一つには、禅門は「教外別伝」であり、仏祖によって代々法眼／仏心／覚悟が直々に伝授・実証され、経典を遵奉するその他各種の宗派から抜きん出た、仏教の伝統における正統な宗派であるということ、また一つには、洪州系は禅門の中での正統な宗派であり、その他の各派はみな傍系だということである。その後、この二つの意味を持った議論は馬祖の第二代の弟子によって改めて古典禅の宗旨として解釈され、かつ晩唐から五代の間の洪州の後裔に広く実践された。それはさらに、機縁問答のもう一つの理論的拠り所となり、彼らの実践における「仏を喝し祖を罵」ったり、読経と坐禅に反対するという急進的側面に影響を与え促進したのである。『宝林伝』の祖統の影響によって、晩唐五代の時にはさらに「祖師禅」の観念が生み出された。この章では続けて、現行の梁の釈宝誌（四一八？―五一四）と唐の釈永嘉玄覚（六六五―七一三）に帰されている禅偈を考証し、これらの禅偈がみな洪州禅の宗旨を宣揚していることを指摘し、かつ日本の入唐僧の書目著録等の証拠によって、それらが恐らくみな馬祖の弟子の手になることを立証する。宝誌は唐代には既に神聖化されており、玄覚は六祖の意に深くかなった門弟だったと伝承される。洪州禅の宗旨を宣揚する歌偈を彼らの名に帰したことは、洪州系の禅師たちが彼らの禅法及び宗系を神聖化・正当化し、かつ広く伝播・宣揚することの助けとなった。

続いての一章では、古典禅の初期段階としての洪州宗の成熟と勃興を検討する。まず、北宋初には百丈懐海に帰される『禅門規式』が現れ、「禅門独行」、「律制に循わず」を体現すると称された。このテキストの真偽問題と評価の問題は学会において少なからざる論争を引き起こした。本章では『仏祖歴代通載』の中から百丈懐海の碑陰を写し取った碑文を見出し、それによって百丈寺の最初の寺規が非常に簡素で、百丈法正を長とする百丈懐海の弟子によって制定されたこと、その後二百年近くの発展を経て、初めて『禅門規式』へと変化したことを考証する。これらの寺規は人口の多い禅宗寺院をうまく管理できるようにするため、仏教の伝統的戒律を基礎として、より厳格で具体的な条目を制定しており、戒律に対する超越と改革ではなかった。中唐以前、禅僧は「多居律寺（多く律寺に住み）」、「随寺別院而居（寺の中で別な建物に住む）」ものであり、記録に見える中では僅かに少数の寺院のみが禅僧によって創立・住持されたのである。中唐期の仏教寺院は確かに、後の禅宗の発展・繁栄に対して重要な影響を与えた新たな変化を生じたが、これらの変化は伝統的戒律に「循わない」ことに具現されているのではなく、馬祖道一及びその弟子たちに創立・住持・管理・伝承された多くの新寺院に具現されているのであり、考証可能なものとしては二十九箇所がある。これらの寺院は洪州系が伝播・発展・繁栄する拠点となり、禅宗の世系を、精神・教理上での伝承のみならず、寺院の建立と経済活動の伝承へと次第に発展させた。次に、馬祖が亡くなってから、その弟子たちは江西から全国各地へと速やかに広がった。名前を知りうる百四十五人の馬祖の弟子のうち、八十人が南方の江西・湖南・湖北・

江蘇・浙江・安徽・広東・福建の八省に分散し、三十三人が北方の陝西・山西・河北・河南・山東の五省に広がった。[55]南方にいた八十人の弟子のうち、二十五人が彼ら自身の寺院を創建・主管し、北方にいた三十三人の弟子のうち、三人が彼ら自身の寺院を創建・主管した。このように、九世紀中葉の会昌の廃仏前夜までには、洪州宗は既に中国の広大な大地で深々と根を下ろしていた。この他、貞元—元和（七八五—八二〇）の期間には、馬祖の大弟子である鵝湖大義（七四六—八一八）、仏光如満（七五二—八四六）、章敬懐暉、興善惟寛（七五五—八一七）等が前後して詔を奉じて都に入り、洪州禅の宗旨を全力で宣揚し、禅門内外の僧侶と論争を繰り広げ、それによって皇帝と貴顕の承認と支援を手に入れた。馬祖の弟子たちによる前後半世紀近くの協同の努力を通して、洪州宗はついに南方の辺鄙な地域の教団から十分に発展成熟した全国的な宗派へと勃興し、仏教内部と禅宗内部のいずれにおいても重要な地位を占めた。そして会昌の廃仏後の形勢は、洪州禅に他の法系をさらに取り込ませ、禅宗を古典禅へと統一させたのである。

最後の二つの章では、古典禅の晩唐五代における成立と発展を検討する。宋代以降の禅宗史書はみな両系五宗の法系図を描いている。六祖慧能（六三八—七一三）の後、南岳懐譲（六七七—七四四）—馬祖道一と青原行思（？—七四〇）—石頭希遷は禅宗南宗の二大系統へと分化し、前者は潙仰、臨済の二宗、後者は曹洞、雲門、法眼の三宗を派生させた。この両系五宗の法系図は禅宗内部で千年の間踏襲されたのみならず、この百年来に著された禅宗史に関する現代の研究において基本的な叙述の枠組みを構成することにもなった。その間にはかつてこの法系図の歴史的真実性について疑問を呈した学者がいた。胡適は一九六一年に柳田聖山に宛てたある手紙の中で、中唐の時には慧能の後裔である神会（六八四—七五八）、馬祖が二系に分かれて、穏やかに共存したことを既に指摘しており、「石頭希遷の一派はさらに後に起こったのであり、所謂『青原行思』は、恐らく『虎の威を借る（攀竜附鳳）』活動の中でのある種の方便法門に過ぎなかった」とする。[56]その他の一部の学者は方法論の角度からこの法系図に疑問を投げかけた。ジョン・

マクレー（John McRae）は活き活きと、法系図で禅宗の歴史を描写するという方法を「『ひとつながりの真珠』の錯誤（数珠つなぎ式の誤り）」と称し、かつ共時的な研究の方法によってこの伝統的法系図を脱構築することを提唱した。[57]本書の第三章で考察したように、天皇、丹霞及び薬山はみな馬祖と石頭の二家に師事し、薬山と馬祖の関係はさらに密接ですらあった。この三人の禅師がいずれも単純に石頭に帰属できない以上、何故その後裔は、自分の系統が石頭を先祖とするとして譲らなかったのだろうか。この件は決して偶然ではなく、中唐期の洪州禅の宗旨に対する批判と晩唐初期の会昌の廃仏の打撃が、洪州系の後裔にその禅法の宗旨を再考・論争・完成させるよう促したのである。再考と議論の過程の中で、二度の比較的大きな論争が起こった。それが上述の「即心是仏（心こそが仏）」と「非心非仏（心でもなければ仏でもない）」及び「石頭是真金鋪、江西是雑貨鋪（石頭は黄金を売る店、江西は雑貨屋）」という論争である。その結果、一方では禅法の宗旨において禅宗の各系を融合させて古典禅を形成し、北宗・牛頭・荷沢等の世系は会昌の廃仏後には既に記録の中にほとんど見られなくなり、[58]また一方では伝承の面で洪州宗の晩唐における分化と石頭系及びさらに多くの家系の勃興をもたらした。

第九章では綿密な考証を通して、伝統の両系五宗法系図を脱構築し、以下のことを明らかにした。すなわち、咸通年間の初めから、薬山惟儼、天皇道悟、丹霞天然の後裔である洞山良价（八〇七―八六九）、徳山宣鑑（七八二―八六五）、石霜慶諸（八〇七―八八八）、投子大同（八一九―九一四）等が陸続と石頭系に帰入された。それによってこの三人の祖がかつて馬祖に師事したという史実を隠し、慧能系禅宗における発展の構図を中唐期の洪州と荷沢の二系の拮抗から、南岳と青原の二系の対峙へと変化させ、南岳と青原の二大系統からは、さらに多くの異なった家系が分化した。五代末から北宋初の禅林の論評によると、その頃比較的広く認められていた晩唐五代の家系は潙仰・曹洞・徳山・臨済・石霜・雪峰・雲門・法眼の八家であり、五宗に関する一定した名称は、北宋中葉以後になってやっと現れた。多くの家系が晩唐五代に大量に出現した原因には、主に三つの側面がある。まず、彼らの中唐の先人と同じように、この時期の多くの禅僧は実際には数人の禅師に師事したことがあって、所謂南岳・青原二系の間を行き来していたが、派閥の最終的な選択とそのことの宣言は、禅師たちがその独立した家系を成立させ際立たせたいという願望と密接に結びついており、そのために多くの家系が次々と湧き起こったという現象には、南宗の正統を競うという強い動機が隠されているのである。次に、機縁問答はこの頃に高度な成熟に到り、多くの著名な禅師が特有の機縁問答の修辞法と教学スタイル、すなわちいわゆる「門庭施設（禅師それぞれの指導法）」を始めたが、それは代々継承発展され、独自色を備えた「家曲」と「門風」を形成し家系を見分けるための重要な特徴となった。第三に、会昌の廃仏が大量の仏教寺院を壊滅させ、この大きな災厄の後、晩唐の統治者はある種の寛大な政策を採り、世俗の庶民に無制限にその地の村で寺院を建造し、僧尼が出家得度するのを援助することを許した。そして唐王朝の衰退につれて生まれた益々大きくなっていく遠心力と、その後相次いで築かれた五代十国は、さらに地方の有力者が自由に仏教寺院を創建もしくは援助することを許した。多くの禅僧がこのチャンスを摑んで、馬祖及びその弟子という手本に追随し、大量の禅寺禅院を建立しており、考証しうるものとしては三百二十箇所余りがある。これらの寺院は禅宗の発展繁栄の重要な土台となり、一つには数多の信徒を集め、また一つには代々継承され、そこからある種の「世代」と称される寺院の世系という新たな観念を出現させ、代々受け継ぐ住持は「一世」、「二世」、「三世」等によって呼ばれるようになった。晩唐五代の禅寺禅院の大量出現と盛んな発展は、多くの家系の出現をもたらしたのみならず、徐々に強大な勢力を形成し、最後には禅宗寺院の北宋における正式な官化と体制化を促した。

　最後の一章では、一歩進んで晩唐五代期の禅宗における八つの主な家系、潙仰・曹洞・徳山・臨済・石霜・雪峰・雲門・法眼を検討する。この頃の禅宗は宗旨の面で既に古典禅思想の基礎に融合しており、その上で各家各系が標榜するのは主に各々の機縁問答の手立てと門風家曲である。本章は試みに比較的信頼しうる文献資料を用いることによって、この八つの派閥の禅法と門風を分析する。晩唐五代の頃の機縁問答は成熟に到り、禅門の師弟の授受における重要な実践となっていたが、しかし禅僧たちは話に尾鰭を付けることを好み、自分たちの祖師のために絶え間なく新たな資料を捏造・増補しており、特に顕著なのが機縁問答の短語、偈頌及びこれに伴う物語である。『祖堂集』と『伝灯録』の中の機縁問答も、すでに全て信じることはできないし、『臨済語録』、『雲門広録』等の現行の語録集は、いずれも宋代かさらに遅くに編集・刊行されており、増補部分が一層多く、直に引用することはできない。紙幅の制限により、本書ではあらゆる現行の晩唐五代の語録を逐一考証するすべはなく、そのため慎重を期して、本章が主に採用したのは、『祖堂集』、『宗鏡録』、『伝灯録』中に載せられた上堂語、金石碑誌及び『宋高僧伝』等の書中の伝記資料、及び例えば敦煌写本等の、その他幾つかの比較的信頼しうるとはっきり分かっているテキストである。考察の結果によれば、仰山慧寂は恐らく密教の曼荼羅の啓発を受けて、円相を描くという門風を創始した。洞山良价と曹山本寂（八四〇―九〇一）の系統は偈頌を得意とし、所謂偏正五位等の曹洞宗の指導方法は、主に曹山と洞山の後裔による五代から北宋初の漸次の発展である。徳山宣鑑の系統は恐らく棒で打つ門風を創始した。臨済義玄（?―八六七）の系統は恐らく喝を叫ぶ門風を創始したが、しかし所謂三玄三要、四賓主、四料揀、四照用等の門庭施設は、臨済の後裔である首山省念（九二六―九九四）、谷隠蘊聡（九六五―一〇三二）、汾陽善昭（九四七―一〇二四）等による五代後期から北宋初の発展である。石霜慶諸（八〇七―八八八）の系統は本来は坐禅を際立った特徴としており、所謂君臣和合の門庭施設等は、石霜の後裔によるさらなる発展である。雪峰義存（八二二―九〇八）の系統は恐らく挙・徴・拈・代・別という機縁問答の方策を創始し、宋代公案禅、文字禅、看話禅の先駆けとなった。雲門文偃（八六四―九四九）の系統は卑俗、罵倒、単刀直入という言語スタイルを特徴とし、所謂雲門三句と一字関は、その後裔の徳山縁密等による五代末から北宋初の発展である。法眼文益の系統は師祖である玄沙師備の遺風を発揚し、経論の重視と禅と教との融合を主な特徴とする。

晩唐五代の禅宗の派閥に関するもう一つの重要な発展は、各方鎮・王国の大きな援助の下で、禅寺禅院を積極的に拡大・建立したことである。重要な家系はほぼ全て自分たちの自院を建立しており、自身の系統もしくは外の系統の禅師によって代々住持された。そして潙山、雪峰、雲門等の諸家の宗師は、みな仏教の戒律に従って寺規を設け、寺院を厳しく管理し、禅宗教団と世俗の民衆の境目を明確に区別し、寺院中の禅衆が仏教信仰を確固とさせ、遙か高い目標を打ち立て、道徳による自律を行うよう要求した。この類の寺院の建立は、禅宗の伝承を法系と宗旨の面で具現化したのみならず、実際の宗教機構と経済体制の面でも具現させ、それによって禅宗の繁栄・発展を直に促し、北宋における禅寺の正式な官化と制度化のために基礎を築いた(59)。

本書には三つの附録がある。附録一では馬祖の語録の中にある考証を経て比較的信頼しうると確定した部分を校注しており、六則の示衆語と三則の対話を含む。注釈は仏典の出典を注記し、名称・事物の語句を解釈する以外に、比較的信頼できほぼ年代を定めうる大量の資料を引用して馬祖の禅思想の傍証としており、そこには馬祖の弟子の言葉及び宗密とその他同時代人の批評等を含む。

附録二では仏教大蔵経・碑誌・文集・史書・筆記・地方志等の各種の史料を全面的に収集して、晩唐五代の禅寺禅院を考証し、合計三百二十箇所余りとなった。これらの寺院は、あるものは禅僧が独力で開山建立したもので、あるものは財力と権勢のある賛助者の援助を得て建立されており、多くが明確に「禅寺」もしくは「禅院」と称され、大多数は禅僧によって代々住持されたことが分かる。外にも以前から存在した寺院が、この頃に額を改めて禅寺禅院となったり、禅僧を招いて代々住持させた場合が幾つかあるので、これも本附録の考証対象として収録した。

附録三では現行の寒山詩集の中における禅詩の作者を考証した。現行『寒山詩集』所収の三百首余りの詩において、その風格と内容が雑駁なのは、つとに周知のことである。多くの学者が前後してこれらの詩が同一の作者の手になるか否かについて疑問を提起したが、資料の乏しさ故に、これまでずっと可能性のある作者を説得力を持って考証することができなかった。本附録では『寒山詩集』の中の五十首余りの禅詩を考察対象とし、これに関する学者たちの研究の基礎の上に、内容と形式の両面において対比分析し、かつ大量の原資料を結びつけることで厳密な考証を行う。そして、比較的十分な証拠によって、これらの禅詩は主に古典禅の思想を具現しており、かつ機縁問答の慣用語を大量に採用して、その字音と押韻方法も晩唐の人にかなり近いことを論証する。その本当の作者は寒山ではなく、曹山本寂である。曹山はかつて『対寒山子詩』を撰述しており、詩によって詩に注するという形式であった。これらの注釈としての詩が後に本来の詩と混じり合い、我々が今日『寒山詩集』の中で目にするこの独特な禅詩の部分となったのである。そこで、これらの禅詩は本章の第十章において曹洞系の禅法門風を研究するのに用いられたのである。

本書の研究によれば、古典禅とは「反伝統」の伝統ではなく、また宋代禅僧が創造した「神話」でもない。この禅宗発展史上に聳え立つ一つの重要な段階は、活力と創造性に満ちあふれた伝統であり、一方ではインド仏教、中国仏教、初期禅宗の豊かな遺産を継承発展させ、また一方では宋代以降の禅宗発展のために宗旨、実践、祖統、寺院建立の手本を提供し、極めて重大で深い影響を生み出した。事実として、中国・朝鮮・日本・ベトナム等の禅宗の伝統を含めて、あらゆる後代の禅宗の家系・派閥は、ほぼ全て古典禅から生み出されたのである。

中唐から五代を禅宗の伝統が発展した古典時期もしくは黄金時代だと認めることは、宋代が禅宗の衰退期だと絶対に言明せねばならないことを意味してはいないし、あるいはその反対なのである。もし我々が公平な視点によってこれら二つの時代を観察したら、二者がいずれも禅の黄金時代であることに気づくだろう。一方では、唐から宋までの禅宗の伝統において、宗旨・実践の発展及び祖統世系の構築は連綿と続き、代々受け継がれた。また一方では、唐宋禅宗の発展の様々な段階には各々に重要な特色と成果がある。唐中葉以前の初期禅の段階では、禅運動の各支系は、衆生はみな仏性を持つという信仰、及び禅定の伝統から発展した各種の宗教的実践へと緩やかに統一され、かつ祖統についての継続的な構築を通して一定の特性と正当性を手に入れた。しかしながら、この初期の段階においては、「禅宗」という語はまだ現れておらず[60]、「東山法門」「大乗頓教[61]」「達摩宗[62]」「禅門」等の[63]、様々な呼称によってこの伝統を指し示していた。これらの様々な呼称は、禅門の各系統が自己の地位・特徴について一致した認識を持つに到っていないことを示している。唐中葉から五代の古典禅の段階では、如来蔵思想と般若の中観理論を融合した「即心是仏、無心是道（心こそが仏、無心が道）」が、次第に禅の伝統的な基本の宗旨となっていき、機縁問答の教学の実践と啓悟の手段が出現・成熟し始め、禅宗の祖統の構築が最終的に完成し、禅宗寺院の建立もおおよその形が備わった。この段階には、禅宗の呼称は既に幅広く用いられており[64]、このことは禅宗が一つの独立し、発展成熟した宗派として、既に普遍的に認められていたことを物語っている。宋代になると、禅宗は高度な成熟に到り、その祖統世系、宗旨・思想、宗教的実践、寺院の体制はみな十全に発展させられ、大量の禅文献が編集・刊行・解釈・経典化されて、禅宗は中国仏教の伝統の中で主流の地位を占め、禅思想と実践は世俗の社会・文化・思想の各方面に浸透した。

本書の執筆は作者が一九九九年に完成させた博士論文『洪州禅と唐代の文人』に端を発する[65]。論文の前半部分は修訂増補を経て、ニューヨーク州立大学出版社によって二〇〇六年に英語による専著『八世紀から十世紀の洪州禅の研究』として出版された[66]。その後、作者は英語版を基礎としてさらに増訂し、研究の範囲を馬祖の師弟を代表とする洪州禅から、中唐から五代の古典禅全体の発展過程へと拡大し、かつ幸いにもオックスフォード大学によって二〇一〇年に繁体字中国語版『古典禅研究——中唐至五代禅宗発展新探』として出版していただいた[67]。このたびは幸いにも上海人民出版社により簡体字中国語版を出版していただけることになり、筆者はまたかなりの程度の重要な増訂を行った。

注

（1）一部の学者はこの古典時期を宋景徳元年（一〇〇四）、つまり『景徳伝灯録』編纂時まで延ばす。この時代区分は恐らく『祖堂集』、『伝灯録』等が禅宗の古典テキストとなった過程をより正確に反映している。Urs App, "The Making of a Chan Record: Reflections on the History of the Records of Yunmen 雲門広録"、『禅文化研究所紀要』第一七号（一九九一）、注三・二頁を参照。

（2）例えば、呉経熊（一八九九―一九八六）『禅学的黄金時代』（台北：中華大典編印会、一九六七）。

（3）例えば、Dale S. Wright, "Emancipation from What? The Concept of Freedom in Classical Ch'an Buddhism," *Asian Philosophy* 3.2 (1993): 124; "The Discourse of Awakening: Rhetorical Practice in Classical Ch'an Buddhism," *Journal of American Academy of Religion* 61.1 (1993): 23; John McRae, *Seeing through Zen: Encounter, Transformation, and Genealogy in Chinese Chan Buddhism* (Berkeley: University of California Press, 2003), 19.（訳者付記：ジョン・マクレー著、小川隆訳『虚構ゆえの真実――新中国禅宗史』東京：大蔵出版、二〇一二）。

（4）胡適「神会和尚遺集序」黄夏年編『胡適集』所収（北京：中国社会科学出版社、一九九五）四〇頁（訳者付記：小川隆訳『駒沢大学禅研究所年報』第一号、一九九〇、第二号、一九九一）。

（5）胡適「禅宗史的真歴史与仮歴史」『胡適集』三二一―二六頁。

（6）主に以下を参照。宇井伯寿（一八八二―一九六三）『禅宗史研究』（一九三九、再版、東京：岩波書店、一九六六）、柳田聖山（一九二二―二〇〇六）『初期禅宗史書の研究』一九六七、『柳田聖山集』第六巻（京都：法蔵館、二〇〇〇）に再版収録、篠原寿雄・田中良昭『敦煌仏典と禅』（東京：大東出版社、一九八〇）、田中良昭『敦煌禅宗文献の研究』（東京：大東出版社、一九八三）、John McRae, *The Northern School and the Formation of Early Ch'an Buddhism* (Honolulu: University of Hawaii Press, 1986)；洪修平『禅宗思想的形成与発展』（高雄：仏光出版社、一九九一）、潘桂明『中国禅宗思想歴程』（北京：今日中国出版社、一九九二）、杜継文・魏道儒『中国禅宗通史』（南京：江蘇古籍出版社、一九九三）、Heinrich Dumoulin, *Zen Buddhism: A History*, vol. 1, trans. James W. Heisig and Paul Knitter (Rev. ed., New York: Macmillan,1994)；Bernard Faure, *The Will to Orthodoxy: A Critical Genealogy of Northern Chan Buddhism* (Stanford: Stanford University Press, 1997)；楊曽文『唐五代禅宗史』（北京：中国社会科学出版社、一九九九）、葛兆光『増訂本中国禅思想史——従六世紀到十世紀』（上海：上海古籍出版社、二〇〇八）。

（7）簡潔に言えば、胡適は、禅はただ歴史的背景の中に置くことでのみ理解でき、現代史学家はこの歴史を再度構築することに努めるべきだと強調した。鈴木は論駁して、もし禅の中から歴史を捜すなら、要点を見落とすことになってしまう、なぜなら禅の根本とは時間を超越した真理であり、歴史と形而上学を超越した体験だからである、と述べた。胡適、"Ch'an/Zen Buddhism in China: Its History and Method," *Philosophy East and West* 3.1 (1953)：3–24（訳者付記：小川隆訳「胡適『中国における禅——その歴史と方法論』」『駒沢大学禅研究所年報』第一一号、二〇〇〇）、鈴木大拙（Suzuki Daisetsu）、"Zen: A Reply to Hu Shih," *Philosophy East and West* 3.1 (1953)：25–46.

（8）主に以下を参照。柳田聖山『初期禅宗史書の研究』一七—一八頁、"The 'Discourse Records' Texts of Chinese Ch'an Buddhism," in Whalen Lai and Levis R. Lancaster, eds., *Early Chan in China and Tibet* (Berkeley: Asian Humanities Press, 1983), 193–94, 198; John C. Maraldo, "Is There Historical Consciousness within Ch'an?" *Japanese Journal of Religious Studies* 12.2–3 (1985)：141–72; Bernard Faure, *Chan Insights and Oversights: An Epistemological Critique of the Chan Tradition* (Princeton: Princeton University Press, 1993), 122; Heinrich Dumoulin, *Zen Buddhism: A History. Vol. 1. India and China*, trans. James W. Heisig and Paul Knitter (Revised ed., New York: Macmillan, 1994), xvii–xxiii.

（9）主に以下を参照。T. Griffith Foulk, "Myth, Ritual, and Monastic Practice in Sung Ch'an Buddhism," in Patricia B. Ebrey and Peter N. Gregory, eds., *Religion and Society in T'ang and Sung China* (Honolulu: University of Hawaii Press, 1993), 149–50.

（10） Mario Poceski, "*Mazu yulu* and the Creation of the Chan Records of Sayings," in Steven Heine and Dales S. Wright, eds., *The Zen Canon: Understanding the Classic Texts* (New York: Oxford University Press, 2004), 72-75.

（11） そのなかの一部の例外として、例えば柳田聖山が百丈懐海（七四九―八一四）に帰される数則の機縁問答の添加・混合と捏造の過程、及び『鎮州臨済慧照禅師語録』の増補・変化の過程を丹念に考証したことは、『語録の歴史――禅文献の成立史的研究』、『禅文献の研究』上冊所収、『柳田聖山集』第二巻（京都：法蔵館、二〇〇一）三五二―六四頁。沖本克己も「臨済録における虚構と真実」（『禅学研究』第七三号、一九九五、一七―四九頁）の一文において、現行の臨済語録は真偽が混交していることを指摘し、その中の数則の対話における書き換えの過程を考察した。その後 Albert Welter はさらに『臨済録』の編集過程について詳しい考察を行っており、*The Linji lu and the Creation of Chan Orthodoxy* (New York: Oxford University Press, 2008), 81-163 に見える。Urs App は "The Making of a Chan Record"（一―九〇頁）の中で『雲門匡真禅師広録』形成の三段階を詳しく考察し、北宋初以前のテキストは僅かに全体の二七%を構成するのみだと証明している。しかし全体的に言えば、禅宗歴史文献学の研究は既に完成していて時代遅れだと声高に言う学者もいるが、古典禅の文献研究は実際にはまだ本当には繰り広げられておらず、時代遅れなどとはなおさら言えない。

（12） 陳寅恪「梁訳大乗起信論偽智愷序中之真史料」『金明館叢稿二編』（北京：三聯書店、二〇〇一）一四七―五二頁。

（13） 賛寧『宋高僧伝』（北京：中華書局、一九八七）二頁。

（14） 志磐『仏祖統紀』『大正蔵』第四九冊、巻四三、四〇〇頁a。

（15） 『宋高僧伝』巻一〇、二三六頁。

（16） 周紹良・趙超等編『唐代墓誌彙編続集』（上海：上海古籍出版社、二〇〇一）九一三頁。

（17） 董誥（一七四〇―一八一八）等編『全唐文』（北京：中華書局、一九八三）巻九一九、一〇頁b―一一頁a。

（18） 『唐黄御史公集』（『四部叢刊』本）巻五、三二頁b―三七頁b。

（19） 『宋高僧伝』巻二六、六六四―六五頁、皎然「唐湖州仏川寺故大師塔銘並序」『昼上人集』『四部叢刊』本、巻八、五一頁b―五三頁a。

（20）『宋高僧伝』巻二六、六六五―六六頁、皎然「唐湖州大雲寺故禅師瑀公碑銘並序」巻九、五八頁b―六〇頁a。

（21）『宋高僧伝』巻二六、六七七―七八頁、皎然「蘇州支硎山報恩寺法華院故大和尚碑並序」巻九、五七頁a―五八頁b。

（22）これは歴代の高僧伝の慣例であり、Arthur F. Wright が半世紀あまり前に慧皎（四九七―五五四）の『高僧伝』を研究した際、既にこの点を指摘している。"Biography and Hagiography: Hui-chiao's *Lives of Eminent Monks*," 京都大学人文科学研究所編『創立廿五周年記念論文集』所収（京都：京都大学人文科学研究所、一九五四）、四二七頁。

（23）『全唐文』巻三一九、一四頁b―一九頁b。

（24）Chou Yi-liang (1913-2001), "Tantrism in China," *Harvard Journal of Asiatic Studies* 8.3-4 (1945): 248-51（訳者付記：銭文忠訳『唐代密宗』上海：上海遠東出版社、一九九六、九―一二頁）。歴代の高僧伝の編者たちが碑銘と神異譚の二種類の資料を総合的に利用したことについては、篠原孝市に詳細かつ深く掘り下げた分析があり、次に見える。Koichi Shinohara "Two Sources of Chinese Buddhist Biographies: Stupa Inscriptions and Miracle Stories," in Phyllis Granoff and Koichi Shinohara, eds., *Monks and Magicians: Religious Biographies in Asia* (Oakville, Ont.: Mosaic Press, 1988), 119-229.

（25）Timothy H. Barrett, "Review," *Bulletin of the School of Oriental and African Studies*, 20.2 (2007): 437-38.

（26）詳しい考証は本書附録二「晩唐五代禅寺考」参照。

（27）Barrett, "Review," 437-38 に見える。

（28）主に以下を参照。Hippolyte Delehaye, *The Legends of the Saints*, trans. Donald Attwater (New York: Fordham University Press, 1962); Peter Brown, "The Saint as Exemplar in Late Antiquity," *Representations* 1.2 (1983): 1-25; Reginald Ray, *Buddhist Saints in India: A Study in Buddhist Values and Orientations* (New York: Oxford University Press, 1994), 220-30; Mu-chou Poo, "The Images of Immortals and Eminent Monks: Religious Mentality in Early Medieval China," *Numen* 42 (1995): 172-96; John Kieschnick, *The Eminent Monk: Buddhist Ideals in Medieval Chinese Hagiography* (Honolulu: University of Hawaii Press, 1997), 1-2; John Jorgensen, "Hagiography: Buddhist Perspectives," in William M. Johnston, ed., *Encyclopedia of Monasticism*, 2 vols.(Chicago: Fitzroy Dearborn, 2000), 1: 563-64.

（29）Jinhua Chen, *Philosopher, Practitioner, Politician: The Many Lives of Fazang* (643-712)（Leiden: Brill, 2007), 1-12.

（30）権徳輿（七六一―八一八）「唐故洪州開元寺石門道一禅師塔銘並序」『権載之文集』（『四部叢刊』本）巻二八、一頁ａ―三頁ａ。

（31）Mario Poceski, *Ordinary Mind as the Way: The Hongzhou School and the Growth of Chan Buddhism*（Oxford: Oxford University Press, 2007), 22.

（32）詳しい考察は本書第二章参照。

（33）例えば、Yün-hua Jan, "Tsung-mi: His Analysis of Ch'an Buddhism," *T'oung Pao* 8（1972）: 2-3; 呂澂『中国仏学源流略講』（北京：中華書局、一九七九）二三六―二三七頁、Maraldo, "Is There Historical Consciousness within Ch'an," 156-58; Peter Gregory, *Tsung-mi and the Sinification of Buddhism*（Princeton: Princeton University Press, 1991), 15-16; Jeffrey Lyle Broughton, *Zongmi on Chan*（New York: Columbia University, 2009), 9-39.

（34）これに関する詳しい検討と考証は、本書第五章と附録一参照。

（35）Dales Wright, *Philosophical Meditations on Zen Buddhism*（Cambridge: Cambridge University Press, 1998), 1-19参照。もう一つの黄檗語録を記録したテキスト『宛陵録』（『大正蔵』第四八冊）も、裴休編と記している。しかし、裴休は「伝心法要序」の中で、この編纂物は黄檗の洪州と宛陵の両地における法要を含むと既に明確に述べている。（『大正蔵』第四八冊、三七九頁ｂ―ｃ）。その他、『宛陵録』はいくつかの晩唐以後に初めて現れる成熟した機縁問答を含んでおり、『伝心法要』の対話スタイルとは類似しない。柳田聖山は、この録は黄檗の弟子に編纂されたはずだと考えているが（『語録の歴史』三七三頁）、しかし黄檗の直弟子より後の増補があるかもしれない。

（36）許慎（五八？―一四七？）『説文解字』（北京：中華書局、一九六三）一五一頁、于省吾・姚孝遂等編『甲骨文字詁林』（北京：中華書局、一九九六）第二〇四一号、一九八七―九二頁。Albert Welter, "The Problem with Orthodoxy in Zen Buddhism: Yongming Yanshou's Notion of *zong* in the *Zongjing lu*（Records of the Source Mirror)," *Studies in Religion* 31.1（2002）: 7-8参照。

（37）湯用彤「論中国仏教無十宗」『哲学研究』第三輯（一九六二）四七—五四頁、「中国仏教宗派問題補論」『北京大学学報』第五輯（一九六三）一—一八頁、真野正順『仏教に於ける宗観念の成立』（東京：理想社、一九六四）一三四—九六頁、平井俊栄『中国般若思想史研究——吉蔵と三論学派』（東京：春秋社、一九七六）二七—五七頁、Stanley Weinstein, "Schools of Buddhism: Chinese Buddhism," in Mircea *Eliade, ed., Encyclopedia of Religion* (New York: Macmillan, 1987), 2: 482-87.

（38）真野正順『仏教における宗観念の成立』二〇九—一一頁、John Jorgensen, "The 'Imperial' Lineage of Ch'an Buddhism: The Role of Confucian Ritual and Ancestor Worship in Ch'an's Search for Legitimation in the Mid-T'ang Dynasty," *Papers on Far Eastern History* 35 (1987): 89-133; and T. Griffith Foulk, "The Ch'an *Tsung* in Medieval China: School, Lineage, or What?" *The Pacific World*, New Series 8 (1992): 18-31.

（39）Jorgensen, "'Imperial' Lineage of Ch'an Buddhism," 89-133 参照。

（40）Hirakawa Akira, *A History of Indian Buddhism: From Śākyamuni to Early Mahāyāna*, trans. & ed. Paul Groner (Honolulu: University of Hawaii Press, 1990), 83-86 参照。

（41）Étienne Lamotte, *History of Indian Buddhism: From the Origins to the Śaka Era*, trans. Sara Webb-Boin and Jean Dantinne (Louvain-Paris: Peeters Press, 1988), 517-23 参照。

（42）智顗（五三八—五九七）述・灌頂（五六一—六三二）記『摩訶止観』『大正蔵』第四六冊、一頁a—b。胡適「荷沢神会大師伝」『胡適集』七三頁、安藤俊雄『天台学——根本思想とその展開』（京都市：平楽寺書店、一九六八）七頁。

（43）Bernard Faure, The Will to orthodoxy, 9.（訳者付記：蔣海怒訳『正統性的意欲——北宗禅之批判系譜』上海：上海古籍出版社、二〇一〇、一一頁）。

（44）その他の五つの教団の代表は僧稠（四八〇—五六〇）、僧実（四七六—五六三）、智璀（?—五七七?）、慧思（五一五—五七七）、智顗（五三八—五九七）、慧瓚（五三六—六〇七）。Jinhua Chen, "An Alternative View of the Meditation Tradition in China: Meditation in the Life and Works of Daoxuan (596-667)," *T'oung Pao* 88.4-5 (2002): 345-67, 384-85; *Monks and Monarchs, Kinship and Kingship: Tanqian in Sui Buddhism and Politics* (Kyoto: Scuola Italiana di Studi sull'Asia Orientale,

2002), 149-80 参照。

（45）張説（六六七—七三一）「唐玉泉寺大通禅師碑銘並序」姚鉉（九六八—一〇二〇）編『唐文粋』（『四部叢刊』本）巻六四、一頁a—三頁a。

（46）仏教史上の家系と正統の関係については、Albert Welter, "Lineage," in Robert E. Buswell, Jr., ed. *Encyclopedia of Buddhism* (New York: Macmillan, 2004), 461-65 参照。

（47）Weinstein は「十分に発展成熟した宗派」によって第一タイプの伝統と家系を指している。"Schools of Buddhism," 484 参照。

（48）Foulk は本当の人物によって構成された教団であってこそ初めて宗派と称しうると考えている。"Ch'an *Tsung* in Medieval China," 19 参照。しかしながら、北宗や荷沢といった、Foulk によって宗派と確認されたものを含め、ほとんど全ての禅宗の派閥が虚構と真実の人物の二つによって構成されているため、この定義は決して重要ではない。この見解の本当の価値は用語の用い方ではなく、方法論上の示唆に在る。ある家系もしくは宗派を研究する際、我々はまずその世系の中の本当の成員と虚構の祖師を区分し、それから異なった角度からこの二組の人物を論じて、第一組の実際の構成、宗旨、実践を検討し、第二組が包含しているかもしれない権威と正統の象徴としての意義を指摘すべきである。

（49）関連の批判は柳田聖山『無の探求——中国禅』（東京：角川書店、一九六九）二〇—二五頁、Bernard Faure, *Chan Insights and Oversights*, 52-88; 龔雋『禅史鉤沈——以問題為中心的思想史論述』（北京：三聯書店、二〇〇六）一六—二四頁を参照。

（50）Robert E. Buswell, *The Korean Approach to Zen: The Collected Works of Chinul* (Honolulu: University of Hawaii Press, 1983), 213 参照。

（51）詳しい論述は本書第六章「古典禅の宗旨及び実践」を参照。

（52）例えば、Bernard Faure が指摘するように、たとえ胡適と鈴木大拙の禅史研究に関連する考え方に相違があっても、彼らはいずれも単純化して禅を中国の智恵の産物、及び神通力の迷信あるいは抽象的な論理的思考であるインド仏教からの解放と見なしていることは、*Chan Insights and Oversights*, 64, 97–98 に見える。John Jorgensen も范文瀾が単純に「慧能思想」／禅思想の淵源を荘子思想と説明し中国思想を根本としたことを批判している。*Inventing Hui-neng, the Sixth Patriarch: Hagiography and Biography in Early Ch'an* (Leidon: Brill, 2005), Preface, xii 参照。

(53) 詳しい論述は本書第六章「古典禅の宗旨と実践」を参照。

(54) 頼賢宗『仏教詮釈学』（北京：北京大学出版社、二〇〇九）二五—五八頁参照。

(55) 他に一人が新羅へ戻り、二人は居士で、二十九人は所在不明である。仏光如満は湖南省と河南省に住したことがあるが、彼は湖南省で寺院を創建したため、ここでは湖南省に含める。

(56) 胡適「与柳田聖山論禅宗史書」『胡適集』三三六—三七頁。

(57) McRae, *The Northern School*, 7–8, 252–53; *Seeing through Zen*, 9–21（訳者付記：小川隆訳『虚構ゆえの真実——新中国禅宗史』東京：大蔵出版、二〇一二、一三—三六頁）。

(58) そのうち幾つかの例外がある。例えば宇井伯寿（一八八二—一九六三）は記録に見える数名の北宗、荷沢の後裔が唐末に亡くなったことを論じた。『禅宗史研究』（一九三九、再版、東京：岩波書店、一九六六）三二九—三〇頁。その他、K. J. Solonin は、宗密の禅学著作数種の漢文原文とその西夏語による訳注、及び西夏テキスト『鏡』（Tang. 412, No. 113）、『洪州宗師教儀』（Tang. 1111, No. 2529）、『洪州宗趣注解明護記』（『洪州宗師趣注開明要記』とも訳す、Tang. 112, No. 2540）等を含めて、黒水城（カラホト）で発見された西夏の禅文献を分析し、これらの文献が宗密の禅思想を具現し、宗密の華厳禅によって洪州禅を取り込むという傾向を表していることを指摘した。かつこれによって宗密の禅系（すなわち荷沢系）が会昌の廃仏後に一般に認められているように消失したりしてはおらず、西北地域で継続し、さらに西夏に伝わって、十二世紀中葉まで発展した可能性があると推測する。K. J. Solonin, "Tangut Chan Buddhism and Guifeng Zongmi,"『中華仏学学報』第一一期（一九九八年七月）三六五—四二四頁、"Hongzhou Buddhism in Xixia and the Heritage of Zongmi (780–841): A Tangut Source." Asia Major 16.2 (2003): 57–103 参照。また Jeffrey Lyle Broughton, *Zongmi on Chan*, 45–50 を参照。

(59) 説明しておくべきは、晩唐五代とは禅宗発展のポイントとなる時期であるが、しかし紙幅の都合により、本書のこの時期についての検討は主として古典禅発展の主な流れに集中する。この時期の多くの家系の勃興、各種の門風家曲の発明と展開、大量の禅寺禅院の建立等は、みな一層綿密で全面的な考証と分析が必要であるが、これらはさらなる研究を待つほかない。

(60) この語は道宣の『続高僧伝』の中に幾度か現れているが、しかしいずれも禅師、すなわち坐禅あるいは苦行を実践した僧侶を指し示した。柳田聖山『初期禅宗史書の研究』四四七—四九頁を参照。

(61) 円仁『入唐新求聖教目録』『大正蔵』第五五冊、一〇八三頁b、楊曽文編『六祖壇経』(北京:中華書局、二〇〇一)一頁。

(62) 楊曽文編『神会和尚禅話録』(北京:中華書局、一九九六)、一五頁。

(63) 例えば、李邕(六七八—七四七)「大照禅師塔銘」『全唐文』巻二六二、三頁b、『楞伽師資記』『大正蔵』第八五冊、一二八六頁c、『神会和尚禅話録』四五頁。

(64) Foulk は、十世紀中葉以前には、宗密が「禅宗」の語を用いたことがあるだけだと断定した(“Ch'an *Tsung* in Medieval China,” 25)。この判断は文献による証明が不足している。澄観がおおよそ七八四—七九〇年に『華厳経』のために作った二つの注疏の中で、彼は頻繁にこの語を用いており、幾つかの部分では「禅宗六祖」もしくは「禅宗は達磨より伝わる」ことを明示してすらいる。『大方広仏華厳経疏』『大正蔵』第三五冊、巻二、五一二頁b—c、巻一五、六〇九頁b、『大方広仏華厳経随疏演義鈔』『大正蔵』第三六冊、巻八、六二頁a—b、巻二〇、一五六頁c、巻二九、二二四頁a等に見える。敦煌写本『頓悟大乗正理決』(ペリオ四六四六、スタイン二六七二)の中には、七九二—七九四年(一部の学者は七八〇—七八二年とする)に吐蕃で発生した仏教論争を記したテキストがあり、その中に「禅宗」という語が四度現れる。Paul Demiéville, *Le concile de Lhasa* (Paris: Press Universitaires de France, 1952), 24, 39, 119, 177.(訳者付記:耿昇訳『吐蕃僧諍記』北京:西蔵人民出版社、二〇〇一、三三、五六、一四七、一五三頁)、柳田聖山『初期禅宗史書の研究』四五四—五五頁に見える。黄檗の『伝心法要』では、この語が一度現れる。中唐期に禅師のために撰述された碑文でも、この語は普遍的に用いられており、例えば権徳輿(七六一—八一八)が七九一年に馬祖のために撰述した塔銘、及び八一七年に章敬懐暉のために撰述した碑文(『権載之文集』『四部叢刊』巻二八、一頁a—三頁a、巻一八、一三頁a—一四頁b)である。李朝正が八一七年に撰述した「重建禅門第一祖菩提達摩大師碑陰文」の中では、達摩は「禅宗第一祖」と称されている(『全唐文』巻九九八、一頁a—b

三頁)。日本の入唐僧である円行、円仁、恵運、円珍等の書目及び其の他の著作中でも、禅宗という語が至る所に見られる。

(65) Jinhua Jia, "The Hongzhou School of Chan Buddhism and the Tang Literati" (PhD diss., University of Colorado at Boulder, 1999). 論文の後半部分は筆者の中国語の専著『唐代集会総集与詩人群研究』(北京:北京大学出版社、二〇〇一)に吸収された。

(66) Jinhua Jia, *The Hongzhou School of Chan Buddhism in Eighth-through-Tenth Century China* (Albany: State University of New York Press, 2006).

(67) 賈晋華『古典禅研究——中唐至五代禅宗発展新探』(香港:牛津大学出版社、二〇一〇)。

[訳者付記] 本章は、賈晋華著・村田みお訳「『古典禅研究』序論」として『禅文化研究所紀要』第三三号(二〇一六年)に発表済であるが、本書刊行にあたって訳文・表記に変更を加えた箇所がある。

第二章　馬祖道一の伝法の経歴と時代背景(1)

洪州禅／古典禅を創始した祖師と崇められる馬祖道一（七〇九―七八八）は、中国禅宗発展史上における最も重要な人物の一人である。おおよそ八十年にわたる生涯の中で、馬祖は八世紀に生じたほぼ全ての重大な事件を経験した。若年期の沙弥と習禅者としての二つの修行時代は、唐玄宗（七一二―七五六在位）の「開元の治」（七一三―七四一）と対応しており、この時期は政治が安定し、経済が栄え、軍事が拡張されたことで名高い。彼はおおよそ玄宗天宝年間（七四二―七五六）初めに禅師として弟子をとって伝法し始めており、この頃は唐王朝が表面的には依然として強大で栄えていたが、すでに多くの潜在的な危機がはらまれ、増大していた。その後八年の安史の乱（七五五―七六三）の間、馬祖は比較的辺鄙な江西の山中で伝法し続けており、そのため戦乱の影響を受けることはかなり少なかった。戦乱の後、益々強大になる地方軍事政権の力に支えられ、馬祖は江西の重要都市である洪州で巨大な教団を形成することに成功した。

少なからざる現代の学者が既に馬祖の伝記を作り上げることに尽力し、多くの目覚ましい成果のある考証を完成させたが(2)、しかし馬祖の伝記は依然として完全ではなく、彼の生涯における多くの重要な事件がまだ明晰あるいは正確に描出されてはいない。学界の研究成果を基礎として、本章はさらに各種の関連史料を収集し、馬祖の生涯における各段階を丹念に考察して出来る限り完全な新たな伝記を構築し、かつその伝法の過程と時代背景の関係を検討する。

馬祖の生涯に関する最も重要な資料は唐代の三篇の碑文である。一つ目は包佶（七二七?―七九二）が馬祖のために撰述した碑文で、七八八年馬祖死去後間もなく著された。原碑はとうに存在しないが、しかし幸いにもほぼ全文が『宋高僧伝』の馬祖本伝に保存されている。(3)二つ目は「唐故洪州開元寺石門道一禅師塔銘並序」で、権徳輿によって七九一年に撰述された。三つ目は簡潔な題記であり、江西観察史・洪州刺史である李兼等によって、七九一年に馬祖の舎利が塔に収められた際に、舎利を収めた石函の側面に刻まれ、一九六六年になって江西靖安県宝峰寺馬祖禅師大荘厳塔の地宮内部から出土した。(4)その他のおおむね信頼できる断片的な資料としては、馬祖門人たちのために撰述された碑文、宗密及び唐代の文人たちによる関連著作等がある。その他、『祖堂集』と『景徳伝灯録』の馬祖章でもそれぞれ生涯を略述しており、(5)そのうちに見られる上述の碑文と異なる幾つかの箇所は、恐らく馬祖門人が編纂した『宝林伝』から採られたのであろう。(6)例えば『宝林伝』の佚文に「大師至性慈愍、(其)〔甚〕(環)〔瓌〕偉、頚有二約、足有二輪。説法住世、四十年矣（大師は卓越した品性を備えて慈悲に満ち、並外れて優れており、首には二本の線があり、足の裏には二つの輪形の模様があった。この世で説法をすること四十年であった）」(7)とあり、『祖堂集』はというと「大師志性慈愍、容相瓌奇、足下二輪、頚有三約。説法住世、四十余年（大師は慈悲に満ちた気性で、容貌は並外れて優れており、足の裏には二つの輪形の模様、首には三本の線があった。この世で説法をすること四十年余りであった）」(8)と述べている。『宝林伝』と『祖堂集』、『伝灯録』にはいずれも虚構性があるため、この種の資料は慎重に用いることになるだろう。(9)黄竜慧南（一〇〇二―一〇六九）によって北宋中葉に編纂された『江西馬祖道一禅師語録』では、馬祖の生涯に関する部分にはその他の文献に見えない資料は含まれていないので、(10)このテキストが本章の考証に用いられることはありえない。

一、蜀中での出家

馬祖道一は俗姓馬であり、後の尊称である「馬祖」はここから生まれた。彼は七〇九年に漢州什邡県（今の四川省什邡）で生まれた。馬祖の生没年については、最も早い二篇の碑文がいずれも唐徳宗貞元四年（七八八）に没し、享年八十であったと記しており、遡ると唐中宗景竜三年（七〇九）に生まれたことになる。(11)多くの中国の僧侶が享年八十歳と自称したり、あるいは人に称されるが、しかしこの年齢はちょうど仏祖釈迦牟尼の享年と同じであり、多くの八十歳前後の僧侶あるいはその弟子が享年を意図的に八十歳としていたという可能性が残るため、馬祖の生年と享年には、やはりそれなりの疑念があるだろう。権徳輿「道一塔銘」はその家族が「代居徳陽（代々徳陽に住んでいた）」であったと言う。『祖堂集』は馬祖が「漢州十方県人」であると記し、『伝灯録』では正確に「什邡」と記す。『新唐書』地理志によると、漢州徳陽郡には什邡県があるのである。(12)

二篇の碑文はいずれも普通とは異なる馬祖の外見を描写しており、「生於異表、幼無児戯。嶷如山立、湛若川渟。舌広長以覆準、足文理而成字。全徳法器、自天授之（普通とは異なる容貌を持って生まれ、幼い頃にも子供らしい遊びをしなかった。聳え立つ山のように高く抜きん出、川のよどみのように静かであった。舌は鼻筋を覆うほど広く長く、足には模様があって文字の形をしていた。全き徳を備えて仏法を受け継ぐ器量は、天からそれを授かったのである）(13)」、「生而凝重、虎視牛行。舌過鼻準、足文大字。根塵雖同於法体、相表特異於幻形（生まれながらに重々しく、虎のような眼差しと牛のような歩みをする。舌は鼻筋よりも長く、足には大きな文字の模様がある。その六根・六塵は真理の世界と等しいまでに超越しているのだが、あえて幻の肉体の上で尋常ではない異相を表しているのだ）(14)」とする。後に作られた資料ではさらに多くの尋常でない特徴が加えられており、例えば上で引用した『宝林伝』と『祖堂集』の「頸有二／三約、足有二輪」等である。仏陀の三十二相の中には広長舌、足輪、牛王の睫毛等がある。[15] 上述の様々な描写は高僧の伝記における慣例であり、馬祖の実際の容貌であると見なしてはならない。

馬祖は幼年期に故郷である什邡の羅漢寺で出家し、その後資州（今の四川省資中県）徳純寺で禅師処寂（六六九—七三六）によって得度し、ほぼ二十歳の時に渝州（今の四川省重慶市）の円律師の下で具足戒を受けた。「道一塔銘」には「初落髪於資中、進具于巴西（初めに資中で落髪し、巴西で具足戒を受けた）」、『宋高僧伝』には「削髪於資州唐和尚、受具於渝州円律師（資州の唐和尚のもとで落髪し、渝州の円律師から具足戒を受けた）」、『祖堂集』には「於羅漢寺出家（羅漢寺で出家した）」と言い、また同書巻二に引用する般若多羅の讖語には「供養十方羅漢僧」という句があり、原注に「馬和尚是漢州十方県羅漢寺出家也（馬和尚は漢州十方県の羅漢寺で出家した）」と言う。[16] つまり馬祖は少年時代にまず什邡の羅漢寺で出家し、[17] その後資州で落髪したのである。[18] 唐和尚とは処寂のことで、俗性は唐、彼の師は智詵（六〇九—七〇二）で、禅宗が五祖に奉ずる弘忍（六〇一—六七四）の高弟の一人である。『歴代法宝記』によると、処寂は七〇二年から七三二年、あるいは七三六年までの間に、資州の徳純寺に住んでいた。[19] この時期は馬祖の青少年時代と合致する。その後の馬祖の禅師としての生涯は、恐らく沙弥であった時期に処寂に付き従ったことと関係しているだろう。

「道一塔銘」では、馬祖が出家することを選んだのは、彼が「九流六学、不足経慮（諸子九流や儒家の六経といった伝統的学問には考える価値などない）」と思ったからだと言う。これによって、馬祖は上流の家庭の出身で、伝統的な古典教育を受けたことがあるはずだと推断する学者もいる。[20] しかしながら、権徳輿の言は高僧の伝記における常套句であり、それを裏付ける証拠が他にない限りは、すぐさま事実と見なすことはできない。反対に、馬祖が辺境である蜀の地で出家したという経歴に基づけば、彼は下層の貧困家庭の出身で、「九流六学」を学ぶ機会はなかったという可能性の方が大きい。宋代の『円悟心要』と『五家正宗賛』は、馬祖が故郷で「馬簸箕家小子」と呼ばれたという物語を作ってすらいる（後の考察を参照）。この物語は信用できないとはいえ、宋代の人が馬祖は出身が貧しかったと見なしていたことが明らかである。

渝州（今の四川省成都市）の円律師については、他の記事をまだ見いだせない。[21]『宋高僧伝』が収録する包佶撰述の碑は、馬祖は貞元四年（七八八）に没し、享年八十、僧臘五十であったと言う。[22]これによるなら馬祖は七〇九年に生まれ、三十歳の時に具足戒を受けたことになる。権徳輿撰述の「道一塔銘」でも、貞元四年に没し、享年八十と言うが、しかし僧臘は六十とする。[23]こちらによると、馬祖の生年は同じだが、具足戒を受けた時は二十歳である。按ずるに馬祖は幼年期に出家しており、一般的な場合としては二十歳あるいはもう少し後に、適切な時に具足戒を受けるはずである。しかも、もし二十歳で具足戒を受けたという見解に依拠するなら、馬祖の後の経歴とも合致する。従って権徳輿の文章の記載を正しいとすべきである。

しかしながら、宗密は「禅師姓馬名道一、先是剣南金和尚弟子也（禅師は姓は馬、名は道一、最初は剣南の金和尚の弟子であった）[24]」という別の物語を述べている。金和尚とは無相（六八四―七六二）のことで、[25]俗性は金、新羅の人で、唐玄宗開元十六年（七二八）に長安にやってきて、[26]後に資州に住し、処寂の弟子となった。無相は長らく天谷山に住み、開元二十八年（七四〇）前後に成都に行き、弟子をとって説法を行い、剣南節度使章仇兼瓊に礼遇された。[27]馬祖は七三〇年頃に蜀を離れ、七三二年頃に南岳懐譲（六七七―七四四）の弟子となっており、しかも七四二年には弟子をとって仏法を説き始めたことが確認できる（次節の考察を参照）。二人の経歴を対照させると、馬祖が無相に師事したという見解には時間的な矛盾があり、恐らく宗密が誤って処寂を無相と書いたのであろう。[28]

その他、宗密は無相の弟子の一人を「長松山馬」と記している。[29]『伝灯録』では「益州長松山馬禅師」を処寂の弟子だとする。[30]柳田聖山はこの禅師を馬祖だと見なし、かつ『円悟心要』と『五家正宗賛』を引用し、馬祖は懐譲に師事した後、しばらく蜀に帰って、長松山に住んだことがあるのだと説明する。[31]鈴木哲雄はこの見解に賛同し、かつ『四川通志』を引用して、馬祖は開元中に長松寺を建立したのだと述べる。[32]これらの見解はいずれも成り立ち難い。まず、「益州長松山馬禅師」というような呼称においては、往々にしてこの禅師の伝法の経歴の中で比較的長く、重要な時期に滞在したか、もしくは寺主を務めた場所、あるいは生涯の最後の数年に住んだ場所を指すものである。[33]しかし馬祖が長期にわたって蜀の長松山に住んだことがあると示す古い資料は何ら見いだせない。次に、『円悟心要』と『五家正宗賛』が述べる物語とは、馬祖が蜀に帰ってから、当地の人が彼を「馬簸箕家小子」と呼び、そこで彼はまた蜀を離れたというものである。[34]この二つのテキストは遅れて宋代に成立したものであり、その記述内容は比較的早い資料には見られない。しかも二つのテキストは揃って、馬祖が直ちに立ち去り、蜀の地に長く止まることはなかったと述べており、長松寺を建立したり、長松寺に長く居住することはありえないのである。第三に、『四川通志』は清代のテキストで、その記述は古い資料の裏付けを全く持たず、一般的に言ってそれだけで証拠とすることは難しい。第四に、『伝灯録』は一人の禅師を二つの宗系の系譜の中に位置づけた例はなく、従って道原から見ると、無相門下の長松山馬禅師と懐譲門下の馬祖は別々の二人の禅師なのである。[35]第五に、『蜀中広記』は先行する地方志を引いて、長松山には「長松寺、本蚕叢廟址、開元中馬祖行空和尚乃建寺。明皇召対、賜額長松衍慶寺、又賜名香。為亭以貯之、曰御香亭（長松寺は、もとは蚕叢廟の遺址で、開元年間に馬祖行空和尚が寺を建立した。玄宗が彼を召し出し、長松衍慶寺という寺額を下賜し、また名香を与えた。亭を建ててその香を保存し、御香亭と呼ばれた）」とする。[36]すると『伝灯録』が言う「長松山馬禅師」とは行空、俗姓馬であるはずで、「祖」の字は恐らく後世の人による衍字であろう。

二、湖北・湖南での遊学

おおよそ開元十八年（七三〇）、つまり具足戒を受けた翌年、馬祖は蜀を離れ、唐代の多くの若い僧侶と同じように「遊学」時代を開始した。彼は具足戒を受けた渝州を出発し、長江を下り、湖北の西南部に到り、恐らく荊州松滋（今の湖北省松滋市）の明月山に比較的長く逗留した。晩唐の詩人である李商隠が後に、道一が蜀を離れた時のことを「直出三巴（ただちに三巴から出た）」と言っている。[37] 前述のように、三巴とは渝州を含む四川東南部を指す。宗密は「［道一］久住荊南明月山（［道一は］荊南の明月山に長く逗留した）」と言っている。[38] 荊南とは荊州のことで、唐代においては南郡とも呼んだ。[39] 明月山は荊州松滋県の西南七十里に位置する。[40] その他の古い資料はいずれも馬祖の湖北における足跡については言及していない。しかしながら、湖北は四川と湖南の間に位置しており、湖南は馬祖の次の滞在先であったため、彼が長江に沿って三巴を出、まず荊州に到着して滞在したというのは可能であり理にかなったことでもある。[41]

宗密は、馬祖が懐譲に師事する前に「高節志道、游方頭陀、随処坐禅（気高く節操を守って仏道に志し、各地を遊行して頭陀を行い、至る所で坐禅した）」と言う。[42] 宋代の僧である契嵩（一〇〇七―一〇七二）も馬祖は「出家初学律範禅定、皆能専之（出家してからは初めに律と禅定を学び、いずれにも精通することができた）」と言う。[43] 前述のように、馬祖は蜀においてまず禅師処寂に師事し、その後円律師から具足戒を受けた。それゆえ、彼の習禅は恐らく処寂から伝えられ、律は円律師から伝えられたのであろう。処寂は智詵門下の出身で、智詵は弘忍の弟子であり、坐禅は東山法門の重要な実践の一つである。馬祖の若年期における坐禅の実践は、初期禅の継承と見なしてよかろう。おおよそ開元二十年（七三二）、馬祖は荊州を離れ、南に湖南へと入り、衡山に到った。彼は山中に茅屋を建てて住み、かつ懐譲に出会い、彼の弟子となって、約十年師事した。宗密は次のように言う。

南岳観音台譲和上、是六祖弟子、本不開法、但居山修道。因有剣南沙門道一、……因巡礼聖跡、至譲和上処。論量宗運、徴難至理、理不及譲。又知伝衣付法、曹渓為嫡、便依之修行。(44)

（南岳の観音台の譲和尚は、六祖の弟子であり、もとは説法をせずに、ただ山に住まって仏道修行をしていた。剣南の沙門道一がおり、……聖地を巡礼していた時、譲和尚の所にやってきた。教理を議論し、至上の道理について論難したが、その道理は譲には及ばなかった。祖師の衣を伝え法を授けられて、曹渓慧能が嫡子と認めたことを知り、そこで彼に付き従って修行した）

宗密はここで懐譲と馬祖の師弟関係を確認しているだけでなく、慧能と懐譲の師弟関係をも確認している。この三代の継承関係は、最も早いものとしては包佶と権徳輿が馬祖のために撰述した碑文に見える。(45)馬祖門人が八〇一年に編纂した『宝林伝』の中には、本来は懐譲伝があり、この伝は今は伝わっていないが、多くの断片が佚文中に残っている。(46)その後元和十年（八一五）になると、張正甫（七五二―八三四）が馬祖の高弟である興善惟寛と章敬懐暉の依頼を受けて懐譲のために詳細な碑文を撰述した。(47)その他、元和中に帰登も懐譲のために碑を撰述しており、『宋高僧伝』懐譲伝は恐らくこの碑文に基づくであろう。(48)胡適は懐譲が慧能の弟子ではないと疑ったが、彼が示した唯一の根拠は懐譲がかつて律師だったという点である。(49)しかし唐代においては、多くの禅師が律師あるいは他の宗派の法師だったことがあるので、胡適の論拠は説得力に乏しい。懐譲と慧能の関係についてはより古い資料の裏付けを欠いており、確かに一定の疑念があるが、決してありえないわけではない。懐譲の碑文及び『宝林伝』佚文によると、懐譲は慧能の同学である道安（老安とも称する）にも師事したことがある。[50] 唐代では、一人の禅僧が数人の禅師を訪ね、師事するというのは、よくある現象である。例えば、懐譲とほぼ同時代の浄蔵（六七五—七四六）も同じように道安と慧能という二人の禅師に師事した。[51]

宋の陳田夫『南岳総勝集』の記述では、馬祖が衡山に着いた時、彼は般若寺のそばに庵を結んで住み、この庵はその後寺の一部となって、伝法院と呼ばれ、宋代にもまだ存在していた。[52]

『伝灯録』の懐譲章は、馬祖が懐譲に十年間付き従ったと言う。[53] この記述は他の古い資料による裏付けを欠いてはいるが、おおむね馬祖のこの時期の経歴と一致する。馬祖は七四二年に弟子をとって伝法を始めており（次節の考察を参照）、遡ること十年、おおよそ七三二年に衡山に到着した。恐らく彼の辿った道のりは、荊州を出発し、湖南に入り、最後に南岳に到着した、というものだったであろう。

『祖堂集』、『宗鏡録』[54]、『伝灯録』及びその後のテキストでは、ディテールには各々違いがあるが、馬祖が初めて懐譲に会った時の有名な故事を記している。『祖堂集』のバージョンは次の通りである。

　馬和尚在一処坐、譲和尚将塼去面前石上磨。馬師問「作什摩？」。師曰「磨塼作鏡」。馬師曰「磨塼豈得成鏡？」。師曰「磨塼尚不成鏡、坐禅豈得成仏也？」。馬師曰「如何即是？」。師曰「如人駕車、車若不行、打車即是、打牛即是？」。師又曰「汝為学坐禅、為学坐仏？ 若学坐禅、禅非坐臥。若学坐仏、仏非定相。於法無住、不可取捨、何為之乎？ 汝若坐仏、却是殺仏。若執坐相、非解脱理也」。馬師聞師所説、従座而起、礼拝問曰「如何用心、即合禅定無相三昧？」。師曰「汝学心地法門、猶如下種。我説法要、譬彼天沢。汝縁合故、当見于道」。又問「和尚見道、当見何道？ 道非色故、云何能観？」。師曰「心地法眼能見于道、無相三昧亦復然乎？」。馬師曰「可有成壊不？」。師曰「若契於道、無始無終、不成不壊、不聚不散、不長不短、不静不乱、不急不緩。

若如是解、当名為道。汝受吾教、聴吾偈曰、

心地含諸種、遇沢悉皆萌。

三昧花無相、何壊復何成？」(55)。

（馬和尚がある場所に坐っていると、譲和尚は煉瓦を持って目の前に行き石の上で磨いた。馬師は「何をしているのですか」と尋ねた。師「煉瓦を磨いて鏡を作るのだ」。馬師「煉瓦を磨いてどうやって鏡にできるというのですか」。師「煉瓦を磨いても鏡にならないのなら、坐禅でどうやって成仏できるのかね」。馬師「どうすればいいのでしょうか」。師は「例えば人が車に乗って、車がもし動かなかったら、車を打てばいいのかね、牛を打てばいいのかね」。また師「お前は坐禅を学んでいるのか、それとも坐仏を学んでいるのか。もし坐禅を学ぶというなら、禅とは坐ったり臥したりといった姿勢のことではない。もし坐仏を学ぶというなら、仏とは定まった姿のことではない。あらゆる現象において囚われず、取捨してはならないのだ。どうやって坐仏だの坐禅だのを行うというのかね。お前がもし坐仏をするなら、逆に仏を殺すことになる。もし坐相に拘るなら、解脱の道理はない」。馬師は師の話を聞いて、席から立ち上がり、礼拝して「どのように心を配れば、禅定無相三昧に合致するでしょうか」と尋ねた。師「お前が心地法門を学ぶのは、まるで種まきのようなものだ。私が法要を説くのは、例えば恵みの雨である。お前は因縁がかなった以上、きっと道を見られるだろう」。また「和尚が道を見るのなら、何の道を見るのでしょうか。道は色ではないのだから、どうして見ることができるのでしょう」と尋ねた。師「心という大地に備わる真理の眼なら道を見ることができる。無相三昧も、またそのように心地の法眼において実現するのだ」。馬師「道には成ることや壊れることがありうるでしょうか」。師「もし道と一致すれば、始めも終わりもなく、成ることも壊れることもなく、集まることも散じることもなく、長くも短くもなく、静まるこ

とも乱れることもなく、急なこともゆっくりなこともない。もしこのように理解するなら、道と名づけるべきである。お前は私の教えを受けた以上は、私の偈を聞きなさい。

心地には諸々の種が含まれ、恵みの雨に巡り逢えばみな芽吹く。

三昧の花は無相であり、何が壊れたり成ったりするだろうか」。）

このように高度に成熟した機縁問答が懐譲の時代に現れることはありえない。(56) この説話の中の二つの断片が『宝林伝』懐譲伝の佚文中に見えるが、言葉が些か変化している。

『宝林伝』：「若学坐仏、仏非坐臥。若学坐禅、禅非定相」。

（もし坐仏を学ぶなら、仏は坐臥ではない。もし坐禅を学ぶなら、禅は定相ではない。）

『宝林伝』：［道一問］「如何用心、即合禅定無相三昧？」。譲曰「汝若学無相三昧、猶如下種」。

（［道一が尋ねた］「どのように心を配れば、禅定無相三昧に合致するでしょうか」。譲「お前がもし無相三昧を学ぶなら、まるで種まきのようなものだ」。）(57)

懐譲の伝法偈は歴代の祖師が全て伝法偈を作っているという『宝林伝』の特徴と一致する。従って我々は、この故事の初出は『宝林伝』であると推測してよかろう。

三、福建・江西での伝法

おおよそ天宝元年（七四二）、馬祖は南岳を立ち去り、福建北部へと向かい、建州建陽県（今は福建省に属す）の仏跡嶺に住み、弟子をとって指導し始めた。考察可能な者としては甘泉志賢、紫玉道通（七三一―八一三）及び千頃明覚

（？―八三二）がいる。『宋高僧伝』志賢伝には「釈志賢、姓江、建陽人也。……天宝元年、於本州仏跡巌承事道一禅師。曽無間然、汲水拾薪、惟務勤苦（釈志賢、姓は江、建陽の人である。……天宝元年、建州の仏跡巌で道一禅師に仕えた。非の打ち所がなく、水を汲み薪を拾い、ひたすら勤めに励んだ）」[58]とある。同書の道通伝には「釈道通、姓何氏、廬江人。其為童也、持重寡辞、見仏形像、必対礼歎詠不捨。因父宦於泉州南安、便求舎丱披緇。誦経合格、勅度之、当天宝初載也。時道一禅師肇化建陽仏跡巌聚徒、通往焉（釈道通、姓は何氏、廬江の人である。子供の頃には、落ち着いていて口数が少なく、仏像を見ると、必ず向き合って礼をし、讃歎してやまなかった。父親が泉州南安で官職についたおり、落髪して僧衣を纏いたいと求めた。経典暗誦試験に合格し、勅命によって得度させたのは、天宝初載のことであった。その頃道一禅師が建陽の仏跡巌で教化を始め弟子を集めていたので、道通はそこに行った）」[59]とあるが、泉州は福建南部に位置し、建陽に近い。同書の明覚伝には「釈明覚俗姓猷、河内人也。祖為官嶺南、後徙居為建陽人也。覚儒家之子、風流蘊藉、好問求知、曽無倦懈。宿懐道性、聞道一禅師於仏跡嶺行禅法、往造焉、遂依投剃染（釈明覚、俗姓は猷、河内の人である。祖父が嶺南で官職につき、後に引っ越して建陽の人となった。覚は儒家の子であり、風雅で穏やか、向学心に富み、飽くことがなかった。もともと仏道の志を懐いており、道一禅師が仏跡嶺で禅法を行じていると耳にして、そこに行き、そのまま身を寄せて出家した）」[60]とある。これらの記述によって、馬祖が天宝元年頃に建陽仏跡嶺に到り、弟子をとって伝法し始めており、その門人で考察可能な者はいずれも建陽あるいは近隣の泉州出身であることが分かる。

馬祖は仏跡嶺にごく短い期間しか止まらなかったようである。天宝二年（七四三）になると、彼は既に撫州崇仁県に位置する石鞏山（今の江西省撫州市宜黄県にある）に移り、恐らく天宝末（七五五）までそこに滞在した。『宋高僧伝』には「釈超岸、丹陽人也。先遇鶴林[玄]素禅師、処衆拱默而已。天宝二載、至撫州蘭若、得大寂開発（釈超岸、丹陽の人である。まず鶴林玄素禅師に出逢ったが、衆人の中にいて手を拱いて沈黙しているだけであった。天宝二載に、撫州の寺院に到り、大寂の指導を得た）」とある。[61]唐技が馬祖門人である西堂智蔵（七三八―八一七）のために撰述した碑文によると、智蔵は虔州（今は江西省に属す）の人であり、天宝九年十三歳の時に「首事大寂於臨川西裡山（最初に臨川西裡山で大寂に師事した）」のであった。[62]臨川はつまり撫州であり、馬祖が七五〇年になってもまだそこにいたことが分かる。[63]「道一碑銘」も彼が「禅誦於撫之西裡山（撫州の西裡山で坐禅読経した）」と言い、[64]『宋高僧伝』では「臨川棲山」とする。[65]『撫州府志』では、馬祖は玄宗朝に石鞏山で庵を結んで住み、「馬祖法窟」の四字が刻まれた方形の煉瓦が残っていたと言う。府志の編者はさらに宋から清の詩人が馬祖の寓居石鞏山を詠った詩篇を多数収録している。[66]この府志によると、石鞏山は撫州の西南に位置する。従ってこの山は古い資料が言及する西裡山あるいは棲山である可能性が高い。馬祖の撫州におけるもう一人の新たな弟子石鞏慧蔵は、地元出身者である可能性が高く、[67]『宋高僧伝』超岸伝の「至撫州蘭若、得大寂開発」という記述と、慧蔵がその後石鞏寺の住持となったという状況によって推測すると、馬祖が築いた庵は後に寺院へと発展したのだろう。[68]

懐譲は天宝三載八月十日（西暦七四四年九月二十日）に衡山で没し、馬祖は南岳に帰って師のために塔を建立したことがある。[69]

馬祖がいつ撫州を立ち去ったのかは明確には分からないが、彼は恐らく唐粛宗至徳年間（七五六―七五八）には既に虔州贛県の龔公山に移り住んでいた。彼が唐代宗大暦二年（七六七）に龔公山におり、かつそこに七七二年まで滞在してから洪州に移り住んだということは確かである。劉軻（八一九年の進士）が招提慧朗（七三八―八二〇）のために撰述した碑文では、慧朗は二十歳で具足戒を受けてから、すぐに龔公山に行って馬祖を訪問したと言う。[70]慧朗が二十歳というのは至徳元載（七五七）のことである。「道一塔銘」は「又南至于虔之龔公山、……刺史今河南尹裴公、久於稟奉、多所信嚮、由此定恵、発其明誠（また南下して虔州の龔公山に到り、……刺史で今の河南尹である裴公は、長らく教えを受けて、信じ慕うことが多く、この禅定と智慧によって、明徳と至誠を発揮した）[71]」と言う。『宋高僧伝』にも「遂於臨川棲、南康龔公二山、所遊無滞、随摂而化。先是、此峰岫間魑魅叢居、人莫敢近、犯之者災釁立生。当一宴息于是、有神衣紫玄冠致礼言『捨此地為清浄梵場。』語終不見。自爾猛鷙毒螫、変心馴擾、沓貪背憎、即事廉譲。郡守河東裴公家奉正信、躬勤諮稟。降英明簡貴之重、窮智術慧解之能。毎至海霞斂空、山月凝照、心与境寂、道随悟深（そして臨川の棲山、南康の龔公山で、自由に遊行し、彼が教導するにつれて感化された。これ以前に、この峰々には妖怪が群がって暮らしており、人は近づくことができず、立ち入った者にはたちどころに災いが生じた。道一がここに身を落ち着けると、紫の衣と黒い冠を着けた神が礼拝して『この地を喜捨して清浄なる仏教の道場にしましょう』と言い、言い終わると見えなくなった。それからは猛禽や毒虫、およびそのように獰猛な人々が心を入れ替えて従順になり、貪婪で背き憎んでいた者も事にあたって清廉で慎み深くなった。郡守の河東の裴公は、一家で仏教の正法を奉じており、自ら教えを請うことに力を尽くした。叡智と高貴さを備えた高い身分でありながら、仏教の智慧の能力を追求したのである。海上の朝焼けが空に薄らいで消え、山にかかった月が光を集めるたび、心は外境とともにひっそりとし、道は悟りにつれて深まった）」と言う[72]。郁賢皓『唐刺史考』によると、裴公は裴諝に違いなく、七六七年に虔州刺史に任ぜられ、七九一年に権徳輿が塔銘を撰述した時にはちょうど河南尹の任にあった[73]。虔州の府治は贛県にある[74]。宋代の『記纂淵海』、『方輿勝覧』は、馬祖はまず城東の仏日峰に短期間住み、後に城北の龔公山に移り住んだと言う[75]。

　馬祖が龔公山にいたのも、やはりまず庵を結んで住み、後に寺院へと発展したのだろう。上文で引いた『宋高僧伝』では、龔公山の神が「舎此地為清浄梵場」しようとしたと言い、高僧の聖人伝における虚構の神秘的な色合いを帯びてはいるものの、馬祖が恐らく龔公山で道場を建立したことをも物語っている。他に『宋高僧伝』智蔵伝に「属元戎路嗣恭請大寂居府、蔵乃廻郡、得大寂付授納袈裟（観察使の路嗣恭に頼んで大寂に洪州に住むよう請い、蔵はもとの郡へと戻り、大寂禅師の付法を得て袈裟を伝授された）」とある。[76]「属元戎路嗣恭請大寂居府」とは江西観察使の路嗣恭が大暦七年（七七二）に馬祖を招いて洪州開元寺に住ませたことであり、このことは次節で考察する。智蔵はもとは虔州の人で、郡に帰って馬祖が袈裟を伝授したというのは、彼が虔州に帰って馬祖と交代し、龔公山道場の住持となったことを指している。[77]

慧朗は韶州曲江（今の広東省韶関市）出身である。[78]馬祖が虔州でとった新たな弟子としてはさらに以下の人がいる。百丈懐海、福州長楽（今は福建省に属す）の人。[79]伏牛自在（七四一―八二一）、湖州（今の浙江省湖州市呉興）の人。[80]鄂州無等（七四九―八三〇）、虔州在住。[81]塩官斉安（八四二年没）、揚州海陵（今の江蘇省泰州市）出身。[82]

宗密は、馬祖が衡山を立ち去った後、「住乾州、洪州、虎州、或山或廓、広開供養、接引道流、大弘此法（乾州、洪州、虎州に住み、あるいは山の中、あるいは都市の中におり、広く供養を行い、道に志す人々を導き、大いに仏法を広めた）」と言う。[83]唐代には乾州が二つあり、一つは羈縻州で、四川の西北部に位置し、大暦三年（七六八）に設置された。[84]胡適は馬祖が蜀を離れる前に恐らくこの州で弘法したことがあると考える。[85]何雲は彼がかつてこの州を漫遊したのだろうと推測する。[86]しかし、馬祖は辺境の少数民族が支配する羈縻州で弘法あるいは漫遊することがほぼありえないのみならず、七六八年乾州設置の時には、彼は既に龔公山におり、後に洪州に住み、二度と江西を離れなかったのである。もう一つの乾州は京兆府（今は陝西省に属す）に属し、唐昭宗乾寧元年（八九四）に初めて設置された。[87]その時には馬祖と宗密はいずれも亡くなっている。従って、乾州は建州の発音による誤りの可能性が高く、馬祖が建州建陽仏跡嶺に住んだという経歴と一致する。唐代には虎州はなく、虎州は明らかに虔州の字形による誤りである。[88]

宗密のもう一つの著作では、虔州はまた誤って處州と書かれている。(89)こういった字形や発音による誤りは、恐らく後代の書写や刊刻の際の誤りに違いない。

まる三十年という長い月日の中で、馬祖は福建と江西の深山で苦労して弘法と弟子の指導を行い、道場を創建し、全くの無名から徐々に世の中に名を知られていった。馬祖が建陽仏跡嶺に住んで伝法を始めた頃には、名前を知りうる三人の弟子は全て当地である福建出身であった。撫州石鞏山に移り住んでから、彼の弟子にはやや遠い潤州出身の人もいるようになった。龔公山に到った時期には、馬祖には既に彼方此方から来たかなり多くの弟子がおり、かつ虔州刺史裴諝の支援と信奉をも手に入れた。これらは馬祖の日増しに広がる名声と影響力を表している。

四、洪州での弘法

大暦七年（七七二）、江西観察使路嗣恭（七一一—七八一）は馬祖を招いて洪州鐘陵の開元寺に住まわせた。その後馬祖は七八八年に亡くなるまでずっと洪州に住んだ。この十六年の間に、馬祖は歴代の観察使及びその他の官吏の信仰と支援を得、多くの信徒を引きつけ、洪州で巨大な教団を作り上げ、彼の伝法の生涯における最高潮を迎えた。

「道一塔銘」には「大暦中、尚書路冀公之為連帥也、舟車旁午、請居理所（大暦中、現兵部尚書の路冀公嗣恭が長官となると、しきりに舟や車を派遣し、治所に居住することを馬祖に請うた）」とあり、(90)『宋高僧伝』智蔵伝には「属元戎路嗣恭請大寂居府（観察使の路嗣恭に頼んで大寂に洪州に住むよう請うた）」とある。(91)この他に、『宋高僧伝』本伝には次のように言う。

大暦中、聖恩溥洽、隷名於開元精舎。……居僅十祀、日臨扶桑、高山先照、雲起膚寸、大雨均霑。建中中、有詔僧如所隷、将帰旧壤。元戎鮑公密留不遣[92]。

（大暦年間、天子の恩寵はあまねく行き渡り、開元精舎に所属した。……開元寺に居住したのは僅かに十年のことだが、その教化は太陽が扶桑の木から昇ると、高い山がまず照らし出され、雲がわずかでも生じれば、大雨が全てを等しく潤すようであった。建中年間、僧は本来の所属寺院にいるべきで、もとの場所に帰るようにという詔が出された。観察使の鮑公はこっそり引き留めて行かせなかった。）

『唐刺史考』によると、路嗣恭は大暦七年一月から八年（七七二―七七三）に洪州刺史、江西観察使を務めた[93]。「元戎鮑公」とは鮑防（七二三―七九〇）のことで、彼は唐徳宗建中元年四月から三年（七八〇―七八二）まで江西観察使を務めた[94]。大暦七年（七七二）から建中三年（七八二）までは十年である。従って、馬祖は七七二年に洪州に住み始めたであろうと推測できる[95]。「理所」とはつまり治所（唐代の人は通常は高宗李治［六四九―六八三在位］の諱を避けて理を治の代わりに使う）のことであり、洪州刺史、江西観察使の府治が置かれた鐘陵県を指す[96]。

上で引用した『宋高僧伝』によってさらに分かるように、馬祖が洪州に住して十年後の七八二年、唐徳宗はかつて詔令を一つ発布して、あらゆる僧侶が本籍地に帰るよう要求した[97]。しかしその時に江西観察使を務めていた鮑防はひそかに馬祖を保護し、彼を蜀に送り帰しはしなかった。鮑防の命令違反行為は、当時にあっては決して稀なことではない。周知の通り、安史の乱の後、地方節度使の権力は益々大きくなり、しばしば中央の朝廷からの詔令を無視した。鮑防の馬祖に対する保護は、馬祖の伝法の生涯と後の洪州宗の発展・成熟にとって非常に重要なことである。もし当時馬祖が辺鄙な蜀の地に送還されていたら、彼を中心として結集していた教団は解散するに違いなく、それでは恐らく後に発展・成熟した洪州宗などあり得なくなるのである。

『宋高僧伝』芙蓉太毓伝には「于時天下仏法極盛、無過洪府、座下賢聖比肩、得道者其数頗衆（その頃天下では仏法が極めて隆盛しており、洪州が中でも一番で、そこでは賢人聖者が肩を並べ、得道した者の数は相当に多かった）」とあり、[98] 同書の南泉普願伝には「大寂門下八百余人（大寂の門下には八百人余りいた）」とある。[99]『祖堂集』では馬祖には千人あまりの「玄徒」、つまり黒衣の僧の弟子がいたと言う。[100] ここから、この時期に馬祖は洪州で弟子と信徒の巨大な集団を作り上げ、まさにこれを基礎として後の洪州宗へと発展したことが分かる。宗密は「［道一］後於洪州開元寺弘伝［懐］譲之言旨、故時人号為洪州宗也（［道一は］後に洪州の開元寺で懐譲の教えを広めたので、当時の人は洪州宗と呼んだ）」と言う。[101] 馬祖門人が洪州宗の中心的創立者と構成要素であり、しかもこれらの門人に関しては複雑な疑問点と論争が多いので、我々は次章で特にこれを検討することになる。

馬祖は貞元四年（七八八）に世を去り、約八十歳であった。[102]「道一塔銘」は二月庚辰（一日、西暦七八八年三月三日）と言うが、[103]『伝灯録』は二月四日とする。[104] 塔銘は干支で日を記しているため、書写の際の誤りを引き起こしにくいので、より信用できるのは明らかである。一九六六年出土の「馬祖禅師舎利石函題記」もはっきりと「大師貞元四年二月一日入滅（大師は貞元四年二月一日に入滅した）」と記録している。[105]

馬祖の葬儀に参加した人は大変多く、普寂（六五一―七三九）と善導（六一三―六八一）の葬儀のように盛大であったと描写される。[106] 貞元元年から六年（七八五―七九〇）に江西観察使を務めた李兼は、非常に馬祖を尊崇し、馬祖門人に協力して洪州建昌県（今の江西省靖安県）石門山に位置する馬祖塔を建立し、七九一年に落成した。[107] 多くの資料によると、馬祖門人は塔の側にさらに泐潭寺を建立し、馬祖門人である紫玉道通、[108] 百丈懐海、[109] 泐潭法会、[110] 泐潭惟建、[111] 泐潭常興が前後してこの寺の住持となった。[112] 寺中には馬祖影堂があり、宋初にもまだ存在した。『宋高僧伝』道一伝の末尾には「今海昏県影堂存焉（今海昏県に御影堂が存在する）」とあり、[113]「今」とは賛寧が執筆した時のことである。

元和年間（八〇六―八二〇）になると、おおよそ三年から十二年まで（八〇八―八一七）の間に、唐憲宗（八〇五―八二〇在位）が馬祖に「大寂禅師」という諡を与えた。『宋高僧伝』、『祖堂集』、『伝灯録』はいずれも元和年間にこの諡号が授けられたと言うが[114]、権徳輿が元和十二年に撰述した「懐暉碑銘」で既にこの諡号に言及している[115]。憲宗は元和三年と四年に、馬祖の高弟である章敬懐暉と興善惟寛をそれぞれ長安に召し出しており[116]、これらの出来事は憲宗の洪州禅に対する興味の発端を表している。従って、馬祖の諡号は八〇八年から八一七年の間に授けられた可能性が高いだろう。

大和元年（八二七）、江西観察使李憲の願いにより、唐文宗（八二六―八四〇在位）は馬祖塔に「円証」の号を授けた。『冊府元亀』には「文宗太和元年十月、江西奏『洪州道一禅師、元和中賜諡大寂、其塔未蒙賜額。』詔賜名円証之塔（文宗太和元年十月、江西観察使が『洪州道一禅師は、元和年間に大寂という諡を賜りましたが、その塔はまだ額を賜っておりません』と奏上し、詔で円証の塔という名を賜った）」とあり、李憲はこの年に江西観察使を務めていた[117]。

会昌の廃仏が起こり、馬祖塔と塔の側の泐潭寺は破壊された。その後唐宣宗（八四六―八五九在位）は大中四年（八五〇）に詔によって江西観察使裴湊に塔と寺を再建させ、新たな塔には「大荘厳」、新たな寺には「宝峰」という題額を授け、裴湊が額を書いた。元版『伝灯録』馬祖章の末尾には「至会昌沙汰後、大中四年七月、宣宗勅江西観察使裴休、重建塔並寺、賜額宝峰（会昌の廃仏の後、大中四年七月、宣宗は江西観察使の裴休に勅命を下し、塔及び寺を再建させ、宝峰という額を賜った）」という注があり[118]、『祖堂集』にも「裴相書額（裴相が額を書いた）」と言う[119]。裴相とは裴休（七九一―八六四）のことで、宣宗朝に宰相に任ぜられた。しかしながら、郁賢皓の考察によると、裴休が江西で観察使の任にあったのは唐武宗会昌元年から三年（八四一―八四三）で、裴湊が江西で観察使の任にあったのは大中三年から四年（八四九―八五〇）のことである[120]。従って裴湊が塔を建立し額を書いたはずである。古い資料にはいずれも馬祖塔が「大荘厳」と号し、この年に新たに額を書いたと記しているため、「大荘厳」も恐らく宣宗がこの年に新たに授けたものと推測してよかろう。『冊府元亀』は、宣宗が大中元年（八四七）に詔を下して会昌の廃仏の際に破壊された全ての仏寺を再建させたとする。[121] 従って宝峰寺と馬祖塔の再建は八四七年に始まり八五〇年に完成した可能性もある。

安史の乱終結後の早い時期に、馬祖が江西の重要都市である洪州において巨大な信徒の教団を結成することに成功できたのは、天の時、地の利、人の和に折良く巡りあったからだと言える。壊滅的な安史の乱の中で、長安と洛陽一帯の仏教寺院はほぼ全てが甚大な破壊を被り、法相、華厳、北宗禅等の地域に集中していた唐代仏教の伝統と法系は、みな深刻な打撃を受けた。[122] これらの古い伝統と法系が低迷期にある時には、新たな伝統と法系が機運に乗って勃興しうるものである。その他、仏教を好んだ宰相王縉（?―七八一）、杜鴻漸（七〇九―七六九）、元載（?―七七七）の影響の下、代宗（七六二―七七九在位）は唐王朝において仏教に最も耽溺した皇帝となった。彼の仏教への耽溺と援助は、国中のあらゆる士大夫と民衆に大きな影響を及ぼし、「由是中外臣民承流相化、皆廃人事而奉仏（そこで内外の臣民は風潮を受けて感化され、みな世間的な事柄をやめて仏法を奉じた）」のであった。[123] 地理の面では、洪州は江西道の軍事政治の中心である。安史の乱による破壊をほとんど被らず、また乱の最中には多数の豪族が南方へと避難したので、江西というこの豊かで人口の多い南方の地域は、経済、農業生産、人口増加の面での発展が速く、中央の朝廷にとっての重要度も日に日に増大した。他の安史の乱後の節度使と同じように、馬祖の支援者であり信奉者となった歴代の江西観察使が持っていた軍事、政治、経済力と独立性も日増しに高まった。例えば、鮑防が唐徳宗の詔令に敢えて逆らって、馬祖を蜀に送還しなかったことは、馬祖の伝法と洪州教団の発展に対して大変に大きな保護となったのは間違いない。これらの天の時と地の利を基礎として、馬祖は如来蔵系の経論に依拠して、「平常心是道」や仏性が人生の日常に働いているといった新たな宗旨を展開・提唱し、仏教を現世での生活の中へと引き込んだ。[124] その上彼の禅の教師としての傑出した能力と献身的精神によって、彼の下にはこの時代のほぼ全ての最も優秀な若き禅僧と、多数の在俗の追随者が引き寄せられ、名声の轟く巨大な教団を形成したのである。

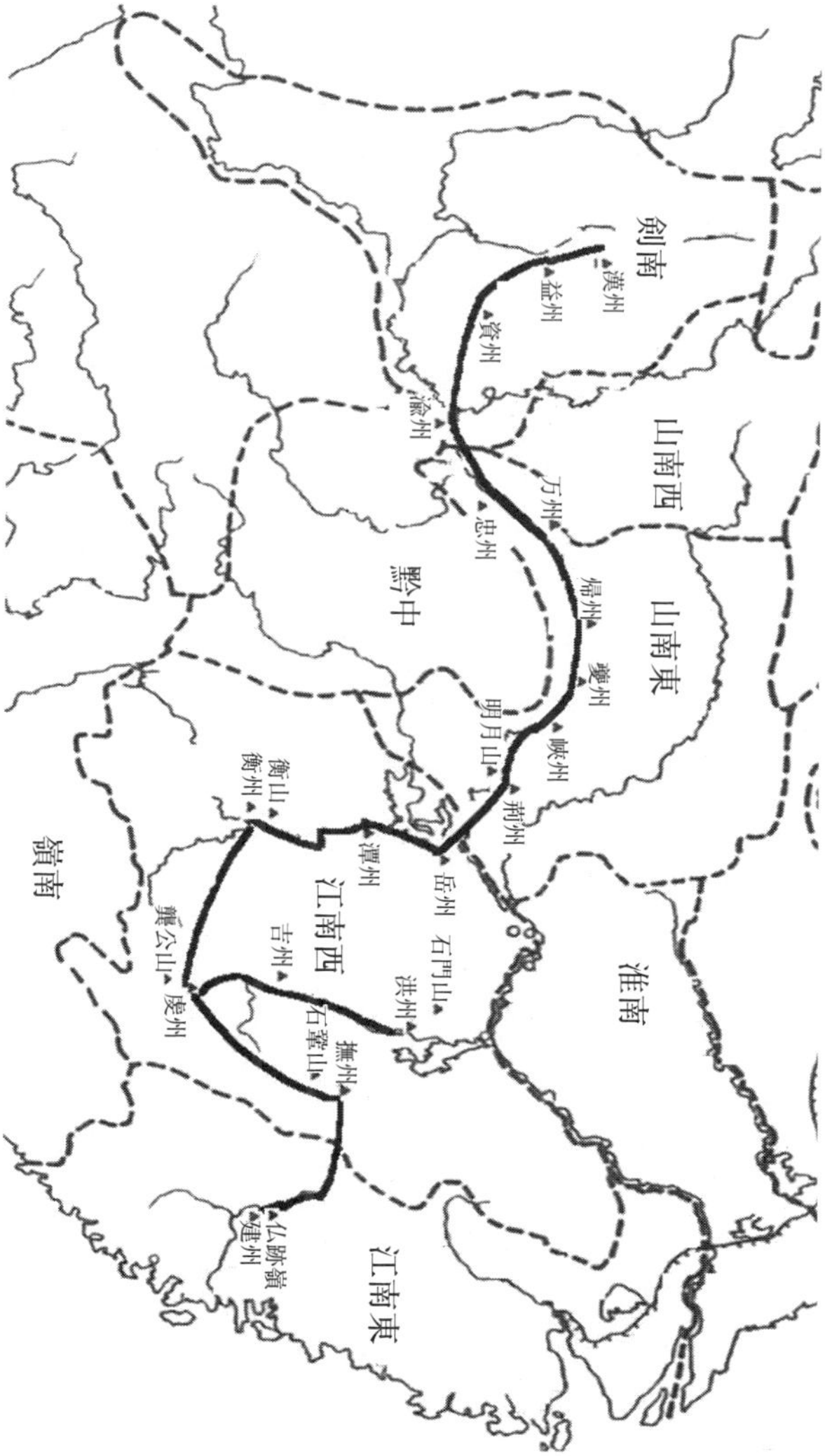

図1　馬祖道一の足跡

注

（1）本章は二〇〇一年に英文で発表したことがある。Jinhua Jia, "Mazu Daoyi: A Complete Biography." *Taiwan Journal of Religious Studies* 1.2 (2001): 119-50 を参照。

（2）例えば、宇井伯寿『禅宗史研究』三七七—九六頁、鈴木哲雄『唐五代禅宗史』（東京：山喜房仏書林、一九八五）三六九—七五頁、西口芳男「馬祖の伝記」『禅学研究』六三輯（一九八四）一一一—四六頁、何雲「馬祖道一評伝」『世界宗教研究』一輯（一九八九）一九—二九頁等である。

（3）『宋高僧伝』巻一〇、二二三頁。この伝の末尾で、賛寧は包佶の碑文に言及しており、本書の「序論」で指摘したように、このことは賛寧がこの碑文を踏襲したことを表している。

（4）陳柏泉「馬祖禅師石函題記与張宗演天師壙記」『文史』一四期（一九八二）二五八頁。陳尚君は「馬祖禅師舎利石函題記」と仮題し、『全唐文再補』『全唐文補編』（北京：中華書局、二〇〇五）二一五三頁に収録した。

（5）静・筠編、孫昌武・衣川賢次・西口芳男校点『祖堂集』（北京：中華書局、二〇〇七）巻一四、六一〇—一八頁、道原『伝灯録』（『四部叢刊』本）巻四、一頁b—三頁b。

（6）『宝林伝』の編纂については、本書第七章に見える。

（7）椎名宏雄「宝林伝巻九巻十の逸文」『宗学研究』二二輯（一九八〇）一九四頁、「宝林伝逸文の研究」『駒沢大学仏教学部論集』一一輯（一九八〇）二四九頁。椎名が依拠したのは主に松ヶ丘文庫所蔵の中世末から江戸初期の写本『景徳伝灯録抄註』及び駒沢大学図書館蔵中世写本『景徳伝灯抄録』の中の注釈文である。

（8）『祖堂集』巻一四、六一七頁。

（9）これらの資料に関する詳しい検討は、本書第四章、第七章参照。

（10）このテキストについての詳しい検討は、本書第五章参照。

（11）『権載之文集』巻二八、二a頁、『宋高僧伝』巻一〇、二二三頁。

（12）欧陽修（一〇〇七—一〇七二）『新唐書』（北京：中華書局、一九七五）巻四二、一〇八一頁。今四川省什邡市にはいまだに「馬祖村」と名付けられる村があり、村民の多くが馬姓を名のり、土地の人々は昔からこの村が馬祖出生の地であると伝承している。邢東風「馬祖四川行跡考——関於馬祖早期経歴若干問題的検討」『馬祖語録』（鄭州：中州古籍出版社、二〇〇八）所収、二四八—四九頁を参照。

(13)『権載之文集』巻二八、一頁a。

(14)『宋高僧伝』巻一〇、二二一頁。

(15)入矢義高『馬祖の語録』（京都：禅文化研究所、一九八四）二頁参照。

(16)『権載之文集』巻二八、一頁b、『宋高僧伝』巻一〇、二二一頁、『祖堂集』巻一四、六一〇頁、巻二、八九頁。

(17)現在什邡市には羅漢寺が現存する。邢東風「馬祖四川行跡考」二五〇—五一頁参照。

(18)按ずるに唐代資州治磐石県は、本は漢の資中県で、後周が磐石県を置き、資中郡に属した。李吉甫『元和郡県図志』（北京：中華書局、一九八三）巻三一、七八四—八五頁参照。

(19)『歴代法宝記』（約七七四—七七九）の二種の敦煌写本では、記載している処寂の没年が異なる。S五一六は七三六年とする一方で、P二一二五は七三二年とする。『大正新修大蔵経』第五一冊、一八四頁c参照。『宋高僧伝』処寂伝（巻二〇、五〇七—五〇八頁）は『歴代法宝記』の記載とかなり異なっており、処寂の俗性は周で、生没年は六四八—七三四と言う。唐代の資料の多くは処寂を唐和尚と称しているため、学界では一般に『歴代法宝記』の記載がおおむね信頼しうると見なしている。

(20)Mario Poceski, *Ordinary Mind as the Way*, 22.

(21)権徳輿が撰述した銘文は馬祖が巴西で具足戒を受けたと言っており、唐代の蜀中綿州巴西郡には巴西県がある（『新唐書』地理志、巻四二、一〇八九頁）。しかし渝州はいにしえの巴国の地であり、秦が巴郡を置き、三国蜀漢の時に巴郡、巴東郡、巴西郡の三つに分かれた（『元和郡県図志』巻三三、八五三—五四頁）。渝州は昔の巴東郡の西に位置し、広く巴西と呼ぶこともできる。権徳輿の銘は恐らく「巴西」と呼ぶことで、「資中」と対にさせたかったのであり、これも文人によくある手法である。包佶の碑の「資州」、「渝州」はいずれも実際の行政区画名であり、しかも特定の落髪の師と受戒の師をも示しているので、他に早い時期の証拠がまだない状況では、こちらに準拠すべきである。

(22)『宋高僧伝』巻一〇、二二二頁。

(23)『権載之文集』巻二八、二頁a。

(24)宗密『中華伝心地禅門師資承襲図』『続蔵経』(『大日本続蔵経』一九〇五―一九一二、台北：新文豊出版公司、一九八八)、第六三冊、三一頁c。このテキストは本来は『裴休拾遺問』と題されており、裴休の禅門に関する質問に答えた手紙のはずである。宗密が亡くなった後、彼の門人がその作品を編纂して『道俗酬唱文集』とし、この文章を収録して、『禅門師資承襲図』と改名した。石井修道「真福寺文庫所蔵の『裴休拾遺問』の翻刻」『禅学研究』六〇輯(一九八一)七一―一〇四頁、冉雲華「黒水城残巻〝承襲図〟研究」『慶祝潘石禅先生九秩華誕敦煌学特刊』柳存仁編(台北：文津出版社、一九九六)七五―八七頁参照。また宗密『円覚経大疏抄』『続蔵経』第一四冊、五五七頁aに見える。

(25)『歴代法宝記』『大正蔵』第五〇冊、一八五頁aによる。『宋高僧伝』(巻一九、四八八頁)では無相の生没年を六八〇―七五六とする。

(26)『宋高僧伝』巻一九、四八六頁。

(27)『歴代法宝記』『大正蔵』第五〇冊、一八四頁c―五頁a。柳田聖山『初期の禅史I――楞伽師資記・伝法宝紀』(東京：筑摩書房、一九七一―一九七六)一五一―五二頁、郁賢皓『唐刺史考全編』(合肥：安徽大学出版社、二〇〇〇)巻二二一、二九四七頁、Peter Gregory, *Tsung-mi and the Sinification of Buddhism* (Princeton: Princeton University Press, 1991), 三八―四〇参照。

(28)宇井伯寿は馬祖は無相の弟子ではないと既に指摘している。『禅宗史研究』三八〇頁参照。

(29)『円覚経大疏抄』『続蔵経』第一四冊、五五六頁a。

(30)『伝灯録』巻四、二二頁b。

(31)柳田聖山『初期禅宗史書の研究』三三八―三九頁。

(32)鈴木哲雄『唐五代禅宗史』三六九頁。

(33) 晩唐以後では、禅寺禅院が大量に出現したのに伴い、「長松山」といった類の地名は通常ある禅師が「出世」して住持を務めた場所を指す。本書附録二「晩唐五代禅寺考」参照。
(34) 子文編『仏果克勤禅師心要』『続蔵経』第六九冊、巻一、四五五頁a、紹曇『五家正宗賛』(一二五四)『続蔵経』第七八冊、五七七頁b、柳田聖山『初期禅宗史書の研究』三四七—四八頁参照。
(35) 西口芳男は既に最後の一点を指摘している。「馬祖の伝記」一一九頁参照。
(36) 曹学佺(一五七四—一六四七)編『蜀中広記』(『四庫全書』本)巻八、一三頁b。この条の資料は四川大学修士課程卒業生の国威氏からご教示を受けた。
(37) 李商隠(約八一三—八五八)「唐梓州慧義精舎南禅院四証堂碑銘並序」『全唐文』巻七八〇、三頁b。
(38) 宗密『円覚経大疏抄』『続蔵経』第九冊、五三四頁b。
(39) 『新唐書』巻四〇、一〇二七頁。
(40) 楽史(九三〇—一〇〇七)『太平寰宇記』(北京：中華書局、二〇〇七)巻一四六、二八四二頁。
(41) 石川力山が既にこの点を指摘している。「馬祖禅形成の一側面」『宗学研究』一三輯(一九七一)一〇六頁参照。
(42) 宗密『承襲図』三一頁c。
(43) 契嵩『伝法正宗記』『大正蔵』第五一冊、七五〇頁a。
(44) 宗密『円覚経大疏抄』五三四頁b。
(45) 『宋高僧伝』巻一〇、二二一頁、『権載之文集』巻二八、一頁b。
(46) 椎名宏雄「宝林伝巻九巻十の逸文」一九五—九六頁、「宝林伝逸文の研究」二四八頁参照。
(47) 張正甫(七五二—八三四)「衡州般若寺観音大師碑銘並序」『全唐文』巻六一九、二頁a。
(48) 『宋高僧伝』巻九、一九九—二〇〇頁。
(49) 胡適が柳田聖山に宛てた手紙に見える。『胡適集』所収、三三五頁。
(50) 『全唐文』巻六一九、二頁b、椎名宏雄「宝林伝逸文の研究」二四八頁、「宝林伝巻九巻十の逸文」一九一—九八頁。

(51) 「嵩山［原欠三字］故大徳浄蔵禅師身塔銘並序」『金石萃編』（『続修四庫全書』本）巻八七、一五頁a—一六頁b、『全唐文』巻九九七、一〇頁a—一一頁a。
(52) 『南岳総勝集』（『宛委別蔵』本、再版、南京：江蘇古籍出版社、一九八四）巻二、一〇頁a—b、図六。現代では、この場所は依然として古蹟とされ、馬祖庵、伝法院、磨鏡台と称されている。常盤大定（一八七〇—一九四五）『支那仏教史蹟踏査記』（東京：竜吟社、一九三八）七八頁参照。最後の名称は馬祖が師と最初に対面した時の故事に基づいている。以下の考察を参照。
(53) 『伝灯録』巻五、一四頁b。
(54) 『宗鏡録』『大正蔵』第四八冊、巻九七、九四〇頁b。
(55) 『祖堂集』巻三、一九一—一九二頁。
(56) 機縁問答の発生と発展については、本書第四章の議論を参照。
(57) 椎名宏雄「宝林伝逸文の研究」二四八頁、「宝林伝巻九巻十の逸文」一九一—九八頁参照。
(58) 『宋高僧伝』巻九、二〇七頁。
(59) 『宋高僧伝』巻一〇、二二六頁。
(60) 『宋高僧伝』巻一一、二五四頁。西口芳男「馬祖の伝記」一二七頁参照。
(61) 『宋高僧伝』巻一一、二五三頁。
(62) 唐技「龔公山西堂勅諡大覚禅師重建大宝光塔碑銘」。この文章は『全唐文』には収録されておらず、『贛県志』の中に残っている。褚景昕編（一八七二、重印、台北：成文出版社、一九七五）巻五〇、二頁a—三頁a、『撫州府志』、謝煌編（一八七六、重印、台北：成文出版社、一九七五）。石井修道「洪州宗における西堂智蔵の位置について」『印度学仏教学研究』二〇—一（一九七八）二八〇—八四頁参照。鈴木哲雄は欧陽輔『集古求真続編』を引用し、唐技は唐枝のはずだとする。『唐五代の禅宗——湖南江西篇』（東京：大東出版社、一九八四）一七三—七五頁参照。しかし、欧陽輔が目にしたのは本来の碑文ではなく、宋代の僧である覚顕が新たに書写したもので、書写の際の誤りがあったかもしれない。郁賢皓（『唐刺史考全編』

巻一六一、二三五五―三六頁）は上海図書館蔵唐孫方紹碑の拓本の文章を引用しており、碑文の中では「虔州刺史唐技」に言及している。この他、傅璇琮、張忱石及び許逸民は『新唐書』宰相世系表を引いており、唐技の兄弟の世代は唐扶、唐持と名付け、いずれも手偏を部首とする。『唐五代人物伝記資料綜合索引』（北京：中華書局、一九八二）五五頁に見える。従って唐技が正確な名前のはずである。『宋高僧伝』智蔵伝（巻一〇、二二三頁）は生没年を七三五―八一四だと記し、かつ建陽仏跡嶺で馬祖に付き従ったとも言う。しかしもしこの伝に基づくなら、智蔵は七四二年には八歳であり、それでは彼が小さい頃すぐに江西虔州にある家を離れて、福建の深山に入って馬祖に師事したことになり、甚だあり得べからざることに思える。従って唐技の碑文がおおむね理にかなっているようである。その他、邢東風は龔公山宝華寺に北宋元豊二年（一〇七九）刻立の唐碑が存在し、その中では智蔵が二十三歳の時に撫州に到って馬祖に師事したと記していると言う。「馬祖道一江西行跡調査記」『馬祖語録』所収、二八九頁に見える。しかし王利民は実地調査を経て、この碑が近現代人に新たに立てられたもので、「年十三」の「十」の上に縦画を一つ加え、「年廿三」としたのであり、従って本来の録文を信頼すべきだということに気づいた。「馬祖道一贛州弘法考」張采民編『郁賢皓先生八十華誕紀念文集』（北京：中華書局、二〇一二）二四八―四九頁参照。

(63) 西口芳男「馬祖の伝記」一二八頁参照。

(64) 『権載之文集』巻二八、一頁b。

(65) 『宋高僧伝』巻一〇、二二一頁。

(66) 『光緒撫州府志』巻八三、四頁b、巻四、三七頁b。

(67) 『祖堂集』（巻一四、六三〇―六三二頁）と『伝灯録』（巻六、八頁a―b）はいずれも、慧蔵は出家前には猟師であり、ある日鹿を追いかけて、馬祖の庵の前を通り過ぎ、彼によって開悟させられたと言う。慧蔵がその後石鞏寺の住持となったことを考えると（本書第三章参照）、彼は石鞏の人であった可能性が高い。

(68) 何明棟、邢東風はこの地（一部の人）での伝聞によって、西裡山は後に犀牛山に改名されており、今の撫州市内にある正覚寺のそばにあったと考察する。邢東風「馬祖道一江西行跡調査記」二八五―九四頁に見える。しかしこの伝聞には何の文献上の根拠もなく、地志にすら記述が見られない。しかも馬祖は洪州に入る前には、ずっと深山で庵を結んで修行し、弟子を指導していたのであり、「攫搏者訓、悍戻者仁（略奪する者は教え諭し、暴虐な者は思いやった）」。彼は果たして近隣の撫州府治の繁華街を選んで住んだりするのか、このような場所で「築庵」する必要があるのか、「攫搏者」などいるのか、いずれもかなり疑わしい。

(69)『宋高僧伝』巻九、二〇〇頁。伝の末尾の記述によると、この伝は帰登（七五四―八二〇）が懐譲のために撰述した碑文に基づく。『伝灯録』（巻五、一五頁a）は懐譲の亡くなった日を十一日とする。

(70) 余靖は「韶州月華山花界寺伝法住持記」の中でこの記述を引用している。『武渓集』（『宋集珍本叢刊』本）巻九、六頁a―七頁b、また『祖堂集』巻四、二二二頁、『伝灯録』巻一四、六頁bにも見える。

(71)『権載之文集』巻二八、一頁b。『全唐文』（巻五〇一、一五頁b）が収録するこの銘は、誤って「虔」を「處」と書いている。

(72)『宋高僧伝』巻一〇、二二一―二二三頁。

(73)『唐刺史考全編』巻四九、六〇一頁、巻一六一、二三二七―二八頁。西口芳男は既に刺史裴公は裴諝であると指摘しているが、しかし彼は裴諝が虔州刺史を務めたのは永泰元年から大暦元年（七六五―七六六）だと推断しておりながら、何の根拠も示していない。「馬祖の伝記」一二九―三五頁参照。虔州は唐代には南康郡とも呼ばれたので、一部の禅宗史料では馬祖は南康に住んで弘法したと言う。七四二年から七五八年まで、唐王朝は州を郡に改める命令を下した。鈴木哲雄はこれに基づいて、馬祖が虔州にいたのはこの期間だと推断した（『唐五代禅宗史』三八二頁）。しかし唐代及び唐代以降の人たちは往々にして自由に州名あるいは郡名で呼ぶのであり、この短い期間の改名に制約されはしない。

(74)『新唐書』巻四一、一〇六九頁。

(75) 潘自牧（一一九六進士）編『記纂淵海』（『四庫全書』本）巻一一、九頁b、祝穆・祝洙（一二五六進士）編『宋本方輿勝覧』（上海：上海古籍出版社、一九九一）巻二、二一〇頁b、『贛県志』巻五一、九頁b―一〇頁a、巻四、一頁b―三頁b。

(76)『宋高僧伝』巻一〇、二二三頁。この伝は恐らく李渤が撰述した碑文に基づく。

(77) 唐技「龔公山西堂勅諡大覚禅師重建大宝光塔碑銘」は「大寂将欲示化、自鐘陵結茅龔公山（大寂は人々を教化しようとして、鐘陵から龔公山に行って庵を結んだ）」と言う（『贛県志』巻五〇、二頁b）。これによると、龔公山道場は智蔵によって創始されたらしい。しかし唐技のこの碑は咸通五年（八六四）に撰述されており、記述には誤りがあるかもしれない。

(78) 『祖堂集』巻四、二三二頁、『伝灯録』巻一四、六頁a—b。

(79) 陳詡「唐洪州百丈山故懐海禅師塔銘」『全唐文』巻四四六、四頁b—七頁a。

(80) 『宋高僧伝』巻一一、二四五頁、『伝灯録』巻七、五頁a。

(81) 無等は汴州尉氏（今の河南省尉氏）の人だが、若い頃に父親について虔州に住んだ。『宋高僧伝』巻一一、二五三頁、『伝灯録』巻七、一一頁bに見える。

(82) 盧簡求（七八九—八六四）は斉安を海汀郡の人だと言う。「杭州塩官県海昌院禅門大師塔碑」『全唐文』巻七三三、二一頁a—三頁a参照。『宋高僧伝』（巻一一、二六一頁）はというと斉安は海門郡の人だとする。しかし唐代には海汀あるいは海門郡はなく、宋代の海門県は唐代にはただ海陵県の一部であるにすぎなかった。『新唐書』巻四一、一〇五二頁、王存（一〇二三—一一〇一）『元豊九域志』（北京：中華書局、一九八四）巻五、一九六—九九頁参照。従って斉安は恐らく揚州海陵の人であろう。

(83) 宗密『円覚経大疏抄』五五七頁a。

(84) 『新唐書』巻四二、一〇八八頁、『元豊九域志』巻一〇、四九五頁。羈縻州とは辺境の少数民族を管轄するために設置されており、通常は各民族の首領を刺史とする。

(85) 『胡適集』二九八頁。

(86) 何雲「馬祖道一評伝」一九頁。

(87) 『新唐書』巻三七、九六三頁。

(88) Yün-hua Jan, "Tsung-mi: His Analysis of Ch'an," 46 参照。

(89) 宗密『承襲図』三一頁c。

(90)『権載之文集』巻二八、一頁b。路嗣恭は七七三年に冀公に封ぜられた。『新唐書』巻一三八、四六二二頁に見える。

(91)『宋高僧伝』巻一〇、二二三頁。

(92)『宋高僧伝』巻一〇、二二二頁。

(93)『唐刺史考』巻一五七、二二五四頁。

(94)『唐刺史考全編』巻一五七、二二五五頁。西口芳男は鮑防、裴諝と馬祖はみな詔令に背いたために罰を受けたのだと推測するが、何の根拠も示しておらず（「馬祖の伝記」一三八―四〇頁）、原典資料を誤解したためのようである。

(95)覚岸（一二八六―?）編『釈氏稽古略』（『大正蔵』第四九冊、巻三、八二九頁c）は「代宗大暦四年、［道一］隷名鍾陵開元寺。時連帥路嗣恭聆風景慕、親授宗旨、由是四方学者雲集座下（代宗の大暦四年、［道一は］鍾陵の開元寺に所属した。その頃長官の路嗣恭は噂を耳にして敬慕し、直々に教えを授けられた。この時から、四方の学者たちがそこに群がり集まった）」と言う。西口芳男はこれによって馬祖は大暦四年（七六九）に洪州開元寺に住み始めたと推断している。「馬祖の伝記」一三九頁参照。しかし、一つには『釈氏稽古略』は遅れて元代に出来たテキストであり、また一つには七六九年には路嗣恭はまだ江西観察使となっていないので、この推断は成立しにくい。

(96)『新唐書』（巻四一、一〇六七―八頁）には、洪州の治所を南昌県として「本豫章、……宝応元年［七六二］更豫章曰鍾陵、貞元中［七八五―八〇四］又更名（もとは豫章、……宝応元年に豫章を改めて鍾陵と呼び、貞元年間にまた名を変えた）」と言い、大暦年間には洪州の治所が鍾陵県と呼ばれたことが分かる。洪州は豫章郡とも呼ばれるため、禅宗史料では洪州と呼んだり豫章と呼んだりする。宇井伯寿は馬祖が二つの場所に住んだことがあるのだと誤解した。『禅宗史研究』三八九―九一頁に見える。

(97)この詔令は他の古い資料には見られない。しかし彭偃（?―七八四）等の数人の官吏の上書によれば、唐徳宗は確かに彼の治世の初期において仏教僧侶を整理・抑制しようと決めたことがあった。Stanley Weinstein, *Buddhism under the T'ang*, 89–91（訳者付記：張煜訳『唐代仏教』上海古籍出版社、二〇一〇年、九九―一〇〇頁）参照。

(98)『宋高僧伝』巻一一、二五一頁。伝の末尾の記述によると、この伝は唐陸亘が撰述した碑文に基づくはずである。

(99)『宋高僧伝』巻一一、二五六頁。伝の末尾の記述によると、この伝は唐劉軻が撰述した碑文に基づくはずである。
(100)『祖堂集』巻一四、六一七頁。
(101)宗密『承襲図』三一頁c。
(102)『馬祖禅師舎利石函題記』二四八頁、「道一塔銘」『権載之文集』巻二八、一頁a、『唐文粋』巻六四、一一頁a。『全唐文』が収録する「道一塔銘」（巻五〇一、一六頁a）は馬祖が貞元二年（七八六）に没したと言うが、これは書写の際の誤りであろう。陳垣『釈氏疑年録』（一九二三、再版、揚州：江蘇廣陵古籍刻印社、一九九一）一七六頁参照。
(103)『権載之文集』巻二八、二頁a。
(104)『伝灯録』巻六、三頁b。
(105)陳柏泉「馬祖禅師石函題記与張宗演天師壙記」二五八頁。
(106)『宋高僧伝』巻一〇、二二二頁。
(107)陳柏泉「馬祖禅師石函題記与張宗演天師壙記」二五八頁、『権載之文集』巻二八、二頁a—b。唐代では、僧侶が自分のために将来塔を建てる山を選ぶのは広く見られる現象である。西口芳男は、馬祖は建中年間に朝廷の詔令に背いたため、七八五年に石門山に移されたと推測している（「馬祖の伝記」一四二頁参照）。この説には何の根拠もなく、原典資料を誤解したことによるようである。
(108)『宋高僧伝』道通伝に「迴錫江西泐潭山門、励心僧務、不憚勤苦」（巻一〇、二二六頁）と言う。
(109)『禅林僧宝伝』に「先是馬大師、歿於豫章開元寺。門弟子懐海、智蔵輩、葬舎利於海昏石門。海亦廬塔十余年（それ以前に馬大師は、豫章の開元寺で亡くなった。門弟の懐海、智蔵たちは、舎利を海昏の石門に葬った。懐海はまた塔に十年余り住んだ）」（『続蔵経』第七九冊、巻五、五〇二頁c）と言う。
(110)『伝灯録』巻六、七頁a—b。
(111)『伝灯録』巻六、七頁b—八頁a。
(112)『伝灯録』巻七、二頁a。

(113)『宋高僧伝』巻一〇、二二三頁。建昌は漢代には海昏と呼ばれた。李吉甫（七五八―八一四）『元和郡県図志』巻二八、六七〇頁参照。亡くなった僧のために影堂を建立し、人々が拝めるよう絵姿を置くことは、唐代では非常によくある現象である。Chou Yi-liang (1913-2001), "Tantrism in China," *Harvard Journal of Asiatic Studies* 8.3-4 (1945): 288（訳者付記：銭文忠訳「唐代密宗」『周一良集』三、遼寧教育出版社、一九九八年、七二―七三頁）参照。

(114)『宋高僧伝』巻一〇、二二二―二二三頁、『祖堂集』巻一四、六一八頁、『伝灯録』巻六、三頁b。

(115)『権載之文集』巻一八、一三頁a―一四頁b。

(116)「懐暉碑銘」『権載之文集』巻一八、一三a―四b頁、白居易（七七二―八四六）「伝法堂碑」（八一九）朱金城箋校『白居易集箋校』（上海：上海古籍出版社、一九八八）巻四一、二六九〇―九一頁。

(117)王欽若等編『冊府元亀』（北京：中華書局、一九八二）巻五二、一〇頁a、『唐刺史考全編』巻一五七、二二六一頁。

(118)『大正蔵』第五一冊、巻六、二四六頁c。

(119)『祖堂集』巻一四、六一八頁。

(120)『唐刺史考全編』巻一五七、二二六三―六四頁。

(121)『冊府元亀』巻五二、一一頁a。

(122)Stanley Weinstein, *Buddhism under the T'ang*, 61-62（訳者付記：『唐代仏教』六六―六七頁）参照。

(123)『資治通鑑』巻二二四、七一九六―九七頁。Stanley Weinstein, *Buddhism under the T'ang*, 77-89（訳者付記：『唐代仏教』八五―九三頁）参照。

(124)本書第六章の議論を参照。

第三章　馬祖門人に関する疑問の分析

馬祖道一は大変成功した禅宗の宣教師であり、その門人で名前を知りうる者の人数は、中国禅宗史上で随一である。権徳輿撰述の「道一塔銘」は、恵（慧）海、智蔵、鎬英、志賢、智通、道悟、懐暉、惟寛、智広、崇泰、恵雲という十一名の馬祖門人の名を列挙している。(1) この十一名は馬祖が亡くなった時点での最も重要もしくは年長の弟子のはずである。『宋高僧伝』は馬祖には弟子が八百人余りいたと記す。(2)『祖堂集』では馬祖に一千人余りの「玄徒」、すなわち僧服を纏った僧侶の弟子がいて、そのうち八十八人が「出世」、つまり寺院の住持を勤めたと述べている。(3)『伝灯録』は百三十九人を列挙するが、実際には百三十八の名前を記録している。(4) この名前のリストを基礎として、柳田聖山はさらに広く資料を集め、百五十三人にまで拡充した。(5)

安史の乱が終結したばかりの初期には、唐王朝の南部の広い地域で、禅師たち及び法系の間の関係は和やかで、相互作用的、弾力的であった。多くの馬祖門人は同時に牛頭慧忠（六八三―七六九）、径山法欽（七一四―七九二）、石頭希遷（七〇〇―七九〇）といった他の禅師にも師事したが、これらの門人たちの伝記・碑文といった第一次資料は通常どの人物が主な先生であったのかを特に明示しない。この事実は、この時期に南部地域において、法系の争いと師承の所属が決して際立ってはいなかったことを示している。しかし不幸なことに、天皇道悟、丹霞天然、薬山惟儼という三人の馬祖門人は後代の法系が争奪する対象となってしまい、彼らの本当の先生が馬祖なのか石頭なのかという論争は、宋代から激しく繰り広げられ、かつ今日まで続いている。

馬祖門人が活躍した時期はおおむね徳宗朝（七八〇—八〇五）中期に始まっており、この頃唐王朝は安史の乱の破壊から回復し始め、一連の経済・政治・軍事改革を繰り広げた。彼らの活躍時期はおおむね文宗朝（八二四—八四〇）で終わっており、ちょうど会昌の廃仏の前夜に当たる。つまり、馬祖門人は主に八世紀最後の十年と九世紀初めの四十年に活動したのである。彼らは馬祖の禅学の宗旨を継承・完成・宣揚し、かつ彼らの長江南北における伝播の成功と寺院の建立、及び自らの法系のために正統を争うという共同の尽力を通して、終には洪州宗をかなり辺鄙な南方に位置する地域的な教団から、朝廷と社会に遍く認められた、十分に発展した禅宗宗派へと勃興させた(6)。

本章ではまず学界で既になされている研究を背景に、天皇、丹霞、薬山の生涯を丹念に考証し、彼らの師承と宗系に関する複雑な疑問点を解決することを図る。考証の結果は彼らと馬祖の師弟関係を確認できるというのみならず、本書第九章で晩唐五代期の南岳—馬祖と青原—石頭という二代系統の分化と数多の法系の勃興を検討するためにも、重要な根拠を提供してくれる。その後、本章では柳田聖山による名前のリストを改めて検討し、初期の資料に基づいていくつかの名前を増補・削除して、それを基礎として馬祖門人の新たなリストを提供する。

一、天皇と天王

天皇、丹霞、薬山という三つの大きな疑問点の中で、天皇の問題がもっとも複雑である。この問題は天皇道悟の師承問題に関わるのみならず、もう一人の天王道悟という紛らわしい問題が混じり合っているのである。北宋中葉に唐邱玄素と署名された「天王道悟禅師碑」が現れ、この道悟は馬祖の門下から出たと記していた。中唐期の荊州には果たして各々石頭と馬祖を継承した二人の道悟が存在したのか、また雲門系と法眼系はどちらの道悟を祖とするべきか等、宋代から清代までずっと論争がやまず、いまだ断案を見ない。現代の学者によるこれらの問題についての研究では、忽滑谷快天、陳垣、宇井伯寿が最もよく力を尽くしている。この三人の学者はいずれも歴代の論争について詳しく考察し、みな邱碑は信頼できないと見なしている。[7] その後邱碑について無理な擁護をした学者もいるが、何の有力な根拠も示していない。[8] 本節では諸学者の研究を基礎として、さらにこの問題について丹念な考証を行う。

『祖堂集』と『伝灯録』はいずれも道悟を石頭の弟子だと記す。[9] しかし権徳輿撰述の「道一塔銘」は、馬祖の十一大弟子を列挙して、その内の一人を道悟とする。[10] 帰登（七五四―八二〇）撰述の「南岳譲禅師碑」では、懐譲の法孫数名を列挙する中に道悟の名がある。[11] 宗密『承襲図』は馬祖の弟子五名を列挙し、その一人として「江陵悟、兼稟径山（江陵の悟は、径山からも教えを受けた）」とある。[12] 『宋高僧伝』道悟伝はというと、彼が前後して径山、馬祖、石頭の三人に師事したと記しており、誰が主要な師なのかを区別してはいない。[13] これらの資料によれば、道悟は馬祖と径山法欽（七一四―七九二）の弟子ともすべきである。しかし『全唐文』所収の荊載「荊州城東天皇寺道悟禅師碑」では、彼が径山、馬祖に拝謁した後、「参石頭、乃大悟（石頭のもとを訪れて、はじめて大悟した）」と言う。[14] これによると、道悟は石頭の下で開悟しており、もとより石頭が本師のはずである。『祖堂集』と『伝灯録』が道悟を石頭の弟子とするのも、これによって信頼しうる証拠ができたのである。宋代以来、学者たちは天皇道悟が石頭を継承するという説に対して、実際ずっと異論がなかった。

この点について、本章はある重要な新発見により、既に定まったかに見える通説に挑戦したい。それは、『全唐文』所収のこの文は決して荊載の原文ではなく、元の釈念常が編纂した『仏祖歴代通載』から転載したのであり、[15] 既に宋元の禅僧によって手直しと潤色がなされており、信頼できないものだということである。この発見は非常に重要なものであり、天皇の師承を考証する上での最も重要な根拠となる。ここで『宋高僧伝』の伝文を七段落に分け、『祖堂集』、『通載』、『全唐文』の関連部分と並べて対照させてみる。

表一　『宋高僧伝』天皇伝と『祖堂集』天皇条、『仏祖歴代通載』天皇碑、『全唐文』天皇碑対照表

『宋高僧伝』[1]	『祖堂集』[2]	『仏祖歴代通載』	『全唐文』
［1］釈道悟、姓張氏、婺州東陽人也。受天粋気、為法王子、生而神携、長而謹願。年十四、金翅始毛、麒麟方角、啓白尊老、将求出家、慈愛之旨、不見聴許。輒損薄常膳、日唯一食、雖体腹羸餒、弥年益堅。父母不獲已而許之。遂往明州大徳剃落。年二十五、依杭州竹林寺大徳具戒。以勇猛力、扶牢強心、於六度門、修諸梵行。	天皇和尚嗣石頭、在荊南。師諱道悟、未睹行状、不決終始之要。	荊州城東天皇道悟禅師、協律郎符載撰碑。其略云、姓張氏、婺州東陽人。十四出家、依明州大徳祝髪。二十五受戒於杭州竹林寺。	師姓張氏、婺州東陽人。十四出家、依明州大徳祝髪。二十五受戒于杭州竹林寺。
［2］常以為療膏肓者資上妙薬、開暗冥者求善知識、不仮舟楫、其済渡乎？遂蹶然振策、投径山国一禅師。悟礼足始畢、密受宗要。於語言処、識衣中珠。身心豁然、真妄皆遣。断諸疑滞、無畏自在、直見仏性、中無緇磷。服勤五載、随亦印可、俾其法雨、潤諸叢林。悟蓄力向晦、	師初問石頭「離却智慧、何法示人？」。石頭曰「老僧無奴婢、離什摩？」。進曰「如何得玄旨？」。石頭曰「你解撮風不？」。師曰「若与摩則不従今日	初参国一、服勤五年。大暦十一年隠于大梅山。建中初謁江西馬祖。二年参石頭、乃大悟。遂隠当陽紫陵山。	初参国一、服勤五年。大暦十一年隠於大梅山。建中初謁江西馬祖。二年参石頭、乃大悟。遂隠当陽紫陵山。

罙入深阻、実冀一飛摩霄。乃転遁于余姚大梅山、是時大暦十一年也。……将翔雲表、盧羽毛之頽鎩、欲帰宝所、疑道途之乖錯。故重有諮訪、会其真宗。建中初、詣鍾陵馬大師。二年秋、謁石頭上士。於戯！　自径山抵衡岳、凡三遇哲匠矣。至此即造父習禦、郢人運斤、両虚其心、相与吻合。白月映太陽斉照、洪河注大海一味。仲尼謂顔子亜聖、然灯与釈迦授記。根果成熟、名称普聞、如須弥山特立大海。繇是近仏、恢張勝因、凡諸国土、縁会則答。	［3］ 始卜於澧陽、次居於澋口、終棲于当陽柴紫山、即五百羅漢翱翔地也。榿松蓊鬱以含風、崖巘巉巖而造天。駕瀲灎之紫霞、枕清冷之玉泉。鸞鳳不集於蓬藋、至人必宅於勢勝、誠如是也。洪鐘待叩、童蒙求我、川流星聚、虚往実帰。或接武于林樾、或駢肩於廬舎。戸外之屨、爛其室盈矣。荊州雄藩也、都人士女動億万計、莫不擎跪稽首、嚮風作焉。崇業上首以状於連帥而邀之、不違願力、聿来赴請。屩及於虚落、錫及於都城。白黒為之歩驟、幡幢為之轇轕、
去也」。石頭曰「未審汝早晩従那辺来？」。師曰「某甲不是那辺人」。石頭曰「我早個知汝来処」。師曰「和尚亦不得贓賄於人」。石頭曰「汝身現在」。師曰「雖然如此、畢竟如何示於後人？」。石頭云「你道阿誰是後人？」。師礼謝、深領玄要。	
	後於荊南城東有天皇寺、頃因火廃、僧霊鑑将謀修復、乃曰「苟得悟禅師為化主、必能福我」。時江陵尹右僕射裴公稽首問法、致礼迎至。師素不迎送、客無貴賤皆坐而揖之。裴愈加敬。
	後於荊南城東有天皇寺、頃因火廃、僧霊鑑将謀修復、乃曰「苟得悟禅師為化主、必能福我」。時江陵尹右僕射裴公稽首問法、致礼迎至。師素不迎送、客無貴賤皆坐而揖之。裴愈加敬。

生難遭想、得未曾有。彼優波鞠多者、夫何足云。有天皇寺者、拠郡之左、標異他刹、号為名藍、困於人火、蕩為煨燼。僧坊主霊鑑族而謀之、以為満人攸居、必能福我。夫荷担大事、蔑棄小瑕。乃中宵黙往、肩轝而至。二寺夕有所失、朝有所得、諍論鋒起、達於尊官。重於返復、畢安其処。江陵尹右僕射裴公、搢紳清重、擁旄統衆、風望眄睞、当時準程、駆車盛礼、問法勤至。悟神気灑落、安詳自処、徐以軟語、為之献酬、必中精微、洞過肯綮。又常秉貞操、不修逢迎、一無卑貴、坐而揖対。裴公訝其峻抜、徴其善趣、謂「抗俗之志、当径挺如是邪？」。悟以為「是法平等、不見主客。豈効世諦、与人居而局狭邪？」。裴公理冥意会、投誠帰命。既見仁者、我心則降、如熱得濯、躁憤冰散。自是禅宗之盛、無如此者。

［4］

問「如何是玄妙之説？」。
師云「莫道我解仏法！」。
僧云「争那学人疑滞何？」。師曰「何不問老

石頭之道、貽盛於此。

石頭之道、殆盛於此。

	僧？」」。僧曰「問則問了也」。師曰「去！　不是你存泊処」。		
［5］元和丁亥歳、有背痛疾、命弟子先期告終。以夏四月晦、奄然入滅。春秋六十、僧臘三十五。以其年八月五日葬之郡東隅、霊龕建塔、従僧礼也。	師乃一日忽然喚典座、典座來。師示曰「会摩？」。曰「不会」。師便把枕子当面抛之、乃告寂。	師患背痛、臨終大衆問疾、師驀召典座近前。師曰「会麼？」。対曰「不会」。師拈枕子抛於地上、即便告寂。寿六十、坐三十五夏。	師患背痛、臨終大衆問疾、師驀召典座近前。師曰「会麼？」。対曰「不会」。師拈枕子抛於地上、即便告寂。寿六十、坐三十五夏。
［6］（略）			
［7］比丘慧真、文賁等禅子幽閑、皆入室得悟之者、或継坐道場、或分枝化導。時太常協律符載著文頌徳焉。世号天皇門風也。		法嗣三世、曰恵真、曰幽閑、曰文賁。実元和二年四月十三日也。	法嗣三世、曰恵真、曰幽閑、曰文賁。実元和二年四月十三日也。

1　『宋高僧伝』巻一〇、二三二—二三三頁。

2　『祖堂集』巻四、二〇六—二〇七頁。

この四つのテキストを詳細に比較対照すると、幾つかの難題を解くことができる。第一に、『宋高僧伝』本伝末尾では「時太常協律符載著文頌徳焉（この頃太常協律の苻載が文章を書いて彼の徳を称えた）」と言う。賛寧のこの書の通例によると、この伝は唐苻載（七六〇―？）撰述の碑から採られたはずである。[16] 全体の叙述スタイルは華麗で、構成が整っており、典型的な唐代碑文のスタイルである。そして『仏祖歴代通載』の冒頭では「荊州城東天皇道悟禅師、協律郎苻載撰碑。其略云……（荊州城東天皇道悟禅師、協律郎苻載が碑を撰述。そのあらましには次のように言う。……）」（第一段落）と言い、苻載の文章の節略に過ぎず、全文ではないことを、はっきりと説明している。両書の記載を比較すると、一方は詳細、一方は簡略であり、順序は明白である（『宋高僧伝』第六段落は寺院建立の経緯を詳しく描写しており、この段落は他書には見えないため省略した）。

第二に、『祖堂集』の編者は「未睹行状（行状を見たことがない）」と言うが、石頭に拝謁して開悟したこと、僧からの仏法についての質問に答えたこと、枕を投げて示寂したことという、三則の機縁問答を記載している。この三則の対話は『宋高僧伝』に引く苻載の碑文には見えず、唐五代期の語本・別録といったテキストから採られたはずである。そのうち石頭との問答の中で、道悟は「某甲不是那辺人（私はあちらの人ではありません）」と極力釈明している。「那辺」とは馬祖を指し、このような宗系について苦心して釈明する小賢しさが、まさしく偽りの馬脚を露呈させた。中唐前期の江南地域では、馬祖、石頭、径山等はいずれも達磨の系統から出ていると自認しており、その弟子たちはお互いに諸大師に学んでいて、後世のような明確な宗派の区分はなかった。例えば苻載は、道悟が前後して三人の師を訪ねて学び、「自径山抵衡岳、凡三遇哲匠矣（径山から衡岳に到るまで、優れた大師に三度巡り逢った）」（第二段落）と言う。石頭は特に南北各系の調和を強調しており、その『参同契』には「人根有利鈍、道無南北祖（人の素質には鋭いものと鈍いものがあるが、仏道には南北の祖の区別などない）」と言う。[17] 従ってこの対話は明らかに石頭系の禅僧が道悟を自らの家系に引き込むために捏造したものである。この他、おおむね信頼できる碑銘資料によると、馬祖とその門人の時代には、禅林では簡単な知的応答が流行していただけで、後の晩唐五代期における種々の身振りや激しく鋭い機峰はまだ現れていなかった。[18] 従って枕を投げて示寂したという説話も、同様に後人の捏造のはずである。

第三に、『伝灯録』には道悟章があり、それと『宋高僧伝』、『祖堂集』を対照すると、この章が苻載の碑文の節略を基礎として、『祖堂集』所載の三則の対話を混ぜ合わせて編纂しており、また第四段落で「由是石頭法道、盛于此席（そこで石頭の仏道は、この地で盛んになった）」の一句を付け足したのであって、何の新たな資料も加えていないことが分かる。[19]

第四に、『宋高僧伝』と比較すると、『仏祖歴代通載』は苻載の碑文を節略する以外に、四箇所を改めていることが分かる。第一点は「［建中］二年参石頭（建中二年に石頭のもとを訪れ）」の後に「乃大悟（大悟した）」の三字を加えたこと（第二段落）。第二点は道悟が天皇寺に住んだという後に、「石頭之道、殆盛於此（石頭の道はここで盛んにならんとした）」の句を加えたこと（第四段落）。第三点は臨終の時に枕を投げて示寂したという機縁を加えたこと（第五段落）。第四点は「比丘慧真、文賁等禅子幽間、皆入室得悟之者（比丘慧真、文賁といった禅子は悠々としており、みな奥義を会得し開悟した者である）」という句を、「法嗣三世、曰恵真、曰幽間、曰文賁（法嗣の三世は、恵真、幽間、文賁という）」に改めたこと（第七段落）。前の三点は『祖堂集』と『伝灯録』に見えており、つまり念常がこの二書から移してきて継ぎ合わせたのである。最後の一点は苻載の原文を誤解したのであり、苻載の原文は弟子の恵真・文賁という二人の禅子がいずれも生来悠々としていたという意味なのに、念常が「幽閑」を弟子の名と誤解して、しかも妄りに「法嗣三世」と改めたのである。[20]

第五に、『全唐文』所収の碑文は『仏祖歴代通載』の引用文と全く同じであり、後者が前者の出典であることが分かる。『全唐文』の編者は誤ってこの節略した文章を全文と見なして転載しただけでなく、その中の四箇所の改竄まで踏襲してしまった。

第六に、『宋高僧伝』の伝文は道悟が前後して余姚大梅山、当陽柴紫山に住んだこと、及び天皇寺を再建したことの背後の経緯を詳しく描写しており、大量の具体的で細かなディテールがあり、文体は華麗で、スタイルが統一されており、構成が大きくかつ完成されており、学識に富む人物の手になることは明らかであって、後人が捏造や手直しをした痕跡は見当たらない。

以上の比較検討によると、『宋高僧伝』道悟伝は苻載撰述の碑文から採られており、道悟の生涯を考証するのに最も信頼できる資料である。『全唐文』所収の苻載の碑は原文ではなくて、『仏祖歴代通載』から転載したのであり、既に宋元の禅僧によって手直しされており、実は信頼できないものである。『祖堂集』が記載する道悟が石頭を訪ねて開悟した時の対話は、晩唐五代の間に石頭系の禅僧が捏造したもので、その当時の禅宗史を考察するのに使えるのみで、道悟が石頭系出身であるという証拠にはできない。『伝灯録』道悟章は苻載の碑と『祖堂集』を混ぜ合わせて出来ており、参照価値がない。従って天皇道悟は苻載の碑が述べるように、前後して径山法欽、馬祖道一、石頭希遷に師事し、「三遇哲匠」だったのであり、いずれか一つに専属したわけではないであろう。

次に天王道悟の疑問点について考えると、この問題の鍵は北宋中葉に現れた丘玄素「天王道悟禅師碑」の真偽に在る。この碑に関する記載は、最も早くは覚范慧洪（一〇七一―一一二八）『林間録』に見える。

及観達観禅師所集『五家宗派』、則曰道悟嗣馬祖、引唐丘玄素所譔碑文幾千言、其略曰「師号道悟、渚宮人、姓崔氏、即子玉後胤也。年十五於長沙寺礼曇翥律師出家。二十三詣嵩山律徳、得尸羅。謁石頭、扣寂二年、無所契悟。乃入長安親忠国師。三十四与侍者応真南還、謁馬大師、大悟於言下、祝曰『他日莫離旧処』。故復還渚宮。元和十三年戊戌歳四月初示疾、十三日帰寂、寿八十二、臘六十三」。考其伝、正如両人。(21)

（達観禅師が集めた『五家宗派』を見ると、道悟は馬祖を受け継いだと言い、唐の丘玄素が撰述した碑文数千字を引用しており、そのあらましには次のように言う。「師は道悟と号し、渚宮の人で、俗姓は崔氏、子玉の後裔である。十五歳の時に長沙寺で曇翥律師に礼して出家した。二十三歳で嵩山の律徳を訪れ、戒を得た。石頭に拝謁し、二年間思索したが、何も悟れなかった。そこで長安に入って忠国師に親しんだ。三十四歳で侍者の応真と南に帰り、馬大師に拝謁すると、たちどころに大悟し、予言して『今後、本来の場所を離れないように』と言われた。そこでまた渚宮に戻った。元和十三年戊戌の歳四月初めに病を患い、十三日に示寂し、歳は八十二、僧臘は六十三であった」。彼の伝記を考証すると、まさしく別個の二人のようである。）

達観とは達観曇穎（九八九―一〇六〇）である。『林間録』と時を同じくして、睦庵善卿『祖庭事苑』も丘玄素の碑を引用しているが、出処に言及していない[22]。その後、南宋の晦岩智昭『人天眼目』が引く『覚夢堂重校五家宗派序』には次のように言う。

自景徳至今、天下四海以『伝灯』為拠、雖列刹拠位立宗者、不能略加究弁。唯丞相無尽居士及呂夏卿二君子、毎会議宗門中事、嘗曰「石頭得薬山、山得曹洞一宗、教理行果、言説宛転。且天皇道悟下、出個周金剛、呵風罵雨、雖仏祖不敢攖其鋒、恐自天皇或有差誤」。寂音尊者亦嘗疑之、云道悟似有両人。無尽後於達観穎処、得唐符載所撰天皇道悟塔記、又討得丘玄素所作天王道悟塔記、齎以遍示諸方曰「吾嘗疑徳山、洞山同出石頭下、因甚垂手処死活不同。今以丘、符二記証之、朗然明白、方知吾択法験人之不謬耳[23]」。

（景徳年間から今まで、世間では『伝灯録』に依拠し、諸寺で高位に在って自らの宗派を打ち立てた者であっても、いささか考究することもできなかった。ただ丞相の無尽居士と呂夏卿という二人の君子だけは、集まって宗門内の事柄を議論するたびにいつも「石頭は薬山を得、薬山は曹洞宗を得、教理と修行、そしてその成果について、言説に変転があった。しかし天皇道悟のもとからは、周金剛こと徳山宣鑑が現れ、罵りの言葉や喝を雨あられと降らせ、仏祖であってもその言葉の矛先に触れなかった。これは、天皇という人物について何らかの誤伝があるのだろう」と言った。寂音尊者も疑いを抱き、道悟なる人物は二人いるようだと言った。無尽居士張商英は後に達観曇穎の所で、唐苻載撰述の天皇道悟塔記を手に入れ、また丘玄素作の天王道悟塔記も請い求めて手に入れ、携えて行って漏れなく諸々の場所で見せ、「私は、徳山と洞山とは同じく石頭門下から出たのに、どうして教化の仕方が正反対なのかと疑っていた。今、丘玄素と苻載による二碑に照らしてみれば明々白々であって、そこではじめて自分の教えを弁別し人を吟味する目に曇りはなかったと知ったのである」と言った。）

無尽居士は張商英（一〇四三—一一二二）の号であり、寂音尊者は慧洪の号である。曇穎が亡くなった時、張商英は僅か十八歳であった。清の白岩浄符は『法門鋤宄』を著し、張商英の奉仏は二十数歳になってからのことであり、晩年になって初めて禅宗の宗系にやや注意するようになったので、曇穎から丘玄素碑を入手したというのは信じがたいと考えた。[24]しかし張商英は恐らく慧洪と同じように、曇穎『五家宗派』の引用によってこれらの碑文を見たのであり、覚夢堂の言い方が些か誤っているのである。明の通容（一五九三—一六六一）『五灯厳統目録』には、「宋尚書員外郎呂夏卿撰『雪竇明覚大師塔銘』、足二千余言。今節略内数言云、禅師諱重顕、字隠之、大寂九世之孫、智門之法嗣也（宋の尚書員外郎呂夏卿が撰述した『雪竇明覚大師塔銘』は、二千字余りであった。今その中の数句を節略すると、禅師は諱は重顕、字は隠之、大寂禅師馬祖道一の九世の孫に当たり、智門光祚の法嗣である、と言う）」とある。[25]雪竇重顕（九八〇—一〇五二）は雲門宗出身であり、呂夏卿（一〇三二—一一一二）が彼を馬祖に帰するのは、明らかに丘玄素の碑における天王道悟が馬祖に師事したという説を採用しているのである。これは覚夢堂が記した張商英・呂夏卿が宗門について議論したという事と相互に証拠となる。そうすると丘玄素の碑の出現については、見出しうる初期の資料はみな曇穎を出所として暗示している[26]。

慧洪は『林間録』の中で丘玄素の碑を一部抜き書きしたのみで、後には『五灯会元』天皇道悟章の付注[27]、『仏祖歴代通載』がいずれも碑の全文を収録したが[28]、文字には各々異同がある。『全唐文』もこの碑を収録しており[29]、文字が『仏祖歴代通載』と同じであるため、この書から採録したのであって、他により早い時期のソースがあったわけではないことが分かる。

宋から清までの間、この碑に関する論争は絶え間なく続いたが、褒貶を問わず、ほとんどが派閥的な見地から発されており、信頼できる根拠を呈示する人は極めて少ない。忽滑谷快天、陳垣、宇井伯寿、鈴木哲雄がこれについて既に詳細にまとめて紹介しているので、ここでは贅言しない[30]。その中で元致祐「大元延祐重刊人天眼目後序」の論だけは注目に値する。「按荊州新旧図誌、並無城西天王寺。其偽碑妄天王因縁語句、尽是城西白馬寺曇照禅師事実。此曇照事実、具述荊州旧図志、及『景徳伝灯録』、可考（荊州の新旧の地誌を調べるに、いずれも城西の天王寺なるものはない。偽碑は天王の言葉を捏造したが、全て城西白馬寺の曇照禅師の事跡である。この曇照の事跡は、詳しくは荊州の古い地誌、および『景徳伝灯録』に述べられており、考察することができる）[31]」。致祐は丘玄素の碑が偽作であると論じており、説得力ある二点の証拠を挙げる。第一点は、元代に見た荊州に関する新旧の地誌に城西の天王寺がないこと、第二点は、碑文に記される問答が本来は曇照の事跡であり、荊州の古地誌及び『伝灯録』に見えることである。荊州の古地誌は今ではもう見ることができないので、ここでは『伝灯録』南泉普願法嗣白馬曇照章を丘玄素の碑と対照させてみる。

表二　『伝灯録』曇照章と『仏祖歴代通載』天王碑対照表

『伝灯録』[1]	『通載』[2]
	元和十三年四月十三日。天王道悟禅師入寂。唐正議大夫戸部侍郎平章事荊南節度使丘玄素撰碑云、道悟、渚宮人、姓崔氏、子玉之後胤也。年十五依長沙寺曇翥律師出家。二十三詣嵩山受戒。三十三参石頭、頻沐指示、曽未投機。次謁忠国師。三十四与国師侍者応真南還、謁馬祖。祖曰「識取自心本来是仏。不属漸次、不仮修持。体自如如、万徳円満」。師於言下大悟。祖嘱曰「汝若住持、莫離旧処」。師蒙旨已、便反荊州。去郭不遠、結草為廬。
	後因節使顧問、左右申其端緒。節使親臨訪道、見其路隘、車馬難通、極目荒榛、曽未修削。覩茲発怒、令人擒師抛于水中。旌旆才帰、乃見遍衙火発、内外洪焔、莫可近之。唯聞空中声曰「我是天王神！　我是天王神！」。節使回心設拝、煙焔都息、宛然如初。遂往江辺、見師在水、都不湿衣。節使重申懺悔、迎請在衙供養。於府西造寺、額号天王。
荊南白馬曇照禅師、常云「快活！　快活！」。及臨終時、叫「苦！　苦！」。又云「閻羅王来取我也」。院主問曰「和尚当時被節度使抛向水中、神色不動、如今何得恁麼地？」。師挙枕子云「汝道当時是？　如今是？」。院主無対。	師常云「快活！　快活！」。及臨終時、叫「苦！　苦！」。又云「閻羅王来取我也」。院主問曰「和尚当時被節度使抛向水中、神色不動。如今何得恁麼地？」。師挙枕子云「汝道当時是？　如今是？」。院主無対。
	便入滅。寿八十二、夏六十三。嗣法一人、曰崇信、即竜潭也。

1　『伝灯録』巻一〇、六頁a。
2　『通載』巻一五、六一五頁a—b。

丘玄素碑の第三段落の記述は『伝灯録』に載せられた曇照の事跡で、語句は完全に一致しており、この書から剽窃したことが分かる。第二段落に述べられる節度使が道悟を水中に投げたという事跡は、『伝灯録』の「和尚当時被節度使抛向水中（和尚はその時節度使によって水中へと投げられた）」という句を敷衍したものである。つまり丘玄素碑を構成する中心的物語は、曇照の物語を取り入れて拡大したものなのである。致祐によると、曇照の事跡は『伝灯録』に見えるだけでなく、荊州の地誌にも見え、本来は唐代の人によって伝承されたのであろう。曇照については、他にも二つの記載がある。第一は『祖堂集』に見える「白馬和尚嗣南泉、在江陵。師諱曇照。未睹実録。問曰『如何是学人自己？』。師以杖当面指学人（白馬和尚は南泉を継承し、江陵にいた。師は諱は曇照である。実録は見ていない。『私の自己とは何でしょうか？』と問うた。師は杖で真っ向から質問者を指した）」である。[32] ここでは曇照は南泉の法嗣だと述べており、『伝灯録』と一致する。第二は唐の李亢『独異志』で、曇照は荊州の僧で、節度使の裴冑、厳綬に重んぜられたと述べる。[33] 裴冑（七二九—八〇三）が荊南に鎮したのは貞元八年から十九年の間（七九二—八〇三）であり、厳綬（七四六—八二二）が荊南に鎮したのは元和六年から九年の間（八一一—八一四）である。[34] 曇照が確かに貞元、元和年間に荊州で著名な禅僧であったことが分かる。

以上の考察のように、丘玄素碑の第二、第三段落は曇照の事跡を使った偽作である。この他、「枕子を挙ぐ」の類の身振りによる表現は、中唐期撰述の碑文に現れえない。また上で考察したように晩唐五代期の禅僧は天皇が臨終の時に枕を投げたという機鋒を捏造しており、仮に同じ時代と場所に二人の道悟がいたとしても、二人とも臨終時に枕を示寂の機鋒としたことはありえない。さらには、中唐期に実際に丘玄素という人がいたが、(35)元和中に荊南節度使を歴任した者はみな『旧唐書』等の史書に見え、はっきりと考証できるのに、丘玄素の名前はどこにも見当たらないので、(36)この碑が記している職位も信用できない。丘玄素碑にはこれら三つの破綻がある以上、偽作と判断してよかろう。この碑の出現について、関連史料はいずれも曇穎を示唆しており、曇穎は臨済の出身なので、彼による偽作の可能性が高い。(37)

丘玄素碑は竜潭崇信を天王道悟の弟子としているが、苻載撰述の道悟碑には崇信の名は挙げられておらず、この点を丘玄素碑を是認する理由の一つとする研究者もいる。しかし苻載碑が崇信を挙げていない理由は簡単に推測できる。崇信は当時は無名の若輩の弟子に過ぎなかったはずであり、まさしく権徳輿撰述の馬祖碑が十一大弟子を列挙しつつも、百丈懐海（七四九―八一四）、南泉普願（七四八―八三四）等の名がないのと同様である。

以上の考察をまとめると、『全唐文』収録の苻載「荊州城東天皇寺道悟禅師碑」は『仏祖歴代通載』からの転載であって、宋元の僧侶による手直しを経ており、本来のテキストではない。天皇道悟の伝記は、苻載の原文から採られた『宋高僧伝』本伝が最も信頼できる。この伝によると、道悟は前後して径山法欽、馬祖道一、石頭希遷の三人に教えを受け、いずれかの一派に専属したわけではなかった。道悟を石頭系のみに帰属させたのは、その後裔が晩唐五代期に改めて帰属を探し求めたからである。(38)北宋中葉に現れた丘玄素天王道悟碑は、荊州の禅僧白馬曇照の事跡を使って編集したものであり、偽作者は恐らく達観曇穎である。

二、丹霞の謎

丹霞天然は、禅宗の伝統では石頭の弟子に属し、『祖堂集』、『伝灯録』の記述は同じである。(39)『宋高僧伝』天然伝では石頭希遷、馬祖道一、径山法欽の三人に師事したと言い、いずれか一つに専属してはいない。(40)杜継文と魏道儒はこれによって天然に「定まった師はいなかった」とし、「最終的に丹霞を石頭のもとに帰属させたのは、実は彼の後輩の考えであった」と見なす。(41)この見解は非常に正しいので、ここで詳しい考証を行おう。

『宋高僧伝』天然伝は劉軻撰述の碑に基づき、おおむね信頼できる。そこでこの伝を四段落に分け、かつ『祖堂集』と『伝灯録』の関連部分と対照させたのが、以下の表である。

表三　『宋高僧伝』天然伝と『祖堂集』、『伝灯録』天然章対照表

『宋高僧伝』	『祖堂集』	『伝灯録』
［1］ 釈天然、不知何許人也。少入法門、而性梗概。	丹霞和尚嗣石頭。師諱天然、少親儒、墨、業洞九経。初、与龐居士同侶入京求選、因在漢南道寄宿次、忽夜夢白光満室。有鑑者云「此是解空之祥也」。又逢行脚僧、与喫茶次、僧云「秀才去何処?」。対曰「求選官去」。僧云「可惜許功夫、何不選仏去?」。秀才曰「仏当何処選?」。其僧提起茶碗曰「会麼?」。秀才曰「未測高旨」。僧曰「若然者、江西馬祖今現住世説法、悟道者不可勝記、彼是真選仏之処」。	鄧州丹霞天然禅師、不知何許人也。初習儒学、将入長安応挙、方宿於逆旅、忽夢白光満室。占者曰「解空之祥也」。偶一禅客問曰「仁者何往?」。曰「選官去」。禅客曰「選官何如選仏」。曰「選仏当往何所?」。禅客曰「今江西馬大師出世、是選仏之場、仁者可往」。

〔2〕

謁見石頭禅師、黙而識之、思召其自体得実者、為立名天然也。乃躬執爨、凡三年、始遂落飾。後於岳寺希律師受其戒法。造江西大寂会。寂以言誘之、膺答雅正。大寂甚奇之。次居天台華頂三年、又礼国一大師。

二人宿根猛利、遂返秦遊而造大寂、礼拝已、馬大師曰「這漢来作什摩？」。秀才汰上襆頭、馬祖便察機、笑而曰「汝師石頭摩？」。秀才曰「若与摩則与某甲指示石頭」。馬祖曰「従這裏去南岳七百里、遷長老在石頭、你去那裏出家」。秀才当日便発去、到石頭、参和尚。和尚問「従什摩処来？」。対曰「某処来」。石頭曰「来作什摩？」。秀才如前対、石頭便点頭曰「著槽廠去」。乃執爨役。経一二載余、石頭大師明晨欲与落髪、今夜童行参時、大師曰「仏殿前一搭草、明晨粥後剗却」。来晨諸童行競持鍬钁、唯有師独持刀、水、於大師前跪拝揩洗。大師笑而剃髪。師有頂峰突然而起、大師按之曰「天然矣」。落髪既畢、師礼謝度、兼謝名。大師曰「吾賜汝何名？」。師曰「和尚豈不曰『天然』耶？」。石頭甚奇之、乃為略説法要。師便掩耳云「太多也」。和尚云「汝試作用看」。師遂騎聖僧頭。大師云「這阿師！　他後打破泥龕塑像去」。師受戒已、而大寂耀摩尼於江西。師乃下岳、再詣彼、礼謁大寂。大寂問「従什摩処来？」。対曰「従石頭来」。大寂曰「石頭路滑、還達倒也無？」。

遂直造江西、才見馬大師、以手托襆頭額。馬顧視良久、曰「南岳石頭是汝師也」。遽抵南岳、還以前意投之。石頭曰、著槽廠去」。師礼謝入行者房、随次執爨役、凡三年。忽一日石頭告衆曰「来日剗仏殿前草」。至来日、大衆諸童行各備鍬钁剗草、独師以盆盛水浄頭、於和尚前胡跪。石頭見而笑之、便与剃髪。又為説戒法、師乃掩耳而出。便往江西、再謁馬師。未参礼便入僧堂内、騎聖僧頸而坐。時大衆驚愕、遽報馬師。馬躬入堂、視之曰「我子天然」。師即下地礼拝曰「謝師賜法号」。因名天然。馬師問「従什麼処来？」。師云「石頭」。馬云「石頭路滑、還躂倒汝麼？」。師曰「若躂倒即不来」。乃杖錫観方、居天台華頂峰三年。往余杭径山、礼国一禅師。

	対曰「若達倒即不来此也」。大寂甚奇之。……又礼国一禅師。	
[3] 元和中、上竜門香山、与伏牛禅師為物外之交。後於慧林寺遇大寒、然乃焚木仏像以禦之。人或譏之、曰「吾荼毘舎利」。曰「木頭何有？」。然曰「若爾者、何責我乎？」。元和三年、晨過天津橋、横臥。会留守鄭公出、呵之不去。乃徐仰曰「無事僧」。留守異之、乃奉束素衣両襲、月給米麵。洛下翕然帰信。	以元和初上竜門香山、与伏牛禅師為莫逆侶。後於恵林寺、遇天寒、焚木仏以禦次、主人或譏。師曰「吾荼毗覓舎利」。主人曰「木頭有何也？」。師曰「若然者、何責我乎？」。主人亦向前、眉毛一時墜落。	唐元和中、至洛京竜門香山、与伏牛和尚為莫逆之友。後於慧林寺遇天大寒、師取木仏焚之。人或譏之、師曰「吾焼取舎利」。人曰「木頭何有？」。師曰「若爾者、何責我乎？」。……元和三年、師於天津橋横臥。会留守鄭公出、呵之不起。吏問其故、師徐曰「無事僧」。留守異之、奉束素及衣両襲、日給米麵。洛下翕然帰信。
[4] 至十五年春、言「吾思林泉」。乃卜南陽丹霞山結庵。以長慶四年六月告門人曰「備沐浴、吾将欲行矣」。乃戴笠策杖入屨、垂一足、未及地而卒、春	師以長慶三年癸卯歳六月二十三日告門人、令備湯沐訖云「吾将行矣」。乃戴笠子、策杖入屨、垂一足未至地而逝、春秋八十六。勅諡智通大師、妙覚之塔。劉軻撰碑文。	至十五年春、告門人言「吾思林泉、終老之所」。時門人令斉、静方卜南陽丹霞山、結庵以奉事。三年間、玄学者至盈三百、衆構成大院。……師以長慶四年六月二十三日告門人曰「備湯沐、吾欲行矣」。乃戴笠、策

秋八十六。膳部員外郎劉軻撰碑紀徳焉。勅謚智通禅師、塔号妙覚。	杖授履、垂一足未及地而化、寿八十六。門人斲石為塔。勅謚智通禅師、塔号妙覚。

『宋高僧伝』の第一段落は天然が「少入法門（若くして仏門に入った）」と言う。『伝灯録』は儒教を学んで科挙を受験したことがあり、かつ夢占いの霊異があったと改めたため、若くして出家したという経歴と合致しなくなっており、明らかな虚構の色合いを帯びている。『祖堂集』はというとさらに龐蘊と同じ時に科挙を受けに行ったことを付け足し、某僧との受け答えも潤色され、茶碗を差し出すという機鋒を加えている。明らかに後の両書の記載は虚構であり、しかも『伝灯録』の方が成立が遅いが、基づいた物語は『祖堂集』よりも早いようである。

『宋高僧伝』の第二段落は、天然はまず石頭に会い、石頭が彼に命名して落髪させ、天然は石頭に三年間付き従ったと言う。その後衡岳の希律師の所で具足戒を受けた。希律師とは恐らく希操であり、彼は天宝年間末から大暦年間に衡山衡岳寺中院におり[42]、馬祖門人である興果神湊（七四四―八一七）と薬山惟儼も大暦年間に衡山に行って彼から具足戒を受けた[43]。唐代の僧で若くして出家した者は、ほとんどが二十歳かやや後に受戒している。『宋高僧伝』の記述によると、天然は長慶四年（八二四）に八十六歳で亡くなっており、遡ると開元二十七年（七三九）に生まれたことになる。二十歳の時とは乾元元年（七五八）であり、具足戒を受けたのはほぼこの年、あるいはやや後のことである。遡ると彼が石頭に三年間師事したのはほぼ天宝年間末から至徳年間（七五五―七五七）である。伝文では続けて、天然が具足戒を受けた後で馬祖に拝謁したと述べており、その時期はほぼ乾元二年（七五九）よりやや後の数年間である。その後天台華頂峰に三年間おり、また径山法欽に拝謁したのが、ほぼ大暦年間のことになる。この伝では、天然が前後して石頭、馬祖、法欽に師事したと述べ、いずれかに専属してはおらず、大暦、貞元の頃の江南禅林の実際の状況と符合している。

『祖堂集』と『伝灯録』の記載は、いずれも劉軻の碑から天然が前後して三人の師に拝謁したという事跡をひそかに抜き出しているが、一方では自分の宗派に有利な物語を争って捏造・添加してもいる。『祖堂集』は石頭が天然のために落髪と命名をしたという劉軻碑の記述に沿っているが、多くの活き活きとしたディテールを付け加え、かつ馬祖が天然に石頭に会いに行くようすすめ、天然は仏像に乗って石頭に認められた、及び天然が開悟した後に馬祖を前にしてその機鋒を見せたといった筋書きを付け足している。『伝灯録』では、仏像に乗る話が馬祖の所で起こるというように変化しており、かつ馬祖が天然に命名している。両書が述べる天然の事跡におけるこのような対立は、晩唐五代期の石頭、洪州二系の禅僧が繰り返し争い、元来の資料を勝手に改竄したということを露呈させている。これらの改竄された箇所はいずれも信頼できない。

『宋高僧伝』の第三段落によると、天然は元和年間に洛陽の竜門香山におり、馬祖のもう一人の弟子である伏牛自在（七四一―八二一）と友となっており、また慧林寺で木製の仏像を燃やして暖を取ったことがある。調べてみると、貞元、元和の頃に、僧侶が木製の仏像を燃やす事が時折あった。例えば『酉陽雑俎』には「蘇州貞元中有義師、状如風狂。……常止於廃寺殿中、無冬夏常積火、壊燔木象悉火之（蘇州では貞元年間に義師がおり、その有様は気狂いのようであった。……いつも打ち棄てられた寺院の中におり、冬でも夏でも焚き火をし、木製の仏像を壊して燃やし、全て焼いてしまった）」、「安国寺僧熟地常焼木仏。往往与人語、頗知宗要、寺僧亦不之測（安国寺の僧である熟地はいつも木製の仏像を焼いた。しばしば人と話すと、禅宗の要義をかなり知っており、寺僧にも計り知れなかった）」とある。(44) 従って伝が述べる天然が木製の仏像を燃やした事跡は信頼できるであろう。伝ではさらに、元和三年（八〇八）のある朝、天津橋に横たわり、「無事僧」という機知に富んだ回答によって留守の鄭公に認められたと述べる。調べによればこの留守の鄭公とは元和三年六月から六年十月（八〇八—八一〇）まで東都留守であった鄭余慶（七四六—八二〇）のことである。(45) この記述は史実と合致しているので、これも信頼してよいだろう。『祖堂集』と『伝灯録』が述べるこの二つの機縁物語は『宋高僧伝』と近似していて、いずれも劉軻碑から採られたはずであり、ただ『祖堂集』で寺主の眉毛が抜け落ちたというディテールが増えているのは、明らかに潤色した結果である。

『宋高僧伝』第四段落では、天然が元和十五年（八二〇）以後に鄧州南陽（現在の河南省南陽）丹霞山におり、長慶四年に亡くなり、勅命によって智通大師と諡され、塔は妙覚と号したと述べている。『伝灯録』では三百人が師事したと付け足している。三書が記す天然死去時の出来事は近似しており、いずれも劉軻碑に基づくであろう。ただ『祖堂集』は長慶三年に亡くなったと記しており、これはあるいは伝写の際の誤りかもしれない。

上述の四段落の他に、『祖堂集』ではさらに五則の機縁問答を増やしている。すなわち、馬祖に拝謁した後に南陽の慧忠を訪ねた時の彼との対話、丹霞山にいる時の某禅師との対話、某寺院を訪れた時のある老宿との対話、麻谷宝徹と山に遊んだ時の対話、上堂した時の某学徒との対話である。『伝灯録』は最初の二則を収録し、他に龐居士を訪ねてその娘と受け答えしたという一則を加えている。これらの対話は劉軻が撰述した碑文には見えない。のみならずいずれも機鋒が鋭く、唐末五代期の禅風に属し、馬祖と門人の時代における機智に富んではいるが素朴な問答とは異なっているので、唐末五代頃の捏造であろう。

『祖堂集』は「孤寂吟」、「翫珠吟」、「頌」、「驪竜珠吟」、「弄珠吟」、「如意頌」という六種の天然の偈頌を記している。敦煌写本ペリオ三五九七には「翫珠吟」がある。(46) 調べると『宋高僧伝』本伝には彼が吟詠に長じていたこと、及び偈頌が後世に伝わっていたことは記されていないので、この数首の偈が天然の手になるものであるかも、かなり疑わしい。

以上の考察によれば、丹霞天然の生涯の事跡は劉軻撰述の碑文に基づく『宋高僧伝』が信頼できる。劉軻碑によると、天然は前後して石頭、馬祖、径山に師事し、いずれかに専属してはいなかった。『祖堂集』と『伝灯録』が付け足した部分は互いに矛盾し、手落ちが多く、いずれも信用できない。三書の記載と天然に関連する多数の機縁問答は、劉軻碑から採られた木製の仏像を燃やしたことと、無事僧の二則のみが信頼でき、その他は全て唐末五代の禅僧に捏造されたのである。天然の名を冠された六首の偈頌も、恐らく信頼できない。

三、薬山碑論争

薬山惟儼も、禅宗の伝統では石頭門人とされ、『祖堂集』、『伝灯録』は『宋高僧伝』の記載と一致する。(47)しかし『唐文粋』所収の唐伸「澧州薬山故惟儼大師碑銘並序」が馬祖に二十年近く付き従ったと記しているため、(48)薬山の帰属も大いに問題となってしまった。その後黄竜慧南（一〇〇二―一〇六九）が『江西馬祖道一禅師語録』を編纂し、薬山が石頭に参じたが機縁が合わず、馬祖を訪ねて開悟したと記した。(49)大慧宗杲（一〇八九―一一六三）等も語録の中でこの物語を繰り返し宣揚している。(50)しかし恐らく『伝灯録』の禅林における権威ある地位のせいで、馬祖系の禅僧は薬山の帰属を正式に変えることが終始できないままであった。現代の学者の中では、宇井伯寿、印順等はみな唐伸碑を偽作と見なしている。(51)最近ではこの碑は偽作ではないと見なす学者もおり、例えば杜継文と魏道儒はこの碑を偽作とする者は証拠不足だと指摘し、(52)徐文明は各種の資料を総合的に分析して、この碑は信頼できるという結論を出している。(53)本書ではこれらを基礎として、さらに深く詳細に碑文を分析し、かつ他の記事と対比させ、唐碑は信頼できて

『祖堂集』と『伝灯録』等の記載は信頼できないことを、できるだけ精確かつ説得力を持って証明する。

まず、『唐文粋』は北宋初の真宗大中祥符四年（一〇一一）に編纂されており、『伝灯録』の編纂（一〇〇四）からは僅か七年しか経っていない。編者の姚鉉は禅宗とは関わりがなく、しかもこの詞華集は選択編集の謹厳さでかねてより有名であるから、この碑は唐代の人の古い文章から採録されたはずであり、『祖堂集』、『宋高僧伝』、『伝灯録』の編者、あるいはそれらが依拠した行録の編者も、みなこの碑を眼にすることができたはずなので、三書が述べる薬山の事跡には、碑文と合致する点が多い(54)。碑銘の作者である唐伸も実在の人物で、唐敬宗宝暦元年（八二五）に賢良方正能直言極諫科第三等に登第しており(55)、碑文撰述の時期とちょうど符合する。

次に、唐伸碑では薬山の生涯を次のように述べる。

上嗣位明年、澧陽郡薬山釈氏大師以十二月六日終於修心之所。後八歳門人持先師之行、西来京師、告于崇敬寺大徳、求所以発揮先師之耿光、垂於不朽。崇敬寺大徳於余為従母兄也、嘗参径山得其心要。……惟大師生南康信豊県、自為児童時、未嘗処群子戯弄之中、往往独坐、如思如念。年十七、即南度大庾、抵潮之西山、得恵照禅師、乃落髪服緇、執礼以事。大暦八年、受具於衡岳希琛律師。……是時南岳有遷、江西有寂、中岳有洪、皆悟心契。乃知大圭之質、豈俟磨礱、照乗之珍、難晦符彩。自是寂以大乗法聞、四方学徒至。於指心伝要、衆所不能達者、師必黙識懸解、不違如愚。居寂之室、垂二十年。寂曰「爾之所得、可謂浹於心術、布於四体。欲益而無所益、欲知而無所知。渾然天和、合於大無。吾無有以教矣。仏法以開示群盲為大功、度滅衆悪為大徳。爾当以功徳普済迷途、宜作梯航、無久滞此」。由是陟羅浮、渉清涼、歴三峡、遊九江。貞元初、因憩薬山。……殆三十年矣。……隠几而化。春秋八十四、僧臘六十夏(56)。

（お上が位を継いだ翌年、澧陽郡薬山釈氏大師は十二月六日にその道場で亡くなった。八年後、門人は先師の経歴を持って、西のかた都へとやって来て、崇敬寺の大徳に告げ、先師の輝かしさを表し、永久に伝えていく手立てを求めた。崇敬寺の大徳は私にとって母方の従兄に当たり、かつて径山に参して心要を得た。……大師は南康の信豊県に生まれ、自分が子供だった時も、子供達の遊びの輪に入ったことはなく、往々にして一人で坐し、思いにふけっているようであった。十七歳の時、南下して大庾嶺を越え、潮州の西山に到り、恵照禅師に出会って、落髪して僧衣を纏い、礼を尽くして仕えた。大暦八年、衡岳の希琛律師から具足戒を受けた。……この頃南岳には石頭希遷、江西には馬祖大寂、中岳には洪がおり、みな心の真実を悟っていた。そこで、素晴らしい佩玉である大圭の資質を備えた者は、わざわざ磨き上げるまでもないのであり、光り輝く宝珠のように貴重な存在は、その彩りを隠し難いことがよく分かる。それ以来大寂は大乗の教えによって名を馳せ、四方の学徒がやって来た。大寂馬祖が心要を教える際、みなが分からない場合でも、師は必ず密かに悟るところがあり、愚者のように逆らわないこと、あたかも孔門の顔回のようであった。大寂の門下にいること、二十年近くになった。大寂「お前の会得したものは、心の中に行き渡り、全身に広がっている。増やそうとしても増やすことなどなく、知ろうとしても知りうることなどない。天地の調和に混じり合い、大いなる無に合致している。私には教えることなど何もない。仏法は無知な人々を教え導くことを大功とし、諸悪を滅度させることを大徳とする。お前はこうした大いなる功徳によって遍く道に迷った者を救い、梯子と船となるべきなのであって、いつまでもここに留まっていてはいけない」。そこで羅浮山に登り、清涼山を跋渉し、三峡を経て、九江に遊行した。貞元年間の初め、薬山に腰を落ち着けた。……ほぼ三十年になった。……肘掛けにもたれて逝去した。歳は八十四、僧臘は六十であった。）

碑文の冒頭の「上」は唐文宗のことで、敬宗宝暦二年（八二六）十二月に即位し、翌年に大和に改元した。従って「上嗣位明年」とは大和元年（八二七）のことで、薬山はこの年の十二月六日に亡くなった。『宋高僧伝』は彼が大和二年に亡くなったと言うが、恐らく大和元年を文宗が位を継いだ初年だと誤解したのであり、他に根拠があるわけではないだろう。『祖堂集』と『伝灯録』はいずれも彼が大和八年（八三四）に亡くなったと言うが、これは恐らく碑を立てた年を卒年と誤解したのだろう。(57) 唐代の人のもとの碑銘では往々にして碑を立てた年を記すもので、唐伸はこの碑を薬山没後八年経って撰述したと言っており、もし没年から計算したら、まさしく大和八年になる。(58) 唐伸碑は薬山の没年について享年八十四歳、僧臘六十であったと言っており、『伝灯録』も同じである。『祖堂集』は八十四歳、僧臘六十五年と言い、「五」は恐らく伝写の際の衍字であろう。『宋高僧伝』だけが七十歳と言っており、これによって遡ると、薬山は十歳の時に受戒したことになり、明らかに誤りである。

唐伸碑では薬山は南康信豊県に生まれたと言う。『祖堂集』等では絳州（『宋高僧伝』は絳県に作る）の人で、後に南康に移り（『祖堂集』）、俗姓は韓（『宋高僧伝』は寒に作る）と言う。調べると、絳州は河東道に属し、河東は唐代における韓姓の郡望の一つであった。(59) 従って諸書の記述は矛盾しておらず、薬山は俗姓韓（寒は同音の通用、または偶然の誤りであろう）、郡望は絳州、南康信豊（現在の江西省信豊）が本籍地であった。

唐伸碑は薬山が十七歳で出家し、潮州西山で恵照禅師に師事したと述べ、『祖堂集』等の三書の記載もほぼ同じである。大和元年八十四歳によって遡ると、薬山は天宝三載（七四四）に生まれたことになり、十七歳だったのは上元元年（七六〇）である。唐伸碑ではさらに薬山が大暦八年（七七三）に衡岳の希琛律師の下で受戒したと言うが、大和元年僧臘六十年によって遡ると、薬山は大暦三年（七六八）に受戒したはずである。『祖堂集』等の三書はみな碑文の誤りを踏襲している。希琛（『祖堂集』、『宋高僧伝』は希澡とする）は希操の誤りであり、既に天然についての考察で述べた。

また碑文では薬山が受戒した後、「是時南岳有遷、江西有寂、中岳有洪、皆悟心契。乃知大圭之質、豈俟磨礱、照乗之珍、難晦符彩（この頃南岳には石頭希遷、江西には馬祖大寂、中岳には洪がおり、いずれにおいても心中悟る所があった。そこで、素晴らしい佩玉である大圭の資質を備えた者は、わざわざ磨き上げるまでもないのであり、光り輝く宝珠のように貴重な存在は、その彩りを隠し難いことがよく分かる）」と言う。南岳の遷とは石頭希遷のことで、江西寂とは馬祖道一のことである。中岳洪とは誰なのか不明であるが、中岳はずっと北宗の重要拠点だったので、恐らく北宗の継承者であろう。(60) 碑文の大意によれば、薬山は優れた素質を持って生まれ、前後して石頭、馬祖、中岳洪に師事し、いずれも心中に悟る所があり、禅旨に適っていた。そうすると薬山は確かに石頭に師事したことがあるわけで、それが後裔によって石頭に帰属させられる根拠となったのである。

唐伸碑では続けて薬山が「居寂之室、垂二十年（大寂の門下にいること、二十年近くになった）」と言う。大暦三年（七六八）から馬祖が亡くなった貞元四年（七八八）までは二十年で、先の石頭、中岳洪に師事しに行った時と後の馬祖が亡くなる前に師の下を離れて遊行した時の時間を差し引くと、ちょうど「垂二十年」という年数と符合する。さらに碑文は彼が貞元初から澧州澧陽（現在の湖南省澧県）薬山に住んで、「殆三十年」とする。もし貞元四年（七八八）から計算したなら、大和元年までで三十七年となるが、碑文のこの箇所は略述であって、正確な数字を挙げたわけではない。

最後に、唐伸碑は薬山が山に住んで布教した時の状況を次のように述べる。

自是常以山蔬数本佐食、一食訖、就座転『法華』、『華厳』、『涅槃経』。昼夜若一、始終如是者、殆三十年矣。……始師常以大練布為衣、以竹器為蹻、自薙其髪、自具其食。雖門人百数、童侍甚広、未嘗易其力。珍羞百品、鮮果駢羅、未嘗易其食。冬裘重燠、暑服軽疎、未嘗易其衣。……其他碩臣重官、帰依修礼於師之道、未有及其門閫者、故不列之於篇。[61]

（それからはいつも山菜数本をおかずにし、食事が終わると、席について『法華経』、『華厳経』、『涅槃経』を転読した。昼も夜も同じように、いつもそうしていること、ほぼ三十年になった。……そもそも、師はいつも粗い絹織物を衣にし、竹を履き物にし、自分で髪を剃り、自分で食事を用意していた。門人は百人程おり、側仕えの子供は大変多かったが、自分の代わりに人の力を使うことはなかった。珍しいご馳走が百品もあり、新鮮な果物がずらりと並んでいても、食事を変えることはなかった。冬にずっしりと暖かい皮衣、夏に軽い薄物があっても、衣を変えることはなかった。……その他の高位高官の者も、師の門下に帰依して礼拝したが、その門の敷居にまで及んだ者はいないので、この文章では列挙しない。）

この箇所で描写しているのは、経典を転読して説法し、粗衣粗食で、勤勉で質素な一人の伝統的禅師の姿である。[62]このイメージと、後の『祖堂集』、『伝灯録』における機縁問答物語が描写する機鋒鋭く、戒律・禅定・智慧を「閑家具（くだらない家具）」と呼び、「尋常不許人看経（いつも人が経典を読むのを許さない）」という禅師とは、遙かにかけ離れている。[63]唐伸碑が描写するこの伝統的イメージは、二つの問題を物語っている。第一に、この碑は馬祖系の禅僧が唐末五代期に偽作したものではありえず、さもなければ必ずその当時の急進的な観念と機縁問答が付け加えられたはずである。第二に、『祖堂集』、『伝灯録』等の書物に見られる薬山に関連した機縁問答は全て信頼できず、いずれも唐末から宋初にかけての禅僧による捏造であろう。その中でも偽作が最も明瞭なのは、薬山が師を訪ねて開悟したという因縁であろう。『祖堂集』は彼が石頭に拝謁して密かに玄妙な宗旨を悟ったと言い、『伝灯録』では彼と石頭との数多くの機縁問答が増やされている。ところが『馬祖語録』では彼が石頭に参じたが機縁が合わず、馬祖に拝謁しに行ってやっと開悟できたと言う。その他、碑文の末尾には高位の官僚が薬山に礼を尽くしたと言うが、後に『祖堂集』等が彼と李翺との機縁問答を詳しく記しているのは、これに基づいて敷衍したのであろう。

上述の考証によって明らかなように、おおむね信頼できる古い碑銘資料によると、天皇道悟と丹霞天然はいずれも馬祖道一、石頭希遷、径山法欽に師事したことがあり、いずれかに専属してはいなかった。薬山惟儼はというと、まず石頭に拝謁してから、後には馬祖に二十年近く師事したので、彼と馬祖系との関係はかなり緊密である。その他、伝統的にこの三人の禅師の名に帰される多くの機縁問答の言葉は、碑銘に見える天然の「焚木仏」と「無事僧」の二則だけがおおむね信用でき、他はいずれも晩唐から宋初にかけての禅僧に捏造されたのであろう。

四、馬祖門人の各人についての考察

上文で触れたように、柳田聖山は『伝灯録』を基準として、馬祖門人百五十三名を列挙した。その中には三箇所の重複がある。亀洋無了は二回登場し[64]、大陽希頂と大陽和尚は同一人物のはずであり[65]、京兆智蔵と京兆華厳寺智蔵も同一人物のはずである[66]。この他、亀洋無了は七八七年に生まれ、八六七年に没している[67]。馬祖が七八八年に亡くなった時には、無了はたった二歳であり、明らかに馬祖の門人にはなりえない[68]。他にも柳田聖山のリストからは七つの名前を除外すべきである。一人目は百丈惟政（八一九年没）である[69]。惟政とは法正であり、実は百丈懐海の門人で、百丈山の第二代の住持である[70]。二人目は王屋脩然で[71]、韋処厚が馬祖門人の鵝湖大義のために撰述した碑文によると、脩然は実際には大義の門人であり、つまり馬祖の第二代の後裔である[72]。三人目には泉州志忠（『伝灯録』と『祖堂集』は慧忠とする。八一七—八八二）で[73]、黄滔「亀洋霊感禅院東塔和尚碑」と『祖堂集』によると、彼は亀洋無了の門人のはずである。[74] 四人目は竜牙円暢で、[75] 鶴林玄素（六六八—七五二）の門人のはずである。玄素は牛頭宗の祖師の一人であり、俗姓は馬で、馬素または馬祖と呼ばれる。これが恐らく円暢が『伝灯録』に誤って馬祖門人とされた原因であろう。[76] 五人目は閉魔岩和尚で、[77]『伝灯録』によると、閉魔岩は永泰霊瑞の門人であり、つまり彼も馬祖の第二代の後裔である。[78] 六人目は椑樹和尚で、[79]『祖堂集』では彼を薬山の門人と言い、[80] しかも『祖堂集』と『伝灯録』が収録する彼の機縁問答は、これらの対話は必ずしも信用できないとはいえ、全て椑樹と薬山門人である道吾円智（七六九—八三五）の間で交わされている。最後の一人は権徳輿であり、[81] 彼は馬祖を尊崇し、馬祖のために塔銘を撰述したが、本当に馬祖の門人となったとは限らない。このように、以上の十人を除外すると、馬祖門人のリストは百四十二人に減少する。

また一方では、このリストに三つの名前を付け加えることができる。一人目は耽源応真で、『祖堂集』と『伝灯録』によると、彼はまず馬祖に学び、それから南陽慧忠（六八三—七六九）の弟子になった。[82] 二人目は朗瑞で、『祖堂集』趙州全（従）諗章には「古時有官長教僧拝、馬祖下朗瑞和尚不肯拝、官長便嗔、当時打殺（昔、僧侶に礼拝をさせる地方長官がおり、馬祖門下の朗瑞和尚は礼拝しようとしなかったので、官長は怒り、即座に打ち殺してしまった）」とある。[83] 三人目は李繁（？—八二九）で、彼は確かに馬祖に師事したことがあるだけでなく、『玄聖蘧廬』を著して馬祖の宗旨を宣揚した。『郡斎読書志後志』には「『玄聖蘧廬』二巻、右唐李繁撰。繁学於江西僧道一、……著書十六篇以明禅理（『玄聖蘧廬』二巻、右は唐の李繁が撰述した。繁は江西の僧である道一に学び、……十六篇の書物を著して禅理を明らかにした）」とある。[84] このように、馬祖門人のリストは百四十五人に増やすことができる。

次の表では新たな馬祖門人のリストを挙げ、かつ生没年、本籍地、寺院所在地、創建寺院、馬祖以外に師事した他の禅師、主な資料の出処等を簡単に注記した。[85] もちろん、資料的制約により、このリストはまだ試みの段階に過ぎない。それは多くの名前が依然として『祖堂集』、『伝灯録』等の灯史文献に依拠しており、しかも信用できるとは限らない機縁問答と共に記されているからである。

表四　馬祖道一門人の新たなリストと関連資料

番号	名前	生没年	本籍地	寺院所在地	寺院の創建	他に師事した者	資料の出処
1	安豊懐空	六九七—七八四	閬州（四川）	徐州（江蘇）	あり		『宋高僧伝』巻二〇、『伝灯録』巻八
2	白虎法宣			韶州（広東）			『伝灯録』巻七
3	百霊和尚						『伝灯録』巻八
4	百丈懐海	七四九—八一四	福州（福建）	洪州（江西）	あり		「懐海塔銘」、『宋高僧伝』巻一〇、『伝灯録』巻六
5	柏巌常徹			台州（浙江）			『伝灯録』巻七
6	柏巌明哲			定州（河北）			『伝灯録』巻七
7	北蘭譲			洪州（江西）[1]			『伝灯録』巻六
8	本渓和尚						『伝灯録』巻八
9	草堂和尚			京兆府（陝西）			『伝灯録』巻八

10	草衣奉初		蜀（四川）	衡州（湖南）			『永源寂室和尚語録』巻一[2]
11	常州明幹			常州（江蘇）			『伝灯録』巻六
12	超岸		潤州（江蘇）				『宋高僧伝』巻一一
13	崇泰						「道一塔銘」
14	慈悲良津			金州（陝西）			『伝灯録』巻七
15	打地和尚			忻州（山西）			『伝灯録』巻八
16	大会道晤						『伝灯録』巻六
17	大梅法常	七五二—八三九	相州（湖北）	明州（浙江）	あり		『祖堂集』巻一五、『宋高僧伝』巻一一、『伝灯録』巻七
18	大同広灯			澧州（湖南）			『祖堂集』巻一五、『伝灯録』巻八
19	大陽希頂			郢州（湖北）[3]			『伝灯録』巻八
20	大珠慧海		建州（福建）	越州（浙江）			『祖堂集』巻一四、『伝灯録』巻六
21	丹霞天然	七三九—八二四		鄧州（河南）	あり	径山法欽、石頭希遷	『祖堂集』巻四、『宋高僧伝』巻一一、『伝灯録』巻一四
22	耽源応真					南陽慧忠	『祖堂集』巻四、『伝灯録』巻五

23	鄧隠峰		建州（福建）	代州（山西）		径山法欽	『祖堂集』巻一五、『宋高僧伝』巻二一、『伝灯録』巻八
24	東寺如会	七四四―八二三	韶州（広東）	潭州（湖南）		径山法欽	『祖堂集』巻一五、『宋高僧伝』巻一一、『伝灯録』巻七
25	洞安和尚						『伝灯録』巻八
26	洞泉惟獻			越州（浙江）			『伝灯録』巻七
27	鵝湖大義	七四六―八一八	衢州（江西）	信州（江西）	あり		「大義碑」、『祖堂集』巻一五、『伝灯録』巻七
28	洪潭和尚			鄂州（湖北）			『伝灯録』巻六
29	鄂州無等	七四九―八三〇	汴州（河南）	鄂州（湖北）	あり		『宋高僧伝』巻一一、『伝灯録』巻七
30	汾州無業	七六〇―八二一	商州（陝西）	汾州（山西）			『祖堂集』巻一五、『宋高僧伝』巻一一、『伝灯録』巻八
31	封山洪浚			湖州（浙江）[4]			『伝灯録』巻七
32	仏嶴和尚			温州（浙江）	あり		『伝灯録』巻八
33	仏光如満	七五二―		衡山（湖南）	あり		廖侁「横竜寺記」、『伝灯録』巻六

		八四六		洛陽（河南）			
34	伏牛自在	七四一—八二一	湖州（浙江）	洛陽（河南）		径山法欽	『祖堂集』巻一五、『宋高僧伝』巻一一、『伝灯録』巻七
35	伏棲策			華州（陝西）			『伝灯録』巻六
36	芙蓉太毓	七四七—八二六	昇州（江蘇）	常州（江蘇）		牛頭慧忠	『宋高僧伝』巻一一、『伝灯録』巻七
37	浮杯和尚						『伝灯録』巻八
38	福渓和尚						『伝灯録』巻八
39	甘泉志賢		建州（福建）	太原（山西）			『宋高僧伝』巻九、『伝灯録』巻六
40	高城法蔵						『祖堂集』巻一四、『宗鏡録』巻一八、巻四四、巻四八
41	鎬英						「道一塔銘」
42	古寺和尚			衢州（江西）[5]			『伝灯録』巻八
43	光明普満						『伝灯録』巻七
44	帰宗智常		陳州（河南）[6]	江州（江西）	あり		『祖堂集』巻一五、『宋高僧伝』巻一七、『伝灯録』巻七

45	海陵慶雲			揚州（江蘇）			『伝灯録』巻六
46	杭烏智蔵	七四一—八四九	印度	越州（浙江）	あり		『宋高僧伝』巻六
47	杭州智蔵			杭州（浙江）			『伝灯録』巻六
48	河中宝慶			蒲州（山西）			『伝灯録』巻六
49	河中法蔵			蒲州（山西）			『伝灯録』巻七
50	河中懐則			蒲州（山西）			『伝灯録』巻六
51	黒澗和尚			洛陽（河南）			『祖堂集』巻一五、『伝灯録』巻八
52	黒眼和尚						『伝灯録』巻八
53	螺山和尚			幽州（河北）			『伝灯録』巻八
54	洪山善信	?—八二七		隨州（湖北）	あり		「霊峰寺記」7、『伝灯録』巻八
55	華林善覚			潭州（湖南）			『伝灯録』巻八
56	華厳智蔵	?—八三五	洪州（江西）	長安（陝西）			『宋高僧伝』巻一一、『伝灯録』巻八

57	灰山曇覬			池州（安徽）			『伝灯録』巻七
58	恵雲						「道一塔銘」
59	金窟惟直						『伝灯録』巻七
60	金牛和尚			鎮州（河北）			『祖堂集』巻一五、『伝灯録』巻八
61	京兆崇			京兆府（陝西）			『伝灯録』巻七
62	京兆懐韜			京兆府（陝西）			『伝灯録』巻六
63	荊南宝貞			荊州（湖北）			『伝灯録』巻七
64	九井玄策	?—八五四	越州（浙江）	黄州（湖北）	あり		『宋高僧伝』巻一一
65	崛山道元		新羅	新羅			『伝灯録』巻七
66	開元玄虚			洪州（江西）			『伝灯録』巻六
67	崑山定覚			蘇州（江蘇）			『伝灯録』巻八
68	朗瑞						『祖堂集』巻一八[8]
69	泐潭常興			洪州（江西）	あり		『伝灯録』巻八
70	泐潭法会			洪州（江西）			『伝灯録』巻六

71	泐潭惟建			洪州（江西）			『伝灯録』巻六
72	李繁	?—八二九	京兆府（陝西）				『郡斎読書志後志』巻二
73	利山和尚						『伝灯録』巻八
74	酈村自満			忻州（山西）			『伝灯録』巻六
75	練山神翫						『伝灯録』巻七
76	廬山法蔵	七四五？—八二六	虔州（江西）	江州（江西）	あり		『宋高僧伝』巻二〇、『伝灯録』巻八
77	魯祖宝雲			池州（安徽）			『祖堂集』巻一四、『伝灯録』巻七
78	潞府法柔			潞州（山西）			『伝灯録』巻六
79	呂後寧賁	七五四—八二八	亳州（安徽）	越州（浙江）	あり		『宋高僧伝』巻二九、『伝灯録』巻八
80	羅浮道行	七三一？—八二五	越州（浙江）	広州（広東）			『宋高僧伝』巻二〇、『伝灯録』巻八
81	麻谷宝徹			蒲州（山西）			『祖堂集』巻一五、『伝灯録』巻七

82	馬頭神蔵			磁州（河北）			『伝灯録』巻八
83	濛渓和尚						『伝灯録』巻八
84	米嶺和尚			洪州（江西）[9]			『祖堂集』巻二〇、『伝灯録』巻八
85	茗渓道行	七五二—八二〇		澧州（湖南）	あり		『宋高僧伝』巻二〇、『伝灯録』巻六
86	南泉普願	七四八—八三四	鄭州（河南）	池州（安徽）	あり		『祖堂集』巻一六、『宋高僧伝』巻一一、『伝灯録』巻八
87	南源道明			袁州（江西）	あり		『伝灯録』巻六
88	南岳智周			衡州（湖南）			『伝灯録』巻七
89	盤山宝積			幽州（河北）	あり		『祖堂集』巻一五、『伝灯録』巻七
90	龐蘊			襄州（湖北）		石頭希遷	『祖堂集』巻一五、『伝灯録』巻八
91	棲霊智通			揚州（江蘇）			「道一塔銘」、『伝灯録』巻六
92	斉峰和尚			杭州（浙江）[10]			『伝灯録』巻八
93	斉州道岩			斉州（山東）			『伝灯録』巻七
94	千頃明覚	?—	建州（福建）	杭州（浙江）	あり	径山法欽	『宋高僧伝』巻一一、『伝灯録』巻八

		八三二					
95	虔州法蔵			虔州（江西）			『伝灯録』巻六
96	乾元暉			建州（福建）[11]			『伝灯録』巻七
97	青蓮元礼			潞州（山西）			『伝灯録』巻六
98	乳源和尚			韶州（広東）			『伝灯録』巻八
99	三角総印			朗州（湖南）	あり		『伝灯録』巻七、巻一四[12]
100	杉山智堅			池州（安徽）			『伝灯録』巻六
101	石鞏慧蔵		撫州（江西）	撫州（江西）	あり		『祖堂集』巻一四、『伝灯録』巻六
102	石臼和尚						『伝灯録』巻八
103	石林和尚						『伝灯録』巻八
104	石霜大善			潭州（湖南）[13]			『伝灯録』巻八
105	双嶺道方			洪州（江西）			『伝灯録』巻七
106	水老和尚			洪州（江西）			『伝灯録』巻八
107	水塘和尚			汀州（福建）			『伝灯録』巻八

108	松山和尚						『伝灯録』巻八
109	松滋智聡			澧州（湖南）			『伝灯録』巻六
110	天皇道悟	七二七―八〇八	婺州（浙江）	荊州（湖北）	あり	径山法欽 石頭希遷	「道一塔銘」、『祖堂集』巻四、『宋高僧伝』巻一〇、『伝灯録』巻一四
111	王屋行明			河南府（河南）			『伝灯録』巻八
112	烏臼和尚						『伝灯録』巻八
113	五洩霊黙	七四七―八一八	常州（江蘇）	婺州（浙江）	あり	石頭希遷	『祖堂集』巻一五、『宋高僧伝』巻一〇、『伝灯録』巻七
114	西山亮座主			洪州（江西）			『祖堂集』巻一四、『伝灯録』巻八
115	西堂智蔵	七三八―八一七	虔州（江西）	虔州（江西）	あり	径山法欽	「智蔵碑」、『祖堂集』巻十五、『宋高僧伝』巻一〇、『伝灯録』巻七
116	西園曇蔵	七五八―八二七		衡州（湖南）		石頭希遷	『宋高僧伝』巻一一、『伝灯録』巻八
117	咸通覚平			長安（陝西）			『伝灯録』巻六
118	峴山定慶			襄州（湖北）			『伝灯録』巻七

119	襄州常堅			襄州（湖北）			『伝灯録』巻七
120	象原懐坦						『伝灯録』巻六
121	逍遙和尚			撫州（江西）[14]			『伝灯録』巻八
122	新寺宝積			荊州（湖北）			『伝灯録』巻七
123	興果神湊	七四四—八一七	京兆府（陝西）	江州（江西）			『宋高僧伝』巻一六
124	興平和尚			京兆府（陝西）			『祖堂集』巻二〇、『伝灯録』巻八
125	興善惟寛	七五五—八一七	衢州（江西）	長安（陝西）			『宋高僧伝』巻一〇、『伝灯録』巻七
126	秀渓和尚			潭州（湖南）			『伝灯録』巻八
127	循州修広			循州（広東）			『伝灯録』巻七
128	塩官斉安	七五二?—八四二	揚州（江蘇）	杭州（浙江）	あり		「斉安塔銘」、『祖堂集』巻一五、『宋高僧伝』巻一〇、『伝灯録』巻七
129	楊岐甄叔	?—八二〇		袁州（江西）			「甄叔碑」、『宋高僧伝』巻一〇、『伝灯録』巻八
130	薬山惟儼	七四四—	虔州（江西）	澧州（湖南）	あり	石頭希遷	「惟儼碑」、『祖堂集』巻四、『宋高僧伝』

		八二七					巻一七、『伝灯録』巻一四
131	義興勝弁			常州（江蘇）			『伝灯録』巻六
132	隠山和尚			潭州（湖南）			『祖堂集』巻二〇、『伝灯録』巻八
133	永泰霊瑞	七六一—八二九	衡州（湖南）	荊州（湖北）			『祖堂集』巻一五、『宋高僧伝』巻一一、『伝灯録』巻七
134	玉台惟然						『伝灯録』巻七
135	元堤禅師			連州（湖南）			『伝灯録』巻八
136	雲水靖宗						『伝灯録』巻七
137	雲秀神鑑	?—八四四		唐州（河南）			『宋高僧伝』巻二〇、『伝灯録』巻六
138	則川和尚						『伝灯録』巻八
139	章敬懐暉	七五七—八一六	泉州（福建）	長安（陝西）			「懐暉塔銘」、『祖堂集』巻一四、『宋高僧伝』巻一〇、『伝灯録』巻七
140	招提慧朗	七三八—八二〇	韶州（広東）	潭州（湖南）		石頭希遷	『祖堂集』巻四、『伝灯録』巻一四、「花界寺伝法住持記」[15]
141	智広						「道一塔銘」

142	中邑洪恩			朗州（湖南）			『伝灯録』巻六
143	渚径清賀			韶州（広東）			『伝灯録』巻七
144	紫陰惟建						『伝灯録』巻七
145	紫玉道通	七三一－八一三	廬州（安徽）	唐州（河南）	あり	石頭希遷	『祖堂集』巻一四、『宋高僧伝』巻一〇、『伝灯録』巻六

1　北蘭寺は洪州に在る。『江西通志』（『四庫全書』本）巻一一一、九頁a参照。

2　『大正蔵』第八一冊、巻一、一一〇頁b。柳田聖山はこの資料に気づいたが、奉初の名を泰初と誤解した。「語録の歴史」三四五頁参照。

3　大陽山は郢州に在る。『伝灯録』巻一六、一頁b参照。

4　封山は湖州に在る。李吉甫（七五八―八一四）『元和郡県図志』巻二五、六〇六頁。

5　古寺は衢州に在る。『伝灯録』巻二五、一四頁a参照。

6　『伝灯録』水塘和尚章、巻八、一四頁b参照。

7　『伝灯録』の馬祖門人には随州洪山禅師がいる（巻八、一頁b）。張商英の碑文によると、この禅師は善信という名である。「大宋随州大洪山霊峰寺十方禅院記」（一一〇二）、如巹編『緇門警訓』所収、『大正蔵』第四八冊、巻一〇、一〇九六頁a―九七頁a、及び『湖北金石志』張仲炘編『歴代石刻史料彙編』（北京：北京図書館出版社、二〇〇〇）第三集第四冊、三二二―二三頁参照。

8　趙州全（従）諗章に見える。

9　米嶺は洪州に在る。慧洪『石門文字禅』巻二三、一二頁b参照。

10　斉峰寺は杭州に在る。『伝灯録』巻一二、一〇頁a参照。

11　乾元寺は福州に在る。『伝灯録』巻一〇、一二頁a参照。

12　総印はまず潭州三角山に住し、後に朗州武陵県善徳山に住して精舎を創建した（後に古徳禅院と号した）。『伝灯録』総印章、巻七、一頁b、徳山宣鑑章、巻一五、二頁b―四頁b。

13　石霜山は潭州に在る。『伝灯録』巻八、九頁a。
14　逍遙山は撫州に在る。『五灯会元』巻六、三二一頁。
15　余靖「韶州月華山花界寺伝法住持記」『武渓集』（『宋集珍本叢刊』本）巻九、六頁a—七頁b。

注

（1）『権載之文集』巻二八、二頁b。
（2）『宋高僧伝』巻一一、二五六頁。
（3）『祖堂集』巻一四、六一七頁。現行の語録によると、百丈懐海の門人である潙山霊祐（七七一—八五三）は馬祖が善知識八十四名を出したと言い（『古尊宿語録』巻一、八頁）、もう一人の百丈門人である黄檗希運（?—八五〇）は善知識八十八名と言い（『祖堂集』巻一六、七三二頁）、善知識というのも世に出て住持を勤めた者を指すであろう。しかし関連の語録は信頼できるとは限らない。
（4）『祖堂集』巻一四、六一七頁、『伝灯録』巻六、三頁b。
（5）柳田聖山「語録の歴史」三三五—四四頁。
（6）馬祖門人による馬祖の宗旨に対しての継承と完成については、本書第六章の議論を参照。彼らが洪州禅学を広めたこと、及び自らの法系のために正統を争った尽力については、第七章、第八章の議論を参照。
（7）忽滑谷快天『禅学思想史』（東京：玄黄社、一九二五）巻上、四九七—五二五頁、陳垣『釈氏疑年録』巻五、四三—一四四頁、宇井伯寿『第二禅宗史研究』（東京：岩波書店、一九四一）四五八—六〇頁。その他、明清にかけてのこの論争の継続については以下を参照。陳垣『清初僧諍記』（北京：中華書局、一九六二）; Jiang Wu. *Enlightenment in Dispute: The Reinvention of Chan Buddhism in Seventeenth-Century China* (Oxford: Oxford University Press, 2008).
（8）葛兆光『増訂本中国禅宗思想史』三四六—五一頁。
（9）『祖堂集』巻四、二〇六頁、『伝灯録』巻一四、三頁b。

(10)『権載之文集』巻二八、三頁a。
(11)この碑は存在しておらず、ここでは宋慧洪（一〇七一―一一二八）の記述に基づく。『林間録』『続蔵経』第八七冊、二四八頁b。『宋高僧伝』中の懐譲伝（巻九、一九九―二〇〇頁）は帰登のこの碑文に基づくが、懐譲の法孫の名前は省略している。
(12)『続蔵経』三一頁c。
(13)『宋高僧伝』巻一〇、二三一―二三二頁。
(14)董誥（一七四〇―一八一八）等編『全唐文』（北京：中華書局、一九八三）巻六九一、一頁a。
(15)『通載』『大正蔵』第四九冊、巻一五、六一五頁a。
(16)苻載は、現存の文献では誤って符載に作ることが多いが、岑仲勉は『関中金石存逸考』巻二「苻載妻李氏志」によって、苻が正しいと考証した。「跋『唐摭言』」『岑仲勉史学論文集』（北京：中華書局、一九九〇）、六八八頁参照。
(17)『祖堂集』巻四、二〇〇頁。
(18)詳しい考証は本書の第四章、第五章を参照。
(19)『伝灯録』巻一四、三頁b。
(20)宋普済（一一七九―一二五三）『五灯会元』天皇道悟章の付注には、苻載の碑文を一部引用しており、「法嗣三人、曰慧真、曰文賁、曰幽閑」とする（北京：中華書局、一九八四、巻七、三七〇頁）。清・黄宗羲（一六一〇―一六九五）が既にこの誤りを明らかにしている。「答汪魏美問済洞両宗争端書」『南雷集』（『四部叢刊』本）巻四、一四頁b―五頁a参照。
(21)『林間録』二四八頁b。忽滑谷快天『禅学思想史』上巻、四九七―九八頁参照。
(22)『続蔵経』第六四冊、巻一、三一四頁c。
(23)『人天眼目』『大正蔵』第四八冊、巻六、三二八頁c。
(24)『続蔵経』第一四七冊、六八五頁b―八六頁a。
(25)『続蔵経』第一三九冊、九頁b。

（26）陳垣は宋の侯延慶『禅林僧宝伝序』を引き、曇穎『五家宗派』は雲門を石頭系につらねていると述べ、また慧洪『禅林僧宝伝』が雲門を石頭系につらねているのを引き、これによって『林間録』の説に疑義を呈し、慧洪の原文ではなく、北宋末に雲門と争った者が作ったのだと見なしている。『釈氏疑年録』巻五、一四三頁参照。按ずるに『林間録』が記す天王道悟に関する事は、宋元の人に繰り返し引用されており、偽作ではないはずである。曇穎、慧洪は敢えて旧説を覆したが、長く伝承されてきた法系説を実際に自らの手で書き換えたというわけでは必ずしもない。例えば普済は『五灯会元』の付注の中で、「于馬祖法嗣下増入天王道悟、以竜潭崇信嗣之、始為不差誤矣（馬祖の法嗣の中に天王道悟を付け加え、竜潭崇信に継承させて、初めて正しいと言える）」（巻七、三七〇頁）はずだと断言しているが、本当に書き換えてはおらず、書物全体はやはり伝統的法系を保っている。また『五灯会元』のこの章の付注については、清の大寧「法門鋤宄又序」が元の業海子清が『五灯会元』を重刻した際に加えられたものだと述べているが（『法門鋤宄』六八九頁b）、この説は正確ではない。この注は宋宝祐本に既に見えており、普済の原注のはずである。陳垣『中国仏教史籍概論』（上海：上海書店、一九九九）八一―八二頁参照（訳者附記：西脇常記・村田みお訳『中国仏教史籍概論』知泉書館、二〇一四、一九八―一九九頁）。

（27）『五灯会元』巻七、三六九―七〇頁。

（28）『大正蔵』第四九冊、六五一頁a―b。

（29）『全唐文』巻七一三、三頁a―四頁a。

（30）詳しくは以下を参照。忽滑谷快天『禅学思想史』巻上、四九七―五二五頁、陳垣『釈氏疑年録』巻五、一四三―四四頁、宇井伯寿『第二禅宗史研究』四五八―六〇頁、鈴木哲雄『唐五代禅宗史』（東京：山喜房仏書林、一九八五）四三〇―三一頁。

（31）『人天眼目』三二三頁b。

（32）『祖堂集』巻一七、七八〇頁。

（33）李冗（一に李亢に作る）『古小説叢刊・独異志』（北京：中華書局、一九八三）巻上、一三頁。

（34）郁賢皓『唐刺史考全編』（合肥：安徽大学出版社、一九九九）巻一九五、二六七九頁、二六八一頁、巻九〇、一二九九―三〇〇頁参照。

(35) 欧陽修『集古録』(『四部叢刊』本、巻八、七頁b) は唐「神女廟詩」を記載し、李吉甫 (七五八―八一四)、丘玄素、李貽孫、敬騫等の作がある (黄宗羲が既にこの条の記述に注目している。『南雷集』巻四、一四頁b参照)。宋陳思『宝刻叢編』(『叢書集成初編』本、巻一九、四五一頁) に「唐丘玄素『神女廟記』、唐夔州刺史丘玄素詩一首、無刻石年月 (唐丘玄素『神女廟記』、唐夔州刺史丘玄素の詩一首、刻石の年月なし)」とある。宋王象之『輿地碑記目』(『叢書集成初編』本、巻四、一〇〇頁) に「『神女廟詩』、……李吉甫詩一首、以正元十四年刻。邱玄素一首、無刻石年月。李貽孫二首、会昌五年刻。敬騫一首、元和五年刻、沈幼真書 (『神女廟詩』、……李吉甫の詩一首、正元十四年に刻す。邱玄素一首、刻石の年月なし。李貽孫二首、会昌五年に刻す。敬騫一首、元和五年に刻し、沈幼真書す)」とある。丘玄素の詩は諸々の詩の間に置かれており、刻石の日付はないが、ほぼ貞元年間から会昌年間に当たると推測できる。

(36) 『唐刺史考全編』巻一九五、二六七八―八一頁参照。

(37) 忽滑谷快天と宇井伯寿が既に曇穎が偽作者ではないかと疑っている。忽滑谷快天『禅学思想史』巻上、五二五頁、宇井伯寿『第二禅宗史研究』四六〇頁。

(38) 本書第九章参照。

(39) 『祖堂集』巻四、二〇九―二一一頁、『伝灯録』巻一四、四頁b―六頁a。

(40) 『宋高僧伝』巻一一、二五〇―五一頁。この伝の末尾には「膳部員外郎劉軻撰碑紀徳焉 (膳部員外郎の劉軻が碑文を撰述して徳を記した)」とある。

(41) 『中国禅宗通史』二七六―七七頁。

(42) 柳宗元 (七七三―八一九)「衡山中院大律師塔銘」『柳宗元集』(北京：中華書局、一九七二) 巻七、一七三頁参照。

(43) 神湊については『宋高僧伝』巻一六、三九一頁参照。惟儼は後の考察を参照。

(44) 段成式 (?―八六三)『酉陽雑俎』(北京：中華書局、一九八一年) 巻三、四〇頁。また李昉 (九二五―九九六) 等編『太平広記』(北京：中華書局、一九八一) 巻八三、五三八頁の引用にも見える。

(45) 『唐刺史考全編』巻四八、五五九頁参照。

(46) 陳尚君が『全唐詩補編』第二冊『全唐詩続拾』（北京：中華書局、一九九二）巻二四、一〇〇六―一〇頁に全て収録している。
(47)『祖堂集』巻四、一〇二―一〇頁、『伝灯録』巻一四、六頁b―九頁b、『宋高僧伝』巻七、四二三―二四頁。
(48)『唐文粋』巻六二、四頁b。この碑は後に宋祖琇『隆興仏教編年通論』（『続蔵経』第一三〇冊、巻二四、六五八頁b―六六〇頁a）、『仏祖歴代通載』（巻六、六二九頁a―c）、『全唐文』（巻五三六、一二頁b―一五頁a）にも収録され、前の二書の語句は『唐文粋』とは異同があり、後の一書は完全に『唐文粋』を転載している。
(49) 柳田聖山編『四家語録・五家語録』（京都：中文出版社、一九八三）巻一、一五頁a―一六頁a。
(50)『大慧普覚禅師語録』『大正蔵』第四七冊、巻二三、九〇七頁b。
(51) 宇井伯寿『第二禅宗史研究』四二五頁、印順『中国禅宗史』四二〇頁。
(52)『中国禅宗通史』二七七頁。
(53) 徐文明「薬山惟儼的宗系和禅風」『世紀之交的探索』（北京：北京師範大学出版社、二〇〇〇）、一五一―六六頁。
(54) 徐文明は「薬山惟儼的宗系和禅風」（一五八―五九頁）の中で『祖堂集』、『伝灯録』、『宋高僧伝』の編者は唐伸碑を見たことがあるはずだと考証している。その考証は非常に妥当だが、残念なことに『唐文粋』が既にこの碑を収録していることに気づいていない。
(55) 王溥（九二二―九八二）『唐会要』（北京：中華書局、一九五五）巻七六、一三九〇頁、『冊府元亀』巻六四四、一一頁a―b、宋敏求（一〇一九―一〇七九）編『唐大詔令集』（上海：学林出版社、一九九二）巻一〇六、五〇一頁、徐松（一七八一―一八四八）『登科記考』（北京：中華書局、一九八四）巻二〇、七二二頁参照。鈴木哲雄は最も早くこの点に気づいていた。『唐五代の禅宗――湖南江西篇』（東京：大東出版社、一九八四）五三―五四頁参照。
(56)『唐文粋』巻六二、四頁a―五頁a。
(57) 鈴木哲雄が既にこの点を指摘している。『唐五代の禅宗――湖南江西篇』五三頁参照。
(58)『祖堂集』は十一月六日に亡くなったと言い、『伝灯録』は二月と言うが、恐らくいずれも伝写の際の誤りであろう。

(59) 唐林宝『元和姓纂』（北京：中華書局、一九九四）巻四、四九四頁。
(60) 徐文明は普寂門人の宏正であろうと言っており、参考になる。「薬山惟儼的宗系和禅風」一五四―五五頁参照。
(61) 『唐文粋』巻六二、五頁a―b。
(62) 徐文明が既にこの点に気づいている。「薬山惟儼的宗系和禅風」一五九頁。
(63) 『祖堂集』巻四、二二五、二三六頁。
(64) 『伝灯録』巻八、一頁a―頁b、柳田聖山のリストでは第九八番と第一三二番、柳田は既にこの重複を注記している。
(65) 『伝灯録』巻八、一頁a―頁b、柳田聖山のリストでは第九六番と第一二八番。
(66) 『伝灯録』巻八、一頁b、柳田聖山のリストでは第一二七番と第一四六番。
(67) 黄滔「亀洋霊感禅院東塔和尚碑」『唐黄御史公集』（『四部叢刊』本）巻五、二七頁b―三〇頁a、陳垣『釈氏疑年録』に引く『福建通志』一五六頁。
(68) 黄滔「亀洋霊感禅院東塔和尚碑」では、無了は「承法馬祖、親得心印（馬祖から仏法を受け、親しく心印を得た）」（巻五、二九頁b）と言う。『祖堂集』（巻一五、六九三頁）と『伝灯録』（巻八、一頁a―b）はいずれもこの誤りを踏襲し、無了を馬祖門人とする。
(69) 『祖堂集』巻一四、六二四頁、柳田聖山のリストでは第一四五番。
(70) 詳しくは第八章の考察を参照。
(71) 『伝灯録』巻六、一b頁、柳田聖山のリストでは第一六番。
(72) 韋処厚（七七三―八二九）「興福寺内道場供奉大徳大義禅師碑銘」『全唐文』巻七一五、二五頁b参照。
(73) 『伝灯録』巻八、一頁b、柳田聖山のリストでは第一三三番。
(74) 『唐黄御史公集』巻五、二七頁b、『祖堂集』巻一五、六九五頁。
(75) 『伝灯録』巻七、一頁b、柳田望山のリストでは第七六番。
(76) 関口真大『禅宗思想史』（東京：山喜房仏書林、一九六四）三一六―一九頁参照。

(77)『祖堂集』巻一五、六九八—七〇二頁、柳田聖山のリストでは第一五一番。

(78)『伝灯録』巻一〇、一三頁a。

(79)『伝灯録』巻八、一五頁a、柳田聖山のリストでは第一一三番。

(80)『祖堂集』巻五、二六一頁。

(81) 柳田聖山のリストでは第一五三番。

(82)『祖堂集』巻四、二〇五頁、『伝灯録』巻五、二四頁a。

(83)『祖堂集』巻一八、七九二頁。

(84) 晁公武撰・孫猛校証『郡斎読書志校証』(上海：上海古籍出版社、一九九〇)巻一六、七九四頁。

(85) 柳田聖山「語録の歴史」以外に、本表では鈴木哲雄『唐五代の禅宗——湖南江西篇』及び『唐五代禅宗史』をも参照した。

第四章　機縁問答の出現と成熟

本書の序論で既に指摘したように、現行の唐五代禅宗文献においては、真偽が入り混じって極めて複雑な状況である。胡適はかつて「現在残っている禅宗資料は、少なくとも八、九割が北宋の僧である道原、賛寧、契嵩以後の資料であり、往々にして諸々の妄りな改変と偽造の手続きを経ているため、信じ切ることはできない。我々がもし禅宗の正確な歴史書を作ろうとするなら、必ずまず唐代の原典資料を捜さねばならないのであって、決して五代以後に改変されている資料を軽々しく信用してはならない」と慨嘆した(1)。そして一部の学者は、中唐から五代に帰される禅文献は全て宋代の禅僧が創作したものだと見なしてすらいる。そのため、古典禅の発展を研究する際、第一に重要な問題とは「唐代の原典資料を捜す」ことであり、一方では伝世あるいは新たに出土した碑銘、及びその他の仏典以外の文献といった、新史料を発掘することに力を尽くしつつ、また一方では伝統的禅文献中の比較的原典に近い、あるいは相対的に信頼でき、おおむね年代を定めうる部分と、後に潤色・増補された層を、一つ一つ区別していくのである。

本章ではまず禅宗の語録の構成と原始テキストの形態を考察し、かつ碑文資料を充分に活用して機縁問答が出現し成熟した時期を考証する。次章ではさらに馬祖道一及びその門人に帰される文献について考証する。

一、禅宗語録の構成と原テキストの形態

語録という語は、文体名及び書名としては、『旧唐書』経籍志に著録されている孔思尚著と題された『宋斉語録』十巻が最も早い例である。(2) この書は南朝の劉宋、南斉期の話柄を記したもので、早くに散逸しており、『太平御覧』に二条残っている。(3)『太平御覧』には他に『語録』という書物からの引用が三条あり、中唐から晩唐の韋温、路隋（七七六―八三五）といった人の逸事を記録しており、(4) 恐らく晩唐五代の人物の手になるものであろう。語録と仏教文献を関連づけた最も早い例は『宋高僧伝』に見える。賛寧は神清（?―八二〇）が『北山参玄語録』十巻を撰述したと述べており、(5) この書は『新唐書』芸文志では『参玄語録』十巻と著録され、(6) 現行本は『北山録』と題している。(7) しかし神清は禅門には属しておらず、この書は三教の教義を統合した論著であるため、後の禅宗の語録とは形式面でも内容面でも異なる。(8) その他、賛寧は黄檗希運と趙州従諗（七七八―八九七）にはいずれも世に流布している語録があったと言う。(9) しかし黄檗の言論を記録した著作は『伝心法要』、『宛陵録』と呼ばれており、賛寧よりやや後の道原が従諗の語録を引いた際には、ただ『趙州従諗和尚［広］語』と呼んでいるので、(10) 賛寧が語録と言うのは総称のはずであり、本来の書名を指しているわけではない。

現行の中唐から五代の禅師の語録は、大部分が宋代以降に編集または改編されている。(11) この種の語録は一般に略歴、示衆（上堂）法要、機縁問答という三種類の構成要素を含んでおり、多くの語録にはさらに偈頌及びその他のタイプのテキスト等が含まれている。これらの要素は、生涯についての記載と言葉の記録という二つに大別することができる。生涯の記録の部分は、唐代に編まれた禅僧の行録（行状、実録とも呼ばれる）、碑銘、及び『宝林伝』、『聖冑集』、

『続宝林伝』といった初期の灯史の著作に基づく。『祖堂集』の中では、ある禅僧についての生涯の事跡が不明瞭、あるいは一々詳述していない場合には総じて、行録、行状、実録を見ていない、または詳しくはそれらに述べられている、と言う。例えば踈山匡仁章に「未睹行録、不叙終始（まだ行録を見ておらず、全体の経緯は述べない）」[12]、欽山文遂章に「未睹行状、莫窮姓族（まだ行状を見ておらず、俗姓は明らかにしていない）」[13]、百丈懐海章に「自余化縁終始、備陳実録（その他の生涯に行った教化の経緯は、詳しくは実録に述べられている）」と言う[14]。『宋高僧伝』も一部の伝の文章が伝主の行録、行状、実録から採録されていると述べる。つまり行録と行状、実録は同義で、いずれも僧侶の出身や行跡を記したテキストであり、俗人の生涯の事跡を記した行状、実録、行録と内容が近いため、その名称を踏襲しているのである[15]。行録の作者は対象となる人の弟子であったり、文章に長けた僧、もしくは士大夫であった。例えば『宋高僧伝』澄観伝に「門人清沔記観平時行状（門人の清沔は澄観の日頃の行状を記した）」[16]、霊黙伝に「高僧志閑、道行峭抜、文辞婉麗、亦江左之英達、為黙行録焉（高僧たる志閑は、仏道における行いが高く抜きん出ており、文章は流麗、江南の賢人であり、霊黙の行録を作った）」[17]、文質伝に「越州刺史段式為行録焉（越州刺史段式が行録を作った）」と言う[18]。禅僧の碑銘も、しばしば行録をもとにして書かれている。例えば宋斉邱（八八七―九五九）「仰山光涌長老塔銘」には「入室弟子彦新、……以行状授余請銘（入室の弟子である彦新は、……行状を私に渡して銘を頼んだ）」と言う[19]。

禅師の語録の言葉を記録した部分は、宋代の僧侶が潤色・捏造した部分以外は、恐らく唐五代の様々な原典テキストに基づいているだろう。柳田聖山はその中の、語本、言教、別録、広語、語という五種類の形式と名称を考察した[20]。『祖堂集』東寺如会（七四四―八二三）章と仰山慧寂章はいずれも馬祖の語本に言及している。唐の陳詡が撰述した百丈懐海の塔銘では、その門人が語本を編纂し、世の中に流布したと言う[21]。日本の入唐僧である円珍の書目の中には、

『甘泉和尚語本』一巻、[22]及び『南陽忠和尚言教』一巻が著録されている。[23]招慶省僜（?—九七二）が『祖堂集』のために書いた序では、当時「言教」が世の中に広く流布し、正誤が入り混じっていたと述べている。[24]『祖堂集』においては、収録していない機鋒問答については総じて「別録」に詳しく記載していると言う。『宗鏡録』では『百丈広語』を二回引用している。[25]『伝灯録』巻二十八は巻頭で「諸方広語」と言って、以下に『南陽慧忠国師語』等の計十二種を収録している。つまり「語」とは「広語」の略称であって、収録しているものの大部分は上堂示衆の言葉である。従ってこれらの「広語」は恐らくかなりオリジナルに近く信頼できるであろう。[26]

柳田聖山が述べた五種類のテキストの他にも、法要（要訣、要旨、語要）と偈頌の二種類がある。[27]例えば黄檗希運の『伝心法要』や、日本人入唐僧である円仁の書目に著録される『大警和尚伝心要旨』一巻、[28]『心鏡弄珠珠耀篇並禅性般若吟』一巻、[29]円珍の書目に著録される『百丈山和尚要決』一巻、『西唐和尚偈』一本である。[30]西唐は西堂の疑いがあり、つまり馬祖の高弟である西堂智蔵（七三八—八一七）である。また『新唐書』芸文志には洞山良价（八〇七—八六九）『激励道俗頌偈』一巻、香巖智閑『偈頌』一巻、龐蘊『詩偈』三巻が著録されている。[31]偈頌は時に別録の中に含まれるもので、例えば『伝灯録』斉雲遇臻章には「其諸歌偈皆触事而作、三百余首流行、見乎別録（その諸々の歌偈はみな折に触れて作ったもので、三百首余りが流布しており、別録に見える）」と言う。[32]

以上に述べた二種に大別されるテキストのうち、行録、碑銘類は生涯の行跡を主とし、語本、別録類は言葉の記録を主とするが、この二者はまた融合してもいる。行録、碑銘の中にはしばしば一人前になる前の機縁の会得と一人前になった後の言教の要点が記録され、語本、別録の中の対話には往々にして背景となる物語が含まれている。例えば権徳輿が書いた馬祖塔銘、懐暉碑銘は、いずれも禅要一則を含んでいる。[33]『祖堂集』の仰山慧寂章には「自余法要及化縁之事、多備『仰山行録』（その他の法要及び教化の事は、多くが『仰山行録』に書かれている）」とある。[34]

二、機縁問答の発生、発展と成熟

杜継文と魏道儒は、棒で打ったり喝を叫んだりする方法は馬祖に始まるわけではないと、的確に指摘している。(35) 李壮鷹も、通行テキストの中に収録されている中唐以前の禅僧の機縁語は、多くが後に後代の人が前代を推し量り、伝説、または想像にすら基づいて増補・編集したものだと、明確に指摘した。(36) おおむね信頼でき、年代を定めうる碑伝等の史料に基づくと、棒や喝の類の激しい機鋒は、晩唐五代にはじめて形成されたはずである。そしてそれ以前には、禅宗は新たな修辞のスタイル、教化法及び宗教的実践を探求する漸次の発展過程を経ていたのである。

敦煌文献と伝世資料中の碑文等の調査に基づいて、ジョン・マクレー（John McRae）は機縁問答の八種の先行形態を以下のようにまとめた。㈠禅師が素早く弟子の疑問に応じるというイメージ、㈡北宗禅の指事問義、㈢禅の特殊な解釈スタイル、㈣初期の禅の実践における世俗化傾向の理論的基礎、㈤師弟間での儀式的問答の運用、㈥伝法の過程における逸話と問答の幅広い運用、㈦開悟にまつわる様々な物語の捏造、㈧禅宗の対話に見られる祖師の系譜の構造。(37) これらの先行形態はほとんどが八世紀半ば以前に発生・発展し、機縁問答が正式に現れるための準備となり、そのうち一部は既に機縁問答の萌芽的形態であった。デヴィッド・W・チャペル（David W. Chappell）も、問答及び個人的な、非公式な形式を用いて、禅師個人の体験を強調し、学術的な言葉ではなく直接の経験的交流を指向するといったように、初期禅文献は既に後の機縁語録に見られる幾つかの特徴を備えている、と指摘した。(38)

八世紀中頃以降の禅師たちはこの探求と発展の過程を引き継いだ。おおむね信頼でき年代を定められる唐代の碑銘、文集、筆記等の伝世文献によれば、八世紀後半から九世紀前半まで、つまり馬祖道一とその門人が活躍した時代に、機縁問答が本格的に現れ始めるが、それは二つの主要な形式を指標とする。一つは、師弟間での機知に富んでユーモアがあり、問いに応じて反問し、誤りのようでいて正しいという機に臨んでの問答であり、もう一つは、禅悟にまつわる架空の問答と物語である。その後、九世紀後半から十世紀前半まで、つまり晩唐五代期に、機縁問答はやっと成熟した形態へと到り、棒と喝を行い、円相も用いる等の激しい禅風が現れた。

機知に富んでユーモアがあり、問いに応じて反問し、誤りのようでいて正しいという問答の形式は、八世紀後半から九世紀前半の碑文及びその他の記録に多く見られる。馬祖とその門人たちはしばしばこうした臨機応変の問答を用いた。『宋高僧伝』の「汾州無業伝」は恐らく楊潜が八二三年に撰述した碑文から採録されており、以下のように言う。

後聞洪州大寂禅門之上首、特往瞻礼。業身逾六尺、屹若山立、顧必凝睇、声伴洪鐘。大寂一見異之、笑而言曰「巍巍仏堂、其中無仏」。業於是礼跪而言曰「至如三乗文学、粗窮其旨。嘗聞禅門即心是仏、実未能了」。大寂曰「只未了底心即是(39)」。

（後に洪州の大寂は禅門の領袖であると聞き、わざわざ拝礼しに行った。無業は身の丈六尺余り、山のように屹立しており、あたりを睥睨し、大きな鐘にも匹敵する大音声であった。大寂は会うなり並外れていると思い、「巍々と聳え立つ仏殿だが、中には仏がおらんな」と笑って言った。そこで無業は跪いて「三乗に関する学問については、その主旨をほぼ知り尽くしました。禅門では心こそが仏であると聞いたことがありますが、実のところまだ分かっておりません」と言った。大寂「まだ分かっていない心こそがそれなのだ」。）

馬祖はユーモアと機知を用いて無業の背が高く大きな体を仏殿に喩え、かつ自身に内在する仏／仏性を探求するよう導いた。この機智に富んだ問答は後に一層激しい機鋒問答へと潤色された（本書第五章の考察を参照）。また例えば韋処厚が馬祖門人である鵝湖大義のために撰述した碑銘には次のように言う。

順宗皇帝之在儲闈、問安之余、棲神道域。……復問「何者是仏性？」。答曰「不離殿下所問」。黙契玄関、一言遂合。[40]

（順宗皇帝は太子であった頃、父帝に孝順を尽くす暇に、仏道に心を寄せた。……また「何が仏性なのか」と尋ねた。答「殿下のお尋ねに他なりません」。暗黙のうちに入道の法門にぴたりと一致し、一言で符合した。）

唐順宗（八〇五在位）が尋ねた仏性とは、すなわち後に機鋒鋭い禅問答の中で繰り返し探求された「祖師西来の意」等である。大義は「殿下のお尋ねに他なりません」という誤りのようでいて正しい機知溢れる一言によって、順宗にすぐ言外の意を悟らせ、自己を省みて、本性を頓悟するように仕向けた。後に永明延寿は『宗鏡録』の中でこの問答を引用し、「直指明心（ただちに曇りのない心を指し示した）」と称えた。[41] 韋処厚によるこの碑は元和十三年（八一八）に書かれており、順宗が太子であったのは建中、貞元年間（七八五―八〇四）である。後の晩唐五代期に成熟した機縁問答は、大部分が実質的には馬祖と大義の受け答えと類似しており、いずれも種々の方法によって学徒に自己を省みて、本来心を開悟させるものであった。

馬祖と同時代の石頭希遷、径山法欽、保唐無住等の宗師も、[42] 機知に富んでユーモアがあり、問いに応じて反問し、誤りのようでいて正しいという臨機応変の問答を用いた。例えば、李吉甫（七五八―八一四）が貞元九年（七九三）に書いた「杭州径山寺大覚禅師碑銘並序」には次のようにある。

嘗有設問於大師曰「今伝舎有二使、郵吏為刲一羊。二使既聞、一人救、一人不救、罪福異之乎？」。大師曰「救者慈悲、不救者解脱」。[43]

（嘗て大師に「今宿場に二人の使者がおり、宿場の小役人が彼らのために羊を一頭屠ったとする。二人の使者はそれを聞いて、一人は救おうとし、一人は救わないなら、その果報に違いはあるでしょうか？」と尋ねた。大師「救った者は慈悲があり、救わなかった者は解脱している」。）

質問者からの二律背反の問題に対して、径山法欽は仏教における不殺生という伝統的戒律を避け、簡潔かつ巧みに機智に富んだ言葉で答え、慈悲と超越のいずれも重要であるという大乗の精神を明らかにした(44)。その他、段成式（？―八六三）『酉陽雑俎続集』に次のようにある。

相伝云釈道欽住径山、有問道者、率爾而対、皆造宗極。劉忠州晏嘗乞心偈、令執鑪而聴、再三称「諸悪莫作、衆善奉行」。晏曰「此三尺童子皆知之」。欽曰「三尺童子皆知之、百歳老人行不得」。至今以為名理(45)。

（伝えによると、径山の釈道欽は、仏道について質問する者がいると、すぐさま答え、いつも究極の真理に到達していた。劉忠州晏が嘗て心偈を求めたので、香炉を手に持って聴かせ、何度も「諸々の悪事はするな、様々な善事を行え」と言った。劉晏「これは身の丈三尺の子供でもみな知っています」。欽「三尺の子供もみな知っているが、百歳の老人でも出来ないことだ」。今に到るまで優れた道理とされている。）

「三尺童子皆知之、百歳老人行不得」も機智に富んだ言葉である。「率爾而対、皆造宗極」とはまさしく機縁問答の形態的特徴である。この物語は後に『祖堂集』と『伝灯録』において鳥窠禅師と白居易との機縁問答へと改編された(46)。『宋高僧伝』には石頭希遷の問答二則が載せられている。「或問解脱、曰『誰能縛汝？』。問浄土、曰『誰能垢汝？』。其答対簡速、皆此類也（ある人が解脱について尋ねると、『誰がお前を縛っているのか』と言った。浄土について尋ねると、『誰がお前を汚しているのか』と言った。その答えの簡潔で素早いこと、いつもこの様であった）(47)」。石頭は反問を答えとし、簡潔で素速いとともに鋭く、ここにも人の心の扉を揺さぶる機縁の特色が表れている。この伝は恐らく唐の劉軻が撰述した碑文から採られており、おおむね信頼できる。
『歴代法宝記』は保唐無住と僧侶・俗人との数多の対話を記録しており、その中に機知に富んで簡潔かつ素早い臨機の問答に属するものが幾つかあり、例えば以下のようである。

又問論師「更解何経論？」。答「解『起信論』」。和上説云「起即不信、信即不起」。
（また論師に「他にはどんな経論を修めておられるか？」と尋ねた。答「『起信論』を解説する」。和上は「起こせば信ではないし、信なら起こす必要はない」と言った。）

和上呷茶次、悟幽師向和上説「呷茶三五椀合眼坐、恰似壮士把一痩人腰、急睉睉地大好」。和上語悟幽師「莫説閑言語、永淳年不喫泥餺飩」。悟幽師聞已失色。
（和上がお茶をすすった時、悟幽師は和上に「お茶を何杯かすすって目を閉じて坐すると、ちょうど壮士が痩せた人の腰を捕まえたようで、気勢が上がって大いに良いですな」と言った。和上は悟幽師に「詰まらんことを言うな、永淳の年には泥のスイトンさえ食べられなかったぞ」と言った。悟幽師はそう聞いて顔色を変えた。）

有雄俊法師問和上「禅師入定否？」。和上云「定無出入」[48]。
（雄俊法師が和上に「禅師は禅定に入りますか？」と尋ねたことがあった。和上「禅定に出るも入るもない」。）

同じく四川にいて年代はやや後になる神清は無住を批判して「如有所説、自我襟臆、臨文裁断、何俟章句疏論耶（原注：則今之臨機問答言句也）（もし何かを言う時には、自分の理解を基準として、経文を引用すれば良いのだ、どうして章句や疏・論といった注釈が必要だろうか（原注：すなわち今の臨機問答の言葉である））」などと主張している[49]。「臨機問答（臨機応変の問答）」は機縁問答と同じ意味である。実は『伝灯録』の中では、「機縁」という語句は地の文に用いられるのみで、例えばある僧について「無機縁語句不録（機縁の文句がないので載録しない）」と記す場合である。ところが「臨機」は問答の言葉や偈頌の中に頻繁に見え、計九回現れる。『祖堂集』では、地の文を計算に入れなければ、「機縁」と「臨機」が現れる回数は同等で、いずれも三回である。神清は主に貞元年間から元和年間の間（七八五―八二〇）に活動しており、「今」とはこの時期を指すはずであるから、その頃類似の対話が盛行しており、かつ既に臨機／機縁問答と呼ばれていたことが分かる。

この種の臨機／機縁問答がこの時期に盛行したという状況は、圭峰宗密の『禅源諸詮集都序』からも明瞭に見てとることができる。

問「……今覧所集諸家禅述、多是随問反質、旋立旋破、無斷綸緒、不見始終、豈得名為撮略仏教？」。答「仏出世立教、与師随処度人、事体各別。仏教万代依憑、理須委示。師訓在即時度脱、意使玄通。玄通必在忘言、故言下不留其跡。跡絶於意地、理現於心源。即信解修証、不為而自然成就、経律疏論、不習而自然冥通。故有問修道、即答以無修。有求解脱、即反質誰縛。有問成仏之路、即云本無凡夫。有問臨終安心、即云本来無事。或亦云此是妄、此是真、如是用心、如是息業。挙要而言、但是随当時事、応当時機。……」。(50)

（問「……今集められた諸家の禅に関する言説を見るに、多くが問いに応じて反問し、立論してはすぐに論破し、絡み合って端っこも分からなくなった糸のようです。どうして仏の教えをまとめたと名付けられるでしょうか？」。答「仏が世に出て教えを打ち立てたことと、師があちこちで人を救っているのとは、事情が各々異なります。仏の教は万世の拠り所ですから、道理として詳しく示さねばなりません。師の教えは、その場で解脱させ、真理に冥合させるのがその意図です。真理に冥合するとは必ずや言葉を忘れるものであるから、言葉を話しても痕跡を残しません。心から痕跡がなくなると、理が心の中に現れます。すると疑いなく明瞭に理解し、修行して悟るということが、故意に行わなくても自然と成し遂げられますし、経・律・疏・論といった典籍は、学ばなくても自然と不思議に理解できます。従って修道を問う者がいれば、修することなどないと答えるし、解脱を求める者がいれば、誰が束縛しているんだと反問します。成仏の道筋を尋ねる者がいれば、そもそも凡夫などないと言うし、臨終の際に心を穏やかにすることを聞く者がいれば、もともと何事もないと言います。あるいは、これは出鱈目で、これは真実だ、このように心を用い、このように業を止める、とも言ったりします。要点を挙げて言い、ただその時々の事情に合わせ、その時々の頃合いに応じることなのです」。）

問いに応じて反問し、立論してはすぐに論破するとか、要点を挙げて言い、事情や頃合いに応じるというのは、いずれも機縁問答の特徴であり、「応当時機」は神清が言う臨機問答でもある。「応機」が『祖堂集』の対話の中で現れる回数は「臨機」、「機縁」と等しく、やはり三回である。『伝灯録』の対話の中では四回現れ、「臨機」より少なく「機縁」より多い。一方「有問修道、即答以無修。有求解脱、即反質誰縛。有問成仏之路、即云本無凡夫。有問臨終安心、即云本来無事」とは、すべて簡潔で素速い機知に富んだ反問である。ここから、宗密編纂の『禅源諸詮集』には機智に富んだ言葉を用いた臨機／応機／機縁問答が大量に収録されていたであろうことが分かる[51]。注目に値するのは、上に引用した宗密が述べた応機問答の中で、「有問修道、即答以無修」に相当する句は馬祖の上堂語に見られ[52]、「有求解脱、即反質誰縛」に相当する句は前掲の石頭希遷の語に見えることである。

以上の考察によれば、馬祖及び第一世代の門人の時期には、禅林では機知に富み、含蓄があり、誤りのようでいて正しいという臨機問答が流行しており、晩唐五代の激しく鋭い機鋒、及び体の動作を用い、棒と喝を加えるといった禅風は、この頃にはまだ実際の教育の実践の中には現れていなかった[53]。しかし、この種のかなり成熟した形式は、この時期には既に『宝林伝』の類のテキストに見られる架空の禅悟問答と物語に芽生え始めていた。例えば、本書第二章で既に言及した、南岳懐譲が煉瓦を磨いても鏡にはならないことによって、坐禅をしても成仏できないと馬祖に悟らせた物語は、『宝林伝』から来ている。同書のもう一つの物語は懐譲が弘忍の門人である道安（老安）を訪れた時、道安が目を閉じたり開いたりすることである種の「密作用」を暗示し、そこで懐譲が開悟したことを述べる。

『宝林伝』、時有坦然禅師、睹譲嗟歎、及命譲游嵩山睹安禅師。問曰「汝何至此?」。譲曰「礼拝和尚」。師曰「汝須蜜[密]作用」。譲曰「何是蜜[密]作用?」。安更不言、開眼合眼。譲于言下豁然契悟。[54]

（『宝林伝』、その時坦然禅師は、懐譲を見て感嘆し、嵩山に行って道安禅師に会うよう懐譲に命じた。問「お前はどうしてここに来たのかね?」。懐譲「和尚様に拝礼しに」。師「ならば、密作用してみなさい」。懐譲「密作用とはなんでしょうか?」。道安は何も言わず、目を開いたり閉じたりした。懐譲はすぐさま豁然と悟りを開いた。）

『宝林伝』にはさらにインドあるいは中国の他の祖師に関する架空の禅悟問答と物語が十条前後ある。[55]

この他、敦煌本『壇経』には、神会が初めて会った時慧能に打たれたという物語がある。[56] 敦煌本『壇経』の年代についてはまだ論争があるが、宗密も『中華伝心地禅門師資承襲図』の中でこの物語を述べているので[57]、この逸話が中唐期に流行していたことが分かる。これらの捏造された禅悟物語、及びその中に含まれる機縁問答は、後代の成熟した機縁物語と問答に既によく似通っており、明らかにその先行形態であるし、そのうち幾つかは後の有名な公案になりさえした。

晩唐五代になると、機鋒の激しい問答が発展・成熟し、思考を切断するための論理に合致しない言葉、体の動作と各種の媒介の使用、棒と喝等を含めた、多種多様な形式が現れた。陸希声「仰山通智大師[慧寂]塔銘」に次のようにある。

従国師忠和尚得元機境智、以曹渓心地、用之千変万化。欲以直截指示学人、無能及者。而学者往往失旨、揚眉

動目、敲木指境、逓相効教、近於戯笑、非師之過也[58]。（国師慧忠和尚から霊妙な機鋒と形相によって示される智慧とを受け継ぎ、それを曹渓慧能の宗旨によって、様々に変化させて用いた。それによって学徒に明白に指し示そうとすると、誰も彼に及ばなかった。ところが学徒は往々にして主旨を理解できず、眉を上げ目を動かしたり、木を叩いて悟境を示したりなど、互いに猿真似をするばかりで、ほとんど道化芝居のようである。しかし、これは師の過ちではないのである。）

所謂「元機境智」とは、一般には仰山が南陽慧忠の弟子である耽源応真のもとで円相を描くという機鋒を学んだことだと解釈する[59]。円相を描くのが慧忠と応真に始まるか否かは甚だ疑わしく、何故なら中唐の頃にはこの種の成熟した機縁問答の方法はまだ現れていなかったからである。しかし種々の証拠は、仰山が円相を描くことの創案者である可能性が高いことを示している[60]。「直截指示学人」とは機鋒を使用する際の特徴であり、一方「揚眉動目、敲木指境」とは棒や喝といった体の動作の使用である。仰山慧寂（八〇七―八八三）は中和三年に亡くなり、陸希声のこの銘は乾寧二年（八九五）に撰述された。この記述によるなら、慧寂は恐らく機鋒を使用することの創案者の一人であっただろう。この推測は宋斉邱「仰山光涌長老塔銘記」によって更なる裏付けを得られる。文中には仰山光涌（八五〇―九三八）が受戒してから間もなく仰山慧寂に拝謁し、「石亭有似驢之問、涌公有非仏之対（石亭は驢馬に似ているという問いを発し、涌公は仏ではないと答えた）」と記されている。文中には次のような注がある。

石亭堂見諸方学人来、便問「子来作麼？」。学人対曰「礼拝和尚来」。石亭曰「還見和尚否？」、対曰「見」。石亭曰「見和尚何似驢？」。学人無対。石亭将此語毎問、折到学人、未有能対者。石亭仍問涌公「子将作麼対？」。曰「礼拝和尚来」。石亭曰「還見和尚否？」。対曰「見」。石亭曰「見和尚何似驢？」。対曰「某甲見和尚亦不似仏」。石亭曰「既不似仏、似個什麼？」。対曰「若更有所似、与驢何別」。石亭曰「凡聖両忘、情尽体露。吾有此語来近二十年、無人決了境。子大利根、当自保任、吾不能尽標、子異日可知而自行矣」[61]。

（石亭は堂で諸方の学徒がやって来たのを見ると、「貴君は何をしにきたのかね？」と尋ねた。学徒は「和尚様を拝礼しに参りました」と答えた。石亭「わしに会えたか？」。答「会いました」。石亭「わしはどうして驢馬そっくりなのかな？」。学徒は答えられなかった。石亭はいつもこの質問をして、学徒を屈服させ、答えられる者はまだいなかった。石亭はやはり涌公にも「貴君は何をしにきたのかね？」と尋ねた。「和尚様を拝礼しに参りました」。石亭「わしに会えたか？」。答「会いました」。石亭「わしはどうして驢馬そっくりなのかな？」。答「私の見るところ、和尚は仏にも似ておりません」。石亭「仏に似ていないなら、何に似ておるかね？」。答「もし似ているものがあるなら、驢馬と何が違うでしょうか」。石亭「凡・聖のどちらも忘れ去れば、妄情は消え失せ真実なる本体が露わになる。私はこの言葉を用いて二十年近くになるが、この境地をはっきり悟った者はいなかった。貴君のような大いなる利根は、自ら涵養していくべきであり、私は全て示し尽くすことはできない。いつか貴君も全てを知って自ら行うことができるだろう。）

石亭とは仰山慧寂を指している。彼は洪州石亭観音院に住んだことがあるからである[62]。光涌が受戒したのは唐懿宗咸通八年（八六七）なので、この機縁問答はほぼ咸通年間の末頃から、遅くとも中和三年（八八三）に仰山が亡くなる前までに起こっている。

五代南漢の雷岳が九五八年に撰述した「雲門山光泰禅院故匡真大師実性碑並序」は、雲門文偃の機縁問答を十一則記録している。

1．睦州道蹤に拝謁した時「径往扣門、禅師問『誰？』。師曰『文偃』。師関門云『頻頻来作什麼？』。師云『学人己事不明』。禅師曰『秦時轅轢鑚』。以手托出閉門。師因是発明（ただちに赴いて門を叩くと、禅師が『誰だ？』と尋ねた。師『文偃です』。師は門を閉ざして『あたふたと何のつもりだ？』と言った。師『学徒たる私は自分自身の事が分からないのです』。禅師『何と無用の長物なのか、まるで秦の轆轢鑽だ！』。手で突き放して門を閉めた。師はこれによって悟るところがあった)」。

2．雪峰義存に拝謁した時「因造雪峰会、三礼欲施、雪峰乃云『何得到詰麼？』。師不移糸髪、重印全機、雖等截流、還同戴角（そこで雪峰の道場に行き、三拝の礼をしようとすると、雪峰は『問い質してみるまでもないな』と言った。師は毛筋ほどの違いもなく、雪峰の機鋒をまるごと体得し、妄念の激流を渡りながらも、あえて畜生と共にあった)」。

3．僧の問いへの答え「因有僧問雪峰云『如何是触目不見道、運足焉知路？』。雪峰云『蒼天！』。僧不明、問師、師曰『三斤麻、一疋布』。僧後問於峰、峰云『嘻！　我常疑個布衲』（そこである僧が雪峰に『目にしてもそこに道は見えないし、ただ歩いているだけでどうして正しい道が分かるだろう、とはどういうことでしょうか？』と尋ねた。雪峰『ああ、天よ！』。僧は分からず、師に尋ねると、師は『三斤の麻、一疋の布だ』と言った。僧が後に雪峰に尋ねると、雪峰は『ああ！　私はいつもあやつはできると踏んでおった』)」。

4．韶州刺史何希範との問答「郡守何公希範礼及曰『弟子請益』。師曰『目前無異草』（郡守の何希範どのは礼して、『ご教示をお願い申し上げます』。師『目の前にはびこる草はない』)」。

5．学徒との問答「有人問『如何是本来心？』。師云『挙起分明』（『本来心とはどういうことでしょうか？』と尋ねた人がいた。師『はっきりと提示したな』)」。

6．南漢高祖との問答「高祖天皇大帝詔師入闕。帝問『如何是禅？』。師曰『聖人有問、臣僧有対』。帝曰『作麼生対？』。師云『請陛下鑑臣前語』。帝悦、云『知師孤戒、朕早欽敬』（高祖天皇大帝は詔で師を宮廷に来させた。帝

『禅とはどういうことか?』。師『皇帝陛下がお尋ねになれば、臣たる僧の私はお答えする、そのことです』。帝『どのように答えるのだ?』。師『陛下、私の先の言葉をご明察下さい』。帝は喜び、『師の孤高を知った。しかし朕は夙に敬服しておったのだ』と言った)」。

7．三僧への答え「時有三僧、一時出来礼足。師云『三人一状』(時に三人の僧がおり、一斉に出かけて来て足に礼した。師『三人で雁首揃えて一つのお縄だな』)」。

8．学徒への答え「有問禅者、則云正好弁(禅について尋ねる者がいると、まったく議論好きだねと言った)」。

9．学徒への答え「有問道者、則云透出一宗(道について尋ねる者がいると、一宗を抜け出よと言った)」。

10．学徒への答え「有問祖意者、則云日裏看山(祖師の心について尋ねる者がいると、日中に山を見るのだと言った)」。

11．学徒への答え「有纔跨門者、則以杖打之(ある人が敷居を跨ぐやいなや、杖で叩いた)」(63)。

五代南漢の陳守中が九六四年に撰述した「大漢韶州雲門山大覚禅寺大慈雲匡聖宏明大師碑銘並序」でも、記録している雲門語録はほぼ同じである(64)。二つの碑はいずれも南漢期に撰述されており、二人の作者はどちらも南漢朝廷の官僚であった。彼らは、何もない所から雲門と高祖の対話を捏造することは恐らくできなかっただろうから、これらの対話は事実の記録である可能性が高い。

五代南唐の欧陽熙「洪州雲蓋山竜寿院光化大師宝録碑銘」は、雲蓋懐溢(八四七—九三四)が臨済の弟子である灌渓志閑に師事し、志閑の偈を聞いて頓悟したことを次のように記す。

乃於異時、侍立左右。和尚演於法、頌云「五蘊山中古仏堂、毘盧昼夜放円光」。大師纔聆妙説、頓入清涼、悟即刹那、迷流沙劫、一言契合、万慮情亡、豁若雲開、皎同月朗(65)。

（やはり他の時に、傍らに侍っていた。和尚は説法すると、「五蘊の山の中の古仏堂では、毘盧遮那仏が日夜円光を放つ」と頌した。大師はこの素晴らしい言葉を聴くと、俄に清涼なる境地に入った。まことに悟りの訪れは瞬く間、迷いの流れは久遠の長さというもの、一言でぴたりと契合し、数々の心の働きは消え失せ、雲が開いたかのように晴れ渡り、月が輝いているかのように明るくなった。）

志閑は乾寧二年（八九五）に亡くなっているので、この出来事はその年よりも前に起こっている。

五代閩の林澂が長興元年（九三〇）に撰述した「唐福州安国禅院先開山宗一大師碑文並序」には、雪峰義存と玄沙師備の問答二則を記録している。

一日、［雪峰］置問曰「即今那箇是備頭陀？」。答曰「不可誑於人也」。

（ある日、［雪峰は］「たった今、どれが備頭陀なんだ？」と尋ねた。答「人を騙すことはできません」。）

雪峰又問師「何不巡諸聖跡、訪彼同風？」。答曰「二祖不往西天、達磨不来唐土[66]」。

（雪峰はまた師に「どうして諸々の聖跡を巡り、あの志を同じくする人を訪ねないのか？」。答「二祖は天竺へ行きませんでしたし、達磨は唐へやって来ませんでした」。）

五代南唐の韓熙載（九〇二―九七〇）が撰述した「玄寂禅師碑」は、大寧隠微（八八六―九六一）が呉の順義年間（九二一―九二七）に徳山の再伝の弟子である羅山志閑に師事し、志閑は獅子が窟におり窟から出るという言葉で出迎え、隠微が開悟したことを記している。

扣我機縁、自知時節。先是羅山有師子在窟出窟之句、海内風伝。一日、法座高登、海徒雲萃。師遽前而礼、峻発問端。羅山道眼素明、偉師崤崒、抗声酬詰、衆莫之知。俄於欲諾之間、豁然大悟。

（師が弟子の機縁に働きかければ、弟子は自らの見性の時節を知る。これ以前に羅山には獅子が窟におり窟から出るという言葉があり、世の中に広まっていた。ある日、法座に上り、多くの学徒が群がり集まった。師はすぐに進み出て礼をし、鋭く質問し始めた。羅山は曇りなき眼力を備えており、偉大な師として高く聳え立っており、声を張り上げて渡り合ったが、人々はその意味が理解できなかった。隠微は頷こうとしたその矢先、豁然と開悟した。）

呉の大和年間（九二九—九三五）に隠微は江西吉州の十善寺におり、学徒と臨機問答をおこなった。

応接随宜、了無滞礙。有問「如何是十善橋?」。云「険」。「過者如何?」。云「喪」。参乎祖道、一以貫之、問而数窮、答有余力、達深徳妙、斯之謂歟。[67]

（適宜に応対し、何ら滞りがなかった。「十善橋とはどのようでしょうか?」と質問された。「険しい」。「渡る者はどうなるでしょう?」。「亡くなる」。祖師の道に深く入り込んだが、そこには一貫した宗旨があった。疑問があればしばしば窮め尽くし、答えには余裕があり、深奥にまで通暁して素晴らしい徳を備えているとは、このことを言うのだ。）

晩唐五代期の新羅、高麗から入唐した禅僧のための碑銘にも、往々にして彼らが中国にいた頃、あるいは帰国後の機鋒鋭い禅問答が記録されている。例えば新羅の禅僧である慶甫（八六九—九四八）は景福元年（八九二）に入唐し、疎山匡仁に師事して悟りを開き、その後禅林を遍歴した。

去謁江西老善和尚。和尚乃欲聴其言、観其行、因謂曰「白雲鎖断行人路」。答曰「自有青霄路、白雲那得留」。和尚以大師捷対不羈、颺言無礙、乃送之曰「利有攸往、時然後行」。[68]

（江西の老善和尚に会いに行った。和尚は彼の言葉を聴き、行いを見ようと思い、そこで「白雲が旅人の道を塞いでおる」と言った。答「自ずから大空という道がありますから、白雲なぞどうして留まれましょうか」。和尚は大師が素早く応答して囚われがなく、高らかに言挙げして妨げがないので、彼を見送って「行《ゆ》く攸《ところ》有るに利《よろ》し、だが然るべき時を得てから行動せよ」と言った。）

また別の新羅の禅僧である璨幽（八六九―九五八）も景福元年に入唐しており、投子大同に師事して、「悟微言於舌底、認真仏於身中（奥深い言葉を師の肉声に悟り、真の仏陀を自己の身に認識）」し、開悟した後は師のもとを辞去して遊歴しようとした。

大師将辞投子、和尚因謂曰「莫遠去、莫近去」。大師答云「雖然非遠近、要且不停留」。和尚曰「既実験心伝、何須目語」。爾後旁求勝友、歴謁高師、或索隠於天台、或探玄于江左。入真如之性海、得摩尼之宝珠也。

（大師が投子のもとを辞去しようとすると、和尚は「遠くに行くな、近くにも行くな」と言った。大師は「遠くでも近くでもありませんが、要するに留まってはいられません」と答えた。和尚「心による伝授を体得した以上は、どうして目配せする必要があろうか」。その後あちこちで優れた道友を求め、順々に高徳の師を訪ねて回り、時に天台山で奥深い真理を追求し、時に江南の地で捉え難い道理を探った。海の如く豊かな真如の世界に入り込み、摩尼の宝珠を手に入れたのである。）

璨幽は後梁の貞明七年（九二一）に帰国した後、高麗王に尊崇され、宮中に迎えられて、法席を主催し、臨機応変に答えた。

迺于天徳殿高敞法筵、傾願海之千波、爇心香之一炷。大師纔麾麈尾、乍動竜頤、有僧問「如何是向上一路？」。大師曰「不従千聖得」。又問「既不従千聖得、従上相伝、従何而有？」。大師曰「只為不従千聖得、所以従上相伝」。又問「与摩即二祖不望西天、達摩不到唐土？」。大師曰「雖不従千聖得、達摩不虚過来」。於是人天感応、賢聖喜歓、花雨飛空、檀煙蔽日。[69]

（そして天徳殿にて大いに法席を開き、果てしない海にさざめく無数の波のような願いを傾け注ぎ、心の中に灯された香のような真心を燃やした。大師が塵尾を振るい、竜の如き口を開こうとした折しも、「仏をも超えてゆく道とは何でしょうか？」と尋ねる僧がいた。大師「数多の聖人から得られるのではない」。また問「数多の聖人から得るのではないなら、どうして過去の祖師たちから伝えられてきたのでしょう？」。大師「数多の聖人から得るのではないからこそ、過去の祖師たちから伝えられたのだ」。また問「そうするとつまり二祖は天竺を見ず、達磨は唐土に来なかったということでしょうか？」。大師「数多の聖人から得たのではないが、達磨がやって来たのは出鱈目ではない」。そこで人と天とが感応し、賢者と聖人は歓喜して、花が降り注いで空中を舞い飛び、栴檀の煙が日を覆い隠した。）

「二祖は天竺を見ず、達磨は唐土に来なかった」という命題は、もとは前述の玄沙師備の機縁問答に発しており、当時語録が如何に広く流布していたかが分かる。この碑の作者である金廷彦は高麗王朝の翰林学士であり、恐らく宮廷での法席の出来事をでっち上げることは出来ないだろうから、この記述は事実の記録であろう。

五代後期になると、機縁問答の中での円相を描く・払子を立てる・棒で打つ・喝を叫ぶ・指を立てる・拳を握る等の言葉と動作の活用は、既に広まって一定の形式となり、蔓延して弊害となり、一部の見識ある禅僧たちの不満を引き起こした。例えば、法眼文益は『宗門十規論』において次のように諄々と戒めている。

近代宗師失拠、学者無稽。用人我以争鋒、取生滅為所得。接物之心安在、破邪之智蔑聞。棒喝乱施、自云曽参徳嶠、臨済。円相互出、惟言深達潙山、仰山。対答既不弁綱宗、作用又焉知要眼。誑謼群小、欺昧聖賢。誠取笑於傍観、兼招尤於現報。(70)

（近頃の宗師は拠り所を失い、学徒は考えなしである。我こそはと張り合って勝ちを争い、無常の物に囚われてそれを得たと思い込んでいる。人々を導く心はどこにあるというのか、邪悪を取り払う智恵は絶えて聞こえない。棒と喝を妄りに行い、かつて徳山宣鑑、臨済義玄に参学したことがあると言う。円相を描き合っては、潙山霊祐、仰山慧寂の教えに通暁していると言う。受け答えが勘所を弁えていないばかりか、行いの上でも要点が分かっていない。凡人を誑かし、聖人賢者を欺いている。全くもって傍で見ている人に嘲られ、しかも今生に罪を得るというものだ。）

五代末から北宋初に活躍した洞山守初（九一〇―九九〇）も次のように厳しく批判している。

　師上堂云、楚山北面、漢水南江、撃法鼓而会禅徒、挙宗風而明祖道。若以揚眉瞬目、竪拳竪指、謦欬咳嗽、是廚中拭鉢帛。道什麼会也無、也是衲僧破草鞋。者瞎漢、者漆桶、是箇弄精魂鬼。総与麼、総不与麼、是東司頭廁籌子。以此称提従上来事、尽是邪魔所作、謗大乗、滅胡種、与你天地懸殊。……或若開口動舌、説向上向下、這辺那辺、玄会妙会、道出道入、君臣父子、明体明用、尽是謗般若、埋没宗風。(71)

（師は上堂して言った。荊山は北に向かい、漢水は南の長江へと流れる。法鼓を打ち鳴らして禅門の学徒を集め、宗派の風格を発揚して祖師の道を明らかにする。眉を吊り上げ目を瞬かせ、拳を立て指を立て、えへんおほんと咳払いするようなのは、台所で鉢を拭う布巾のようなものだ。何か言ってもやはり悟れないのは、これまた坊主の壊れた草鞋のように、使い古されたやり口だ。このメクラめ、ウスノロめと罵るのは、魂を疲れさせる化け物だ。全てこうだの、全てこうでないだの言うのは、便所の糞掻きベラだ。これによって過去の祖師から伝えられてきた事を称えるのは、全て邪悪な魔性の行いであり、大乗を誹謗し、仏徒を滅ぼすもので、お前とは天地ほどに懸け離れている。……もし口を開き舌を動かして、超越だの救済だの、こちらだのあちらだの、深い体得、優れた体得、道から出るだの道から入るだの、君臣父子、本体と作用だのと説いたなら、全ては般若の智を非難して、宗風を滅ぼしてしまうことになる。）法眼と守始による、「棒喝乱施、円相互出」、「揚眉瞬目、竪拳竪指、謦欬咳嗽」、「開口動舌、説向上向下、這辺那辺、玄会妙会、道出道入、君臣父子、明体明用」といった等の機縁問答の方法に対する批判は、この種の現象が当時どこにでも存在し、かつ既に濫用されているという程度にまで達していたことを物語っている。五代末から北宋初に機縁問答が盛行した背景のもとでは、この種の激しい批判は捏造されたものではありえない。

　晩唐昭宗の光化年間（八九八―九〇一）に、華岳玄偉は『聖冑集』五巻を編纂し、「輯貞元以来出世宗師機縁（貞元年間以来に出世した宗師の機縁を集めた）」[72]。『宝林伝』は貞元年間に完成しているので、この集は明らかに『宝林伝』の続編である。後梁開平年間（九〇七―九一一）になると、南岳惟勁も『続宝林伝』を編纂し、「録光化以後出世宗匠機縁（光化年間以後に活動した宗匠の機縁を記録した）」[73]。この集は『続宝林伝』と題されているが、時間的な繋がりで言うと『聖冑集』の続編のはずである。この二つの集は貞元年間から開平年間までに寺院の住持を務めた（出世）ことのある禅師の機縁問答の語録を収集しており、中唐から五代初めにおける機智に富んだ問答の盛行と発展を反映している。この二集は宋代まで存在していたので、五代末の『祖堂集』の編纂、宋初の『宗鏡録』、『景徳伝灯録』等の編纂においては、この二集は資料の重要な出所となったであろう。

　この時期、機縁問答が本格的に現れ、かつ次第に発展・成熟していったのみならず、さらには語本、語要等の記録が広まり僧俗の間に流行したことによって、文人士大夫にも愛好されたのである。段成式（字は柯古）『酉陽雑俎続集』は、次のように記している。彼は親友の張希復（字は善継）、鄭符（字は夢復）（?―八四六?）とともに唐武宗の会昌三年（八四三）に長安の寺院を見物して、興味を引かれ、「語各録禅師佳語（各々禅師の名言を記録した）」。「蘭若和尚云『家家門有長安道』（柯古）。荊州呰呰和尚云『自看工夫多少』（善継）。無名和尚云『最後一大、息須分明』（夢復）（蘭若和尚『どの家の門も長安へ通じている』（柯古）。荊州呰呰和尚『工夫が如何ほどかを自分で見る』（善継）。無名和尚『地水火風の四大が分散する最後の時にも、呼吸ははっきりさせているべきだ』（夢復））」と記した[74]。段成式が挙げた蘭若和尚の言葉は李華「荊州南泉大雲寺故蘭若和尚碑」に見えており[75]、恐らく『禅源諸詮集』等の著作に採り入れられたであろう。蘭若恵真（六七三—七五一）は天台の出身で、天台宗は唐代には禅の一派と見なされていたため、天台の僧侶も禅僧と呼ばれた。蘭若が学徒からの質問に対して、いつも直接に答えるのではなく、各種の巧みな譬喩で暗示したのは、機縁問答の初期形態である[76]。張希復（字は善継）が挙げた呰呰和尚とは、貞元年間初頭の荊州の狂僧であり、『何満子』を歌うのを得意とし、法系は未詳である[77]。鄭符（字は夢復）が挙げた無名和尚（七二二—七九四）は、まず普寂に師事し、後には神会の門人となり、貞元十年に亡くなった[78]。後の二語は出所が未詳であるため、機縁問答を背景としているかは定かではない。段成式等の人の禅師の名言に対する親しみと愛好の程度によって、当時語本、法要、偈頌等が世俗社会に幅広く流布しており、その中で機縁問答がとりわけ文人に好まれたことが推測できる。宋斉丘「仰山光涌長老塔銘」も唐末五代の頃、「仰山の心偈は、天下に流布している」と言う[79]。

以上の考察をまとめると、学界に通行している二種の極端な観念のバランスをとる重大な結論を下してよいようである。ある一方では、おおむね信頼できる唐五代の碑銘、仏教学の専著、文人の筆記等によって推断すると、馬祖及びその門人の時代には、禅門では機知に富んでユーモアがあり、問いに応じて反問し、誤りのようでいて正しいという、簡潔かつ素早い問答が流行し始めていたはずであり、それを神清は「臨機問答」と呼び、宗密は「応機」と呼んで、かつ総括・収集した。晩唐五代期になると機縁問答は発展・成熟し、機鋒は激しく鋭く、形式は多種多様になった。この発展プロセスは、新たな事物の出現・発展・成熟・繁栄という法則に合致しているし、また、現行の語録や灯史に見えるような、余りにも早く成熟・繁栄した機縁問答は、信頼できないものであることをも物語っている。それは例えば、馬祖とその門人が棒喝・円相・払子を立てる等のほとんどあらゆる形式の機縁問答を行っていたということだが、これらは関連資料と事実の背景に逐一考察を加え、真偽を弁別し、積み重なった粉飾の各層を区別する必要がある。また一方では、碑文の中の大量の機縁問答や、『聖冑集』、『続宝林伝』等の機縁語を専ら集めた編纂物の出現、文人士大夫が禅語を熟知していたこと等はいずれも、晩唐五代期に禅語を記録した大量の文献が存在し、流行していたことを物語っている。これらの文献は、『祖堂集』、『宗鏡録』、『景徳伝灯録』、『宋高僧伝』等の、五代末から北宋初までの大量の禅語を収録した著作にとって、資料の主な出所であった。例えば、永明延寿は僅かに『宗鏡録』巻九十七、九十八の二巻だけでも「諸祖語一百二十本」を引用した。[80] そして『祖堂集』、『宗鏡録』、『景徳伝灯録』、『宋高僧伝』等の書物が収録した禅語に重複する文章が大量に見られる点は、これらの書物が共通の禅語テキスト群に基づいて編集されたことを強力に証明している。[81] これらの著作、及びその中に収録された禅語を、全て宋代の禅僧による捏造だと言ってしまうと、明らかに史実に合致しない。

勿論、禅語を実際の対話から記録へと編纂してテキストにする過程においては、記録者と編纂者はいずれも修正・粉飾を加え、機縁問答及びその叙述と物語的背景を捏造して補足した可能性がある。『祖堂集』等の中に収録された機縁問答の物語は、晩唐五代に機縁問答が成熟に到った後の物語を含み、儀式化した問答、象徴的記号、及び超自然的で神秘的な神通変化と妖怪・野獣等の要素を夥しく交えている。[82] これらの事柄は、それらの問答が実際の問答ではなく、文学的な潤色・捏造である可能性を物語っている。従ってこうした書物の中に見られる機縁問答とその物語は、終始真偽が入り混じっているのであり、注意深い考証と区別を加える必要がある。

注

(1) 胡適「神会和尚遺集序」『胡適集』四〇頁。

(2) 劉昫（八八八―九四七）等『旧唐書』（北京：中華書局、一九七五）巻四六、一九五五頁。Yanagida Seizan（柳田聖山）, "The Recorded Sayings Texts of Chinese Ch'an Buddhism," trans. John McRae, in Whalen Lai and Lewis Lancaster, eds., *Early Ch'an in China and Tibet* (Berkeley: Asian Humanities Press, 1983), 186 参照（訳者付記：柳田聖山「禅宗語録の形成」（『印度学仏教学研究』一八―一、一九六九）を元に、訳者によって英訳に必要な補記が加えられたもの）。

(3) 『太平御覧』巻五一三、四頁a、巻五一九、二頁a。

(4) 『太平御覧』（『四庫全書』本）巻四一四、七頁a―b、巻五九五、五頁a―b。しかし中華書局重印涵芬楼影宋本では前の二条を「語録」として引用し、後の一条を「語林」として引用する（巻四一四、四頁a―b、巻五九五、三頁b）。

(5) 『宋高僧伝』巻六、一二二頁。

(6) 『新唐書』巻五九、一五三〇頁。

(7) 『大正蔵』第五二冊。

(8) Yanagida Seizan, "The Recorded Sayings Texts of Chinese Ch'an Buddhism," 185 参照。

(9) 『宋高僧伝』巻二〇、五二八頁、巻一一、二五八頁。

(10) 『伝灯録』巻二八、一頁a。

(11) 例えば『鎮州臨済慧照禅師語録』は、巻首には「住参聖嗣法小師恵然集」（賾蔵主『古尊宿語録』、北京：中華書局、一九九四、巻四、五五頁）と題しているが、しかし実際には唐末から宋初の臨済系僧侶による度重なる増補編集・潤色を経ている。柳田聖山『語録の歴史』三八四―八五頁、Albert Welter, *The Linji lu*, 109-30 参照。

(12) 『祖堂集』巻八、三九八頁。

(13) 『祖堂集』巻八、三七四頁。

(14) 『祖堂集』巻一四、六四四頁。

(15) 行状がこの文体の一般的な名称だが、実録、行録と称するものもある。例えば李翶（七七四―八三六）が祖父のために作った「皇祖実録」（『李文公集』『四庫全書』本、巻一一、一一頁a）である。楼鑰（一一三七―一二一三）「朝請大夫曹君墓誌銘」には「君之子孝忠以行録泣求銘（貴君の子である孝忠は行録によって銘を書いてくれと泣いて頼んだ）」（『攻媿集』『叢書集成初編』本、巻一〇六、一四九七頁）とある。

(16)『宋高僧伝』巻五、一〇七頁。
(17)『宋高僧伝』巻一〇、二三一頁。
(18)『宋高僧伝』巻二七、六八六頁。
(19)『全唐文』巻八七〇、一六頁a。
(20)『祖堂集』巻一五、六七九頁、巻一八、八一六頁。
(21)『全唐文』巻四四六、五頁b。
(22) 円珍『入唐新求聖教目録』『大正蔵』第五五冊、一〇八四頁b。
(23) 円珍『智証大師請来目録』『大正蔵』第五五冊、一一〇六頁c。
(24)『祖堂集』一頁。
(25) 延寿（九〇四―九七五）『宗鏡録』『大正蔵』第四八冊、巻一五、四九四頁c、巻九八、九四四頁c。
(26)『伝灯録』巻二八。柳田聖山『語録の歴史』二三一―三六頁参照。
(27) 柳田は、法要、要旨、要訣等は語本の別名であり、語要は言教から変化してできたもので、広録の抜粋だと見なすが（『語録の歴史』二六、二九頁）、確実な証拠を挙げてはいない。
(28) 考えるに「大警」は「大晉」の誤りであろう。『全唐文』の張彦遠が咸通二年（八六一）に書いた「三祖大師碑陰記」には「大暦初、彦遠曽祖魏国公留守東都、兼河南尹。洛陽当孽火之後、寺塔皆為邱墟、迎致嵩山沙門澄沼、修建大聖善寺。沼行為禅宗、徳為帝師、化滅、詔謚大晉、即東山第十祖也（大暦年間の初め、彦遠の曽祖である魏国公は東都留守で、河南尹を兼任していた。洛陽が災禍に見舞われた後、寺塔はみな廃墟となり、嵩山沙門澄沼を招いて、大聖善寺を建立した。沼は行いは禅門の宗、徳は皇帝の師であり、亡くなると、詔によって大晉と謚された。つまり東山第十祖である）」（巻七九〇、二二頁b）とある。趙明誠（一〇八一―一一二九）『金石録』には「大晉禅師碑、張和靖撰、八分書、姓名残欠、元和二年七月（大晉禅師碑、張和靖の撰述、八分書で書かれており、姓名は欠落、元和二年七月）」とある。金文明校証『金石録校証』（桂林：広西師範大学出版社、二〇〇五）巻九、一六二頁参照。

(29) 円珍『入唐新求聖教目録』『大正蔵』第五五冊、一〇八四頁b。

(30) 円珍『智証大師請来目録』『大正蔵』第五五冊、一一〇六頁b―c。

(31) 『新唐書』巻五九、一五三〇―三一頁。

(32) 『伝灯録』巻二六、二〇頁b。

(33) 『権載之文集』巻二八、二頁a、巻一八、一三頁a―一四頁b。

(34) 『祖堂集』巻一八、八二三頁。

(35) 杜継文・魏道儒『中国禅宗通史』二三四頁。

(36) 李壮鷹「談談禅宗語録」『北京師範大学学報』一九九八年一期、六五―七一頁。

(37) McRae, “The Antecedents of Encounter Dialogue in Chinese Ch'an Buddhism,” In *The Kōan: Texts and Contexts in Zen Buddhism*, ed. Steven Heine and Dales S. Wright (Oxford: Oxford University Press, 2000), 54-70; *Seeing through Zen*, 83-98.（訳者付記：本文中の八項目は原書の中国語から重訳した。参考として、ジョン・R・マクレー著・小川隆訳『虚構ゆえの真実――新中国禅宗史』（大蔵出版、二〇一二）第四章3「成文化された機縁問答の発生に至る八正道」に見える八項目を挙げる。（一）弟子たちに当意即妙に答える禅匠のイメージ、（二）北宗における「指事問義」、（三）8世紀の資料における「禅説」のスタイル、（四）初期禅の実践における交流的指導のための教義的基礎、（五）儀式化された会話での師弟間での使用、（六）教えにおける逸話と問答との普遍的使用、（七）開悟物語の創作、（八）機縁問答の系譜的構造）。

(38) Chappell, “Hermeneutical Phases in Chinese Buddhism,” in Donald S. Lopez, Jr. ed. *Buddhist Hermeneutics*（Honolulu: University of Hawaii Press, 1988), 191-92.

(39) 『宋高僧伝』巻一一、二四七頁。

(40) 韋処厚「興福寺内道場供奉大徳大義禅師碑銘」『全唐文』巻七一五、二三三頁a—b。
(41) 『大正蔵』第四八冊、四一八頁a。
(42) 無住は比較的早く亡くなったので、保唐系はしばしば初期禅と一緒にして議論されたが、実際には彼は馬祖、石頭よりも若く、径山と同年である。
(43) 『全唐文』巻五一二、二〇頁a。
(44) John McRae はこの条を機縁問答の先行形態とする。*The Northern School*, 96; "The Antecedents of Encounter Dialogue in Chinese Ch'an Buddhism," 60 参照。
(45) 段成式『酉陽雑俎続集』巻四、二三一頁。段成式は続けて次のように言う。「予読梁元帝『雑伝』云『晋恵末洛中沙門耆域、蓋得道者。……沙門竺法行嘗稽首乞言、域升高坐曰「守口攝意、心莫犯戒」。竺語曰「得道者当授所未聴、今有八歳沙彌亦以誦之」。域笑曰「八歳而致誦、百歳不能行」』。嗟乎人皆敬得道者、不知行即是得(私が梁元帝『雑伝』を読むと、次のようにあった。『西晋の恵帝の末に洛中の沙門であった耆域は、思うに得道の人であった。……沙門の竺法行が嘗て頓首して言葉を請うと、耆域は高座に上って「口を慎み雑念をおさめ、心は戒に背いてはならない」と言った。竺は「得道の人は耳新しい言葉を授けるべきなのに、今のは八歳の小坊主でも口にできることですな」と言った。耆域は笑って「八歳でも誦えられるが、百歳でも実行できない」と言った』。ああ、人はみな得道の人を敬うが、実行がすなわち道を得ることだと知らない)」。そうすると法欽(道欽)のこの言葉とは耆域の「八歳而致誦、百歳不能行」の転用である。『法苑珠林』も耆域の言葉を載せている。道世著、周叔迦・蘇晋仁校注『法苑珠林校注』(北京:中華書局、二〇〇六)巻二八、八六七頁。
(46) 柳田聖山『語録の歴史』四七三頁参照。
(47) 『宋高僧伝』巻九、二〇九頁。
(48) 『歴代法宝記』『大正蔵』第五一冊、一九五頁a。
(49) 神清『北山録』巻六、六〇七頁c。
(50) 『禅源諸詮集都序』『大正蔵』第四八冊、三九九頁c、四〇〇頁a。

(51)『禅源諸詮集』は総序以外は既に散逸している。宗密が確かにこの集を編纂し、かつ大量の禅宗文献を収録したことに関する研究としては、Yun-hua Jan, "Two Problems Concerning Tsung-mi's Compilation of Ch'an-tsang," *Transactions of the International Conference of Orientalists in Japan* 19 (1974): 37-47; Peter N. Gregory, *Tsung-mi and the Sinification of Buddhism* (Princeton: Princeton University Press, 1991), 322-23参照。この他、方広錩は宗密がこの集を『禅蔵』と呼んだことを指摘し、かつ敦煌の禅籍を全面的に考察することによって、『禅蔵』のかなりの部分が敦煌禅籍の中に保存されており、敦煌禅籍によって『禅蔵』を復元することが可能であると指摘した。「関於『禅蔵』与敦煌禅籍的若干問題」『蔵外仏教文献』第一輯（北京：宗教文化出版社、一九九五）三九二―四二五頁参照。

(52) 李遵勗（九八八―一〇三八）『天聖広灯録』『続蔵経』第七八冊、巻八、四四八頁c。伝世文献における馬祖の上堂語がかなり信頼できることについては、本書第五章の考察を参照。

(53)『全唐文』（巻六九一、一頁a―b）苻載の名に帰される「荊州城東天皇寺道悟禅師碑」には「師患背痛、臨終、大衆問疾、師驀召典座近前。師曰『会麼?』。対曰『不会』。師拈枕子抛於地上、即便告寂（師は背中の痛みを患ったが、臨終に大衆が見舞うと、師は急に典座を近くに呼び寄せた。師『分かるか?』。答『分かりません』。師は枕をつかんで地面に放り投げ、たちまち亡くなった）」とある。これによれば、馬祖門人の時には既に体の動作を使った機縁問答が現れていたかのようである。しかしこれは苻載の原文ではなく、元代の僧である梅屋念常が苻載の原文を省略し、さらに『祖堂集』、『伝灯録』の道悟章を混ぜ合わせて作ったものである。詳しくは本書第三章参照。

(54) 椎名宏雄「宝林伝逸文の研究」二三四―五七頁、「宝林伝巻九巻十の逸文」一九一―九八頁。

(55) 田中良昭編『宝林伝訳注』（東京：内山書店、二〇〇三）八九、九七、一〇一、一二〇、一二四―二五、一六五、一八二、二七七、二八五―八六、四二九頁。

(56) 楊曽文編『敦煌新本六祖壇経』（北京：宗教文化出版社、二〇〇一）五九頁。

(57)『承襲図』『続蔵経』第六三冊、三一頁b。

(58)『全唐文』巻八一三、九頁b。

(59) 例えば『人天眼目』「円相因起」条、『大正蔵』第四八冊、巻四、三二一頁c、志謙『宗門円相集』高麗仏籍集佚刊行委員会編『高麗仏籍集佚』(ソウル:東国大学校出版部、一九八五)六三―六四頁。

(60) 詳しくは本書第十章参照。

(61)『全唐文』巻八七〇、一五頁a―b(『宝刻類編』巻七、二三九頁にこの碑を収録)。

(62) 陸希声「仰山通智大師塔銘」『全唐文』巻八一三、八頁b。

(63)『南漢金石志』(『叢書集成初編』本)巻一、一〇―一一頁、『唐文拾遺』巻四八、五頁b―一〇頁b。

(64)『八瓊室金石補正』巻八〇、二八頁a―三七頁b、『全唐文』巻八九二、七頁a。

(65)『全唐文』巻八六九、一二頁b。『祖堂集』(巻二〇、八九四頁)灌渓和尚章にも「毎有一言『五陰山中古仏堂、毘盧昼夜放円光』(『五陰の山の中の古仏堂では、毘盧遮那仏が日夜円光を放つ』と常に口にしていた)」とある。

(66)『福州玄沙宗一大師広録』『続蔵経』第七三冊、巻三、二五頁c。

(67) 韓熙載「玄寂禅師碑」『金石補正』(『続修四庫全書』本)巻八一、三二頁b―三六頁a、『全唐文』巻八七七、一五頁b―一八頁b。

(68) 金廷彦「[高]麗国光州晞陽県故白鶏山玉竜寺制諡洞真大師宝雲之塔並序」朝鮮総督府編『朝鮮金石総覧』所収、二冊(京城:朝鮮総督府、一九一九)、第一冊、一八九―九四頁。

(69) 金廷彦「高麗国広州慧目山高達院故国師制諡元宗大師慧真之塔碑銘並序」『朝鮮金石総覧』第一冊、二〇七―一五頁。

(70)『宗門十規論』『続蔵経』第六三冊、三七頁c。このテキストに関する詳しい分析は、本書第十章参照。

(71)『古尊宿語録』巻三八、七〇五頁。

(72)『新唐書』芸文志、巻五九、一五二九頁、惟白『大蔵経綱目指要録』『大正新修法宝総目録』所収(再版、台北:新文豊、一九八五)、巻二、七七〇頁b、念常『仏祖歴代通載』巻九、五五一頁a。『聖冑集』に関する詳しい研究は、柳田聖山『初期禅宗史書の研究』三九四―四〇四頁、田中良昭『敦煌禅宗文献の研究』(東京:大東出版社、一九八三)一二一―三四頁参照。

(73)『仏祖歴代通載』巻九、五五一頁a参照。

(74)『酉陽雑俎続集』寺塔記、巻五、二四九頁。

(75)『全唐文』巻三一九、一三頁b。

(76) John McRae はこの条を機縁問答の先行する形態として挙げる。*The Northern School*, 91-94 参照。

(77)『酉陽雑俎』巻三、四〇頁、『宋高僧伝』巻二〇、五二四頁参照。

(78) 無名の弟子である慧岌は「唐東都同徳寺故大徳方便和尚塔銘並序」を撰述しており、この碑文は近頃発見されたもので、楊曽文「唐同徳寺無名和尚塔銘並序的発現及其学術価値」『仏学研究』二〇〇〇、二〇八―二一三頁参照。敦煌遺書P三六〇八、三六二〇に無名『諷諫今上破鮮于叔明、令狐垣等請試僧尼及不許交易書』がある。『宗鏡録』はその語を一則記録している（巻九二、九一四頁c）。『宋高僧伝』に伝があり（巻一七、四二六―二七頁）、『伝灯録』巻一三神会法嗣の項にその名が記録されている。

(79)『全唐文』巻八七〇、一四頁b。

(80)『宗鏡録』巻九四、九二四頁a。

(81) Albert Welter は『宗鏡録』を主として、この三部の著作に収録された同じ、若しくは近似する例を比較・分析した。薬山惟儼、南陽慧忠、嵩山慧安、智策、崛多、六祖慧能、牛頭法融等の禅師の禅語を含めており、そのうちあるものは大同小異で、またあるものは逆に大部分が異なっている。Welter, *Yongming Yanshou's Conception of Chan in the Zongjing lu*, 140-62 参照。

(82) Stephen Heine はこの点について詳細な分析をしている。*Opening a Mountain: Kōans of the Zen Masters* (New York: Oxford University Press, 2002), 1-35 参照。

第五章　馬祖道一及び門人に帰される文献についての考証

前章では禅宗語録の原テキストと、機縁問答が出現し成熟した時期について考証した。本章ではさらに進んで、馬祖道一（七〇九―七八八）及びその門人のものとされる語録文献を綿密に考証し、ほぼ原形のままで信頼できる資料から、後世の付加・捏造を分析・分離する。それによって、洪州宗の文献についての真偽問題に対して、おおむね史実に近いと思われる解答を提示したい。

一、馬祖に帰される語録についての考証

1、編纂過程と伝記部分

馬祖が世を去ってから、世の中には語本が流布した。『祖堂集』仰山慧寂章に「達摩和尚既不将『楞伽経』来、馬大師語本及諸方老宿数引『楞伽経』、復有何意？（達摩和尚が『楞伽経』を持ってきていないとすれば、馬大師の語本と諸方の老大家がしばしば『楞伽経』を引用したのには、どんな意図があったのでしょうか）」とあり[1]、同書の東寺如会（七四四―八二三）章には、彼が「毎曰『自大寂禅師去世、常病好事者録其語本、不能遺筌領意』（いつも『大寂禅師が世を去ってからは、物好きがその語本を記録して、言葉を忘れて意味を捉えることをしないのを、ずっと憂えている』と言っていた）」とある[2]。この種の語本は恐らく弟子のノートを基礎に編纂・校訂して出来たものであろ

う。本来の馬祖の語本が如何なるものであったかは、既に判断が困難である。(3)『伝灯録』巻二十八「諸方広語」所収『江西大寂道一禅師[広]語』は、馬祖の上堂示衆の語であり、機縁問答はなく、オリジナルの語本の一つである可能性がある。現行の『江西大寂道一禅師語録』(以下、『馬祖語録』と略す)は、北宋に編纂され、百丈、黄檗、臨済語録とともに『四家録』に収録されて、『馬祖四家録』とも呼ばれ、明代になってから『四家語録』と改称された。宋の東山慧空(一〇九六―一一五八)は『馬祖四家録』を持っていると言った。(4)宋の尤袤(一一二七―一一九四)『遂初堂書目』にも『馬祖四家録』が著録されている。(5)清の丁丙(一八三二―一八九九)『善本書室蔵書志』は、次のように著録する。

『四家録』二巻、元刊本、王藹士蔵書。洪州黄竜山住持伝法沙門恵南編。前有元豊八年十一月一日朝散郎尚書主客員外郎軽車都尉楊傑序、後有至正二十三年閩建陽高仰大覚妙智禅寺住持師啓跋。(6)
(『四家録』二巻、元刊本、王藹士の蔵書。洪州黄竜山の住持である伝法沙門慧南の編。巻首には元豊八年十一月一日朝散郎尚書主客員外郎軽車都尉楊傑の序があり、巻末には至正二十三年閩建陽高仰大覚妙智禅寺住持師啓の跋がある。)

この本は現在では南京図書館に蔵されている。ただし、『中国古籍善本書録』の編者は改めて明刻本と鑑定した。(7)この本は現存しているその他の明刻『四家語録』と明らかな違いがあり、それは主として四点に表れている。まず、『四家録』という宋代の名称を保持している。次に、この本は各巻の巻首に「洪州黄竜山住持伝法沙門恵南編」と署名しており、これは他の本には見えない。慧南は臨済系黄竜派の創始者である。第三に、巻首に楊傑(一〇五九年進士)の「馬祖、百丈、黄蘗、臨済四家録序」があり、次のように言う。

金鶏銜粟、出一馬駒。牛懶鞭車、磨磚成鑑。野鴨飛去、引鼻牽回。掛払遭呵、耳聾三日。不隠家醜、重説偈言。

累及児孫、徒令吐舌。三回賜杖、猶自未知。再捋虎鬚、老婆心切。古人雖往、公案尚存。積翠老南、従頭点検。字字審的、句句不差。諸方叢林、伝為宗要。只有一処、未免贅訛。具眼底人、為他拈出。元豊八年十一月一日序。

（金鶏（南岳懐譲）が粟を銜えて現れ、そこから若駒（馬祖道一）が出た。（南岳は）牛がものぐさで動かないので車を鞭打ち、煉瓦を磨いて鏡にした。野鴨が飛び去ると、（馬祖は百丈懐海の）鼻面を引っ張って引き戻した。（百丈は）払子を掛けて（馬祖に）一喝され、三日耳が聞こえなかった。家庭内の見苦しい面を隠さず、幾度も偈を説いた。その余弊は子孫へと及び、徒に恐れ入って舌を吐かせた。（臨済義玄は高安大愚に）三回杖で打たれたが、なお悟れなかった。それでも最後には黄檗という虎の髭を引っ張るほどの勇ましさ、これも大愚の老婆心のおかげなのだ。古人は世を去ってしまっても、公案は今なお存在している。積翠の老南老人が巻頭から点検したので、どの字も適切であり、どの句も間違いない。諸方の禅林で、宗要として伝えるように。しかし贅言・訛語が一つもないのは難しいことである。見識ある人は、指摘してくれますように。元豊八年十一月一日序。）

「積翠老南」とは慧南を指し、積翠はその庵の名である。元豊八年は一〇八五年であり、つまり本書は編者である慧南の没後十六年に刊行された。第四に、巻一の冒頭には南岳懐譲伝が付されている。これは『広灯録』から転載されたもので[8]、一部の文字にやや異同があるのみである。その他の現行本にはいずれも懐譲伝がなく、懐譲が馬祖を悟らせたという物語を抜き出して、馬祖語録の伝記部分に挿入しているのである。以上の四点によって、この本がたとえ明刻本であっても、やはり宋元刻本の本来の姿を保っているはずであり、他の明刻本とは異なると判断してよい[9]。

『広灯録』は天聖七年（一〇二九）に編纂されているので、『四家録』の編纂は、天聖七年から熙寧二年（一〇六九）に慧南が世を去る前までということになり[10]、『伝灯録』の編纂（一〇〇四）から降ること僅かに半世紀ほどである。この他、『広灯録』馬祖章は既に『伝灯録』の馬祖とその門人の諸章及び他のテキストを取り混ぜて増補しており[11]、そして『馬祖語録』は慧南が『伝灯録』と『広灯録』を基礎として、さらに増補して出来たものである。

『馬祖語録』は大多数の禅師の語録と同様に、生涯の略述、示衆法要及び機縁問答の三部分で構成されている。伝記部分はおおよそ四段に分けられる。第一段では馬祖の籍貫、姓氏、容貌、及び蜀で出家・受戒したことの経緯を述べ、『伝灯録』の文章と一致している。ただ、「於羅漢寺出家（羅漢寺で出家した）」という一条のみが加えられており、これは『祖堂集』と『広灯録』に見えるが[12]、三書はいずれも恐らく『宝林伝』から採ったのであろう[13]。第二段では馬祖が南岳に住んで懐譲に師事したことを述べ、第三段では一人前になって師の下を離れてから福建、江西を転々として仏法を広めたことを述べる。第四段では彼の示寂の過程を述べており、文章は全て『伝灯録』と同じで、院主が疾を問うという一条だけが加えられており、それは『祖堂集』に見えるが[14]、これも『宝林伝』から採られた可能性がある。これにより、『馬祖語録』のこの部分は『伝灯録』を基礎として、さらに『祖堂集』或いは『宝林伝』からも採録したのであって唐代の碑文またはその他の文献を直接参照してはおらず、何ら新たな資料を提供してはいないということが分かる。従ってこの部分は史料的価値を有してはいない。

2、示衆部分

『馬祖語録』には合わせて三則の上堂示衆語が含まれており、いずれも比較的早い時期の著作に見えるものである。柳田聖山はこの三則を『宗鏡録』、『祖堂集』、『伝灯録』、『広灯録』等の比較的早いテキストと詳細に比較対照し、かつ灯史の幾つかには見られない法要二則を『宗鏡録』から収集し、新たに五則へと編集した[15]。本稿は柳田氏の研究を基礎として、さらにおおむね信頼できる唐代の碑銘、専著を幅広く引用し、補足して六則とし、かつその信頼性を論証する。以下に比較的早い、またはおおむね信頼できるテキストから引用した各則を列挙する。段落の分け方は基本的に柳田聖山の研究に依りつつ、やや変更がある。

表一　示衆第一則

『宗鏡録』[1]
【一】 汝等諸人各信自心是仏、此心即是仏心[2]。達磨大師従南天竺国来、唯伝大乗一心之法、以『楞伽経』印衆生心、恐不信此一心之法。『楞伽経』云仏語心為宗、無門為法門。何故仏語心為宗？　仏語心者、即心即仏、今語即是心語。故云仏語心為宗。
【二】 無門為法門者、達本性空、更無一法。性自是門、性無有相、亦無有門。故云無門為法門。亦名空門、亦名色門。何以故？　空是法性空、色是法性色。無形相故謂之空、知見無尽故謂之色。故云「如来色無尽、智慧亦復然」。随生諸法処、復有無量三昧門、遠離内外知見情執。亦名総持門、亦名施門。謂不念内外善悪諸法、乃至皆是諸波羅蜜門。色身仏是実相仏家用。経云三十二相、八十種好、皆従心想生。亦名法性家焔、亦法性功勲。菩薩行般若時、火焼三界内外諸物尽、於中不損一草葉、為諸法如相故。故経云「不壊於身、而随一相」。
【三】 今知自性是仏、於一切時中、行住坐臥、更無一法可得。乃至真如、不属一切名、亦無無名。故経云「智不得有無」。内外無求、任其本性、亦無任性之心。経云「種種意生身、我説為心量」。即無心之心、無量之量。無名為真名、無求是真求。
【四】 経云「夫求法者、応無所求」。心外無別仏、仏外無別心。不取善、不捨悪[3]、浄穢両辺、倶不依怙[4]。法無自性、三界唯心。経云「森羅及万像、一法之所印」。凡所見色、皆是見心。心不自心、因色故心。色不自色、因心故色。故経云見色即是見心。

【五】

汝若悟此事了、但随時著衣喫飯、任運騰騰。

1 『宗鏡録』巻一、四一八頁b―c、巻二四、五五〇頁c。最後の一条はある「先徳」に帰されるのみだが、『祖堂集』等の書と対照すると、先徳とは馬祖を指すことが分かる。柳田聖山「語録の歴史」二九〇―九四頁参照。

2 『宗鏡録』の引用にはこの句がない。ここは『祖堂集』（巻一四、六一一頁）、『伝灯録』（巻六、二頁a）及び『広灯録』（巻八、四四八頁c）によって補う。

3 「捨」は、もとは「作」に作る。『祖堂集』（巻一四、六一一頁）、『伝灯録』（巻六、二頁a）、『広灯録』（巻八、四四八頁c）によって改める。

4 「怙」字はもとは欠けている。『祖堂集』（巻一四、六一一頁）、『伝灯録』（巻六、二頁a）、『広灯録』（巻八、四四八頁c）によって補う。

上に引いた『宗鏡録』示衆語第一則は、『祖堂集』、『伝灯録』、『広灯録』、『馬祖語録』にも見えるが[16]、後の四種類のテキストでは第二、三段落がなく[17]、しかも第五段落には「心地随時説、菩提亦只寧。事理俱無礙、当生即不生（心地は時に応じて説き、菩提もまた同じ。事理はいずれも妨げがなく、生ずるとは生じないこと）」という伝法偈があり、文章に異同がある。前述のように、『祖堂集』馬祖章は『宝林伝』から採られた部分が多くて、伝法偈は『宝林伝』の各祖師伝には必ず記されている内容である。従って、『祖堂集』以下の諸資料に見える伝法偈はいずれも『宝林伝』を踏襲する可能性が高く、必ずしも信頼はできない。『宗鏡録』の引用の方は恐らく馬祖語本の本来の姿を保っているだろう。

権徳輿「唐故章敬寺百巖禅師[懐暉]碑銘並序」には次のようにある。

禅師長老百巖大師之師曰大寂禅師、伝仏語心法、始自達磨、至於恵能之化、行于南服、流於天下。……故服緇褐、志在『楞伽』、行在曹渓。……或問心要者、答曰「心本清浄、而無境者也。非遺境以会心、非去垢以取浄。神妙独立、不与物俱。能悟斯者、不為習気生死蘊之所累也」。……銘曰、……即心即仏、即色即空[18]。

（禅師長老百巖大師の師は大寂禅師と言い、仏の語った心の法を伝えたそれは、達摩から始まって、慧能による教化に至り、南方の地で行われ、天下に広まったものである。……そこで僧服を身にまとい、『楞伽経』を志とし、曹渓慧能の行いを手本とした。……ある人が心要について問うと、「心はそもそも清浄で、外境はないのである。外境を取り払って本来心にかなうのではないし、垢を取り除いて清らかさを得るのでもない。神妙にして独立しており、他者と一緒にはならない。このことを悟れる者は、習気や生死、五蘊に患わされはしない」と答えた。……銘に言う、……心がすなわち仏であり、色がすなわち空である。）

「伝仏語心法」、「志在『楞伽』」、「即心即仏」は、第一段落が『楞伽経』を引いて「仏語心為宗（仏語心を宗とする）」、「即心即仏（心がすなわち仏である）」と論証するのと対応し、「非遣境以会心、非去垢以取浄」は第三段落の「不取善、不捨悪、浄穢両辺、倶不依怙（善を取らず、悪を捨てず、清浄と汚穢の両端には、いずれも寄りかからない）」と対応している。

『宋高僧伝』天皇道悟伝には「垢浄共住、水波同体（汚れと清らかさは同時に存在し、水と波は本質を同じくする）」という彼の言葉が載っている。[19]白居易は「伝法堂碑」において、彼と馬祖門人である興善惟寛との四度の問答を記し、「心本無損傷、云何要修理。無論垢与浄、一切勿起念（心にはそもそも傷などないのであって、どうして治める必要があるだろうか。垢であろうが浄であろうが、一切念を生じてはならない）」と言及した。[20]これらも第三段落の考え方と対応している。

宗密は洪州禅の思想を概括して「意准『楞伽経』云……『仏語心』（考え方は『楞伽経』が……『仏語心』と説くのに準ずる）」、「不断不修、任運自在、名為解脱（断ぜず修めず、巡り合わせに任せて自在であることを、解脱と名付ける）」とする。[21]これと第一段落の「仏語心」及び第五段落の「任運騰騰（巡り合わせのままにのほほんとしている)」が対応する。

この他、『越州大珠慧海和尚[広]語』に「僧問『何者是仏?』。師曰『離心之外即無有仏』(僧が『仏とは何でしょう?』と尋ねた。師『心の他には仏などない』)」、「汝自不見性、不可是無性。今見著衣吃飯、行住坐臥、対面不識、可謂愚迷(お前が本性を見ないのであって、本性がないことはあり得ない。いま衣を身につけ飯を食い、歩き、住《とど》まり、坐り、横たわっているそれではないか。顔を合わせながら相手を知らぬとは、愚かなことだ)」とある。[22]これは第四段落「心外無別仏(心の外に他の仏などない)」、第五段落「著衣吃飯(衣を身に着け飯を食う)」と対応する。『宗鏡録』では「若能識自心、心外更無別仏、仏外無別心(もし自らの心を知ることができたら、心の外には仏などないし、仏の外には心などない)」という甘泉志賢の語を引く。[23]これは第四段落と符合する。馬祖の再伝の弟子である黄檗希運は『伝心法要』において「自達摩大師到中国、唯説一心、唯伝一法。以仏伝仏、不説余仏。以法伝法、不説余法。法即不可説之法、仏即不可取之仏、乃是本源清浄心也(達摩大師が中国に来てからは、ただ一心を説き、ただ一法を伝えた。仏によって仏を伝え、他の仏を説かなかった。法によって法を伝え、他の法を説かなかった。法とはすなわち説くことの出来ない法であり、仏とはすなわち対象として把握することのできない仏であって、つまり根本の清浄なる心である)」、「諸仏与一切衆生、唯是一心、更無別法。……此心即是仏、仏即是衆生(諸仏と一切衆生とは、ただ一心なのであり、他の法などない。……この心がすなわち仏であり、仏がすなわち衆生である)」と言う。[24]これらも皆明らかに第一、四段落と互いに意を補い合っている。

以上の事柄は、この示衆語が基本的に信頼できるものであり、洪州禅の宗旨を表していることを証明している。

表二　示衆第二則

『宗鏡録』1
【六】 汝若欲識心、秖今語言、即是汝心。喚此心作仏、亦是実相法身仏、亦名為道。経云有三阿僧祇百千名号、随世応処立名。如随色摩尼珠、触青即青、触黄即黄、体非一切色。如指不自触、如刀不自割、如鏡不自照、随縁所見之処、各得其名。
【七】 此心与虚空斉寿。乃至輪迴六道、受種種形、即此心未曾有生、未曾有滅。為衆生不識自心、迷情妄起、諸業受報。迷其本性、妄執世間風息。四大之身、見有生滅、而霊覚之性、実無生滅。汝今悟此性、名為長寿、亦名如来寿量、喚作本空不動性。前後諸聖、秖会此性為道。
【八】 今見聞覚知、元是汝本性、亦名本心。更不離此心別有仏。此心本有今有、不仮造作、本浄今浄、不待瑩拭。自性涅槃、自性清浄、自性解脱、自性離故。是汝心性、本自是仏、不用別求仏。汝自是金剛定、不用更作意凝心取定。縦使凝心斂念作得、亦非究竟。

1　『宗鏡録』巻一四、四九二頁a。第六段落は、同書では行思の語として引用する（巻九八、九四〇頁b）。柳田聖山「語録の歴史」二九四―二九六頁参照。しかし行思の語は後世の人に捏造されたものが多く、また宗密の言によれば、この段落は馬祖の語とすべきである（下の考察を参照）。

これは『宗鏡録』にだけ見える。『百丈広録』には「但是一切挙動施為、語黙啼笑、儘是仏慧（あらゆる挙動と行為、話し黙り泣き笑うことは、全て仏の智慧である）」とある[25]。宗密は洪州の禅僧が「故知能言語動作者、必是仏性

（そこで言葉で語り行動することのできるのが、必ず仏性だということが分かる）」、「即今能語言動作、貪嗔慈忍、造善悪、受苦楽等、即汝仏性（今言葉で語り行動し、貪り怒り慈しみ耐え、善事と悪事を行い、苦楽の果報を受けることができるのは、すなわちお前の仏性である）」と宣揚したと言う。(26) これらは第六段落と互いに対応している。

第六段落の映る物の色に応じて色が変わる摩尼珠に関する比喩は、宗密の洪州宗に対する批判の中にも見える。

謂如珠現黒色時、徹体全黒、都不見明。……復有一類人、指示云、即此黒暗便是明珠、明珠之体、永不可見、欲得識者、即黒便是明珠、乃至即青黄種種皆是。致令愚者的信此言、専記黒相、或認種種相為明珠。……洪州見解如此也。言愚者、彼宗後学也。(27)

（例えば珠が黒い色を現した時、全体が真っ黒で、どこにも明るさが見当たらない。……またある種の人が、それを指し示して、この暗黒こそが明珠であり、明珠の本質とは、永遠に見ることができない、それを知ろうとするならば、黒こそが明珠なのであり、青や黄色が映っても全てそうである、と言う。愚者にこの言葉をはっきりと信じさせ、専ら黒い色ばかりを認めさせたり、種々の相を明珠と見なさせたりする。……洪州の見解とはこのようである。愚者と言うのは、かの宗の後学である。）

第七段落で心性／仏性が永遠に存在し、「与虚空同寿（虚空と寿命が同じ）」であり、生じることも滅することもないと論じるのは、馬祖門人の大珠慧海、汾陽無業（七六〇―八二一）、楊岐甄叔（?―八二〇）等の類似した言葉が証拠となる。『越州大珠慧海和尚[広]語』には「身因性起、身死豈言性滅（身は性によって生じるのであり、身が死ぬことがどうして性が滅することだと言えようか）」とある。(28) 碑文に基づく『宋高僧伝』無業伝は、彼が臨終の際に弟子たちに告げた言葉を記している。

汝等見聞覚知之性、与太虚同寿、不生不滅。一切境界本自空寂、無一法可得。迷者不了、即為境惑。一為境惑、流転不窮。汝等常知心性本自有之、非因造作。猶如金剛、不可破壊。一切諸法、如影如響、無有実者。故経云「唯有一事実、余二則非真」。常了一切空無一物、当情是諸仏同用心処。汝等勤而行之。[29]

（お前達の見聞覚知の性は、太虚と寿命が同じであり、生じもせず滅しもしない。一切の境界は本来空寂であり、一法も得られない。迷っている者はそれを悟らず、境に惑わされる。一度境に惑わされると、果てしなく流転する。お前達はいつも心性が本来備わっており、因によって作られるのではないことを知っている。それはまるで金剛のようであり、破壊することは出来ない。一切諸法は、影やこだまのようであり、実体はないのである。そこで経に「ただ一つの事実があるだけで、他は真実ではない」と言う。常に一切は空であることを悟り、一物として情にぴたりと合うことはない」と言う。これが諸仏がみな意を注いだ点である。お前達は力を尽くしてこれを行いなさい。）

この「与太虚同寿、不生不滅」の「見聞覚知之性」とは、つまり馬祖の言う心性／仏性でもある。志閑が撰述した「楊岐山甄叔大師碑銘」は甄叔の次のような言葉を引く。

　群霊本源、仮名為仏、体竭形消而不滅、金流朴散而常存。性海無風、金波自湧、心虚絶兆、万象斉照。体斯理者、不行而遍歴沙界、不用而功蓋玄化。如何背覚、反合塵労、於陰界中、妄自囚繋。[30]

（生きとし生けるものの根本を、仮に仏と名付ける。それは形ある肉体が尽き果てても不滅であり、大地が散り散りになっても常に存在する。仏性の海には風が吹かないが、光る波は自ずから湧き起こり、心という大空には一点の曇りもないが、万象が斉しく照らし出される。この道理を会得する者は、行かずして恒河沙の世界を遍歴し、力を尽くさずしてその働きは造化を覆い尽くす。どうして悟りに背いて、世俗の煩悩に沿い、感覚とその対象が作り出す虚妄の世界に、無闇に自ら囚われるのだろうか。）

「形ある肉体が尽き果てても不滅であり、大地が散り散りになっても常に存在する」という「群霊本源」も、永遠に存在する心性／仏性を指す。この他、『伝灯録』巻二十八「諸方広語」が引く『南陽慧忠国師語』は、ある禅客が述べた「南方の宗旨」を記している。

　彼方知識直下示学人、即心是仏、仏是覚義。汝今悉具見聞覚知之性、此性善能揚眉瞬目、去来運用、偏於身中。挃頭頭知、挃脚脚知、故名正偏知、離此之外更無別仏。此身即有生滅、心性無始以来未曽生滅。身生滅者、如竜換骨、蛇脱皮、人出故宅。即身是無常、其性常也。南方所説大約如此(31)。

（あちらの善知識が学徒にずばりと示すように、心こそが仏であり、仏とは覚悟の意味である。お前は今見聞覚知する性を欠けることなく具えているが、この性は眉を上げ目を瞬かせ、行きつ戻りつ働かせ、体の中に行き渡っている。頭を打てば頭がそれを知覚し分かり、脚を打てば脚がそれを知覚し、そこで正偏知と名付けるのであり、これとは別に仏がいるわけではない。この身には生滅があるが、心性は太初の昔から生滅したことがない。身が生滅するというのは、竜が骨を取り替え、蛇が皮を脱ぎ捨て、人が古い家を出るようなものである。つまり身は転変するが、その性は恒常なのである。南方の説はおおよそこのようである。）

この心性が「未曽生滅」だと宣揚する「南方宗旨」は、一般には馬祖の宗旨を指すと見なされ、慧忠（？—七七六）はこれを批判している(32)。この話と第七段落は文字が異なってはいるものの、意味としては非常に似ている。『越州大珠慧海和尚[広]語』には「師曰、心是仏、不用将仏求仏。心是法、不用将法求法。……性本清浄、不待修成（師が言うには、心が仏であり、仏によって仏を求める必要はない。心が法であり、法によって法を求める必要はない。……性とは本来清浄であり、修行によって完成させる必要はない）」とあり(33)、『百丈広録』には、「自古至今、仏祇是人、人祇是仏。亦是三昧定。不用将定入定、不用将禅想禅、不用将仏覓仏（古から今まで、仏はただ人なのであり、人はただ仏なのである。人はまた禅定三昧そのものでもある。定によって定に入る必要はなく、禅によって禅を思う必要はなく、仏によって仏を探し求める必要はない）」とある。(34)これらは第八段落と合致する。

表三　示衆第三則

『宗鏡録』1
【九】 若此生所経行之処、及自家田宅処所、父母兄弟等、挙心見者、此心本来不去。莫道見彼事、則言心去。心性本無来去、亦無起滅。

1　『宗鏡録』巻四九、七〇七頁b。これ以下にはさらに数句が続く。「所経行処、及自家父母眷属等、今所見者、由昔時見故。皆是第八含蔵識中、憶持在心、非今心去。亦名種子識、亦名含蔵識。貯積昔所見者、識性虚通。念念自見、名巡旧識、亦名流注生死。此念念自離、不用断滅。若滅此心、名断仏種性。此心本是真如之体、甚深如来蔵、而与七識倶」。入矢義高は「心性本無来去」以下は全て延寿の評語だとする（『馬祖の語録』三〇一頁）。文章の意味をよく考えると、「所経行処」以下は、「若此生所経行之処」といった諸々の語句の説明であり、ここからは延寿の評語とすべきである。

この一則は『宗鏡録』にのみ見える。ここで心性に去来生滅がないと言うのは、前の二則と呼応するものである。

表四　示衆第四則

『景徳伝灯録』1
【一〇】 道不用修、但莫汚染。何為汚染？　但有生死心、造作趣向、皆是汚染。若欲直会其道、平常心是道。何謂平常心2？　無造作、無是非、無取捨、無断常、無凡無聖。経云「非凡夫行、非賢聖行、是菩薩行」。只如今行住坐臥、応機接物、尽是道、道即是

法界。乃至河沙妙用、不出法界。若不然者、云何言心地法門？　云何言無尽灯？　一切法皆是心法、一切名皆是心名。万法皆従心生、心為万法之根本。

【一一】

経云「識心達本源、故号為沙門」[3]。名等義等、一切諸法皆等、純一無雑。若於教門中、得随時自在、建立法界、尽是法界。若立真如、尽是真如。若立理、一切法尽是理。若立事、一切法尽是事。挙一千従、理事無別、尽是妙用、更無別理、皆由心之廻転。譬如月影有若干、真月無若干。諸源水有若干、水性無若干。森羅万象有若干、虚空無若干。説道理有若干、無礙慧無若干。種種成立、皆由一心也。建立亦得、埽蕩亦得、尽是妙用、妙用尽是自家。非離真而有、立処即真、立処尽是自家体。若不然者、更是何人？

【一二】

一切法皆是仏法、諸法即解脱。解脱者即真如、諸法不出於真如[4]。行住坐臥、悉是不思議用、不待時節。経云「在在処処、則為有仏」。仏是能仁、有智慧善機情、能破一切衆生疑網、出離有無等縛。凡聖情尽、人法俱空、転無等輪、超於数量。所作無礙、事理双通。如天起云、忽有還無、不留礙跡、猶如画水成文。不生不滅、是大寂滅。在纏名如来蔵、出纏名大法身。法身無窮、体無増減。能大能小、能方能円。応物現形、如水中月。滔滔運用、不立根栽。不尽有為、不住無為。有為是無為家用、無為是有為家依。不住於依、故云「如空無所依」。

【一三】

心生滅義、心真如義。心真如者、譬如明鏡照像。鏡喩於心、像喩諸法。若心取法、即渉外因縁、即是生滅義。不取諸法、即是真如義。声聞聞見仏性、菩薩眼見仏性。了達無二、名平等性、性無有異、用則不同。在迷為識、在悟為智。順理為悟、順事為迷。迷即迷自家本心、悟即悟自家本性。一悟永悟、不復更迷。如日出時、不合於冥。智慧日出、不与煩悩暗俱。了心及境界、妄想即不生。妄想既不生、即是無生法忍。本有今有、不仮修道坐禅。不修不坐、即是如来清浄禅。如今若見此理、真正不造諸業。随分過生、一衣一納、坐起相随。戒行増薫、積於浄業。但能如是、何慮不通。久立、諸人珍重。

1　『伝灯録』巻二八、六頁b—七頁bの引用する『江西大寂道一禅師語』。
2　「何」字はもとは欠けており、『広灯録』（巻八、四四九頁c）及び『馬祖語録』（七頁a）によって改める。
3　「源」、「為」二字はもとは欠けており、『広灯録』（巻八、四四九頁c）及び『馬祖語録』（七頁a）によって補う。
4　「真」字はもとは欠けており、『広灯録』（巻八、四四九頁c）及び『馬祖語録』（八頁b）によって補う。

この一則は『広灯録』と『馬祖語録』にも見え、[35]文章はほぼ同じである。『越州大珠慧海和尚[広]語』には「問『云何得作仏去？』。師曰『不用捨衆生心、但莫汚染自性』（問い『どうすれば仏になることが出来るでしょうか？』。師『衆生の心を捨てる必要はない、ただ自らの性を汚さないように』）」、「[僧]又問『如何是修行？』。師曰『但莫汚染自性、即是修行』（[僧が]また『修行とは何でしょうか？』と尋ねた。師『ただ自らの性を汚さなければ、それが修行である』）」とある。[36]『百丈広録』には「亦云禅道不用修、但莫汚染（また言われた、禅の道は修める必要がない、ただ汚さないことだ）」とある。[37]これらは第十段落の「道不用修、但莫汚染」と対応する。『伝心法要』には「身心自然達道。識心達本源、故号為沙門（身心が自然に道へと達する。心を知って本源に達するので、沙門と号する）」とある。[38]これと第十一段落が引用する『中本起経』の文章は同じである。[39]盧簡求（七八九—八六四）「杭州塩官県海昌院禅門大師塔碑」は馬祖門人の斉安（？—八四二）の「行住坐臥、皆是道場。方便随迎、各安性類。妙心法眼、其有限乎（行住坐臥、全てが道場である。方便によって付き従ったり迎えたりし、各々にその性に安んじる。妙心と法眼には、限界などあろうか）」という言葉を記載している。[40]これと第十、十二段落とは対応している。

この他、宗密が「触類是道而任心（日常で接するもの全てが道であって心のままに任せる）」、「一切皆真（一切が全て真である）」という言葉で洪州の禅法を概括しているのと、[41]この一則の第十段落における「若欲直会其道、平常心是道（もし道に合致しようとしたら、平常心が道となる）」、第十一段落の「非離真而有、立処即真、立処尽是自家体（真を離れて存在するのではなく、打ち立てた所が真なのであり、打ち立てた所は全て自らの体である）」、及び示衆第一則第五段落の「汝若悟此事了、但随時著衣喫飯、任運騰騰（お前がもしこの事を悟ったなら、ただその時々に衣を身に着け飯を食い、巡り合わせのままにのほほんとしている）」とは、いずれも平常心がすなわち仏性で、日常生活が仏性の具体的表現であるということを強調しており、文章は全く同じというわけではないが、意味としては互いに呼応している。

表五　示衆第五則

『広灯録』[1]

【一四】
問「如何是修道?」。師云「道不属修。即言修得、修成還壊、即同声聞。若言不修、即同凡夫」。云「作何見解、即得達道?」。師云「自性本来具足、但於善悪事上不滞、喚作修道人。取善捨悪、観空入定、即属造作。更若向外馳求、転疎転遠。但尽三界心量、一念妄想、即是三界生死根本。但無一念、即除生死根本、即得法王無上珍宝。無量劫来、凡夫妄想、諂曲邪偽、我慢貢高、合為一体。故経云『但以衆法、合成此身』。起時唯法起、滅時唯法滅。此法起時不言我起、滅時不言我滅。前念・後念・中念、念念不相待、念念寂滅。喚作海印三昧、接一切法。如百千異流、同帰大海、都名海水。住於一味、即接衆味。住於大海、即混諸流。如人在大海水中浴、即用一切水。

【一五】
所以声聞悟迷、凡夫迷悟。声聞不知聖心本無地位・因果・階級、心量妄想、修因証果、住其空定、八万劫二万劫、雖即已悟却迷。諸菩薩観、如地獄苦、沈空滞寂、不見仏性[2]。若是上根衆生、忽爾遇善知識指示、言下領会、更不歴於階級地位、頓悟本性。故経云『凡夫有返覆心、而声聞無也』。対迷説悟、本既無迷、悟亦不立。一切衆生、従無量劫来、不出法性三昧、長在法性三昧中。著衣喫飯、言談祇対、六根運用、一切施為、尽是法性。不解返源、随名逐相、迷情妄起、造種種業。若能一念返照、全体聖心。

【一六】

汝等諸人、各達自心、莫記吾語。縦饒説得河沙道理、其心亦不増。総説不得、其心亦不減。説得亦是汝心、説不得亦是汝心。乃至分身放光[3]、現十八変、不如還我死灰来。淋過死灰無力、喩声聞妄修因証果。未淋過死灰有力、喩菩薩道業純熟、諸悪不染。若説如来権教三蔵、河沙劫説不可尽、猶如鉤鏁、亦不断絶。若悟聖心、総無余事。久立、珍重」。

1　『広灯録』巻八、四四八頁c―四四九頁a。
2　「不」字はもとは「又」に作る。ここでは『馬祖語録』（七頁b）、『古尊宿語録』（巻一、四頁）によって改める。
3　「分」字はもとは「今」に作る。ここでは『馬祖語録』（七頁b）、『古尊宿語録』（巻一、四頁）によって改める。

この一則は『広灯録』、『馬祖語録』及び『古尊宿語録』に見える。(42)『広灯録』は『伝灯録』よりも二十年余り遅いため、疑わしい箇所がある。しかしこの一則が述べる「道不属修（道は修行に属さない）」という基本的観念は、前の一則の「道不用修」と一致する。第十四段落の「自性本来具足、但於善悪事上不滞、喚作修道人。取善捨悪、観空入定、即属造作（自性は本来具足しており、ただ善悪あらゆる物事において滞らなければ、修道の人と呼ぶ。善を取り悪を捨て、空を観じて定に入れば、すなわち造作に属する）」といった語句も、示衆語第一則第四段落の「心外無別仏、仏外無別心。不取善、不捨悪、浄穢両辺、倶不依怙（心の外に別の仏などなく、仏の外に別の心などない。善を取らず、悪を捨てず、清浄と汚穢の両端には、いずれも寄りかからない）」と意味の上で一貫している。同段落の「著衣喫飯、言談祇対、六根運用、一切施為、尽是法性（衣を身に着け飯を食い、談論応対し、六根を働かせるといった、一切の行為は、全てが法性である）」も、既に示衆語第一則第五段落に見える。その他、宗密は洪州禅を批判して次のように言う。

洪州意者、起心動念、弾指動目、所作所為、皆是仏性全体之用、更無別用。全体貪嗔痴、造善造悪、受楽受苦、此皆是仏性。……彼意准『楞伽経』云「如来蔵是善不善因、能遍興造一切趣生、受苦楽、与因俱」。又「仏語心」。経云「或有仏刹、揚眉動睛、笑吹謦欬、或動揺等皆是仏事」。既悟解之理、一切天真自然。故所修行、理宜順此、而乃不起心断悪、亦不起心修道。道即是心、不可将心還修於心、悪亦是心、不可将心還断於心。不断不造、任運自在、名為解脱人。無法可拘、無仏可作、猶如虚空不増不減、何仮添補。何以故？ 心性之外、更無一法可得故、故但任心即為修也。(43)

（洪州の考えとは、心を起こし念を動かし、指を弾き目を動かしたりなど、やることなすこと、全てが仏性という本体まるごとの働きであり、別の働きなどない。全き本体としての貪嗔痴、善悪をなすこと、苦楽を受けることが、全て仏性である。……その考え方は『楞伽経』が「如来蔵とは善不善の因であり、遍く一切の輪廻の世界における生を作り出し、原因に随って苦楽を受ける」と言い、また「仏語心」とも言うのに従っている。また『楞伽経』には「ある仏国土では、眉を上げたり瞳を動かしたり、笑ったり咳払いしたり、あるいは動くといったことが、全て仏事である」とも言う。つまり悟りの道理とは、一切が天真自然なのである。従って修行とは、この天真自然の理に従うべきであり、心を起こして悪を絶つこともなければ、心を起こして道を修めることもない。道とはすなわち心であり、心によってさらに心を修めることはできないし、悪もまた心であり、心によってさらに心を断ち切ることはできない。断ち切らず造らず、巡り合わせに任せて自在であるのを、解脱の人と名付ける。固執すべき法はなく、なるべき仏はないというのは、あたかも虚空が増えも減りもせず、付け足すまでもないのと同じようなものである。なぜなのか。心性の外には、手に入れられる法など何もないので、ただ心のままに任せることが修行なのである。）

宗密の言は文字が異なり、批判的な意図を持っているとはいえ、その大意は、道は修せずともよい、念を起こさない、善を取り悪を捨てない、日常の行いは全て仏性の表れであるといった、この一則が論じている思想と合致する。

表六　示衆第六則

権徳輿「唐故洪州開元寺石門道一禅師塔銘並序」1
【一七】 仏不遠人、即心而証。法無所著、触境皆如。豈在多岐、以泥学者。故誇父喫垢、求之愈疎、而金剛醍醐、正在方寸。

1『権載之文集』巻二八、二頁a。

この一則は、心こそが仏であり、どの境でも真であって、自己の外に仏を求めないという馬祖の禅法を簡潔に略述しており、上で引用した数則の示衆法要についての要を得たまとめと言える。これは必ずしも上堂示衆の語ではないが、しかし明らかに機縁問答ではなく、馬祖が権徳輿等の洪州の官吏や士人に説いた教えである可能性が高く、また示衆伝法のある種の特殊な形態であるので、最後の一則として補足する。

以上に引用した馬祖の示衆法要六則は、表している禅法思想が一貫しており、かつ唐代の碑銘等が記す馬祖門人の言論及び宗密、慧忠の批判と符合している。従って、これらの法要は基本的に信頼できるものであり、直接の弟子または更に後の末裔による一定の補足を経ている可能性はあるにせよ、その主な出処は恐らく唐代に流通していた馬祖の語本であるということは、おおむね断言してよかろう。

3、機縁問答の部分

『馬祖語録』は合わせて三十四則の機縁問答を収録している。(44) その内三則は恐らくかなり信頼でき、他のある一則は改編されているが、もとの出典は信頼できる。二十四則は晩唐から宋初の間に禅僧によって捏造または改編されているはずであり、残りの六則も問題がある。『馬祖語録』が収録したものの他に、五代から北宋の灯史の著作の中にはさらに馬祖の問答十九則を収集することができるが、その内の半数は百丈と関連しており、つまり百丈—臨済系が馬祖門下における地位を高めるために捏造したもので、いずれも信頼できない。以下で一則ごとに考察していく。

表七　問答第一則：馬祖と三大士の月見

『伝灯録』百丈章1	『広灯録』百丈章2	『馬祖語録』
与西堂智蔵禅師同号入室、時二大士為角立焉。一夕、二士随侍馬祖翫月次、祖曰「正恁麼時如何?」。西堂云「正好供養」。師云「正好修行」。祖云「経入蔵、禅帰海」。	与西堂智蔵、南泉普願同号入室三大士焉。一夕、三大士随侍馬祖翫月次、祖問「正当与麼時如何?」。西堂云「正好供養」。師云「正好脩行」。南泉払袖便去。祖云「経入蔵、禅帰海、唯有普願独超物外」。	西堂、百丈、南泉侍祖翫月次、祖曰「正恁麼時如何?」。西堂云「正好供養」。百丈云「正好脩行」。南泉払袖便去。祖云「経入蔵、禅帰海、唯有普願独超物外」。

1　『伝灯録』巻六、一一頁a—b。
2　『広灯録』巻八、四五〇頁b。

この翫月の話の変遷には、唐宋の禅僧による補足が積み重なっている痕跡が最もよく見て取れる。宋版と元版の『伝灯録』百丈章では、馬祖のそばに控えていたのは西堂と百丈だけである。『広灯録』及び高麗本、明版の『伝灯録』では、既に南泉普願が付け加えられている。入矢義高は、「馬祖下において、初期の頃は西堂が最も重要な位置にあった。その後、百丈の弟子たちの活躍によって、百丈の馬祖門下における位置が高くなり、「二大士角立」と「翫月の話」がセットで生じる。そして北宋期の臨済禅で趙州の評価が上がることによって師の南泉が加えられ、最も高い評価を与えられるようになったと考えられる」と指摘する。[45]この説は非常に明晰である。権徳輿が撰述した「道一塔銘」では、馬祖の十一大弟子の名を列挙しており、西堂が二番目という高い位にいるのに、百丈の名は現れていない。陳詡が撰述した「唐洪州百丈山故懐海禅師塔銘」でも、彼のために誤魔化さないわけにはいかず、「居常自卑、善不近名、故先師碑文独晦其称号（常日頃謙遜し、善でありながら名声を追い求めなかったので、先師の碑文では一人だけその称号を隠している）」とした。[46]馬祖が在りし日には、百丈は門人たちの中では無名で、「二大士角立」という事跡があり得ないことは明らかである。これは百丈の後人によって作られたもので、後に宋初の臨済の後人がさらに南泉の名を付け加えて「三大士」にしたのであろう。『伝灯録』は一〇〇四年に成立、『広灯録』は一〇二九年に成立しているので、このような付加は、一〇〇四年から一〇二九年の間に生じたことになる。

表八　問答第三則：馬祖が百丈と仏法の趣旨について問答する

『祖堂集』馬祖章[1]	『伝灯録』馬祖章[2]
問「如何是仏法旨趣？」。師云「正是你放身命処」。	百丈問「如何是仏法旨趣？」。師云「正是汝放身命処」。

1　『祖堂集』巻一四、六一五頁。
2　『伝灯録』巻六、二頁b。

この問答は、『祖堂集』では質問者が誰かを述べていない。『伝灯録』になって百丈の質問ということに改められており、かつ『馬祖語録』の編者に踏襲された。こういった付加は、同様に百丈の馬祖門下における重要性を強調するためのものである。

表九　問答第四則：大珠の参問

『馬祖語録』
大珠初参祖。祖問曰「従何処来？」。曰「越州大雲寺来」。祖曰「来此擬須何事？」。曰「来求仏法」。祖曰「自家宝蔵不顧、抛家散走作什麼？　我這裡一物也無、求甚麼仏法？」。珠遂礼拝、問曰「阿那箇是慧海自家宝蔵？」。祖曰「即今問我者是汝宝蔵、一切具足、更無欠少、使用自在、何仮向外求覓？」。珠於言下自識本心、不由知覚、踊躍礼謝。師事六載後帰、自撰『頓悟入道要門論』一巻。祖見之、告衆云「越州有大珠、円明光透自在、無遮障処也」。

この一則は『伝灯録』大珠章から採られている。(47)大珠慧海はその名が馬祖十一大弟子の第一に列せられており、この問答は機知に富んだ問答で、誇張・虚構の色合いはなく、そこに表されている、自心（自家宝蔵）に全てが具わっており、外に求めることはないという観念、及び使われている語句は、いずれも『伝灯録』巻二十八に収録される『越州大珠慧海和尚[広]語』と似ている。その本文は「貧道聞江西和尚道『汝自家宝蔵一切具足、使用自在、不仮外求』。我従此一時休去（私は江西和尚が『お前自身の宝蔵は一切が具足しており、自在に用いることが出来、外部に求めるまでもない』と言うのを聞いた。私はそれで全てをやめてしまったのだ）」とする。(48)『伝灯録』巻六大珠章が、恐らく彼が撰述した『頓悟入道要門論』であることは、次節で考察する。従ってこの一則はかなり信頼できるであろう。

表十　問答第六則：惟建の坐禅

『馬祖語録』	『臨済語録』19
泐潭惟建禅師一日在法堂後坐禅、祖見之、乃吹建耳両吹。建起定、見是祖、却復入定。祖帰方丈、令侍者持一碗茶与建。建不顧、便自帰堂。	師在堂中睡、黄檗下来見、以拄杖打板頭一下。師挙頭見是黄檗、却睡。黄檗又打板頭一下、却往上間、見首座坐禅、乃云「下間後生却坐禅、汝這裏妄想作什麼？」。首座云「這老漢作什麼？」。黄檗打板頭一下、便出去。

1　『鎮州臨済慧照禅師語録』『大正蔵』第四七冊、巻一、五〇五頁a—b。

この一則は『伝灯録』泐潭惟建章から採られているが[49]、『臨済語録』が記す臨済と黄檗との事跡と似ている。恐らく晩唐五代期の禅林が坐禅に反対するために捏造した流行り物の話柄であろう。

表十一　問答第九則：黒い頭と白い頭

『馬祖語録』
僧問祖云「請和尚離四句、絶百非、直指某甲西来意」。祖云「我今日無心情、汝去問取智蔵」。其僧乃問蔵、蔵云「汝何不問取和尚？」。僧云「和尚令某甲来問上座」。蔵以手摩頭云「今日頭痛、汝去問海師兄」。其僧又去問海、海云「我這裡却不会」。僧乃挙似祖、祖云「蔵頭白、海頭黒」。

この一則は『祖堂集』馬祖章[50]、『伝灯録』智蔵章から採られている[51]。これは明らかに西堂と百丈に関する「二大士角立」のもう一つの物語であり、同様に百丈の後人が捏造したものであろう。

表十二　問答第十則：馬祖と麻谷の問答

『祖堂集』丹霞天然章[1]	『伝灯録』麻谷章[2]
師与麻浴遊山、到澗辺語話次。麻浴問「如何是大涅槃？」。師廻頭云「急！」。浴曰「急箇什摩？」。師云「澗水」。	一日随馬祖行次、問「如何是大涅槃？」。祖云「急」。師云「急箇什麼？」。祖云「看水」。

1　『祖堂集』巻四、二二〇頁。
2　『伝灯録』巻七、六頁b。

この一則は『祖堂集』では丹霞と麻谷宝徹との問答とされる。『伝灯録』麻谷章では馬祖と麻谷の問答に改められており、『馬祖語録』はそれを踏襲する。入矢義高は『祖堂集』の記述が比較的原形に近いと見なす(52)。しかし天然の事跡を考えると、『祖堂集』の記述も同様に必ずしも信頼できない(53)。

表十三　問答第十一則：梅が熟した

『祖堂集』大梅法常章[1]	『宋高僧伝』法常伝[2]	『伝灯録』法常章[3]
因至大梅山下、便有棲心之意。乃求小許種糧、一入深幽、更不再出。後因塩官和尚出世、有僧尋柱杖迷山、見其一人草衣結髪、居小皮舎、見僧先言「不審」。而言語謇澁。僧窮其由、師云「見馬大師」。僧問「居此多少年也？」。師云「亦不知多少年。只見四山青了又黄、青了又黄、如是可計三十余度」。僧問師「於馬祖処得何意旨？」。師云「即心是仏」。其僧問出山路、師	貞元十二年、自天台之於四明余姚之南七十裡、寓仙尉梅子真之旧隠焉。……有僧求拄杖見之。	初参大寂、問「如何是仏？」。大寂云「即心是仏」。師即大悟。……大寂聞師住山、乃令一僧到問云「和尚見馬師、得箇什麼、便住此山」。師云「馬師向我道『即心是仏』、我便向遮裡住」。僧云「馬師近日仏法又別」。師云「作麼生別？」。僧云「近日又道『非

指随流而去。其僧帰到塩官処、具陳上事。塩官云「吾憶在江西時、曽見一僧、問馬大師仏法祖意、馬大師皆言『即汝心是』。自三十余年、更不知其僧所在、莫是此人不?」。遂令数人教依旧路、斫山尋覓、如見云「馬師近日道『非心非仏』」。其数人依塩官教問。師云「任你非心非仏、我只管即心即仏」。塩官聞而嘆曰「西山梅子熟也。汝曹可往彼、随意採摘去」。	白塩官安禅師曰「梅子熟矣、汝曹往尋、幸能療渇也」。進士江積為碑云爾。	心非仏』」。師云「這老漢惑乱人未有了日、任汝『非心非仏』、我只管『即心即仏』」。其僧回挙似馬祖、祖云「大衆、梅子熟也」。

1　『祖堂集』巻一五、六七四頁。
2　『宋高僧伝』巻一一、二五九―二六〇頁。
3　『伝灯録』巻七、八頁b―九頁a。

「梅子熟」という語は、『祖堂集』では塩官の言葉とされ、『宋高僧伝』ではある僧の言葉とされ、『伝灯録』では馬祖の言葉に改められ、『馬祖語録』では『伝灯録』を踏襲する。法常（七五二―八三九）が大梅山に住んだのは貞元十二年（七九六）以後であり、その時馬祖は既に何年も前に亡くなっていたので、この言葉を言うことはあり得ない。『宋高僧伝』の記述は江積が撰述した碑文に基づいており[54]、最も信頼できるもので、原形の記録とすべきである[55]。江積の碑文はある僧が「梅子熟矣（梅が熟した）」と言ったと記すのみだが、『祖堂集』と『伝灯録』で馬祖が先に「即心即仏（心こそが仏である）」と講じ、後に「非心非仏（心ではなく仏でもない）」に改めたこと、及び法常のそれに対する返事を付け加えているのは、馬祖系の末裔による捏造であろう。この他、『馬祖語録』の問答第二十一則には次のように言う[56]。

僧問「和尚為甚麼説即心即仏?」。祖曰「為止小児啼」。曰「啼止時如何?」。祖曰「非心非仏」。曰「除此二種人来、如何指示?」。祖曰「向伊道不是物」。曰「忽遇其中人来時如何?」。祖曰「且教伊体会大道」。

（僧が「和尚はなぜ心こそが仏だと説かれるのですか？」と尋ねた。祖「子供を泣き止ませるためだ」。「泣き止んだ時にはどうなさいますか？」。祖「心ではなく仏でもない」。「この二種類の人が来るのを除くと、どのように指示なさいますか？」。祖「彼に対して物ではないと言う」。「もしずばりと悟りにかなう者がやって来たなら、いかがですか？」。祖「まずは彼に大道を会得させよう」。）

これも同様に「即心即仏」と「非心非仏」とをめぐって文章を作っている。「非心非仏」という命題は既に考察した馬祖の示衆法要及び関連の碑銘資料には見えず、また宗密の洪州禅についての概括にも見られない。ここに「梅子熟」という問答が捏造された状況を参照すると、この一則も馬祖の後人に捏造されたのだろうと推測できる。

表十四　問答第十二則：無業の参問

『祖堂集』無業章[1]	後聞洪州馬大師禅門上首、特往瞻礼。師身逾六尺、屹若立山。馬大師一見異之、曰「魏魏仏堂、其中無仏」。師礼而問曰「三乗至教、粗亦研窮、常聞禅門即心是仏、実未能了。伏願指示」。馬大師曰「即汝所不了心即是、更無別物。不了時即是迷、了時即是悟。迷即是衆生、悟即是仏道。不離
『祖堂集』馬祖章[2]	汾州和尚為座主時、講四十二本経論、来問師「三乗十二分教某甲粗知、未審宗門中意旨如何？」。師乃顧示云「左右人多、且去！」。汾州出門、脚纔跨門閫、師召「座主！」。汾州廻頭応喏。師云「是什
『宗鏡録』[3]	汾州無業和尚、初問馬祖「三乗至理。粗亦研窮。常聞禅師即心是仏、実未能了。伏願指示」。馬祖曰「即汝不了底心即是、更無別物。不
『宋高僧伝』無業伝[4]	後聞洪州大寂禅門之上首、特往瞻礼。業身逾六尺、屹若山立、顧必凝睇、声仵洪鐘。大寂一見異之、笑而言曰「巍巍仏堂、其中無仏」。業於是礼跪而言曰「至如三乗文学、粗窮其旨。嘗聞禅門即心是仏、実未能了」。大寂曰「只未了底心即是、別物更無。不了時、即是迷。若了、即是悟。迷即衆生、悟即是仏。
『伝灯録』無業章[5]	後聞馬大師禅門鼎盛、特往瞻礼。馬祖睹其状貌瓌偉、語音如鐘、乃曰「巍巍仏堂、其中無仏」。師礼跪而問曰「三乗文学、粗窮其旨。常聞禅門即心是仏、実未能了」。馬祖曰「只未了底心即是、更無別物」。

衆生別更有仏也。亦如手作拳、拳作手也」。師言下豁然大悟、涕涙悲泣、白馬大師言「本将謂仏道長遠、勤苦曠劫、方始得成。今日始知法身実相本自具足、一切万法従心化生、但有名字、無有実者」。馬大師云「如是、如是。一切心性不生不滅、一切諸法本自空寂。是故経云『諸法従本来、常自寂滅相』。又云『畢竟空寂舍』。又云『諸法空為坐』。此則諸仏如来住無所住処。若如是知、即是住空寂舍、坐法空座、挙足下足、不離道場、言下便了、更無漸次、所謂不動足而登涅槃山」。
摩?」。汾州当時便省、遂礼拜、起来云「某甲講四十二本経論、将謂無人過得。今日若不遇和尚、洎合空過一生」。
了時是迷、了時是悟、亦猶手作拳、拳作手也」。師又問「如何是祖師西来密伝心印?」。祖曰「大徳正閙在、且去、別時来」。一足始跨門限、祖云「大徳」。便却回頭。祖云「是什麼?」。遂豁然大悟。
道不離衆生、豈別更有仏。亦猶手作拳、拳全手也」。業言下豁然開悟、涕涙悲泣、向大寂曰「本謂仏道長遠、勤苦曠劫、方始得成。今日始知法身実相、本自具足、一切万法、従心所生、但有名字、無有実者」。大寂曰「如是如是、一切法性不生不滅、一切諸法本自空寂。経云『諸法従本来、常自寂滅相』。又云『畢尽空寂舍』。又云『諸法空為座』。此即諸仏如来住此無所住処。若如是知、即住空寂舍、坐空法座、挙足下足、不離道場。言下便了、更無漸次。所謂不動足而登涅槃上者也」。
師又問「如何是祖師西来密伝心印?」。祖曰「大徳正閙在、且去、別時来」。師才出、祖召曰「大徳」。師迴首、祖云「是什麼?」。師便領悟礼拜。祖云「遮鈍漢、礼拜作麼?」。

1　『祖堂集』巻一五、六九〇―九一頁。
2　『祖堂集』巻一四、六一七頁。
3　『宗鏡録』巻九八、九四二頁c―九四三頁a。
4　『宋高僧伝』巻一一、二四七―二四八頁。

5 『伝灯録』巻八、二頁a。

無業が馬祖に参問して開悟したという問答は、『祖堂集』無業章と『宋高僧伝』の記述はほぼ同じで、いずれも機知に富んだ問答に類し、またいずれも唐の楊潜が撰述した無業の碑文に基づくため、おおむね信頼でき、原形の記録とすべきである。(57) しかし『祖堂集』馬祖章の引用では、無業が開悟した過程に対してかなり大きな改変がされ、呼ばれて振り返って悟ったと変えられているのは、手直しが加えられた他のテキストに基づいたのであろう。『宗鏡録』の引用はというと、さらに手直しを経ており、前半では元来の「不了心」の問答を、後半では呼びかけて振り返るという機鋒を採用している。『伝灯録』の記載は『宗鏡録』とほぼ同じでありつつ少し増補されており、『馬祖語録』はそれを踏襲している。これによって、無業が参問して開悟したという物語の手直しは少なくとも二度にわたっており、いずれも五代の頃に起こったということが推測できる。(58)

この他、『馬祖語録』問答第十六則の亮座主参問にも、呼ばれて振り返って開悟するという場面がある。しかし『祖堂集』馬祖章及び『宗鏡録』は同じ物語を記載しているが、この場面がないので、(59) こちらも手直しを経ていることが分かる。問答第二十八則の某講僧参問も、呼びかけて振り返る話であるが、開悟してはいない。これは同じ捏造方法のヴァリエーションであり、同様に信頼できない。

表十五　問答第十三則：石頭の路は滑る

『馬祖語録』
鄧隠峰辞祖、祖曰「甚処去？」。云「石頭去」。祖曰「石頭路滑」。云「竿木随身、逢場作戯」。便去。纔到石頭、乃遶禅床一匝、振錫一下、問「是何宗旨？」。頭曰「蒼天！　蒼天！」。峰無語。却回、挙似祖。祖曰「汝更去、見他道『蒼天蒼天』、汝便嘘

両声」。峰又去、一依前問。頭乃嘘両声、峰又無語。帰、挙似祖。祖曰「向汝道石頭路滑」。

この一則は『伝灯録』の馬祖章から採られている(60)。この章は馬祖の口を借りて石頭を誉め讃えており、しかも馬祖は石頭に及ばないという意味合いをそれとなく匂わせている（馬祖が口笛を機鋒とすることを鄧隠峰に教えたが、石頭に先手を打たれた）。禅床をぐるりと一周する、錫を振る、ひゅうっという息の音といった体の動作の使用も、この時期にあったものではない。これは恐らく石頭系の禅僧が捏造したのであろう。

表十六　問答第二十則：龐学士の参問

『宗鏡録』1	『伝灯録』南泉広語	『伝灯録』馬祖章2
又如有学士問馬祖和尚「如水無筋骨、能勝万斛舟時如何？」。師云「我遮裏水亦無、舟亦無、説什麼筋骨」。	看他江西老宿在日、有一学士問「如水無筋骨、能乗万斛舟。此理如何？」。老宿云「遮裏無水亦無舟、論什麼筋骨」。	龐居士問「如水無筋骨、能勝万斛舟。此理如何？」。師云「遮裡無水亦無舟、説甚麼筋骨」。

1　『宗鏡録』巻九二、九一九頁b。
2　『伝灯録』巻六、二頁b。

この問答は、『宗鏡録』と『伝灯録』が引く『南泉広語』ではいずれも馬祖とある学士との問答とされる。『伝灯録』馬祖章では学士を龐居士に改め、『馬祖語録』にそれを踏襲しており、修正・潤色の痕跡がはっきりと見て取れる。

表十七　問答第二十三則：道に合せず

『馬祖語録』	『伝灯録』鄧隠峰章1
僧問「如何得合道?」。祖曰「我早不合道」。	師在石頭時、問云「如何得合道去?」。石頭云「我亦不合道」。師云「畢竟如何?」。石頭云「汝被遮箇得多少時邪?」。

1　『伝灯録』巻八、八頁a。

これは『伝灯録』馬祖章から採られているが、(61)「不合道」という答えは、同書の鄧隠峰章では石頭に帰される。二宗の禅僧が争って捏造した痕跡を見て取れる。

表十八　問答第二十九則：酒肉を食らう

『馬祖語録』
洪州廉使問曰「喫酒肉即是?　不喫即是?」。祖曰「若喫是中丞禄、不喫是中丞福」。

この一則は『伝灯録』馬祖章から採られている。(62)馬祖のここでの答えは、法欽の「救者慈悲、不救者解脱（救った者は慈悲があり、救わなかった者は解脱する）」と形態の上で非常に類似しており、機知に富みユーモアのある相手に応じた問答に属する。(63)この問答における御史中丞の官職を持つ洪州廉使とは、馬祖碑の作者である包佶の可能性が高い。包佶は唐の徳宗建中元年（七八〇）に江州刺史・権領転運塩鉄使に任ぜられ、二年には戸部郎中の位で江淮水陸運塩鉄使に任命されたが、その治所は洪州に在った。唐代は安史の乱以後、使を領する者はみな憲銜（訳者付記：主要な職務以外に加えられる名称だけの職）を兼有するものだったので、当時の包佶も中丞と称された。例えば皎然には

建中二年に撰述した『贈包中丞書』があり、この書簡では霊澈を包佶に推薦して、洪州での謁見を願っている(64)。包佶がその後馬祖のために碑銘を撰述した状況から推測すると、彼が転運塩鉄使を務めていた頃に馬祖と親しく交際したことが分かる。従って二人がこの機知に富んだ問答を行ったというのは、全くもってあり得ることである。そして江西廉使が中丞の職名を兼有するというのは、中唐の頃の臨時の制度であり、後代の禅僧には捏造し難いので、この問答は恐らく信頼できるだろう。

表十九　問答第三十則：薬山の石頭、馬祖への参問

唐伸「澧州薬山故惟儼大師碑銘並序」1	『馬祖語録』
是時南岳有遷、江西有寂、中岳有洪、皆悟心契。乃知大圭之質、豈俟磨礱、照乗之珍、難晦符彩。自是寂以大乗法聞、四方学徒至。於指心伝要、衆所不能達者、師必黙識懸解、不違如愚。居寂之室、垂二十年。寂曰「爾之所得、可謂浹於心術、布於四体。欲益而無所益、欲知而無所知。渾然天和、合於大無。吾無有以教矣。仏法以開示群盲為大功、度滅衆悪為大徳。爾当以功徳普済送途、宜作梯航、無久滞此」。	薬山惟儼禅師初参石頭、便問「三乗十二分教、某甲粗知常聞。南方直指人心、見性成仏、実未明瞭。伏望和尚慈悲指示」。頭曰「恁麼也不得、不恁麼也不得、恁麼不恁麼、総不得。子作麼生？」。山罔措。頭曰「子因縁不在此、且往馬大師処去」。山稟命恭礼祖、仍伸前問。祖曰「我有時教伊揚眉瞬目、有時不教伊揚眉瞬目。有時揚眉瞬目者是、有時揚眉瞬目者不是。子作麼生？」。山於言下契悟、便礼拝。祖曰「你見甚麼道理便礼拝？」。山曰「某甲在石頭処、如蚊子上鉄牛」。祖曰「汝既如是、善自護持」。侍奉三年。一日、祖問之曰「子近日見処作麼生？」。山曰「皮膚脱落尽、唯有一真実」。祖曰「子之所得、可謂協於心体、布於四肢。既然如是、将三条篾来、束取肚皮、随処住山去」。山曰「某甲又是何人、敢言住山」。祖曰「不然。未有常行而不住、未有常住而不行。欲益無所益、欲為無所為。宜作舟航、無久住此」。山乃辞祖。

1　『唐文粋』巻六二、四頁b。

この一則は唐仲の碑に基づいて大幅に敷衍したもので、薬山と石頭及び馬祖の機縁問答を加えており、増補の痕跡が大変明瞭である。この一則は『祖堂集』と『伝灯録』には見えないので、増補は一〇〇四年以後に行われたはずである。

表二十　問答第三十一則：天然の命名

『祖堂集』天然章[1]	『伝灯録』天然章[2]	『馬祖語録』
経一二載余、石頭大師明晨欲与落髪、今夜童行参時、大師曰「仏殿前一搭草、明晨粥後剗却」。来晨諸童行競持鍬钁、唯有師独持刀水、於大師前跪拝揩洗。大師笑而剃髪。師有頂峯突然而起、大師按之曰「天然矣」。落髪既畢、師礼謝度、兼謝名。大師曰「吾賜汝何名？」。師曰「和尚豈不曰『天然』耶？」。石頭甚奇之、乃為略説法要。師便掩耳云「太多也！」。和尚云「汝試作用看！」。師遂騎聖僧頭。大師云「這阿師！　他後打破泥龕塑像去」。	忽一日石頭告衆曰「来日剗仏殿前草」。至来日大衆諸童行各備鍬钁剗草、独師以盆盛水浄頭、于和尚前胡跪。石頭見而笑之、便与剃髪。又為説戒法、師乃掩耳而出。便往江西再謁馬師、未参礼便入僧堂内、騎聖僧頸而坐。時大衆驚愕、遽報馬師。馬躬入堂視之、曰「我子天然」。師即下地礼拝、曰「謝師賜法号」。因名天然。	丹霞天然禅師再参祖、未参礼便入僧堂内、騎聖僧頸而坐。時大衆驚愕、遽報祖。祖躬入堂視之、曰「我子天然」。霞即下地礼拝、曰「謝師賜法号」。因名天然。

1　『祖堂集』巻四、二一〇頁。
2　『伝灯録』巻一四、四頁b—五頁a。

丹霞天然の命名にまつわる話は、『祖堂集』は石頭に帰し、『伝灯録』では馬祖に帰し、『馬祖語録』は後者を踏襲する。入矢義高は『祖堂集』の記述が原形の記録であると見なす(65)。しかし『祖堂集』の物語は、明らかに石頭系統の僧が天然の名によって捏造したものである。その後馬祖の後裔が負けをよしとせず、さらに手直しを加えたのであり、その時期はおおよそ宋初になる。

表二十一　日面仏月面仏（この一則はもとは伝記部分に収録）

『祖堂集』馬祖章[1]	『馬祖語録』
師明晨遷化、今日晩際院主問「和尚四体違和、近日如何？」。師曰「日面仏、月面仏」。	既而示疾、院主問「和尚近日尊候如何？」。師曰「日面仏、月面仏」。

1　『祖堂集』巻一四、六一七頁。

この一則は機知に富んだ言葉であり、初期の機縁問答の形式に合致する。しかもこれはもとは生涯に関する部分に収録されており、恐らくは『宝林伝』から採られたもので、たとえ捏造された問答であったとしても、馬祖の弟子の手になるであろう。

上で考察したもの以外は以下の通りである。問答第五則、溈潭法会が西来祖師の意を問い、馬祖が一打ちする。第十四則、鄧隠峰が車で馬祖の足をひく。第十五則、馬祖が七棒を送って烏臼を打とうとする。第十七則、水老が西来の意を問い、馬祖が一蹴りくれてやる。第二十四則、ある僧が西来の意を問い、馬祖はやはり打つ。第十九則、龐居士が参問し、馬祖は目を動かして答える。第二十五則、耽源応真が円相を描く。第二十六則、ある僧が長い線と短い線を描く。第二十七則、馬祖が径山法欽に円相を送る。第二十八則、馬祖がひゅうっという口笛で答える。この種の身体的動作、図像、音等を使用して言語に代えるという機縁問答の形式は、馬祖の時代において既に全て備わっていたか否かは、甚だ疑わしい。本書第四章での考察によれば、この時期に現れたのは機知に富んでユーモアがあり、問いに応じて反問し、誤っているようで正しいという簡潔迅速な問答である。また本書第十章の考察によれば、円相を描いたり、棒で打ち喝を叫ぶ等は晩唐五代期に現れた。上で述べた種々の激しい機鋒は、恐らくいずれも晩唐五代の禅僧が当時の状況を過去に遡らせて捏造したものであろう。

『馬祖語録』における問答は、上で考察した二十八則の他に、さらに六則ある。第二則、南泉の桶。第七・八則、慧蔵の狩猟放棄と牧牛。第十八則、龐居士が開悟する。第三十二則、慧朗が知見を求める。第三十三則、東湖に水が満ちる。これらの機縁問答の物語はいずれも虚構の色合いに満ちており、その信頼性はより一層疑わしい。

『馬祖語録』所収のものの他に、入矢義高は『祖堂集』、『伝灯録』、『広灯録』、『正法眼蔵』、『聯灯会要』、『宗門摭英集』、『明覚語録』、『禅門拈頌集』、『五家正宗賛』から馬祖の問答二十二則を収集して補足した（馬祖語録と重複しつつ文章が異なるもの四則は数えない）[66]。『正法眼蔵』以下の六書は『馬祖語録』より成立が遅く、収録している五則もみな身体的動作の使用といった後代に現れた機鋒であるため、宋代の人に捏造されたのだと判断してよい。その他の十七則の内、三則は怪異や神通に言及し、七則は石頭等の法系との紛争、若しくは身体的動作の使用等に言及するので、やはり信頼できない。他の七則はいずれも百丈懐海を持ち上げることを主旨としており、例えば有名な野鴨子の機鋒は次の通りである。

表二十二　野鴨子

『祖堂集』五洩章[1]	『広灯録』百丈章[2]
有一日、［馬］大師領大衆出西墻下遊行次、忽然野鴨子飛過去。大師問「身辺什摩	師為祖侍者、一日随侍馬祖路行次、聞野鴨声。祖云「什麼声？」。師云「野鴨声」。良久、祖云「適来声向甚麼処去？」。師云「飛過去」。祖迴頭、将師鼻使扭、

物?」。政上座云「野鴨子」。大師云「什摩処去?」。対云「飛過去」。大師把政上座耳拽、上座作忍痛声。大師云「猶在這裏、何曾飛過?」。政上座豁然大悟。

師作痛声。祖云「又道飛過去」。師於言下有省。明日祖昇堂纔坐、師出来巻却簟。祖便下座、師随至方丈。祖云「適来要挙転因縁、你為什麼巻却簟?」。師云「為某甲鼻頭痛」。祖云「你什麼処去来?」。師云「昨日偶有出入、不及参随」。祖喝一喝、師便出去。

1　『祖堂集』巻一五、六七〇頁。
2　『広灯録』巻八、四五〇頁b。

『祖堂集』が記している政上座とは、一般には百丈法政（惟政にも作る）を指すと見なされ、『祖堂集』と『伝灯録』ではいずれも馬祖門人に列しているが[67]、宋の覚范慧洪が目睹した法正の碑銘によれば、法政は百丈懐海の弟子である[68]。『祖堂集』に記されている馬祖が野鴨子によって法政を開悟させた機縁の物語は、もとより既に信頼できない。『広灯録』はさらにこれを懐海の事跡へと手直しし、かつ百丈が敷物を巻いた話に織り交ぜた。その後、『聯灯会要』百丈章はさらに一歩進んで懐海が大悟した後泣いたり笑ったりしたという出来事を捏造しており[69]、これは全くもって所謂「嘘の上塗り」というものである。他にも『祖堂集』は百丈について、凡僧に化身した辟支仏に飯を供養し、後の福徳無量を馬祖に予言されたと記している[70]。『祖堂集』と『伝灯録』はいずれも、馬祖が上堂した時に百丈が敷物を仕舞ったこと、及び払子を立てて馬祖に答えたことという二つの出来事を記す[71]。『広灯録』百丈章では払子を立てた話の中に馬祖が大声で喝を叫び、百丈は三日間耳が聞こえなくなったという出来事も付け加え[72]、その他さらに、馬祖が百丈のことを人々の師となり得る「大黙」だと称したこと、百丈がかの「一人」に出会わなかったという機語で馬祖と問答したこと、及び百丈が馬祖から送られた三つの醬《ひしおみそ》の甕を割ったという三つの出来事を付け加えた[73]。これらは明らかに百丈―臨済系の後人が百丈の馬祖門下における地位を高めるために捏造したものである。その中で初めの三則は『祖堂集』に見えるため、晩唐五代の頃に作られたはずで、後の四則は『広灯録』に見えるため、宋初に作られたはずである。

以上の考察をまとめると、現行の馬祖の語録の中では、六則の上堂示衆語及び三則の機縁問答（大珠の参問、無業の参問、酒肉を食らう）がおおむね信頼でき、その他の多くの機縁問答及び関連する物語は大多数が晩唐から宋初の禅僧による捏造だと確認できる、若しくは疑いがあるもので、多くは明らかに度重なる潤色の痕跡を見せている。

二、馬祖門人に帰される文献についての考証

この節では、『頓悟入道要門論』、『越州大珠慧海和尚[広]語』、『百丈広録』、『明州大梅山法常禅師語録』、『龐蘊詩偈』、『澧州薬山惟儼和尚[広]語』、『汾州大達無業国師[広]語』、『池州南泉普願和尚[広]語』といった、伝統的に馬祖門人たちに帰される語録とテキストを考証する。しかし他にも、例えば『宝林伝』、『永嘉証道歌』、宝誌に帰される禅偈、『禅門規式』等、馬祖門人に捏造された、若しくは彼らに帰される数部のテキストがあるが、本書の構成上、後ほど第七章で検討しよう。

1、大珠慧海と『頓悟入道要門論』

馬祖が世を去ったばかりの時、慧海は馬祖十一大弟子の第一に列せられ、他の弟子たちを統率して馬祖の葬儀を行った(74)。ここから、彼は馬祖門人の中で最年長または最重要の一人であり、七八八年に馬祖が世を去った時に彼はまだ

存命中であったことが分かる。

『崇文総目』は大珠の名のもとに『入道要門論』、『大雲和尚要法』の二部を著録している。[75] 前者は『通志』の著録にも見える。[76]『宋史』芸文志は両者を著録するが、前者は『入道要門論』と『頓悟入道要門論』という異なった表題で二度現れている。[77]『伝灯録』大珠章は彼の著作として『頓悟入道要門論』一巻を記載している。[78] つまり『頓悟入道要門論』が完全なタイトルで、『入道要門論』は省略されたタイトルなのであろう。『伝灯録』の記載によると、大珠は越州大雲寺の道智から受戒し、その後、馬祖に六年師事してから、大珠は大雲寺に帰って高齢の道智の世話をした。[79] 従って『大雲和尚要法』とは大珠が編纂した師の大雲道智の語録という可能性がある。

『頓悟入道要門論』は大珠の名で世に伝えられ、最も早くは一三七四年に妙葉によって編集・出版された。この書は実際には二つの部分で構成されている。第一部分は妙葉が新たに発見したと称する『頓悟入道要門論』であり、第二部分は『諸方門人参問語録』と別に表題が付けられ、妙葉によって『伝灯録』の中から収集されたもので、巻六大珠章及び巻二十八「諸方広語」の『越州大珠慧海和尚[広]語』を含んでいる。柳田聖山の研究によれば、日本の金沢文庫には妙葉本の第一部分と同じ抄本があり、年代は比較的早く、かつ全く異なる序を備えており、序の作者は慧海と署名されている。[80]

さらに柳田聖山は、『頓悟入道要門論』の内容は馬祖の禅思想よりも早く、北宗禅とそれに対立する神会とに共通する主題を議論していると指摘した。[81] 鈴木哲雄は『頓悟入道要門論』と神会の語録とを比較して、両者が「見性」、「無念」、「三学等し」といった数多くの共通の観念を含んでいることに気付き、そこで彼は大珠が神会から大きな影響を受けたと結論づけた。[82] スコット・D・ピーターマン（Scott D. Peterman）は『頓悟入道要門論』と『諸方門人参問語録』に対して深く綿密な比較を加え、両者が文章のスタイル、仏教・禅文献の引用、表している禅学思想の面において大きな違いがあることを発見した。『頓悟入道要門論』の用語や文体は敦煌出土の初期禅文献と一致し、さらに恐らくは『二入四行論』、『修心要論』、『楞伽師資記』、『神会語録』等を引用しており、その禅学思想はというと初期禅の修心、坐禅、禅定、無住、無念、清浄心、空性等の観念と実践に言及している。一方『諸方門人参問語録』は古典的な禅語録の形式・内容と合致する。(83)

瀧瀬尚純は『頓悟入道要門論』の中に見える「今言用功者、不独言坐、乃至行住坐臥、所造運為、一切時中、常用無間、即名常住也（いま工夫を用いると言うのは、坐禅のみではなく、行住坐臥あらゆる行為を含んでいる。あらゆる時に、絶え間なく常に工夫するのを、常住と名付ける）」等の言葉を取り上げ、(84)馬祖の禅思想の影響を受けたと見なす。(85)しかし前後の文とつなげると、この言葉は日常の作用が仏性の体現だという馬祖の観念とは決して同じというわけではなく、あらゆる時において無住無念だという神会と保唐無住の観念により近いものである。例えば、神会は「猶如人於虚空中、行住坐臥、不離虚空。……一切施為運用、皆不離法界（あたかも人がこの世界空間において行住坐臥するのは、常に世界空間を離れていないようなものである。……一切の行為と作用は、全て法界を離れない）」、「行住坐臥、心不動揺。一切時中、空無所得（行住坐臥しても、心は動かない。あらゆる時に、空であって何も得ない）」と言い、(86)無住は「一切時中自在、……行坐総是禅（あらゆる時に自在であり、……歩くのも坐るのも全て禅である）」、「一切時中総是禅（あらゆる時に全てが禅である）」と言っている。(87)文体形式から見ても、思想上の観念から見ても、『頓悟入道要門論』の述べる内容は神会と無住により近い。

『伝灯録』巻六大珠章は多くの語録を収録しており、(88)その内二則は『祖堂集』に見える。(89)同書巻二十八『越州大珠慧海和尚[広]語』は三十一則の法要と問答を収録し、(90)その内二則は『祖堂集』に見え、(91)二則は『宗鏡録』に見える。(92)『祖堂集』と『伝灯録』巻六の語録に収録されたものの中で、数則は成熟した機鋒鋭い禅問答に属し、一則は『宝林伝』(八〇一年編纂)の伝法偈を引用しており、[93]これらは後の潤色・増補の可能性がある。しかし『伝灯録』巻二十八に収録される『越州大珠慧海和尚[広]語』は、いずれも上堂法要と機知に富んだ問答であり、成熟した機鋒鋭い問答はまだ見られない。『頓悟入道要門論』とは異なり、これらの法要と語録の中で語られる主題と観念は馬祖の上堂語及び宗密の洪州禅の宗旨に対する概説と合致し、多くの用語は大変類似してさえいる。[94]これらは大珠が馬祖の高弟であったことに符合する。

同じように大珠のものとされながら、『頓悟入道要門論』は初期禅思想と合致し、『越州大珠慧海和尚[広]語』の方は洪州禅の宗旨と合致しており、如何にすればこの矛盾を説明できるだろうか。一つの合理的な答えとしては、宋元の書目が大珠の名のもとに著録した二つの著作、『頓悟入道要門論』と『大雲和尚要法』が、後代に混同されたのである。前述のように、大珠は受戒の師である高齢の大雲道智に仕えた期間が馬祖の傍にいた時間よりも長く、彼はまた師の法要を編纂して世に流布させた。そして彼の自著である『頓悟入道要門論』は久しく失われ、十四世紀頃になってやっと新たに発見・編集・整理がなされたと言われている。従って、現行の『頓悟入道要門論』は、実は久しく忘れ去られていた『大雲和尚要法』であると推測する理由は充分にある。金沢文庫本『頓悟入道要門論』の序文の署名は「唐沙門慧海撰」で、序の中には「要須従師口訣(師の口訣に従わねばならない)」という句がある。[95]「師」とは大珠の師である大雲道智を指す可能性が高く、また「口訣」と書名の「要法」とがちょうど合致する。道智が生きた年代は、荷沢禅、保唐禅等の法系が盛んで、洪州禅はまだ興隆していなかった時期であり、道智が荷沢系及びその他の禅系の影響を受けた可能性は十分にある。大珠は『大雲和尚要法』を編纂して序文を撰述したが、その後、書名が失われたか、若しくは後人が「大雲和尚」が誰か分からず、慧海と署名した序を眼にしたために、このテキストが彼の『頓悟入道要門論』だと誤って思い込んだのである。一方『伝灯録』巻二十八の『越州大珠慧海和尚[広]語』こそが、大珠の自著である『頓悟入道要門論』である可能性が高く、そのため内容の上でも形式の上でも、馬祖の法要、語録と合致するのである。本書では主に『越州大珠慧海和尚[広]語』を取り上げて洪州禅の宗旨を研究することとしたい。

2、百丈懐海語録

陳詡が八一八年に撰述した「百丈塔銘」では、百丈が世を去った後、神行と梵雲という二人の弟子が「結集微言、纂成語本（含蓄ある師の言葉を集め、編集して語本にし）」、かつ百丈が律師霊藹の仏性についての問いに答えた書簡を付して、後の学徒のために流伝させたと言う。(96) 円珍が日本へ持ち帰った書物の目録の中に、『百丈山和尚要決』がある。(97) 『宗鏡録』の中には『百丈広語』が引用されている。(98) 『崇文総目』にも『百丈広語』一巻が著録されている。(99) 北宋初、百丈道常（？—九九一）が百丈懐海の語録を編集し、『百丈広録』と呼んだ。この版は後には『広灯録』と『四家録』に収録された。(100) 『古尊宿語録』もこの版を収録しているが、「広録」と「語録之余」の二つに分割している。『四家録』は他にも『祖堂集』と『伝灯録』から語録五則を増補した。慧洪の記述によると、これは慧南が『四家録』を編集した際に増補されたもののはずである。(101) 宇井伯寿は『百丈広録』を『祖堂集』、『伝灯録』、『宗鏡録』、『林間録』、『古尊宿語録』等と合校し、かつ『百丈大智禅師広語』と称した。(102)

柳田聖山は、『百丈広録』が含んでいる長い説法と短い問答はみなかなり保守的な様相を呈しており、まだ晩唐五代以降の激しく鋭い機鋒はないため、本来の語本を基礎としているだろうと見なす。(103) このテキストの中に見られる多くの主題は馬祖の法要及び宗密の洪州禅の宗旨についての概説と合致する。しかしながら、その中で全篇を貫いている基本的主題の一つは般若中観の不二法門を体現しており、「透三句過」と呼ばれる三重否定ですらあり、その基本的パターンは「不依住一切有無諸法、亦不住無依住、亦不作不依住知解（一切の有無の諸法に依拠せず、依拠がないことにも依拠せず、依拠しないという理解もしない）」というものである。[104] この種の三重否定の徹底的な空観は馬祖の「平常心是道（平常心が道である）」という肯定的モデルとは異なり、宗密の洪州禅思想についてのまとめにも見られない。馬祖の第二代の弟子からは、「無心是道（無心が道である）」、「非心非仏（心ではなく仏でもない）」といった類似の表現が洪州禅思想に関連する論争の中で大量に現れた。[105] 従って『百丈広録』が一般に比較的信頼できると見なされていても、百丈語本はその弟子の編纂であり、宋初にはまたもや百丈道常に再度編集されている。その中には門人たち及び後代の禅僧（道常は法眼文益の弟子）の思想が混ざり込んでいる可能性は十分にあるため、引用の際にはやはり慎重さが必要である。

『四家録』の中で、『広録』は第二部分に置かれるが、第一部分は『語録』と呼ばれ、『祖堂集』、『宗鏡録』、『伝灯録』、『広灯録』、及びその他の宋初のテキストに収録された語録から収集している。その内の大きな部分が百丈と馬祖との機縁問答に言及しており、信頼することができないのは、既に上の節での考証に明らかである。その他の問答もみな晩唐五代以来の高度に成熟した、棒や喝を用いる方式の機縁問答であり、同様に疑わしい。

この他、黒水城で発見された西夏文献の中に、『洪州宗師教儀』（Tang. 1111, No. 2529）と『洪州宗趣注解明護記』（また『洪州宗師趣注開明要記』とも訳す。Tang. 112, No. 2540）等がある。前者は洪州禅の宗旨を示しており、おそらくは元になった漢文文献から翻訳したものである。後者は前者（引用する本文は些か異なる）についての注疏で、注釈者は恐らく西夏の禅僧であろう。洪州の宗旨を示した元の部分は、馬祖の法要及びその門人たちとの問答を記録しており、それらの馬祖門人と称される名前の中に確認し得るのは、百丈懐海のみである。[106] このテキストを貫く基本的観念の一つは不二法門で、『百丈広録』と類似したところがあるが、馬祖の主な思想とは全て合致するわけではない。従ってこのテキストは百丈の弟子たちの作品から出来ている、若しくはそれに基づいている可能性がある。しかしこれらのテキストは充分に研究されておらず、まだ多くの不確定要素があるため、これは初歩的な推測に過ぎない。

3、龐蘊詩偈及び語録

『崇文総目』は『龐居士歌』一巻を著録する。[107]『新唐書』は『龐蘊詩偈』三巻、三百余篇と著録する。[108]『郡斎読書志』は『龐蘊語録』十巻を著録する。[109]『新唐書』の注には龐蘊は字は道玄、衡州衡陽の人で、貞元年間（七八五―八〇五）の初めに活躍したと言う。[110]現行の『龐居士語録』は二つの部分で構成されている。[111]第一部分は『語録』で、合計二十数則あり、『祖堂集』、『伝灯録』及びその他の宋初のテキストによって編纂されている。これらの語録の大多数は、何らかの物を持ち上げたり投げること、棒で打ち喝を叫ぶことといった、体の動作に言及しており、明らかに後代の捏造である。第二部分は詩偈で、合計百八十九首ある。[112]これらの詩偈は幅広い主題に触れており、「果報」、「去三毒」等の仏教の基本的教理、「無相」、「無念」等の初期禅の観念、及び「日用」、「無事」等の馬祖やその他同時代の禅師の思想を含んでいるが、晩唐五代の激しい機鋒と「経を離れ道に叛く」の観念は見られない。従って、後代のある程度の増補や改編はあり得るとしても、これらの詩偈は基本的に信頼できるだろう。

『祖堂集』は龐蘊を馬祖門人と称し、[113]『伝灯録』では彼が石頭と馬祖の二人に開悟させられたと言う。[114]龐蘊が二人の禅師の啓悟を受けたことに関する機縁問答は信頼できないが、[115]彼は馬祖とおおむね同時代であり、彼の「神通並妙用、運水与搬柴（神通や不思議な力とは、水を運ぶことと柴を運ぶこと）」の観念も、馬祖の「平常心是道（平常心が道である）」と相通じているので、[116]彼は実際に馬祖に拝謁したのであろう。

4、大梅法常語録

前述のように、『宋高僧伝』法常伝は江積が撰述した墓誌に基づいており、最も信頼できる。本書によると、法常は俗姓を鄭といい、襄州襄陽県の人、幼い頃に玉泉寺で出家し、二十歳の時に竜興寺で受戒した。唐の徳宗貞元十二年（七九六）から、法常は明州余姚県南部のある山に隠居し、この山を大梅と名付けた。唐の穆宗長慶元年（八二一）、山上で寺院を創建、師事する者数百人、長慶四年（八二四）に逝去した。[117]『宋高僧伝』は大梅と馬祖若しくは他の禅師との関係について言及していないので、彼と馬祖の師弟関係についてはなお疑問がある。

金沢文庫には『明州大梅山常禅師語録』というテキストが所蔵されており、編者は「門人慧宝」と自称する。このテキストには、機縁問答七則、上堂語五則、偈一首、及び永明延寿に帰される祭文一篇が入っている。[118]その内問答三則は『祖堂集』と『伝灯録』に見え、[119]上堂語二則は『宗鏡録』に見える。[120]第一則は有名な「梅子熟」で、後人に捏造されたものであり、既に前節で考察した。第三則は法常と龐蘊の問答物語であり、「梅子熟」の語に重複して言及する。第十一則は第一則と同じく、「即心是仏」と「非心非仏」の間で議論がなされており、すなわち晩唐期に幅広く現れた論争である。その他に何らかの物を持ち上げたり打ったりすること、喝を叫ぶこと、振り返ること、あるいは非論理的な言葉に言及する四則がある。そのため、このテキストは信頼できず、恐らくは晩唐期に大梅の継承者が捏造したもので、後には『祖堂集』、『宗鏡録』、『伝灯録』の種本となったのであろう。あるいは、さらに遅い時期の大梅末流が、諸書から拾い集め一つに合わせて成った編纂物である可能性もある。

5、薬山惟儼、汾州無業、南泉普願等に帰される語録

『伝灯録』巻二十八「諸方広語」にはさらにその他三名の馬祖門人である薬山惟儼、汾州無業、南泉普願の『澧州

薬山惟儼和尚[広]語』、『汾州大達無業国師[広]語』、『池州南泉普願和尚[広]語』が収録されている。これらのテキストはいずれも長い上堂語と比較的短い問答を含み、形式と内容は全般に『伝灯録』の他の巻、及び『祖堂集』所収の同じ人の語録に比してやや保守的である。『伝灯録』同巻所収の馬祖と大珠の『広語』が比較的原始的であることを考えると、この三家の広語もある程度は彼らの末裔による潤色・増補を経ているかもしれなくとも、それなりに信頼できるはずである。

円珍の書目には『西唐和尚偈』が著録されており[121]、西唐和尚とは西堂和尚の誤りで、すなわち西堂智蔵のはずである。この本は現在は伝わっていない。『祖堂集』と『伝灯録』所収の馬祖門人たちの問答語は大部分が機鋒の激しい成熟した形態を呈しており、主として晩唐五代期の後裔に捏造されたのであろう。そして、例えば『古尊宿語録』に収録されている『池州南泉普願禅師語要』のような[122]、『伝灯録』の後で現れた語録は、信頼性に尚更問題がある。しかしながら、唐代の人が撰述した碑銘及びその他の資料の中から、我々は今なお幾つかの信頼できる語録を収集することができる。それは以下の通りである。

（1）汾州無業の臨終説法、『宋高僧伝』本伝に見え、楊潜撰述の碑文に基づく[123]。
（2）薬山惟儼の臨終説法、唐伸撰述の碑文所載[124]。
（3）楊岐甄叔の言葉一則、志閑撰述の碑文所載[125]。
（4）章敬懐暉とその弟子との問答一則、権徳輿撰述の碑文所載[126]。
（5）懐暉の言葉もう一則、無染撰述の『無舌土論』所載。無染は馬祖門人である麻谷宝徹の新羅人の弟子[127]。
（6）鵝湖大義と唐順宗及び群僧との問答三則、韋処厚撰述の碑文所載[128]。
（7）塩官斉安の言葉一則、盧簡求撰述の塔銘所載[129]。

（8）興善惟寛と白居易との問答四則、白氏撰述の「伝法堂碑」所載[130]。
（9）天皇道悟の語要一則、『宋高僧伝』本伝に見え、苻載撰述の碑に基づく[131]。
（10）丹霞天然の問答二則、『宋高僧伝』本伝に見え、劉軻撰述の碑に基づく[132]。
（11）甘泉志閑の示衆語二則、『宗鏡録』所載[133]。この語要二則が示している観念は馬祖の法要と類似しており、また円仁の書目中には『甘泉和尚語本』があるので[134]、彼の語本が九世紀前半に世に流布していたことが分かる。従ってこの二則はおおむね信頼できるであろう。

6、李繁『玄聖蘧廬』

李繁は馬祖の俗人の弟子である。『新唐書』がこの書一巻を著録している[135]。『郡斎読書志後志』に次のようにある。

『玄聖蘧廬』一巻、右唐李繁撰。繁学於江西僧道一、敬宗時、嘗与丁公著、陸亘入殿中、抗仏老講論。唐虞愈称其家多書、一覧終身不忘。大和中、舒元輿誣其濫殺不幸、繫獄。知且死、著書十六篇、以明禅理。自謂臨死生而不懼、賢於顔回在陋巷不改其楽[136]。

（『玄聖蘧廬』一巻、右は唐李繁の撰述。繁は江西の僧である道一に学び、敬宗の時に、丁公著、陸亘と宮殿に入り、仏道二教に関する議論に対抗した。唐虞愈は彼の家に蔵書が多く、一度見たら死ぬまで忘れなかったと称えた。大和年間に、舒元輿は彼が無実の人をみだりに殺したと偽り、投獄した。もうすぐ死ぬと知って、十六篇の書物を著し、それによって禅の理法を明らかにした。生死の境に直面しても恐れないのは、顔回が陋巷で楽しみを改めなかったのよりも賢いだろうと自ら言った。）

この書は宋代にはまだ存在しており、今は伝わっていないとはいえ、断片三則が『法蔵砕金録』と『道院集要』にまだ残っている[137]。

機縁問答の発生、発展、成熟の過程を背景として、本章では現行の洪州禅文献に対して全面的な考察を行った。原始テキストと後に積み重ねられた捏造・潤色を逐一分解することを通して、本章では、馬祖の示衆語六則及び機縁問答の答え三則、大珠慧海の『広語』、『百丈広録』、『龐蘊詩偈』、薬山惟儼、汾州無業、南泉普願の『広語』及び馬祖の他の弟子の語録十八則、李繁『玄聖蘧廬』の断片三則等の、おおむね信頼できるテキストと語録を確立した。これらのおおむね信頼できる文献の確立は、洪州宗の禅学思想・教化方法・宗教的実践に関する新たな分析と解釈を、しっかりとした確信のもとに展開することを可能にする。そして晩唐五代に生み出された増補・捏造は、その当時における古典禅の宗旨の完成、禅宗の新たな教化方法と宗教的実践の成熟、各家の法系の出現と分化といった問題について新たな検討を行う手立てとなし得るのである。

注

（1）『祖堂集』巻一八、八二〇頁。
（2）『祖堂集』巻一五、六七九頁。
（3）柳田聖山『語録の歴史』二三頁参照。
（4）『雪峰慧空禅師語録』『続蔵経』第六九冊、二五三頁b。
（5）『遂初堂書目』（『海山仙館叢書』本）二八頁a。
（6）『善本書室蔵書志』（北京：中華書局、一九九〇）巻二二、五頁a―b。『馬祖四家録』の版本については、詳しくは椎名宏雄「馬祖四家録の諸本」一六一―八一頁参照。
（7）中国古籍善本書目編輯委員会編『中国古籍善本書目・子部』（上海：上海古籍出版社、一九九四）第一一一〇八号。

（8）『広灯録』『続蔵経』第七八冊、巻八、四四七頁c―四四八頁b。

（9）日本慶安元年（一六四八）翻刻の明万暦六巻本でも、巻首に楊傑の序が収録されており、序の後には小字で注を付けて、「此旧本序、楮地有余、故今茲附（これは旧本の序であるが、紙幅に余裕があるので、今ここに付けておく）」とある（柳田聖山編『四家語録・五家語録』巻首、二頁b）。明刻本には本来この序がなく、翻刻した者が何らかの旧本（宋本か元本であろう）からこの序を転載したことが分かる。この他、この本の巻五所収の『黄檗断際禅師宛陵録』には、文末に『裴相国［休］伝心偈』が付され、かつ「嘗聞河東大士親見高安導師、伝心要於当年、著偈章而示後、頓開聾瞽、煥若丹（清）［青］。予惜其所遺、綴於本録云爾。慶暦戊子歳南宗字（夫）［天］真者題（かつて聞いた所によると、河東の裴休大師は高安の導師希運に親しく会い、心要を当時に伝え、偈章を著して後世に示したが、それがにわかに迷える人々の耳目を開かせること、まるで輝くばかりであった。私はその遺漏を惜しんで、この語録に収録したのである。慶暦戊子の歳に南宗の天真という字の者が題した）」（『四家語録・五家語録』巻五、二七頁a―b）という跋がある。この偈と跋は『四家録』には見えず、元本『伝灯録』からの転載である。後者の巻九には『伝心法要』が付され、後に裴休の偈と天真の跋があり、かつ「『伝心法要』内改十一処、除落三字、添入九字、並按『四家録』並別録為拠也（『伝心法要』の中では十一箇所を改め、三文字を取り除き、九文字を加え、また『四家録』と別録を調べて根拠とした）」（『大正蔵』第五一冊、巻九、二七三頁a）という小注がある。

（10）柳田聖山は楊傑の序が「積翠老南」に言及することによって、この書が一〇六六年頃に慧南が積翠庵に住んでいた時に編纂されたと見なす（『語録の歴史』二八一頁）。しかし楊傑はここではただ広い意味で慧南の号として呼んでいるのであり、彼が積翠庵に住んでいた時期と関連づけなくてよい。

（11）『広灯録』巻八、四四八頁b―四五〇頁a。

（12）『祖堂集』巻一四、六一〇頁、『広灯録』巻八、四四八頁b。

（13）本書第二章参照。

（14）『祖堂集』巻一四、六一七頁。

（15）『語録の歴史』二九〇―三二〇頁。

(16)『祖堂集』巻一四、六一一頁、『伝灯録』巻六、二頁a―b、『広灯録』巻八、六五二a頁、『馬祖語録』巻一、六頁a。

(17)この二つの段落中の一部の語句は、『宗鏡録』の引く南岳懐譲と青原行思の言葉としても見える（巻九七、九四〇頁a―b）。『語録の歴史』二九四―九五、四八二頁参照。しかしこの二師はもとはいずれも無名で、後に弟子によって名が知られた。例えば宗密は「［懐］譲即曹渓門旁出之派徒（［原注］曹渓此類数可千計）、是荷沢之同学、但自率身修行、本不開法、因馬和尚大揚其教、故成一宗之源（懐譲は曹渓の法門から派生した一派の者で（［原注］曹渓のこの種の者は千人ほどにもなる）、荷沢の同学であり、自ら手本となって修行し、本から仏法を講じなかったので、馬和尚は大いにその教えを宣揚して、一宗の淵源となったのである）」（『承襲図』三一頁c）と言っている。行思については、宗密は言及していない。そしてこの二段落は馬祖の他の法要と共通しているので、馬祖の語とすべきであろう。

(18)『権載之文集』巻一八、一三頁a―一四頁b。

(19)『宋高僧伝』巻一〇、二二三頁。

(20)『白居易集箋校』巻四一、二六九一―九二頁。

(21)『円覚経大疏抄』五三四頁b、『承襲図』三三頁b、『禅源諸詮集都序』四二〇頁c。

(22)『伝灯録』巻二八、一二頁b―一三頁a、一六頁b。

(23)『宗鏡録』巻九八、九四三頁b。志賢に『甘泉和尚語本』があり、九世紀前半には世の中に流布していたことは、次節の考察を参照。

(24)『伝心法要』三八一頁b、三七九頁c。

(25)『古尊宿語録』巻二、三〇頁。『百丈広録』は「広語」類の資料に属し、おおむね信頼できる（次節の考察参照）。

(26)『禅源諸詮集都序』四〇二頁c、『承襲図』三三頁a。

(27)『承襲図』三四頁a―b。『語録の歴史』二九九頁参照。

(28)『伝灯録』巻二八、一二頁b。

(29)『宋高僧伝』巻一一、二四九頁。

(30)『全唐文』巻九一九、一〇頁b。作者はもとは至賢とされるが、ここでは周紹良・趙超編『唐代墓誌彙編続集』によって改める（上海：上海古籍出版社、二〇〇一、九一三頁）。この他、馬祖の再伝の弟子である黄檗希運も心の無生無滅を強調したことは、彼の『伝心法要』三八一頁bに見える。柳田聖山『語録の歴史』三〇一頁参照。
(31)『伝灯録』巻二八、一頁a―b。
(32) 忽滑谷快天『禅学思想史』（東京：一九六九）四三六―七六頁、印順『中国禅宗史』二六四頁、石井修道「南陽慧忠の南方宗旨の批判について」『中国の仏教と文化――鎌田茂雄博士還暦記念論集』（東京：大蔵出版社、一九八八）所収、三一五―四四頁、「南宗禅の頓悟思想の展開――荷沢神会から洪州宗へ」『禅文化研究所紀要』二〇号（一九九〇）一三六―三八頁参照。
(33)『伝灯録』巻二八、九頁a―b。
(34)『古尊宿語録』巻一、一六頁。
(35)『広灯録』巻八、四四九頁c―五五〇頁a、『馬祖語録』巻一、七頁b―九頁b。
(36)『伝灯録』巻二八、一四頁a―b。
(37)『古尊宿語録』巻一、一六頁。
(38)『伝心法要』三八二頁b。
(39)『大正蔵』第四冊、一五三頁c。
(40)『全唐文』巻七三三、二二頁a。類似する言葉は、『大珠広語』『伝灯録』巻二八、一四頁b、一七b頁にも見える。
(41)『円覚経大疏鈔』五三四頁b。
(42)『馬祖語録』六頁a―七頁b、『古尊宿語録』巻一、三―四頁。
(43)『承襲図』三三頁a―b。
(44) その内馬祖が亡くなる前に院主と問答した一則は、生涯に関する部分に収録されている。
(45) 入矢義高『馬祖の語録』五〇頁。

(46)『全唐文』巻四四六、五頁b。
(47)『伝灯録』巻六、三頁b―四頁a。
(48)『伝灯録』巻二八、八頁b。
(49)『伝灯録』巻六、七頁b―八頁a。
(50)『祖堂集』巻一四、六一〇―六一八頁。
(51)『伝灯録』巻七、二頁a―b。
(52)『馬祖の語録』六七頁。
(53)本書第三章参照。
(54)『宝刻叢編』(『叢書集成初編』本、巻一三、三四六頁)は『唐大梅山常祖師還源碑』を著録し、『宝刻類編』(『叢書集成初編』本、巻五、一八〇頁)は「大梅山常禅師還源碑」を著録、江積の撰述及び書で、開成五年(八四〇)に立てられた。
(55)入矢義高は『祖堂集』の記述が原型だと述べるが(『馬祖の語録』七〇頁)、確実ではない。
(56)この一則は『伝灯録』馬祖章から採られている。巻六、二頁b。
(57)両書の文末の記述に見える。
(58)David M. Chapell は既に『馬祖語録』所載のこの問答と『宋高僧伝』無業伝所載のものとの相違点を詳しく比較しており、この問答が後人による故意の改竄を経ているると指摘した。"Hermeneutical Phases in Chinese Buddhism,"一九七―九八頁参照。
(59)『祖堂集』巻一四、六一四頁、『宗鏡録』巻九二、九一九頁b。
(60)『伝灯録』巻六、三頁a。
(61)『伝灯録』巻六、二頁b。
(62)『伝灯録』巻六、三頁b。
(63)本書第四章参照。

(64) 賈晋華『皎然年譜』（廈門：廈門大学出版社、一九九二）一〇四―一〇七頁参照。

(65) 『馬祖の語録』一一五頁。

(66) 『馬祖の語録』一二〇―二〇九頁。

(67) 『祖堂集』巻一四、六二四頁、『伝灯録』巻六、一頁a。

(68) 『林間録』二七三頁b。

(69) 悟明『聯灯会要』『続蔵経』第七九冊、四〇頁b。

(70) 『祖堂集』巻一四、六一三頁。

(71) 『祖堂集』巻一四、六一五、六一七頁、『伝灯録』巻六、二頁b。

(72) これはもとは『伝灯録』百丈章（巻六、一一頁b）に見える。「一日、師謂衆曰『仏法不是小事。老僧昔被馬大師一喝、直得三日耳聾眼黒』。黄檗聞挙不覚吐舌（ある日、師は弟子達に『仏法は小事ではない。老僧は昔馬大師に一喝され、すぐに三日間耳が聞こえず目が見えなくなった』と言った。黄檗はそれを聞くと驚きのあまり舌を出した）」。

(73) 『広灯録』巻八、四五〇頁b。

(74) 権徳輿「道一塔銘」巻二八、三頁a。

(75) 『崇文総目』（『粤雅堂叢書』本）巻四、八二頁b、八四頁b。

(76) 『通志二十略』（北京：中華書局、一九九五）一六四三頁。

(77) 元脱脱等『宋史』（北京：中華書局、一九七七）巻二〇五、五一八一、五一八三、五一八六頁。

(78) 『伝灯録』巻六、三頁b。

(79) 『伝灯録』巻六、三頁b―四頁a。

(80) Yanagida, "The 'Recorded Sayings' Texts of Chinese Ch'an Buddhism," 194-97.

(81) 同上、197。

(82) 鈴木哲雄『唐五代禅宗史』三五二―五三、三五九―六三頁。冉雲華も『頓悟要門』の「見性」の観念が神会の思想と類似することを指摘している。「論唐代禅宗的見性思想」『従印度仏教到中国仏教』（台北：東大図書公司、一九九五）一三三―一三七頁参照。

(83) Scott D. Peterman, "The Legend of Huihai" (PhD dissertation, Stanford University, 1986), 84-227.

(84) 『頓悟入道要門論』『続蔵経』第六三冊、二〇頁a。

(85) 瀧瀬尚純「荷沢神会と大珠慧海」『印度学仏教学研究』五三―一（二〇〇四）一三七―九頁。

(86) 『神会和尚禅話録』八、五〇頁。

(87) 『歴代法宝記』『大正蔵』第五一冊、一九〇頁a―九五頁c。

(88) 『伝灯録』巻六、三頁b―七頁a。

(89) 『祖堂集』巻一四、六二〇―二三頁。

(90) 『伝灯録』巻二八、八頁b―一七頁b。

(91) 『祖堂集』巻一四、六二〇―二三頁。

(92) 『宗鏡録』巻八五、八八三頁a、巻九八、九四六頁b。

(93) Scott D. Peterman が既にこの点を指摘している。"The Legend of Huihai," 112-13 参照。

(94) 本章第一節の考察参照。

(95) 柳田聖山はこの序を「禅宗語録の形成」に収録している。『印度学仏教学研究』一八―一（一九六九）四三頁。

(96) 『全唐文』巻四四六、六頁b。

(97) 『大正蔵』第五五冊、一一〇一頁a。

(98) 『大正蔵』第四八冊、巻一五、四九四頁c、巻九八、九四四頁c。

(99) 『崇文総目』巻四、八四頁a。

(100) 慧洪「題百丈常禅師所編大智広録」『石門文字禅』巻二五、一四頁a―b。柳田聖山『語録の歴史』三六〇頁、"The 'Recorded Sayings' Texts," 191-92 参照。

(101)『石門文字禅』巻二五、一四頁a—b。
(102) 宇井伯寿『第二禅宗史研究』（一九四一、再版、東京：岩波書店、一九六六）三九六—四二三頁。
(103)『語録の歴史』二五、三六〇—六一頁。
(104)『古尊宿語録』巻一、一〇—一四頁。鈴木哲雄が既にこの主題に注目している。「百丈広録にみられる思想」『印度学仏教学研究』四六—二（一九九八）六七頁参照。
(105) 詳しくは本書第六、第九章の議論参照。
(106) K.J. Solonin, "Tangut Chan Buddhism and Guifeng Zongmi,"『中華仏学学報』第一一期（一九九八年七月）三六五—四二四頁、"Hongzhou Buddhism in Xixia and the Heritage of *Zongmi* (780-841): A Tangut Source." *Asia Major* 16.2 (2003): 57-103 参照。
(107)『崇文総目』巻四、八一頁b。
(108)『新唐書』巻四九、一五三一頁。
(109)『郡斎読書志校証』巻一六、七八八頁。この他、『遂初堂書目』は『龐居士詩』を著録（二八頁b）、『通志』は『龐居士歌』一巻、『龐居士語録』一巻、『龐蘊詩偈』三巻を著録する（『通志二十略』一六四七、一六四八頁）。椎名宏雄『宋元版禅籍の研究』（東京：大東出版社、一九九三）四一五、四二一、四二三、四三二頁。
(110)『郡斎読書志』は龐蘊を襄陽の人だとするが、『祖堂集』は彼が晩年に襄陽に住んだと記しており（巻一五、三四八頁）、晁公武はあるいはこれによって誤った推測をしたのかもしれない。明崇禎（一六二八—一六四四）本『龐居士語録』には無名子に帰される序が一篇あり、龐蘊の父親は衡州刺史だと言う。この説には何ら早い時期の根拠はなく、恐らく誤った推測に過ぎないだろう。
(111)『龐居士語録』『続蔵経』第六九冊。このテキストの編者は于頔（?—八一八）に帰される。于頔は七九八年から八〇八年の間に襄州に鎮しており（郁賢皓『唐刺史考』、巻一八九、二五八九頁参照）、このテキストの第一部分は後の編集なので、彼に帰するのは信頼できない。

(112) 陳尚君は『宗鏡録』『万善同帰集』『虚堂和尚語録』から詩を七首増補した。『全唐詩補編』第二冊、巻二一、九七一―七三頁参照。

(113) 『祖堂集』巻一五、六九九頁。

(114) 『伝灯録』巻八、一八頁a。

(115) 前節の考察を参照。

(116) 『龐居士語録』巻上、一三一頁a。

(117) 『宋高僧伝』巻一一、二五九―六〇頁。

(118) Yanagida, "The 'Recorded Sayings' Texts," 197 参照。

(119) 『祖堂集』巻一五、六七三―七五頁、『伝灯録』巻七、八頁b―九頁b。

(120) 『宗鏡録』巻二三、五四三頁c、巻九八、九四四頁c。その内上堂語一則が『伝灯録』(巻七、九頁a―b)にも収録されている。『宗鏡録』(巻九八、九四五頁a)と『伝灯録』(巻七、七頁b)は『法常語録』には見られない問答を各々一則多く収録している。

(121) 『大正蔵』第五五冊、一一〇六頁b。

(122) 『南泉語要』は賾蔵主(宇井伯寿と柳田聖山は守賾僧挺と見なす)によって南宋紹興年間初め(約一一三一)に編纂された『古尊宿語要』に収録された。後者はもとは南泉等二十家の語要を収録していたが、その後咸淳三年(一一七六)に重刊され、臨済等の八家を増補した。明永楽十一年(一四一四)に大蔵経に編入される時になって、またもや懐譲等の九家を増補し、三十七家、四十八巻の『古尊宿語録』となった。柳田聖山編『禅学叢書・古尊宿語要』(京都:中文出版社、一九七三)、蕭萐父・呂有祥・蔡兆華点校『古尊宿語録』(北京:中華書局、一九九四)前言、二六―二八頁参照。

(123) 『宋高僧伝』巻一一、二四九頁。

(124) 『唐文粋』巻六二、四頁b―五頁a。

(125) 『唐代墓誌彙編続集』九一三頁、『全唐文』巻九一九、一〇頁b―一一頁a。

(126)『唐文粋』巻六四、七頁b。
(127)天頙『禅門宝蔵録』所収、『続蔵経』第六四冊、巻一、八〇九頁a。無染のこの論は既に亡佚しているが、数則が『祖堂集』と『禅門宝蔵録』に残っている。後者は一二九三年に編纂された。
(128)『全唐文』巻七一五、二三頁a―b。
(129)『全唐文』巻七三三、二二頁a。
(130)『白居易集』巻四一、二六九一―九二頁。
(131)『宋高僧伝』巻一〇、二三三頁。
(132)『宋高僧伝』巻一一、二五〇頁。
(133)『宗鏡録』巻九八、九四三頁b。
(134)『大正蔵』第五五冊、巻一、一〇八四頁b。
(135)『新唐書』巻五九、一五三〇頁。
(136)『郡斎読書志校証』巻一六、七九四頁。
(137)晁迥『法蔵砕金録』(『四庫全書』本)巻一、二五頁b―二六頁a、巻二、一二頁a―b、『道院集要』(『四庫全書』本)巻二、五頁a。

第六章　古典禅の宗旨と実践

晩唐以降に捏造された機縁問答と物語の中で、馬祖は読経坐禅に反対する「反伝統」のイメージを作り上げられた。しかし実際には逆で、馬祖は仏教典籍に大変精通していた。本書第五章で考察したおおむね信頼できる示衆語六則と問答三則の中で、馬祖は経論を何と三十六回も引用しており、『楞伽経』、『勝鬘経』、『涅槃経』、『大乗起信論』、『宝性論』、『華厳経』、『法華経』、『観無量寿仏経』、『般若波羅蜜経』、『大宝積経』、『維摩詰経』、『首楞厳経』、『大方等大集経』、『金光明経』、『大集大虚空蔵菩薩所問経』、『十地経論』、『成唯識論』、『金剛三昧経』、『法句経』等の二十数部の経論に言及する。(1)

初期禅と同じように、古典禅の宗旨の基礎は主に如来蔵／仏性思想と般若中観理論の融合である。馬祖は初期禅の伝統を踏襲して、菩提達摩による『楞伽経』伝習を公言していた。また主にこの経典及び如来蔵系の経論である『勝鬘経』、『宝性論』及び『起信論』等を用いて洪州禅の宗旨の枠組みを構築した。それによって如来蔵／仏性が遍在するという肯定モデルを際立たせ、禅思想のために幾つかの新たな主題と実践を取り入れた。これらの新たな主題と実践は、禅宗の発展において最も重要な段階である古典禅の始まりを示している。彼の弟子と再伝の弟子がさらに一歩進んでこれらの新たな宗旨と実践を完成させ、かつ般若中観の智慧を融合させて、古典禅の宗旨をさらに完璧にさせ、後代の禅宗の土台を打ち建てたのである。

一、平常心と仏性

比較的初期の研究では「即心是仏」というスローガンを洪州禅の宗旨の核心的観念であると見なした。(2) その後、鈴木哲雄は一九八四年に出版された『唐五代禅宗史』の中で、多くの資料を収集し、それによってこのスローガンが馬祖以前に既に出現していたことを説明した。(3) これらのデータの中で、幾つかは作者の信頼性に問題があり、例えば宝誌（四一八？—五一四）と傅大士（四九七—五六九）の数則、(4) 及び『祖堂集』、『宗鏡録』、『伝灯録』に見える成熟した機縁問答で、禅宗二祖慧可（四八七—五九三）、六祖慧能、司空本浄、青原行思、南岳懐譲、牛頭慧忠、石頭希遷等に関するものである。(5) その他におおむね信頼できるものも幾つかあり、それは四祖道信に帰せられ『楞伽師資記』に収録されている『入道安心要方便法門』、敦煌出土の荷沢神会語録、『伝灯録』巻二十八所収の『南陽慧忠国師［広］語』、及び『曹渓大師別伝』の中で唐高宗（六四九—六八三在位）に帰される詔令である。(6) 最後の高宗への帰属は信頼できるわけではないが、『曹渓大師別伝』は七八一年に撰述されており、恐らく荷沢宗と関連しているであろう。(7) しかし、もし詳細に考察を加えたなら、『入道安心要方便法門』に見える「即心是仏」は『観無量寿仏経』からの引用である。その本来の意味は念仏を通して心と仏を合一させられるということであり、(8) 後の古典禅の観念とは明らかに異なっている。南陽慧忠が生きた時代についてはなお少なからざる疑問がある。彼は恐らく馬祖と同時代でやや年上だが、このスローガンが言われるようになったのが馬祖よりも早いか否かはなお判断し難い。『伝灯録』巻二十八「諸方広語」所収のテキストは一般に信頼できるが、『南陽慧忠国師［広］語』はやはりその門人の潤色を経ている可能性がある。神会語録中の記述のみ馬祖よりも早いと確信できるが、「即心是仏」の「心」は神会語録の中では依然として初期禅の自性清浄心を指しており、[9] しかもこのスローガンは一度しか現れず、神会の理論的枠組みの中では決して重要な主題にはなっていない。

「即心是仏」及びその他類似の表現は馬祖及びその門人のおおむね信頼できる語録に頻繁に現れており、[10] さらに重要なのは、この「心」が普段の、実際の人心へと転化したことである。そのため、この命題はやはり洪州禅の理論的標識と見なされてよい。馬祖とその門人は時にはもう一つの命題である「平常心是道」によって彼らの禅学の観念をよりはっきりと表現していることは、下に引く馬祖の上堂語の通りである。

若欲直会其道、平常心是道。何謂平常心？　無造作、無是非、無取捨、無断常、無凡無聖。経云「非凡夫行、非賢聖行、是菩薩行」。只如今行住坐臥、応機接物、尽是道。[11]

（もし直ちに道を会得したいなら、平常心が道なのである。平常心とは何か？　作為がなく、是非がなく、取捨がなく、断見と常見がなく、凡もなく聖もないことである。経に「凡夫の行ではなく、賢者・聖人の行でもなく、菩薩の行である」と言う。例えば今行住坐臥し、機会に応じて対処することは、全て道である。）

「道」とは覚悟と覚悟へと辿り着く道のりを指している。[12] 平常心とは覚悟そのものであり、それは、意識の上では何らの対立する分別と思考を行わず、日常・現実の感覚的生活の中でのあらゆる自発的で自然な活動を直接指向することを意味している。汾州無業は初めて馬祖に拝謁した時、「嘗聞禅門即心是仏、実未能了（禅門では心が仏だそうですが、さっぱり悟れておりません）」と尋ね、馬祖は「只未了底心即是、別物更無（まだ悟れていない心こそがそれであって、他には何もない）」と答えた。[13] 未了の心とは普通の人の迷いの心であるが、馬祖はこれを仏または仏性と同じと見なした。馬祖はさらに次のように公言する。

自性本来具足、但於善悪事上不滞、喚作修道人。取善捨悪、観空入定、即属造作。更若向外馳求、転疎転遠。[14]

（自性は本来具足しており、ただ善悪の事柄において囚われなければ、修道の人と呼ぶ。善を取り悪を捨て、空を観じて禅定に入るというのは、つまり作為に類する。もし外界に向かって何かを追い求めるようなら、益々懸け離れてしまう。）

自性または平常心はもとより完全で具足しており、故意に善を取り悪を捨てる必要はないのであり、ここで言う平常心が完全かつ善悪・浄染を内包した実際の人心であることが分かる。この解釈は宗密の洪州の宗旨に対する「洪州意者、……全体貪嗔痴、造善造悪、受楽受苦、此皆是仏性（洪州の考えとは、……本質そのままに貪嗔痴を表し、善を行い悪を行い、楽を受け苦を受けること、それは全て仏性である）」という叙述と合致する。(15) 異なっているのは、馬祖が強調するのは倫理を超越した（しかし倫理を否定するわけではない）完全なる本心及び二項対立を超越した無分別智である一方、宗密はこれを倫理的二項対立に落ち着けており、馬祖の本来の意図とは一致していないのである。

仏教の基本的宗旨は無明をあらゆる煩悩の根源だとし、貪・嗔・痴の三毒及びその他一切の不適切な行いを取り除くよう求め、仏性を完全かつ善悪・浄染・迷悟を内包する実際の人心と無条件に同一視した馬祖の新たな観念は、立ち所に禅宗内部からの攻撃を招いた。南陽慧忠は最初の反駁者であったらしく、次のように言う。

或名異体同、或名同体異、因茲濫矣。只如菩提・涅槃、真如・仏性、名異体同。真心・妄心、仏智・世智、名同体異。縁南方錯将妄心言是真心、認賊為子、有取世智称為仏智、猶如魚目而乱明珠、不可雷同、事須甄別。(16)

（あるいは名前が異なるが本質は同じであり、あるいは名前が同じだが本質が異なり、そのため節度がなくなる。例えば菩提・涅槃、真如・仏性は、名前は異なるが本質は同じである。真心・妄心、仏智・世智は、名前は同じだが本質は異なる。南方で誤って妄心を真心と言い、賊を子と見なし、世智を仏智と呼んだためで、魚の目玉なのに輝く宝珠と見間違えるようなものだが、同調してはならず、区別すべきである。）

慧忠はある種の南方の宗旨が妄心を真心と混同し、世智を仏智と混同していると批判する。学者たちは一般に慧忠が批判したこの南方の宗旨とは洪州の宗旨を指すと考える。[17] 慧忠本人も恐らく「即心是仏」を提唱したが、彼は馬祖が妄心を真心に含めるのが許せなかった。何故なら彼は、このような言動は真珠の中に石ころを混ぜて誤魔化すことであり、仏教の基本的教義に背き、混乱させることだと見なしたからである。

踵を接して現れたのが宗密の批判であり、彼は洪州思想は仏教の伝統に対する最大の脅威であると激しく非難した。

今洪州但言貪・嗔・戒・定一種、是仏性作用者、闕於揀弁迷悟倒正之用也。……洪州常云貪・嗔・慈・善皆是仏性、有何別者？　如人但観湿性始終無異、不知済舟覆舟、功過懸殊。故彼宗於頓悟門雖近、而未的於漸修門、有誤而全垂。[18]

（今洪州がただ貪・嗔・戒・定は平等で、仏性の働きだと言うのは、迷妄と覚悟、顚倒と正見を選び取り判別する作用を欠いている。……洪州は貪・嗔・慈・善は全て仏性であり、他に何があるというのか、といつも言う。まるでただ水の本質である湿性が一貫して同じであることだけを見ており、船で渡るのと船が転覆するのとでは、功罪が懸け離れていることが分からないのである。従ってあの宗は頓悟の法門には近いが、漸修の法門をはっきり分かっておらず、誤りがあって全体に食い違う。）

宗密は洪州の宗旨が貪り・怒りと慈悲・善行を同一視し、無明痴迷を覚悟とし、是非を転倒させたと批判する。彼は水が舟を渡らせることもできれば舟を転覆させることもできるという譬えで、洪州の宗旨は仏教の舟が転覆するという深刻な結末を生み出すかもしれないと警告した。[19]

慧忠と宗密の批判の立場は基本的には倫理的なものであり、彼らが憂えたのは、主として馬祖の「平常心」が経典を離れ道に背き、仏教の倫理に違反する方向へと導きかねないことだった。しかしながら、彼らはただ洪州思想を表面的に理解しただけで、深い意味においては、馬祖は故意に痴妄の心を提唱したわけではなくて、悟りと迷い、浄と染が衆生の心の中では切り離せない関係だと肯定したことを、まだ分かっていなかったようである。この認識は、我が道を行く式の新発明というわけではなく、インド大乗の如来蔵／仏性理論の豊かで複雑な内容の中から幾つかの説を選び取り、かつより明瞭な説明を加えたものなのである。

馬祖は上堂語の中で、菩提達摩と彼自身はいずれも『楞伽経』に基づく「一心之法」を伝授したと言う。「達磨大師従南天竺国来、唯伝大乗一心之法、以『楞伽経』印衆生心、恐不信此一心之法（達摩大師は南天竺国からやって来て、ただ大乗の一心の法を伝えた。さらに『楞伽経』によって衆生の心にお墨付きを与えたのは、この一心の法を信じないのを案じたからである）」[20]。この一心の法が指すのはすなわち如来蔵思想であり、『楞伽経』と『起信論』の中で、一心はみな如来蔵と同じと見なされている[21]。馬祖門人が編纂した『宝林伝』では[22]、二十二祖の摩拏羅が「我有無上法宝、是如来蔵。爾時世尊、付於迦葉、如是輾転、乃至於我。我今将此正法眼蔵、付囑於汝（私にはこの上ない法宝がある、それは如来蔵だ。かつて世尊は、迦葉に付与し、このように次々と、私にまで伝わった。私は今この正法眼蔵を、お前に与えよう）」と述べている[23]。この箇所は、禅宗で祖から祖へと相伝されているのがまさしく如来蔵であると、明確に指摘している。

如来蔵のサンスクリットの原語は tathāgata-garbha で、直訳すると「如来胎」であり、「胎」（garbha）には胎児（embryo）と母胎（womb）という二重の意味がある。如来胎／如来蔵の意味合いは如来蔵系の典籍の中で各々の文脈につれて変化する。まず「因」の角度から如来蔵を解釈すると、一切衆生はみな如来の胎児（まだなってはいないが、将来如来へと成長できる者）を持っていることを比喩的に説明しており、すなわち成仏／覚悟の種子、要因、能力、可能性であり、仏性（因の側面）、仏種（訳者付記：仏の家系、仏となる種族）／種姓（gotra）等と近い意味である[24]。次に

「果」の角度からは、如来蔵を成仏の基礎、本性、結果と解釈し、そのため仏性（果の側面）、菩提、法身、真如と同義である。[25] 初期禅の大師たちと同じように、馬祖は後者の意味を偏重し、つまり主に「果位」の面から衆生が生まれながらに持っている円満な仏性と真如法身を肯定し、上堂語の中でこれを「自家本心（自分の本心）」、「自家本性（自分の本性）[26]」、「自家宝蔵（自分の宝蔵）[27]」、「摩尼珠[28]」、「在纏名如来蔵、出纏名大法身（煩悩の中では如来蔵と名付け、煩悩から出ると大法身と名付ける）」と丁寧に呼び替えていたのである。[29]

第三に、如来蔵という語はさらに成仏の要因と本性を持った衆生を指しており、例えば『如来蔵経』が「如来以仏智眼、見一切有情如来蔵（如来は仏智の眼によって、一切衆生の如来蔵を見る）」、「一切衆生是如来蔵（一切衆生は如来蔵である）」という通りである。[30] ここで如来蔵は「母胎」の比喩の意味によって、仏因仏性は無量の煩悩の垢に覆われており、それを持つ者は自身が本来備えているこの宝蔵に気づかないという衆生の存在状態を指し示している。[31] この意味の如来蔵は、「在纏如来蔵（煩悩における如来蔵）」または「有垢真如（煩悩を持った真如）」とも呼ばれる。[32] 如来蔵の汚れの面を解釈するために、『楞伽経』は如来蔵を阿頼耶識と同じと見なして、染浄の種を蓄える蔵識とした。そこで如来蔵は、「如来之蔵是善不善因、故能与六道作生死因縁（如来の蔵は善悪の原因であるので、六道において生死の因縁を作り出すことが出来る）」というように、あらゆる浄と不浄の法の根源として描写されたのである。[33]

このような、内在する清浄と外部に現れた汚れという如来蔵の複雑な矛盾は、『起信論』において、心真如と心生滅という、有名な一心二門として説明された。『起信論』は直接に「衆生心」によって如来蔵を指し示し、またこの心が共存させている心の真如と心の生滅という二つの面から衆生の善悪・染浄の因が共存しているという現象を説明した。心の真如は不生不滅の清浄仏性であり、心の生滅とは生死が何時までも続く、汚れた不浄の現象世界のことである。心の真如と心の生滅の関係が「不一不異（一つではなく別でもない）」であるため、両者の差異はただの視点の問題に過ぎない。迷いの中にいる衆生はこの心を垢染と見なすが、彼らが究極の真理（真如）の角度から見たなら、彼らはこの心が本来は清浄で完全であり、真如法身とおなじだと分かるだろう。(34) そのため、「心真如とは心生滅の実相であり、生滅法の空にしてかつ真実であるという本質を離れて別に心真如があるわけではない」のである。(35)

馬祖はまさにこの思想に基づいて仏性／一心を日常の染浄を含んだ現実の人心と同じだと見なした。彼の「平常心」とは明らかに『起信論』の「衆生心」から発展させたものであるが、あらゆる生命体を含む衆生心と比較すると、平常心はより直接に人心・人性を指し示している。彼は直接『起信論』を模倣し、心真如と心生滅の二面から平常心を解釈した。

心生滅義、心真如義。心真如者、譬如明鏡照像。鏡喩於心、像喩諸法。若心取法、即渉外因縁、即是生滅義。不取諸法、即是真如義。声聞聞見仏性、菩薩眼見仏性。了達無二、名平等性、性無有異、用則不同。在迷為識、在悟為智。順理為悟、順事為迷。迷即迷自家本心、悟即悟自家本性。(36)

（心生滅の義と、心真如の義。心真如とは、例えば曇りなき鏡が像を映し出すようなものである。鏡は心の喩えで、像は諸法の喩えである。もし心が諸法を対象として執着すると、つまり外界と関わる因縁なのであり、それが生滅の義である。諸法を取らないのが、真如の義である。声聞は仏性を耳で聞き、菩薩は仏性を眼で見る。無二を悟れば、平等性と名付けられる。ただし、本性に差別はなくとも、作用には差異がある。つまり迷いにおいては識であり、悟りにおいては智である。真理に従えば悟りであり、事象に従えば迷いである。迷いとは自分の本心に迷うことであり、悟りとは自分の本性を悟ることである。）

馬祖は鏡と像の関係を比喩として、心真如と心生滅の複雑な関係を説明した。この心が事物を感じ取るのは、まさに鏡が物の像を映し出すのと同じなのである。もしこの心が世俗の角度から物事を感じ取ってそれらに執着しようとするなら、各種の条件及び因縁と一致し、そのため生滅に隷属することとなり、蔵識／阿頼耶識と同じように作用する。もしこの心が了悟の角度から事物を観察したら、二度とそれらには執着せず、そのため各種の条件及び因縁を離れて、仏智と真如と同じように作用する。換言すれば、究極の真理（真如）の角度から見れば、この心はすなわち覚悟であり、現象世界の角度から見れば、この心はすなわち無明なのである。そのため、「迷即迷自家本心、悟即悟自家本性」なのであり、この心は永遠に保たれて変化しない。転換が必要なのはこの心そのものではなくて、衆生がこの心と外界の現象を観察・認識する角度と方法なのである。[37]馬祖が汾州無業に「未了底心」がすなわち仏性だと告げた時、彼はさらに解釈を加えて「不了時、即是迷。若了、即是悟。迷即衆生、悟即是仏。道不離衆生、豈別更有仏。亦猶手作拳、拳全手也（悟っていない時とは、すなわち迷いである。もし悟ったら、すなわち悟りである。迷いとは衆生であり、悟りとは仏である。道は衆生を離れてはいない、どうして他に仏などがあるだろうか。それは手が拳を作り、拳が手となるようなものだ）」と言った。この手と拳は不二であり、衆生と仏陀は一如だという活き活きした譬喩によって、無業は豁然と開悟させられ、「今日始知法身実相、本自具足！（今日やっと法身の実相は本来具足していることが分かりました！）」と言った。[38]天皇道悟（七二七―八〇八）も「垢浄共住、水波同体（汚れと清らかさはともに在り、水と波は本体を同じくする）」と言う。[39]水と波の関係の譬喩は『楞伽経』と『起信論』に見え、天皇はこれを使って清浄の本性と汚染された心の不可分な関係を説明した。『楞伽経』には次のように言う。

非異非不異、海水起波浪。
七識亦如是、心倶和合生。[40]
（心と七識とが異ならず同じでもないのは、海の水と波のようなもの。七識もそのようであり、心と和合して生じる。）

『起信論』には次のようにある。

以一切心識之相皆是無明、無明之相不離覚性、非可壊非不可壊。如大海水因風波動、水相風相不相捨離、而水非動性、若風止滅、動相則滅、湿性不壊故。如是衆生自性清浄心、因無明風動、心与無明倶無形相、不相捨離、而心非動性。(41)

(一切の心識の相は全て無明であり、無明の相は覚性を離れておらず、壊せるのでも壊せないのでもない。例えば大海原の水が風によって波立つ時、水の相と風の相とは互いに離れることはない。しかし水の本性は静であるから、もし風が止めば、動の相は滅するが、水の湿潤な本性は壊されない。このように衆生の自性清浄心は、無明の風によって動き、心と無明とはともに形相がなく、互いに離れないが、心は動くという性質のものではないのである。)

両書におけるこの譬喩の用い方は些か異なるが、(42)両者ともに真如の水が掻き乱される時には無明の波がすぐに湧き起こるが、波と水は本質的には違いはないということを強調する。

天台宗では智顗の頃から「如来性悪(如来の性は悪である)」、「貪欲是道(貪欲が道である)」等の新たな説を出し始めた。洪州禅の染浄・善悪を内包した「平常心」は、天台思想からの啓発と影響を受けた可能性が高い。しかしながら二家の説には大きな違いがあることに注意すべきである。天台の「如来性悪」は仏性の二元化を強調し、仏は悪性を持つが、悪を修することはなく、闡提は善性を断たれているわけではないので、善を修し善を起こすことができる。「貪欲即是道」の説も同様に悪の中で善を修するという強い倫理的指向を持っている。(43)洪州の「平常心」が仏性一元論を際立たせたのが、所謂「取善捨悪、観空入定、即属造作(善を取り悪を捨て、空を観じて禅定に入るのは、すなわち作為に属する)」であり、倫理を超越した(しかし倫理を否定するのではない)「無分別智」を強調し、日頃の人心と日常の生活の円満具足を肯定し、区別と修行は必要ないとすることが目的であった。

この他、馬祖とその門人はさらに如来蔵理論のもう一つの重要な観念である、真如法身は常住不滅であるという点について述べた。『勝鬘経』及び『起信論』を含むその他の如来蔵系典籍は、如来蔵の法身真性に常、楽、我、浄という四つの特性を与えた。(44) 馬祖は仏性を平常心と同一視すると同時に、この心の真常不滅の性をも強調した。

此心与虚空斉寿。乃至輪廻六道、受種種形、即此心未曽有生、未曽有滅。……四大之身、見有生滅、而霊覚之性、実無生滅。汝今悟此性、名為長寿、亦名如来寿量、喚作本空不動性。(45)

（この心は虚空と寿命が等しい。六道を輪廻し、様々な肉体を受けるのだが、この心は生じたことはないし、滅したこともない。……地水火風の四大からなる身は、生滅があるが、覚悟という本性には、実は生滅がないのである。お前が今この性を悟るなら、長寿と名付け、また如来寿量と名付け、本空不動性と呼ぶ。）

馬祖門人である大珠慧海、汾州無業、楊岐甄叔、及び再伝の弟子である黄檗希運もみな仏性の真常不滅について言及している。楊潜が無業のために撰述した碑は「汝等見聞覚知之性、与太虚同寿、不生不滅（お前たちの見聞覚知の本性とは、太虚と寿命を同じくし、生じも滅しもしない）」という言葉を記しており、(46) 志閑が甄叔のために撰述した碑は「群霊本源、仮名為仏、体竭形消而不滅、金流朴散而常存（生きとし生けるものの根本を、仮に仏と名付け、形ある肉体が尽き果てても不滅であり、純朴な精粋が散り散りになっても常に存在する）」という言葉を記している。(47)『越州大珠慧海和尚［広］語』には「身因性起、身死豈言性滅？（身は性によって生起するが、身が死んでもどうして性が滅すると言えようか）」とあり、(48)『伝心法要』には「此霊覚性無始已来、与虚空同寿、未曽生未曽滅（この覚悟の本性は太初の昔から、虚空と寿命を同じくし、生じたことも滅したこともない）」とある。(49) 南陽慧忠は洪州禅に対する批判の中に、ある遊行僧の質問を載せている。

彼方知識直下示学人、即心是仏、仏是覚義。……此身即有生滅、心性無始以来未曽生滅。身生滅者、如竜換骨、蛇脱皮、人出故宅。即身是無常、其性常也。

（あちらの善知識が学徒にずばりと示すように、心こそが仏であり、仏とは覚悟の意味である。……この身には生滅があるが、心性は太初の昔から生滅したことがない。身が生滅するというのは、竜が骨を取り替え、蛇が皮を脱ぎ捨て、人が古い家を出るようなものである。つまり身は転変するが、その性は恒常なのである。）

慧忠はこの種の宗旨は外道が宣揚する「神我」と同じだと激しく批判した。[50] この遊行僧が伝えた洪州の宗旨は些か誇張気味のようではあるが、彼は確かに馬祖の如来蔵／仏性の真常不滅の観念を伝えている。前述のように、このような観念は伝統的大乗如来蔵思想の継承であり、慧忠が批判するような「神我」の観念ではない。

とはいえ、慧忠の批評は全く道理のない孤立したものというわけではなく、如来蔵理論の常、楽、我、浄の四徳は古来絶え間なく疑問を投げかけられており、インドにおける他の宗教的伝統の影響を受け、釈迦牟尼の無常、苦、無我、縁起に関する基本的教義に背くと見なされている。[51] 確かに、「如来法身遍在一切諸衆生身（如来の法身は一切衆生の身に遍在する）」、「一切衆生皆悉実有真如仏性（一切衆生は全て本当に真如の仏性を持っている）[52]」、「一切衆生如来之蔵常住不変（一切衆生の如来の蔵は常住にして不変である）[53]」といったように、衆生はみな成仏の要因と本性を備えていると大乗如来蔵／仏性理論が公言する場合、この種の絶対的であらゆる所に存在する常住不変の仏因仏性は、本体、存在、永遠という意味を含んでしまうことを避けられない。しかしながら、仏教の如来蔵思想の真如法身存在説とヒンドゥー教の「神我」（Ātman）説には本質的な違いがある。如来蔵経論で述べられる真如、法身、仏性、如来蔵等は、いずれも仏智、真性（空性）と同義である。『勝鬘経』と『宝性論』等は如来蔵を空如来蔵と不空如来蔵に分けたが、両者はいずれも空智であると肯定してもおり、「如是明離有無二辺、如実知空相（このように有無の二辺から離れ、真実の通りに空相を知ることを明らかにしている)」[54]。従って如来蔵の存在説は肯定の形で現れているとはいえ、突き詰めればやはり大乗の中観思想と相通じる「真空妙有」の不可思議境であり、縁起性空の義に背いてはいないのである。[55]『宝性論』為何義説品では、まさしく衆生に「神我」等の誤った執着を捨てさせるためにこそ、仏は如来蔵の義を説いたのだとすら明示しており、[56]『楞伽経』でも如来蔵説と「我論」との隔たりを強調し、「如来之蔵、……離無常過、離於我論、自性無垢、畢竟清浄（如来の蔵は、……無常の過ちを離れ、我論を離れている。本性として汚れがなく、とどのつまりは清浄なのである)」と言う。[57]

実際には、如来蔵／仏性思想は原始仏教の教義に背くと言うよりは、大乗仏教の慈悲救世の観念における重大な展開と言うべきである。少なからざる学者が、如来蔵思想は大乗仏教の智慧（般若）から慈悲への転回を表していると見なしている。[58]この思想は多くの衆生に対する哀れみに発しており、自分は生まれながらに成仏の能力と本性を有していると彼らが信じるよう啓発し、彼らを無量の煩悩の中から解脱を得られるよう導くものである。『宝性論』は如来／仏陀が世間に対する慈悲から発してあらゆる衆生はみな如来蔵を持つと示したことを繰り返し強調する。

如来亦如是、見貪煩悩垢、不浄衆生中、具足如来蔵。
以大慈悲心、憐愍世間故、為一切衆生、除煩悩花葉。[59]
（如来もまたそのように、貪欲と煩悩で汚れた不浄な衆生の中に、如来蔵が具足しているのを見る。
大慈悲の心で世間を憐れみ、一切衆生のために煩悩の花びらを取り除いてやる。）

馬祖は大変明確に衆生が如来蔵を「信じる」よう導くことを彼の宗旨の出発点とした。彼は上堂した時に「汝等諸人各信自心是仏、此心即是仏心。達磨大師従南天竺国来、唯伝大乗一心之法、以『楞伽経』印衆生心、恐不信此一心之法。『楞伽経』云仏語心為宗、無門為法門。何故仏語心為宗？　仏語心者、即心即仏、今語即是心語。故云仏語心為宗（お前たちそれぞれに自分の心が仏であり、この心がすなわち仏の心だと信じなさい。達摩大師は南天竺国からやって来て、ただ大乗の一心の法を伝授し、『楞伽経』によって衆生の心にお墨付きを与えたのは、この一心の法を信じないのを案じたからである。『楞伽経』は仏語心を宗とし、無門と法門とすると言う。どうして仏語心が宗なのだろう？　仏語心とは、心こそが仏、いま発せられている言葉は心の語ということである。従って仏語心を宗とすると言うのだ）」と説いた。[60] ここで馬祖は明らかに菩提達摩が述べた「二入四行」の中の理入の「藉教悟宗、深信含生同一真性（教えを手立てとして宗を悟り、生きとし生けるものは同じ真性があるのだと深く信じる）」ということを論じている。[61] ここの「信」字はキーワードであり、軽々しく見過ごしてはならない。前述のように、「一心之法」は如来蔵／仏性理論を指している。この理論は、如来（仏）と如来蔵（真性）の信仰こそが最高の功徳で、信の対象である仏と信の主体である仏性を持った衆生は同質のものであり、その義理は「知之理解」によるのでも、「行」の体得によるのでもなくて、「信」によって得られるのだと強調する。『如来蔵経』と『不増不減経』はいずれも、如来は智慧の眼で観察し、一切衆生に如来蔵があるのを見、衆生は「於此義中、唯可仰信、不能如実知見観察（如来蔵の義において、ただ仰ぎ信じられるだけであり、真実の通りに見て観察することはできない）」と指摘する。[62]『宝性論』は如来蔵／仏性について、「若有能信者、得無量功徳（信じられる者は、無量の功徳を得る）」、「聞已復能信、過施福無量（聞いた上でさらに信じられるなら、与えられる福は無量である）」と度々強調する。[63] その書名が示しているように、『大乗起信論』という書物の趣旨は「起大乗正信、仏種不断故（大乗の正信を起こし、仏種が絶えないために）」であり、大乗の根本義に対して信仰心を起こし、仏の家系／仏教の信徒を綿々と長く続かせることであった。そしてこの書物が説く大乗の根本義とは、所謂如来蔵／衆生心の「一心」、「二門」、「三大」である。衆生心の一心二門は、既に上文に見える。所謂三大とは、衆生心を体大、相大及び用大に分けたものである。体大とは、衆生心の本質が真如であり、仏と平等で、凡聖が一如だということである。相大とは、衆生心が仏陀の功徳を具足していることである。用大とは、衆生心によってこそ仏陀は救済の活動を行い、世間・出世間のあらゆる善なる原因と結果を生み出せることである。[64] 馬祖が説く「各信自心是仏」はすなわち『起信論』の「起大乗正信」である。衆生心が如来蔵／仏性であること、如来蔵の中には無量の功徳が備わっていることを信じ理解し、それによって仏智に通じ、成仏／覚悟という究極の目標を実現することができるのである。

二、本覚と無修

呂澂（一八九六―一九八九）は、中国禅の「基本的理論は『起信論』類の『本覚』思想によって終始貫かれている」と鋭く指摘している。[65] 平常心を仏性と同一視する観念と呼応して、馬祖はさらに「本覚」という『起信論』の中に見えるもう一つの重要な観念を提唱した。馬祖は上堂して次のように説いた。

本有今有、不仮修道坐禅。不修不坐、即是如来清浄禅。[66]

（本来あって今もあるので、修道や坐禅に頼らない。修道せず坐禅しないというのが、如来の清浄禅である。）

今見聞覚知、元是汝本性、亦名本心。更不離此心別有仏。此心本有今有、不仮造作、本浄今浄、不待瑩拭。自性涅槃、自性清浄、自性解脱、自性離故。是汝心性、本自是仏、不用別求仏。[67]

（いま見聞覚知するのは、元来お前の本性であり、本心とも名付ける。この心以外に他に仏があるわけではない。この心は本来あって今もあるので、作為に頼らず、本来清らかで今も清らかなので、拭って磨く必要はない。自己の本性は涅槃であり、清浄であり、解脱であり、妄想の根拠を持たないからである。そのようなお前の心性は、本来仏なのであり、他に仏を探し求める必要はない。）

『大般涅槃経』が衆生の悉有仏性を説明する時には、用いる譬喩の意味が全て同じというわけではなかった。その中で力士の額の宝珠、貧女の宝蔵等の譬喩は仏性がもとから有り、衆生に生まれながらに備わっていることを説明する。一方で雌馬を買う者は子馬の値段を払わなくてもよいこと、麻は油を搾れるが油ではないこと等の譬喩は、仏性が衆生に本来備わったものではなくて、後天的に得るものだということを説明している。これらの一様ではない説明のために、南北朝から初唐の仏性論学者は先天的に有る、後天的に有る、先天でも後天でもある、先天でも後天でもない等の種々に異なった見解を出すことになった。(68) 馬祖が上で引用した言葉の中で「本性」、「本心」、「本自是仏」、「本有今有」、「本浄今浄」等の語句を繰り返し使い強調したことは、彼が自覚的にこの論争を踏襲し、かつ明らかに仏性本有の説を採用したことを表している。そして彼の本有説は、主に『起信論』の本覚の観念に基づいている。

『起信論』の中で、本覚は不覚、始覚と連続しており、三者が合わさって一つの宗教的実践の循環を構成する。一切衆生は生まれながらに覚悟の性を備えているが（本覚）、彼はこの本性に気づいていないため、種々の妄念を生じる（不覚）。坐禅等の実践を通して、彼らは妄念には何の本質的存在もないことを悟り、それによって覚悟に到る（始覚）。従って、始覚とは何らかの新たな物を獲得することなどではなくて、ただ彼らの本覚へと引き戻されるに過ぎず、「然始覚時、即是本覚、別無覚起（始覚する時とは、すなわち本覚なのであり、別に覚悟が生じるのではない）」のである。(69) 馬祖の「本有今有」、「本浄今浄」はこの循環プロセスを簡略化して、本覚を際立たせた。もし覚悟へと引き入れるプロセスがあらかじめ起点を定めてあり、かつ最後にこの起点に帰ってくるのなら、もし覚悟というものがただどの角度から観察するかの問題に過ぎないなら、求道者はただこの起点に立って、この本覚の角度から観察しさえすれば、覚悟が「本有今有」であり、何の修行にも依存しないことを見出すであろう。(70)

馬祖による本覚の提唱という背景の下では、「対迷説悟、本既無迷、悟亦不立（迷いがあるから悟りを説くのであって、本来迷いはない以上、悟りも生じない）」ので、[71] 神会が掲げた頓悟と漸悟の争いは無意味になった。「頓悟漸修」を提唱した宗密は、洪州禅が頓悟の門に近いが、「未的於漸修門、有誤而全垂（漸修の法門をはっきり分かっておらず、誤りがあって全体に食い違う）」と批判したのであった。[72] しかしながら、究極的な意味の上では、馬祖はあらゆる形式の開悟を否定した。開悟とは悟と迷、明と痴の区別を前提とするのであり、平常な心の全体が既に仏性なのだから、本来区別は必要なく、頓悟であれ漸悟であれ、開悟も存在しないのである。実際には、前述のように馬祖にとっては、信じることが悟りよりも重要であり、「信此一心之法（この一心の法を信じ）」、自身の平常の人心が如来蔵／仏性であると信じれば、真っ直ぐに仏智へと到達して、本覚を実現できるのである。或いは換言すると、馬祖にとっては、信と悟は実は同義語であり、信と悟が指向するのはいずれも自身の心が仏だということへの信念と理解である。

本覚を出発点としたため、馬祖は自ずと「漸修の門」に背くことになり、「道不用修（道は修行する必要がない）」を提唱した。[73] 宗密は洪州禅の無修の観念を次のようにまとめる。

既悟解之理、一切天真自然。故所修行、理宜順此、而乃不起心断悪、亦不起心修道。道即是心、不可将心還修於心、悪亦是心、不可将心還断於心。不断不造、任運自在、名為解脱人。無法可拘、無仏可作、猶如虚空不増不減、何仮添補。何以故？　心性之外、更無一法可得故、故但任心即為修也。[74]

（悟りの道理とは、一切がありのままの自然なものである。そのため修行というものは、その自然に従うのが当然であり、悪を断とうという心を生じさせたり、道を修行しようという心を生じさせたりはしない。道とはすなわち心であり、心によってさらに心を修そうとしてはならないし、悪も心であり、心によってさらに心を断とうとしてはならない。断ち切らず作為をせず、巡り合わせに身をゆだねて自在であるのが、解脱の人と名付けられる。拘るべき法がなく、なるべき仏がないのは、あたかも虚空が増えず減らず、付け加える必要がないようなものである。それは何故だろう？　心性の外には、手に入れられる法など何もないからであり、そのためただ心のままに任せることが修行なのである。）

心の自然な状態とは道または覚悟の状態であるため、禅の修行の実践はただ心の完全な状態を保ち、増やさず減らさず、外部から加えられるあらゆる制限から解脱して、自由自在に行動することであった。馬祖門人が編纂した『宝林伝』では、第二十四祖である師子比丘の口を借りて「諸仏禅定、無有所得、諸仏覚道、無有所証。無得無証、是真解脱（諸仏の禅定では、得るものはないし、諸仏の道の悟りでは、証するものはない。得ることがなく証することがないのが、真の解脱である）」と言う。[75] 碑文の記載によると、馬祖門人である西堂智蔵の新羅人の弟子である道義（？—八二五）は「無為任運（何もなすことなく巡り合わせにゆだねる）」、「修乎修没修、証乎証没証（修というのは修しても修することがないし、証というのは証しても証することがない）」といった洪州禅の宗旨を新羅へ伝えた。[76] そこで、「安心」、「守本真心」、「一行三昧」、「観心」、「離念」等の初期禅の各種の実践は、もはや提唱されることはなくなった。まさにベルナール・フォール（Bernard Faure）が的確に指摘したように、「一行三昧」の消失が初期禅と古典禅の「認識論の分水嶺」となったのである。[77]

馬祖の無修無証は如来蔵理論の「不起念」の観念を基礎とする。馬祖は上堂して「了心及境界、妄想即不生。妄想既不生、即是無生法忍（心と境界を悟ったら、妄想は生じなくなる。妄想が生じないなら、すなわちあらゆる現象は生じも滅しもしないことへの認識である）」と言った。[78] 馬祖は経典中の出典を明示していないが、この一段は実は『楞伽経』の「了心及境界、妄想即不生」、「離心意意識妄分別想、獲無生忍（心、意、意識、妄りな分別の想念を離れ、無生法忍を手に入れる)」という二つの文を繋げたものである。[79] 涅槃の境界は不起念と理解されるべきであって、煩悩・妄想を消し去ることではない、というのは如来蔵経典における一つの重要な観念である。煩悩とは意識の活動による迷妄の産物であり、もし対立・区別を生み出す迷妄の思考を止めたなら、煩悩も消え去る。そのため、不起念は無分別智の実践であり、それは解脱の手段というのみならず、解脱そのものでもある。一切衆生は本来如来蔵／法身を持っているため、彼らにはこの智慧を実践する能力が完全に備わっている。[80] 馬祖は次に引いた示衆語の中でさらにこの観念を明晰に論じている。

自性本来具足、但於善悪事上不滞、喚作修道人。取善捨悪、観空入定、即属造作。更若向外馳求、転疎転遠。但尽三界心量、一念妄想、即是三界生死根本。但無一念、即除生死根本、即得法王無上珍宝。[81]

(自性は本来具足しており、ただ善悪の事柄において囚われなければ、修道の人と呼ぶ。善を取り悪を捨て、空を観じて禅定に入るというのは、つまり作為に類する。もし外界に向かって何かを追い求めるようなら、益々懸け離れてしまう。まずは、三界を作り出す心を断絶せよ。ただ一念の妄想が、三界の生死の根本だからである。一念がなければ、生死の根本を取り払い、法王の無上の宝を手に入れる。)

自分が本来持っている心性は完全で具足しており、道を修めるには何も善を取り悪を捨てたり、空を観じて禅定に入るようなことをする必要はなく、ただ無分別智を実践し、対立と区別の妄念を起こさないだけである。心中に一念も起こらなければ、生死の因縁を根絶させ、仏の最高の法宝である覚悟を手に入れられる。馬祖門人の興善惟寛も「心本無損傷、云何要修理。無論垢与浄、一切勿起念(心は本来傷ついていないのだから、どうして治す必要があるだろうか。穢垢であろうか清浄であろうが、一切念を生じてはならない)」と述べている。[82]

付け加えねばならないのは、馬祖の「不起念」と神会及びその他初期禅宗の大師たちが提唱した「無念」との間には大きな相違があることである。神会の無念は主に大乗中観思想の否定モデルに基づき、妄念の本質は幻で実体がないことを強調する。[83] 一方で馬祖の不起念は如来蔵理論の真如法身妙有の肯定モデルを基礎とし、心性は妄念を起こさないという内在的能力を強調する。如来蔵理論のこの観念を支えとして、馬祖は神会等の「定慧等」は空への執着だと激しく批判した。

所以声聞悟迷、凡夫迷悟。声聞不知聖心本無地位・因果・階級・心量妄想、修因証果、住其空定、八万劫二万劫、雖即已悟却迷。諸菩薩観如地獄苦、沈空滞寂、不見仏性。[84]

（そのため声聞は悟りつつ迷い、凡夫は迷いつつ悟る。声聞は聖なる心にそもそも地位・因果・階級がないことが分からず、心に妄念を起こし、因を修め果を証し、空相の禅定にいること、二万劫にも八万劫を経ても、悟ることでかえって迷うばかりなのである。菩薩たちが声聞乗を地獄の苦のように観ずるのは、声聞たちがこのように空寂に沈み滞り、仏性を見てとることがないからである。）

空寂に停滞する者は、「取善捨悪、観空入定、即属造作（善を取り悪を捨て、空を観じて禅定に入るのは、すなわち作為に属する）」ので、本当には「見性成仏」できない。このような実践方法は「声聞乗」に属しており、彼らは心性に本来階位や因果の区別がないことが分からず、そのため「修因証果、住其空定」し、無量の劫数を経ても、「已悟却迷」であり、本当の覚悟に到達できないのである。

三、性は作用に在り

何故普通の人が成仏／覚悟できるのかと、いかに成仏／覚悟するのかを述べた後、馬祖はさらに悟りの内容／究極の境地が如何に現れるのかを説明する。前の二つの問題に対する答えと同様に、馬祖のこの問題に対する答えもやはり如来蔵／仏性理論である「[仏]性在作用」、あるいは「作用即[仏]性」に依拠する。

柳田聖山は「臨済の仏教の坐りは、あくまで裸の人間のもつ価値を、ただちに全体として肯定することにあった」と指摘した(85)。しかしながら、この肯定は実際には馬祖から始まり、かつ後の古典禅のあらゆる法系に踏襲されたのである。馬祖は究極の仏教を日常の人心と同一視するとともに、さらに日常生活全体が法性三昧／究極の真理の価値を具体的に表していると認めた。

> 一切衆生、従無量劫来、不出法性三昧、長在法性三昧中。著衣喫飯、言談祇対、六根運用、一切施為、尽是法性(86)。

（一切衆生は、無量劫以来、法性三昧から出ず、ずっと法性三昧の中にいる。衣を身に着け飯を食い、談論応対し、六根を働かせるといった、一切の行為は、全てが法性である。）

> 如今若見此理、真正不造諸業。随分過生、一衣一衲、坐起相随(87)。

（今もしこの理を見たら、本当に諸々の業を作り出さなくなる。分相応に暮らし、ただ一着のぼろを着て、立ち居振る舞いが自然に伴う。）

ある律師が大珠慧海にどのように修道に励めばよいか質問した時、慧海は「飢来吃飯、困来即眠（腹がへったら飯を食い、眠くなったら寝る）」と答えた(88)。この句は後に古典禅のトレードマーク的なスローガンとなった。宗密も洪州禅が「触類是道而任心（どのようなものでも道であって心のままに任せる）」、「起心動念、弾指動目、所作所為、皆是仏性全体之用、更無別用（心を起こし念を動かし、指を弾き目を動かしたりして、やることなすこと、全てが仏性全体の働きであり、別の働きなどない）」と提唱したと言う(89)。現実の感性的な暮らしにおける日常の活動は、たとえ目や指をかすかに動かすような些細なものであっても、法性の究極的実相と等しい。覚悟の究極の境地は現世での生活のあらゆる場所に現れており、仏性は当たり前の感性的経験のあらゆる側面に作用するのである。平凡な数多の衆生は遙かな過去からの宿業から解脱し、自然に日常生活の中で禅を実践し、主体の本当の自由を手に入れる。まことに、初期禅の「安心」、「守心」または「観心」から洪州禅の「任心」までには、重大な変化が間違いなく生じたのである。柳田聖山は「馬祖以後の禅の特色は、なによりもその強烈な生活の匂いにある。いうならば、それは広漠たる中国の大地が生み出した人間の宗教である」と指摘している。[90] 潘桂明は、馬祖が「『道』を日常生活のあらゆる面に徹底させ、『禅』を人の生命活動のあらゆる部分に融合させた」と考える。[91] 杜継文と魏道儒も、馬祖は「禅を世俗生活の中へと推し進めて、禅を生活化させた」と指摘する。[92]

この成仏／覚悟の究極的境地に関する新たな観念を論証するために、馬祖は理事と体用という不一不異の関係を使って理論的根拠を示した。

挙一千従、理事無別、尽是妙用、更無別理、皆由心之廻転。譬如月影有若干、真月無若干。諸源水有若干、水性無若干。森羅万象有若干、虚空無若干。説道理有若干、無礙慧無若干。種種成立、皆由一心也。建立亦得、埽蕩亦得、尽是妙用、妙用尽是自家。非離真而有、立処即真、立処尽是自家体。若不然者、更是何人？ 一切法皆是仏法、諸法即解脱。解脱者即真如、諸法不出於真如。行住坐臥、悉是不思議用、不待時節。[93]

（一つを挙げれば多くのことがそれに伴い、理と事には区別がなく、全て妙用であって、別の理などなく、みな心の転変によっている。例えば映し出された月影は複数あるが、本当の月は一つである。水源には幾つかあるが、水の性質は一つである。森羅万象は数多くあるが、虚空は一つである。道理の説き方は複数あるが、無礙の智慧は一つである。様々な物事が成立するのは、全て一心によっている。打ち立てるのもよし、一掃するのもよし、いずれも妙用であり、妙用とは全て自分自身なのである。真から離れて存在するのではなく、今いる場所がすなわち真なのであり、今いる場所とは全て自身の本体である。そうでないというなら、他に何者がいるのか？一切の法は全て仏法であり、諸法はすなわち解脱である。解脱とは真如であり、諸法は常に真如の内にある。行住坐臥は、全て不思議な妙用であり、時機を待つことはない。）

馬祖はまず理と事を同一視する。両者の関係とは一と多の関係で、分かつことができない上に、互いに融合しており、一は多で、多は一である。絶対的な理が数多の事物の中にある一つずつの事物に現れており、数多の事物の中にある一つずつの事物にはみな理の価値が備わっているのである。馬祖はすぐに続けて、理事を体用と同じだとし、かつ同様の方法によって作用と本体と同一化する。最後に、彼はこの本体を一心／仏性へと帰して、あらゆる作用には全て真実の価値が備わっており、全てが解脱そのものなのだと肯定する。個体が行う各行為とはみな内在する仏性の作用の具体的現れであるため、彼が経験する日常生活も仏教の覚悟と解脱という究極の体験と一致するのである。

その他の部分では、馬祖はさらに摩尼珠を譬えとしてこの道理を説明する。摩尼珠の色は映している色に連れて変化し、青色を映している時は青色に、黄色を映している時は黄色になるが、その本質は終始透明無色である。そこで、「見聞覚知、元是汝本性、亦名本心、更不離此心別有仏（いま見聞覚知するのは、元来お前の本性であり、本心とも名付け、この心以外に他に仏があるわけではない）」のである。[94]『伝灯録』菩提達摩章には、達磨のインドの弟子である波羅提と異見国王の問答がある。

王曰「師見性否？」。答曰「我見仏性」。王曰「性在何処？」。答曰「性在作用」。王曰「是何作用、我今不見」。答曰「今見作用、王自不見」。王曰「於我有否？」。答曰「王若用、無有不是。王若不用、体亦難見」。王曰「若当用時、幾処出現？」。答曰「若出現時、当有其八」。王曰「其八出現、当為我説」。波羅提即説偈曰、在胎為身、処世名人。在眼曰見、在耳曰聞。

在鼻弁香、在口談論。在手執捉、在足運奔。

遍現倶（談）［該］沙界、収摂在一微塵。

識者知是仏性、不識喚作精魂。

王聞偈已、心即開悟。(95)


（王「師は見性したのか？」。答「私は仏性を見ました」。王「性はどこにあるのか？」。答「性は作用にあります」。王「何の作用だろうか、私には今は見えない」。答「今まさに作用しています。王がご覧にならないだけです」。王「私にもあるのか？」。答「王がもし作用されたなら、作用でないものはありません。王がもし作用されないなら、その本体も見難いでしょう」。王「作用する時には、何箇所現れるのだ？」。答「現れる時には、八つあるでしょう」。王「八つの現れを、私のために説くべし」。波羅提はそこで偈を説いて言った。

胎内では身となり、世に生まれれば人と名付ける。眼においては見と言い、耳においては聞と言う。

鼻においては香りを嗅ぎ分け、口においては談論する。手においてはつかみ取り、足においては駆け回る。

遍く顕現して恒河沙の世界を包み込み、一粒の微塵の中に収める。

分かる者はそれが仏性だと分かるが、分からない者は精魂と呼ぶ。

王は偈を聞き終わると、心に悟った。）


『伝灯録』の中の西天祖師に関する物語は、大多数が『宝林伝』から採られている。ここで引いた問答が明らかにしている「性在作用」及び八種類の表れは、馬祖の「見聞覚知、元是汝本性」を体現している。まさにロバート・バズウェル（Robert Buswell）が明晰に指摘したように、初期禅と古典禅の観念の分岐は、初期禅が観察を通して真心の内在する本質を見出す一方で、馬祖はこの心の外在的作用を通してその本質を明確化させた点にある(96)。

馬祖の「見聞覚知、元是汝本性」という観念は、『首楞厳経』の「阿難、汝性沈淪、不悟汝之見聞覚知本如来蔵。……汝曽不知如来蔵中、性見覚明、覚精明見、清浄本然、周遍法界（阿難よ、お前の性が沈みきっているため、お前が見聞覚知することがそもそも如来蔵なのだと悟れないのだ。……そなたには分かっていないのだ。如来蔵において、視覚の本質の澄明な働きと、その働きを支える自明の本性とは、本来清浄なもので、遍く現象界に行き渡っていることを）(97)」に直接に基づいている。この他、理事と体用のモデルは中国思想の伝統において幅広く用いられるとはいえ、馬祖は恐らく直接には華厳の伝統における如来蔵縁起説と理事無礙説の影響を受けていただろう。華厳大師法蔵は、一切の世間と出世間の法は全て如来蔵あるいは清浄具足の理の現れであり、一切衆生は仏性の縁起によってみな菩提覚悟を実現できると考えた(98)。それでは、清浄具足した理としての本体は、如何にして不浄不足の世間の万法を縁起するのであろうか。この矛盾の解決は理事無礙の華厳理論に頼ることになる。『起信論』の一心二門の体用モデルを基礎として、法蔵はさらに理を心真如、事と心生滅を同一視した。理と事の間の関係は円融無礙であり、清浄無染の真如は境に触れた際に生滅の諸法を縁起させることができるため、理は事の中に現れる。そして境に触れて縁起した生滅の諸法は詰まる所何の真実の自性もないため、それらはまさに事と理とが同じであるが如く真如と同じなのである(99)。馬祖はまさしく華厳の理事・体用モデルを採用して「挙一千従、理事無別、尽是妙用、更無別理、皆由心之廻転（一つを挙げれば多くのことがそれに伴い、理と事には区別がなく、全て妙用であって、別の理などなく、みな心の転変によっている）」と言い、「作用即性」について論じた。しかし別の面では、両者の理論の枠組みは同じではあるが、華厳の性起理論は内容と目的においていずれも馬祖の作用すなわち仏性という観念とは相違があることに注意すべきである。華厳の理論においては、如来蔵／仏性はたとえ不浄な万法と衆生の覚悟を縁起したとしても、その清浄円明な状態を終始保っている。馬祖の宗旨においては、染浄双方を包含する日常心と現実生活までも仏性・真如と同じだとされる。

洪州禅の批判者はこの究極的体験に関する観念を見過ごしはしなかった。南陽慧忠は「若以見聞覚知是仏性者、浄名不応云法離見聞覚知、若行見聞覚知、是則見聞覚知、非求法也（もし見聞覚知することが仏性だとすれば、浄名居士は、法は見聞覚知から離れたもので、もし見聞覚知を行うなら、それは見聞覚知であって、法を求めることではない、とは言わなかったはずである）」[101]というように、やはり最初に批判を提示した。慧忠は『維摩詰経』を引用し、心と体の作用を仏性と区別しなければならないと説明する。後には、宗密がさらに一歩進めて体用の関係の面から馬祖を批判した。彼は相手の矛を執ってその盾を攻撃するという戦略をとり、馬祖が用いた摩尼珠の譬喩を踏襲した。珠の本体は円満明浄で、あらゆる色彩の区別がないが、それが外部の事物に触れる時には、様々な形状と色を反映する。それが黒あるいはその他の色を反映している時には、その表面には黒あるいはその他の色が現れる。洪州宗ではこういった黒、青、黄とは珠の本性であると考え、これらの色が全て虚妄で幻であるということが分からない。宗密は、洪州禅は体を用に溶け込ませてしまい、両者の差異が分かっていないため、本当には真心の本体を見いだせていない、彼らは日常生活におけるあらゆる行動を、善悪を問わずに全て仏性と定義しており、このような観念は道徳倫理に反する危険な傾向を示している、と批判した。宗密はさらに二つの異なった次元を区別する作用を提示した。それは自性本用と随縁応用であり、前者は高次元に属し、荷沢の宗旨と繋がっており、後者はそれに対して低い次元に属し、洪州の宗旨と繋がっている。[102]宗密は、荷沢と華厳の体用理論においては、本体／仏性は永遠に明浄を保っているが、しかし洪州の宗旨においては、普通の人の染浄を包含した心性と生活が仏性／覚悟と同一視されることを、鋭く見て取った。そのため、宗密を最も憂慮させたのは、実は体用の問題ではなくて、洪州宗の倫理上の傾向だったのである。しかし宗密の批判はそのほとんどが的外れである。何故なら彼は、馬祖の本当の目標は普段の人間の生活の価値を肯定することであって、故意に反倫理的傾向を提唱したわけではないことに気づいていないからである。

四、即心是仏、無心是道

前述の通り、馬祖は即心是仏あるいは平常心是道を提唱し、染浄・迷悟・善悪を包含した実際の人心を仏性と同一視したが、このような観念は慧忠や宗密等に批判された。これらの批判は確かに当時及び後代の学徒の洪州禅思想に対する疑念を呼び起こした。例えば宗密の学生である裴休は後に黄檗希運に、祖師が即心是仏を講じたのは、「為復即凡心是仏、即聖心是仏？（凡心こそが仏なのでしょうか、それとも聖心こそが仏なのでしょうか？）」と尋ねた。(103) 凡心とは日常、現実の人心を指しているはずである。章敬懐暉とある学徒に帰せられる機縁問答の中で、その学徒は「祖師伝心地法門、為是真如心、妄想心、非真非妄心？（祖師が心地法門を伝えたのは、真如心なのか、妄想心なのか、それとも非真非妄心なのでしょうか？）」と尋ねた。(104) この問答は晩唐の産物である可能性がより高いが、その中では同じように裴休と類似する疑問が漏らされている。仏教内部の学者が馬祖の宗旨に対して批判を繰り広げ、かつ学徒の洪州禅思想に対する疑念を引き起こしたという背景の下に、さらに会昌の廃仏が引き起こした衝撃と反省が加わり、晩唐期の禅宗内部には「即心是仏」と「非心非仏」という二つのスローガンに関する論争が生じた。それにより、洪州宗後学による馬祖の宗旨の発展・完成が促されたのである。

「非心非仏」あるいは「不是心、不是仏、不是物（心ではなく、仏ではなく、物ではない）」等の類似した言葉は馬祖の上堂示衆語には見えずに、馬祖及びその門人に関する機縁問答物語の中に大量に現れ、しかも往々にして即心是仏と比較される。例えば、大梅法常は馬祖が即心是仏と説くのを聞いて覚悟した。その後馬祖が人を遣わして、馬祖は近頃非心非仏とも説いていると彼に言った所、法常は「任汝非心非仏、我只管即心即仏（たとえあなたが非心非仏であっても、私はひたすらに即心即仏である）」と答え、そこで馬祖は「梅子熟也（梅が熟した）」と称賛した。また、馬祖は学徒に、即心是仏とは子供が泣くのを止める方便であり、泣き止んだらすぐに非心非仏と説く、しかし既に悟りへの門をくぐり抜けた者であれば、直接に大道を体得させるのだと言った。しかし、本書第五章で考証したように、馬祖及びその門人に帰される機縁問答物語は大部分が信頼できない。例えば「梅子熟」の機縁物語は、最も早くは『宋高僧伝』法常伝に見えるが、この伝は唐の江積が撰述した碑に基づいており、おおむね信頼できるものである。その中ではある僧が塩官斉安に「梅子熟矣」と言ったに過ぎず、即心是仏、非心非仏等の言葉がないのみならず、法常が果たして馬祖門人か否かについてすら言及していない。その後『祖堂集』において、「梅子熟」は塩官の言葉に変化し、かつ即心是仏と非心非仏の弁論が加えられた。そして『伝灯録』になって、「梅子熟」はさらに馬祖の言葉へと変化した。晩唐五代期の禅僧がこの物語に繰り返し歪曲・潤色した痕跡がはっきりと見て取れる。そして一事が万事で、その他のこの二つのスローガンに関する機縁物語も、後の捏造であろう。(105) 一部の学者はこの種の機縁問答に基づいて、馬祖の宗旨が即心是仏から非心非仏へという変遷を経たと見なすが、この説は確かではない。(106) 即心是仏と非心非仏に関する論争は、中唐後期から晩唐の洪州禅僧が、馬祖が実際の人心を仏性と同一視したことに対する仏教内外からの批判に反駁するために提示したものであろう。それ故この種の機縁物語は、表面的には即心是仏と非心非仏のいずれがより正確なのかを論争したり、即心是仏への執着に反対したり、両者をともに初学者を導くための方便法門に帰したりしているようであるが、その奥にある目的は、般若の空観によって馬祖の即心是仏と平常心是道という命題を補足し、「非心」あるいは「無心」の「空」によって「平常心是道」あるいは「妄心是仏」の綻びを繕うことである。この点はおおむね信頼できるテキストである『百丈広録』と『伝心法要』から窺い知れる。

『百丈広録』の中には最も早く「非心非仏」という考え方が現れ、しかも全篇を通じる基本的な主題が不二法門及び「不依住一切有無諸法、亦不住無依住、亦不作不依住知解（一切の有無の諸法に依拠せず、依拠がないことにも依拠せず、依拠しないという理解もしない）」という徹底した「透三句過（三句の過ちを超える）」であり[107]、依住と無依住の両方に執着しない（非依住非無依住）上に、こういった執着しないという了悟にも執着しない。このような三重否定の徹底した空観は最も早くはインドの中観学派の著作に見え、初唐になると仏教と道教の文献の中で流行したが[108]、馬祖の上堂語にはまだ現れておらず、また宗密の洪州禅学に対するまとめにもまだ見られなかった。『百丈広録』は一般にはおおむね信頼できると見なされるが、百丈懐海の語本は弟子による編纂である。しかも「透三句過」という否定の論理は百丈門人である黄檗希運の『伝心法要』にも見られるので、表されているのは彼の門人たちの思想である可能性が高い[109]。

百丈門人である黄檗希運ははっきりと「無心是道」を提示し、「即心是仏」に対する補足とした。ある面では、黄檗は実際の人心全体を仏性と同一視した馬祖の観念を肯定し、「此心即是仏、仏即是衆生。為衆生時此心不減、為諸仏時此心不添。……祖師西来、直指一切人全体是仏（この心がすなわち仏であり、仏はすなわち衆生である。衆生である時にもこの心は減らないし、諸仏である時にもこの心は付け加えをしない。……祖師は西のかたインドからやって来て、あらゆる人の丸ごとが仏だと、ずばり指し示した）」とした[110]。その一方で、彼はすぐさま空智によって心に対する執着を取り除き、「此心即無心之心、離一切相、衆生諸仏、更無差別。但能無心、便是究竟（この心は無心の心で、一切の相を離れており、衆生と諸仏も区別がない。ただ無心でいられれば、すなわち究極である）」、「若欲無境、当忘其心。心忘即境空、境空即心滅（もし境を無くしたいなら、その心を忘れるべきである。心が忘れられれば境は空となり、境が空となれば心が滅する）」とした。[111] 彼はさらに「透三句過」の否定の否定を用いて無心を解釈し、「此心即法、法外無心。心自無心、亦無無心者（この心が現象界であり、現象界の外に心はない。心は自ずから無心であり、また無心な者もない）」[112]とした。この心はすなわち現象界であり、あらゆる現象は本質が空であるから、心体はもとより空である。この無心の心によって、一切の分別・取捨に対する執着・こだわりを超越するとともに、その超越した境地にも執着せず、それによって心体の本当の自在無礙に到達する。宋の大慧宗杲（一〇八九―一一六三）の無心についての説明が、黄檗のこの話の注釈になる。「所謂無心者、非如土木瓦石頑然無知。謂触境遇縁、心定不動、不取著諸法、一切処蕩然。無障無礙、無所染汚、亦不住在無染汚処。観身観心、如夢如幻、亦不住在夢幻虚無之境。到得如此境界、方始謂之真無心（所謂無心というのは、土木瓦石が知覚を持たないのとは違う。境に触れ縁に巡り逢っても、心が安定して動かず、諸法に執着せず、一切の場において空っぽである。妨げがなく、汚れがなく、また汚れのない場にいるのでもない。身と心を観じて、夢幻のごとく、かつ夢幻で虚無な境地にいるのでもない。このような境界に到達し得て、はじめて真の無心と言える）」[113]。

黄檗は二種類の観念を一つに再編成して、「即心是仏、無心是道（心こそが仏であり、無心が道である）」としており[114]、あるいは「唯伝一心、更無別法。心体亦空、万縁倶寂（ただ一心を伝え、外の法などない。その心も本質は空であるから、心の縁ずる全ては本来寂滅である）」という裴休のまとめと同様である。[115] ここで黄檗は明らかに「空如来蔵」及び般若空性の超越的観念を用いて馬祖の即心是仏または平常心是道を補足している。上文で既に言及したように、『勝鬘経』、『宝性論』等の如来蔵系の経論においては、如来蔵は一切の汚染において空であるが、一切の仏法において空ではない、という二重の意味に解釈される。[116] おおまかに言えば、馬祖は真如法身の妙有遍満という肯定モデルにより重点を置いている。彼の即心是仏は主に不空如来蔵の一面を明らかにしており、世人を啓発して自性本心が仏性を具足することを信じ理解させることに熱心であった。一方で黄檗の無心是道は空如来蔵の一面を補足して述べ、心の分別・取捨がなく、執着のない状態、無心・空心・忘心から無境・空境・忘境に到達するという否定モデルと超越の境地を強調した。それは『伝心法要』の次の指摘のようである。

従前所有一切解処、尽須併却令空、更無分別、即是空如来蔵。如来蔵者、更無繊塵可有。即是破有法王出現世間、亦云我於然灯仏所、無少法可得。此語只為空爾情量知解、但銷鎔表裏情尽、都無依執、是無事人。[117]

（これまでに身につけたあらゆる見解を全て取り払って空無にし、まるで分別などなくなれば、すなわち空如来蔵である。如来蔵においては、一欠片の塵さえない。それこそ有見を破壊する真理の王が世に現れる、というものである。私は自分に授記を与えた燃灯仏の所において、些かの法も得なかったと語ったが、まさにこのことである。この言葉は、君たちの俗情による認識と知的理解を空ずるためのものだ。もし内外の情を消し去り、まるで依頼執着するところがなくなれば、それが無事の人である。）

「無心」という語は漢訳仏典の中で、特に般若類の経典に大量に現れるが、ここで黄檗は恐らく『首楞厳経』からの直接的啓発を受けている。[118]この経の中心的思想の一つは、如来蔵とは空・不空両面の弁証的統一であることを明らかにしている。つまり、この経典は一面では、如来蔵が真常・妙明・清浄であり、世間のあらゆる事物の拠り所、及び衆生が解脱・成仏するための根源的真性であると強調する。

世間一切根塵陰処界等、皆如来蔵清浄本然。

（六根・六塵・五陰・十二処・十八界など世間の一切は、全て如来蔵の清浄なる本来の在り方である。）

一切浮塵諸幻化相、当処出生、随処滅尽、幻妄称相、其性真為妙覚明体。如是乃至五陰六入、従十二処至十八界、因縁和合、虚妄有生、因縁別離、虚妄名滅。殊不能知生滅去来、本如来蔵常住妙明、不動周円、妙真如性、性真常中、求於去来、迷悟死生、了無所得。[119]

（塵のような諸々の幻化の相は、その場で現れては、その場で消え失せるもので、その幻妄なる現象を形相と呼ぶのだが、その本性は霊妙な覚りの輝く本体である。かくて五陰・六入、十二処・十八界といったあらゆる現象においては、因縁が合わさると、虚妄分別として生があり、因縁が離れると、虚妄分別として滅と名付ける。生滅去来する現象が、本来的には永遠にして霊妙な輝きを持つ如来蔵、不動にして遍在する妙なる真如の性であることを知らないため、真性の常住の内に去来・迷悟・生死を探し求めて、ついに何も得るところがないのだ。）

また別の面では、この経は如来蔵の本質が真空であることを繰り返し示す。その中で最も際立っているのが「虚空」というイメージの多用であり、それによって如来蔵がまるで大空のようで、円明で遍在している上に何もない空であることを説明する。

当観虚空、為出為入、為非出入。汝全不知如来蔵中、性覚真空、性空真覚、清浄本然、周遍法界、随衆生心、応所知量。[120]

（虚空は、出てくるのか入りこむのか、出たり入ったりはしないのか、ということをよく観察すべきである。そなたは分かっていないのだ、如来蔵においては、本性としての覚りは真実なる空、本性の空こそが真の覚りであって、この本来清浄なる性覚が法界に遍く行き渡り、さらには衆生の心の有り様に従い、その知の能力に応じるのだ。）

如来蔵唯妙覚明、円照法界。是故於中、一為無量、無量為一、小中現大、大中現小。不動道場、遍十方界、身含十方、無尽虚空。於一毛端現宝王刹、坐微塵裏転大法輪。滅塵合覚、故発真如妙覚明性。而如来蔵本妙円心、非心非空。……如来蔵元明心妙、即心即空。[121]

（如来蔵とは霊妙な覚りの輝きであって、法界をまどかに照らしている。故にその中では、一は無量、無量は一であり、小の中に大を現し、大の中に小を現す。道場に坐したまま十方世界に遍く、身は十方を包み込みながら、虚空を覆い尽くすことはない。一本の毛先に宝王の国土を現し、微塵の中に坐して大法輪を回す。外塵を滅して覚りに合一すれば、真実なる覚りの本性を顕現させることができる。だが如来蔵という霊妙にして完全な心は、心でもなく空でもない。……如来蔵という輝ける心の霊妙さは、心でありしかも空である。）

同種の例はあるもので、『伝心法要』の中でも虚空のイメージを多用しており、合計三十五回も現れている。その用い方は『首楞厳経』を真似ており、真如法身／如来蔵が常住不滅かつ実体のない幻だと説明するのに使われる。

法身即虚空、虚空即法身也。若定言有虚空、虚空不是法身。若定言有法身、法身不是虚空。但莫作虚空解、虚空即法身。莫作法身解、法身即虚空。虚空与法身無異相、仏与衆生無異相、生死与涅槃無異相、煩悩与菩提無異相、離一切相即是仏。凡夫取境、道人取心、心境双忘、乃是真法。忘境猶易、忘心至難、人不敢忘心、恐落空無撈摸処、不知空本無空、唯一真法界耳。此霊覚性無始已来、与虚空同寿。(122)

（法身は虚空であり、虚空は法身である。もし虚空があると断言するなら、虚空は法身ではない。もし法身があると断言するなら、法身は虚空ではない。虚空という理解をしてはならない、虚空は法身だからである。法身という理解をしてはならない、法身は虚空だからである。虚空と法身とは異ならず、仏と衆生とは異ならず、生死と涅槃とは異ならず、煩悩と菩提とは異ならず、このようにあらゆる差別相を離れているのが仏である。凡夫は外境に執着し、求道者は心に執着する。心と外境をともに忘れて、はじめて真の法である。境を忘れるのはまだ容易いが、心を忘れるのは極めて困難である。空っぽで手がかりもないような所に落ち込むのを恐れるからである。そうした人々は、真の空には空ということもなく、ただ真実の法界があるだけなのを知らないのだ。この霊覚の性は太古の昔から、虚空と寿命を同じくする。)

黄檗の「心境双忘」は、『首楞厳経』の「非心非空」と一致し、黄檗の「即心是仏、無心是道」は、『首楞厳経』の「即心即空」と一致する。

この他、『首楞厳経』はさらに日輪のイメージを虚空と組み合わせ、虚空は無相であるが、また諸相の顕現を妨げはしないことを明らかにする。

日輪昇天、則有明耀。中夜黒月、雲霧晦瞑、則復昏暗。……雖明暗等種種差別、見無差別[123]。

(太陽が天に昇れば、辺りは明るくなる。真夜中や新月、雲や霧の立ちこめる時には、辺りは暗くなる。……外境の明暗に違いはあるが、見という主体の作用は同じである。)

黄檗もこのイメージの組み合わせを引用して同じ意味を明らかにしている。

如大日輪照四天下、日昇之時明遍天下、虚空不曽明、日没之時暗遍天下、虚空不曽暗。明暗之境、自相陵奪、虚空之性、廓然不変。仏及衆生心亦如此[124]。

(例えば大いなる日輪が四方の天下を照らし、日が昇る時にはその輝きが天下に遍く広がるが、空そのものに明るさがあるわけではない。日没の時にはその暗さが天下に遍く広がるが、空そのものに暗さがあるわけではない。明暗の状態は互いに相容れないものだが、大空の本質は、がらんとしたままで変わらない。仏と衆生の心もまたその通りである。)

黄檗はさらにこのイメージをさらに発展させた。

唯伝一心、更無別法。心体亦空、万縁倶寂。如大日輪昇虚空中、光明照曜、浄無繊埃[125]。

(ただ一心を伝え、外の法などない。その心の本質も空であるから、万縁はともに寂滅である。それは大いなる日輪が虚空に昇り、その光が照り輝き、清浄で細かな塵もないかのようである。）仏及び衆生の本覚の心は、まるで大空に太陽がかかれば、光明が行き渡り天下を照らすが、大空そのものは僅かな塵にも汚されておらず、古今不変であるのと同じである。これは輝きに満ち、生命力に溢れた真空妙有の境地であって、全てが尽き果てた物寂しい頑空ではない。そのため裴休は『伝心法要』のために序を書いた際、特にこのイメージを取り出して黄檗の法要の核心とした。

表面的には、黄檗の「無心是道（無心が道である）」と牛頭禅の「無心合道（無心は道に合する）」はよく似ているが、実際は両者の間には大きな違いがある。牛頭大師法融は「心性寂滅（心性は寂滅である）」、「身心畢竟空（身と心は詰まる所空である）」と強調する。[126]宗密も牛頭の宗旨を「一切皆無（一切が無である）」、「本覚性亦空（本覚の性も空である）」と概括する。[127]牛頭禅の「無心合道」は否定論から出発しており、徹底した般若の空観を強調している。このような徹底した空観は後に禅宗の言論の中で「頑空」と批判され、黄檗の「無心是道」が真常の本性を融合させているのとは大きな違いがある。[128]

黄檗の「即心是仏、無心是道」という命題は弁証法的統一を形作り、真如法身の妙有遍満を説く如来蔵／仏性の観念を畢竟空寂の般若の智慧と結びつけ、世間の慈悲の心と出世間の超越的精神を兼ね備えている。世俗の感性的現象世界の中で本心を了悟し、菩提を成就するとともに、この世界の真空妙有の本質を見抜き、空漠として澄み渡った、あらゆる事物に執着しない無心の境地に到達するのである。即心是仏と無心是道の関係は、即心是仏と非心非仏の関係と同じである。晩唐期に数多く現れた類似の機縁物語は、一様に馬祖後裔による洪州禅の補完と外界からの批判に対する反論を体現しており、また黄檗からの啓発を受けた可能性が高い。

黄檗が即心是仏と無心是道を統合したことは、馬祖の禅法を発展させ、如来蔵／仏性思想と般若中観の智慧を融合して、入世間と出世間、存在と超越という二つの相対立する方向性を解決し、それによって古典禅の基本的宗旨を完成させた。晩唐以降の禅宗の各家各系は、機鋒問答の形式・手法の上では各々異なったスタイルを持つが、基本的宗旨の上ではみな古典禅を受け継いでいる。そこから世間にして出世間、存在にして超越、世を救い人に利益をもたらす大悲の心を持ちつつ、清浄で淡泊な超脱の精神に満ち、腹が空いたら食べ眠くなったら寝るという日常生活の中から人生の真諦を洞察し、騒がしく雑多な街角で孤峰明月の永遠の空寂を感じ取るというような、禅宗独特の時に神秘的とも言える宗教信仰、禅悟の体験、尽きせぬ魅力を形作った。

五、古典禅の宗教実践

初期禅の段階では、宗教実践は坐禅、念仏、「安心」、「守心」、「修心」、「観心」等の様々な形態の禅定に集中していた。古典禅の段階になると、理論的に言えば、馬祖及びその門人が本覚と無修を提唱し、そして彼らの晩唐五代期の後裔はさらに経典を読まない、坐禅しない、仏に礼拝しない、果ては「呵仏罵祖（仏を叱りつけ祖師を罵倒する）」といった、種々の「反伝統」観念を宣揚した。しかしながら、これらの宣揚は本質的には一種の「方便」であって、どの人にも元来仏性があり、円満で具足していることを強調し、外部に向かって求めて本心を見失うことを防ぐのが主な目的であった。そのため、我々は字面に拘って禅宗教団が本当に伝統的な寺院生活における各種の宗教実践を止めてしまったと考えてはならない。実際は、一部の禅僧に過激な反伝統的行為がないこともなかったが[129]、経典を読む、坐禅、仏への礼拝、修行、戒律の遵守といった、仏教の伝統と主流に合致する各種の宗教実践は、依然として禅寺禅院の中で行い続けられた。このことは、種々の証拠によって明らかにされている。また、機縁問答の出現と成熟に伴って、晩唐五代期に至るとこの新たな教化法も広範に用いられるようになった。

本章で既に言及したように、馬祖の法要は仏典の引用に満ちており、おおむね信頼できると考証してよい上堂語六則と問答三則では、経論の引証が何と三十六回にも渡る。馬祖の一代目の弟子の中では、塩官斉安が五日に一度説法をして、「引経証心」していた。

毎五日開法、四座屏気。直心示体、引経証心。法外無言、叩之即応。不分迷悟、剣勝負之機耶、不有定慧、剣是非之相耶。与夫顕神通而振道業者、固相遠也。(130)

(五日ごとに説法を行い、在席の人々は息を殺して聞き入った。率直に体を示し、経典を引用して心を証した。法の外には言葉などなく、打てば響くようであった。迷いと悟りを区別しないのだから、ましてや優劣の境目などないし、禅定と智慧もないのだから、ましてや是非の相などあろうものか。かの神通を現して仏道を盛んにしようとする者とは、全くもって懸け離れている。)

薬山惟儼は毎日経典を講じ、三十年に渡った。

常以山蔬数本佐食。食訖、就座転『法華』、『華厳』、『涅槃経』、昼夜若一、始終如是、殆三十年矣。游方求益之徒、知教在此。(131)

(いつも山菜数本をおかずにしていた。食べ終わると、座について『法華経』、『華厳経』、『涅槃経』を転読し、昼夜を分かたず、終始そのようであること、三十年近くであった。遊行してためになる教えを求めている学徒は、教えがここにあると知った。)

南泉普願も『楞伽経』、『華厳経』等の仏典に精通していた。(132)

馬祖の二代目の弟子では、黄檗希運が彼の『伝心法要』において大量の経典を引用しており、特に『首楞厳経』を換骨奪胎して用いたことは、既に上文で論じた。潙山霊祐は経典を繰り返し学んで義理を探求するよう寺僧らを懇々と戒めた。

若有中流之士、未能頓超、且於教法留心。温尋貝葉、精捜義理、伝唱敷揚、接引後来。報仏恩徳、時光亦不虚棄。必須以此扶持住止威儀、便是僧中法器。豈不見倚松之葛、上聳千尋、附托勝因、方能広益(133)。

(もし中程度の人が、すぐに悟りへと超越することができないなら、ひとまず教法に心を配るのだ。経典を繰り返し学び、義理を詳しく探求し、高らかに教えを説き広め、後進の人々を導くのである。仏の恩恵に報い、時間も虚しく過ぎ去らせはしない。これによって行住坐臥の威儀を引き締めるなら、僧中の法器である。君たちは見たことがないか、松に絡みついた葛が、千尋もの高さに伸びていくのを。すぐれた助けによって、はじめて大きな利益を得られるのだ。)

潙山はここで仏典から義理を探求するのを中流の士と呼んでいるが、頓悟の門は「難得其妙(その素晴らしさを手に入れ難い)」のであって、少数の傑出した人士でなければ到達できないため、彼の経典学習についての教導は、実際には頓悟の門よりも普遍的であり、潙山寺中での日常的な課業だったであろう。百丈法正は『涅槃経』を得意とし、「時呼為涅槃和尚(当時涅槃和尚と呼ばれた)(134)」。章敬弘弁(章敬懐暉の弟子)は大中四年(八五〇)に唐の宣宗に召し出され、合計九つの問題について問答した。最後の二つの問題は次の通りである。

帝曰「禅師既会祖意、還礼仏看経否?」。対曰「沙門礼仏看経、蓋是住持常法、有四報焉、依仏戒修身、参尋知識、漸修梵行、履践如来所行之跡」。帝曰「何為頓見、何為漸修?」。対曰「頓明自性与仏無二、然有無始染習、故仮漸修対治、令順性起用。如人喫飯、非一口便飽(135)」。

(帝「禅師は既に祖師の意を会得しているのに、まだ仏に礼拝し経典を読むのか?」。答「沙門が仏に礼拝し経典を読むというのは、常に守られるべき規範で、四つの効果があります。それは、仏戒によって修身し、善知識を訪ね、徐々に梵行を修め、如来の行った事跡を実践するのです」。帝「どうして段階を経ずに直覚し、段階を踏んで修行するのか？」。答「段階を経ずに自性が仏と一つだと明らかにするのだが、しかし始まりも知れぬほどの過去からの悪習に染まっているため、段階を踏んだ修行を借りて取り除いていき、本性そのままに作用できるようにするのです。人が飯を食うのに、一口で腹一杯にはならないようなものです」。）

弘弁の答えは、晩唐期の禅宗の宗教実践における二つの重要な事実を表している。第一に、禅僧の寺院における生活では、仏に礼拝し経典を読み、戒律に基づいて身を修め、梵行を漸修していくといったことは、「是住持常法（常に守るべき規範）」であり、止められはしなかった。第二に、頓悟の後でも、やはり漸修しなければならなかった。これは同時期に都にいてやや先行した宗密の影響を受けたか、あるいは宗密の批判に対しての反応及び会昌の廃仏に対する反省とも理解できる。しかし、もし戒律に依拠して身を修め、梵行を漸修することが寺院の常に守るべき規範であるなら、表立って提唱されたか否かを問わず、頓悟漸修は実際には禅僧の寺院生活での普遍的な実践だったのである。

さらに馬祖の三代目の弟子以下の後裔について見てみよう。洞山良价はかつて「尋繹大蔵、纂出『大乗経要』一巻、……流布諸方（大蔵経から抜き出して、『大蔵経要』一巻を編纂し……諸方に流布させた）」[136]。千頃楚南（黄檗の弟子）は『般若経品頌偈』一巻、『破邪論』一巻を著した[137]。徳山宣鑑は「常講『金剛般若』、時謂之『周金剛』（いつも『金剛般若』を講じ、当時『周金剛』と言われた）」[138]。趙州従諗の再伝の弟子である長慶道巘は『楞厳説文』を撰述しており、唐五代期では三人目、禅門では最初の『首楞厳経』注釈者であった[139]。雪峰義存の弟子である玄沙師備は『首楞厳経』に精通し、しばしばこの経典を手段として禅宗の心要を説き明かした。『宋高僧伝』は彼が「乗『楞厳』而入道、識見天殊（『楞厳経』によって入道し、その見識は生来飛び抜けていた）」と言う[140]。『伝灯録』は彼が「閲『楞厳経』発明心地、由是応機敏捷、与修多羅冥契（『楞厳経』を読んで心地を明らかにしていたので、その機に応じた素速い応接は、経典と密かに合致していた）」と言う[141]。玄沙の再伝の弟子である法眼文益及びその後裔である天台徳韶、瑞鹿遇安、永明延寿の系統は祖師玄沙の家風を踏襲し、みな経論の重視、禅と教との調和、頓悟漸修の強調でよく知られた[142]。

その中でもとりわけ永明延寿が突出している。延寿は「誦『法華』計一万三千許部［遍］（『法華経』を計一万三千回ほど唱えた）」で[143]、いつも『華厳経』、『摩訶般若経』、『首楞厳経』、『維摩詰経』、『仁王般若経』、『阿弥陀経』等を読み[144]、「常与七衆受菩薩戒（いつも七衆に菩薩戒を授けた）」であった[145]。彼が著した『万善同帰集』の中で、延寿はほぼあらゆる種類の仏教の実践活動を提唱した。そこには、諸々の仏菩薩の像を建立・荘厳・礼拝・賛美すること、仏法を講じ、法会及び各種の崇仏の行為を援助すること、仏教経典を書写・読誦・暗記・詠唱すること、仏塔を建立し維持すること、持戒と懺悔、特に法華三昧懺をすること、八正道・六度・四摂等を実践すること、各種の禅定のテクニックを実践すること、念仏して浄土に往生することと、仏塔崇拝・行道等との結合、自焚・捨身・燃指等、仏寺を建立し維持すること、道を作る・橋を架ける・井戸を掘る・樹を植える・食物、薬、住む場所等を施すこと、鳥や魚を放生し、漁猟を行わないこと、犯罪者を釈放すること等が含まれている[146]。

その他に、禅定に対する賛同と坐禅の実践は、依然として中唐から五代までの古典禅の文献中に幅広く見られる。馬祖の俗人の弟子である李繁は『玄聖蘧廬』を著して、「開心宗之性、示不動之体、悟夢覚之真、入聞思之寂（心を宗とする禅宗の性を開き、不動の体を示し、夢と覚醒の真理を悟り、聞くことと思考することが寂滅した状態に入る）」と宣揚し[147]、かつある伝聞を記している。

東都有人養鸜鵒、以其慧甚而施於僧。僧教之、能念経、往往架上不言不動。問其故、対曰「身心倶不動、為求無上道」。及其死、焚之有舎利。二者得道皆自宴寂中入。(148)

（東都洛陽に鸜鵒を飼っている人がおり、鸜鵒が大変賢いので僧侶に布施した。僧はこれに教えて、経典を唱えられるようにさせたが、往々にして止まり木の上で何も言わず動きもしなかった。どうしてか尋ねると、「心身ともに動かないことこそ、無上の道を求めることである」と答えた。死んだ時、焼いたら舎利があった。二者の得道はいずれも宴寂から入ったのである。(149)）

「身心倶不動」、「宴寂」とは事実上は禅定の状態に他ならない。馬祖のもう一人の弟子である百丈懐海、及び百丈の弟子の黄檗希運も、学徒に「心如木石（木や石のような心）」の状態を保たねばならないと繰り返し教えており、(150)これも同様に一種の禅定の境地である。黄檗の弟子である千頃楚南は坐禅で名高く、師の下を離れた後まず「詣姑蘇報恩寺、専行禅定、足不踰閾、僅二十余載（姑蘇の報恩寺に行き、禅定に専念し、寺の門から出ないまま、二十数年ばかりを過ごした）」、その後「住千頃慈雲院、訓示禅徒之外、唯儼然在定逾月、或浹旬（千頃の慈雲院に住し、禅宗の門徒に教える以外は、厳粛な様子で禅定に入ること一月以上であったり、十日であったりした）」。(151)石霜慶諸が住持を務めた寺院では坐禅を主な実践としており、かつ天下の禅林において学び手本とする模範となった。「二十年間、堂中老宿長坐不臥、屹若椙杌、天下謂之石霜枯木衆是也。南方謂之叢林者、翻禅那為功徳叢林也、為四方清則者無出其右（二十年間、堂中の老宿は長時間坐したまま横にならず、枯木のように揺るぎなく聳え、天下の人々は石霜の枯木衆と呼んだ。南方で叢林と呼ぶのは、『禅那』を『功徳叢林』と訳すからである。天下の清らかな手本となる者としては、その右に出る者はいなかった）」。(152)雪峰義存の寺院では、同じく坐禅と戒律の遵守を強調した。賛寧は「雪峰化衆、切乎杜默禅坐、知戒急也（雪峰は衆生を教化し、黙して坐禅することに懸命で、戒律が急務であることを知っていた）」と言う[153]。永明延寿は禅定を重要な実践とした。『宋高僧伝』本伝には彼が「嘗於台嶺天柱峰九旬習定、有鳥類尺鷃巣棲於衣襵中。……誨人外、瀑布前坐諷禅黙（かつて台嶺の天柱嶺で九十日間禅定に入ったら、鳥たちが衣の襞の中に巣を作った。……人に教える以外には、瀑布の前で経典を唱え坐禅した）」と言う[154]。『永明智覚禅師方丈実録』も彼が「朝供衆僧、夜習禅定（朝には衆僧の世話をし、夜には禅定を修行した）」と記載する[155]。

この他、中唐の馬祖及び門人による創始から晩唐五代に盛行する間に、古典禅の禅師たちは大量の禅寺禅院を建立、住持した[156]。これらの寺院は禅宗の灯史が言い立てるような、戒律を超越した「禅門独行」を代表するわけではなくて、伝統的な仏教の戒律を厳格に遵守していた。さらにはそれを基礎としてさらに細かく厳しい寺規を追加することで、宗教面と経済面の管理をうまく進め、寺に住まう禅僧の宗教信仰と超越の追求をより強くさせ、外面的規範と内面的品格を高めた。これらの寺規で世に伝わっているものとしては、百丈懐海の弟子である百丈法正等が設けた百丈山寺規の第一版があり、これは後に宋初において流布した『禅門規式』へと発展した。他には潙山霊祐が設けた『大潙警策』、芙蓉霊訓が創始し、雪峰義存が完成させた『師規制』がある[157]。後世に残らなかった寺規としては、帰宗智常が廬山帰宗寺で「爰開法席、革以禅規（そして法席を設け、禅規によって改めた）」り[158]、禾山無殷（八八四―九六〇）が『垂戒』十巻を著し、「諸方歎伏、咸謂『禾山可以為叢林表則』（諸方の人々が感嘆して敬服し、こぞって『禾山は叢林の手本である』と言った）」りしている[159]。この方面に関する詳しい議論、及び『禅門規式』のテキスト問題や集団労働の実際の意味といった疑問点については、本書第八章と第十章で詳しく検討を加える。

また別の面として、本書第三章で考証したように、馬祖とその門人の時代には、機縁問答の実践形式と教化方法は機知に富んだ言葉の簡単な形態として現れ始め、晩唐五代には高度な成熟を成し遂げた。馬祖の「平常心」と「本覚」についての議論は、この新たな宗教実践の形式と教学の方法に対して宗旨理論の枠組みを与えた。前述のように、馬祖は『起信論』の一心二門によって「平常心」と「本覚」を説明した。迷いの中にいる衆生はこの心を垢染と見なすが、彼らが究極の真理（真如）の角度から観察した場合には、この心が本来清浄で完全であり、真如法身と同じであることを認識するだろう。この心は永遠に同じままで変化しないものであり、転換が必要なのはこの心そのものではなくて、衆生がこの心と外界の現象を観察・認識する角度と方法なのである。そこで、学徒がする必要があるのは、啓発を受け、自分に対する誤った見方を捨てて、正確な視点を手に入れ、自分の明浄な本心と円満な本覚とを見出し、信じることだけなのである。これがすなわちその時その場のインスピレーション、啓発と開悟とが機縁問答の目立った特徴となる根本的原因なのである。

この他、馬祖門人が編纂した『宝林伝』は、釈迦牟尼から馬祖に到る直系の系譜を捏造した。この新たな系譜は二つの論争的表明を含んでいた。一つには、禅門とは「教外別伝」であり、仏心／覚悟を直接的に伝授・印可するという点において、その他各種の経典を遵守する宗派を超越しており、仏教の伝統における正統な宗派である。また一面においては、洪州系とは禅門における正統な法系であり、他の各系はみな傍系であると表明する。その後、この二重の主張は馬祖の二代目の弟子によって改めて洪州禅の宗旨と実践として解釈され、「以心伝心」を強調して、経典による教学には縛られないとされた[160]。この解釈は晩唐五代期になると機縁問答の重要な理論的基礎ともなり、この実践における「喝仏罵祖（仏を叱りつけ祖師を罵倒する）」や読経・坐禅に反対する急進的側面に影響し、助長した。

そこで、機縁問答は次第に発展して、禅宗の実践・教化の手段の重要な方法となり、禅と禅宗そのものの境界を定めるために用いられすらした[161]。個々人の禅定や独学で行う仏道修行とは違って、機縁問答とは精神の交流・智慧のぶつかり合い・心理的な交感であり、師弟の間で生じるのみならず、指導者の間、学徒の間、あるいは僧俗の間でも生じる。それは心性を修養するためではなく、問答する双方が本来備えている覚悟と智慧を教え導き、動かし、激しく揺さぶり、明らかに示し、更には言語化を争うためのものである。たとえ捏造された、演技的（performative）で儀式的（ritual）な機能を持った機縁問答及びそれに伴う物語であっても、やはり同様に自性本覚を啓発するという目標を目指している。

馬祖とその門人の時代には、機縁問答は初期形態が現れたばかりだったが、既にその新たな宗旨に伴う新たな用語を形成していた。そのため、禅宗史について些かなりとも知識のある人であれば、みな簡単に古典禅と初期禅の言葉や文章を区別することができる。初期禅における「安心」、「守心」、「観心」、「定慧等」等の多くの流行用語はもはや消え始めており、「平常心」、「本心」、「本性」、「無修」、「無証」、「任運」、「法眼」等の新たな用語がこの時期に流行し始め、[162]かつ後の禅宗の言葉とテキストの中に広がり浸透した。

さらに重要なのは、機縁問答の発展・成熟に連れて、禅宗の言葉は譬喩・象徴・詩的イメージに益々頼るようになり、最後には禅意を豊かに含んだ一連のイメージを形成したことである。そしてこの禅宗のイメージの中には、馬祖とその門人、あるいは再伝の弟子の言葉に遡り得る幾つかの基本的なセットがある。

1、明珠と宝蔵。如来蔵系の経典では至る所で宝珠が如来蔵／仏性の譬喩とされるが、馬祖は弟子である慧海がまだ発見していない、根源が具足した、比類無く尊い仏性を「自家の宝蔵」に譬えた。また開悟した後の慧海を「大珠」と呼んで、摩尼珠をその円満で澄み切った覚性の譬喩とした。永嘉玄覚に帰されるが恐らく馬祖門人の手になる『証道歌』にも「摩尼珠、人不識、如来蔵裡親収得。六般神用空不空、一顆円光色非色（摩尼珠とは、人は知らないが、如来蔵の中で自ら得られる。六根の不思議な働きは空にして空ではなく、一粒の円光は色にして色ではない）」とあり、これらの活き活きとした表現は禅宗の言語表現において新生面を開いた。晩唐五代期になると、明珠・宝蔵等は機縁問答と偈頌における流行のイメージとなり、それによって心性の内在、明浄、完全、珍貴を象徴した。例えば、『祖堂集』及び『伝灯録』には明珠と心珠を詠った歌が収録されるが、そのうち四首が丹霞天然に帰され(163)、一首は石鞏慧蔵に帰され(164)、一首は韶山寰普に帰され(165)、一首は関南道常に帰される(166)。これらの作者に帰されることが必ずしも全て信頼できるわけではないが、これらの歌偈は全て『祖堂集』及び『伝灯録』に収録されているため、これらはおおむね晩唐五代から宋初に作られたであろうと推測してよい。

2、「本来人」、「本来面目」等。これらのイメージは馬祖が「自家本心」と「自家本性」等の語句を頻繁に用い、覚りの「本有今有」と心性の「本浄今浄」を繰り返し強調したことから派生した(167)。このイメージのセットは心性の本覚・アプリオリ・真常という性質を強調する。『祖堂集』と『伝灯録』の機縁問答及び晩唐五代の禅偈では、こういったイメージが大量に現れる(168)。

3、仏堂（仏殿）と仏像。汾州無業の初めての訪問の中で、馬祖は無業の身体を仏堂に譬え、彼の本来心を仏像に譬えた(169)。これらのイメージはその後も禅宗の機縁問答において流行した。例えば、臨済義玄の弟子である灌渓志閑は「五蘊山中古仏堂、毘盧昼夜放円光（五蘊の山の中の古い仏堂では、毘盧遮那仏が日夜円光を放つ）」という禅偈で雲蓋懐溢を大悟させた(170)。仏堂と五蘊山は懐溢の身体を暗示し、毘盧遮那仏は彼の本心を暗示する。

4、衣を着る、食事をとる、眠るといった日常活動のイメージ。前述のように、「平常心是道」、「仏性在作用」といった洪州禅の宗旨を基礎として、馬祖とその門人大珠慧海等はこれらの日常活動を仏性の作用・覚りの境地の実現及び禅の実践と結びつけ始めた。晩唐五代期には、「吃茶（茶を飲む）(171)」、「洗鉢（鉢を洗う）(172)」、「熱即取涼、寒即向火（暑ければ涼み、寒ければ日に当たる）」等(173)、さらに多くの日常生活の活動がこのイメージのセットに加えられた。

5、虚空あるいは空にかかる太陽。前述のように、『首楞厳経』の影響を受けて、黄檗は『伝心法要』の中で虚空と空中の日輪のイメージを大量に用い、それによって真如法身／自性本心が常住不滅かつ幻で実体がないことを説明した。晩唐五代期にはこれらのイメージは大いに流行し、長沙景岑（？―八六八）、玄沙師備、千光瓌省（九〇六―九七二）等が用いたことがある。(174)

6、法眼。馬祖門人が編纂した『宝林伝』は、本来は恐らく『法眼師資伝』と称された。この書の中では、釈迦牟尼が涅槃に入る前に、大迦葉に「吾有清浄法眼、涅盤妙心、実相無相、微妙正法、付嘱於汝、汝善護持（私には清浄なる法眼、涅槃の妙なる心、諸々の現象が実は無相であるという実相を説き明かした微妙なる正法がある。これをそなたに授けよう、しっかりと護持するように）」と言ったと述べられている。(175)その後、各祖師が伝法する時に、みな例外なく「法眼」を伝授した。法眼は万法に通貫する洞察力であり、微妙かつ無相の仏智を暗示し、かつ仏法・仏心・覚りと同義である。法眼という語は多くの仏典と初期禅文献の中に既に現れているが、『宝林伝』の著者は初めてこの語を中心的手がかりとして、禅宗の師が「法眼」を代々伝えていくという完全な系譜を造り出した。(176)晩唐五代以降、法眼は禅門で最も幅広く用いられる語句とイメージの一つとなった。(177)

インドの大乗仏典における如来蔵理論は複雑で多義的であり、そのため多種多様な解釈の可能性が開かれた。(178)晩唐から宋初の語録が形成した読経・坐禅に反対する「反伝統」のイメージとは異なり、馬祖とその後裔は大乗経典に精通し、その中から如来蔵思想に関する幾つかの深く微妙な意味合いを発見し、かつ般若空観・天台思想・華厳精神・唯識理論を融合させた。そして平常心が仏性であること、本来備えている覚悟、日常生活の働きが究極の境地の顕現であること、無心が道であることといった、禅の観念を抽出し、染と浄、迷と悟、凡と聖、人心と仏性、慈悲と智慧、世間と出世間等の相対立する方向性をかなり完全に融和させ、それによって禅宗を現実の世間へと導くとともに、仏教の理論的基礎、信仰精神、超越への追求を保った。これらの新たな宗旨と実践は初期禅からの大きな発展を表しており、古典禅に理論的枠組みを与え、その後一千年余りの禅宗の発展に影響した。しかしながら、これらの宗旨は同時に仏教の根本思想と信仰を保存し、慈悲と智慧をともに働かせるという大乗仏教の基本精神を発展させ、仏教の解脱論・信仰論・実践論の円満な融合を体現した。それらは「革命的な」、「反伝統的な」創造ではなく、如来蔵系とその他大乗の経論中、及び天台と華厳等の中国仏教の理論中に含まれる奥深く複雑な観念を、かなり明確で簡潔に明らかにしたのである。宗密は多くの面で洪州宗の祖師たちの宗旨に賛同しないとはいえ、彼らが仏典・仏理の根源的な根拠を持っていることは認めざるを得なかった。

彼意準『楞伽経』云「如来蔵是善不善因、能遍興造一切趣生、受苦楽、与因俱」。又「仏語心」。経云「或有仏刹、揚眉動睛、笑吹謦欬、或動揺等、皆是仏事」[179]。

（その考え方は『楞伽経』が「如来蔵とは善不善の因であり、遍く一切の五趣を輪廻する衆生を作り出し、苦楽を受け、因と等しくさせることができる」と言うのに基づく。また「仏語心」とも言う。経に「ある仏国土では、眉を上げたり瞳を動かしたり、笑ったり咳払いしたり、あるいは動くといったことは、全て仏事である」と言う。）

注

（1）これらの数字は本書附録一「馬祖語録校注」によって統計をとった。
（2）例えば忽滑谷快天『禅学思想史』四三六―三七頁。
（3）『唐五代禅宗史』七六―七七、三八三―八四頁。
（4）宝誌に帰される禅偈は実は馬祖門人に捏造されたものである。賈晋華「伝世宝誌禅偈考弁」（『中国禅学』三輯［二〇〇四］一二一―三二頁）、及び本書第七章参照。傅大士に帰される禅偈に表された古典禅思想も、明らかに梁代に現れ得るものではない。

(5)成熟した機縁問答は晩唐になって初めて現れる。本書第四章参照。
(6)柳田聖山『初期禅宗史書の研究』二一九頁、及び本書第七章参照。
(7)『初期禅宗史書の研究』二一九―五二頁。
(8)『楞伽師資記』『大正蔵』第八五冊、一二八八頁a。『入道安心要方便法門』は他の箇所でも『文殊師利所説摩訶般若波羅蜜経』から引用して「念仏心是仏(念仏の心が仏である)」と述べる(一二八六頁c)。柳田聖山『初期の禅史Ⅰ 楞伽師資記・伝法宝記』二二五頁、潘桂明『中国禅宗思想歴程』四九頁。
(9)楊曽文編『神会和尚禅話録』一二頁。宗密は、神会が「万法既空、心体本寂、寂即法身、即寂而知、知即真智、亦菩提涅槃、……此是一切衆生本源清浄心也(万法が空である以上、心体は本来寂であり、寂とはすなわち法身で、寂であって知なのであり、知とはすなわち真智であり、また菩提涅槃でもあり、……これが一切衆生の根源にある清浄心なのである)」と見なしていたと指摘する(『円覚経大疏抄』巻三、五三五頁a)。
(10)本書第五章の考察参照。
(11)『伝灯録』巻二八、九頁a。
(12)仏教が中国に初めて伝わって以来、中国固有の哲学的範疇である「道」はずっと「覚悟」、「真如」、「仏法」、「仏性」等を指すために借用されてきた。
(13)『宋高僧伝』巻一一、二四七頁。
(14)『広灯録』巻八、四四八頁c。
(15)宗密『承襲図』三三頁a。潘桂明は馬祖の「平常心」が指すのは現実の人心だと既に指摘している。『中国禅宗的思想歴程』一三〇―三一頁。方立天も、初期禅は真心と妄心の対立に偏っており、馬祖道一等は真心と妄心の統一を強調したと見なす。『隋唐仏教』『方立天文集』第二巻(北京:中国人民大学出版社、二〇〇六)四八二―八三頁。
(16)『伝灯録』巻二八、三頁b。
(17)忽滑谷快天『禅学思想史』四三六―七六頁、印順『中国禅宗史』二六四頁、石井修道「南陽慧忠の南方宗旨の批判について」三一五―四四頁、「南宗禅の頓悟思想の展開――荷沢神会から洪州宗へ」一三六―三八頁参照。

(18)『承襲図』三五頁c。「垂」は恐らく「乖」の誤りであろう。

(19)宗密が洪州禅に対する批判の中でしばしば「彼宗後学」と称しているため、Jeffrey Broughton は宗密が批判したのは馬祖ではなくて馬祖門人であり、特に唐憲宗元和年間(八〇六―八二〇)に宗密と同時期に長安にいた章敬懐暉と興善惟寛の可能性があると見なす。*Zongmi on Chan*, 15-16 参照。この説にはある程度の根拠があるが、現行の馬祖上堂語の中には宗密の批判内容と合致する部分が非常に多く、またこれらの上堂語は彼の弟子たちによって記録・増補された可能性があるので、宗密の批判はやはり洪州禅の宗旨全体に対して向けられたものと見なすべきであり、何人かの特定の馬祖門人を指すのだと具体的に定めるのは難しい。

(20)『宗鏡録』巻一、四一八頁b。馬祖の再伝の弟子である黄檗希運もこの伝授を強調した。『伝心法要』三七九頁c、三八一頁b参照。詩人の白居易が馬祖門人である智常に法について尋ねた時、智常は「求師治此病、惟勧読『楞伽』(師にこの病の治療を求めると、ただ『楞伽経』を読むよう勧められた)」と、彼に『楞伽経』を読むよう勧めた。『白居易集箋校』巻一六、九八六頁。

(21)『楞伽経』『大正蔵』第一六冊、五一九頁a、高振農編『大乗起信論校釈』(北京：中華書局、一九九二)一二頁、『大正蔵』第三二冊、五七五頁b―c。

(22)『宝林伝』が馬祖門人に編纂されたこと、及び洪州禅の思想を表していることについては、本書第七章参照。

(23)『宝林伝訳注』巻五、二六四頁。

(24)漢訳『大般涅槃經』では仏性を述べるのに、「因」と「果」という異なる次元を含んでおり、そのため南北朝の仏学界では、仏性とは因に関することを言うのか、果に関することを言うのか、それとも因果を兼ねて備えるのかという論争が引き起こされた。廖明活『中国仏性思想的形成和開展』(台北：文津出版社、二〇〇八)一八―二一頁。

(25)高崎直道『如来蔵思想の形成――インド大乗仏教思想研究』(東京：春秋社、一九七四)三―一三頁、『如来蔵思想』(東京：春秋社、一九八八)六―七頁、平川彰・梶山雄一・高崎直道編『如来蔵思想』(東京：春秋社、一九八二)二―三頁、

Flolin G. Sutton, *Existence and Enlightenment in the Lankā vatā ra-sū tra* (Albany: State University of New York Press, 1991), 51-78; Brian Brown, *The Buddha Nature: A Study of the Tathāgata-garbha and Ā layavijnā na* (Delhi: Motilal Banarsidass Publishers, 1991), 249 参照。

(26) 『伝灯録』巻二八、七頁b。

(27) 『伝灯録』巻六、三頁b。

(28) 『宗鏡録』巻一四、四九二頁a。

(29) 『伝灯録』巻二八、七頁b。

(30) 『大正蔵』第一六冊、四六一頁c。

(31) 高崎直道『如来蔵思想の形成』三―一三頁、『如来蔵思想』六―七頁、平川彰等『如来蔵思想』二―三頁、Sutton, *Existence and Enlightenment in the Lankā vatā ra-sūtra*, 72 参照。

(32) 『勝鬘経』『大正蔵』第一二冊、二二一頁b、『宝性論』、『大正蔵』、第三一冊、八二七頁a。頼賢宗『如来蔵説与唯識思想的交渉』(台北:新文豊、二〇〇六) 一一三―一五頁。

(33) 『楞伽経』五五六頁b、Suzuki, *Lankā vatā ra Sū tra* (London: George Routledge and Sons, LTD, 1932), 190.

(34) 『起信論』五七五頁c。Peter N. Gregory, "The Problem of Theodicy in the *Awakening of Faith*," *Religious Studies* 22.1 (1986): 72; *Tsung-mi*, 179-81; Robert Buswell, *The Formation of Ch'an Ideology in China and Korea*, 82-83 参照。

(35) 牟宗三『仏性与般若』(台北:学生書局、一九九七) 四五五頁。

(36) 『伝灯録』巻二八、七頁b。

(37) 鏡と蔵の譬喩は、阿頼耶識の転化を表す唯識学説の「大円鏡智」の意味を暗に含んでいる。智儼『華厳五十要問答』『大正蔵』第四五冊、五二二頁c参照。この譬喩は初期禅文献に既に頻繁に現れるが、形式と内包はいずれも比較的単純である。John McRae, *The Northern School*, 144-47 参照。

(38) 『宋高僧伝』巻一一、二四七―八頁。

(39)『宋高僧伝』巻一〇、一三三頁。
(40)『楞伽経』四八四頁b、五一三頁b、Suzuki, *The Lankavatara Sutra,* 42.
(41)『起信論』五七六頁c。
(42) Whalen Lai, "Chan Metaphors: Waves, Water, Mirror, and Lamp," *Philosophy East and West* 29 (1979): 244-48 参照。
(43) 天台宗の如来性悪理論の詳細の検討については、安藤俊雄『天台学根本思想とその展開』(京都:平楽寺書店、一九六八)一六五―一六九頁、張瑞良「天台智者大師的如来性悪説之探究」『台大哲学論評』九期(一九八六)八五―九〇頁、頼永海『中国仏性論』一一三―五六頁、大窪康充「如来性悪思想」『印度学仏教学研究』四〇―一(一九九一)七一―七三頁、方立天『中国仏教哲学要義』三一一―一八頁; Brook Ziporyn, *Evil and/or/as the Good: Omnicentrism, Intersubjectivity and Value Paradox in Tiantai Buddhist Thought* (Cambridge, Mass.: Harvard University Press, 2000) 参照。
(44) Takasaki, *Study of the Ratnagotravibhā ga,* 26-31 参照。
(45)『宗鏡録』巻一四、四九二頁a。
(46)『宋高僧伝』巻一一、二四九頁。
(47)『唐代墓誌彙編続集』九一三頁、『全唐文』巻九一九、一〇頁b。
(48)『伝灯録』巻二八、一二頁。
(49)『伝心法要』三八一頁b。
(50)『伝灯録』巻二八、一頁a―b。
(51) 現代では「批判仏教」(Critical Buddhism) という思潮が類似の批判をしている。Matsumoto Shirō, "The Doctrine of Tathā gata-garbha Is Not Buddhist," in *Pruning the Bodhi Tree: The Storm over Critical Buddhism,* eds. James B. Hubbard and Paul L. Swanson (Honolulu: University of Hawaii Press, 1997), 165-73; "Critiques of Tathā gata-garbha Thought and Critical Buddhism," *Komazawa daigaku Bukkyo gakubu ronshū* 33 (2002): 360-78 参照。
(52)『宝性論』『大正蔵』第三一冊、八二八頁b。

(53)『如来蔵経』『大正蔵』第一六冊、四五七頁c。
(54)『勝鬘経』二二一頁c、『宝性論』八四〇頁a。
(55)印順『如来蔵之研究』(台北:正聞出版社、一九八九)一七六—七九頁参照。
(56)『宝性論』「以有怯弱心、軽慢諸衆生、執著虚妄法、謗真如実性、計身有神我、為令如是等、遠離五種過、故説有仏性」(八一六頁a)。
(57)『楞伽経』第一六冊、五一〇頁b。批判仏教が如来蔵説について誤解に基づく批判を行っていることについては、林鎮国『弁証的行旅』(台北:立緒出版社、二〇〇二)二二五—二二六頁参照。
(58)Takasaki Jikidō. *A Study of the Ratnagotravibhāga (Uttaratantra): Being a Treatise on the Tathāgatagarbha Theory of Mahāyāna Buddhism* (Rome: Istituto Italiano per il Medio ed Estremo Orient, 1966), 55: 小川一乗『如来蔵・仏性の研究——ダルマリンチェン造宝性論釈疏の解読』(京都:文栄堂書店、一九七四)一七七—九三頁、平川彰等『如来蔵思想』一四四—四五頁参照。
(59)『宝性論』八一四頁c。
(60)『宗鏡録』巻一、四一八頁b、『祖堂集』、巻一四、六一〇頁、『伝灯録』巻六、二頁a、『広灯録』巻八、六五一頁b。
(61)道宣『続高僧伝』『大正蔵』第五〇冊、巻一六、五五一頁c。
(62)『如来蔵経』四五七頁b、『不増不減経』『大正蔵』第一六冊、四六七頁a。
(63)『宝性論』八一九c—八二〇頁a。
(64)『起信論』五七五頁b—c。平川彰等『如来蔵思想』一三五—四三頁参照。
(65)呂澂『中国仏学源流略講』(北京:中華書局、一九七九)三八一頁。
(66)『伝灯録』巻二八、七頁b。
(67)『宗鏡録』巻一四、四九二頁a。
(68)『涅槃経』『大正蔵』第一二冊、巻七、四〇七頁a—四〇八頁b、巻二八、五三一頁a—五三二頁a、吉蔵(五四九—六二三）『大乗玄論』『大正蔵』第四五冊、巻三、三九頁a—四〇頁a、『涅槃経遊意』『大正蔵』第三八冊、二三七頁c—二三八頁a、慧均『大乗四論玄義』『卍続蔵経』第四六冊、巻八、六一一頁a—六一二頁b。湯用彤『漢魏両晋南北朝仏教史』（一九二八、再版、上海：上海書店、一九九一）五一二—一四頁、頼永海『中国仏性論』八九—一一〇頁、廖明活『中国仏性思想的形成和開展』四〇—四六頁。

(69)『起信論』五八五頁a。Gregory, "The Problem of Theodicy in the *Awakening of Faith*," 74; Buswell, *The Formation of Ch'an Ideology in China and Korea*, 83-84; Jacqueline Stone, *Original Enlightenment and the Transformation of Medieval Japanese Buddhism* (Honolulu: University of Hawaii Press, 1999), 5-6 参照。

(70) 馬祖以前には、法蔵が既に『起信論』中の本覚、始覚が同義であることを繰り返し明らかにしている。「仏証衆生心中真如成仏、亦以始覚同本覚故。……『起信論』中盛明此義（仏が衆生の心中における真如成仏を証したのも、始覚が本覚と同じだからである。……『起信論』の中ではこの義を大いに明らかにしている）」（『華厳経探玄記』『大正蔵』第三五冊、巻一、一一八頁c）。馬祖の本覚観も、法蔵からの啓発を受けたのかもしれない。

(71)『広灯録』巻八、四四九頁a。

(72)『承襲図』三五頁c。

(73)『伝灯録』巻二八、六頁b。

(74)『承襲図』三三頁b、『禅源諸詮集都序』四〇二頁c、『円覚経大疏抄』巻三、五三四頁b。

(75)『宝林伝』巻五、二八七頁。

(76)『新羅国武州迦智山宝林寺諡普照禅師霊塔碑銘並序』『海東金石苑』『石刻史料叢書』（台北：芸文印書館、一九六六）所収、第一冊、巻一、三三頁a—三四頁a、崔致遠（八五七—九二八？）『大唐新羅国故鳳巖山寺教諡智証大師寂照之塔碑銘並序』『海東金石苑』巻二、一六頁b—一七頁a。

(77) Faure, *The Will to Orthodoxy*, 69.（訳者付記：蔣海怒訳『正統性的意欲——北宗禅之批判系譜』上海：上海古籍出版社、二〇一〇、六六—六七頁）。

(78)『伝灯録』巻二八、七頁b。

(79)『楞伽経』五〇五頁b、六一八頁c—六一九頁a。

(80)『宝性論』八二四頁a—b。Takasaki Jikidō, *A Study of the Ratnagotravibhā ga*, 167–69; William Grosnick, "Nonorigination and Nirvā na in the Early Tathā gata-garbha Literature," *Journal of the International Association of Buddhist Studies* 4.2 (1981): 33-43 参照。

(81)『広灯録』巻八、四四八頁c。

(82)白居易「伝法堂碑」『白居易集箋校』巻四一、二六九一頁。

(83)『神会和尚禅話録』三九、五〇、七九頁。

(84)『広灯録』巻八、四四九頁a。

(85)柳田聖山『無の探求〈中国禅〉』（東京：角川書店、一九六九）一六七頁。

(86)『広灯録』巻八、四四九頁a。

(87)『伝灯録』巻二八、七頁b。

(88)『伝灯録』巻六、六頁a。

(89)『円覚経大疏抄』巻三、五三四頁b、『承襲図』三三頁a。

(90)柳田聖山『無の探求〈中国禅〉』一四五頁。

(91)潘桂明『中国禅宗思想歴程』二四〇頁。

(92)杜継文・魏道儒『中国禅宗通史』二三三頁。

(93)『伝灯録』巻二八、七頁a。

(94)『宗鏡録』巻一四、四九二頁a。

(95)『伝灯録』巻三、四頁a—五頁b。

(96)Buswell, "The 'Short-cut' Approach of K'an-hua Meditation," 341.

(97)『首楞厳経』『大正蔵』第一九冊、巻三、一一八頁c。
(98)法蔵『華厳経探玄記』『大正蔵』第三五冊、四〇五頁a—c、『修華厳奥旨妄尽還源観』『大正蔵』第四五冊、六三七頁b—c。
(99)法蔵『華厳経探玄記』四〇五頁c—六頁a、『大乗起信論義記』『大正蔵』第四四冊、二四三頁c、『華厳遊心法界記』『大正蔵』第四五冊、六四四頁c、『華厳一乗教義分斉章』『大正蔵』第四五冊、四八四頁c—五頁a／b。Francis H. Cook, "Fa-tsang's Treatise on the Five Doctrines: An Annotated Translation" (Ph.D. diss., University of Wisconsin, 1970), 218-12; 吉津宜英『華厳禅の思想史的研究』（東京：大東出版社、一九八五）一三五—三六頁; Peter Gregory, "What Happen to the 'Perfect Teaching'? Another Look at Hua-yen Buddhist Hermeneutics," in Donald S. Lopez, Jr., ed., *Buddhist Hermeneutics*, 208-14; *Tsung-mi*, 157-58 参照。
(100)頼永海『中国仏性論』一四五—五六頁、方立天『中国仏教哲学要義』（北京：中国人民大学出版社、二〇〇二）三三二—三五頁。
(101)『伝灯録』巻二八、一頁b。浄名とは維摩詰の別訳であり、慧忠の引用は『維摩詰所説経』が出典である。「法不可見聞覚知、若行見聞覚知、是則見聞覚知、非求法也」（『大正蔵』第一四冊、巻二、五四六頁a）。
(102)宗密『禅源諸詮集都序』八七二頁a—七四頁b。Peter Gregory, *Tsung-mi*, 236-44 参照。
(103)『伝心法要』三八三頁a。
(104)『伝灯録』巻七、三頁b。
(105)詳しくは本書第五章の考察参照。
(106)鈴木哲雄『唐五代禅宗史』三七七—八二頁、葛兆光『増訂本中国禅思想史』三六七—八九頁。
(107)『古尊宿語録』巻一、一三—一四頁。
(108)道教文献の中では、この種の観念は「重玄」と呼ばれる。詳しい議論としては Timothy H. Barrett, "Taoist and Buddhist Mysteries in the Interpretation of the *Tao-te ching*," *Journal of the Royal Asiatic Society* 1 (1982): 35-43; 任継愈主編『中国

道教史』（北京：中国社会科学出版社、二〇〇一）二六一―七七頁；Robert H. Sharf, *Coming to Terms with Chinese Buddhism: A Reading of the Treasure Store Treatise* (Honolulu: University of Hawaii Press, 2002), 61-71. 参照。

(109)『百丈広録』は宋初に百丈道常によって再編されており、さらに後の観念が混ざり込んでいる可能性もある。本書第五章参照。

(110)『伝心法要』三七九頁c、三八三頁a。

(111)『伝心法要』三八〇頁b、三八一頁b。

(112)『伝心法要』三八〇頁b。

(113)『大慧普覚禅師法語』『大正蔵』第四七冊、巻一九、八九〇頁c。

(114)『宛陵録』『大正蔵』第四八冊、三八四頁b。学界では一般に『宛陵録』には後世の増補があり、『伝心法要』ほどは信頼できないと見なされるが、「即心是仏、無心是道」の観念は確かに『伝心法要』の中に包含されている。『伝灯録』は慧能門人の司空本浄の「若欲求仏、即心是仏。若欲会道、無心是道（もし仏を求めるのであれば、心こそが仏である。もし道を会得したいなら、無心が道である）」（巻五、一八頁a）という言葉を記している。しかし『伝灯録』の司空本浄章の内容は『宝林伝』の司空本浄章と類似しており（椎名宏雄『宝林伝逸文の研究』二四八頁参照）、『宝林伝』から採られた可能性が高い。『宝林伝』が馬祖門人に編纂されたもので、しかもその末裔によってさらに修訂されているであろうことは、詳しくは本書第七章参照。

(115)『伝心法要序』三七九頁b。

(116)『勝鬘経』二二一頁c、『宝性論』八四〇頁a。

(117)『伝心法要』三八二頁b。

(118)この経は智昇『続古今訳経図紀』『大正蔵』第五五冊、三七一頁c、及び『開元釈教録』『大正蔵』第五五冊、巻九、五七一頁cに著録されている。この経は唐代以後、中国、チベット及び日本で真偽についての論争があった。周叔迦「楞厳経」『中国仏教』（北京：知識出版社、一九八九）第三輯、八一―八六頁。しかし唐五代の時、中国の僧は一般にこの経典を信用し、晩唐五代期の禅僧にはこの経を学ぶ者が非常に多かったことは、詳しくは本書第十章の議論参照。

(119)『首楞厳経』『大正蔵』第一四冊、巻四、一一九頁c、巻二、一一四頁a。

(120)『首楞厳経』巻三、一一八頁b。

(121)『首楞厳経』巻四、一二〇頁c。

(122)『伝心法要』三八〇頁c。

(123)『首楞厳経』巻二、一一一頁a。

(124)『伝心法要』三七九頁c。

(125)裴休『伝心法要序』は黄檗の宗旨を引用して述べている。三七九頁b。

(126)『宗鏡録』は『絶観論』を引用する。巻九七、九四一頁a、巻四五、六八一頁a。

(127)『承襲図』三三頁b、三四頁a。

(128)牛頭禅の「無心合道」に関する議論は、主に潘桂明『中国禅宗思想歴程』一九一―二〇六頁、楊曽文『唐五代禅宗史』二九二―三〇三頁、方立天『中国仏教哲学要義』三八八―九三頁参照。

(129)反伝統の過激な行為の面では、保唐系の無住が先駆者である。無住は「以無為方便（無為を方便とする）」、「不拘教行（教行に囚われない）」を提唱し、坐禅・受戒・礼懺・転読・写経等のあらゆる仏事を止めた。『歴代法宝記』『大正蔵』第五一冊、一八四頁c―一九五頁c。Yanagida Seizan, "The Li-Dai Fa-Pao Chi and the Ch'an Doctrine of Sudden Awakening," trans. Carl W. Bielefeldt, in *Early Ch'an in China and Tibet*, 13-50；潘桂明『中国禅宗思想歴程』二一〇―一頁、楊曽文『唐五代禅宗史』二七二―四頁；Wendi L. Adamek, *The Mystique of Transmission*, 218-26 参照。

(130)盧簡求「杭州塩官県海昌院禅門大師塔碑」『全唐文』巻七三三、二二頁b。

(131)唐伸「澧州薬山故惟儼大師碑銘並序」『唐文粋』巻六二、五頁b。『伝灯録』（巻一四、九頁b）における薬山の「尋常不許人看経（日頃人が経典を読むのを許さなかった）」という機縁問答は、明らかに後の捏造である。

(132)『宋高僧伝』巻一一、二五五頁。

(133)『大潙警策』（P四六三八）黄永武編『敦煌宝蔵』所収、第一三四冊、九一―九二頁、『警策文』『全唐文』巻九一九、三頁b―七頁b。

(134)慧洪『林間録』二七三頁b。

(135)『伝灯録』巻九、一三頁a―一四頁a。また『釈氏稽古略』八三九頁a、『仏祖歴代通載』巻一六、六三九頁a等にも見える。

(136)『伝灯録』巻一五、一七頁a、『新唐書』巻五九・芸文志、一五三〇頁。

(137)『宋高僧伝』巻一七、四二八―二九頁、『新唐書』巻五九・芸文志、一五三〇頁。

(138)『伝灯録』巻一五、二頁a／b。

(139)銭謙益『大仏頂首楞厳経疏解蒙鈔』『続蔵経』第一三冊、五〇三頁c参照。

(140)『宋高僧伝』巻一二、二八九頁。

(141)『伝灯録』巻一八、一頁b。

(142)詳しくは本書第十章の議論参照。

(143)『宋高僧伝』巻二八、七〇八頁、『伝灯録』巻二六、一〇頁b。

(144)宋元照重編『永明智覚禅師方丈実録』国家図書館蔵南宋紹興三十年（一一六〇）刊本残本。楊曽文『宋元禅宗史』二四頁参照。

(145)一〇頁b。

(146)Albert Welter, *The Meaning of Myriad Good Deeds: A Study of Yung-ming Yen-shou and the Wan-shan t'ung-kuei chi* (New York: Peter Lang, 1993), 132-37.

(147)『法蔵砕金録』（『四庫全書』本）巻二、一二頁a―b。

(148)『道院集要』（『四庫全書』本）巻二、五頁a。

(149)訳者付記：「二者」と言うのは、『道院集要』が『玄聖蘧廬』の前に、優波笈多尊者が前生で猿であった時に坐禅を修めていた話を記しているからである。

(150)『祖堂集』巻一四、六四一、六四三頁、『宗鏡録』巻七八、八四八頁a、『百丈広録』巻三、七頁c—八頁a、『伝心法要』三八五頁b。

(151)『宋高僧伝』巻一七、四二八—二九頁。

(152)『宋高僧伝』巻一二、二八三頁。

(153)『宋高僧伝』巻一二、二八八—八九頁。

(154)『宋高僧伝』巻二八、七〇八—七〇九頁。

(155)宋元照重編『永明智覚禅師方丈実録』国家図書館蔵南宋紹興三十年（一一六〇）刊本残本。楊曽文『宋元禅宗史』二四頁参照。

(156)附録二、晩唐五代禅宗寺院考参照。

(157)明刻本永明延寿『万善同帰集』には『永明寿禅師垂誡』が付されており、注に「旧本不載此誡、今従『仏祖綱目』考訂(旧本はこの誡を載せていないので、今『仏祖綱目』によって校訂する)」(『大正蔵』第四八冊、九九三頁b)とある。この誡は明代に初めて現れ、出所が不明であるため、結論を保留するしかない。

(158)余靖「廬山承天帰宗禅寺重修記」『武渓集』巻七、四頁a。

(159)『伝灯録』巻一七、一三頁a、『新唐書』巻五九、一五三〇頁。

(160)本書第七章の議論参照。

(161)John McRae, "Encounter Dialogue and the Transformation in Ch'an," in Robert Buswell and Robert Gimello eds., *Paths to Liberation: The Mārga and Its Transformations in Buddhist Thought* (Honolulu: University of Hawaii Press, 1992), 357; Stephen Heine, *Opening a Mountain*, 1.

(162)この語が馬祖門人が『宝林伝』の中で表現した核心的観念を含んでいることは、詳しくは本書第七章参照。

(163)『祖堂集』巻四、二二四—一九頁、『伝灯録』巻三〇、一八頁a—一九頁a。

(164)『祖堂集』巻一四、六三二頁。
(165)『伝灯録』巻三〇、一九頁b―二〇頁a。
(166)『伝灯録』巻三〇、一九頁a。
(167)『宗鏡録』巻一四、四九二頁a。
(168) 例えば『祖堂集』丹霞天然章、巻四、二一八頁、洞山良价章、巻六、三〇二頁、長沙景岑章、巻一七、七七〇頁、趙州従諗章、巻一八、七九〇頁、仰山慧寂章、巻一八、八二二頁。
(169)『宋高僧伝』巻一一、二四七―四九頁。
(170) 欧陽熙「洪州雲蓋山竜寿院光化大師宝録碑銘」『全唐文』巻八六九、一二頁b。
(171) 例えば『祖堂集』巻三、一八七頁、巻四、二〇九頁、巻六、三〇四頁、巻九、四三二頁、『伝灯録』巻一八、一一頁a、巻一八、一五頁a、巻一八、一七頁b、巻一八、一九頁b、巻一八、二一頁b、巻一九、四頁b。
(172) 例えば『伝灯録』巻八、四頁b、巻一〇、八頁b、巻一五、一六頁a、巻二六、一一頁b。
(173)『伝灯録』巻一〇、四頁b。
(174)『伝灯録』巻一〇、四頁a、四頁b、五頁a、五頁b、巻二〇、六頁b。
(175)『宝林伝訳注』巻一、三〇―三一頁。
(176) 詳しい議論は本書第七章参照。
(177) 呉言生は禅宗のイメージ群についてかなり全面的で踏み込んだ総合的な分析を行っている。『禅宗哲学象徴』（北京：中華書局、二〇〇一）三八〇―八八頁。本章のここでの議論は、着眼点と具体的なイメージが彼とは些か異なり、主に歴史の角度から切り込んで、恐らく古典禅の言葉から直接に引き出された、晩唐五代に流行した数セットの重要なイメージを考証している。
(178) Andrew Rawlinson, "The Ambiguity of the Buddha-nature Concept in India and China," in Whalen Lai and Levis R. Lancaster, eds., *Early Ch'an in China and Tibet*, 259-80 参照。

(179)『承襲図』三三頁b、『円覚経大疏抄』五三四頁b。

第七章　正統へと通じる道

洪州に住んでいた十六年の間、馬祖の名声は天下に鳴り響き、多数の若き禅僧を引きつけ、巨大な教団を形成したが、彼はずっと弟子を教化することに専念しており、禅門内部での派閥争いには関心がなかったようである。しかしながら、馬祖が世を去って間もなく、彼の弟子たちは彼らの家系のために正統を勝ち取ろうと力を尽くし始めた。この努力は主に次に述べる二重の策略に現れている。一つには、彼らは禅門の一世紀の長きにわたる祖統形成のプロジェクトを修正・完成させ、禅宗を中国仏教の正統として描き出した。また一方では、彼らは幾つかのテキストを捏造し、かつそれを神秘的なあるいは著名な僧侶に帰して、彼らの教理を神聖化・正当化し、伝播させようと図ったのである。

一、『宝林伝』と禅宗祖統：正統についての重層的な主張

常盤大定、柳田聖山、椎名宏雄等の学者の傑出した研究により、八一〇年に成立した『宝林伝』は既に学界全体で洪州系の重要な著作と見なされている(1)。しかし、この書の著者は依然として未解決の謎のままである。伝統的にはこの書は智炬に帰されるが(2)、現行の文献で智炬に言及するものが何もないため、柳田聖山はこれに馬祖道一の弟子の諱かの偽名に過ぎないのではと疑った(3)。本稿ではこの仮説から出発して、さらにこの弟子が恐らく章敬懐暉であること

を考証し、かつ『宝林伝』が構築した禅宗の祖統の研究を通して、懐暉がこの書を編纂した二重の目的を明るみに出す。すなわちその目的とは、一つは禅宗のために仏教の伝統の中で正統を争うこと、もう一つは洪州系のために禅宗内部で正統を争うことである。

1、『宝林伝』著者考

権徳輿は懐暉のために撰述した塔銘の中で「著『法眼師資伝』一編、自鶏足山大迦葉而下、至於能・秀、論次詳実（『法眼師資伝』一編を著し、初祖鶏足山大迦葉から慧能、神秀に至るまで、順を追って詳説した）」と言う。[4]『法眼師資伝』のタイトルは明らかに北宗禅師浄覚（六八三―七五〇？）が編纂した『楞伽師資記』を真似ている。その他の禅宗文献はみな『法眼師資伝』に言及しておらず、この書の流布に関する記載も見当たらないが、この書はもう一つの題名、すなわち『宝林伝』として伝わってきた可能性が高い。以下、この仮説について詳細な論証を行う。

まず、もとは十巻であった『宝林伝』は僅かに巻一、二、三、四、五、六、八だけが残っており、第八巻は禅宗で三祖に奉じられる僧璨で終わっているが、[5]ほとんどの研究者はこの書の中心的構成は西天二十八祖と東土六祖の伝記であったはずだと考えている。[6]この他、『祖庭事苑』は『宝林伝』から般若多羅の讖語十一首、那連耶舎の讖語十三首、及び雲門重曜がその内十八首のために作った注釈を記録している。その中で那連耶舎の讖語第八首は神秀の事跡に言及する。

艮地生玄旨、通尊媚亦尊。
比肩三九族、足下一毛分。
（東北の艮の地には玄妙なる教えが生まれ、大通禅師神秀は秀でて尊い。

肩を並べるのは十二人の弟子、五祖の足下の北宗禅。）
重曜の注に「此讖北宗神秀也。艮地、東北也、神秀於五祖下別出一枝於北京。通尊、国賜大通之号也。媚、亦秀也。三九、秀下相承、凡一十二人。足下、五祖下也。一毛分、号北宗也（これは北宗の神秀を予言したのである。艮地とは、東北であり、神秀は五祖の下から長安に独自の法系を分派した。通尊とは、国から大通の号を賜ったことである。媚もやはり大通神秀のことである。三九とは、神秀の門下で教えを継承したのが、計十二人だったのである。足下とは、五祖の下である。一毛分とは、北宗に号したのである）」と言う。その他の讖語では慧能の弟子と再伝の弟子数人に言及する。(7) 椎名宏雄は『北山録』、『義楚六帖』、『祖庭事苑』、『西渓叢語』、『景徳伝灯録抄注』、『景徳伝灯抄録』の諸書から『宝林伝』の佚文八十則を考証・輯佚し、『宝林伝』巻十は慧能伝であったが、慧能の同学、弟子、及び再伝の弟子に関する叙述を含んでいたことを証明した。(8) ここから、『宝林伝』の全体の構成が以下のようだと分かる。

（1）大迦葉から菩提達摩までの西天二十八祖。

（2）菩提達摩から慧能までの東土六祖（神秀等に関する叙述を含む）。

そして『法眼師資伝』の構成は「自鶏足山大伽葉而下、至六祖能・秀」であり、両者はちょうど符合する。

次に、『宝林伝』は、釈迦牟尼が涅槃に入る前に、大迦葉に「吾有清浄法眼、涅盤妙心、実相無相、微妙正法、付嘱於汝、汝善護持（私には清浄なる法眼、涅槃の妙なる心、諸々の現象が実は無相であるという実相を説き明かした微妙なる正法がある。これをそなたに授けよう、しっかりと護持するように）」と告げたとする。(9) その後、どの祖師も伝法の時には例外なく「法眼」を伝授した。最後に六祖慧能になっても、やはり弟子たちに「如来以大法眼付嘱大迦葉、輾転相伝、今［至］於我。今将此正法眼付嘱於汝、汝善護持、無令法眼断絶（如来は大法眼を大迦葉に託し、次々に伝えられて、今では私に伝わっている。今この正法眼をお前に託すので、お前はしっかりと護持し、法眼を絶えさせてはならない）」と言った。[10] 法眼という語は数多の仏典と初期禅文献の中に既に見られるとはいえ、仏典が述べる五眼の神通の中で、法眼は第三位に列されるのみであり、仏眼、仏智、仏性等と同等ではない。例えば『仏説無量寿経』は「肉眼清徹靡不分了、天眼通達無量無限、法眼観察究竟諸道、慧眼見真能度彼岸、仏眼具足覚了法性（肉眼は澄み渡って全てを明らかにし、天眼は果てしなくどこまでも見通し、法眼で観察すれば諸々の道を極め尽くし、慧眼で真理を見れば彼岸へ渡ることができ、仏眼は具足して法性を悟る）」と言う。[11]『宝林伝』の著者は法眼を仏眼、仏智、法性、仏心、覚悟等と同一視し、かつこの語を中心的手がかりとして、禅宗の大師が「法眼」を代々伝えたという完全な祖統を造り出した。[12] このことは、懐暉の著作のタイトル『法眼師資伝』と完全に対応している。そして明らかにこの書名は、『宝林伝』と言うよりも全面的で適切に現行本の構成と内容を表している。

第三に、柳田聖山は『宝林伝』を綿密に分析し、その中の伝法偈、諸祖の法要及び現行経典とは異なる『四十二章経』にはいずれも洪州禅思想が含まれており、第二十七祖般若多羅の讖語が懐譲―馬祖系統の正当性を際立って肯定していると指摘した。[13] これらの内容は懐暉の馬祖高弟としての思想・観念に完全に一致する。

第四に、智炬とは懐暉の字である可能性がある。懐暉は「日の光を含み持つ」、智炬は「智慧のかがり火」という意味であり、両者は語義において対応している。多くの僧侶は世俗の士人と同じように、語義の上でその名と対応する字を持っている。例えば詩僧皎然は、字は清昼であり、その名は「冴え冴えと澄んで明るい」、字は「澄み渡った昼間」という意味である。[14]

第五に、『宝林伝』のために序を撰述した有名な詩僧霊澈は、[15] かつて七八一年から七八六年の間に洪州を訪れており、その時馬祖はまだ生きており、懐暉もそこで師に仕えていた。霊澈と懐暉はいずれも権徳輿と大変親しく交際していたので、[16] 二人はお互い知り合いだったはずであり、彼らが協力して『宝林伝』を編纂したということも完全にあり得ることである。

第六に、『宝林伝』は唐徳宗貞元十七年（八〇一）に完成しているが、[17]この年代は懐暉の生涯と符合する。馬祖が七八八年に世を去ってから、懐暉は北上して禅法を広め、その名声は速やかに鳴り響き、八〇八年には詔に応じて都に入った。[18]八〇一年に完成した『法眼師資伝』『宝林伝』は、懐暉が洪州禅を宣揚するためにした重要な準備作業であり、それによって社会と皇帝のその正当性に対する承認を得ようとした可能性が高い。

以上六つの証拠は、懐暉が『宝林伝』の本当の編纂者である可能性が高いということを、かなり説得力を持って証明している。この他、馬祖のもう一人の高弟である興善惟寛は八〇九年に詔に応じて都に入っており、懐暉に比べて一年遅いだけである。惟寛は都で禅宗の祖統を全力をあげて宣揚した。白居易の記述によると、惟寛は大迦葉から彼自身まで合計五十九世（五十一世は西方の祖、九世は東土の祖）だと宣言した。[19]胡適はこの祖統が『出三蔵記集』から採られており、『宝林伝』の記述とは大いに異なると断定した。[20]この断定は長らく疑問を持たれていなかったが、近年になって徐文明が指摘したように、『宝林伝』第五巻の中で、李常が三蔵犍那に西土には合計何人の祖がいるのかと尋ねた時に、犍那は合計四十九祖で、大迦葉から般若多羅までが二十七の直系の祖、二十四祖師子比丘の弟子達摩達から三代目の伝承者までに合計二十二の旁出の祖がいると答えている。そして惟寛の言はこの祖統に基づき、さらに菩提達摩の同学である仏大先を加えて第五十祖としたものと思われる。[21]四十九祖に関する考えは『宝林伝』の中に二度現れているため、[22]徐文明の解釈はかなり筋道が通っているようである。この解釈に従うと、惟寛のインドの祖統に関する叙述は、実際には『宝林伝』とおおむね同じである。

2、『宝林伝』編纂の二重の目標

禅宗祖統の構築は七世紀末に遡ることができ、六八九年に撰述された「唐中岳沙門釈法如禅師行状」に初めて現れた。その後、八世紀を通して、北宗、荷沢宗、保唐宗、牛頭宗等を含むあらゆる禅宗の法系が、仏教の伝統における禅宗の正統的地位を打ち立てるため、その伝奇的な祖統を創造し絶え間なく補完する事業に積極的に参加したのである。「法如行状」は慧遠（三三四―四一六）が『達摩多羅禅経』のために作った序を引き、阿難から舎那婆斯までの西天三代の伝法の系譜を列挙し、かつ初めて達摩―慧可―僧璨―道信―弘忍―法如という東土の伝法の系譜を列挙した(23)。北宗の最初の灯史『伝法宝紀』の記述はほぼ同じで、ただ法如の後に神秀を第七代として続けている(24)。北宗のもう一つの灯史『楞伽師資記』は達摩の前に求那跋陀羅を東土第一祖として加え、神秀を弘忍に続けて、法如を抜き取り、かつ神秀の後に第八祖として普寂を加えた(25)。張説撰述の「荊州玉泉寺大通禅師碑銘並序」は達摩から神秀までの六代を列挙し(26)、李邕（六七八―七四七）撰述の「大照禅師塔銘」は第七祖として普寂を加え(27)、これが北宗の標準的系譜になった。神会は西天の迦葉から達摩までの八祖を示し、かつ東土六祖の中の神秀を慧能に換えた(28)。李華（七一五―七六六）所撰「故左渓大師［玄朗］碑」は西天二十九祖の系譜に言及し（しかし具体的な名前は列挙していない）、また牛頭宗を東土第四祖の道信と結びつけた(29)。保唐宗の『歴代法宝記』は西天二十九祖の名前を詳しく列挙し、かつ荷沢系が慧能を東土第六祖とする考え方を受け入れた(30)。敦煌本『壇経』は、釈迦牟尼以上の七仏と大迦葉以下の二十八祖という新たな西天三十五祖説を唱えた(31)。馬祖門人は前の数世代の人々の努力を踏襲し、さらに旧説中に見られる各種の矛盾、不一致、疑われやすい箇所を取り去って、西天七仏二十八祖と東土六祖の祖統に補完と定型化を行い、かつ各祖師のために詳細な伝記を捏造して、完璧な「最終版」に仕立て、その後の無数の禅宗灯史に繰り返し転載された(32)。

この「最終版」はそれ以前の各種の祖統とは異なる新たな特徴と目標を幾つか示している。第一の新たな特徴は、師資相承の法宝が取り替えられたことである。北宗の灯史『伝法宝紀』と『楞伽師資記』においては、師資相承の証となる物は『楞伽経』であり、『楞伽師資記』はこの経典の訳者である求那跋陀羅を東土第一祖としてさえいる。張説が神秀のために撰述した碑文でも、神秀の『楞伽経』に対する専念と熟達を強調している(33)。多くの学者が北宗の描写した達摩から神秀までの楞伽の伝統に対して疑いを示しており(34)、これは今なお論争中の問題である(35)。しかしながら、この伝統が確かに存在したか否かを問わず、東山法門の系統に彼らはこの伝統に属するのだと表明させた重大な理由が二つあった。第一に、隋及び初唐に出現した仏教各派はいずれもある一部、あるいはある一組の仏教経典をその宗旨の基本的な拠り所としており、禅宗もこのようにしなければ合法的で正統な地位を勝ち取れなかったからである。特に神秀及びその同学と弟子たちが仏典の翻訳・学習の風潮が色濃い京洛地域に入ってからは、より一層ある経典を遵奉することで自らを高く標榜せざるを得なかった(36)。第二に、初期禅に属する文献においては、如来蔵思想が主導的な地位を占めているが、如来蔵思想はまさしく『楞伽経』における中心的思想の一つだからである。デイヴィッド・チャペル（David Chapell）が指摘するように、禅宗はその精神あるいは基本的宗旨のいずれにおいても、『楞伽経』と関連しているのである(37)。その後、神会語録及び『壇経』の中で、師資相承の証となる物は『金剛経』と達摩の袈裟に換わり(38)、さらには『壇経』そのものにすらなった(39)。『楞伽経』に代えて『金剛経』を用いることにしたのは、主に北宗の宗旨に対して神会が行った戦略的挑戦と批判であり、同時に恐らく荷沢系の宗旨が如来蔵理論から般若思想に向けて変遷したことを反映している。神会は如来蔵理論から遠ざかりはしなかったが、北宗の宗旨もまた般若思想を含んでいたのである(40)。袈裟による伝法という物語は、正統性の宣言である。袈裟崇拝は舎利崇拝の別形態であって、西方諸祖の権威と、彼らと東土祖師との密接な連続を象徴するからである(41)。その後、保唐系の灯史『歴代法宝記』において、『金剛経』は既に祖祖相伝の法宝ではなくなり、伝衣だけが関心の中心となって、しかもある奇妙な物語が捏造されていた。それによれば、慧能は武后の求めに応じて達摩以来伝えられて来た袈裟を献上し、武后はさらにこれを慧能の同学、すなわち保唐系の始祖と尊ばれる智詵（六〇九―七〇二）に贈った[42]。

『宝林伝』の中で、達摩が『楞伽経』を慧可に伝授したという伝統的ストーリーは保たれたが、軽く触れたに過ぎなかった。達摩から慧能までの伝衣の物語も保たれたが、テキストの他の箇所ではこういった伝授は特殊な状況でしか行われないと暗示していた。釈迦牟尼は袈裟を大迦葉に授けたが、これを未来の弥勒仏に授与することを求め、そこで大迦葉は心法を阿難に授けた後、袈裟を携えて鶏足山に行き弥勒の出生を待っているのである。また、第二十四祖師子比丘もその袈裟を婆舎斯多に伝授しているが、しかし彼は、これは婆舎斯多が国外に伝法に行くにあたり、信仰の危機への備えとして袈裟を用いるに過ぎないことを強調した。だから法難が去った後には、婆舎斯多は伝衣を止めたのである。達摩が袈裟を慧可に伝授した際にもやはり、これは自分が外国から来た証拠とするに過ぎないと言い含めた[43]。西方の仏祖から東土の祖師まで、終始師資相伝されたのは、諸仏祖師の智慧と悟りとしての法眼だけであった[44]。各祖師が自分の伝法偈を作って自分の悟りを表したため、実際には仏教の教義は何ら伝授されてはこなかった。懐暉は「喩如虚空、以無相為相、以無為為用。禅伝者亦然、以無伝為伝、故伝而不伝也（例えば虚空が、無相を相とし、無為を用とするのと同じである。禅の伝授もそうであり、無伝を伝とするので、伝えながら伝えないのだ）」と言う[45]。この「無伝の伝」には、次のような主張の観念が含まれている。すなわち、禅宗とは仏心／悟りの特殊な伝授であって、いかなる経典にも依存しない。禅宗の宗旨は「無相」であって、経典によって伝授されるその他の教義とは異なる。禅宗が伝授するのは仏智・仏心そのものという仏教の精髄だが、その他の宗派は文字の理解と解釈に縛られている、ということである。歴代の祖師それぞれが仏心／悟りを体現しているため、『宝林伝』では「祖」の概念を際だって高く評価し、菩提達摩の語を借りて禅宗祖師を「行解相応（行解が一致しており）」、「無迷無悟（迷いも悟りもなく）」、「達大道（大いなる道に到達し）」、「通仏心（仏の心に通じ）」、凡聖を超越していると称賛した。(46)これも古典禅が祖師禅とも呼ばれる重大な原因の一つである。

もとより、初期禅の頃から禅宗は既に文字を重んじないという考え方を提起して、経典の伝承を重視する宗派と差別化を図っていた。「法如行状」では既に「天竺相承本無文字、入此門者唯意相伝（天竺での相伝では本来文字などなく、この法門に入る者はただ心によって伝えるのみである）」と言っている。(47)神会語録、『壇経』及び『曹渓大師別伝』はいずれも六代の祖師が「以心伝心（心によって心を伝えた）」のだと打ち出した。(48)しかし、北宗が依然『楞伽経』によって伝承することを標榜したため、荷沢系では至る所で『金剛経』、『壇経』、袈裟の伝法を強調しており、彼らによる不立文字、不依経典の主張は、明らかに『宝林伝』ほど徹底していない。

『宝林伝』の「無伝の伝」と祖師に対する尊崇は、その後馬祖の二代目の弟子によってさらに詳しく展開された。無染は教門（仏典を研究する教理学）を「舌土」と称し、禅宗の伝授を「無舌土」と称した。「無舌土」は無相であって言葉では伝えられない仏心を表す。彼は議論の中で、教門は下等な人のために設けた方便で、禅門の伝心こそが本当の解脱・了悟であると述べた。換言すれば、教門は真理についての便宜的解釈で、禅こそ真理そのものなのだ、というのである。(49)もう一人の馬祖再伝の弟子である黄檗希運も『伝心法要』の中で、『宝林伝』の伝法の系譜を「自如来付法迦葉已来、以心印心、心心不異（如来が迦葉に法を託して以来、心で心に印可を与え、どの心も寸分違わなかった）」と解釈する。(50)禅宗が伝授するのは悟りについての相互の印証であり、祖師と伝法の弟子とが心と心を印証しあうにあたっては、各自の悟りによって調和・一致をみるのである。裴休が『伝心法要』のために撰述した序にも、「独佩最上乗離文字之印、唯伝一心、更無別法（ただ独り最上乗にして文字を超越した心印を身に帯び、ただ一心を伝えるだけで、他の教えはなかった）」と言う。(51)これは禅宗がただ一心のみを伝え、何の経典と教法も含まないことを明確に述べている。[52]西堂智蔵の新羅の弟子である道義が述べるのによると、その頃には既に「祖師禅」という語が現れており、[53]塩官斉安の新羅の弟子である梵日（八一〇―八八九）は既に「教外別伝」という語を用いている。[54]もしこれら海東朝鮮の文献が信頼できるなら、これらの語句と観念は馬祖再伝の弟子における『宝林伝』の祖統に対する理解と解釈、そして祖師禅という概念の成立を表すものであろう。

自ら矛盾しているのは、馬祖が上堂して、達摩が「一心之法」を東土に伝えたと説いた時、「達摩大師従南天竺国来、唯伝大乗一心之法、以『楞伽経』印衆生心、恐不信此一心之法。『楞伽経』云、仏語心為宗、無門為法門（達摩大師は南天竺国からやって来て、ただ大乗の一心の法を伝授した。さらに『楞伽経』によって衆生の心にお墨付きを与え、この一心の法を信じさせたのである。『楞伽経』には、仏語心を宗とし、無門を法門とすると言う）」というように、[55]彼が実際には『楞伽経』を引用してその説を証明した点である。馬祖のその他の示衆語もみな仏教経典を大量に引用する。そのため、正確に言うなら、『宝林伝』が法眼・心偈の相承を説いたのは、主に論争上の必要であって、それにより禅宗がその他の経典を遵奉する宗派よりも上位だと証明するためであり、教義の提唱や実際の実践のためではない。しかしながら、馬祖の一代目の弟子の『宝林伝』における論争の姿勢と虚構の叙述は、後に馬祖の二代目の弟子によって改めて禅宗の重要な宗旨として解釈された。晩唐五代になると、その解釈は洪州系の後裔に幅広く受け入れられ、実践されて、急進的で激しい機縁問答の理論的枠組みとなった。

『宝林伝』が描写する禅宗祖統のもう一つの新たな特徴とは、慧能―懐譲―馬祖系統の禅宗内部における正統的地位を鮮明に表した点である。般若多羅と那連耶舎の讖語及びその他新発見の『宝林伝』佚文は、この点を特に強調して表明しており、例えば次のようである。

震旦雖闊無別路、要仮児孫脚下行。

金鶏解銜一粒米、供養十方羅漢僧。

（中国は広いとはいえ道は一つだけで、後継ぎの子によって天下は踏みつけられる。人々を目覚めさせる金州の鶏は米を銜えて、十方の羅漢僧に供養する。）

重曜の注に「此讖馬大師得法於譲和上之縁。無別路、其道一也、故馬大師名道一。児孫、嗣子也。脚下行、所謂一馬駒子踏殺天下人也。金鶏銜米、以譲和上金州人、鶏知時而鳴、以覚未寤。羅漢僧、馬祖生漢州之什仿県、受譲師法食之供（これは馬祖が懐譲に法を嗣ぐことを予言している。無別路とは、道が一つということである。だから馬祖は道一という。児孫とは、嫡流の弟子である。脚下行とは、所謂一頭の若駒が天下の人を踏み殺す、ということである。金鶏銜米とは、懐譲が金州の人で、鶏は時間を知って鳴き、それによってまだ起きていない人を目覚めさせるからである。羅漢僧とは、馬祖が漢州の什仿県に生まれ、懐譲から仏法という食物を恵み与えられることである）」と言う(56)。類似の言説は惟寛の禅宗の系譜に関する叙述にもはっきりと現れる。

自四祖以降、雖嗣正法、有冢嫡而支派者、猶大宗小宗焉。以世族譬之、即師与西堂蔵・甘泉賢・勒潭海・百巌暉倶父事大寂若兄弟然、章敬澄、若従父兄弟、径山欽若従祖兄弟、鶴林素・華厳寂若伯叔然、当山忠・東京会若伯叔祖、嵩山秀・牛頭融若曽伯叔祖。推而序之、其道属可知矣(57)。

（四祖以降、同じく正法を受け継ぎながら正系と傍系が生じたのは、本家と分家のようなものである。世俗の家系に譬えるなら、師と西堂蔵・甘泉賢・勒潭海・百巌暉はいずれも大寂に父親であるかのように仕えて、兄弟のようであり、章敬澄は従父兄弟のよう、径山欽は従祖兄弟のよう、鶴林素・華厳寂は伯叔父のよう、当山忠・東京会は伯叔祖のよう、嵩山秀・牛頭融は曽伯叔祖のようであった。こうして順序を辿れば、その法系上の帰属は明らかである。）

惟寛は世俗的家父長制の用語を用いて、禅宗の法系を正系（大宗）と傍系（小宗）に区別した。彼は同門である西堂智蔵、甘泉志賢、百丈懐海、章敬懐暉及び自身を、直系として伝わっている本家の家庭の兄弟として描写し、牛頭、荷沢、北宗、華厳の大師たちは傍系の曽伯叔父、伯叔父、従兄弟等とされた。[58] 馬祖のその他の弟子も次々に自分の法系のために正統を争い、南泉普願の新羅の弟子である道允（七八〇―八六八）と懐暉の新羅人の弟子・玄昱（七八七―八六八）はいずれも南岳懐譲を慧能の「嫡子」と称しており、[59] この観念はその師から伝わったものであろう。

以上の考察をまとめると、『宝林伝』は馬祖門人の懐暉の手になる可能性が高く、これは禅門の一世紀前後に渡る祖統の系譜構築のプロジェクトを完成させるのに用いられた。この新たな祖統は、一つには、禅門とは「教外別伝」であり、法言／仏心／悟りの印証を直接に伝授し、経典を遵奉する他宗派を超越しているという点において、仏教の伝統における正統な宗派であること、また一方では、洪州系とは禅門における正統な法系であり、その他の各系はみな傍系であるという、二重の論争的主張を含んでいる。その後この重層的議論は馬祖再伝の弟子によって改めて洪州禅の宗旨として解釈され、かつ晩唐から五代の間の洪州の後裔に幅広く実践された。

二、権威の樹立：宝誌と永嘉玄覚に帰される禅偈についての考証

『伝灯録』は梁・宝誌（四一八？―五一四）を作者とする三組の禅偈、「大乗讃十首」、「十二時頌」十二首、「十四科頌」十四首を収録している。[60] この三組の詩偈の他に、宗密『円覚経略疏』、『円覚経大疏鈔』、『伝心法要』、『宛陵録』、『宗鏡録』等の書にも宝誌の詩偈一首と断句六連が収録されている。[61] この他、『伝灯録』は「証道歌」を永嘉玄覚（六六五―七一三）に帰している。これらの詩偈はいずれも洪州禅の修辞的特徴と禅学思想に満ちている。本章では綿密

で深い分析を通して、これらの禅偈が恐らく全て馬祖門人の捏造であり、宝誌と玄覚の伝奇的名声を借りて洪州の宗旨の地位を高め、伝播させるのが目的であったことを明らかにした[62]。

1、現行の宝誌禅偈についての考証

宝誌の事跡については、最も早い資料は梁・陸倕（四七〇―五二六）「誌法師墓誌銘」と慧皎（四九七-五五四）『高僧伝』本伝であり[63]、両者はいずれもその名を保誌と記す。しかし『高僧伝』畺良耶舎伝には「沙門宝誌崇其禅法」とも記される[64]。道宣『続高僧伝』[65]、『広弘明集』[66]、道世『法苑珠林』[67]、僧祥『法華伝記』[68]等がその事跡を述べており、いずれも保誌と称することもあれば、宝誌と称することもある。『梁書』何敬容伝[69]、『陳書』徐陵伝[70]、『南史』梁本紀[71]、『南史』陶弘景伝附宝誌伝等はみな宝誌と称する[72]。恐らく本来の名は保誌で、「宝」と「保」の同音仮借だったのだが、その後宝誌の名が通行して、保誌という名は忘れ去られたのではないだろうか。陸倕「誌法師墓誌銘」は彼のことを法師と称し、俗姓は朱、籍貫は不詳で、宋の太始年間初めに鍾山に出入りしていたが、その頃既に五、六十歳で、宋・斉の間に神異を現し始めたとする。『高僧伝』本伝も朱姓と記しているが、しかし出身は金城（今の江蘇省句容県）の人で、若くして金陵の道林寺で出家し、僧倹に師事し、禅業を習い、宋の太始年間始めに突然神異を現したと言う。また宋から梁までの分身・予言・菩薩相の顕現といった多くの不思議な出来事を詳しく記す。二つの文章はいずれも彼が梁武帝（四六四―五四九）に崇拝され、天監十三年（五一四）に世を去ったとし、『高僧伝』では彼が世を去った時に九十七歳だったと言うので、遡るとほぼ東晋の義熙十四年（四一八）に生まれたことになる[73]。

魏建功は一九四七年に著した「十二辰歌」の中で、敦煌に見られる各種の十二時歌謡について論じ、かつ後魏の時に白馬寺沙門宝公が「十二辰歌」を作ったという『洛陽伽藍記』の記事にまで遡っている[74]。王重民は『伝灯録』に宝誌「十二時頌」が収められているのを見たため、宝誌を宝公と結びつけたが、また次のような疑いを懐いた。「しかしこの『十二時歌』は、一、宋代以前の書に引用されているのが見当たらない、二、誌公の時代には三・三・七式の歌詞はあり得ず、これほどすぐれた白話文もあり得ない、三、誌公の年齢は菩提達摩よりもやや上であり、達摩以後の禅学を歌うはずはない。従って私は、宝誌作と題される『伝灯録』の「十二時」は信頼できないと推測する。しかし私自身は仏教学については門外漢なので、周一良先生にご教示をお願いした」(75)。周一良は返書二通をしたため、主に二つの理由から、『伝灯録』の収録する宝誌の詩偈は偽託であると明確に指摘した。第一に、『伝灯録』所載の宝誌の詩三組は、いずれも唐代以降の禅宗思想を反映しているということ、次に、『高僧伝』、『続高僧伝』、『広弘明集』、『梁書』、『陳書』、『南史』等が記す宝誌の事跡は、いずれも神異あるいは予言と関係しており、「この神変幻術を得意とする神僧が『伝灯録』所収作品の作者であるとは、到底考えがたい」ということである。また周氏はさらに、六朝期の僧侶が二文字の名を略称する時にはみな下の一字を使うもので、上の一字は使わないので、『洛陽伽藍記』の宝公が宝誌であるか否かは大いに問題だと指摘した(76)。

「十二時頌」等が後人の仮託であると考証するため、王重民と周一良が列挙した諸条は、いずれも説得力に富んでいる(77)。『洛陽伽藍記』が記す宝公とは、別の人物であって、宝誌とは無関係だと確定してよい。該書には次のようにある。

有沙門宝公者、不知何処人也。形貌醜陋、心機通達。過去未来、預覩三世、発言似讖不可解、事過之後始験其実。胡太后聞之、問以世事。宝公曰「把粟与鶏呼朱朱」。人莫之能解。建義元年后為爾朱栄所害、始験其言。時亦有洛陽人趙法和、請占早晩当有爵否。宝公曰「大竹箭、不須羽。東廂屋、急手作」。時不暁其意。経十余日、法和父喪、大竹者杖、東廂屋者倚廬。造「十二辰歌」、終其言也(78)。

（沙門宝公という者がおり、どこの人かは分からなかった。容貌は醜いが、心ばえは高邁であった。過去現在未来の三世を見ることができ、彼が発する言葉は予言のようで意味を解き難く、出来事が過ぎ去った後にやっと本当の意味を確かめられる。胡太后はそれを耳にして、世の中の事を尋ねた。宝公は「チッチッ（朱朱＝二朱＝爾朱栄）と呼んで鶏に粟をやる」と言った。誰もその意味を解き明かせなかった。建義元年に太后が爾朱栄に殺され、やっとその予言が確かめられた。その頃また洛陽の人である趙法和という者がおり、いずれは爵位を得られるかどうか占ってくれと頼んだ。宝公は「大竹の箭には、羽は必要ない。東の廂房は、さっさと作りなさい」と言った。その時には意味が分からなかった。十数日が過ぎると、法和の父親が亡くなり、大竹というのは杖、東の廂房とは倚廬（父母の喪に服して住まう小屋）だったのである。「十二辰歌」を作り、最後の言葉とした。）

陸倕「誌法師墓誌銘」と『高僧伝』によれば、宝誌が洛陽に足を踏み入れたことはない。胡太后は北魏孝明帝の母である。孝明帝は延昌四年（五一五）に即位すると、胡氏を尊んで皇太妃とし、ついで太后とした。胡太后は朝廷に出て政務を執り、仏教に耽溺し、多くの寺塔を建立したが、武泰（建義）元年（五二八）には孝明帝を毒殺し、続いて爾朱栄に殺された[79]。従って胡太后から宝公への下問は、五一五年から五二八年の間に起こったはずであり、宝誌は五一四年に世を去ったので、この出来事とは明らかに無関係である[80]。しかし唐代の人は既に宝誌とこの宝公を混同しており、例えば段成式『酉陽雑俎』は『伽藍記』が記す宝公の二つの予言を引用した際、宝誌の名で記している[81]。

周一良が、『伝灯録』が宝誌の名に帰した詩偈三組の内容は、いずれも唐代以降の禅宗思想を反映していると言ったのは、非常に正確である。もし細かく分析したなら、さらにはこの禅偈三組が明らかに中唐期の洪州禅思想を表していることを見出し得る。例えば「十四科頌・色空不二」には次のようにある。

法性本無青黄、衆生謾造文章。吾我説他止観、自意擾擾顛狂。

不識円通妙理、何時得会真常。自疾不能治療、却教他人薬方。

外看将為是善、心内猶若豺狼。愚人畏其地獄、智者不異天堂。

対境心常不起、挙足皆是道場。仏与衆生不二、衆生自作分張。

若欲除却三毒、迢迢不離災殃。智者知心是仏、愚人楽往西方。

（法性にはもとより青や黄の色などなく、衆生が形や模様をでっち上げたのだ。我先に止観なぞを説くが、自分の心はあたふたと乱れたまま。

円通の素晴らしき理が分からないなら、何時になったら常住の真理を会得できるだろう。自らの病は治せないのに、他の人には処方箋を教えてやる。

見た目には善いことのようだが、心の中はまるで凶悪な獣のよう。愚か者は地獄を恐れ、智恵ある者は天国に等しい。

塵境に対する心はいつも生じず、足で踏む所は全て道場である。仏と衆生は不二であり、衆生が自ら分け隔てしているのだ。

もし貪嗔痴の三毒を取り去りたいなら、災厄に満ちたこの世をずっと離れないことだ。智恵ある者は心が仏なのだと知り、愚か者は西方に往生したがる。）

馬祖は「触青即青、触黄即黄、体非一切色（青に触れれば青に、黄に触れれば黄になるが、その本質はそれらの色彩ではない）」というように、映す色によって色を変える摩尼珠を人の心性の譬喩とした(82)。摩尼珠の本体は透明無色であり、表面に映し出す事物に応じて青、黄等の色に変化するが、その清らかに透き通った本質は永遠に変化しない。馬祖はこれによって、人の心性には種々の形態があるが、本体の上では仏性と違いはないことの譬えとした。「法性本無青黄」の一偈は恐らく馬祖の摩尼珠の譬喩を踏まえ、仏性は人心と同一であり、もともと染浄（青黄）との変異はないことを説いている。だから偈の後半で「仏与衆生不二」、「智者知心是仏」と言うのである。『伝心法要』には「諸仏与一切衆生、唯是一心、更無別法。此心無始已来、不曽生不曽滅、不青不黄、無形無相、不属有無、不計新旧、非長非短、非大非小、超過一切限量名言縦跡対待。当体便是、動念即乖。猶如虚空、無有辺際、不可測度。唯此一心、即是仏、仏与衆生、更無差異（諸仏と一切衆生とは、ただ一心であり、他の法などない。この心は太初の昔から、生じも滅しもしたことがなく、青でも黄でもなく、形も相もなく、有無に属さず、新旧の区別もなく、長くも短くもなく、大きくも小さくもなく、分別を行うあらゆる言葉や行跡、対立を超越している。そのもの自体が正しいのであり、想念を働かせると誤りである。それはまるで虚空のように、果てがなく、推し量ることができない。ただこの一心こそが仏なのであり、仏と衆生とは、何の違いもない）」とある。[83] 述べている大意はこの偈とほぼ同じである。この他、「十四科頌・断除不二」はさらに明確に「法性本無瑕翳、衆生妄執青黄（法性にはもとより瑕疵などなく、衆生が青や黄の色合いにとらわれているのだ）」と言い、「大乗讃十首」にも「仏与衆生不二、自然究竟無余（仏と衆生とは不二であり、ありのままで究極の無余涅槃である）」（其二）、「不解即心即仏、真似騎驢覓驢」（心こそが仏だと分からないのは、驢馬に乗っているのに驢馬を探し求めるのとそっくりだ）（其四）と言い、「十四科頌・仏与衆生不二」に「衆生与仏無殊、大智不異於愚。何須向外求宝、身田自有明珠（衆生は仏と異ならず、大智は暗愚と異ならない。どうして外に宝を求める必要があろうか、その身の内に明珠があるのに）」と言う。

本書第六章で述べたように、「即心即仏」あるいは「即心是仏」のスローガンは馬祖の系統が発明したのではないが、馬祖以前には、その「心」が指すのは抽象的な清浄なる仏性であり、具体的な人心とはまだ隔たりがあった。洪州禅思想の重要な発展とは、この「心」を染浄・迷悟・善悪を包含した実際の人心へと具体化させ、以下のように唱えたことである。「今知自性是仏、於一切時中、行住坐臥、更無一法可得（今こそ知る、自己の本性は仏であって、あらゆる時、行住坐臥のあらゆる場面において、獲得すべき真理などはないのだと）」、「心外無別仏、仏外無別心。不取善、不捨悪、浄穢両辺、倶不依怙（心の外に別の仏などなく、仏の外に別の心などない。善を取らず、悪を捨てず、清浄と汚穢の両極端には、いずれにも依存しない）[84]」、「若欲直会其道、平常心是道。何謂平常心？　無造作、無是非、無取捨、無断常、無凡無聖（もし直ちに道を会得したいなら、平常心が道なのである。何を平常心と言うのだろう？　作為がなく、是非がなく、取捨がなく、断見と常見がなく、凡もなく聖もないことである）[85]」。宗密も洪州宗が「全体貪嗔痴、造善造悪、受楽受苦（貪り・怒り・愚かさによって善悪の業を作り、苦楽の果報を受ける本体まるごと）」を全て仏性と同じだとみなしたと批判している[86]。

宝誌に仮託された禅偈も、行住坐臥が全て仏性の体現で、善を取り悪を捨てる必要はなく、無明・煩悩の観念を断ち切る必要はないという理念を繰り返し宣揚しており、さらには用いている語句までが、みな馬祖とその門人の用語と非常に似ている。前に引いた「十四科頌・色空不二」に「対境心常不起、挙足皆是道場」、「若欲除却三毒、迢迢不離災殃」と言うのは、つまりこの観念を表しているのである。さらに例えば「十二時頌」に「食時辰、無明本是釈迦身。坐臥不知元是道、只麼忙忙受苦辛（食事をする辰の刻、無明はもとより釈迦の身体である。坐臥していても本来は道だということが分からず、ただあくせくと苦労するばかり）」、「十四科頌・仏与衆生不二」に「正道邪道不二、了知凡聖同途。迷悟本無差別、涅槃生死一如（正道と邪道は不二であり、凡夫と聖人は道を同じくしていると悟る。迷いと悟りは本来異ならず、涅槃と生死は一つである）」、「善悪不二」に「我自身心快楽、倏然無善無悪。法身自在無方、触目無非正覚（私は身も心も楽しく、自由で善も悪もない。法身は自在でとらわれなく、目にする所全てが正覚である）」、「生死不二」に「若欲断除煩悩、此是無明痴漢。煩悩即是菩提、何用別求禅観（もし煩悩を断ち切ろうとするなら、それこそ無知な愚か者のやり方。煩悩がすなわち菩提なのだ、どうしてさらに禅観を修めることがあろう）」、「断除不二」に「不著二辺中道、翛然非断非常。五欲貪嗔是仏、地獄不異天堂（両極端から離れた中道は、自由で断見でも常見でもない。五欲と貪嗔は仏であり、地獄は天国と同じだ）」と言う。般若空観の不二というベールを取り払うと、これらの禅偈が肯定しようとしているのは、まさしく具体的で完全な、染浄・迷悟を包含した実際の人心と日常生活なのである。

馬祖はさらに「道不用修、但莫汚染（道は修行する必要はなく、ただ汚さないように）」、「本有今有、不仮修道坐禅（本来あって今もあるので、修道や坐禅に頼らない）」と提唱した(87)。宗密も洪州禅の修行観をまとめて「了此天真自然、故不可起心修道（このありのままの自然を悟るのであり、だから道を修めようと考えを起こしてはならない）」とする(88)。宝誌の名に帰される禅偈も、天真自然、修道坐禅の不要といった概念を盛んに宣揚する。例えば次の通りである。

「大乗讃十首」其三

法性本来常寂、蕩蕩無有辺畔。安心取捨之間、被他二境回換。

斂容入定坐禅、攝境安心覚観。機関木人修道、何時得達彼岸。

（法性は本来常住で寂然としており、広々として果てしない。もし心を取捨の次元に置いたなら、その二つを行きつ戻りつするばかり。

居住まいを正して禅定に入り坐禅し、外境を自心におさめて禅観の修行。こんなものは傀儡が修行しているも同然、何時になったら彼岸にたどり着けようか。）

同其八

世間幾許痴人、将道復欲求道。広尋諸義紛紜、自救己身不了。

専尋他文乱説、自称至理妙好。徒労一生虚過、永劫沈淪生老。

濁愛纏心不舍、清浄智心自悩。真如法界叢林、返生荊棘荒草。

但執黄葉為金、不悟棄金求宝。所以失念狂走、強力装持相好。

口内誦経誦論、心裏尋常枯槁。一朝覚本心空、具足真如不少。

(世の中には愚かな人々がいて、道によってまた道を求めようとする。諸々の義を幅広く探し求めてばたばたし、自分を救うこともできない。

他人の文章の出鱈目な説ばかりを探し、至高の真理は素晴らしいと自称する。一生無駄骨を折って虚しく過ごし、永久に生老病死の中に沈み込む。

こうして汚れた執着の心は捨てられず、清浄なる智慧の心は乱される。真如法界の叢林なのに、茨と雑草が生い茂る。

ただ黄色の葉を手にとって金と思い込み、金を捨てて宝を求めることを悟らない。そのため取り乱して当所なく走り回り、どうにか見かけを取り繕おうとする。

口には経論を誦えても、心はいつも枯れ衰えている。ひとたび本心の空寂を悟ってみると、何と大いに真如が具わっていた。)

「十四科頌・菩提煩悩不二」

大道暁在目前、迷倒愚人不了。仏性天真自然、亦無因縁修造。

(大道が明らかに目の前にあっても、迷いで物事をあべこべに捉える愚か者には悟れない。仏性はありのままの自然であり、それを作り出す因縁もない。）

同「持犯不二」

丈夫運用無礙、不為戒律所制。持犯本自無生、愚人被他禁繫。

（立派な男は行いに妨げがなく、戒律にも制限されない。持戒も破戒も存在しないのに、愚か者はそれに縛られる。）

同「事理不二」

心王自在翛然、法性本無十纏。一切無非仏事、何須摂念坐禅。

（心王は自由自在で、法性にはもとより十種の穢れがない。あらゆることが仏事なのだ、どうして精神を集中して坐禅する必要などあろうか。）

洪州禅はさらに、如来蔵理論における仏性真常不滅の観念を宣揚し、「此心与虚空斉寿（この心は虚空と寿命が等しい）」と提唱した(89)。この観念も誌公の名に帰される禅偈に現れる。「十二時頌」に次のように言う。

鶏鳴丑、一顆円珠明已久。

内外接尋覓総無、境上施為渾大有。

不見頭、又無手、世界壊時渠不朽。

未了之人聴一言、只遮如今誰動口。

（鶏が鳴く丑の刻、一粒の宝玉は既に長い間輝いている。

内外に探し求めればいつも見つからないが、現象界での働きは確かに存在する。

頭は見えず、手もなく、世界が壊れる時にもそれは不滅である。

迷える者が仏法端的の一句を耳にすれば、ただこの事実があるのみ、誰が口を挟み得よう。）

「一顆円珠」は人心が本来有している仏性を譬えており、「世界壊時渠不朽」の句は、この性が真常不滅だということを明瞭に指摘している。

この他、宗密は洪州禅が小麦粉と小麦粉製品の関係を譬えとして仏性を説明したことを指摘する。『中華伝心地禅門師資承襲図』に「洪州意者、……如麺作種種飲食、一一皆麺。意以推求此身、四大骨肉、喉舌牙歯、眼耳手足、並不能自語言、見聞、動作。如一念命終、全身都未変壊、即便口不能語、眼不能見、耳不能聞、脚不能行、手不能作。故知能言語動作者、必是仏性（洪州宗の考え方とは、……小麦粉で様々な飲食物を作れば、どれを取っても小麦粉なのと同じである。その説によれば、地・水・火・風の四大と骨・肉、喉・舌・歯、眼・耳・手・足は、いずれも自分で話したり、見聞きしたり、動くことはできない。もしたちまち命が尽きて、体はまだ腐り始めていなくとも、もう口はきけず、眼は見えず、耳は聞こえず、脚は歩けず、手は動かなくなる。だから、この肉体において話し動いているのは、紛れもなく仏性なのだと分かる）」と言う。(90) この譬喩は摩尼珠の譬えと同じで、種々の小麦粉製品には区別があるが、しかし小麦粉という本質は不変であることによって、仏性は様々な作用を現すが、その本体は終始不変であることを説明している。宝誌に仮託される禅偈にもこの譬喩が二度現れる。「大乗讃十首」其七に次のようにある。

可笑衆生蠢蠢、各執一般異見。但欲傍鏊求餅、不解返本観麺。
麺是正邪之本、由人造作百変。所須任意縦横、不仮偏耽愛恋。
無著即是解脱、有求又遭羅罥。慈心一切平等、真即菩提自現。
若懐彼我二心、対面不見仏面。

（可笑しなものだ、愚かな衆生たちが、それぞれ自分の見解に執らわれているのは。遠回りしてお好み焼きを探すばかりで、元に戻って小麦粉を見ようとはしないのだ。小麦粉は正邪すべての原料、人によって様々に作り変えられる。だから必要なものは思いのまま、わざわざ執着し恋い焦がれるまでもない。執着しないのが解脱であり、求めるものがあるとまた網に絡め取られる。慈しみの心は一切に平等に働き、真であればすなわち菩提が自ずから現れる。もし彼我の二つを区別する心を懐いているなら、仏に会いながらその顔を見ないのと同じ。）

「十四科頌・静乱不二」には次のように言う。

声聞厭諠求静、猶如棄麺求餅。餅即従来是麺、造作随人百変。
煩悩即是菩提、無心即是無境。生死不異涅槃、貪嗔如焰如影。
智者無心求仏、愚人執邪執正。徒労空過一生、不見如来妙頂。
了達淫欲性空、鑊湯爐炭自冷。

（声聞が騒がしいのを嫌って静けさを求めるのは、まるで小麦粉を捨ててお好み焼きを得ようとするようなもの。お好み焼きも小麦粉には変わりなく、ただ人によって様々に作り変えられているだけなのだ。煩悩は菩提、心が無であれば環境世界も無となる。生死は涅槃に異ならず、貪りや怒りは炎や影のように実体のないもの。智恵ある者は無心に仏を求め、愚か者は邪や正に拘る。徒労で虚しく一生を過ごし、如来の素晴らしき顔が見えない。淫欲と性空を悟れば、地獄の釜ももとより涼しい。）

この二つの偈は一様に、小麦粉と小麦粉製品の関係によって、人心は様々に変化するがその根本から遠ざかりはせず、もとより仏性と同じだと説明する。この事実はこれらの禅偈が洪州宗の禅僧によって作られたであろうことを、とりわけ説得力を持って証明している。

宝誌と署名されたこの禅偈三組について音韻上の分析を行った結果も、これらの詩篇が中唐期の押韻の特徴に一致し、斉・梁の詩歌の押韻とはかけ離れていることを示している。詳しくは表一の通りだが、中でも特に支・脂・之・微の四つの韻が通韻され、また魚・虞・模三韻が通韻されているのは、中唐音の顕著な特徴である。これらの禅偈の押韻は中唐音と合致しており、この結果はこれらの詩偈三組が中唐期に作られたであろうことを説得力を持って証明している。

表一　宝誌に帰される禅偈、中唐の詩歌、及び斉・梁の詩歌の押韻比較[91]

宝誌に帰される禅偈	中唐の詩歌	斉・梁の詩歌
豪韻独用、時に肴・宵・蕭三韻と通韻	豪韻独用、肴・宵・蕭三韻と通韻	豪韻、肴韻、宵・蕭の二韻は三部に分かれる。区別は比較的厳格で、通韻することは極めて少ない
魚・虞二韻が通韻、時に模韻と通韻	魚・虞・模の三韻は区別されない	魚韻は独立して一部とされ、虞・模二韻同用
支・脂・之三韻通韻	支・脂・之・微四韻合併	脂・之二韻は分かれないが、脂・微二韻は通韻せず、支部は独立

歌・戈二韻通韻、麻韻と時に通韻	歌・戈二韻は通韻し、かつ麻韻との同用が増加	歌・戈二韻は分かれず、麻韻は独立
職・徳二韻通韻	職・徳二韻通韻	職・徳二韻は通韻しない
庚・清・青三韻同用	庚・耕・清三韻同用	庚・清二韻は分かれず、青韻と時に通韻

以上、宝誌に仮託された禅偈と洪州禅文献とで相互にテキストを比較し、かつ中唐の詩歌及び斉・梁の詩歌と押韻の比較を行った。その結果は、これらの禅偈が表している思想観念と用いている語句はみな馬祖師弟と類似し、その押韻も中唐の音韻と一致することを物語っており、従って偽作者は洪州系の禅僧であろうという結論を得られる。『宋高僧伝』仏窟遺則伝は彼が「『宝誌釈題』二十四章を作った」と記す[92]。これによると、遺則（七五二―八三〇）も宝誌の作品に手を染めたことがあるらしい。遺則は牛頭六祖慧忠の弟子で、彼が生きた年代は馬祖の弟子の時代に相当する。また、牛頭禅と洪州禅には相通じるところも多い。しかし上で考察した仏性真常不滅に関する観念及び小麦粉と小麦粉製品の関係による譬喩は、いずれも馬祖あるいはその門人の言葉に確実に見えている。従って現行の宝誌の禅偈については、その著作権は洪州系の禅僧に帰されるべきである。

この結論は『宝林伝』における宝誌の利用からも有力な傍証を得られる。この書では多くの箇所で宝誌の事跡を捏造してその祖統説を補強している。例えば巻八では達摩が梁に到った時の物語を次のように記す。

是時誌公和尚監修高座寺、在彼言笑謂寺僧霊観曰「汝名霊観、実霊観不？」。霊観曰「願和尚指示」。誌公曰「従西有一大乗菩薩而入此国、汝若不信、聴吾讖曰『仰観両扇、低腰撚鉤。九烏射尽、唯有一頭。至即不至、要仮須刀。逢竜不住、遇水即逃』」。

（この時宝誌和尚は高座寺の建立を監督しており、そこで寺僧の霊観に「お主は霊観という名だが、本当に霊妙な眼力を持っているのかね？」と笑って言った。霊観「和尚にご教示願います」。宝誌「西方からある大乗の菩薩がこの国にやって来るのだ。お主がもし信じないなら、私の予言を聞きなさい。『二つの扇を仰ぎ見て、腰を屈めて鉤針を手に取る。九羽の鳥を射たのに、頭は一つ。来たことは来ないこと、髭剃りが必要である。竜に出逢えば留まらず、水に出遭えば逃げてゆく』」。）

その後達摩は梁武帝との機縁が上手く合わず、梁を立ち去って北へ行った。

釈宝誌問梁帝曰「昔聞達摩至国、大王何不敬仰留住？」。武帝曰「未知此人、志在上乗、意趣沖遠、凡情不測、因茲致謗、故不留耳」。宝誌曰「王雖遇而不遇也」。武帝曰「何人？」。宝誌曰「此是伝仏心大士、乃観音聖人乎」。王乃良久驚恨、即発中使趙光文、欲往取之。宝誌曰「非論光文一人能取彼者、尽王一国之力、此人不回也[93]」。

（釈宝誌は梁の武帝に「達摩がこの国にやって来たと昔耳にしましたが、大王様はどうしてお慕いして引き留めなかったのですか？」と尋ねた。武帝「あの方の志が大乗にあることを知らず、わしの浅はかな考えでは、お心の広大さが測れなかった。そこで誹謗し、引き留めなかったのだ」。宝誌「王は巡り逢ったというのに会えなかったのですね」。武帝「何者にだ？」。宝誌「これこそ仏の心を伝える大士、すなわち観音聖人ですぞ」。王はそこで長らく驚き悔やみ、すぐに使者の趙光文を遣わして、捕まえに行かせようとした。宝誌「光文一人で彼を捕まえられないのは言うまでもなく、王がお持ちの一国の力を全て使ったとしても、この人は戻って参りません」。）

考えるに達摩と梁武帝の問答物語は、佚名『伝法記』及び『歴代法宝記』に最も早く見えるが[94]、この二書は宝誌に言及していないので、宝誌の物語は『宝林伝』によって付け加えられたことが分かる。

この他、『祖堂集』は達摩が東に遊ぶ前に、二十七祖般若多羅の讖語を受けて、「日下可憐双象馬（太陽が沈む都の地には憐れむべき双象馬）」という語があったことを記し、注に「日下者、京都也。可憐者、好。双象馬者、志公、傅大士也（日下とは、都である。可憐とは、良いという意味である。双象馬とは、志公と傅大士である）」とある。(95)『宝林伝』巻七は夙に亡佚しており、般若多羅の讖語は既に見ることができないが、『祖堂集』における三十三代の祖師の伝記は、一般には『宝林伝』から採られたと見なされているので、上に引用した讖語は該書に由来するであろう。

前述の考察によれば、宗密の著作には既に宝誌の禅偈が引かれており、彼が批判する洪州禅思想も、宝誌の禅偈の内容と合致する所が多い。宗密が生きた時代は馬祖門人と同時からやや後である。黄檗希運は馬祖の再伝の弟子であり、その説法には宝誌の偈が引かれていることも、既に論じたところである。日本の入唐僧である恵運が八四七年に編纂した書目には、「『誌公歌』一巻」が著録されている。(96)円珍が八五四年に編纂した書目にも「梁朝『誌公歌』一巻」が著録されている。(97)この歌一巻は上述の詩偈によって構成されたものであろう。すなわち宝誌に仮託される禅偈は、まさに馬祖門人の時代に初めて出現したのである。

以上の各方面からの考証により、一つの合理的な推断を下すことができる。すなわち、これらの禅偈は宝誌に仮託しているが、洪州禅思想を表しており、かつ中唐期の音韻の特徴に一致しているので、馬祖門人の手になるであろう。彼らは『宝林伝』の中で宝誌の神僧としてのイメージを利用してその祖統説の助けとすると同時に、これらの禅偈を捏造し、かつ宝誌の名に偽託することで、自らの宗派の思想に神聖な色合いを帯びさせ、布教に有利なようにしたのである。

2、「証道歌」についての考証

「証道歌」は永嘉玄覚の『永嘉集』には見えず、なおかつこの歌の語句と観念は『永嘉集』の作品とは全く異なる。早くも宋代に、志磐が既にこの歌は玄覚の作品ではないと疑っていた。[98] 現代では、胡適が初めて改めてこの疑問を提起した。胡適は、ある敦煌写本（P二一四〇）で、この歌が『禅門秘要訣』というタイトルの下に書かれており、しかも歌の作者は招覚と記されていることに気づいた。そこで彼は、この歌は玄覚の作ではないと推測し、このような禅師がいたことすら否定した。[99] 宇井伯寿は胡適の推論に反論し、玄覚がこの歌の作者であることを肯定したが、彼はこの歌の中に初唐には見られない「二十八代西天記」、「六代伝衣天下聞」の観念のような後の増補があることを認めた。[100] ベルナール・フォールは胡適に賛同し、この歌は他人の作だと考えた。[101] 聶清はというと胡適の論断を訂正し、P二一四〇は『禅門秘要訣』というタイトルの下では実際には幾つかの禅宗テキストを抄録しているのであり、従ってこれは禅テキストの一般的な表題に過ぎず、この歌の表題ではないこと、招覚は玄覚の写し間違いであることを指摘した。しかし、神会がこの歌の作者だという聶清の新たな結論も、有力な証拠に欠けているようである。[102]

この歌を綿密に読み込むと、それが宝誌に帰される禅偈と同様に、洪州禅の観念と語句に満ちていることが見いだせる。宇井伯寿及びその他幾人かの学者は、「二十八代西天記」の祖統が『宝林伝』から採られていることを既に指摘している。これ以外に、さらにこの歌の中から洪州禅思想と関連する多くの例を探し出すことができる。

君不見絶学無為間道人、不除妄想不求真。
無明実性即仏性、幻化空身即法身。
……
捨妄心、取真理、取捨之心成巧偽。

（君は知らないか、妄想を断たず真理を求めず、学問を絶ち行いを離れて道に安んじる人を。
無明にまみれたこの本性はそのままに仏性、まぼろしのようなこの体こそが法身である。

……

妄心を捨て、真理を取ると、取捨する心は偽りとなる。）

これらの句は明らかに、「只未了底心即是［仏性］、別物更無（まだ悟れていない心こそが［仏性］であって、他には何もない）」[103]、「不取善、不捨悪、浄穢両辺、倶不依怙（善を取らず、悪を捨てず、清浄と汚穢の両極端には、いずれにも依存しない）」という[104]、馬祖の宗旨を表している。「証道歌」にはまた次のようにある。

法身覚了無一物、本源自性天真仏。

……

行亦禅、坐亦禅、語黙動静体安然。

……

不是山僧逞人我、修行恐落断常坑。

（法身を悟ってみれば一物も無く、根本の自性はありのままで仏である。

……

行くことも禅、坐することも禅、話したり黙ったり、動いたり止まったりしつつ、その本質は安らいでいる。

……

わしは好んで是非の我見を逞しくしているのではない、人々が修行して断見と常見という落とし穴に落ちるのを恐れているだけなのだ。）

ここでまた「今知自性是仏、於一切時中、行住坐臥、更無一法可得（今、自性が仏なのであり、一切の時において、行住坐臥する以外には、手に入れられる法など何もないことが分かった）」という馬祖の観念[105]、及び「了此天真自然、故不可起心修道（このありのままの自然を悟るので、道を修行しようという心を生じさせてはいけない）」という宗密による洪州禅についてのまとめが目に入ってくる。[106]

馬祖の摩尼珠の譬喩もまたもや現れる。

摩尼珠、人不識、如来蔵裏親収得。

六般神用空不空、一顆円光色非色。

（摩尼珠とは、人は知らないが、如来蔵の中で自ら得られる。

六根の不思議な働きは空にして空ではなく、一粒の円光は色にして色ではない。）

この他、馬祖の体用／理事モデルの使用も歌の中に表現される。

一性円通一切性、一法遍含一切法。

一月普現一切水、一切水月一月摂。

諸仏法身入我性、我性同共如来合。

（一つの性は一切の性に等しく通じており、一つの法は一切の法を遍く含んでいる。

一つの月は一切の水に遍く現れ、一切の水に映った月は一つの月に収められる。

諸仏の法身は我性に入り、我性はともに如来と合わさり一つになる。）

これらの歌詞はしばしば理事無礙の華厳の観念だと解釈される。しかしながら、馬祖は実はこの華厳の観念を用いて、「挙一千従、理事無別、尽是妙用、更無別理、皆由心之廻転。譬如月影有若干、真月無若干。諸源水有若干、水性無若干。森羅万象有若干、虚空無若干。説道理有若干、無礙慧無若干。種種成立、皆由一心也（一つを挙げれば多くのことがそれに伴い、理と事には区別がない。現象は全て理の働きであって、事を離れた理などはない。全ては心の転変によって作り出されているのだ。例えば映し出された月影は複数あるが、本当の月は一つである。諸々の水源には幾つかあるが、水の性質は一つである。森羅万象は複数あるが、虚空は一つである。道理の説き方は複数あるが、無礙の智慧は一つである。様々な物事が成立するのは、全て一心によっている）」というように、[107]彼が「作用即仏性」の宗旨を説いていることは、記憶にとどめておくべきである。

宇井伯寿が既に気づいていたように、この歌の最も早い引用は八五七年に編纂された『伝心法要』に見える。[108]日本入唐僧の多くの書目の中に、この歌は様々なタイトルで記録されている。円仁が八三八年に編纂した書目は『最上乗仏性歌[109]』、八四〇年に編纂した書目は『仏性歌[110]』、八四七年に編纂した書目は『曹渓禅師証道歌[111]』、恵運の書目では『道性歌[112]』、円珍の書目では『見道性歌』と著録される。[113]これらの著録によって、この歌が早くも八四〇年代には既に出現しており、その頃から八六〇年代には非常に流行していたことが分かる。従って、その本当の作者はやはり馬祖門人である可能性が高いのである。

『祖堂集』、『宋高僧伝』、『伝灯録』はいずれも玄覚が慧能を訪れたという有名な物語を記録している。[114]『祖堂集』の記載は次の通りである。

迤邐往到始興県曹溪山、恰遇大師上堂、持錫而上、遶禅牀三帀而立。六祖問「夫沙門者、具三千威儀、八万細行、行行無虧、名曰沙門。大徳従何方而来、生大我慢？」。対曰「生死事大、無常迅速」。六祖曰「何不体取無生、達本無速乎？」。対曰「体本無生、達即無速」。祖曰「子甚得無生之意」。対曰「無生豈有意耶？」。祖曰「無意誰能分別？」。対曰「分別亦非意」。祖曰「如是、如是」。于時大衆千有余人、皆大愕然。師却去東廊下掛錫、具威儀、便上礼謝、黙然撃目而出、便去僧堂参衆、却上来辞。祖曰「大徳従何方来？　返太速乎？」。対曰「本自非動、豈有速也？」。祖曰「誰知非動？」。対曰「仁者自生分別」。祖師一跳下来、撫背曰「善哉善哉！　有手執干戈。小留一宿」。来朝辞祖師。禅師領衆送其僧。其僧行十歩来、振錫三下曰「自従一見曹渓後、了知生死不相干」。

（ようやく始興県曹渓山にたどり着くと、ちょうど大師が上堂するところで、玄覚が錫杖を持って堂に上がり、禅牀の周りを三度回ってから立った。六祖「そもそも沙門とは、三千の威儀と八万の細行を身に備え、如何なる行動においても不足がないのを、沙門と名付ける。大徳は何処からやってきて、大きな自我の慢心を起こされたのか？」。答「生死とは一大事であり、無常は迅速に訪れるものです」。六祖「どうして無生を体得し、本来速さなど無い境地に到達しないのか？」。答「体得することはもともと無生であり、達することには速さはない」。六祖「あなたは無生の意味をよく理解してらっしゃる」。答「無生にどうして意味などあろうか？」。六祖「意味がなければ誰が分別できようか？」。答「分別することも意味ではない」。六祖「そうだ、そうだ」。そこで千人余りの聴衆は大いに驚いた。師は退いて東廊に行って錫杖を掛け、威儀を整えると礼拝し、黙ってそこを一瞥しただけでまた外に出た。そしてすぐ僧堂の集会に戻ると、また堂に入ってきて辞去の言葉を述べた。六祖「大徳は何処からいらっしゃったのか？　お帰りが余りに急ではないか？」。答「もともと動いたのではないのだから、どうして速さなどあろうか？」。六祖「動いたのではないことが誰に分かろうか？」。答「速いの動くのと分別しているのは、あなたの方です」。祖師は跳び下りて来て、背中を撫でて「よいな、よいな！　手に矛を持っておるな。一晩泊まっていきなさい」。翌朝祖師に暇乞いした。禅師は人々を引き連れてこの僧を見送った。この僧は十歩ほど行ってから、錫杖を三回振り、「曹渓にお目にかかってから、生死など問題ではないと悟った」と言った。）

玄覚はかつて慧能に師事したことがあるかもしれないが[115]、この種の高度に成熟した機縁問答は初唐期には現れ得ない。この物語は「証道歌」に伴って一緒に捏造された可能性が高い。『宝林伝』のある佚文によると、玄覚は慧能の弟子として列挙され、原本の第十巻に収録されている[116]。そのため、この歌及び玄覚と慧能の機縁問答物語は『宝林伝』から採られた可能性が高い。敦煌本『壇経』にはまだ玄覚の物語は見当たらず、宋本の中にやっと現れるので、やはり後の付加だということが分かる。

「無一物」という短い語句が「証道歌」の冒頭と末尾に一回ずつ見えるのは、注目に値する。『伝心法要』の中でもこの語句は三度現れ、その中の一つは「証道歌」の引用である[117]。『宛陵録』の中でもこの語は二度現れるが、その中の一つは「証道歌」の引用で、もう一つは「本来無一物、何処有塵埃（本来無一物である、どこに塵埃などあろうか）」である[118]。この聯は慧能に帰される心偈を踏まえており、『祖堂集』[119]、『宗鏡録』[120]、及び敦煌本と西夏訳本以外の各種『壇経』に見える。敦煌本『壇経』においては、慧能が神秀と競うために作った心偈は本来二首ある[121]。本来の偈二首と後の偈一首の主な違いは、「仏性本清浄」が「本来無一物」に換えられている点である[122]。「証道歌」、『伝心法要』と『宛陵録』の「無一物」の引用[123]、及び「証道歌」と『宝林伝』の間にあり得る結びつきを考えると、『宝林伝』においては、慧能に帰される偈二首は恐らく既に一首にまとめられており、この新たな変化が後に新たな『壇経』へと吸収されたのだろうと推測するだけの理由は充分にある。

以上の推測は『祖堂集』の中で裏付けとなる証拠を見出すことができる。達摩章には達摩の同学である那連耶舎の識語「唯書四句偈、将対瑞田人（ただ四句の偈を書き、瑞田の人に答えようとする）」が記されており、原書の注に「唯書四句偈者、神秀和尚呈四句偈、恵能和尚亦呈四句偈、故言四句偈（唯書四句偈とは、神秀和尚が四句の偈を示し、慧能和尚も四句の偈を示したので、四句偈と言う）」、「瑞田人者、神秀和尚、南陽嘉禾県瑞田人（瑞田人とは、神秀和尚のこと。南陽嘉禾県瑞田の人だからである）」とある。弘忍章にも、慧能に帰される心偈一首があるだけである。[124]ここでは明らかに慧能が神秀と争った心偈は一首四句のみであって、初期の『壇経』が記すような二首八句ではないことを故意に強調している。前述の通り、『祖堂集』が記載する西天二十八祖と東土六祖は恐らく『宝林伝』に基づくので、上に引いた二条もこのテキストから採られているだろう。

梁の釈宝誌は唐代になると既に神聖化され、玄覚は六祖の気に入りの弟子だったと伝えられる。洪州禅の宗旨を宣揚する詩偈を彼らの名に帰することは、洪州系の禅師たちが自分たちの禅法及び法系を神聖化・正統化し、かつ広く布教・宣揚するのに役立ったのである。

三、『宝蔵論』と馬祖門人とに考えられる関係

最後に、言及すべきこととしては、禅宗への影響が大きい『宝蔵論』の撰述も、[125]恐らく馬祖門人、特に章敬懐暉と密接な関わりを持っており、このテキストが必ずしも懐暉あるいはその他の馬祖門人の手になるのではないが、恐らく懐暉の世俗の友人である劉済あるいは馬祖の俗人の弟子である李繁によって作られただろうということである。

まず、『宝蔵論』は僧肇の撰述と署名されるが、このテキストには唐代華厳宗と禅学の思想と用語が満ちあふれているので、学者たちは一様に僧肇の名は仮託であろうと見なしている。[126]

次に、諸々の学者が指摘するように、このテキストの最も早い著録は円珍が八五七年に日本に持ち帰った書目に見られ、[127]最も早い引用は宗密の数種の著作に見られる。[128]鎌田茂雄はさらに一歩進んで、このテキストにおける七〇〇―七〇四年実叉難陀訳七巻本『楞伽経』の引用、七三〇年に編纂された『開元釈教録』がこのテキストを著録していな

いこと、僧肇の著作を大量に引用する湛然（七一一―七八二）がこのテキストを引用していないこと等について、考証と補足を行い、そこからこのテキストの撰述は八世紀末の二十五年の間であったろうと推断した。[129] この時期はまさしく馬祖門人の活躍した時期と一致する。

第三に、最も直接的な証拠は、湯用彤がかつて見た明（一五〇四年）刊本『宝蔵論』に、懐暉が書いた序文があった点である。[130] この序文はこのテキストを馬祖系と強く結びつける。

第四に、『宝蔵論』には古典禅文献（本書がおおむね信頼できると考証する馬祖語録、『百丈広録』、『宝林伝』、宝誌に仮託される禅偈、「証道歌」等）と合致する観念・経典の引用文・用語・表現方法が数多く見られる。『宝蔵論』が馬祖語録と合致するのは主に以下の八箇所である。

一、まずはこのテキストのタイトルとされた「宝蔵」という語である。この語は漢訳仏典に広範に見られ、かつこれを名とする竺法護訳『仏説文殊師利現宝蔵経』及び吉迦夜・曇曜訳『雑宝蔵経』という二部の漢訳経典があるが、鎌田茂雄が指摘するように、『宝蔵論』における「宝蔵」という語の用法は禅宗に近似する。[131] そして禅宗の各系においては、本書第六章における論述の通り、馬祖とその門人は禅意に富んだ一連のイメージ群を発展させており、その中の第一のイメージがすなわち宝蔵あるいは明珠なのである。馬祖は「自家宝蔵」を弟子慧海がまだ見出していない本来具足した何よりも尊い仏性の譬喩とし、また開悟した後の慧海を「大珠」と呼び、摩尼珠をその円満で澄み切った覚性の譬喩とした。「証道歌」にも「摩尼珠、人不識、如来蔵裏親収得。六般神用空不空、一顆円光色非色」とあり、これらは活き活きとした禅的言語の端緒となったのである。

二、『宝蔵論』には「諸法念念、各不相待（諸法は一念ごとに消滅して、それぞれに依存し合うことはない）」と言い、[132] 馬祖上堂語には「前念、後念、中念、念念不相待、念念寂滅（前の念、後の念、中間の念は、一念一念が依存し合うことはなく、一念一念が寂滅である)」と言う[133]。

三、『宝蔵論』には「夫求法者、為無所求(そもそも法を求めるとは、求めるものがないことである)」と言い[134]、馬祖上堂語には「経、夫求法者、応無所求(経に、そもそも法を求めるとは、求めるものがあってはならない、とある)」と言う[135]。

四、『宝蔵論』には「何謂真智? 体解無物、本来寂静、通達無涯、浄穢無二、故名真智(真智とは何か? 本来何物も無く寂静で、どこまでも澄み渡り、清浄と汚穢は一つであること、それを体得しているのを、真智と名付ける)」と言い[136]、馬祖上堂語には「不取善、不舎悪、浄穢両辺、倶不依怙」と言う[137]。

五、『宝蔵論』には「覚者名仏、妄即不生。妄若不生、即本真実(開悟した者は仏と呼ばれ、妄念は生じない。妄念がもし生じないなら、すなわち本来の真実である)」と言い[138]、馬祖上堂語には「了心及境界、妄想即不生。妄想既不生、即是無生法忍(心と境界を悟れば、妄念は生じない。妄念が生じない以上は、それが無生法忍である)」と言う[139]。

六、『宝蔵論』には「故経云『起唯法起、滅唯法滅』。又此法者、各不相知。起時不言我起、滅時不言我滅(そこで経には『起こるとはただ法が起こるのであり、滅するとはただ法が滅するのである』と言う。またこれら諸法が相互に関知することはない。生起する時に自分が起こると言ったり、消滅する時に自分が滅すると言ったりもしない)」と言い[140]、馬祖上堂語には「故経云『但以衆法、合成此身。起時唯法起、滅時唯法滅』。此法起時不言我起、滅時不言我滅(そこで経に『ただ衆法によって、合わせてこの身を作る。起こる時にはただ法が起こり、滅する時にはただ法が滅する』と言う。生起する時に自分が起こると言ったり、消滅する時に自分が滅すると言ったりもしない)」と言う[141]。

七、『宝蔵論』には「故経云『森羅及万象、一法之所印』（そこで経に『森羅と万象は、一法の顕現である』と言う）」と言い、[142]馬祖上堂語には「経云『森羅及万象、一法之所印』」と言う。[143]

八、『宝蔵論』には「故経云『彼見諸仏国土、及以色身、而有若干。其無礙慧無若干也』（そこで経に『彼は諸々の仏国土、及び色身は複数あるのを見た。しかしその無礙なる智慧は一つである』と言う）」と言い、[144]馬祖上堂語には「説道理有若干、無礙慧無若干（道理の説き方は複数あるが、無礙の智慧は一つである）」と言う。[145]

『宝蔵論』が『宝林伝』と合致する箇所は、第一に「法眼」という語の使用として現れている。『宝林伝』の本来のタイトルは恐らく『法眼師資伝』であり、[146]テキストの中には、釈迦牟尼が涅槃に入る前に、大迦葉に「吾有清浄法眼、涅槃妙心、実相無相、微妙正法、付嘱於汝、汝善護持（私には清浄なる法眼、涅槃の妙なる心、実相と無相、捉え難く奥深い正法がある。これをお前に託すので、お前はしっかりと護持せよ）」と告げたとある。[147]その後、各祖師は伝法の際にみな例外なく「法眼」を伝授して、途切れることなく六祖慧能にまで伝わった。法眼という語は多くの仏典と初期禅文献の中に既に現れているが、仏典が述べる五眼の神通の中では、法眼は第三位に列せられるに過ぎず、決して仏眼・仏智・仏性等と等しくはない。例えば『仏説無量寿経』に「肉眼清徹靡不分了、天眼通達無量無限、法眼観察究竟諸道、慧眼見真能度彼岸、仏眼具足覚了法性（肉眼は澄み渡って全てを明らかにし、天眼は果てしなくどこまでも見通し、法眼で観察すれば諸々の道を極め尽くし、慧眼で真理を見れば彼岸へ渡ることができ、仏眼は具足して法性を悟る）」とある。[148]『宝林伝』の著者は法眼を仏眼・仏智・仏性・仏心・覚悟等と同一視し、かつこの語を中心的手がかりとして、禅宗師資が「法眼」を代々伝えるという完全な祖統を造り出した。[149]『宝蔵論』には「自性本真、出於群品。夫知有邪正、通有真偽、若非法眼精明、難可弁也（自性は本来真であり、衆生に由来する。そもそも智慧には邪正があり、神通力には真偽があるが、もし法眼の明瞭さでなければ、区別しがたいものである）」とも言う。[150]

『宝林伝』と同じく、『宝蔵論』は法眼の地位を高めて、同様に法眼を仏智と同じだと見なした。『宝蔵論』と『宝林伝』の共通点はまた、無遺無修、無得無証の強調にも表れている。『宝蔵論』に「不遺一法、不得一法、不修一法、不証一法（一法をも捨てず、一法をも得ず、一法をも修めず、一法をも証しない）」と言う。(151)『宝林伝』は第二十四祖師子比丘の口を借りて「諸仏禅定、無有所得。諸仏覚道、無有所証。無得無証、是真解脱（諸仏の禅定は、得るものがない。諸仏の開悟への道は、証するものがない。得ることも証することもないのが、真の解脱である）」と言う。(152)また、碑文の記載によると、馬祖門人の西堂智蔵の新羅の弟子である道義（?―八二五）は、「無為任運（何もなすことなく巡り合わせにゆだねる）」、「修乎修没修、証乎証没証（修というのは修しても修することがないし、証というのは証しても証することがない）」といった洪州禅の宗旨を新羅へ伝えた。(153)

本書第六章で述べたように、『百丈広録』の基本的主題とは不二法門及び「透三句過」という三重否定であり、唐代道教の「重玄」の観念及び論述方法と類似点がある。そしてロバート・シャーフ（Robert Sharf）が指摘するように、『宝蔵論』は唐代道教における重玄の注疏の伝統と密接に関わっており、その用語・概念を大量に用いている。(154)『宝蔵論』と宝誌に帰される禅偈及び玄覚に仮託される「証道歌」との一致点は数多い。例えば「真常」が仏性の真常不滅を指し、「絶学」によって無修無得の本覚の観念を説明する、といったことである。『宝蔵論』には「夫学道者有三。其一謂之真、其二謂之隣、其三謂之聞。習学謂之聞、絶学謂之隣、過此二者謂之真。不学道者亦有三。其上謂之祥、其次謂之良、其下謂之殃。極楽謂之良、極苦謂之殃、不苦不楽謂之祥。然此三者皆不入真常、斯為不道（そもそも道を学ぶには三つある。一は真と言い、二は隣と言い、三は聞と言う。習学は聞と言い、絶学は隣と言い、この二つを超えたのを真と言う。道を学ばないのにも三つある。上は祥と言い、次は良と言い、下は殃と言う。この上ない楽は良と言い、この上ない苦は殃と言い、苦でも楽でもないのを祥と言う。そしてこの三つはいずれも真常には入らず、だから道ではないのである）」と言い[155]、「証道歌」には「君不見絶学無為間道人、不除妄想不求真」と言い、宝誌に帰される「十四科頌・色空不二」には「不識円通妙理、何時得会真常」と言う。『碧巌録』は五代の禅師禾山無殷（八八四―九六〇）の言葉を挙げ、『宝蔵論』の絶学を「証道歌」と結びつけて次のように解釈する。

禾山垂示云「習学謂之聞、絶学謂之隣、過此二者、是為真過。此一則語出『宝蔵論』。学至無学、謂之絶学。所以道浅聞深悟、深聞不悟、謂之絶学。一宿覚道『吾早年来積学問、亦曽討疏尋経論』。習学既尽、謂之絶学無為閑道人。及至絶学、方始与道相近。直得過此二学、是謂真過」[156]。

（禾山は教えを示して言った。「習学を聞と言い、絶学を隣と言い、この二つを超えるのが真の超越である。この言葉は『宝蔵論』から来ている。学が学のない状態にまで至るのを、絶学と言う。そのため、浅く聞いて深く悟り、深く聞いて悟らないのを、絶学と言う、と言うのである。一宿覚は『私は若い頃から学問を積んでおり、また疏を研究し経論を探求したことがある』と言う。習学が尽き果てたら、絶学して無為な閑道人と言う。絶学にまで至って、やっと道と近くなる。もしこの二学を超えたなら、真の超越と言う」。）

さらに例えば「覚了無物（無仏を悟る）」、「仏性天真（仏性としての生まれつき）」等の観念の強調については、『宝蔵論』には「三界独尊、覚了無物（三界に独り尊く、無物を悟る）」、「性浄天真、而謂大道乎？（清浄な本性としての生まれつきのまま、これを大道と言うのだ）」と言い[157]、「証道歌」には「法身覚了無一物、本源自性天真仏」と言い、宝誌に帰される「十四科頌・菩提煩悩不二」には「大道暁在目前、迷倒愚人不少。仏性天真自然、亦無因縁修造」と言う。

しかしながら、以上のような数多くの一致点でも『宝蔵論』が馬祖門人の手になると推論するにはまだ不足である。このテキストは徹頭徹尾僧肇の文章のスタイルを真似ようと工夫し、『老子』・『荘子』等の道家の用語・語句・文章・思想的観念を大量に用いている。例えば、『宝蔵論』は冒頭で、「空可空、非真空。色可色、非真色。真色無形、真空無名。無名名之父、無色色之母。為万物之根源、作天地之太祖（空と規定できる空は、真の空ではない。色と規定できる色は、真の色ではない。真の色は形がなく、真の空は名前がない。名前がないのは名を生み出す父であり、色がないのは色を生み出す母である。万物の根源となり、天地の太祖となる）」というように『老子』をそっくりそのまま模倣する。『宝蔵論』の言葉は典雅で奥深く、対句を多く用い、どんな古典禅文献ともその言語の風格が遙かにかけ離れている。その内幾つかの優美で目新しい譬喩は、後代の禅僧に興味を持って語られており、例えば次の通りである。

雲門道「『乾坤之内、宇宙之間、中有一宝、秘在形山』。且道雲門意在釣竿頭？　意在灯籠上？」。此乃肇法師『宝蔵論』数句、雲門拈来示衆。[158]

（雲門が言った。「『乾坤の内、宇宙の中には一つの宝があり、肉体という山の中に秘められている』。さあ言え、このわし雲門の意は釣竿にあるのか、灯籠にあるのか？」これは肇法師の『宝蔵論』の数句であり、雲門が取り上げて人々に示したのだ。）

『宝蔵論』、夫進修之由、中有万途。困魚止泊、鈍鳥棲蘆。其二者不識於大海、不識於叢林。人趣乎小道、其義亦然。[159]

（『宝蔵論』には、そもそも修行していく方法には、数え切れないほど多くの道筋がある。追い詰められた魚は沼に留まり、愚かな鳥はアシに止まる。この二者は大海原を知らず、広い森を知らないのだ。人が小さな道に行くのも、また同じである。）

『宝蔵論』云、古鏡照精、其精自形、古教照心、其心自明。[160]

（『宝蔵論』に言うには、古い鏡が精を照らし出せば、その精は自ずから現れ、古い教えが心を照らし出せば、その心は自ずから明瞭になる。）

さらに重要なのは、僧肇が道家玄学の語彙を借りて仏教思想を表現したのとは違い、『宝蔵論』は仏学本位を堅持したわけではなくて、しばしば仏・道・儒各種の思想・観念の間で融合的な態度をとった点である。[161] これは古典禅文献における明確な仏学本位の立場とも同じではない。牛頭系に帰される『絶観論』も道家の用語と観念を大量に用いるため、鎌田茂雄は、『宝蔵論』は茅山の牛頭系僧団によって生み出されたものと推測した。[162] ロバート・シャーフは、『宝蔵論』は唐代道教における重玄の注疏の伝統と用語・文体の上で極めて似ており、かついずれも『老子』から多大なインスピレーションを受けており、両者には重大な関連があるだろうと考えている。[163]

鎌田茂雄とロバート・シャーフの推測は各々ある程度筋道が通っている。しかしながら、もし懐暉が『宝蔵論』のために序文を撰述したことと、本作における観念・語句が古典禅文献と多くの一致点を持つこととを結びつければ、本書ではまた別の推測を提起するだけの理由がある。その推測とはすなわち、このテキストは恐らく洪州宗と関連する文人の手になるもので、最も有力な候補者は懐暉の友人である劉済である、ということである。『宋高僧伝』懐暉伝は恐らく著名な詩人である賈島が撰述した碑文から採られており、伝の中には「時彭城劉済頗徳暉、互相推証（その頃彭城の劉済は懐暉のことを大変に徳があるとし、お互いに評価していた）」[164] とある。この記事では劉済が懐暉を重んじたと称するが、彼が禅門に帰依して、懐暉の弟子あるいは追随者になったとは述べておらず、二人の間はより友人関係に近いようである。そして「互相推証」という語は特に微妙で、二人の友人は互いに相手の信仰を尊重し、かつ口頭あるいは文章によって互いに相手の思想を賞賛・肯定していたようである。これは『宝蔵論』が仏（洪州禅を含む）・道・儒等の思想・観念を入り混じらせているのとちょうど符合する。もう一人の候補者は馬祖の俗弟子である李繁である。本書第五章で考察したように、李繁はかつて宮中に召し出されて儒・道・仏三教論争に参加したことがあり、また禅理を論じた『玄聖蘧廬』という著書がある。「玄」と「聖」という二文字には道家と儒家の色合いがある。その他、李繁の父である李泌（七二二―七八九）は、経史を幅広く学び、『易経』、『老子』を詳しく究明し、道教の神仙術を愛好し、後には宰相の位に就き、鄴県侯に封ぜられたが、李繁には父を称賛した『鄴侯家伝』という著書があり、その父と神仙との交遊の物語が記されている。(165) そのため、李繁は馬祖に追随する以外に、父親の影響を受けて道・儒二家に精通し融合させた可能性もある。故に、彼も『宝蔵論』の著者の条件に合致する。もちろん、これらは初歩的な推測に過ぎず、さらに多くの証拠が出てくるのを待つ必要があり、例えば湯用彤が目にしたことのある明刊本『宝蔵論』の中の懐暉序文は、今のところまだ見つけようがないが、もし発見できれば、より有力な実証を提供できるかもしれない。

以上をまとめると、『宝蔵論』の著述は恐らく洪州系と関連している。このテキストは僧肇の高名に借りて洪州禅思想及びその他仏教教義を宣揚するとともに道家・儒家等の思想を融合させており、これらのことはともに、洪州禅の発揚と影響力の拡大を助けるものである。

注

（1）常盤大定「宝林伝の研究」『支那仏教の研究』二八二―八五頁、柳田聖山「灯史の系譜」『柳田聖山集』第一巻、六〇三―一一頁、『初期禅宗史書の研究』三五一―六五頁、椎名宏雄「宝林伝逸文の研究」二三四―五七頁参照。

（2）各種の初期の資料では、例えば円仁『日本国承和五年入唐求法目録』（『大正蔵』第五五冊、一〇七五頁a―b）、惟白『大蔵経綱目指要録』（『昭和法宝総目録』七六八頁b）、善卿『祖庭事苑』（三一四頁c）等では、智炬は慧炬あるいは法炬とも記され、また智炬はインド僧勝持三蔵とともに曹渓宝林寺でこの書を編集し、霊徹（霊澈にも作る、七四六—八一六）が序を撰述したと言う。柳田聖山は勝持三蔵とは捏造された人物であり、その目的はこの書の中の西域緒祖に関する物語を権威付けするためであると考えた。『初期禅宗史書の研究』三五一—五二頁。胡適は霊徹がこの書の本当の著者だと主張したことがあるが（「跋宝林伝残本七巻」柳田聖山編『胡適禅学案手稿』所収、京都：中文出版社、一九八一、四二三—三五頁。訳者付記：田中良昭・程正訳「『宝林伝』残本七巻の跋」『宝林伝訳注』内山書店、二〇〇三、四四七—四六一頁）、有力な証拠に欠ける。

（3）柳田聖山『初期禅宗史書の研究』三六〇頁。柳田は他の場所で西堂智蔵の新羅の弟子道義が恐らく『宝林伝』の著者だろうと述べたことがある。「新続灯史の系譜——叙の一」『禅学研究』六九（一九七八）二四参照。John Jorgensen はこの説には証拠が欠けていると論証したが、恐らく智蔵のもう一人の無名の弟子だろうという彼の新たな推測も、同じく証拠が足りない。"Korea as a Source for the Regeneration of Chinese Budhism: The Evidence of Ch'an and Sōn Literature," in Robert Buswell, Jr., ed. *Currents and Countercurrents: Korean Influences on the Buddhist Traditions of East Asia* (Honolulu: University of Hawaii Press, 2005), 73-152; *Inventing Hui-neng*, 645-66.

（4）「唐故章敬寺百巖禅師碑銘並序」『権載之文集』巻一八、一四頁a。『唐文粋』（巻六四、七頁a）、『全唐文』（巻五〇一、一一頁a）にもこの文が収録されているが、いずれも「眼」一字がなくなって、『法師資伝』になっている。

（5）その中で巻一、三、五が残欠しており、巻二は長らく失われ、北宋の時に『聖冑集』の対応する部分で補っている。椎名宏雄「宝林伝逸文の研究」二三五—三七頁。

（6）常盤大定「宝林伝の研究」二八二—八五頁、柳田聖山『初期禅宗史書の研究』三六五—八〇、四〇五—一八頁参照。

（7）善卿『祖庭事苑』四二六頁a—二七頁b。『祖堂集』の達磨の伝記における那連耶舎の讖語は、これとほぼ同じで、注にも神秀作と言うが、注の語句が異なっており、別人に作られたものだろう。考えるに『祖庭事苑』（四二六頁b）は仰山慧寂が『宝林伝』の讖語に注を作ったと言い、『祖堂集』の記録は、あるいは仰山の注に基づくかもしれない。『祖堂集』の西天二十八祖に関する伝記は、往々にして「具如『宝林伝』（詳しくは『宝林伝』に見える）」と注記しており、これらの伝記が『宝林伝』を藍本としているはずだと分かる。『祖堂集』巻一、二七、三二、三六、三八、四四、四九、五五、五七、五九頁、巻二、七四、七六、八二、八四頁参照。那連耶舎が讖語について述べるのは、さらに契嵩『伝法正宗記』(七七五頁a)、惟白『大蔵経綱目指要録』(七七〇頁a—b)等にも見える。

(8) 椎名宏雄「宝林伝逸文の研究」二四三—四九頁。椎名氏は『祖庭事苑』所収の『宝林伝』讖語に気づいておらず、本文の考察は彼の研究を補うことができる。

(9) 田中良昭『宝林伝訳注』巻一、三〇—三一頁。

(10) 『宝林伝』中の慧能伝は既に亡佚しており、この文は敦煌写本『聖冑集』から引用した。後者の諸祖の伝記は一般に前者から節略したものだと見なされている。田中良昭『敦煌禅宗文献の研究』五八二—八三頁。

(11) 『仏説無量寿経』『大正蔵』第一二冊、二七四頁a。Sharf, *Coming to Terms with Chinese Buddhism*, 222-3 参照。訳者付記:夏志前・夏少偉訳『走進中国仏教——《宝蔵論》解読』(上海古籍出版社、二〇〇九)二二三—二二四頁。

(12) 鄭茂煥「宝林伝における正法眼蔵の意味」『宗学研究』一三一期(一九八九)二四六—五一頁。

(13) 柳田聖山『初期禅宗史書の研究』三五一—六五、三八〇—八三、四〇五—一八頁。

(14) 賈晋華『皎然年譜』一頁。

(15) 詩僧霊澈が『宝林伝』の序者であるという点については、戸崎哲彦「宝林伝の序者霊徹と詩僧霊澈」『仏教史学研究』三〇・二期(一九八七)二八—五五頁。

(16) 権徳輿は懐暉のために碑文を撰述しており、また「送霊澈上人廬山回帰沃洲序」『権載之文集』巻三八、六頁b—七頁aがある。

(17) 本覚『釈氏通鑑』一〇五頁c。

(18) 権徳輿「唐故章敬寺百巌禅師碑銘並序」『権載之文集』巻一八、一三頁a—b。

(19) 白居易「伝法堂碑」『白居易集箋校』巻四一、二六九〇—九二頁。

(20) 胡適「白居易時代的禅宗世系」『胡適集』三六—三九頁。

(21) 徐文明「胡適『白居易時代的禅宗世系』指謬」『原学』六期（一九九五）三六九—七七頁。
(22)『宝林伝訳注』二九九—三〇四、四四二頁。柳田聖山『初期禅宗史書の研究』三七四—七六頁。
(23) 佚名「唐中岳沙門釈法如禅師行状」陸耀遹編『金石続編』（『続修四庫全書』本）巻六、五頁b—七頁b。柳田聖山『初期禅宗史書の研究』三五—四六頁、John McRae, *The Northern School*, 85-86; Faure Bernard, *The Will to Orthodoxy*, 27（訳者付記：蔣海怒訳『正統性的意欲：北宗禅之批判系譜』一五頁）参照。
(24) 杜朏『伝法宝紀』『大正蔵』第八五冊、一二九一頁a—c。
(25) 浄覚（六八三—七五〇?）『楞伽師資記』『大正蔵』第八五冊、一二八三頁c—一二九〇頁c。
(26)『唐文粋』巻六四、一頁b。
(27)『全唐文』巻二六二、三頁b—一〇頁a。
(28)『神会和尚禅話録』二七頁。
(29)『唐文粋』巻六四、五頁a。
(30)『歴代法宝記』一八〇頁a—八四頁a。
(31)『敦煌新本六祖壇経』一一五頁。
(32) 禅宗祖統の形成・発展過程に関する詳しい議論は、主にPhilip B. Yampolsky (1920-1996), *The Platform Sutra of the Sixth Patriarch* (New York: Columbia University Press, 1967), 1-57; 柳田聖山『初期禅宗史書の研究』三五—五八、一〇三—一七、一三六—四八、二五三—七八、三〇六—二〇、三六五—八〇頁参照。
(33) 張説「荊州玉泉寺大通禅師碑銘並序」『唐文粋』巻六四、二頁a。
(34) 胡適「楞伽宗考」『胡適集』一七四—八〇頁、柳田聖山『初期禅宗史書の研究』四—五頁、McRae, *The Northern School*, 28-29; Faure, *Will to Orthodoxy*, 147-48, 158-59（訳者付記：『正統性的意欲』一六四—一六六頁、一七八—一八〇頁）参照。
(35) David W. Chappell, "The Teachings of the Fourth Ch'an Patriarch Tao-hsin (580-651)," in *Early Ch'an in China and Tibet*, 95; Robert E. Buswell, *The Formation of Ch'an Ideology in China and Korea*, 148-49 参照。

(36) Bernard Faure が既に、『楞伽経』と『金剛経』はいずれも禅宗によって合法の象徴に使われたと指摘している。*Chan Insights and Oversights*, 148-49 参照。

(37) Chappell, "The Teachings of the Fourth Ch'an Patriarch Tao-hsin," 95.

(38) 『神会和尚禅話録』七三頁、『敦煌新本六祖壇経』一五頁。

(39) 『敦煌新本六祖壇経』七八―七九頁、王維（七〇一―七六一）「能禅師碑並序」陳鉄民編『王維集校注』（北京：中華書局、一九九七）八〇七―八四〇頁。韋処厚も鵝湖大義のために撰述した碑文の中で、神会の後裔が「竟成『檀経』伝宗」と言う（『全唐文』巻七一五、二二頁ａ―二六頁ａ）。

(40) 唐玄宗は開元十九年（七三一。一説には開元二十三年、七三五）に御注『金剛経』を頒布しており、神会がこの経を強調したことの重要な要因となった可能性もある。楊曽文「『壇経』敦博本的学術価値探討」『敦煌新本六祖壇経』二九二頁。

(41) John Jorgensen, *Inventing Hui-neng*, 274-89 参照。

(42) 神会語録、『壇経』、『歴代法宝記』中の伝衣物語及びその象徴する意義に関しての詳細な議論は、Wendi L. Adamek, "Robes Purple and Gold: Transmission of the Robe in *the Lidai fabao ji*," *History of Religions* 40.1 (2000): 58-81; *The Mystique of Transmission: On an Early Chan History and Its Contexts* (New York: Columbia University Press, 2006), 182-89; John Jorgensen, *Inventing Hui-neng*, 274-96 参照。

(43) 『宝林伝訳注』七三、八〇、二九一、三五〇、三八一頁。釈迦牟尼仏が弥勒仏への袈裟伝授を大迦葉に要請したという物語には、様々な異伝があるが、『宝林伝』の記述は玄奘（六〇二―六六四）『大唐西域記』から採られている。季羨林等校注『大唐西域記校注』（北京：中華書局、一九八五）七〇五―七〇六頁。Jonathan Silk, "The Origins and Early History of the Mahāratnakūta Tradition of Mahāyāna Buddhism with a Study of the Ratnarāśisūtra and Related Materials" (Ph.D. diss., University of Michigan, 1994), 61; Wendi Adamek, "Robes Purple and Gold," 74 参照。

(44) 『壇経』には既に伝法偈が現れているが、東土六祖の間にだけ伝授された。『壇経』は『金剛経』と伝衣を強調したために、これらの伝法偈は『宝林伝』の伝法偈ほど際だって重要なようには見えない。

(45) 麻谷宝徹の新羅の弟子である無染（八〇〇—八八八）はこの一段を彼の『無舌土論』に引用している。『禅門宝蔵録』巻一、八〇九頁c。『無舌土論』は他にも断片が『祖堂集』に見える。巻一七、七六二—六三頁。

(46) 『宝林伝訳注』巻八、三八二頁。

(47) 「法如行状」五頁b。

(48) 『神会和尚禅話録』七頁、『敦煌新本六祖壇経』一五頁、『曹渓大師別伝』五〇頁a。曹渓大師別伝は七八一年に編纂されている。「別」字はこの文の本来のタイトルには見られず、日本に残存する幾つかの版本と書目に見出されるものである。柳田聖山『初期禅宗史書の研究』二二九頁。宋姚寛『西渓叢語』は「唐李舟作『能大師伝』」と言い、またその内容を略説しているが（北京：中華書局、一九九三、巻一、四九頁）、『曹渓大師別伝』とおおむね合致する。考えるに李舟（七四〇?—七八七?）、字は公受は、十六歳で黄老学によって科挙に合格し、多くの職を歴任した。李舟は洛陽付近に隠居した。建中二年（七八一）に張鎰に召されて汴滑節度従事となったが、張が赴任しないうちに節度使就任が沙汰止みとなり、李舟は洛陽付近に隠居した。出仕して峡州刺史を授かり、おおよそ貞元二年から三年の間（七八六—七八七）に虔州刺史に任ぜられ、西堂智蔵に師事した。おおよそ貞元三年の卒、年は四十八であった。詳しくは梁粛「（處）［虔］州刺史李公墓誌銘」『全唐文』巻五二一、一頁a—二頁b、唐技「大覚禅師［智蔵］塔銘」『贛県志』巻五〇、二頁bに見える。郁賢皓『唐刺史考』巻一六一、二三二九頁参照。『曹渓大師別伝』中には「至唐建中二年、計当七十一年」という句があり、一般にはこの年に撰述されたと考えられている伝中、神会に言及しているが、荷沢系の観念を述べていると考えられている。李舟はこの年に洛陽付近に住んでいたのだが、そこはまさしく神会門人が活躍した地域であって、恐らくその依頼を受けてこの伝を編纂したのであろう。李舟に関する詳細な議論は、David McMullen, "Li Chou: a Forgotten Agnostic of the Late-Eighth Century," Asia Major Third Series 8.2 (1995): 57-105; John Jorgensen, *Inventing Hui-neng*, 425-28 参照。

(49) 無染『無舌土論』巻一、九九〇頁a—b。Robert Buswell, *The Korean Approach to Zen: The Collected Works of Chinul* (Honolulu: University of Hawaii Press, 1983), 14 参照。

(50) 『伝心法要』三八二頁a。

(51)『伝心法要』三七九頁b。

(52) T. Griffith Foulk, "Sung Controversies Concerning the 'Separate Transmission' of Chan," *in Buddhism in the Sung*, eds. Peter N. Gregory and Daniel A. Getz, Jr. (Honolulu: University of Hawaii Press, 1999), 236参照。

(53)『禅門宝蔵録』所引『海東七代録』巻二、九九七頁a。

(54)『禅門宝蔵録』所引『海東七代録』巻一、九九一頁a。中国の文献では、この語は『臨済語録』所収の臨済義玄伝に最も早く現れ、この伝は弟子の延沼作と称している。（『大正蔵』第四七冊、巻一、五〇六頁c）。『臨済語録』は宋代に編纂されたので、この語は後の潤色か否か定め難い。

(55)『宗鏡録』巻一、四一八頁b。

(56) 善卿『祖庭事苑』巻八、四二六頁b。また椎名宏雄「宝林伝逸文の研究」二四八—四九頁、柳田聖山『初期禅宗史書の研究』四一五—一六頁、及び第一節の考察参照。

(57) 白居易「伝法堂碑」『白居易集箋校』巻四一、二六九〇—九一頁。

(58) 禅宗における祖統の系譜の構築が中国の伝統的な祖先崇拝と礼制の直接的影響を受けたことについては、John Jorgensen, "The 'Imperial' Lineage of Ch'an Buddhism: The Role of Confucian Ritual and Ancestor Worship in Ch'an's Search for Legitimation in the Mid-T'ang Dynasty," *Papers on Far Eastern History* 35 (1987): 89-133参照。

(59) 崔彦撝「有唐新羅国師［子］山［興寧禅院］教諡澄暁大師宝印之塔碑銘並序」『朝鮮金石総覧』第一冊、一五七—六二頁、朴昇英（?—九二四）「有唐新羅国故国師諡真鏡大師宝月凌空之塔碑銘並序」『海東金石苑』巻二、三一頁b—三二頁a参照。

(60)『伝灯録』巻二九、一頁b—八頁b。

(61)『円覚経略疏』巻二、五四五頁a、『円覚経大疏鈔』巻二、五〇二頁c、『伝心法要』巻一、三八三頁b／c、『宛陵録』三八六頁b／c、三八四頁c、『宗鏡録』巻一、四二二頁b、巻一九、五二三頁a、巻九八、九四一頁c。そのうち「頓悟心源開宝蔵」という偈一首は、既に陳尚君によって『全唐詩補編』第三冊『全唐詩続拾』巻五九、一七三七頁に採録されている。

(62) 逯欽立は彼が編纂した『先秦漢魏晋南北朝詩』第二—三冊『梁詩』の中で、『南史』、『隋書』によって宝誌の讖詩四則を収録した（北京：中華書局、一九八三、巻三〇、二一八八―八九頁）。陳尚君は『洛陽伽藍記』、『南史』にさらに宝誌の讖詩二則が収録されていると指摘し、また『沙州文録』中の『宝公預言』から讖詩四則を採取した。『全唐詩続拾』巻五九、一七三八頁参照。考えるに『洛陽伽藍記』が宝公の讖詩と記しているのは、宝誌とは同一人物ではない。詳しくは後述。この他、敦煌写本S三一七七、P三六四一に宝誌「答梁武帝問如何修道四首」偈があるが（徐俊『敦煌詩集残巻輯考』北京：中華書局、二〇〇〇、巻中、八七六頁参照）、内容は仏教の不染不貪、六賊を去ること、肉食を禁じること、罵ったり嗔らない等の基本的な原理を宣揚するもので、禅宗思想には言及していない。上述の讖詩と偈は内容的に禅宗と無関係なので、本章では議論の対象としない。

(63) 欧陽詢（五五七―六四一）等編『芸文類聚』（上海：上海古籍出版社、一九八一）巻七七、一三二一―二二頁の引用、慧皎撰、湯用彤校注『高僧伝』（北京：中華書局、一九九二）巻一〇、三九四―九八頁。

(64) 『高僧伝』巻三、一二八頁。

(65) 『続高僧伝』巻五、四六五頁a、四六六頁a、巻六、四七〇頁a、巻七、四七七頁b―c、巻二五、六五〇頁b、巻二八、六八六頁a。

(66) 『広弘明集』『大正蔵』第五二冊、巻一九、二三七頁a、巻二九、三三五頁c。

(67) 『法苑珠林』『大正蔵』第五三冊、巻三〇、五一五頁a、巻三一、五一九頁b―五二〇頁a、巻一八、四一八頁b。

(68) 『法華伝記』『大正蔵』第五一冊、巻二、五六頁b、巻五一、六四頁b。

(69) 姚思廉（五五七―六三七）『梁書』（北京：中華書局、一九七三）巻三七、五三二頁。

(70) 姚思廉『陳書』（北京：中華書局、一九七二）巻二六、三三五頁。

(71) 李延寿『南史』（北京：中華書局、一九七五）巻七、二二四頁。

(72) 『南史』巻七六、一九〇〇―九〇一頁。

(73) 宝誌の生涯については、詳しくは牧田諦亮「宝誌和尚伝考――中国における仏教霊験受容の一形態」『東方学報』二六（一九五六）六四―八九頁参照。

(74) 天津『大公報・文史週刊』二三期（一九四七年四月二日）に初出、王有三（重民）『敦煌遺書論文集』（台北：明文書局、一九八五）所収、三一三―二三頁。
(75)『敦煌遺書論文集』一六〇―六一頁。
(76)『敦煌遺書論文集』三二四―二六頁。
(77) 陳尚君はこの観点に基づいて、これらの禅偈を『全唐詩補編』に収録した。
(78) 楊衒之『洛陽伽藍記』『大正蔵』第五一冊、巻四、一〇一四頁c。
(79) 魏收（五〇六―五七二）『魏書』（北京：中華書局、一九七四）巻一三、三三七―四〇頁。
(80) この他、『法苑珠林』が引く侯君素『旌異記録』（巻九一、九五六頁a―b）は、高斉の初めに沙門宝公がおり、嵩山に住んでいたと記す。嵩山は洛陽に隣接し、北斉初とは胡太后の臨朝から僅かに二、三十年のことでもあるから、この宝公と白馬寺に住んでいたことのある宝公は同一人物であろう。
(81) 段成式『酉陽雑俎』巻三、三九頁。『太平広記』宝誌条も『高僧伝』保誌伝を『伽藍記』が記す宝公の事跡と同じ箇所に並べているが、編者はまだ疑問を残しており、文末で「此宝公与江南者、未委是一人也両人也（この宝公と江南の宝誌とは、同一人なのか別の人なのかがまだよく分からない）」と言う。李昉等編『太平広記』巻九〇、五九四―九七頁参照。
(82)『宗鏡録』巻一四、四九二頁a。
(83)『伝心法要』三七九頁c。
(84)『宗鏡録』巻二四、五五〇頁c。
(85)『伝灯録』巻二八、六頁b―七頁b。
(86)『承襲図』三三頁a。
(87)『伝灯録』巻二八、六頁b―七頁b。
(88)『禅源諸詮集都序』巻二、四〇二頁c。
(89)『宗鏡録』巻一四、四九二頁a。

(90)『承襲図』三三頁a。
(91) 詳細な音韻の分析は賈晋華「伝世宝誌禅偈考弁」『中国禅学』三輯（二〇〇四）一二九―三二頁参照。
(92)『宋高僧伝』巻一〇、二二九頁。
(93)『宝林伝訳注』巻八、三七〇―七二頁。
(94)『伝教大師全集』巻二、五一八頁、『歴代法宝記』巻一、一八〇頁c。
(95)『祖堂集』巻二、八七頁。
(96)『大正蔵』第五五冊、一〇八九頁a。
(97)『大正蔵』第五五冊、一一〇〇頁c。
(98)『仏祖統紀』『大正蔵』第四九冊、巻一〇、二〇二頁b。
(99) 胡適「所謂〝永嘉証道歌〟」『胡適文存』所収、第三冊、巻四、五四一―五四頁。
(100) 宇井伯寿『第二禅宗史研究』二七五―八一頁。
(101) Faure, *Will to Orthodoxy*, 52.（訳者付記：『正統性的意欲』四九頁）。
(102) 聶清「証道歌作者考」『宗教学研究』一輯（一九九九）一三一―三七頁。
(103)『宋高僧伝』巻一二、二四七頁。
(104)『宗鏡録』巻一、四一八頁c。
(105)『宗鏡録』巻一、四一八頁b―c。
(106)『禅源諸詮集都序』巻二、四〇二頁c。
(107)『伝灯録』巻二八、七頁a。
(108) 宇井伯寿『第二禅宗史研究』二七八―七九頁。
(109)『大正蔵』第五五冊、一〇七五頁b。
(110)『大正蔵』第五五冊、一〇七七頁b。

(111)『大正蔵』第五五冊、一〇八四頁b。
(112)『大正蔵』第五五冊、一〇八九頁a。
(113)『大正蔵』第五五冊、一〇九三頁c、一一〇一頁a。
(114)『祖堂集』巻三、一八七—八八頁、『宋高僧伝』巻八、一八四頁、『伝灯録』巻五、一五頁a—b。
(115)七八〇年に撰述されたある碑文で、皎然は玄覚を神会の同学と称している。「唐湖州仏川寺故大師塔銘並序」『昼上人集』巻八、五一頁b—五三頁a参照。
(116)椎名宏雄「宝林伝逸文の研究」二四八頁。
(117)『伝心法要』三八〇頁b、三八三頁b—c。
(118)『宛陵録』三八五頁b、三八七頁a。
(119)『祖堂集』巻二、一一八頁。
(120)『宗鏡録』巻三一、五九四頁c。
(121)『敦煌新本六祖壇経』一三—一四頁。
(122)Yampolsky, *The Platform Sutra of the Sixth Patriarch*, 94参照。
(123)『伝心法要』はさらに『宝林伝』に基づく伝法偈二首を引用しており、それぞれ釈迦牟尼と二十三祖鶴勒尊者に帰されている(三八三頁a、三八三頁c、『宝林伝訳注』巻一、三一頁、巻五、二七九頁)。水野弘元「伝法偈の成立について」三七頁参照。
(124)『祖堂集』巻二、九二—九三、一一八頁。これらの注釈が恐らく仰山慧寂の手になることは、本章第一節参照。
(125)『大正蔵』第四五冊。
(126)湯用彤が初めてこの疑問を提起し、その後多くの学者がさらに論証を加えた。湯用彤『漢魏両晋南北朝仏教史』二冊(一九三八、再版、北京:中華書局、一九五五)三三二頁、塚本善隆「仏教史上における肇論の意義」塚本善隆編『肇論研究』(京都:法蔵館、一九五五)一四九頁、牧田諦亮「肇論の流伝について」『肇論研究』二七四頁。

(127)『日本比丘円珍入唐求法目録』『大正蔵』第五五冊、一一〇〇頁c。
(128) Robert H. Sharf, *Coming to Terms with Chinese Buddhism*, 34 参照。訳者付記：『走進中国仏教——《宝蔵論》解読』三三頁。
(129) 鎌田茂雄『中国華厳思想史の研究』（東京：東京大学出版社、一九六五）三七五—四〇一頁。
(130) 湯用彤『漢魏両晋南北朝仏教史』三三二頁。
(131) 鎌田茂雄「宝蔵論の思想史的意義」『宗教研究』一七一（一九六二）二二頁。
(132)『宝蔵論』一四四頁b。
(133)『広灯録』『続蔵経』第七八冊、巻八、四四八頁c—四四九頁a。
(134)『宝蔵論』一四六頁a。
(135)『宗鏡録』『大正蔵』第四八冊、巻一、四一八頁b—c。この引用が幾つかの経典を踏まえていることは、本書附録一「馬祖語録校注」示衆第一則第四段落参照。
(136)『宝蔵論』一四七頁b。
(137)『宗鏡録』巻一、四一八頁b—c。
(138)『宝蔵論』一四七頁c。
(139)『伝灯録』巻二八、六頁b—七頁b。この語が『楞伽経』に基づくことは、本書附録一、示衆第四則第一三段落参照。
(140)『宝蔵論』一四七頁c。
(141)『伝灯録』巻二八、六頁b—七頁b。これは『維摩詰所説経』からの引用。Sharf, *Coming to Terms with Chinese Buddhism*, 170, 226–227（訳者付記：『走進中国仏教——《宝蔵論》解読』一六三—一六四、二二九頁）、本書附録一、示衆第四則第一四段落参照。
(142)『宝蔵論』一四八頁b。
(143)『宗鏡録』巻一、四一八頁b—c。これは『法句経』からの引用。Sharf, *Coming to Terms with Chinese Buddhism*, 190–91

（訳者付記：『走進中国仏教』一八七—一八八頁）、本書附録一、示衆第一則第四段落参照。

(144)『宝蔵論』一四九頁a。

(145)『伝灯録』巻二八、六頁b—七頁b。これは『維摩詰所説経』からの引用。Sharf, *Coming to Terms with Chinese Buddhism*, 253-254（訳者付記：『走進中国仏教』二六〇頁）、本書附録一、示衆第四則第一段落参照。

(146) 本書二七四—二七七頁参照。

(147) 田中良昭『宝林伝訳注』（東京：内山書店、二〇〇三）巻一、三〇—三一頁。

(148)『仏説無量寿経』『大正蔵』第一二冊、二七四頁a。Sharf, *Coming to Terms with Chinese Buddhism*, 222-23 参照（訳者付記：『走進中国仏教』二二三頁）。

(149) 鄭茂煥「宝林伝における正法眼蔵の意味」『宗学研究』三一期（一九八九）二四六—五一頁参照。

(150)『宝蔵論』一四七頁b。

(151)『宝蔵論』一四五頁b。

(152)『宝林伝』巻五、二八七頁。

(153)「新羅国武州迦智山宝林寺諡普照禅師霊塔碑銘並序」『海東金石苑』巻一、三三頁a—三四頁a、崔致遠「大唐新羅国故鳳岩山寺教諡智証大師寂照之塔碑銘並序」『海東金石苑』巻二、一六頁b—一七頁a。

(154) 主としてSharf, *Coming to Terms with Chinese Buddhism*, 61-76 参照（訳者付記：『走進中国仏教』四九—七四頁）。

(155)『宝蔵論』一四四頁a。

(156)『碧巌録』『大正蔵』第四八冊、一八一頁a。

(157)『宝蔵論』一四五頁b。

(158)『碧巌録』一九三頁c。

(159)『万松老人評唱天童覚和尚頌古従容庵録』『大正蔵』第四八冊、二六八頁c。

(160)『宗鏡録』四三九頁c。

(161) Sharf, *Coming to Terms with Chinese Buddhism*, 31-76 参照。訳者付記：『走進中国仏教』二九―七四頁。

(162) 鎌田茂雄『中国華厳思想史の研究』三八五―九八頁。また関口真大『達摩大師の研究』(東京：春秋社、一九六九) 一六六頁参照。

(163) Sharf, *Coming to Terms with Chinese Buddhism*, 61-76. 訳者付記：『走進中国仏教』四九―七四頁。

(164) 『宋高僧伝』巻一〇、二二七頁、伝文の末に賈島が碑文を撰述したと注記する。

(165) 『旧唐書』李泌伝、巻一三〇、三六二〇―二三頁、『新唐書』李泌伝、巻一三九、四六三一―三八頁参照。李繁『鄴侯家伝』は、宋代の公私の書目がみな著録しており、『通鑑考異』及び宋代の類書にも引用が多いが、明末以後には流伝が途絶えてしまった。現行の『鄴侯外伝』は恐らく後人に編纂されたもので、原書ではない。李剣国『唐五代志怪伝奇敘録』(天津：南開大学出版社、一九九三) 九一〇―一一頁参照。

第八章　洪州系の勃興

中唐以前には、禅僧は「多居律寺（多く律寺に住み）」[1]、「随寺別院而居（寺の中で別な建物に住む）」ものであり[2]、禅僧によって建立、住持された少数の寺院の記録はごく僅かである[3]。馬祖及びその門人たちは多くの寺院を建立、住持しており、二十九箇所が考証可能である。これらの寺院は洪州系が伝播・発展・繁栄するための拠点となった。馬祖逝去の後、彼の門人たちは祖統を構築し、テキストを編纂するといった正統追求の策略を推し進めるとともに、江西から南北の各地へと急速に拡大していき、また長安・洛陽の両京地域に入って、皇帝と権力者たちから容認され、尊敬と支持を集めた。馬祖門人たちが前後おおよそ半世紀に渡って共に努力したことにより、洪州系はついに南方の僻地における教団から、充分に成熟した、全国的な宗派へと発展し、仏教の伝統と禅宗の伝統のいずれにおいても突出した地位を占めたのである。

一、拠点の建設：禅院及び寺規の創立

禅宗の伝承によれば、馬祖道一の弟子・百丈懐海は禅宗史上初の禅院清規を創出した。そしてこのことは、禅宗寺院の独立を意味した。長きに渡って、禅寺の清規の創始者及び改革者としての百丈のイメージは、伝統的な説及び現代の学者に幅広く受け入れられ、各種の禅宗関連の研究及び歴史に関する文章の中で記述され、議論された。しかし

この二十年余りに、このイメージは少なからざる学者によって疑問を投げかけられており、宋代の禅僧による創作に過ぎないと考えられている。本節では、原資料の中から仏教寺院の規則を含んだ碑文を見出し、かつこの碑文に基づいて、百丈懐海は何ら寺規を創出しておらず、彼の門人である百丈法正（?―八一九）等が懐海建立の百丈寺のために初めての簡潔な寺規を作ったのだということを考証する。その上で、この初期の寺規の内容と、それが有する重要な意義を分析し、馬祖及びその門人が建立、管理した多くの寺院、及びそれらが禅宗の発展に与えた影響も考察しよう。

『景徳伝灯録』は『禅門規式』と呼ばれるテキストを百丈懐海に帰し、かつその概要を抜粋している。(4) 賛寧も『宋高僧伝』懐海伝と『大宋僧史略』の中でこのテキストの内容を簡潔に節録している。(5)『新唐書』芸文志は「懐海『禅門規式』一巻」を著録しているが、(6) このことは本文献が北宋期には確かに流布しており、しかも懐海に帰されていたことを物語っている。

『伝灯録』が引用する『禅門規式』には次のように言う。

百丈大智禅師以禅宗肇自少室、至曹渓以来、多居律寺。雖別院、然於説法住持、未合規度。故常爾介懐、乃曰「祖之道欲誕布化元、冀来際不泯者、豈当与諸部阿笈摩教為随行耶」（〔原注〕旧梵語阿含、新云阿笈摩、即小乗教也）。或曰「『瑜伽論』、『瓔珞経』、(7) 是大乗戒律、胡不依随哉?」師曰「吾所宗非局大小乗、非異大小乗。当博約折中、設於制範、務其宜也」。於是創意、別立禅居。……禅門独行、由百丈之始。

（百丈大智禅師が思うに、禅宗は嵩山の達摩に始まり曹渓慧能以後に至るまで、多くは律寺に寄寓していた。建物は別であったと言っても、説法や管理運営の方法はまだ禅門の規範に合致していなかったのである。彼はこのことをいつも気にかけ、「祖師の道は大きく広めて教化しようとし、未来にも滅ばぬようにと願うものなのだから、どうして諸々の阿笈摩の教えと行動を共にできようか」〔原注〕旧訳の梵語の阿含は、新訳では阿笈摩と言い、すなわち小乗の教えのことである）と言った。ある人「『瑜伽論』、『瓔珞経』は、大乗の戒律なのに、どうして従わないのか？」。師「私が宗とするのは大小乗に限定されないし、大小乗と異なるのでもない。幅広さと簡潔さを折衷し、規範を設けて、程よいように努めるべきである」。そこで新たな考えを起こし、別に禅寺を建立した。

……禅門の独立は、百丈から始まった。）

『宋高僧伝』と『大宋僧史略』の記述はほぼ同じである。これらの記述によると、懐海は百丈山にいる僧団のために初めての禅寺の清規を創出したのであり、このことは禅宗寺院が独立して設置されるようになった発端を示している。そして彼が「別立禅居」した目的とは、仏教の戒律に従わず、別に新たな規則を作り、それによって「禅門独行」させ、禅宗寺院というものを一つの体制とすることであった。『禅門規式』は禅寺の建物、管理者及び規則を述べている。その建物は方丈・法堂・十務・僧堂からなり、管理者は長老一人及び首領十人からなり、規則は説法・集会・参請・問答・睡眠・飲食・普請・規則違反者への懲罰条項等からなる。(8) このテキストの中ではさらに、仏殿を建立せず、当代の祖師あるいは住持を最も尊いとすることを強調する。その他、このテキストでは仏教儀礼と読経・坐禅等の実践について何も言及していない。そのため、このテキストは「仏教の戒律の伝統を改革する」という傾向を持つと解釈され、禅寺の清規の創始者及び「反伝統」の大師としての懐海のイメージは、宋代以来幅広く受容され続けた。

現代の学者も広くこのイメージを受け入れている。多くの学者が、『宋高僧伝』と『伝灯録』が収録したテキストの類似点は、懐海が創出した寺規を含めて、恐らくある共通のソースに発するだろうと考えている。この寺規が禅寺の独立を示しているとする禅宗の伝統説に、学者たちは同意しており、さらにはこれを、唐代の武宗による会昌の廃仏以後に禅宗が一人隆盛を誇ることができた大きな原因の一つであると見なす。(9)

近藤良一は恐らくこの問題について最も早く批判的態度をとった学者である。近藤は百丈懐海による禅院清規の創出を依然として信じはしたが、彼はある新たな考えを打ち出した。宋代以前の文献では、懐海が『禅門規式』の作者だという証拠は何も見出せないので、これらの寺規は禅宗僧団内部において口頭で伝承された規則であり、宋代初めになってやっと文字で書き留められた可能性が高い、という見方である。(10) この二十年余りで、より多くの学者が懐海の伝統的イメージを否定する様々な論点を提起した。依法の見解によると、懐海以前に既に寺院のために規則を設けた多くの僧侶がおり、懐海もそうした可能性はある。しかし『禅門規式』の規則が懐海の創出したものであろうとなかろうと、これらの規則は禅宗寺院の体制の独立を表してはいない。何故ならこれらは依然として仏教の伝統的律典が規定する内容に基づいており、かつ中世の仏教寺院において幅広く実践されたからである。(11) 石井修道はというと、恐らく懐海は確かに普請労働と戒律とに整合性を持たせるような、何らかの基礎的な規則を提起しただろうが、実際に清規を打ち立ててはいなかったと推測する。彼はさらに、百丈山の第三代である百丈涅槃(百丈涅槃は第二代住持であることは、後の考察を参照)の時に、百丈山の寺院には既に規則があった。これを後の弟子が代々受け継ぎ、第十一代住持の百丈道常の時になって、これらの規則はやっと文字で書き留められ、『禅門規式』の基礎となった、という仮説を立てている。(12) 石井の仮説は示唆に富むが、彼はこの仮説のための有力な証拠を示してはいない。T・グリフィス・フォーク(T. Griffith Foulk)は、百丈懐海は禅寺の清規を創出しても書き留めてもおらず、宋代の禅僧がこのような「神話」を捏造したのだと断定する。彼はさらに、この神話が同じく宋代の僧侶によって捏造された唐代禅宗の「黄金時代」という「神話」形成の一助となったと推断する。(13) しかしこれらの目新しい結論は、ともに十分な論拠を欠いている。

これらの論争は百丈懐海の謎に対する学界の注意を喚起し、この問題を仏教寺院の体制と禅宗史の研究における中心的課題にさせた。本節では、新たに発見された唐代の碑文を用いることでこの問題を解決しようと試みる。元代の『勅修百丈清規』には唐の憲宗元和十三年（八一八）に陳詡が百丈のために撰述した塔銘が収録されており、それとともに陳詡の職位及び書写者である武翊黄の名前と職位が記されている。[14]この状況は、この塔銘が原碑から直接採録された可能性が高いことを物語っている。宋代の『宝刻類編』も、この碑が陳詡撰、武翊黄書であると記す。[15]とりわけ関心を引くのは、『勅修百丈清規』の編者である徳煇が、碑文の後に次のように付言している点である。

碑側大衆同記五事、至今猶存、可為鑑戒、並録於左。[16]

（碑の側面には大衆がともに記した五つの事柄が、今でも残されている。教訓としうるので、全て左に採録する。）

徳煇の言葉は次の事を我々に教えてくれる。百丈懐海の塔碑の碑陰に、他にも碑文が一篇あり、百丈寺の大衆が一緒に決めた五つの事柄を彫り付けてあった。この碑文は元代でも残っており、徳煇は教訓にできると考えて、それを書き留めたのである。懐海の塔銘の碑陰に刻まれ、徳煇によって書き留められた碑文の全文は、以下の通りである。

大師遷化後未請院主日、衆議釐革山門、久遠事宜都五件。一、塔院常請一大僧、及令一沙弥灑掃。一、地界内不得置尼台・尼墳塔、及容俗人家居止。一、応有依止及童行出家、悉令依院主一人、僧衆並不得各受。一、台外及諸処、不得置荘園田地。一、住山徒衆、不得内外私置銭穀。欲清其流、在澄其本。後来紹続、永願遵崇。立碑日大衆同記。[17]

（大師が亡くなってからまだ院主を招いていなかった日に、大衆が集まって山門を改革し、教団を永遠ならしめるために決議したのは次の五条。一、塔院は常に大僧一人を招き、沙弥一人に清掃させる。一、境内では尼僧の住居や墳塔を設置したり、俗人が住むのを受け入れてはならない。一、来訪してきた出家者、及び年若い出家者があれば、全て院主一人に従わせるべきであり、その他の僧たちが受け入れることはできない。一、寺院の外及びその他の場所に、荘園や田畑を設けてはならない。一、山内に住まう門徒は、内外で個人的に金銭や糧食を所持してはならない。流れを清らかにさせたいなら、源を澄ませることが肝心だ。後の人々が受け継ぎ、長しえに尊崇するよう願う。碑を立てた日に大衆がともに記す。）

『宝刻類編』は懐海の碑が元和十三年十月十三日（西暦八一八年十月十四日）に立てられたと記録しており[18]、つまり元和九年元月十七日（西暦八一四年二月十日）に百丈が逝去してから四年余り後である[19]。この碑文に記された寺規五条は大変簡単で素朴であり、禅宗と関わる語彙や観念には何ら言及してもいない。宋代から元代まで、『禅門規式』は一度ならず増広され、さらに発展させられて、各種の形式の清規となり、禅宗寺院の「立法者」という百丈懐海のイメージも夙に確立されていた。そのため、宋元時代の禅僧、あるいはその他の人は、このような簡素で「退行的」な寺規を捏造することはあり得ないだろう。黄溍（一二七七—一三五七）が一三三六年に撰述した「百丈山大智寿聖禅寺天下師表閣記」によると、徳煇は百丈寺の第十九代住持であり、彼は本寺の開山祖師である百丈懐海を格別に尊崇して、「天下師表（天下のお手本となる人）」と崇め、天下師表閣を建設し、百丈の遺影を飾った[20]。そのため、徳煇は一方では百丈寺において神聖視された百丈碑を詳しく考察するのに充分な条件を満たしており、また一方では文章を偽作して碑陰に彫り付け、この聖なる碑を「冒瀆」するのは明らかにあり得ない、と推測してよいだろう。碑陰からこの碑文を書き留めたと徳煇が言うのは、当時の本当の状況を述べているはずである。そのため、この碑文はオリジナルで信頼できるもののはずである[21]。

この貴重な碑文は我々に幾つかの重要な事柄を教えてくれる。まず、八一四年に百丈が世を去ってから、百丈寺の僧侶たち（百丈の弟子たちであろう）は寺規五条を設けて寺院を改革することに合意した。その後、百丈懐海の碑石が八一八年に立てられた時、彼らはこの寺規五条を碑陰に刻むことに決めた。そうすると、最初の百丈寺の規則は懐海の弟子達によって八一四年に創出され、八一八年に記録されたのである。その中の規則第一条は、僧侶一人を百丈の塔院の守護に、沙弥一人を清掃担当に任命するものであり、この内証も、これらの規則が懐海逝去後間もなく設けられたはずであることの有力な証明となっている。

次に、我々はさらにここから、どうやら百丈懐海はその寺院のためにいかなる規則も創出・記録していなかったと推断できる。さもなくば、弟子たちの共同決議ではなく、懐海による規則が碑陰に刻まれていただろう。たとえ彼がその内の一部を提案しただけだとしても、碑文の中ではこの開山祖師の貢献に言及するはずである。それとは逆に、碑文の「大師遷化後未請院主日、衆議釐革山門」、「欲清其流、在澄其本」という話から見ると、百丈が生きていた頃には山門の管理は厳しくなかったらしく、そのため規則を定めて「改革」と「粛正」を行う必要が出てきたのである。

この他に、関連資料によって、さらに百丈懐海の弟子たちを指揮し、この規則を設けて記録した人物を考証して決定することができる。百丈の塔銘の中で、陳詡は法正が百丈の一番弟子だと記す。[22] 趙明誠『金石録』は武翊黄撰、柳公権（七七八―八六五）書の「涅槃和尚碑」を記録している。[23] この碑は十三世紀の『輿地碑記目』では「法正禅師碑」と著録される。[24]『全唐文』はこの碑文の断片を収録するが、柳公権を著者とする。[25]『金石録』及び下に引く慧洪『林間録』によると、柳公権を著者とするのは誤りで、碑文の作者は武翊黄のはずであり、柳公権は書写した人に過ぎない。この碑の全文を読む機会があった慧洪は次のように言う。

百丈山第二代法正禅師、大智［懐海］之高弟。其先嘗誦『涅槃経』、不言姓名、時呼為涅槃和尚。住成法席、師功最多。……黄檗、古霊諸大士皆推尊之。唐文人武翊黄撰其碑甚詳、柳公権書、妙絶古今。而『伝灯』所載百丈惟政禅師、又係於馬祖法嗣之列、誤矣。及観『正宗記』、則有惟政、法正。然百丈第代可数明教、但皆見其名、不以弁而倶存也。今当以柳碑為正。

（百丈山の第二代法正禅師は、大智［懐海］の高弟である。はじめ『涅槃経』を読誦しており、姓名を言わなかったので、時に涅槃和尚と呼んだ。百丈山の法席がととのうには、師の功績が最も大きかった。……黄檗、古霊といった大士はみな彼を尊崇した。唐の文人・武翊黄が撰述した碑文は大変詳しく、柳公権の書も古今に比類ない素晴らしいものである。『伝灯録』がこれを百丈惟政禅師として、しかも馬祖の法嗣に列するのは、誤りである。『伝法正宗記』を読むと、惟政と法正の両方がいる。これは、百丈山の歴代住持が何人もいることは明教契嵩にも分かっていたのだが、しかしただ名前だけを見て、同異を考証せずに両方残したのである。今は柳公権の碑を正しいとすべきである。）

慧洪の指摘によると、法正（またの名を惟正）と涅槃和尚は同一人物で、法正は名、涅槃は号である。彼は百丈懐海の後を継ぎ、百丈寺の第二代住持となり、また百丈寺が「法席をととのえる」に当たって最も大きな功績を残した。(26) この他に、現存する法正碑の断片は次の通りである。

敷演毘尼、洪厳戒範。覃思探賾、会理研幽。振発長途、擺捐素習。入百丈深山、与衆悦谿谷、脱遺身世。年光六易、度衆千余。(27)

（律を推し進めて展開し、戒律の規範を大いに厳格にした。深く考え奥深くを探り、玄妙な道理を明らかにし究めた。長き道のりに奮い立ち、日頃の習慣を打ち棄てた。百丈の深き山へと分け入り、谷間で大衆と法悦をともにし、それまでの人生を捨て去った。六年が経ち、千人余りを度した。）

「毘尼」、「戒範」は仏教の戒律を指す。碑文は法正が戒律に精通し、それを明らかにし、かつ厳密に執り行っていたことを明確に指摘している。法正は住持を六年務め、八一九年に逝去した。百丈碑が八一八年に立てられた時、法正はまだ住持の任に就いていた。そのため、百丈寺の最初の規則はちょうど法正の指揮の下に制定、記録、実行されたと結論づけることができる。

百丈山（大雄山とも呼ぶ）は洪州新呉県（現在の江西省奉新）に位置する。[28]陳詡が撰述した百丈の塔銘によると、その地の居士二人が資産を差し出して懐海の寺院建立に提供しており、[29]その時期はほぼ元和三年（八〇八）である。[30]碑陰の文にある「立碑日大衆同記」という言葉から、法正が寺務を取り仕切っていた時、百丈寺は依然として非官立的な性質を保っており、僧侶たちが共同で管理し、住持を選んでいたと推測できる。寺院の創立者である百丈懐海は自然と第一代住持となり、懐海の一番弟子である法正は、恐らく懐海が逝去した後に僧侶たちによって第二代住持に選ばれたのであろう。長慶元年（八二一）、穆宗（八二〇—八二四年在位）は懐海に大智禅師という諡を賜り、その塔は大宝勝輪とされたが、[31]またこれと同時に百丈寺大智禅寺の扁額を賜った可能性が高い。[32]唐代では、皇帝が扁額を与えることは、一般にその寺院が政権の承認を得たことを意味し、それによって廃絶の危険を免れることができた。[33]しかし扁額を賜ることは必ずしも官寺となることを意味してはおらず、百丈寺は私立の寺院という性質をずっと保ち続けていたらしい。その後の全ての住持はやはり馬祖系の禅師によって担われ続け（しかし百丈懐海の直系とは限らなかった）、宋代初めには第十一代の道常にまで伝承された。[34]

ここで我々は碑陰の文章に立ち返り、そこに記されている寺規五条について詳しい分析と考察を行う。寺規第一条は具足戒を受けた僧侶一人を任命して百丈懐海の塔院を管理させ、沙弥一人が清掃を担当することを確立した。第三条は来訪してきた、または年若い学僧を、住持だけが受け入れることができると規定した。この二条は明らかに開山の祖師と在職中の住持を高く尊崇している。前述のように、伝統的には懐海に帰される『禅門規式』の中でも、同時代の祖師と住持に対する尊崇を強調している。「凡具道眼有可尊之徳者、号曰長老。如西域道高臘長、呼須菩提等之謂也。既為化主、即処於方丈、同浄名之室、非私寝之室也。不立仏殿唯樹法堂者、表仏祖親嘱授、当代為尊也（凡そ道眼を備え尊敬すべき徳のある者は、長老と号する。西域の徳が高く僧臘を重ねた人、例えば須菩提を長老と呼ぶようなものである。教化の責任者は方丈に住むが、これは維摩居士の部屋になぞらえるもので、ただの私室ではない。仏殿を建てずに法堂だけ建てるのは、歴代の仏祖が親しく伝授を続けた結果としての、当代の祖師への尊崇を表すのである）」[35]。この一致が示すように、『禅門規式』は百丈寺の最初の規則と確かにある程度関連しているらしく、石井修道の推測のように、百丈山の後の世代が最初の簡単な規則の内容を絶え間なく増補、改変していた可能性が高い。そして宋代初めに伝わった『禅門規式』は、恐らくそれまでの二百年で発展変化し続けた結果なのであろう。百丈懐海が『禅門規式』の創始者となったという神話は、恐らく宋代初めの禅僧によって捏造されたのではなく、このテキストが百丈寺の最初の寺規から発展し、代々の伝承と蓄積を経て、無名氏の作品となったために、後の人が自然と百丈山の偉大なる開山祖師へと遡らせたのであろう。

碑文の規則第二条は、尼僧の住居と墳塔を百丈寺の境内に建ててはならないと規定しており、俗人の住居も同じく外へと排除される。仏教の戒律は男女間の如何なる繋がりをも厳しく制限し、僧侶と尼僧、あるいは俗人の女性が共に行動したりその他の接触をするのを許さないので、この寺規は恐らくこの種の戒律を予防的に強化しているのであろう。

最後の寺規二条は特に詳しく分析するに値する。第四条はこの寺では寺院の外の如何なる荘園や田畑も保有してはならないと規定し、第五条は寺院内のあらゆるメンバーが個人的な財産を貯めることを禁止する。この規則は初期仏教が僧侶による金銭の貯蓄と運用を禁止したという戒律に一致しているが、理論上の僧伽の規則においても、実践の上での経済的図式においても、唐代仏教と異なっている。理論においては、唐代初めの道宣（五九六―六六七）が『量処軽重儀』等を定め、僧侶は個人的金銭を持ってはならないと規定した一方で、寺院は各種の財産を無制限に蓄えてよかった。[36] 実践においては、唐代の官立寺院は往々にして多くの荘園・田畑・土地家屋・工場等を持っており、寺に住む僧尼も個人的財産を自由に蓄えることが許され、一部の僧尼は大変裕福ですらあった。事実としては、仏教寺院と僧尼の経済面での過度な膨張こそが、会昌の廃仏をもたらした原因の一つであった。[37] そのため、百丈山の最初の規則は実質的には唐代の官立寺院やその他のタイプの寺院よりも一層厳密に仏教の戒律を守ったのである。

寺規第四条は百丈寺が果たして農作業を行ったのかという問題を検討するのに使える。前述のように、『禅門規式』の規定の一つは普請労働であり、『祖堂集』では百丈懐海のスローガンは「一日不作、一日不食（一日なさざれば、一日食わず）」であったと記してすらいる。[38] 多くの学者はこれによって、百丈山及びその他の唐五代の禅寺では大規模な労働を行い、それによって経済面での自給自足を達成したと推断する。近年ではマリオ・ポセスキ（Mario Poceski）がこの種の結論に異を唱え、唐代の禅僧が幅広く肉体労働に従事し、禅宗寺院が経済的に自給自足していたという見方は、証拠に欠けると考えているが、[39] 彼はまだ具体的な論証をしてはいない。もし我々が関連資料を全面的に考察したなら、この問題がかなり複雑であり、単純な肯定や否定で解決できるのではないことに気づくだろう。以下で詳しい考察を加える。

慧洪『百丈大智禅師真賛』に「[懐海]与希運、惟政火種刀耕而食、遂成法席。（[懐海]は黄檗希運、百丈惟政とともに山を焼き作物を植えて食糧を得、かくて教団が成ったのである）」とある。[40] ここから、百丈寺が開山した初期には、懐海と黄檗、法正といった弟子たちは確かに開墾と耕作という苦難に満ちた創業の過程を経たのであろう。法正等が定めた第四条は、「台外及諸処」（寺院の外）の如何なる荘園・田畑も手に入れてはならないと明確に規定する。もし寺院がやや多くの田畑を保有していなかったら、寺僧たちが大規模な農業生産活動を行って自給自足することはあり得ないだろう。懐海、法正等が開山した初期に開墾・耕作した田畑は、恐らく「台内」（寺院の中）だったのだろう。しかしこれらの田畑が果たして寺僧によって耕作され続けたのかどうかも、大いに問題である。

唐の文宗の開成四年（八三九）、円仁は登州文登県（今の山東省文登）に位置する法華院を訪れ、その寺が農民によって耕作されている田畑を所有しており、院内の需要をまかなうため、毎年五百石の食糧を提供していることを観察した。法華院の僧侶自身は耕作をしないが、寺院の境内に生えた大根を収穫する時には、全ての僧侶が一斉に菜っ葉を拾うのに参加した。寺院内の薪がなくなった時にも、全ての僧侶が一緒に薪を運ぶのに参加した。(41) 農民が耕作する「常住荘」が生産した食料は寺院内の需要を賄い、寺における日頃の菜っ葉摘みや薪運びといった雑務は全ての僧侶が共同で行うというように、円仁は法華院の経済基盤と経済生活を事実のままに記したのである。このような状況は唐五代の寺院においては大変一般的であり、禅宗寺院も例外ではなかった。

まずは禅宗寺院の常住荘を見てみよう。恐らく百丈懐海のもう一人の弟子・潙山霊祐も百丈寺の創業に関わり、さらに元和年間末（八二〇）には大潙山へと赴いた。ここで彼は百丈懐海と法正とに倣って開山創業のことを行い、自身の寺院（同慶寺の額を賜る）を建立し、一千余りの信徒を集め、さらに寺規として『大潙警策』を設けたのである。(42) 潙山教団の規模は百丈寺をも超えたが、『大潙警策』の中で、霊祐は自給自足活動について何も言及しておらず、それとは逆に、「檀越所須、喫用常住。不解忖思来処、謂言法爾合供（檀越に頼り、寺の財産に依存して食う。なのにその出所を考えず、全ては法のままに供されているのだなどと言う）」と一度ならず強調している。(43) このことは、寺院内の禅僧が食べたり使ったりする物が、主に俗人からの布施と不動産によっていたことを物語っている。ここでの不動産とは主に常住荘を指す。陶岳（九八〇年の進士）の『五代史補』に「長沙有大潙同慶寺、僧多而地広、佃戸僅千余家。斉己則佃戸胡氏之子也、七歳与諸童子為寺司牧牛（長沙には大潙同慶寺があり、僧侶は多く、土地は広いが、小作農は僅か千軒余りである。斉己は小作農の胡氏の子で、七歳で童子たちとともに寺のために牛の放牧に従事した)」とある。[44] 斉己（八六四―九四三？）が七歳だったのは咸通十一年（八七〇）であり、潙山が裸一貫で開山して寺院を建立した時から僅か約五十年、潙山が亡くなった時からでも僅か十七年だが、その時には潙山寺は既に多くの土地を所有しており、しかもより重要なのは、これらの土地は寺院内の禅僧自ら耕作したのではなく、一千軒余りの小作農が耕作していたのである。同様に、雪峰義存は咸通十一年（八七〇）に福州侯官県（現在の福建省閩侯）の象骨峰（後に雪峰と改称）で苦労して開山し、三十年後には雪峰寺は既に二つの常住荘を所有していた。雪峰が光化四年（九〇一）に実施した『師規制』に「藍田、張際両荘、但逐年輪差了事僧勾当、始終供応塔院、常住供養当院僧徒等（藍田、張際の二つの荘園は、一年ずつ順に寺務を司る僧侶を派遣して取り仕切らせ、終始塔院に必要な物を供給し、常住によってこの寺の僧侶等を供養する）」とある。[45] 雪峰禅院はこの時には既に藍田荘と張際荘を所有しており、毎年寺僧を選び出して運営・管理するため派遣し、小作農が耕作して、生産物は寺全体の僧侶たちの需要を賄うのに充てられた。そのため、百丈寺が開山した時に開墾した田畑は、潙山寺や雪峰寺と同じく、すぐに小作農による耕作へと転換した可能性が高いと推測できる。[46]

その他の唐五代仏教寺院と同じく、禅寺も田畑の賜与や喜捨を受け取った。百丈寺は居士が布施した山地をもとに開墾しており、潙山寺と雪峰寺の大量の所有地も、かなりの部分が喜捨によっているはずである。澄玉が撰述した「疎山白雲禅院記」は次のように記している。洞山良价の弟子・疎山匡仁は大順元年（八九〇）に撫州刺史・危全諷の助力を得て、金渓県（現在の江西省金渓）の疎山で開山し、白雲禅院を建立した。その後危全諷の息子である危昌が田畑・荘園を一箇所喜捨し、「永充常住、為供衆僧之斎粥（末永く寺の財産とさせ、僧侶たちの食事に供した）」。江州刺史の陳卓は「舍俸禄之財、于江之西南隅、去院各十里、置荘両所、一曰西荘、南号佐俄是也（俸禄で得た財産を喜捨し、長江の西南方、禅院から各々十里離れた所に、二つの荘園を設け、一つは西荘と言い、南が佐俄と号されたのがそれである）」し、軍事押衙の李勳は禅院の北にある小さな荘園を喜捨して寺産とさせた。鎮南軍節度使の李徳誠は「舍俸禄之財、於山之東置荘一所、永充常住之斎粥矣（俸禄で得た財産を喜捨し、山の東に荘園一箇所を設け、末永く寺産による食事に充てさせた）」。白雲禅院が喜捨を受けた田畑・荘園の多さは驚くべきものであり、そのため匡仁は「僧匡七百衆矣（僧は七百人を教化した）」。[47] 南唐の任光が撰述した「唐臨川府崇仁県地蔵普安禅院碑銘」にも、村人の鄧氏兄弟が「舍附郭田三千、把入常住（近郊の田畑三千を喜捨し、寺産に加えた）」と記す。[48] ジャック・ジェルネ（Jacques Gernet）は、会昌の廃仏後、寺院が占める農地面積が最も多い地域は、既に長安・洛陽の東西両京付近ではなく、南方地域に移っていたと指摘する。[49] この説は至極もっともである。

さらに禅宗寺院の普請労働を見てみよう。『祖堂集』には具体的な普請についての記述が二回あり、その内一回が開墾、もう一回が田畑の鋤き返しである。[50]『宋高僧伝』に具体的な普請についての記述は一回あり、それは薪の運搬である。[51]『伝灯録』には具体的な普請についての記述が十八回（『祖堂集』と重複する場合は数えない）あり、その内二回が菜っ葉摘み、[52] 一回が茶摘み、[53] 一回が臼挽き、[54] 一回が垣根作り、[55] 一回がお茶運び、[56] 五回が薪の運搬、[57] 六回が田畑の鋤き返しと除草、あるいは鋤と関連すること（一回は茶畑の鋤き返し、一回は鳩麦の鋤き返しと明記される）、[58] 一回が常住荘に行って稲を収穫することである。[59] これの記述からすると、唐五代の禅寺における普請は、円仁が目にした法華院の寺僧の労務とほとんど同じで、主に薪の運搬、菜っ葉摘み、臼挽き等の大寺院の運営を維持する日常的な仕事、寺院周辺の茶畑・菜園・果樹林の除草と収穫、[60] 及び農繁期に収穫の手伝いで常住荘に行く等である。馬祖の弟子世代から、特に会昌の廃仏後、禅師たちは多くの寺院を創設し、田畑を開墾しており、上で引いた開墾に関する記述は、まさに雪峰寺で起こった出来事である。そして雪峰義存が開山した際の師弟一丸となっての労働から、後の禅僧が管理して小作農が耕作する藍田・張際という二つの常住荘を獲得するまでと、潙山霊祐の苦難に満ちた寺院創建から、潙山同慶寺による一千軒余りの小作農の保有までは、いずれも中唐から五代の禅寺における経済的発展のパターンを示している。

中国仏教の教団では、道安（三一四—三八五）以来、既に多くの僧侶がインドの律典を基礎として中国の僧団に適応した具体的な規定条目を創り出しており、唐代初めの道宣から高度な成熟へと到達した。[61]そして百丈懐海の前後には、禅師が彼の寺のために規則を設けるという事例もよく見られた。[62]その他の寺規を創出したことのある禅僧としては、百丈の弟子である潙山霊祐、百丈の同門である帰宗智常、智常の弟子である芙蓉霊訓、及び霊訓の弟子である雪峰義存等がいる。[63]注目に値するのは、雪峰の寺規と百丈山の寺規が幾つかの類似点あるいは共通点を持っていることである。例えば、雪峰は「家無二主、国無二王（家に二人の主はいないし、国に二人の王はいない）」と強調し、かつ規則第一条の中で寺主だけが新たな学僧を受け入れてよいとする。彼はさらに、この規則は師である芙蓉霊訓のところから継承したものだと説明する。[64]この一条は百丈寺の規則第三条と実質的には同じである。そのため、百丈寺の初期の寺規は当時ある程度流行して、他の禅寺に吸収・融合されたのだろうと推測できる。これらの現存する寺規は各々の特色を幾つか表しているが、仏教の戒律を排除する、あるいは仏教の伝統の主流から分離する傾向を含んだ規則は一条もない。事実の上では、上述のように、百丈山における最初の寺規の、寺院の経済及び私有財産の面における規定は、官立寺院よりももっと厳密に戒律を遵守してすらいる。後に修訂・増補を経て宋代初めまで伝わった『禅門規式』にしても、内容の上ではやはり仏教の主流から外れるような傾向はなく、禅宗の発展と寺院の建立に適応するため伝統的戒律に具体的な補足をして、実際の管理と実施に役立つようにしたのである。例えば長連床と法堂の設計は、明らかにより多くの禅僧を収容でき、また禅師の上堂説法と学徒との問答に便利なものである。

中唐期の仏教寺院では確かに後の禅宗の発展・繁栄に対して大きな影響を与えた新たな変化が生じた。これらの変化は「禅門独行（禅宗の独立）」、伝統的戒律に「依随」しないことや「農耕自足（農耕によって自給自足する）」に表れているのではなく、馬祖道一とその門人たちが創立・住持・管理・継承した多くの新寺院に表れている。その一つ一つについての考察は以下の通りである。

一、馬祖道一は天宝二年から天宝末（七四三―七五五）に撫州崇仁県の石鞏山に住み、まず庵を建てて教化を始め、後に寺院へと発展し、弟子の石鞏慧蔵が住した。(65)

二、馬祖は至徳年間（七五六―七五八）から大暦七年（七七二）に虔州贛県の龔公山に住み、まず庵を建てて教化を始め、後に寺院へと発展し、弟子の西堂智蔵が住した。(66)

三、馬祖が逝去した後、江西観察使李兼の助力によって、門人たちは七九一年に洪州建昌県（現在の江西省永修）の石門山において塔と泐潭寺を建立し、紫玉道通、百丈懐海、泐潭法会、泐潭惟建、泐潭常興が前後してこの寺の住持となった。会昌の廃仏中に寺は壊され、大中四年（八五〇）に再建、宝峰寺と改名した。(67)竜潭崇信の弟子である泐潭宝峰和尚が再建後にこの寺の住持となったことがある。(68)その後九峰道虔が住持となって九二一年にここで卒し、第一世と称された。(69)彼の弟子である泐潭神党、泐潭明、泐潭匡悟、泐潭延茂、泐潭牟がそれを受け継ぎ、続けて住持となり、(70)その中で匡悟が第四世と称するので、他の四人が各々第二、三、五、六世ということになる。これは同じ家系の中で住持の世代を数えているので、泐潭寺の発展の歴史全体を包括するわけではない。後には雲門文偃の弟子である泐潭道謙もこの寺の住持となった。(71)

四、安豊懐空が徐州（現在の江蘇省徐州）の安豊山に寺院を創建した。(72)

五、百丈懐海は八〇八年に洪州百丈山に寺院を創建し、弟子である百丈法政が第二世となったことは、既に上で述べた通りである。疎山匡仁の弟子である百丈超が恐らく第九世であり、百丈安住が第十世である。法眼文益の弟子の百丈道常が第十一世である。(73)

六、大梅法常は貞元年間（七八五―八〇五）に明州鄞県（現在の浙江省寧波）の大梅山で庵を建てて住み、開成元年（八三六）に上禅定寺を創建した。会昌年間に廃され、大中年間（八四七―八六〇）にまた建立され、観音禅院と名付けられた。(74)その後、百丈懐海の弟子である大梅彼岸がこの寺の住持となった。(75)

七、丹霞天然は鄧州南陽県（現在の河南省南陽）の丹霞山に寺院を創建した。(76)弟子の丹霞義安が第二世となり、丹霞慧勤が第三世となった。(77)

八、鵝湖大義は大暦年間（七六六―七七九）に信州上饒県（現在の江西省上饒）の鵝湖山で仁寿院を創建した。(78)後に鵝湖寺と改名され、巖頭全豁の弟子である鵝湖韶、雪峰義存の弟子である鵝湖智孚、雲居懐岳の弟子である風化令崇、雲門文偃の弟子である鵝湖雲震がかつてこの寺の住持となった。(79)

九、鄂州無等は鄂州（現在の湖北省武漢）の黄鵠山に大寂院を創建した。(80)

十、仏光如満は貞元年間（七八五―八〇五）に衡州衡山（現在の湖南省衡陽）の祝融峰で横竜寺を建立した。(81)その後、瑞岩師彦の弟子である南岳横竜和尚がここに住したことがある。(82)

十一、帰宗智常は江州（現在の江西省九江）の廬山帰宗禅院に住した。この禅院は東晋期に創建されたが、智常が改めて建立した。(83)その後、雲居道膺（?―九〇二）の弟子である帰宗澹権、帰宗徳惲が第二、第三世の住持となり、懐惲の弟子である帰宗弘章が第四世、もう一人の弟子である帰宗岩密が恐らく第五世となった。(84)智常は明らかに初代の開山祖師と仰がれている。

十二、帰宗智常はさらに廬山棲賢寺にも住んで開山祖師となった。この寺は江州刺史の李渤が八二二年に古い家を喜捨して創建し、智常に住持となるよう頼んだものである[85]。

十三、杭烏智蔵は越州（現在の浙江省紹興）の杭烏山に寺院を創建した[86]。

十四、洪山善信は随州（現在の湖北省随州）の大洪山に寺院を創建し、唐の文宗が幽済禅院の扁額を賜った[87]。

十五、九井玄策は黄州黄陂県（現在の湖北省武漢）の九井山に寺院を創建した[88]。

十六、廬山法蔵は廬山に寺院を創建した[89]。

十七、呂後寧賁は越州山陰県（現在の浙江省紹興）の呂後山に道場を建立して[90]、寺院へと発展し、永泰霊湍の弟子である呂後文質（七七八―八六一）がかつて住持となった[91]。

十八、茗渓道行は澧州澧陽県（現在の湖南省澧県）の茗渓山に寺院を創建した[92]。

十九、南源道明は袁州宜春県（現在の江西省宜春）の南源山に広利寺を創建した[93]。五代の頃には九峰道虔（？―九二一）の弟子である南源行修がかつてこの寺の住持となった[94]。

二十、南泉普願は貞元十一年（七九五）に池州（現在の安徽省池州）の南泉山で寺院を創建した[95]。

二十一、千頃明覚は杭州（現在の浙江省杭州）の天目山に寺院を創建した[96]。その後、黄檗希運の弟子である千頃楚南がかつてこの寺院の住持になった[97]。

二十二、三角総印は朗州武陵県（現在の湖南省常徳）の善徳山（すなわち徳山）に寺院を創建し、後に古徳禅院と号した。竜潭崇信の弟子である徳山宣鑑が第二世の住持となった[98]。宣鑑の弟子である徳山紹甗が住持を継いで、第三世となった[99]。その後、石霜慶諸の弟子である徳山存徳が第六世に[100]、雲居道膺の弟子である徳山和尚が第七世になり[101]、保福従展の弟子である徳山徳海が恐らく第八世に[102]、雲門文偃の弟子である徳山縁密が第九世になった[103]。

二十三、天皇道悟は荊州（現在の湖北省荊州）の天皇寺を再建した[104]。

二十四、五洩霊黙は元和三年（八〇八）に婺州浦陽県（現在の浙江省諸曁）と越州諸曁県（現在の浙江省諸曁）の境界にある五洩山に寺院を創建した。咸通六年（八六五）になって五洩永安禅院の額を賜り、天祐三年（九〇六）に応乾禅院に改称した[105]。

二十五、塩官斉安は杭州塩官県（現在の浙江省嘉興）に寺院を創建した[106]。

二十六、薬山惟儼は澧州（現在の湖南省澧県）の薬山に寺院を創建し、光啓二年（八八六）になって薬山寺の額を賜った[107]。弟子である薬山夔が住持を継ぎ、第二世となった[108]。その後、潭州藤霞の弟子である薬山和尚が第七世、雲居懐岳の弟子である薬山忠彦が第八世、徳山縁密の弟子である薬山可瓊が第九世となった[109]。雲門文偃の弟子である薬山円光、金峰従志の弟子である薬山彦もかつてこの寺を住持した[110]。

二十七、盤山宝積は幽州（現在の北京）の盤山に住した[111]。その後、投子大同の弟子である幽州盤山和尚がここに住して、第二世を称しており[112]、恐らく宝積を第一世に奉じた。従って恐らく宝積が開山祖師であり、盤山和尚は廃仏後に寺院を再興したのであろう。

二十八、温州仏嶴和尚は温州に住した[113]。翠岩令参の弟子である仏嶴知黙は第二世と称しており、恐らく仏嶴和尚を第一世に奉じた[114]。従って恐らく仏嶴和尚が開山祖師であり、仏嶴知黙は後に寺院を再興したのであろう。

二十九、紫玉道通は唐州（現在の河南省唐河）の紫玉山に寺院を創建した[115]。

前述のように、中唐以前には、禅僧は「多く律寺に住み」、「寺の中で別な建物に住む」のであり、禅僧によって建立、住持された少数の寺院が記録に残されているのみである。それと比較すると、馬祖とその門人たちの自ら創建、住持、及び継承した多くの寺院は非常に目を引く。その重要性と影響は三つの面から観察することができる。

第一に、これらの寺院は禅宗がさらに発展・繁栄する基礎となり、禅宗の系譜を、精神と教理における継承のみならず、寺院の建物や利権の継承にまで順次発展させた。多くの禅寺が代々継承されていくに伴い、「世代」と称される寺院の系譜という新たな観念が現れた。どの寺院も独自の系譜を形成し、代々継承する住持は往々にして「一世」、「二世」、「三世」等の数で呼ばれた。『伝灯録』には数十箇所の禅寺の世代が記されており、『祖堂集』ではよく「前」、「中」、「後」等と称される。(116)上で考察したように、五代末北宋初には、百丈寺は既に第十一世住持の百丈道常になっており、薬山寺は少なくとも第九世住持の薬山可瓊になっていた。(117)寺院の系譜と家系／法系は合致する時もあれば、異なる時もあり、例えば百丈寺第十世住持の明照は洞山良价の後裔であり、第十一世住持の道常は法眼文益の弟子であったように、一つの寺院の住持は異なる家系出身でもよかった。(118)鈴木哲雄は、寺院の系譜という観念は禅僧が創建・住持した寺院とのみ関わる、と指摘する。彼はさらに、寺院の系譜は洞山良价の後裔に最も早く現れたと推測する。(119)しかしながら、この新たな観念の源流はどうやら中唐期の百丈寺にまで遡ることができるらしく、例えば二人目の住持である法正は恐らく既に「第二百丈」と称されていたのである。(120)

第二に、禅師が創建・住持・保持したこれらの寺院は、長期に渡って他よりも安定した環境と比較的強い経済力を提供し、禅師の語本を編集・潤色・創作するプロセスを順調に進めさせた。例えば、百丈懐海の語本は、彼の弟子である神行と梵雲の二人がその創建になる百丈寺で編集して作ったものである。(121)大量の語本の編集・創作は、間違いなく晩唐五代における禅宗文学の繁栄と、禅宗の発展における最高潮を導き出した。

第三に、会昌の廃仏は大量の仏教寺院を壊滅させたが、この大きな災厄の後、晩唐の統治者は一種の放任政策をとり、世俗の民衆に対して、地元の村で寺院を建立し、僧尼の出家得度を援助することを無制限に許した。(122)唐王朝の衰退に伴って生じた益々大きくなっていく遠心力と、その後相継いで樹立された五代十国は、さらに地方の権力者が仏教寺院を自由に創建あるいは援助することを許した。数多の禅僧がこのチャンスを摑んで、中唐の先人が残した手本に追随し、無数の寺院を創建した。考証できるのは三百二十箇所余りで、その中にははっきりと「禅寺」あるいは「禅院」と称し、かつ禅僧によって代々継承・住持されたものが多い[123]。これらの禅寺・禅院は禅宗発展の経済的基盤となり、一方では多くの信徒を集めて、禅宗の繁栄・発展を成功へと導き、また一方では禅宗の各家系と分派を形成し、晩唐五代の禅宗法系の分化と勃興を導いた[124]。

二、伝播と勃興

馬祖逝去の後、おおよそ八世紀末の十年から九世紀初めの四十年まで、馬祖門人は速やかに江西から全国各地へと広がり、長安・洛陽の両京地域に進出して、禅宗内部で強大なムーブメントを作りだした。第三章の表の統計によると、名前を知りうる百四十五人の馬祖門人の中で、八十人が南方の江西・湖南・湖北・江蘇・浙江・安徽・広東・福建の八省に分散し、三十三人が北方の陝西・山西・河北・河南・山東の五省に展開し、一人は新羅へ帰り、二人は居士で、二十九人は所在地不明である。また、南方にいた八十人の弟子の内、二十五人が自分の寺院を創建・住持し、北方にいた三十三人の弟子の内、三人が自分の寺院を創建・住持した。このように、九世紀中葉の会昌の廃仏前夜になると、洪州系は既に中国の広々とした大地に深く根を下ろしたのである。

大暦・貞元年間（七六六―八〇五）、禅宗のその他の法系、特に荷沢系は、依然として発展し続け大きな影響を生み出していた。例えば、神会の弟子・慧堅（七一九―七九二）は大暦年間（七六六―七七九）に都に召し出され、唐の代宗は詔を出して彼に神会のために記念堂を建立させ、「真如伝法之堂」という名を与え、また神会像一幅を賜って堂内に飾らせた。貞元年間（七八五―七九二）の初め、慧堅は唐の徳宗及び皇太子（すなわち後の順宗）にも尊崇された[125]。宗密の言によると、徳宗は神会を七祖に封じ、また七人の祖師各々のために頌を撰述した[126]。この出来事は、馬祖門人たちが荷沢宗と正統を争い、皇帝と上流社会の援助を追い求めるように仕向けた原因の一つであろう。
貞元十二年から十四年の間（七九六―七九八）、宦官の霍仙鳴の支援を受け、馬祖門人である鵝湖大義は率先して召し出しを受けて都に入り、禅宗内外の僧侶と激しい議論を繰り広げた[127]。

順宗皇帝之在儲闈、問安之余、棲神道域。嘗問尸利禅師「経言大地普衆生、見性成仏道」。答曰「仏猶如水中月、可見不可取」。後因問大師、曰「仏性非見。必見水中月、何不攫取？」。順宗然之。復問何者是仏性、答曰「不離殿下所問」。黙契玄関、一言遂合。後入内神竜寺、法会群僧。有湛然法師者、登座云「仏道遐険、経劫無量。南鄙之人、欺紿後学」。大師曰「彼自迷性、盲者可咎白日耶？」。順宗顧謂諸王曰「彼不諭至道」。其儔叱下、数旬而卒。後徳宗降誕日、於麟徳殿大延論議、竜梵冥護、人天傾聴。時有問者曰「心有也、曠劫而滞凡夫、心無也、刹那而登妙覚。何也？」。大師曰「此乃梁武帝云然。心有者、是滞於有。既有矣、安可解脱？　無也、何人而登妙覚？」。大師之旨、蓋以為群生十号、等為有、已迷者終不復悟、等為無、已悟者終不復迷。時会中有賛道、云云無以比。大師曰「行止偃息、畢竟以何為道？」。対曰「知者是道」。大師云「経云『不可以不識識、不可以不知知』。安得知者乎？」。復曰「無分別是道」。大師曰「経云『善能分別諸法相、於第一義而不動』。安得無分別者乎？」。復曰「四禅八定是道」。大師曰「『仏身無為、不堕諸衆』、安在四禅八定者乎？」。問者辞窮、衆皆愕眙。大師之旨、蓋以一切法是、一切法非。於無性無象而有得有喪、一切亦非。於有形有紀而無取無捨、一切亦非。夫然、豈可以一方定趣決為道耶。故大師以不定之弁、遣必定之執、祛一定之説、趣無方之道。自是両宮崇重、道俗宗仰[128]。

（順宗皇帝は太子であった頃、父帝に孝順を尽くす暇に、仏道に心を寄せた。かつて尸利禅師に「大地にあまねき衆生は、みな見性して仏道を成し遂げる、と経典に言うが」と尋ねた。答「仏とは水中の月のようなもので、見ることはできても手に取れません」。そこで後に大師に尋ねると、「仏性とは見るものではありません。しかし、水中の月はきっと見えるもの、どうして手に取らないのですか?」。順宗はこちらに同意した。また「仏性とは何か」と尋ねた。答「殿下のお尋ねに他なりません」。暗黙のうちに入道の法門にぴたりと一致し、一言で符合した。後に内神竜寺に入り、僧侶たちと法会を開いた。湛然法師という者がおり、高座に上って「仏道は遠く険しく、無限の時間がかかる。南の田舎者たちは、後学たちを欺いておるぞ」と言った。大師「法師たちの方こそ性を見失っているのです、盲人が太陽を咎められるでしょうか?」。順宗は顧みて諸王に言った。「法師らは至上の道を教えてはおらん」。その一派は貶斥され、湛然は数十日後に卒した。後に徳宗の誕生日にあたって、麟徳殿で盛大に議論を行い、竜王と梵天が密やかに守護し、人々と神々が耳を傾けた。その時「心があるなら、永劫に凡夫に留まり、心がないなら、刹那に霊妙なる悟りに至るとは、どういうことでしょう?」と尋ねる者がいた。大師「これは梁の武帝がそう言ったのです。心があるとは、有に留まることです。有である以上、どうして解脱などできましょうか? 無であるなら、誰が霊妙なる悟りに至るのでしょうか?」。大師の考えとは、思うに衆生と仏とが、等しく有であるなら、既に迷っている者はもはや悟ることはなく、等しく無であるなら、既に悟っている者は二度と迷わないということである。その時居合わせた中に称賛する者がおり、その通りだ、比類なき答だと言った。大師「動き回ることと横になって休むことといった我々の行いの中で、詰まる所何が道なのでしょう?」。答「知ることが道なのだ」。大師「経には『識によって識ることはできず、知によって知ることはできない』と言います。どうして知ることができましょうか?」。答「無分別が道である」。大師「経には『もろもろの現象を分別しながら、しかも究極の真理において動かない』と言います。どうして無分別でありえましょうか?」。答「色界の四種の禅定と無色界の四種の禅定が道である」。大師「『仏身はあらゆる行いを離れており、衆生の存在様態には堕ち込まない』ものです。どうして色界の四種の禅定や無色界の四種の禅定でしょうか?」。尋ねた者は返す言葉がなく、人々はみな驚き目を見張った。大師の考えは、思うに一切の物事が是であり、一切の物事が非である。本質も形象も無いところに、しかも得失があり、同時にまた全てがそうではない。形相と法則が有るところに、しかも取捨がなく、同時にまた全てがそうではない。そうであるとすれば、どうして一方向のみを道と決めつけることができようか。それ故に大師は定まりのない弁論によって、絶対に決まっているのだという執着を追い払い、固定的な言説を取り除いて、方向を定めない道へと赴いたのである。それからは皇室に重んじられ、僧俗に崇められた。)

ここから分かるように、大義は都に入ってから、重要な議論を三度経験した。一度目には尸利禅師が仏性は見えるけれど手に取れないということによって見性成仏を説明したのに反論し、また「不離殿下所問」という当意即妙な回答によって仏性とは何かという問題に答え、仏性とはまさに自らの心の中にあるのだと順宗に悟らせた。『伝灯録』大義章はこの問答を記すが、尸利を尸利に作っており、同書の尸利章は彼が石頭希遷の弟子であったと言う[129]。二度目には、湛然法師が成仏とは無量劫を経る必要があると強調した。これは明らかに洪州禅の即心是仏に関する宗旨に反論したもので、また大義を「南鄙之人」と糾弾している。大義は、彼が本性を見失っているとして湛然に反駁し、衆生の本性は仏であるという洪州禅の観念を説き明かした。湛然は法師と称されており、禅宗以外の僧侶であることが分かる[130]。三度目には、大義は僧侶たちと舌戦を繰り広げ、『維摩詰所説経』を引用して[131]、有無・知・無分別・四禅八定等への執着を批判した。彼は議論の中で仏教各派の禅師・法師を論破することに成功し、徳宗と順宗、及び都の僧侶と俗人たちの信頼と支持を獲得した。貞元十七年(八〇一)、徳宗は詔によって宦官の王士則を出家させ、大義の弟子とした。[132]大義は永貞元年（八〇五）まで都に留まり続け、この十年近い期間に、彼は「南鄙」からやって来た洪州禅に対する朝廷内外の見方を変えるために大きな貢献を成し遂げた。

馬祖のもう一人の弟子である仏光如満は永貞元年に順宗によって都に召し出された。[133]章敬懐暉は元和三年（八〇八）に詔を受けて都に入り、章敬寺に住み、「毎歳召入麟徳殿講論（毎年召し出されて麟徳殿に入り講義をした）」。[134]興善惟寛はすぐ続いて元和四年（八〇九）に詔を受けて都に入り、大興善寺に住んだ。彼らは引き続いてその他の宗派からの挑戦を撃破し、洪州禅の宗旨に対する士大夫たちの疑念を取り払い、皇帝と都の社会からの信頼と支持を獲得した。

大化京都、高懸仏日。都城名公、義学竟集、撃難者如雲。師乃大震雷音、群英首伏、投針契意者得意忘言。[135]

（大いに都を教化し、高々と太陽のように輝く仏の教えを掲げた。都の名士たちや、教義をよく知る者たちがみな集まり、批判する者たちが雲の如く群がった。師がそこで雷のような音声を大いに鳴り響かせると、才ある人々は頭を垂れ、竜孟と提婆の如く沈黙のままに意を通じた者はその意味を知ると表面的な言葉を忘れた。）

元和中、寛・暉至京師、揚其本宗、法門大啓、伝百千灯。京夏法宝鴻緒、于斯為盛。[136]

（元和年間、惟寛と懐暉は都にやって来て、彼らの宗派を宣揚すると、法門は大きく開かれ、百千もの法灯が伝えられた。中華の地における法宝の大業は、そこで盛んになった。）

元和十年（八一五）に、憲宗は慧能に「大鑑禅師」の諡を賜り、[137]おおよそこの年の前後に馬祖に「大寂禅師」の諡を賜った。同年、懐暉と惟寛からの依頼があり、江西観察使の張正甫は懐譲塔のために碑を立て、また碑文を撰述して慧能―懐譲―馬祖の系統を称賛した。[138]帰登もほぼこの年の前後に懐譲のために碑文を撰述した。[139]唐の敬宗（八二四―八二六年在位）は懐譲に「大慧禅師」と「最勝輪之塔」の号を賜った。[140]懐暉が元和十年（八一五）に逝去した後には、権徳輿・令狐楚（七六六―八三七）・鄭余慶・帰登・鄭絪（七五二―八二九）・賈島らが彼のために碑銘を撰述あるいは書写した。(141) 前の五人はいずれも元和・長慶年間の重臣であったため、後に欧陽修は「懐暉者、吾不知為何人。而彼五君者、皆唐世名臣、其喜為之伝道如此！（懐暉という人は、私はどんな人なのか知らない。しかしあの五人は、いずれも唐代の名臣であったにも関わらず、こうも喜んで懐暉の道を伝えていたのだ！）」(142) との感嘆を禁じ得なかった。憲宗は懐暉に「大宣教禅師」と「大宝光之塔」の号を賜った。(143) 惟寛が元和十二年（八一七）に逝去してから、憲宗は「大徹禅師」と「元和正真之塔」の号を賜った。(144) 元和十二年宦官の李朝正が菩提達摩碑を再建し、かつ碑陰の文を撰述して、達摩から馬祖までの直系の系譜を確認し、馬祖の宗旨を高く称賛した。(145) 大義は元和十三年（八一八）に世を去り、憲宗は「慧覚禅師」と「見性之塔」の号を賜った。(146) 唐の穆宗は西堂智蔵に「大覚禅師」と「大宝光之塔」の号を賜り、百丈懐海に「大智禅師」と「大宝勝輪之塔」の号を賜った。(147)

元和十三年（八一八）撰述の大義碑で韋処厚は、当時活躍していた四つの法系は北宗・荷沢・牛頭・洪州であると指摘している。(148) 宝暦元年（八二九）撰述の雲坦碑では、賈餗（？―八三五）は「曹渓既没、其嗣法者神会・懐譲又析為二宗（曹渓慧能が没してから、その法を嗣いだのは神会と懐譲、彼らは南宗をさらに二派に分けた）」と言う。(149) 宗密の禅宗関係の著作では、洪州はしばしば荷沢と拮抗する法系に挙げられる。(150) 会昌元年（八四一）撰述の宗密碑では、裴休も慧能の後裔二派である荷沢と洪州を挙げる。(151)

このように、貞元年間から会昌年間の初めまで、つまりおおよそ八世紀末の十年から九世紀初めの四十年の間に、馬祖門人が力を合わせて努力したおかげで、洪州系は「南鄙」に位置する一地方教団から、朝廷と社会が一致して認める、成熟・発展した禅宗の宗派へと勃興し、荷沢・北宗・牛頭等と肩を並べたのである。そして会昌の廃仏後の情勢が、洪州禅をさらに他の法系と融合するように仕向け、禅宗を古典禅へと統一したのである。このことは次章で詳説する。

注

（1）『伝灯録』巻六、一四頁b。

（2）『大宋僧史略』二四〇頁a。

（3）椎名宏雄「初唐禅者の律院居住について」『印度学仏教学研究』一七―二（一九六九）三二五―二七頁参照。

（4）『伝灯録』巻六、一四頁b―一五頁b。

（5）『宋高僧伝』巻一〇、二三六―三七頁、『大宋僧史略』二四〇頁a―b。元・徳煇が編纂した『勅修百丈清規』は『古清規序』を収録し、楊億（九七四―一〇二〇）に帰されており、日付は一〇〇四年である（『大正蔵』第四八冊、一一五七頁a）。この序は『伝灯録』の文章をほぼ逐一写し取っており、後代の注釈の語句をも誤って含めてすらおり、しかも楊億の『武夷新集』に見えない。また九八八年に成立した賛寧『宋高僧伝』に同じ文章が引用されているので、この序が楊億によって一〇〇四年に撰述されたというのはあり得ない。

（6）『新唐書』巻五九、一五二九頁。

（7）これは『瑜伽師地論』の中の「戒品」及び『菩薩瓔珞本業経』のことであろう。

（8）『禅門規式』の内容に関する詳しい議論は、以下を参照。Martin Collcutt, "The Early Ch'an Monastic Rule," in *Early Ch'an in China and Tibet*,16-84; T. Griffith Foulk, "The Ch'an School and Its Place in the Buddhist Monastic Tradition" (Ph.D. dissertation, University of Michigan, 1987), 328-79; 潘桂明『中国禅宗思想歴程』二五二―五五頁。

（9）比較的初期の研究については、以下を参照。宇井伯寿『第二禅宗史研究』三七五―九五頁、大石守雄「古清規について」『禅学研究』一一（一九五三）八一―八八頁、柳田聖山『中国禅宗史』西谷啓治編『禅の歴史――中国』（東京：筑摩書房、一九七四）五八―六〇頁、鏡島元隆「『百丈清規』の成立とその意義」『禅研究所紀要』六・七（一九七六）一一七―三四頁、Kenneth K. S. Chen, *The Chinese Transformation of Buddhism* (Princeton: Princeton University Press, 1973), 148-51.

（10）　近藤良一「百丈清規の成立とその原形」『北海道駒沢大学研究紀要』三（一九六八）一九―四八頁、「百丈清規成立の要因」『印度学仏教学研究』二二（一九八七）二三一―四六頁。

（11）　Yifa, *The Origins of Buddhist Monastic Codes in China: An Annotated Translation and Study of the Chanyuan qinggui* (Honolulu: University of Hawaii Press, 2002), 28–35. Foulk と Poceski も、『禅門規式』に記す寺規は、実際には伝統的な仏教の戒律に基づいており、また中世の寺院において広く実践されたと指摘する。Foulk, "The 'Ch'an School'," 388; Mario Poceski, "The Hongzhou School of Chan Buddhism during the Mid-Tang Period" (Ph.D. dissertation, University of California, Los Angeles, 2000), 435–36.

（12）　石井修道「百丈教団と潙山教団」『印度学仏教学研究』四一―一（一九九二）一〇六―一一一頁、「百丈教団と潙山教団（続）」『印度学仏教学研究』四二―一（一九九三）二八九―九五頁、「百丈清規の研究」『駒沢大学禅研究所年報』六（一九九五）一五―五三頁。

（13）　Foulk, "The 'Ch'an School'," 366–79; "Myth, Ritual, and Monastic Practice in Sung Ch'an Buddhism," *in Religion and Society in T'ang and Sung China*, 150, 156–59.

（14）　『勅修百丈清規』一一五七頁ａ。

（15）　『宝刻類編』巻五、一五五頁。

（16）　『勅修百丈清規』一一五七頁ａ。

（17）　『勅修百丈清規』一一五七頁ａ。

（18）　『宝刻類編』巻五、一五五頁。『勅修百丈清規』が十月三日（一一五七頁ａ）と記すのは、恐らく「十」一文字を脱落したのだろう。

（19）　陳詡「唐洪州百丈山故懐海禅師塔銘」『全唐文』巻四四六、七頁ａ。

（20）　黄溍「百丈山大智寿聖禅寺天下師表閣記」『金華黄先生文集』（『四部叢刊』本）巻一一、一九頁ｂ―二〇頁ｂ、『勅修百丈清規』一一五七頁ｂ。

（21）鏡島、石井、依法といった幾人かの学者がこのテキストに気づいているが、彼らはこれが唐代の原テキストであることに気づいていないので、相応の重視をしてはいない。鏡島「百丈清規成立とその意義」一一七—三四頁、石井「百丈清規の研究」二四頁、Yifa, *The Origins of Buddhist Monastic Codes*, 34.

（22）「唐洪州百丈山故懐海禅師塔銘」『全唐文』巻四四六、六頁b。

（23）『金石録校証』巻九、一六九頁。

（24）『輿地碑記目』巻二、三二頁。

（25）「百丈山法正禅師碑銘」『全唐文』巻七一三、一二頁b。

（26）慧洪『林間録』二七三頁b。宇井伯寿『第二禅宗史研究』二五—二六頁、鈴木哲雄『唐五代の禅宗——湖南江西篇』一四三—四四頁。石井は法正と涅槃和尚はやはり別の二人の禅僧であり、前後して百丈寺の寺主を務めたのではと推測するが、説得力のある証拠を示してはいない。「百丈清規の研究」一五—五三頁。

（27）「百丈山法正禅師碑銘」『全唐文』巻七一三、一二頁b。

（28）『宋高僧伝』巻一〇、二三六頁、『太平寰宇記』巻一〇六、二一一四頁。

（29）「唐洪州百丈山故懐海禅師塔銘」『全唐文』巻四四六、六頁a。

（30）『奉新県志』は旧志がこの日付を記しているのを引用する。清呂懋先・帥方蔚等編『奉新県志』（『中国地方志集成』本）巻一六、三二頁b。

（31）『宋高僧伝』巻一〇、二三七頁。

（32）『奉新県志』（巻四、六四頁a）は、唐の宣宗（八四六—八五九年在位）が即位前に僧侶の身分でこの寺を訪れたことから、百丈寺の扁額は宣宗に与えられたものだと記す。しかし宣宗と禅宗に関する各種の繋がりは全て伝文であり、信頼はできない。

（33）Jacques Gernet, *Buddhism in Chinese Society: An Economic History from the Fifth to the Tenth Centuries*, trans. Franciscus Verellen (New York: Columbia University Press, 1995), 43-44.

（34）本章の後文を参照。
（35）『伝灯録』巻六、一四頁b—一五頁a。
（36）道宣『量処軽重儀』『大正蔵』第四五冊。Huaiyu Chen, *The Revival of Buddhist Monasticism in Medieval China* (New York: Peter Lang, 2007), 132-67 参照。
（37）Stanley Weinstein, Buddhism under the Tang, 93-94, 119, 128-29; Jacques Gernet, *Buddhism in Chinese Society*, 94-194.
（38）『祖堂集』巻一四、六三六頁。
（39）Poceski, "The Hongzhou School," 404-408.
（40）『林間録後集』『続蔵経』第八七冊、二七七頁b。
（41）円仁著、小野勝年校注、白化文・李鼎霞・許徳楠修訂校注『入唐求法巡礼行記』（石家荘：花山文芸出版社、一九九二）一八八頁。Edwin O. Reischauer, trans. *Ennin's Diary: The Record of a Pilgrimage to China in Search of the Law* (New York: Ronald Press, 1955), 131, 150 参照。
（42）詳しくは本書第十章及び附録二「晩唐五代禅宗寺院考」参照。
（43）『大潙警策』（P四六三八）黄永武編『敦煌宝蔵』第一三四冊、九一—九二頁。『大潙警策』については、詳しくは本書第十章の議論を参照。
（44）『五代史補』（『四庫全書』本）巻三、一五頁b。
（45）『雪峰義存禅師語録』『続蔵経』第六九冊、八五頁c。詳しくは本書第十章及び附録二の議論を参照。
（46）東晋期から唐代まで、中国の仏教寺院が、田畑の開墾・賜与・喜捨・購入・占拠等の様々な方法で田地を所有し、さらに僧祇戸、仏図戸、寺戸、寺奴等に耕作を任せるというのは、非常にありふれた現象であった。しかし唐代中期からは、均田制の崩壊と両税法の実施により、契約租佃制が急速に発展し、仏教寺院の労働者は既におおむね荘客と客戸（寺院の土地を借りて耕作する小作農）で構成されていた。Jacques Gernet, *Buddhism in Chinese Society*, 94-141、姜伯勤『唐五代敦煌寺戸制度』（北京：中華書局、一九八七）、張弓『漢唐仏寺文化史』（北京：中国社会科学出版社、一九九七）二八〇—三二二頁、

謝重光『中古仏教僧官制度和社会生活』（北京：商務印書館、二〇〇九）一六一―九一頁参照。

(47)『全唐文』巻九二〇、一七頁a―二二頁a。

(48)『全唐文』巻八七二、四頁b―五頁a。

(49) Jacques Gernet, *Buddhism in Chinese Society*, 94-141.

(50)『祖堂集』巻一〇、四五四頁、巻六、二八五頁。

(51)『宋高僧伝』巻二一、五三八頁。

(52)『伝灯録』巻九、六頁a、巻二六、二〇頁a。

(53)『伝灯録』巻九、三頁b。

(54)『伝灯録』巻八、六頁a。

(55)『伝灯録』巻二四、一八頁a。

(56)『伝灯録』巻二〇、四頁a。

(57)『伝灯録』巻九、五頁a、巻一七、一〇頁b、巻一八、七頁a、巻一八、九頁a、巻一八、一五頁b。

(58)『伝灯録』巻六、一二頁a、巻一二、三頁b、巻一七、一〇頁b、巻一八、一三頁b、巻二六、二五頁a。

(59)『伝灯録』巻一六、八頁a。

(60) Jacques Gernet は、五世紀から十世紀の仏教寺院の所有地は、田畑・菜園・果樹園・牧場等を含め、多様な開発・運営を特徴とすると指摘する。*Buddhism in Chinese Society*, 116-29 参照。謝重光「晋唐寺院的園圃種植業」『中国社会経済史研究』一九九〇年三期、一―七頁、張弓『漢唐仏寺文化史』二八〇―九九頁参照。

(61) 主に張弓『漢唐仏寺文化史』二二六―五一頁、Huaiyu Chen, *The Revival of Buddhist Monasticism in Medieval China*, 93-179 参照。

(62) Yifa, *Origins of Buddhist Monastic Codes*, 3-52.

(63) 鄭愚「潭州大潙山同慶寺大円禅師碑銘並序」『全唐文』巻八二〇、二三頁a―二七頁a、余靖「廬山承天帰宗禅寺重修記」

『武渓集』巻七、四頁a—b、林弘衍編『雪峰真覚禅師語録』巻二、八五頁c—八六頁a。石井「百丈清規の研究」四七—五〇頁、Poceski, "*Guishan jingce* (Guishan's Admonitions) and the Ethical Foundations of Chan Practice," in *Zen Classics: Formative Texts in the History of Zen Buddhism*, ed. Steven Heine and Dale S. Wright (New York: Oxford University, 2006), 15-42; *Ordinary Mind as the Way: the Hongzhou School and the Growth of Chan Buddhism* (New York: Oxford University Press, 2007), 133-35 参照。他に本書第十章も参照。

(64) 『雪峰真覚禅師語録』巻一一九、四八七頁b。

(65) 第一章の考察参照。

(66) 第一章の考察参照。

(67) 第一章の考察参照。

(68) 『伝灯録』巻一五、四頁a—b。

(69) 『祖堂集』「後化縁泐潭宝峰禅院矣（後に泐潭の宝峰禅院において教化した）」（巻九、四三六頁）、『伝灯録』「師後住泐潭而終（師は後に泐潭に住んで生涯を終えた）」（巻一六、一一頁b）、『禅林僧宝伝』「[道] 虔自九峰往遊焉、遂成法席、為泐潭第一世（[道] 虔は九峰からやって来て、そのまま法席を開き、泐潭の第一世となった）」（巻五、五〇二頁c）。

(70) 『伝灯録』巻一七、二一頁b—二三頁b。

(71) 『伝灯録』巻二三、七頁b。

(72) 『宋高僧伝』巻二〇、五一八頁。

(73) 『伝灯録』巻二〇、二〇頁b、巻二〇、一八頁b—一九頁a、巻二五、二四頁a—二五頁a。

(74) 『宋高僧伝』巻一一、二五九—六〇頁、羅濬等編『宝慶四明志』（『宋元方志叢刊』本）巻一三、一九頁a—二〇頁a、袁桷編『延祐四明志』（『中国方志叢書』本）巻一七、三頁a—b。

(75) 『伝灯録』巻九、一頁a。

(76) 『宋高僧伝』巻一一、二五〇—五一頁。

(77)『伝灯録』巻一四、一二頁b、巻一四、一頁b。
(78)韋処厚「興福寺内道場供奉大徳大義禅師碑銘」『全唐文』巻七一五、一二頁a―一六頁a。
(79)『伝灯録』巻一七、一頁b、巻一八、一六頁a―b、巻二三、一九頁a―b、巻二三、九頁b。
(80)『宋高僧伝』巻一一、二五三―五四頁。
(81)宋廖侁「横竜寺記」、曽国荃等纂修『湖南通志』(『続修四庫全書』本)巻二三九、四六七頁b―四六八頁a、『全宋文』第四二冊、巻一三九、二八〇―八一頁。
(82)『伝灯録』巻二三、一〇頁a―b。
(83)『祖堂集』巻一五、六八三頁、『宋高僧伝』巻一七、四二七頁、『伝灯録』巻七、一一頁a―一三頁a、『廬山記』『大正蔵』第五一冊、巻二、一〇三二頁a、徳清(明代)・周宗建(清代)編『廬山帰宗寺志』(『中国仏寺志叢刊』本)巻一、一八頁b―二一頁b。
(84)『伝灯録』巻二〇、五頁b、巻二三、三頁a、巻二〇、七頁a、『廬山帰宗寺志』巻一、二一頁b―二三頁a。
(85)朱遵度「棲賢寺碑」『全唐文』巻八九三、八頁a―b、『廬山記』「智常学者数百人、春夏居棲賢、秋冬居帰宗(智常の学徒は数百人おり、春と夏は棲賢寺に住み、秋と冬は帰宗寺に住んだ)」(巻二、一〇三五頁a)。
(86)『宋高僧伝』巻六、一二〇―一二一頁。
(87)張商英「随州大洪山霊峰寺十方禅院記」巻四、三二二―二三頁、如卺編『緇門警訓』巻一〇、一〇九六頁a―九七頁b。
(88)『宋高僧伝』巻一一、二六五頁。
(89)『宋高僧伝』巻二〇、五二〇頁。
(90)『宋高僧伝』巻二九、七三六―三七頁。
(91)『伝灯録』巻一〇、一頁b。
(92)『宋高僧伝』道行伝(巻二〇、五一七頁)「就澧陽西南伐木為室、方丈而居、虎豹多伏於床榻之間。後有齎材殖、為営堂宇。曽未浹旬、一皆周具。視之寂無人焉、始知鬼神舎材輸力也。太守苦召、居州治開元寺。未久、元和十五年終、年六十九(澧

陽の西南で木を伐って部屋を作り、方丈に住み、虎や豹がよく床榻の間に伏せていた。後に資材が増え、そこで堂宇を築いた。まだ十日も経たないうちに、全てが完備された。見てもひっそりとして誰もおらず、そこでやっと鬼神が資材を喜捨して力を尽くしてくれたのだと知った。太守の懇切な招きにより、州治の開元寺に住んだ。まだ間もない頃、元和十五年に逝去、六十九歳であった）」。鈴木哲雄は、道行が創建したのは茗渓寺で、所在地は茗渓山のはずだと考える。『唐五代の禅宗』四九頁参照。

(93) 『祖堂集』巻一四、六三五頁、『伝灯録』巻六、一〇頁a—b、謝旻・陶成等編『江西通志』（『中国方志叢書』本）巻一一一、一九頁b。

(94) 『伝灯録』巻一七、二二頁b。

(95) 『宋高僧伝』巻一一、二五五—五六頁。

(96) 『宋高僧伝』巻一一、二五四頁。

(97) 『伝灯録』巻一二、七頁a—八頁a。

(98) 総印はまず潭州三角山に住し、後に朗州武陵県善徳山に赴いて精舎を創建した。『伝灯録』（巻七、一頁b）には潭州三角山総印禅師がいる。他に徳山宣鑑章（巻一五、二頁a—四頁a）に「大中初、武陵太守薛廷望再崇徳山精舎、号古徳禅院（相国裴休題額見存）、将訪求哲匠住持。聆師道行、屢請不下山。廷望乃設詭計、遣吏以茶塩誣之、言犯禁法。取師入州瞻礼、堅請居之。大闡宗風（総印禅師開山創院、鑑即第二世住也）（大中年間の初め、武陵太守の薛廷望は再び徳山精舎を崇め、古徳禅院（相国・裴休の題額が現存）と号し、卓越した僧を探して住持させようとした。師の道行を耳にして、幾度も頼んだが、山から下りなかった。そこで廷望は奇策を考え、役人を使わして茶と塩を持って行かせて騙し、法を犯したと言った。師を迎えて州に入り礼拝し、断固として頼んでここに住ませた。その宗独特の風格を多いに宣揚した（三角山を開き寺院を創建したのは総印禅師、宣鑑は第二世である））」とある。

(99) 『伝灯録』巻一六、一頁a。

(100) 『伝灯録』巻一六、一二頁b。

(101) 『伝灯録』巻二〇、七頁b。
(102) 『伝灯録』巻二二、一一頁a—b。
(103) 『伝灯録』巻二二、一四頁a—b。
(104) 『宋高僧伝』、巻一〇、二三一—三四頁。
(105) 『宋高僧伝』巻一〇、二三〇頁、『嘉泰会稽志』(『中国方志叢書』本)巻八、七頁a—b。
(106) 盧簡求「杭州塩官県海昌院禅門大師塔碑」『全唐文』巻七三三、二一頁a—二三頁a。
(107) 唐伸「澧州薬山故惟儼大師碑銘並序」『唐文粋』巻六二、四頁a—五頁b、『輿地碑記目』巻三、三頁a。
(108) 『伝灯録』巻一四、一頁b。
(109) 『伝灯録』巻二三、一八頁a、巻二三、一九頁b、巻二四、二〇頁a。
(110) 『伝灯録』巻二三、九頁a—b、巻二三、三頁a。
(111) 『祖堂集』巻一五、六六三頁、『伝灯録』巻七、五頁b—六頁a。
(112) 『伝灯録』巻一五、二一頁a。
(113) 『伝灯録』巻八、九頁a。
(114) 『伝灯録』巻二二、四頁a—b。
(115) 『宋高僧伝』巻一〇、二二六—二二七頁。
(116) 鈴木哲雄『唐五代禅宗史』三九四—四一四頁参照。
(117) 『伝灯録』巻二四、二〇頁a。
(118) 『伝灯録』巻二〇、一八頁b—一九頁a、巻二五、二四頁a—二五頁a。
(119) 『唐五代禅宗史』三九四—四一四頁。
(120) 『祖堂集』巻一四、六三九頁。
(121) 陳詡「唐洪州百丈山故懐海禅師塔銘」『全唐文』巻四四六、六頁b。

(122) Weinstein, *Buddhism under the T'ang*, 141, 144-46参照（訳者付記：張煜訳『唐代仏教』一五三、一五九—一六〇頁）。
(123) 附録二「晩唐五代禅宗寺院考」参照。
(124) 詳しくは第九、第十章の議論を参照。
(125) 徐岱「唐故招聖寺大徳慧堅禅師碑銘並序」『全唐文補遺』第四冊、一一頁a—b。冉雲華「唐故招聖寺大徳慧堅禅師碑考」『従印度仏教到中国仏教』一四五—七四頁参照。
(126) 『承襲図』三一頁c。胡適は宗密の言は信頼できないと考える。「跋裴休的唐故圭峰定慧禅師伝法碑」『胡適集』三〇四—三〇五頁。しかし学者たちが一般に宗密の記述は信頼できると見なしていることは、例えば以下を参照。宇井伯寿『禅宗史研究』二三五—三八頁、冉雲華『宗密』（台北：東大図書公司、一九八八）二八七—三〇三頁、「禅宗第七祖之争的文献研究」『中国文化研究所学報』六（一九九七）四一七—三七頁。
(127) 韋処厚「興福寺内道場供奉大徳大義禅師碑銘」『全唐文』巻七一五、二三頁a。碑文の中では霍仙鳴はその頃右神策護軍を務めていたと称する。霍は七九六年から七九八年の間にこの職にあった（『旧唐書』巻一八四、四七六六頁）。
(128) 韋処厚「興福寺内道場供奉大徳大義禅師碑銘」『全唐文』巻七一五、二三頁a—二四頁b。
(129) 『伝灯録』巻七、五頁a、巻一四、四頁b。
(130) この法師は天台大師湛然ではない。天台の荊渓湛然は建中三年（七八二）に逝去している。『宋高僧伝』巻六、一一八頁。
(131) 大義の答の中で、「不可以不識識、不可以不知知」の句は、『維摩詰所説経』（巻三、五五四頁c）に見え、原文は「不可以智知、不可以識識」である。碑文は恐らく伝写の過程で「不」二文字が衍字として入ったのであり、『伝灯録』（巻七、四b頁）におけるこの大義の対話の引用では、「不」の字がない。「善能分別諸法相、於第一義而不動」の句も、同経（巻一、五三七頁b）に見え、「善能」は原文では「能善」である。「仏身無為、不堕諸衆」の句も、同経（巻一、五四二頁a）に見え、「諸衆」は原文では「諸数」であり、『伝灯録』（巻七、五頁a）の引用は原文と同じである。
(132) 李朝正「重建禅門第一祖菩提達摩大師碑陰文」『全唐文』巻九九八、三頁a。この碑は一九三五年に河北省磁県で出土した。陳垣『中国仏教史籍概論』（一九五五再版、上海：上海書店、一九九九）八八頁参照。

(133)『伝灯録』巻六、九頁a—一〇頁a。

(134)権徳輿「唐故章敬寺百岩大師碑銘並序」『権載之文集』巻一八、一三頁a—一四頁b。

(135)『祖堂集』懐暉章、巻一四、六五四頁。章末には賈島が懐暉のために作った碑銘を収録しているから、この章は恐らく賈島が撰述した碑文を下敷きにしている。

(136)『宋高僧伝』懐譲伝、巻九、二〇〇頁。この伝は恐らく帰登が撰述した碑に基づく。

(137)柳宗元「曹渓第六祖賜諡大鑑禅師碑」『柳宗元集』巻六、一四九—五二頁参照。劉禹錫（七七二—八四二）は諡を賜ったのは八一六年だと言う。「大唐曹渓第六祖大鑑禅師第二碑」瞿蛻園校箋『劉禹錫集箋証』（上海：上海古籍出版社、一九八九）巻四、一〇五頁参照。柳碑は具体的な日付を列挙しているが、劉碑は三年後に撰述されているため、柳碑が恐らくより正確であろう。

(138)張正甫「衡州般若寺観音大師碑銘並序」『全唐文』巻六一九、一頁a—三頁b。郁賢皓（『唐刺史考』二一三四頁）によると、張正甫は元和八年から十一年（八一三—八一六）に湖南観察使を務めた。碑文の中では元和十八年と言うが、しかし元和年間に十八年はなく、しかも懐暉は元和十年に卒している。祖琇『隆興仏教編年通論』（巻七五、一八九頁b）はこの碑を引用し、元和十年とする。

(139)『宋高僧伝』巻九、二〇〇頁。

(140)『宋高僧伝』巻九、二〇〇頁。

(141)『宋高僧伝』巻一〇、二二七頁、『宝刻叢編』巻八、二四四頁、『宝刻類編』巻四、一一三頁、欧陽脩『集古録』巻九、一四頁b。

(142)『集古録』巻九、一四頁b。

(143)『宋高僧伝』懐暉伝、巻一〇、二二七頁。

(144)白居易「伝法堂碑」『白居易集箋校』巻四一、二六九二頁、『宋高僧伝』巻一〇、二二八頁。

(145)李朝正「重建禅門第一祖菩提達摩大師碑陰文」『全唐文』巻九九八、一頁a—三頁b。

(146) 韋処厚「興福寺内道場供奉大徳大義禅師碑銘」『全唐文』巻七一五、二四頁b。

(147) 『宋高僧伝』巻一〇、二三三頁、巻一〇、二三六—三七頁。唐技が撰述した西堂碑は、八二四年とする（巻五〇、二頁b）。

(148) 『全唐文』巻七一五、二二頁a—b。

(149) 「揚州華林寺大悲禅師碑銘並序」『全唐文』巻七三一、二三頁b。

(150) 『承襲図』三一頁a—三五頁c、『円覚経大疏鈔』五三二頁b—五三五頁a、『禅源諸詮集都序』巻一、四〇〇頁c。

(151) 「圭峰禅師碑銘並序」『全唐文』巻七四三、一三頁b。印順が既にこれらの記述に注意している。『中国禅宗史』三三二頁参照（訳者付記：伊吹敦訳『中国禅宗史』三九四—三九七頁）。

第九章　融合と分化：古典禅の成立と発展

宋代以降、あらゆる禅宗の歴史書が二系五宗の世系図を描いた。慧能の後、南岳懐譲—馬祖道一と青原行思—石頭希遷は禅宗における南宗の二大系統へと分化し、前者は潙仰・臨済の二宗、後者は曹洞・雲門・法眼の三宗を派生させたというのである。この二系五宗の世系図は禅宗内部で千年も踏襲されたのみならず、この百年来、学術的な禅宗史の論著においても基本的な枠組みを構成している。

そうした中で、この世系図の歴史的信頼性について疑問を呈した学者がいる。胡適が一九六一年に柳田聖山に与えた手紙では、中唐期に慧能の後裔である神会と馬祖は二つの系統に別れ、穏やかに共存したが、「石頭希遷の一派はさらに後に起こり、所謂『青原行思』も、恐らく『虎の威を借る』動きの中での方便法門に過ぎないだろう」と指摘した。[1] しかし胡氏本人はこの問題について具体的な研究を行ってはいない。その後、印順は一九七四年出版の『中国禅宗史』において、石頭系は会昌年間以前には荷沢と洪州に及ばず、曹渓の正統とは見なされていなかったと指摘した。[2] 洪修平は一九九一年出版の『禅宗思想的形成与発展』において、南岳懐譲と青原行思は元来いずれも無名であり、青原—石頭が一派を形成したのは後の事だと言及している。[3] 杜継文・魏道儒は一九九三年出版の『中国禅宗通史』で、石頭の法嗣の中で後世への影響が最も大きい天皇道悟・丹霞天然・薬山惟儼はいずれも馬祖に師事したことがあり、従って石頭系には伝承に関して今後解明すべき問題が数多くあるが、「晩唐五代の頃には道一を貶め、石頭を持ち上げる風潮が巻き起こり」、そのため「石頭系の勃興は、実は『祖堂集』が石頭のために大いに議論したことに始まるであろう」と指摘した[4]。近年、徐文明はかなり具体的に掘り下げた検討を行っており、唐仲撰述の薬山碑は信頼でき、薬山は洪州系出身のはずであると断定した[5]。また、薬山門下の曹洞宗は雲居道膺の弟子たちの頃に初めて青原―石頭の系統に帰されたと考えている[6]。この他、鈴木哲雄は一九八五年出版の『唐五代禅宗史』において、晩唐五代期に禅宗は五宗には止まらず多くの宗派に分派しており、五宗とする説は北宋中期の達観曇穎『五家宗派』と禾山慧方（一〇七三―一一二九）の語録が現れてからやっと定型化されたと指摘した[7]。杜継文と魏道儒も法眼文益『宗門十規論』に基づいて、「所謂『五家』の説は、宗派が林立した当時の状況を概括するには遥かに足りない」ことに気づいた[8]。他の一部の学者は方法論の角度からこの世系図に疑義を呈している。ジョン・マクレー（John McRae）は活き活きと、世系図で禅宗の歴史を描写するという方法を「『ひとつながりの真珠』の錯誤（数珠つなぎ式の誤り）」と称し、かつ共時的な研究の方法によってこの伝統的世系図を脱構築することを提唱した[9]。

以上の学者たちの疑問と探求はいずれも大変重要であり、二系五宗という描写の枠組みは中晩唐から五代における禅宗の発展の歴史的事実には一致しないのである。本書第二章での考察の通り、天皇・丹霞・薬山はいずれも馬祖と石頭の二人に師事したことがあり、薬山と馬祖の関係はさらに親密ですらある。この三禅師は、いずれも単純に石頭下にだけ帰属させられるわけではない。それならば、何故その後裔は自身の系統を石頭系だと見なすことに固執したのだろうか。この出来事は決して偶然ではなく、その中には晩唐五代期における古典禅の宗旨に関しての論争と完成、洪州系の分派、数多の家系の勃興と正統争い等の重大な情報が含まれており、この時期における禅宗の発展の歴史的事実にまで関係するのである。

前述のように、「平常心是道（平常心が道）」、「道不用修（道は修める必要がない）」、「仏性在作用（仏性は作用にある）」といった馬祖の宗旨は、中唐期には既に禅宗内外からの激しい批判を引き起こしていた。晩唐初期には、武宗の会昌年間末に深刻な廃仏が起こり、大量の仏教寺院が壊され、多くの僧尼が還俗を強制された。そして朝廷による廃仏を招いた原因の一つが、僧侶たちの宗教的出世間的精神が堕落し失われたことであった。そのため、大きな災厄の後での復興の過程において、僧侶たちはそれまでの宗教教理、信仰、及び実践について思考し、反省せざるをえなかったのである。このように、中唐期の洪州禅の宗旨に対する批判と晩唐初期の会昌の廃仏による打撃は、洪州系の後裔に対して、彼らの宗旨を再認識、再検討して改善することを促したのである。この再認識の議論の過程において、やや大きな論争が二度起こった。その結果、教理面において禅宗各系が融合されて古典禅が形成され、会昌の廃仏以前にはまだ各種の文献の中に北宗・荷沢宗・牛頭宗等の後裔による活動の記録が見受けられたが、廃仏後になるとこの方面の情報がほとんど見られなくなった。また法の伝承という面において、洪州系の晩唐における分派と石頭系及びその他多くの家系の勃興を引き起こした。

一、洪州禅の宗旨に関わる二大論争と古典禅の成立

前述のように、馬祖は即心是仏あるいは平常心是道という考えを提起し、染浄・迷悟・善悪を含む実際の人の心を仏性に等しいとしており、この観念は慧忠と宗密といった人々から批判された。これらの批判は確かに当時及び後代の学徒の洪州禅思想に対する疑念を引き起こした。学徒たちは次々に、祖師は即心是仏と講じるが、「為復即凡心是仏、即聖心是仏？（凡心こそが仏なのでしょうか、それとも聖心こそが仏なのでしょうか？）」[10]、「祖師伝心地法門、為是真如心、妄想心、非真非妄心？（祖師が心地法門を伝えたのは、真如心なのか、妄想心なのか、それとも非真非妄心なのでしょうか？）」と尋ねた。[11]仏教内部の学者が馬祖の宗旨に対して批判を繰り広げ、修行者の洪州禅思想に

対する疑念を引き起こしたことが背景となり、また会昌の廃仏が招いたショックと反省も加わり、晩唐期の禅宗内部にはやや大きな論争が二度生じ、それによって馬祖の提示した宗旨のさらなる発展と、古典禅思想の最終的な完成を、洪州宗の後学に促したのである。

一度目は「即心是仏」と「非心非仏」という二つのスローガンについての論争である。「非心非仏」あるいは「不是心、不是仏、不是物（心ではなく、仏ではなく、物ではない）」といった言葉は馬祖の上堂示衆語には見られず、馬祖とその門人との機縁問答・物語の中に大量に現れ、かつ往々にして即心是仏と比較される。本書第五章で検討したように、これらの問答と物語はいずれも信頼できない。即心是仏と非心非仏に関する論争は、中唐後期から晩唐の洪州系禅僧が、馬祖が実際の人心を仏性と同一視したことに対する仏教内外からの批判に反論するため提示したものである可能性がより高い。従ってこの種の機縁物語は表面的には、即心是仏と非心非仏のいずれがより正確かを議論していたり、即心是仏に執着することに反対したり、またはこの二つをいずれも初学者を導くための方便法門とするようであるが、その奥にある目的とは、般若の空観によって馬祖の即心是仏と平常心是道という命題を補い、「非心」あるいは「無心」の「空」によって「平常心是道」あるいは「妄心是仏」の穴を繕うことである。馬祖の再伝の弟子である黄檗希運はこの論争の中心人物である。彼は「無心是道」を「即心是仏」の補足として提示し、一方では馬祖が実際の、欠けるところのない人心を仏性と同じと見なした考え方を是認し、また一方では空性によって心に対する執着を取り払った。「即心是仏、無心是道」という命題は弁証的統一を成し遂げ、如来蔵思想と般若中観理論を融合させ、真如法身が妙なる在り方で遍在しているという観念を畢竟空寂の智慧と繋ぎ合わせた。それによって世間と出世間、存在と超越という相反する関係を解決し、古典禅の基本的宗旨を完成させた[12]。晩唐期に古典禅は多くの家系を派生させ、機鋒問答の形式と手段において各々異なったスタイルを持ったが、基本的な宗旨においてはいずれも古典禅を踏襲した。即心是仏と無心是道の関係は、即心是仏と非心非仏の関係と等しい。晩唐期には、即心是仏と無心是道に関する機縁物語が多く出現したが、そこには馬祖後裔による洪州禅法の完成と外部からの批判に対する反論とが盛り込まれているのである。

晩唐期に起こった二度目の論争は馬祖の禅思想と石頭の禅思想に関する比較である。『祖堂集』薬山章は通常の長さとは異なっており、内容も変わっている。この章は薬山は石頭一人に師事したとするばかりか、奇妙なことに道吾円智（七六九―八三五）と雲巌曇晟（七八二―八四一）の冗長な逸話をも含んでいる。この二人の僧は本当の兄弟として描写され、長らく離ればなれであった後、百丈懐海の寺で意外にも再会する。道吾は百丈に一年間師事してから、百丈のもとを立ち去って薬山の弟子となった。ある日、彼は雲巌に一通の手紙を送り、「石頭是真金鋪、江西是雑貨鋪。師兄在彼中堕根作什摩？　千万千万、速来速来（石頭は黄金を売る店、江西は雑貨屋です。兄弟子はそちらではまりこんで何をなさっているのです？　どうかどうか、はやくお出でなさいませ）」と言った。真金鋪とは石頭の禅法が本当の仏教の宗旨を体現していることの譬え、雑貨鋪とは洪州宗の宗旨が純粋ではないことの譬えであり、堕根は百丈の禅法に対する低い評価である。そこで雲巌も百丈のもとを立ち去り、薬山の弟子となった。後に雲巌は潙山霊祐に教えを乞いたいと思ったが、またもや道吾に阻まれた[13]。しかし、宇井伯寿の考証によると、道吾と雲巌は、俗姓・本籍のいずれも異なり、本当の兄弟などではない[14]。この物語は伝奇的彩りに満ちており、明らかに後世の捏造である。注目に値するのは、その中の「真金」に関する譬喩は決して偶然に現れたわけではなく、『祖堂集』行思章の中で、この譬喩がまた別の機縁問答にも見られることである。「師問神会『汝従何方而来？』。対曰『従曹渓来』。師曰『将得何物来？』。会遂震身而示。師曰『猶持瓦礫在』。会曰『和尚此間莫有真金与人不？』。師曰『設使有、与汝向什摩処著？』（師は神会に尋ねた。『お前は何処からやって来たのだ？』。答『曹渓から来ました』。師『何を手に入れてきたのか?』。神会は身震いして示した。師『まだかわらけがあるな』。神会『もしや和尚には人に与える真金もないのですか?』。師『たとえあっても、お前は何処に置くのかね?』)」[15]。この物語は神会を貶しており、かつ同じように真金によって青原行思—石頭希遷の系統を称賛している。以上の二つの物語は明らかに石頭系の禅僧によって捏造されているが、一体誰が、いつ捏造したのだろうか。

この問題の答えは、仰山慧寂の反応から手がかりを見つけ出すことができる。慧寂は上堂示衆の時に次のように言った。

汝等諸人、各自回光返顧、莫記吾語。吾愍汝無始曠劫来、背明投暗、逐妄根深、卒難頓抜、所以仮設方便、奪汝諸人塵劫来粗識、如将黄葉止啼、亦如人将百種貨物雑渾金宝、一鋪貨売、祇擬軽重来機。所以道、石頭是真金鋪、我這裏是雑貨鋪。有人来覓雑貨鋪、則我亦拈他与、来覓真金、我亦与他[16]。

(お前たちは、各々に自己の内面を反省しなさい、私の言葉を記してはならないよ。私はお前が太古の昔から、明るい悟りに背を向けて暗い迷いへと入り込み、妄念が深く根を張り、どうしてもすぐには抜き難いのが心配だ。そこで方便を設けて、お前たちの遙か昔からの粗大な認識作用を奪い去るのだ。それはあたかも楊樹の黄色い葉で子供を泣き止ませるようであり、また様々な品物を金の財宝に混ぜ、一つの店で売って、ただ相手の出方を量ろうとするかのようだ。だから言ったのだよ、石頭は黄金を売る店、私のところは雑貨屋だとな。雑貨を探しに来る人がいれば、私は取り出してその人に与えるし、黄金を探しに来たなら、やはりその人に与えるよ。)

仰山は真金鋪と雑貨鋪の譬喩を受け入れたが、改めて後者に肯定的解釈を与えた。洪州系の宗旨はより臨機応変で全面的となり、真金と雑貨などの様々な方便法門を用いて学徒を導いた。晩唐期に捏造された即心是仏と非心非仏についての機縁問答も、この二つの標語を学徒を導く方便とするものであったことと合わせて考えると、この二度の論争がお互いに関連しており、しかもいずれの場合も中唐期における洪州宗の宗旨に対しての仏教内外からの批判を背景としていることが見て取れる。

第四章の考察の通り、現行の唐五代の語録における上堂法要は全般にかなり信頼でき、また晩唐期の機縁問答は円熟の域に達し始めており、仰山慧寂はまさしくこの面における先達の一人である。『祖堂集』と『伝灯録』に記録された仰山の上堂語は、恐らくかなり信頼できるだろう。上述の道吾と雲巌、行思と神会による真金に関する機縁問答は、その出現時期が仰山とほぼ同時期かあるいはやや早いはずである。何故なら仰山の上堂語は明らかにこれらの物語に対する反論だからである。雲巌曇晟の弟子である洞山良价は石頭を持ち上げて自分を青原―石頭系に帰属させた最初の禅師であり、これらの物語が彼によって捏造された可能性が高いと推測するだけの根拠はある（詳しくは次節の考察を参照）。

二、融合と分化：禅宗の二大系統を脱構築する

晩唐五代期に入って、北宗・牛頭・荷沢・保唐といった中唐以前の多くの宗派は、その法系が次第に記録の中から消えていった。この現象は恐らく、古典禅の宗旨が晩唐前期に完成・確立され、禅思想が既に共通の基盤の上でほぼ統一され、各派が宗旨において既におおむね融合したことを物語っているだろう。また一方で、機縁問答の禅的悟りの実践と教化方法が晩唐五代に高度な成熟へと達するに伴い、この時期に多くの家系を出現させ、各々に様々な機縁による指導法と門風を掲げ、宗旨においてはどの系統も古典禅思想を基礎としたが、中には石頭希遷の後裔を自称する者も幾つかあった。

宋代以来、あらゆる禅宗の史書が次頁図一のような慧能以降の二系五宗の世系図を描いている。

この千年来伝承された伝統的法系図は歴史的事実からの挑戦に現在直面している。まず、石頭希遷は彼が生きた時代においてほぼ馬祖と同じくらい著名であったが、[17]彼と彼の弟子たちは中唐期にはまだ影響力のある成熟した宗派を形成してはいなかった。第八章で既に言及したように、八一八年撰述の大義碑において、韋処厚は北宗・荷沢・牛頭・洪州という当時の四宗派を指摘したが、石頭系には言及しなかった。[18]八二五年撰述の雲坦碑では、賈餗は慧能の後に神会と懐譲が「析為二宗（二つの宗に分かれた）」と述べたが、[19]同じく石頭系には注意を払っていない。宗密が四家あるいは七家の禅宗の法系について述べた際にも、石頭系に言及しておらず、大小の法系を含めた十家の分派について議論した時に、やっと石頭系に簡潔に言及している。[20]八四一年撰述の宗密碑において、裴休も慧能の後裔二派である荷沢と洪州のみ挙げている。[21]以上の史料は、会昌の廃仏以前には、石頭系はまだ慧能系の主要な支系とは見なされておらず、当時対立していた二宗は荷沢と洪州であったことを十分に物語っている。次に、第二章で考察したように、天皇・薬山・丹霞はいずれも馬祖と石頭に師事したことがあり、薬山と馬祖との関係は石頭とよりも遙かに深いので、薬山下の曹洞宗、天皇下の雲門宗・法眼宗は、単純に石頭系に帰属させることはできないのである。

この二つの歴史的事実に気づいて、杜継文、魏道儒は石頭系の勃興が『祖堂集』の編集から始まると提起し、[22]徐文明は雲居道膺の弟子から始まると考えた。[23]しかしながら、より進んだ綿密な考証により、この年代はさらに大きく早めることができる。新羅の僧侶である麗厳（八六二―九三〇）は景福元年（八九二）に中国にやってきて、雲居道膺に師事した。崔彦撝撰述の麗厳碑に次のように言う。

由是曹渓之下、首出其門者、曰譲、曰思。思之嗣遷、遷之嗣徹[当為儼]、徹之嗣晟、晟之嗣价、价之嗣膺、膺之嗣大師。[24]

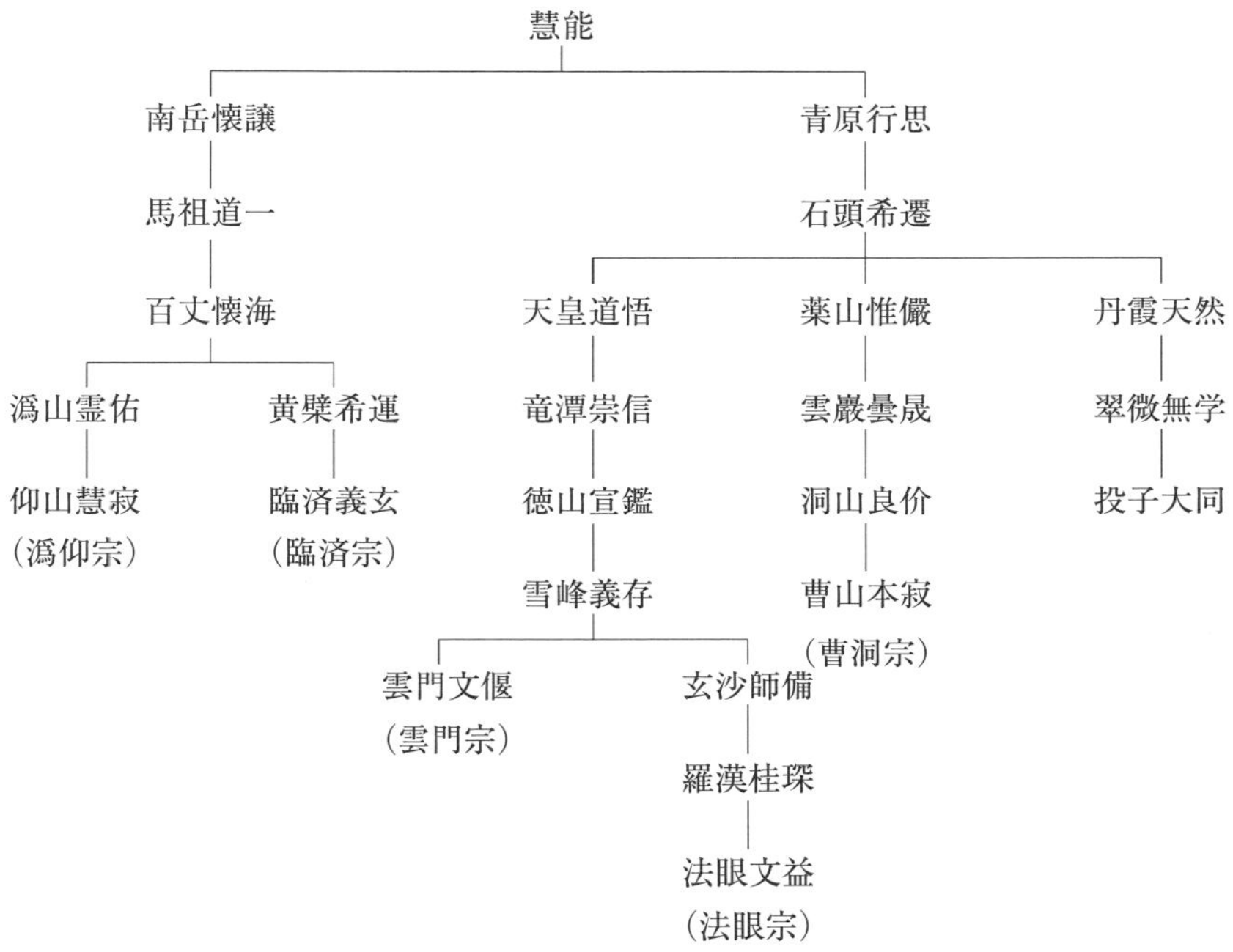

図一：禅宗二系五宗法系図

（そこで曹渓の門下から、最初に輩出されたのは、懐譲であり、行思であった。行思の跡継ぎは希遷、希遷の跡継ぎは徹［儼の誤り］、徹の法嗣は曇晟、曇晟の法嗣は良价、良价の法嗣は道膺、道膺の法嗣が大師である。）

また新羅の僧侶である利厳（八七〇—九三六）も乾寧三年（八九六）に中国にやってきて、雲居に師事した。崔彦撝撰述の利厳碑に次のように言う。

故曹渓為祖、法水長流、……当仁秀出者唯二、曰譲、曰思、寔繁有徒、蕃衍無極。承其譲者大寂、嗣其思者石頭。石頭伝於薬山、薬山伝於雲巌、雲巌伝於洞山、洞山伝於雲居、雲居伝於大師。(25)

（そのため曹渓が祖となり、法系は脈々と流れ、……なすべき事をして人並み優れている者は二人だけ、それは懐譲であり、行思であり、そこで僧衆が沢山集まり、大変な多さであった。懐譲を受け継いだのは大寂、行思を受け継いだのは石頭である。石頭は薬山に伝え、薬山は雲巌に伝え、雲巌は洞山に伝え、洞山は雲居に伝え、雲居が大師に伝えた。）

二つの碑文はいずれも宗派の淵源を青原—石頭系にまで遡らせており、徐文明はこれに基づいて青原を宗祖とし始めたのは雲居の弟子であると推測した。しかし、雲居の新羅出身の弟子二人が法系の帰属について完全に一致した見解を示している以上、この祖統説は師である雲居から継承されたはずだと推測できる。

とはいえ、雲居も恐らく最初に言い出したというわけではなく、その師である洞山良价の説を伝えたに過ぎないだろう。盧簡求が撰述した碑文に基づく『宋高僧伝』曹山本寂伝には、密かに重要な手がかりを漏らした一文があるが、惜しいことにこの一千年来誰も気がつかなかった。

咸通之初、禅宗興盛、風起於大潙也。至如石頭・薬山、其名寖頓。会洞山憫物、高其石頭、往来請益、学同洙泗。(26)

（咸通年間の初め、禅宗の興隆の風は、大潙山から巻き起こった。石頭や薬山はというと、その名が知られていなかった。洞山が哀れに思い、石頭を持ち上げるや、多くの禅者が往来して教えを乞うこと、孔子が洙水と泗水の間で学徒を集めて教えを説いたのと同じであった。）

この一文によると、咸通年間の初め（八六〇）、馬祖―百丈―潙山系が禅門の主流となり、石頭希遷と薬山惟儼の名はいずれも世に埋もれて知られなかった。そこで洞山がこの頃に石頭を持ち上げ、彼の努力によって、石頭系は栄え始めたのである。北宋期に慧洪も「余旧閲洞上語句、知悟本［即洞山］禅師一宗、蓋神明石頭之道者也（私は以前に洞山の記録を読み、悟本［洞山］禅師の法系は、石頭の道をより霊妙にしたものなのだと分かった）」と述べている[27]。どうやら慧洪は一般の灯史や語録には見られない資料を洞山で読み、それによって洞山とその後裔が意図的に石頭の教えを称賛したことに気づいたようである。

もし晩唐期に諸家が勃興した背景を綿密に観察したなら、さらには『宋高僧伝』の記述が信頼できることにも気づくことになる。おおよそ元和年間の末（八二〇）、潙山は既に潭州長沙（現在の湖南省寧郷）の大潙山に住んでおり、ここで寺院を建立して、一千人余りの信徒を集め、また『大潙警策』を設けて寺規とし、「数十年言仏者、天下以為称首（数十年のうちに、天下の仏法を語る人々から第一と称された）」[28]。潙山が大中七年（八五三）に世を去ってから、彼の主要な弟子である仰山慧寂、西院大安（七九二―八八二）、香厳智閑（？―八九八）の三人が禅林に大きな影響を与え続けた[29]。

大中五年（八五一）、つまり潙山が世を去る二年前に、洞山は洪州高安（現在の江西省高安）の新豊山（洞山）で自身の寺院を建立した（咸通年間に咸通広福寺の額を賜った）[30]。そして大中、咸通年間の頃、臨済義玄も河北一帯において大きな影響を与え始めた。まさに『宋高僧伝』が述べるように、咸通年間初め、洞山が勃興し始めた頃、潙山系は既に確固たる名声を築いていた。勢い盛んな潙山と勃興しつつある臨済という馬祖系の二つの「直系部隊」に直面して、洞山は恐らく意図的に石頭の教えを持ち上げ、薬山が長らく馬祖に師事していたという事実を顧みずに、自分を石頭―薬山―雲巌系に帰属させて、独立した法系を打ち立てられるようにしたのであろう。石頭が慧能に師事したことがあるという記述は、[31] 明らかに洞山が自身の法系を慧能の直系と称する助けとなった。そして、洞山は雲巌以外にも、馬祖門人である五洩霊黙と南泉普願に師事したことがあり、また普願の所で「尽領玄契（全てを暗黙のうちに会得した）」とはいえ、[32] 中唐期における仏教内外からの洪州禅の宗旨に対する批判も、洞山の馬祖系からの離脱を促した大きな要因であったろう。前述のように、『祖堂集』薬山章は薬山を石頭の弟子と称し、道吾の口を借りて石頭を真金鋪と称賛し、洪州の宗旨を貶めた。これは洞山が咸通年間初めに石頭を持ち上げたことに関する『宋高僧伝』の記述と符合する。またこの薬山章の記述が洞山の師の世代までに止まる点も、恐らく洞山によって捏造された物語に基づくであろうことを表している。

晩唐期には、洞山が石頭を宗祖と見なしたことに伴い、薬山門下のもう一つの系統である道吾円智―石霜慶諸―九峰道虔（?―九二三）も石頭に帰した。新羅の僧侶である玄暉（八七九―九四一）は天祐三年に中国にやってきて、道虔に師事した。崔彦撝が撰述した玄暉碑に「摩伝可、可伝璨、璨伝信、信伝忍、忍伝能、能其後分而為二、其一曰譲、其一曰思、其下昭昭、此則何述焉（達摩は慧可に伝え、慧可は僧璨に伝え、僧璨は道信に伝え、道心は弘忍に伝え、弘忍は慧能に伝えた。慧能の後裔は二つに分かれ、一つは懐譲、一つは行思、それ以下の輝かしく栄えた禅師らについては、ここで述べ尽くすことはできない）」とある。[33] 玄暉が述べる南宗の師承関係は、既にはっきりと南岳・青原の二系に分けられており、彼が青原系から出ていることは、言わずとも明らかである。この法系が石頭を宗祖としたのは、恐らく玄暉の師祖である石霜慶諸の頃であろう。石霜は会昌元年（八四一）頃に潭州長沙（現在の湖南省長沙）

の石霜山に住み、禅宗における重要な道場を形成した[34]。彼は洞山の影響を受けて石頭に帰し、それによって自身の法系を打ち立てた可能性が高い。石霜は五代から宋代初期まで禅林によって石頭系の主要な法系の一つと見なされており（次節参照）、これは彼が自覚的に石頭に帰して独立して一派を打ち立てたことと関係しているだろう。

雲門、法眼の二系は天皇道悟—竜潭崇信—徳山宣鑑—雪峰義存の後を継いで現れた。ではこの二系はいつ石頭に帰属するようになったのだろうか。『祖堂集』徳山章と『宋高僧伝』徳山伝は大変よく似ている。『祖堂集』には「後聞竜潭則石頭之二葉、乃摂衣而往焉（後に竜潭が石頭の二代目の弟子であると聞き、そこで身なりを整えて赴いた）」、『宋高僧伝』には「乃抗志雲遊、造竜潭信禅師、則石頭宗師之二葉也（そこで志を高く持って各地を遊歴し、竜潭崇信禅師、すなわち石頭宗師の二代目の弟子のもとに赴いた）」とある。二書はいずれも徳山が竜潭に三十年余り師事したと記す。咸通年間初め（八六〇）になって、朗州刺史である薛庭望が徳山を招いて朗州武陵の徳山に住まわせた。宣鑑はその地で五百人余りの修行者を集め、咸通六年（八六五）になって世を去った[35]。注目に値するのは、『祖堂集』が、宣鑑が世を去った後に、僧元会が彼のために碑文を撰述したと称する点である。そうするとこの二書が記す徳山の事跡は、いずれもこの碑に基づいており、かなり信頼できることになる。その中で竜潭を石頭から二代目とする言葉は、徳山本人による可能性が高い。そのため、徳山は恐らく既に自身の法系を石頭系と見なしていたのであり、時期的には恐らく咸通年間初めに徳山に居を移した後であろう。前述の通り、洞山はちょうどこの頃に石頭の教えを持ち上げていた。徳山は彼から示唆を受けて、石頭—天皇系を帰属先とし、それによって当時法系が続々と現れていた時流の中で自身の一派を打ち立てた可能性が高く、また彼は五代末期から北宋初期にかけて確かに禅林によって重要な法系と見なされていた（次節参照）。

おおよそ同時代からやや遅れる頃、丹霞天然の孫弟子である投子大同（八一九—九一四）も時流の影響を受け、石頭系に帰した。大同は乾符、中和年間（八七四―八八四）の頃に舒州桐城（現在の安徽省桐城）の投子山で寺院を建立して教えを説いた[36]。新羅の僧侶である璨幽は景福元年（八九二）に中国にやってきて、投子に師事した。金廷彦は璨幽碑の中で「遂往舒州桐城県寂住山謁投子禅師法号大同、是石頭山法孫翠微無学大師之嫡胤也（そうして舒州桐城県の寂住山に赴いて会ったのが、投子禅師、法号は大同、すなわち石頭山の法孫である翠微無学大師の嫡子である）」と述べている[37]。その系譜は石頭希遷―丹霞天然―翠微無学―投子大同である。璨幽が言う石頭希遷にまで遡る系譜は、彼の師から継承したものであろう。

このように、咸通年間初めから、薬山・天皇・丹霞の弟子たちは続々と石頭系に帰し、それによってこの三人の祖先が馬祖に師事したことがあるという史実を覆い隠してしまった。『伝灯録』行思章に「僖宗諡弘済禅師帰真之塔（僖宗は弘済禅師帰真の塔と諡した）」とある[38]。行思はずっと無名であり、宗密の著述の中では時折懐譲に言及するが、行思に触れたことはない。僖宗が突然行思に諡を賜ったことは、咸通年間以来の洞山・石霜・徳山・投子たちによる祖先を定める運動を経て、僖宗の時になって青原―石頭系が既に正式に認められたことを物語っている。そしてこの時期における禅宗慧能系の発展の構図も、中唐期の洪州・荷沢二大系統の対立から、南岳・青原二大系統の対立へと変化したのである。

三、「師唱誰家曲」：禅宗五家の系譜を脱構築する

南岳と青原の二つが分派した具体的な歴史を明らかにしたので、さらに改めて伝統的五宗説を詳しく見ていくことができる。潙仰・臨済・曹洞・雲門・法眼の五家は晩唐五代期に勃興したというのが、古今の禅宗史の定説である。

しかし史料を綿密に研究すると、同じようにこの定説にも大きな問題がある。法眼文益『宗門十規論』に次のようにある。

能既往矣、故有思・譲二師紹化。思出遷師、譲出馬祖、復有江西・石頭之号。従二枝下、各分派別、皆鎮一方、源流濫觴、不可弾紀。逮其徳山・林際・潙仰・曹洞・雪峰・雲門等、各有門庭施設、高下品提。[39]

（慧能が亡くなったので、行思・懐譲の師二人が教化を受け継いだ。行思のもとから希遷が出、懐譲のもとから馬祖が出て、江西・石頭という号が生まれた。この二本の枝から、各々法系が分かれ、それぞれに根拠地を構え、彼らの源流や起源は、全て記すことはできない。徳山・林際・潙仰・曹洞・雪峰・雲門といった法系にまでなると、各々門庭施設が設けられ、上下の序列がつけられた。）

ここから、五代末期の法眼からすると、南岳と青原の二系統の下には徳山・臨済（林際）・潙仰・曹洞・雪峰・雲門の六家があったことが分かる。もし法眼自身の一派を加えたなら、七家になる。北宋初期になると、楊億が汾陽善昭（九四七―一〇二四）の語録のために書いた序に、次のように言う。

若乃江西即心之誨、而帰於無物。石頭全提之句、而謂之真吼。南泉捭闔而自得、引発上機。趙州縦奪而有端、摧伏異見。洞山之建立五位、回互以彰。仰山之分列諸勢、遊戯無礙。雪峰応接之眼、啐啄同時。雲門揚擢之言、薬石苦口。咸達其要、悉挙其綱。至如大用現前、纖塵不立、諸法皆泯、四句迥超、蓋有黄檗之迅機、臨際之妙脈。三玄三要、在掌握之所施。二主二賓、与盲瞑而何異。是為正路、直造上乗。[40]

（江西は即心即仏という教えを説き、無一物を旨とした。石頭はありのままで剝き出しの言葉を用い、真の獅子吼と呼ばれた。南泉はある時は手の内を見せ、ある時は隠すという巧みな教化で自得させ、上根を啓発した。趙州は相手の見解を認めたり奪ったりして手がかりを与え、邪見を屈服させた。洞山は偏正五位の指導法を作り出し、遍正を互いに組み合わせて宗旨を明らかにした。仰山は様々な機鋒を繰り出し、自在に遊んだ。雪峰が人々を受け入れ導く眼差しは、卵の中のひよこと外の雌鶏が同時につつき合うように機縁がぴたりと一致していた。雲門による概括の言葉は、良薬口に苦しであった。彼らはみな枢要に達し、大綱を掲げていた。しかし、偉大な働きが現れて、塵ほどの妄想もなく、諸法が全て滅び去って、四句分別を遙かに超越するとなれば、思うに黄檗の素早い機鋒と、臨済が受け継いだ素晴らしい法脈ということになるだろう。三玄三要は掌の上に施され、二主二賓があると言えばまるで盲目。これが正しい道筋であり、直ちに上乗へと至るのだ。）

楊億が挙げた宗門は江西・石頭・南泉・趙州・洞山・仰山・雪峰・雲門・黄檗・臨済の十家である。善昭自身が作った「広智歌一十五家門風」は、おおよそ次の通りである。


即心仏、非心仏、歴世明明無別物。

即此真心是我心、我心猶是権機出（已上是馬祖宗派）。

（心こそが仏、あるいは心でも仏でもない、このことは永劫の昔から明らかで他のものなどない。この真実心こそが我が心だが、我が心はやはり機に応じて顕現するのだ（以上は馬祖宗派）。）

或五位、或三路、施設随根巧回互。

不解当今是本宗、展手玄通亡仏仏祖（已上是洞山宗派）。

（ある時は偏正五位、ある時は鳥道・玄通・展手の三路、教化の手立ては機根に応じて千変万化。今この時が根本の宗旨であると悟らなければ、こうした教化も仏祖を滅ぼしてしまう（以上は洞山宗派）。）

或君臣、或父子、量器方円無彼此。

士庶公侯一道平、愚智賢豪明漸次（已上是石霜宗派）。

（君臣であったり、父子であったりと、その器は融通がきいて彼我の区別がない。士人や庶民、高位高官の人も同じ道を歩み、かつ知恵者と愚か者、賢人と豪傑の階梯は明らか（以上は石霜宗派）。）

有時敲、有時唱、随根問答談諦当。
応接何曽失理儀、浅解之流却生謗。
或双明、或単説、只要当鋒利禅悦。
開権不為闘聡明、舒光祇要弁賢哲。
有円相、有黙論、千里持来目視瞬。
万般巧妙一円空、爍迦羅眼通的信（已上是潙仰宗派）。

（時には叩き、時には歌い、機根に応じて問答ししかも肯綮にあたる。人々への応対が理儀を失ったことなどないのに、理解の浅薄な者どもは誹謗する。二つの事柄を同時に明らかにしたり、一つの事柄だけ説いたりし、ただ鋭い機鋒に向き合えば禅の法悦を得られる。方便の門を開くのは聡明さを争うためではなく、光を舒べるのはただ賢人哲人を見極めたいだけだ。円相あり、黙論あり、千里の彼方からやって来た修行者へ一瞬の応接。様々な巧妙さは一つの円相によって空となり、帝釈天の眼には確かな真実がお見通し（以上は潙仰宗派）。）

或全提、或全用、万象森羅実不共。
青山不礙白雲飛、隠顕当台透金鳳（已上是石頭薬山宗派）。

（ありのままにさらけ出したり、本来の作用をあるがままに発揮したり、森羅万象と共にあることはない。青山は白雲が飛ぶのを妨げず、台の上の鏡には様々な像が去来し、金の鳳凰を映し出す（以上は石頭・薬山宗派）。）

象骨鏡、地蔵月、玄沙崇寿照無欠。
因公致問指帰源、旨趣来人明皎潔（已上是地蔵至雪峰宗派）。

（象骨山の鏡、地蔵院の月、それらを受け継いだ玄沙師備と崇寿文益は全てを漏れなく照らし出す。公がお尋ねになったので帰するべき本源を指し示し、その教えは人々を招き寄せて皎々と輝く（以上は地蔵から雪峰の宗派）。）

或称提、或拈掇、本色衲僧長撃発。
句裏明人事最精、好手還同楔出楔。
或擡薦、或垂手、切要心空易開口。
不識先人出大悲、管燭之徒照街走（已上是雲門宗派）。

（公案をあるいは取り上げ、あるいは論じるのは、常に本色の禅僧を撃発するもの。言葉によって人を開悟させる手段は極めて精妙、だがその手並みも、まるで楔を打って楔を取り除くようなもので切りがない。参問する者を見すえたり、手を伸べたり、これらは心を空にして口を開きやすくするため。先人のこうした大慈悲心を理解せず、明かりの管理人風情が街を照らして歩き回るのだ（以上は雲門宗派）。）

徳山棒、臨際喝、独出乾坤解横抹。

従頭誰敢乱区分、多口阿師不能説。

臨機縦、臨機奪、迅速鋒鋩如電掣。

乾坤祇在掌中持、竹木精霊脳劈裂。

或賓主、或料揀、大展禅宗弁正眼。

三玄三要用当機、四句百非一斉翦（此叙徳山臨済宗派也）(41)。

（徳山の棒、臨済の喝、独り世界を飛び出して思いのまま。

真っ向から誰が滅茶苦茶に処置できようか、口数の多いお坊さんも言うことができない。

ある時は人の機鋒を許し、ある時は奪い取り、素早い機鋒は稲光のよう。

世界を掌にすっぽり収め、竹や木に巣くう化け物どもは頭が裂ける。

二主二賓、四料揀は、禅の宗旨を展開して正法眼を見極める。

三玄三要によって機に応じ、四句分別と百種の否定を全て切り捨てる（これは徳山・臨済宗派を述べている）。）


この中で「象骨」は雪峰義存のことである。彼が住した雪峰は、もとは象骨峰と呼ばれていた(42)。「玄沙」は、雪峰の弟子・玄沙師備のことである。「地蔵」は、玄沙の弟子・地蔵桂琛（八六七―九二八）のことである。崇寿は法眼文益のことである。彼は先に撫州の崇寿院に住し、時に「崇寿の仏法」と称されていた(43)。ここで善昭は、馬祖道一・洞山良价・石霜慶諸・潙山霊祐・仰山慧寂・石頭希遷・薬山惟儼・雪峰義存・玄沙師備・地蔵桂琛・法眼文益・雲門文偃・徳山宣鑑・臨済義玄というように、合わせて十四家の門風を挙げている。タイトルよりも一つ少ないのは、あるいは「洞山宗派」が洞山・曹山の二家を含んでいるからで、そうすると十五家になる。夾注は十五家を、馬祖・洞山・石霜・潙仰・石頭薬山・地蔵至雪峰・雲門という七つの法系にまとめる。慧洪『禅林僧宝伝』「翠岩芝禅師」条の記述によると、これらはおそらく善昭の自注ではなく、善昭の弟子である守芝の手になり、また本来は「此敘徳山臨済宗派也」という一条もあって、合わせて八つの法系を挙げていた(44)。善昭の弟子である石霜楚円（九八六―一〇三九）には「讃諸方尊宿」があり、次のように言う。

法眼法灯、問答精進。箭鋒相拄、耀古騰今。
雲巌洞山、金鎖玄関。五位回互、洞水逆還。
雪峰玄沙、宗匠難加。白紙為信、今古無瑕。
潙山仰山、明暗方円。多聞広解、巧語難宣。
三十六勢、応病施権。石霜道吾、父子相呼。
三門五路、広誘初徒。君臣和合、豈話有無。
睦州雲門、掣電来風。泥牛哮吼、黯黒乾坤。
現成公案、不打好人。臨際徳山、棒喝斉行。
或逆或順、或暗或明。師子一吼、百獣潜形(45)。

（法眼と法灯は、問答で精進した。矢の切っ先が真っ向から噛み合うように互角の戦いで、古今に輝き渡り勇躍した。

雲岩と洞山は、黄金の錠前で奥深い関門を守る。偏正五位を入り組ませて、もし洞水が逆流するなら祖師西来意を語るとか。

雪峰と玄沙は、この上なき宗匠。玄沙が雪峰に白紙の手紙を出したのは、古今に不朽の事跡である。潙山と仰山は、明暗あり方円あり。沢山のことを聞いて詳しく解釈したが、その巧みな言葉は述べ難い。三十六の態度によって、病に応じて方便を与えた。その石霜と道吾は、父子のように打てば響く対話。三つの入り口と五つの道筋により、広く初学者を導いた。君臣が和合すれば、どうして有無を云々しようものか。

睦州と雲門は、稲光を走らせ風を吹かせた。泥でできた牛が吼え、天地が暗黒に包まれるところに。即今当下の公案、善人を打たぬ棒。臨済と徳山は、棒も喝も等しく用いる。あるいは出鼻をくじきあるいは見解を認め、あるいはこっそりとあるいはあからさまな方便の数々。獅子が一吼えすれば、百獣が姿を隠す。）

楚円は、法眼文益─法灯泰欽(46)、雲巌曇晟─洞山良价、雪峰義存─玄沙師備、潙山霊祐─仰山慧寂、道吾円智─石霜慶諸、睦州道蹤─雲門文偃、臨済義玄─徳山宣鑑というように、合わせて七家の門風を挙げている。特に目を引かれるのは、伝統的法系図では、睦州道蹤は黄檗希運のもとから出(47)、雲門文偃は雪峰義存のもとから出ており、いずれも関係がないらしいのだが、陳守中が雲門のために撰述した碑文によると、雲門も睦州に師事したことがある。ここで楚円は睦州と雲門を一家としており、後の五家の説が宋代初期にはまだ定型化していなかったことが証明できる。その他、彼の師である善昭と同じく、楚円はさらに臨済と徳山を同じ一家に配している。これらは、宋代初期の禅僧はまだ完全には『伝灯録』の直線的な伝承の図式に囚われておらず、多様な師承関係を認めており、また機縁問答の形式の近さによって家風をまとめていたことを物語っている。上で見た諸家の記述をまとめると、もし中唐期の祖師を勘定に入れなければ、五代末期から北宋初期の禅林が比較的公認していた晩唐五代の法系は、潙仰・曹洞・徳山・臨済・石霜・雪峰・雲門・法眼の八家となる。

上で引用した資料によると、五代末期から北宋初期まで、実際の法系の伝承あるいは機縁問答の形式によって幾つかの重要な法系に分けるというやり方は既に流行していたが、禅宗の伝統を五家に分ける説はまだ定型化されていなかった。では五家宗派説はいつ現れたのだろうか。鈴木哲雄は金山曇穎の『五家宗派』及び禾山慧方による五家宗派の論が出た後と考える。[48] この説はまだかなり曖昧であり、さらに詳細な考証を行うべきである。楊億の序によると、善昭の語録は宋の真宗の大中祥符七年（一〇一四）に楊億が汝州知府を務めていた頃に編纂され、[49] その頃善昭はまだ生きていた。善昭が宋仁宗の天聖二年（一〇二四）に世を去ってから、弟子である石霜楚円がさらに増補・修訂を行った。楚円の語録は天聖五年（一〇二七）には編纂されており、その頃楚円もまだ生きていた。楚円が宋仁宗の宝元二年（一〇三九）に世を去ってから、弟子である黄竜慧南が増補・編集した。現行の文献では、五家宗派の名称は達観曇穎（九八九—一〇六〇）撰述の『五家宗派』に最も早く現れるが、[50] 慧洪「僧宝伝序」によると、このテキストは宋の仁宗の嘉祐年間（一〇五六—一〇六三）に撰述された。[51] 以上の考察をまとめると、次のように推断できる。一〇三九年以前、禅林には晩唐五代の主要な法系に関して多様な記述があったが、定型化はされていなかった。達観曇穎は恐らく五家宗派の説を最も早く提起した人であったが、時期はおおよそ一〇五六—一〇六〇年の間で、既に北宋中期のやや遅い頃であった。そしてこれらの説の主要な背景にあるのは、恐らくは北宋期において諸家が盛衰存亡する同時代的状況であり、晩唐五代の禅宗における歴史的状況ではないのである。その他に五家宗派に比較的早く言及あるいは明言した禅僧としては、さらに円悟克勤（一〇六三—一一三五）、[52] 慧洪（一〇七一—一一二八）、[53] 禾山慧方（一〇七三—一一二九）、[54] 宏智正覚（一〇九一—一一五七）等がいるが、[55] 曇穎よりは遙かに後である。

最後に、さらに一歩進んで晩唐五代期に多くの法系が次々と現れた原因を検討する必要がある。まず、これらの法系は晩唐期の洪州禅の宗旨に関する論争と洪州系の分派に伴って勃興したのであり、そのため最も早く石頭の後裔と言われた洞山・徳山・石霜等がいずれも石頭系の主要な法系に挙げられている。しかしながら、彼らの中唐期の先人たちと同じく、この時期の多くの禅僧も実際には幾人かの師に師事したことがあり、所謂南岳と青原の二系の間を行き来していた[56]。この事実は、法系の最終的な選択と宣言は、禅師たちが独自の法系を打ち立て、強調したいという願望と強く結びついていることを示している。そのため、多くの法系が雲の如く湧き起こった裏には、南宗の正統を争うという強烈な動機が隠されているのである。

例えば、仰山慧寂は会昌元年（八四一）に袁州宜春（現在の江西省宜春）の仰山で棲隠寺を建立し、「居仰山日、法道大行、故今多以仰山為号（仰山に居た頃、仏法の大道が大いに行われたので、今でも仰山と呼ぶことが多い）」[57]。その後、咸通二年（八六一）には江西観察使より新たに建立した洪州南昌石亭観音院への住持を要請され、さらに咸通四年（八六三）には故郷である韶州東平山に戻って古い寺院を再建した（八七五年に弘祖禅院という額を賜った）[58]。彼は真金鋪と雑貨鋪の譬喩に改めて意味づけすることで、洞山系が洪州禅を貶したことに反駁したのみならず、さらには慧能の直系の伝承を公言したのである。陸希声が撰述した仰山碑に「按西域秘記、自達摩入中国、当有七葉。草除其首是也。仰山韶州人、俗姓葉氏。仰承六祖、是為七葉（西域の秘密の記録を調べるに、達摩が中国にやって来てから、七代あるだろう。草からその冠を取り除くというのがそれである。仰山は韶州の人、俗姓は葉氏である。遙かに六祖を承けて、第七葉となる）」とある[59]。「西域秘記」とは『宝林伝』が捏造した二十七祖般若多羅と那連耶舎の予言を指すはずであり、その中には「草若除其首」という句がある。『祖堂集』のこの句に対する注釈は「石頭無草（石には草が生えない）」で、石頭希遷のことを指す[60]。しかし仰山の弟子たちは、「草」字からくさかんむりを除けば「早」字になるが、これは仰山の本籍地・韶州の「韶」字と音が近く、しかも仰山の俗姓は葉、かくしてこの讖偈は彼が遙かに六祖を継承して、第七葉になることを予言すると解釈するのである。仰山あるいはその弟子たちが奇妙にも直接慧能を継承したことには、七祖僭称の嫌いがあるが、その後、宋斉丘は仰山の弟子・光涌のために撰述した碑の中で、「曹渓没、仰山出。曹渓髄、仰山骨。曹渓虚、仰山実（曹渓が没すると、仰山が現れた。曹渓が髄なら、仰山は骨である。曹渓が虚なら、仰山は実である）」とまで言っている。(61)つまり仰山系は曹渓の直系を自称しただけでなく、さらに仏祖を超えることまで目指したのである。(62)

仰山系のこの宣言に対して、雪峰義存とその弟子は直接的な反論を行った。雪峰は咸通十一年（八七〇）に福州閩県（現在の福建省福州）の象骨峰（後に雪峰に改称）で寺院を建立し、一千五百人余りの信徒を集め、福建観察使と閩王を歴任した王審知の強い支持を得て、大きな勢力を形成した。黄滔は雪峰碑で「達摩六葉、止於曹渓。分宗南北、徳山則南宗五葉。大師嗣［下闕一句］其今六葉焉。……曹渓分派、誰継南宗？　一言冠絶、六葉推雄（達摩からの六代は、曹渓慧能に止まる。南北宗が分かれてから、徳山が南宗第五代となる。雪峰大師がそれを嗣ぎ［一句脱落］、いま第六代となっている。……曹渓の分派では、誰が南宗の正統を嗣ぐのか？　大師の一言が冠絶し、六代目となって覇を唱える）」と言う。(63)雪峰あるいは彼の弟子に南宗第六祖を狙う野心があったことが分かる。しかしこの論法は明らかに無理なこじつけである。何故ならもし慧能を南宗第一祖とするなら、徳山は第六祖であり、雪峰は第七祖となるからである。とはいえ、雪峰門下からは玄沙師備、鼓山神晏（八七三―九四五）、長慶慧稜（八五四―九三二）、保福従展、雲門文偃といった大師たちが輩出され、それぞれ福建・広東の大道場の住持となって、晩唐五代に確固として一家をなした。そのため、前掲の五代末から北宋初にかけての禅林に公認された諸派のうち、雪峰系は他の法系と堂々と肩を並べることとなったのである。

次に、会昌の廃仏という致命的な災厄と黄巣の蜂起による戦乱を経て、仏教典籍は深刻な破壊を被った。そこで、

「天台と華厳のような、主に経典解釈を通じての宗旨の発揚に依存していた宗派は、深刻な衰退の道を辿り、その後完全に回復することは二度となかった」のである。[64] 第五章で既に論じたように、中唐期には、馬祖の一代目の弟子が『宝林伝』の新たな祖統の中で、禅宗は法眼・心偈によって代々伝承され、仏心／覚悟を直接に伝授し証明するのだと明言した。このような宣言は主として、禅宗が経典を遵奉する他の宗派よりも優れていることを証明するための、論争上の必要性から出たものであり、宗旨の提唱や具体的な実践ではない。しかしながら、このような論争の態度と虚構の叙述は、その後馬祖再伝の弟子によって改めて「教外別伝」、「唯伝一心、更無別法（ただ一心を伝え、外の法などない）」という具体的宗旨として解釈された。晩唐五代になると、経典の伝承を重視する宗派が全般に衰退する中で、このような解釈は禅僧たちに広く受け入れられ、実践されて、急進的で激しい、「反伝統」的ですらある機縁問答の実践の理論的枠組みとなった。そこで、薬山惟儼のイメージは勤勉な講経に優れた大師から一変して「尋常不許人看経（いつも人が経典を読むのを許さない）」「反伝統」の急先鋒となった。[65] 機縁問答はこの頃急速に高度な成熟へと到り、多くの著名な禅師が機縁問答の独特の修辞法と教学のスタイルを造り出し、代々継承して、「家曲」、「家風」、「門風」、「宗風」を形成した。各種の門風について、永明延寿は『宗鏡録』において時に称賛したり、時に批判して、「為法施主、匪悋家風、無問不従、有疑咸決（教えを布施する者となって、家風を物惜しみせず、どんな問いかけにも答えてやり、疑問があれば全て解決する）」、「只要門風緊峻、問答尖新、発狂慧而守痴禅、迷方便而違宗旨（厳しい門風と目新しい問答ばかり求め、定見のない浅知恵を振り回して悟りなき禅に固執し、方便を見失って宗旨に背く）」と述べている。[66] 五代末期から宋代初期に、初学者が師の門風について質問をするようになっており、例えば次のように言う。

上堂、僧問「師唱誰家曲、宗風嗣阿誰？」。師曰「超然逈出威音外、翹足徒労讃底沙」。[67]

（上堂すると、僧が尋ねた。「師は誰の家曲を歌い、宗風は誰から受け継いでいますか？」。師「我が悟境は威音王仏の彼方へと超越する。足を挙げて敬意を示し、底沙仏を賛美する前世の釈迦など、まるで徒労」。）

問「師唱誰家曲、宗風嗣阿誰？」。師曰「一曲宮商看品弄、弁宝須知碧眼胡」(68)。

（問「師は誰の家曲を歌い、宗風は誰から受け継いでいますか？」。師「音曲には知音の鑑賞が要るし、宝物は碧眼の胡人の鑑定を待つ」。）

これらの門風は次第に法系の重要な指標となっていった。上で引いたように、法眼文益は機縁問答の門風（門庭施設）によって六家の法系を区切り、楊億・汾陽善昭・石霜楚円はさらに明確に、各種の応接・公案の拈提・棒喝といった手法によって諸家の法系を区分した。門風と法系の同一視は、ある重要な情報を知らせてくれる。晩唐五代期に勃興した多くの法系はただ機縁問答のスタイルにおいて新奇だっただけで、宗旨の面ではおおむね古典禅に従っていたのである。この点については本書第十章でさらに議論をしよう。

第三に、会昌の廃仏は数多の仏教寺院を破壊したが、この大きな災厄の後、晩唐の統治者は緩和政策を採り、世俗の民衆に対して、無制限に地元の村で寺院を建立したり、僧尼の出家得度を援助することを許した(69)。唐王朝の衰退に伴って生じた益々大きくなっていく分散傾向と、その後相継いで樹立された五代十国は、さらに地方の権力者が仏教寺院を自由に創建あるいは援助することを許した。多くの僧侶がこのチャンスを捉えて、馬祖とその門人の手本にならい、多数の禅宗寺院を建立した。考察可能なのは三百二十数箇所である(70)。これらの寺院は、禅師が独力で創始し、開山したものであったり、または権力と財産を持った援助者（特に南方の諸王国の統治者）が助けて創建させたものであった。これらの新寺院の中には明確に「禅寺」や「禅院」という題額を持つものが多かったし、たとえ「禅」の字が明示されていない寺院であっても、やはり禅僧によって代々住持されたことが考証によって知りうる。また一部の寺院はもとから存在したが、この頃に禅寺と改称されたり、禅僧を招いて代々住持させたりした。

晩唐五代期における多数の禅宗寺院の出現は、禅宗の発展・繁栄の大きな土台となり、一方では多くの信徒を集め、また一方では代々受け継がれて、数多くの法系を形成した。第八章で既に指摘した通り、晩唐五代期に禅宗と関係のある寺院では「世代」と称される新たな観念が生み出された。多くの寺院は自己特有の世系を造り出し、歴代の住持は「一世」、「二世」、「三世」等によって呼ばれた。寺院の世系は法系／宗系と合致する時もあれば、合致しない時もあり、一つの寺院の住持が異なった法系の出身でもよく、同じ法系に適切な候補者がいなかったからという場合もあれば、政治権力の干渉による場合もあった。五代後期の禅宗の学徒は他の寺院を訪れて参学する際に院主の門風を尋ねているが、それは時として寺院の世系と法系の間の入り組んだ関係を明らかにするためであった。例えば次のようにある。

隋城山護国志朗円明大師（第三世住）。僧問「師唱誰家曲？　宗風嗣阿誰？」。師曰「浄果嫡子、疎山之孫」。

（隋城山護国志朗円明大師（第三世住持）。僧が尋ねた。「師は誰の家曲を歌い、宗風は誰から受け継いでいますか？」。師「浄果の嫡子、疎山の孫である」。）

随州（現在の湖北省随州）随城山護国院の開山祖師は南泉普願の弟子である鄂州茱萸山和尚である。[71] その後、疎山匡仁の弟子である護国守澄がここに住し、守澄の弟子である護国知遠、護国志朗が住持を継ぎ、第二代、第三代と称したが、[72] これは明らかに守澄を第一代としている。参学に訪れた僧侶はこれに疑問を持ち、そこで家曲宗風に関する質問が出たのである。志朗は明確に、彼は疎山匡仁の法孫、護国守澄（諡は浄果大師）の法嗣であり、南泉の弟子である開山の祖師、茱萸山和尚とは法系と宗風が異なると答えた。

注

（1）胡適「与柳田聖山論禅宗史書」『胡適集』三三六―三七頁。
（2）印順『中国禅宗史』三二二頁（訳者付記：『中国禅宗史――禅思想の誕生』三九四頁）。
（3）洪修平『禅宗思想的形成与発展』三三〇―三一頁。
（4）杜継文・魏道儒『中国禅宗通史』二七四―八〇頁。
（5）徐文明「薬山惟儼的宗系和禅風」一五一―六七頁。
（6）徐文明「曹洞宗帰宗青原一系的原因初析」『普門学報』二（二〇〇一）一二六―三六頁。
（7）鈴木哲雄『唐五代禅宗史』四二八―二九頁。
（8）杜継文・魏道儒『中国禅宗通史』三六五頁。
（9）McRae, *The Northern School*, 7-8, 252-53; *Seeing through Zen*, 9-21（訳者付記：『虚構ゆえの真実』九―三七頁）。
（10）『伝心法要』三八三頁a。
（11）『伝灯録』巻七、三頁b。
（12）詳しくは本書第六章の議論を参照。
（13）『祖堂集』巻四、二三〇頁。
（14）宇井伯寿『第三禅宗史研究』一―六三頁。
（15）『祖堂集』巻三、一五六―五七頁。
（16）『祖堂集』巻一八、八〇三頁、『伝灯録』巻一一、四頁a。
（17）劉軻は長慶年間（八二一―八二四）撰述の希遷碑の中で「自江西主大寂、湖南主石頭、往来憧憧、不見二大士為無知矣（江西では大寂道一が、湖南では石頭希遷が領袖とされてより、頻りに行き来し、二人の大士に会わないのは物知らずとされた）」と言う。『宋高僧伝』巻九、二〇九頁。
（18）「興福寺内道場供奉大徳大義禅師碑銘」『全唐文』巻七一五、二二頁a―b。

(19)「揚州華林寺大悲禅師碑銘並序」『全唐文』巻七三一、一三頁b。
(20)『承襲図』三二頁a―b、『円覚経大疏抄』巻三、五三二頁c―五三五頁a、『禅源諸詮集都序』巻一、四〇〇頁c。
(21)「圭峰禅師碑銘並序」『全唐文』巻七四三、一三頁b。
(22)『中国禅宗通史』二八〇頁。
(23)「曹洞宗帰宗青原一系的原因初析」一二六―三六頁。
(24)「高麗国弥智山菩提寺故教謚大鏡大師玄機之塔碑銘並序」『海東金石苑』巻三、七頁b―一一頁b、『朝鮮金石総覧』一三〇―三四頁。
(25)「有唐高麗国海州須弥山広照寺故教謚真澈禅師宝月乗空之塔碑銘並序」『海東金石苑』巻三、一頁a―七頁a、『朝鮮金石総覧』一二五―三〇頁。
(26)『宋高僧伝』巻一三、三〇八頁。
(27)慧洪「記西湖夜語」『石門文字禅』（『四庫全書』本）巻二四、二二頁b。
(28)鄭愚「潭州大溈山同慶寺大円禅師碑銘並序」『全唐文』巻八二〇、一三頁a―一七頁a、『宋高僧伝』霊祐伝、巻一一、二六四頁。
(29)陸希声「仰山通智大師碑銘」『全唐文』巻八一三、八頁a―一〇頁a。
(30)余靖「筠州洞山普利禅院伝法記」『武渓集』巻九、一一頁b―一二頁a。
(31)『宋高僧伝』巻九、二〇八頁。
(32)『祖堂集』巻六、二九六頁、『宋高僧伝』巻一二、二八〇頁、余靖「筠州洞山普利禅院伝法記」『武渓集』巻九、一一頁b。
(33)「有晋高麗［国］中原府故開天山浄土寺教謚法鏡大師慈灯之塔碑銘並序」『海東金石苑』巻三、二二頁b―三〇頁b、『朝鮮金石総覧』一五〇―五六頁。
(34)『祖堂集』（巻六、三一八頁）に「師年三十五而止石霜、更不他遊（師は三十五歳で石霜山に定住し、もう余所には行かなかった）」とある。また『宋高僧伝』巻一二、二八二―八三頁。

(35)『祖堂集』巻五、二七四頁、『宋高僧伝』巻一一、二七五頁。薛庭望は、二書は薛延望に作るが、ここでは『新唐書』（巻七三、三〇三三頁）の記述によって改める。
(36)『宋高僧伝』巻一三、三〇四頁。
(37)「高麗国広州慧目山高達院故国師制謚元宗大師慧真之塔碑銘並序」『朝鮮金石総覧』二〇七―一五頁。
(38)『伝灯録』巻五、一三頁b。
(39)『続蔵経』第六三冊、三七頁a。恕中無慍（一三〇八―一三八六）の『題重刊十規論後』の記述（三九頁a）によると、『宗門十規論』は元代の至正六年（一三四六）に刊行されたのが最も早い。このテキストは時代的に遅れており、疑わしい箇所はあるが、この晩唐五代の法系を述べた一段は、後に定論となった五家の説を採ってはいない。しかも「林際」を臨済と通用させているが、類似の用法は『祖堂集』及び晩唐から宋代初期の文献によく見られる。そのため、かなり信頼できるであろう。
(40)『汾陽無徳禅師語録』『大正蔵』第四七冊、五九五頁b。
(41)『汾陽無徳禅師語録』六二一頁a―b。
(42)『伝灯録』義存章、巻一六、五頁a。
(43)『伝灯録』文益章、巻二四、四頁a、文遂章、巻二五、一二頁b。
(44)『禅林僧宝伝』五二五頁a。
(45)『石霜楚円語録』『続蔵経』第六九冊、一九六頁c。鈴木哲雄が既にこれらの資料に気づいていたが（『唐五代禅宗史』四二八―二九頁）、本章の分析とは異なる。
(46)法灯泰欽は法眼文益の弟子である。『伝灯録』巻二五、一九頁b―二〇頁a。
(47)『祖堂集』巻一九、八六一―六五頁。
(48)『唐五代禅宗史』四二八―二九頁。
(49)『汾陽無徳禅師語録』五九五頁b、『宋史』巻三〇五、一〇〇八三頁。

(50) 慧洪『林間録』二四八頁b、二七五頁b、晦巖智昭『人天眼目』所引「覚夢堂重校五家宗派序」巻五、三二八頁b。覚夢堂は「皇朝景徳間呉僧道原集『伝灯』三十巻、自曹渓下列為両派、一曰南岳譲、譲出馬大師、一曰青原思、思出石頭遷。自両派下又分五宗（北宋の景徳年間に呉の僧である道原は『伝灯』三十巻を編纂し、曹渓以下を二派に分けた。一つは南岳懐譲、馬祖大師を出した。一つは青原行思、石頭希遷を出した。この両派はさらに五宗に分けられている）」と言う。この説は正確ではなく、『伝灯録』ではまだ明確に五宗を区別してはいない。

(51) 『石門文字禅』巻二三、八頁b。

(52) 『仏果克勤禅師心要』『続蔵経』第六九冊、四六七頁b。

(53) 慧洪「僧宝伝序」によると、『禅林僧宝伝』は曇穎『五家宗派』を基礎に増補して成立したもので、主に五宗の著名な禅師の事跡と言葉を載せていた。『石門文字禅』巻二三、八頁b。

(54) 『超宗慧方禅師語録』『続蔵経』第六九冊、二三八頁b。

(55) 『宏智禅師広録』『大正蔵』第四八冊、六八頁b。

(56) 一例に、上述の雲門文偃。また例えば雲門の師の一人である雪峰義存は、石頭三伝の弟子である徳山宣鑑に師事した上に、馬祖再伝の弟子である芙蓉霊訓にも師事した。このことは、黄滔が雪峰のために撰述した碑文に見える。『唐黄御史公集』巻五、三二頁b—三七頁b。

(57) 「仰山通智大師塔銘」『全唐文』巻八一三、九頁a。

(58) 詳しくは本書附録二「晩唐五代禅宗寺院考」参照。

(59) 「仰山通智大師塔銘」『全唐文』巻八一三、九頁a。

(60) 『祖堂集』巻二、九五頁。本書第五章の考察の通り、『祖堂集』の西方諸祖の伝記は、一般的『宝林伝』から採られたと考えられている。

(61) 「仰山光涌長老塔銘」『全唐文』巻八七〇、一六頁a—b。

(62) ここで言う「曹渓虚」は吟味に値する。少なくとも宋斉丘及び仰山やその弟子たちからすると、慧能の伝法物語は虚実入り混じったものだったのである。

(63)「福州雪峰山故真覚大師碑銘」『唐黄御史公集』巻五、三二頁b—三七頁b。

(64) Weinstein, *Buddhism under the T'ang*, 147-50（訳者付記：『唐代仏教』一六〇—一六三頁）。

(65)『祖堂集』巻四、二三六頁。

(66)『宗鏡録』巻九三、九一九頁c、巻二五、五六〇頁a。

(67)『伝灯録』風穴延沼章、巻一三、五頁a。

(68)『伝灯録』石門献章、巻二〇、一四頁b。

(69) Weinstein, *Buddhism under the T'ang*, 141, 144-46（訳者付記：『唐代仏教』一五三、一五五—一六〇頁）。

(70) 本書附録二「晩唐五代禅宗寺院考」参照。

(71)『伝灯録』に「鄂州茱萸山和尚、初住随州護国院為第一世（鄂州茱萸山和尚は、最初に随州護国院の第一代住持となった）」（巻一〇、一〇頁a）とある。

(72)『伝灯録』巻二三、二三頁b、巻二三、二四頁a。

第十章　晩唐五代禅宗の主要な法系における門風の考察

本章では前章の議論を承けて、さらに潙仰・曹洞・徳山・臨済・石霜・雪峰・雲門・法眼という晩唐五代期における禅宗の八つの主要家系について考察する。前述の通り、晩唐以降は、禅宗は宗旨の面で既に古典禅の思想的基盤に溶け込み、各家系が標榜したのは主に各種の機縁問答の手法と門風であった。本章ではおおむね信頼できるテキストを考察し、利用して、この八つの家系の禅法と門風の分析を試みる。

晩唐五代期の機縁問答は高度に成熟し、禅門の師と弟子たちが継承する重要な実践となっていたが、現行の晩唐五代の祖師に関する語録は宋代かさらに遅い時期に編纂・刊行されたものである。禅僧たちはまた話をさらにふくらませることを好み、彼らの先師のために新たな資料を捏造・増補し続けており、それは特に機縁問答における短い言葉、偈頌、及び問答に付随する逸話に顕著である。そのためこれらの語録は大多数が本物の中に偽物、偽物の中に本物を交えており、中唐の禅師たちのものとされる語録よりもさらに分析が困難である。例えば、現行の『臨済録』は臨済の弟子である三聖慧然の編纂、もう一人の弟子である興化存奨の校定と題されるが、この語録の完成形は一〇二九年編纂の『天聖広灯録』に最も早く見られ、その後黄竜慧南が一〇二九年から一〇六九年の間に編纂した『馬祖四家録』に収録され、最後に円覚宗演が一一二〇年に『鎮州臨済慧照禅師語録』へと編纂した。これら後世のテキスト三種には大きな異同はないが、しかし『祖堂集』から『伝灯録』、さらに『広灯録』へと至る間には、様々な増補・修訂がなされ続けて来たのである。このことは、柳田聖山、沖本克己、アルバート・ウェルター（Albert Welter）が前後して綿密な比較・分析を行い、大量の改竄と増補の過程を説得力を持って立証した。(1) また例えば現行の『雲門匡真禅師広録』は、巻首に門人守堅の編纂、巻末に円覚宗演の校定と題するが、同じく後代の禅僧による大量の増補を経ている。現行の刊本のうち、『古尊宿語録』(一二六七年編纂)所収の『雲門広録』が最も早く、計三巻に分かれている。巻上は対機・『十二時歌』・偈頌を収録、巻中は室中語要・垂示代語を収録、巻下は勘弁・遊方語録・遺表・遺戒・行録・請疏を収録する。ウルス・アップ(Urs App)は『祖堂集』・雷岳及び陳守中が撰述した碑文・『伝灯録』・『林間録』・『祖庭事苑』・『禅林僧宝伝』・『宗門統要集』・『続開古尊宿語要』を逐一比較し、『雲門広録』の編纂がおおむね次のような三段階を経たことを発見した。第一段階は『伝灯録』以前の初期のテキストであり、これは大部分が『雲門広録』巻上に見えており、全体の二十七%を占めるに過ぎない。第二段階としては、天衣義懐(九九三―一〇六四)が雲門の語録のために撰述した序(一〇五三年の作、睦庵善卿編『祖庭事苑』に見える)及び『祖庭事苑』の中に見える雲門の語録についての評注によると、一〇五三年前後に、少なくとも三種の雲門語録の刊本があり、これらの刊本の内容が現行『雲門広録』の巻上・中の大部分を構成している。第三段階としては、現行『雲門広録』巻首の蘇澥の序(一〇七六年の作)等によると、現行『広録』巻下の大部分がこの頃やっと現れている。(2)『伝灯録』以後に現れた七十%以上の部分は、出所が不明であり、このような尾鰭をつける編纂過程を経て生み出された『雲門広録』は、明らかに元来のテキストではなく、そのままこれらを用いて雲門文偃の禅思想を研究することはできない。その他に例えば潙山霊祐・仰山慧寂・洞山良价・曹山本寂等の現行の語録も全て明代に編纂・刊行されており、尚更その活動時期とはかけ離れていて疑惑が多い。

紙幅に限りがあるため、本書では晩唐五代の宗師のものとされる語録を逐一考察することはできない。慎重を期するため、本章では主に『祖堂集』・『宗鏡録』・『伝灯録』所収の上堂法要、金石資料及び『宋高僧伝』等の書に見られる伝記資料と発言の記録、そしてその他の敦煌文献といった確実に信頼出来るテキストを用いて、各宗師の禅思想と機縁問答の門風を分析しよう。

一、潙仰の門風

最も早く「潙仰」と合わせ称して重要な法系としたのは法眼文益の『宗門十規論』であり、これは五代後期の観念を反映するものであろう。本書第九章で述べたように、早くも元和年間の末（八二〇）、潙山霊祐（七七一―八五三）が既に湖南潭州の大潙山で寺院を建立し、湖南観察使の裴休、崔慎由、及び山南東道節度使・李景譲らの尊崇と支援を得て、一千人余りの信徒を集め、世に名高い大教団を開き、「数十年言仏者、天下以為称首（数十年の間に、天下の仏法を語る者に第一と称された）」。[3]『祖堂集』と『伝灯録』には潙山と学徒との成熟した機縁問答が大量に収録されているが、その信頼性は甚だ疑わしい。現行の『潭州潙山霊祐禅師語録』は語風円信と郭凝之によって明代に編纂されたもので、『伝灯録』以後に現れた語録を大量に収録しており、尚更信頼できないことは明らかである。

鄭愚が撰述した潙山碑では、機縁問答には何ら言及しておらず、ただ「其有問者、随語而答、不強所不能也（質問する人がいたら、その言葉に応じて答え、答えられないことを無理に答えはしなかった）」と言うのみである。[4]『宗鏡録』は潙山の語二則を収録しており、次の通りである。

仰山和尚問潙山和尚云「真仏住何処？」。潙山云「以思無思之妙、反霊焔之無窮。思尽還原、性相常住。事理不二、真仏如如」。

（仰山和尚が潙山和尚に尋ねた。「真仏はどちらにいらっしゃいますか？」。潙山「思念のない玄妙な境地を思い、果てしなく続く霊妙なる灯火に回帰する。思いが尽きれば仏性常住の根本へと回帰する。そこでは事象と真理に隔たりはなく、真仏のあるがままが現前する」。）

潙山和尚云「内外諸法、尽知不実。従心化生、悉是仮名。任他法性周流、莫断莫絶」[5]。

（潙山和尚が言った。「内外の諸法は、全て真実ではないことが分かっている。自心から忽然と生じたもので、全て仮の名前である。彼の法性が遍く流れるのに任せて、途絶えないようにしなさい」。）

第一則は一般的な問答の形式で、機知に富んだ言葉の形式すらまだ使っておらず、鄭愚が述べる「随語而答」に近いので、かなり信頼できるだろう。この問答は『祖堂集』と『伝灯録』の仰山章にも見え、二書はいずれも仰山がこれによって頓悟したとする[6]。ここからまさしく、この頃の禅師が学徒を悟りへ導くのに、後世のような成熟した機鋒をまだ用いていなかったことを証明できる。この種の問答の方法は潙山と同門の黄檗希運の『伝心法要』と一致しており、これがこの頃の禅宗の師弟間における問答の主要な方法であり、高度に成熟した機縁問答は潙山と黄檗の時代にはまだ現れていなかったことを物語っている。

第二則は『大潙警策』から採られている。『宗鏡録』は他に「潙山有警策之文、無非苦口（潙山には警策の文章があり、何事も懇ろに説いて聞かせた）」とも言っている[7]。この文は完本が敦煌から発見されたが、それは『大潙警策』と題されており[8]、おおよそ五代後期に書写された[9]。一切経には宋の僧守遂（一〇七二―一一四七）が注釈した『潙山警策注』といった幾つかのテキストが収められており[10]、他に『全唐文』の潙山の項目にも『警策文』が収録されている[11]。現行の諸本は文字の異同が僅かであり、同じ系統のテキストであると見なしてよいが、敦煌本とは三四六字の異同がある[12]。この作品は潙山の禅思想と実践を研究するための最も重要で最も信頼できるテキストである。以下で二種のテキスト及び『宗鏡録』の引用を対校し、要点を概説しよう。

『警策』の主要な内容はおおよそ三段階に分けられる。第一段階では、四諦・輪廻・因果応報といった仏教の基本的教義に基づき、僧侶の出家の由来を明らかにし、出家者と俗人には異なった価値観と寺院での生活の目標があることを強調する。そして、禅宗教団と世俗の民衆の境界線をはっきりと分け、寺内の僧侶たちに仏教信仰の堅持と、高邁な目標の保持を求めるのである。第二段階では、一部の僧侶が不純な動機で出家し、律儀を守らず、教理を学ばず、修行に努めないといった諸々の現象を批判する。第三段階では、僧侶が如何に正しい道を修行するかを教えており、その中でさらに三つの面に言及する。第一は志を高く持ち、律儀を遵守し、良き友を選び、徳行を育み、努力してよく修行することで、例えば次の通りである。

仏先制律、啓創発蒙。軌則威儀、浄如氷雪。止持作犯、束斂初心。微細条章、革諸猥弊。……堂堂僧相、容貌可観。皆是宿植善根、感斯異報。便擬端然拱手、不負寸陰。事業不勤、功果無就。豈可一生空過、抑亦来世無裨。辞親決志披緇、意欲等超何所。暁夕思忖、豈可遷延過時。心祈仏法棟梁、用作後来亀鏡。常以如此、未能少分相応。出言須渉於典章、談説乃傍於稽古。形儀挺特、意気高閑。遠行要仮良朋、数数清於耳目。住止必須択伴、時時聞於未聞。故云「生我者父母、成我者朋友」。親附善者、如霧裡行[13]、雖不湿衣、時時有潤。狎習悪者、長悪知見、暁夕造悪、即日交報、歿後沈淪。一失人身、万劫不復。忠言逆耳、豈不銘心者哉！便能澡心育徳、晦跡韜名。蘊素精神、喧囂止絶。

(仏はまず律を制定し、新たな道を開いて迷える人々を啓発した。その規則と礼儀は、氷雪のように清らかであった。悪を止めて戒を保ち、悪を為して戒を破る、こうして初心を引き締めるのだ。詳細な条項は、諸々の低劣な弊害を改めた。……僧侶の立派な佇まいは、嘆賞すべき姿。いずれも宿世に植え付けられた善根が、このような素晴らしい果報を引き起こすのだ。そこで端然と拱手し、ほんの一時すら背かないことにしよう。やるべき事に勤しまなければ、功徳は成就されない。どうして一生を空しく過ごしたり、来世に何も裨益しなくてよいものか。両親のもとを辞去し志を立てて墨染めをまとったのは、一体いかなる境地を目指してのことだったか。そのことに朝晩思いを巡らすのだ、先延ばしして時期を失してよいものか。心に仏法の大黒柱たらんと願い、後の人々のための手本となるのだ。いつもこの様にしていても、まだその境地に少しも至っていない。言葉を発するには古典を踏まえるべきだし、話をするには昔の事に準拠するものだ。風貌は秀抜、心ばえは気高くせよ。遠い旅路には良き友を道連れにし、いつも耳目を清らかなものに触れさせよ。留まる時は伴侶を選び、常に知らなかった事に耳を傾けよ。だから「私を産むのは父母、私を完成させるのは朋友」と言う。善人と近づきになるのは、霧の中を進むようなもので、着物を濡らさないが、いつも湿り気がある。悪人に慣れ親しんだら、悪い考えを持つようになり、朝晩悪事を働いて、今すぐにも報いを受け、死んだら地獄に落ちる。ひとたび人としての身を失ったら、万劫の時を経てももとには戻れない。忠告は耳障りだが、心に刻みつけねばならないものだ。そうすれば心を洗い清めて徳を育み、行いを潜め名を隠すことができる。精神に純粋さを蓄えれば、喧噪は絶えてなくなる。）

これらの言葉は諄々と忠告する温かい口ぶりによってはいるが、実際には仏教の戒律と寺院の規則を厳しく強調している。寺の僧侶は必ず律の決まりを厳守して、心身を引き締め、正々堂々とした風貌と氷雪のように清らかな心を保たねばならない。必ず高い志を立て、悪人から遠ざかり、良き友と互いに切磋琢磨し、機会を逃さず努力して、労苦をいとわずに修行し、仏法を支える大黒柱になろうとせねばならない。これらの要求は大部分が当時の一般的な仏教寺院の倫理と一致しており、禅宗寺院特有というわけではない。しかしその中で「成我者朋友」に関する勧めは些か特殊で、世俗に由来する格言と人倫を取り上げて寺院の規則としている。これは恐らく潙山寺に多数の禅僧が集まったことによる具体的な必要性に応じて設けられたのだろう。唐代の仏教寺院に常駐した僧侶は一般的には数名から百名余りまで様々で、例えば円仁『入唐求法巡礼行記』の記載では、山東牟平県の廬山寺には僧侶五人がおり、揚州開元寺には僧侶三十人がおり、天台山国清寺には常駐している僧侶百五十数人がいた。九世紀から十世紀の敦煌の寺院では、僧侶の人数は三十数人から百数人まで様々で、平均して約四十五人である。(14) こういった一般的状況とは大いに異なり、潙山寺は「至於千有余人（千人余りに上る）」ほどの僧を擁していた。人数が多く、玉石混淆であったため、友を選び仏法の面で切磋琢磨することは有用な人材となれるか否かの鍵であった。だから後文でも「博問先知、親近善友（広く先学に尋ね、善き友に親しむ）」、「早訪明師、親近高徳（早く高明な師のもとを訪れ、徳高き人に親しむ）」と繰り返し強調する。そのため、この一条は晩唐における禅寺独特の規則であったと見なしてよいだろう。

第二は参禅して道を学び、心性を頓悟することである。

若欲参禅学道、頓超方便之門。心契玄津、研幾精妙。決択深奥、啓悟真源。博問先知、親近善友。此宗難得其妙、切須仔細用心。可中頓悟正因、便是出塵階漸。此則破三界二十五有、内外諸法、尽知不実、従心化生、(15) 悉是仮名。不用将心湊泊、但情不附物、物豈礙人。任他法性周流、莫断莫滅。(16) 聞声見色、蓋是尋常。者辺那辺、応用不闕。如斯行止、実不枉披法服、亦乃酬報四恩、抜済三有。生生若能不退、仏階決定可期。往来三界之賓、出没為他作則。此之一学、最妙最玄。但弁肯心、必不相賺。……研窮法理、以悟為則。心境倶捐、莫記莫憶。六根怡然、行住寂黙。見性清浄、無濁無辱。(17)

（もし禅に参じ道を学ぼうとするなら、ただちに方便の法門を抜け出すことだ。そのようにして心が奥深い渡し場にかなえば、精妙を窮め尽くすだろう。深奥なるところで迷いに決着をつけ、真実なる本源に目覚めるのだ。広く先学に尋ね、善き友に親しみなさい。この宗門はその奥義を得がたいもの、綿密に心を用いることだ。たとえ心という正因を頓悟しても、煩悩の塵埃を脱する階梯の第一段階。つまり、その悟りによって三界の二十五種の存在様態を看破し、内外の諸法について、全て実有ではなく、自心から化現したもので、みな仮の名に過ぎないと知るのである。心で把握しようとしてはならない、ただ情を物に寄せなければ、物がどうして人の妨げとなろうか。彼の法性が遍く流れるのに任せて、途絶えないようにするのだ。音を耳にし物事を目にするのは、思うに平常の働きである。こちらでもあちらでも、漏れなく作用している。このような行いであれば、実に法衣をまとう資格があり、また四種の恩に報い、三界の衆生を救うことでもある。生まれかわり続けて不退転であれば、仏への階梯は必ずや約束される。三界を行き来する客人として、俗世に現れては他人のために規範となるのだ。この学道は最も精妙にして幽玄である。しっかりと心に決意を持って、邪見に欺かれてはならない。……仏法の理を極め、悟りを拠り所とする。心と境をどちらも捨て去り、覚えたり思い返してはいけない。六根が安らいで満ち足り、歩いたりとどまる時にもひっそりと静寂を保つように。清浄なる仏性を見抜いて、濁り汚れがないように。）

潙山は一方では禅に参じ道を学ぶことによって「真源」、換言すればどの人にも本来備わっている如来蔵／仏性を頓悟することを提唱する。つまり、自性は「清浄」でもとより汚れがなく、しかも「聞声見色」という平常の生命活動が、全て仏性の「応用不闕」であることを悟るのである。また一方では、諸法は実体がなく、全て仮に名付けられたという般若空観を強調し、「心境倶捐」という無心の境地に到ることを要求する。これらはいずれも馬祖から黄檗に至る即心是仏、性在作用、無心是道といった古典禅の思想と一致しており、「法性周流、莫断莫滅」の二句は、真如法性は流転しつつ不滅だという如来蔵の観念を際立たせたもので、これは特に馬祖とその門人が好んで口にしたことであった(18)。

第三は経典を繰り返し学び、義理を探求することである。

若有中流之士、未能頓超、且於教法留心。温尋貝葉、精搜義理、伝唱敷揚、接引後来。報仏恩徳、時光亦不虚棄。必須以此扶持住止威儀、便是僧中法器。豈不見倚松之葛、上聳千尋、附托勝因、方能広益。

（もし中流の士が、まだ頓悟することができないなら、教法に注意を向けるべきである。繰り返し経典を学び、詳しく義理を追い求め、高らかに教えを説いて広め、後進の人々を導くのだ。仏の恩徳に報いることもあるし、時間も無駄にはならない。こうした行いを保って威儀に止まるなら、僧中の優れた者と言える。見よ、葛のつるも松に絡みつけば千尋の高さまで伸びてゆくではないか。優れた因縁の助けを借りて、はじめて広く自他を利益することができるのだ。）

潙山はここでは仏典に義理を探し求めることを中流の士と呼んでいる。だが頓悟への入り口は「難得其妙」で、一握りの傑出した人だけが辿り着けるため、彼の経典学習に関する教えは、実際にはより普遍的であり、潙山寺における日常的な課業であっただろう。

鄭愚が撰述した碑文では、潙山が寺院を創建してから、「以至於千有余人、自為飲食綱紀（門人が千人余りになると、自分たちで飲食の規則を作った）」[19]。『警策』は明らかにこの千人余りの教団を引き締め、築き上げるための「綱紀」であった。マリオ・ポセスキ（Mario Poceski）は、僧侶に対する潙山の激しい批判は、恐らく以下の二つの原因によると考える。第一は会昌の廃仏以前における仏教徒の堕落が既に批判を引き起こし、危機を招こうとしていたこと、第二は会昌の廃仏後における深い反省である[20]。彼の説は筋が通ってはいるが、千人余りを擁する大寺院なら、いつ如何なる時でも悪人と善人が入り混じり、不純な動機を持った僧侶が紛れ込む可能性がある。本書第八章で考察した通り、早くも元和年間には、法正を長とする百丈の弟子たち（潙山もその中にいた可能性が高い）は既に「鳌革山門

（山門を改革する）」、「欲清其流、在澄其本（流れを清らかにさせたいなら、源を澄ませることが肝心）」ということの重要性を意識しており、そのために百丈寺の最初の寺規を設けたのである。中唐以来、禅師が自ら創建し住持する寺院は日増しに流行し、著名な道場では少なくとも数百人、多ければ千人余りがいた。如何にして伝統的仏教の戒律を基礎として、より具体的で細かな規則を設け、それによってこの種の大禅院を粛正・管理するのか、また如何にして禅僧の宗教的修行を手引きし、禅僧の道徳的素養を高めるかは、禅宗が発展するための第一に重要な問題となった。百丈山・潙山・雪峰・雲門等が禅宗の大教団を開いたことと、法正・霊祐・義存・文偃（後文参照）たちが寺規を設け、管理に長けていたことは、密接に関係している。この種の寺規は伝統的戒律を基礎としており、戒律を超越した「禅門独行」を意味してはいない。しかし禅宗寺院の体制と寺院倫理の樹立・発展・完成にとっては必要な段階なのであって、等閑視することはできないのである。潙山は出家したばかりの頃には律師法恒と義賓に師事して戒律を学んでおり[21]、また戒律に精通した百丈法正と同門であるから、恐らく百丈寺において最初の寺規の制定に関わっている。こうしたことは、いずれも潙山が戒律と寺規を重視することの下地となった。

潙山の弟子・仰山慧寂（八〇七―八八三）は三十五歳で早くも一寺の住持となり、会昌元年（八四一）に袁州仰山において棲隠寺を創建し、さらに彼の弟子である西塔光穆・南塔光涌・仰山東塔がそれを受け継いで第二、三、四代の住持となった。江西観察使の韋宙は咸通二年（八六一）に彼の父・韋丹が洪州南昌に所持していた石亭を観音院に改めると、仰山を招いて住まわせ、仰山の弟子である南塔光涌もここに住した。咸通三年（八六二）になって、仰山は韶州東平山に赴いて古寺を再建し、後には弘祖禅院の額を賜った[22]。

本書第四章で考察した通り、仰山は成熟した機縁問答の最も早い提唱者の一人であった[23]。宋斉邱「仰山光涌長老塔銘記」には、光涌が仰山に会い、「石亭有似驢之問、涌公有非仏之対（石亭慧寂は、どうしては私は驢馬に似ているのかなと問い、光涌は、仏にも似ていませんなと答えた）」とある。[24]陸希声「仰山通智大師塔銘」には彼が「従国師忠和尚得元機境智、以曹渓心地、用之千変万化。欲以直截指示学人、無能及者。而学者往往失旨、揚眉動目、敲木指境、逓相効教、近於戯笑、非師之過也（国師慧忠和尚から奥深い働きと形相によって示される智慧とを受け継ぎ、それを曹渓慧能の宗旨によって、様々に変化させて用いた。それによって学徒に明白に指し示そうとすると、誰も彼に及ばなかった。ところが学徒は往々にして主旨を理解できず、眉を上げ目を動かしたり、木を叩き外境を指さすなど、互いに猿真似をするばかりで、ほとんど道化芝居のようである。しかし、これは師の過ちではないのである）」とある。[25]『祖堂集』仰山章には彼が「先参宗禅師、次礼耽源、在左右数年、学境智明暗一相（まず宗禅師に参学し、次に耽源に礼し、側で仕えること数年、境智明暗の一相を学んだ）」とあり、三度にわたる円相の機鋒を記す。[26]所謂「元機境智」、「境智明暗一相」とは、恐らく「大円鏡智」を指し、一般的には仰山が南陽慧忠の弟子である耽源応真の所で円相を描くという機鋒を学んだと解釈される。[27]円相を描くことが慧忠と応真に始まるのか否かは、かなり疑わしい。何故なら中唐期にはこの種の成熟した機縁問答の方法はまだ現れておらず、しかも『伝灯録』巻二十八諸方広語所収の『南陽慧忠国師［広］語』はこの種の機鋒に全く触れていないからである。少なからざる証拠が、本当は仰山が円相を描くことを始めた人であることを示している。『宋高僧伝』仰山章に次のようにある。

凡於商攉、多示其相。時韋冑就寂請伽陀、乃将紙画規円相、円囲下注云「思而知之、落第二頭。云不思而知、落第三首」、乃封呈達。自爾有若干勢以示学人、謂之仰山門風也。海衆摳衣得道者不可勝計。……今伝『仰山法示成図相』、行于代也。[28]

（いつも議論する際には、形相によって示すことが多かった。その頃、韋冑が慧寂に偈頌を請うと、紙に円相を描き、円の下に「考えて分かるなら、第二義に落ちる。考えずに分かると言うなら、そのまた第三義に落ちる」と注記し、封をして届けた。それ以来幾つかの形や動作で学徒に教えを示すようになり、仰山の門風と呼んだ。襟元を正して悟りの道に赴く僧衆は数え切れないほどであった。……今『仰山法示成図相』が伝わっており、世に流布している。）

『祖堂集』は仰山の高麗の弟子である五冠山瑞雲寺の順之が十七種の円相の法を発明したとするが、[29]この一段は朝鮮の僧侶が順之の事跡によって増補したものであろう。[30]『伝灯録』も順之（五観山順支とする）による円相を用いた機縁問答を記しているので、[31]順之が円相を用いたことがあるのは信頼できるだろう。[32]『伝灯録』は仰山の弟子である西塔光穆も円相を描くことを機鋒としたとする。また西塔が資福如宝に伝え、如宝が資福貞邃に伝え、貞邃は彼の師から円相を描く法を学んだと自称したと記し、如宝のもう一人の弟子である潭州鹿苑和尚も円相を描くのに長けていたと述べている。[33]以上をまとめると、仰山系は確かに円相を描くという機鋒問答の形式を受け継ぎ、[34]またそのために「仰山門風」と称された。宋代初期に伝えられた『仰山法示成図相』は、この法系が代々積み重ねて造り出したものであろう。法眼文益『宗門十規論』には「潙仰則方円黙契。……円相互出、惟言深達潙山仰山（潙仰は方と円とがぴったりかなう。……互いに円相を示して、潙山・仰山の宗旨に深く達していると言いはる）」とある[35]これは潙仰と並称してはいるが、円相を描くという門庭施設は仰山に始まるであろう。本書第九章で述べたように、仰山とその弟子たちは大きな野心を抱いて南宗の正統を自称し、さらには仰山を慧能直系の七祖とまでした。石井修道は、所謂潙仰宗は、まず仰山宗があった上で、後になって潙山の名を並べたはずだと考える。[36]門風の角度から考えるなら、その説は甚だもっともである。

仰山が円相という指導方法を創出し、これによって学徒を悟りへと導いたのは、密教の曼荼羅（Mandala）に触発された可能性が高い。梵語 Mandala の本来の意味は「円」であり、漢訳では輪円具足とされ、密教における宇宙のモデルと真理を表す象徴的記号・図像・壇場である。曼荼羅はしばしばグループになった仏菩薩を配置するもので、その主な目標は、修行者に儀式・観想・礼拝を通じて円満なる悟りを獲得させ、即身成仏させることである。唐の玄宗の頃に密教の「三大士」である善無畏（六三七―七三五）、金剛智（六七一―七四一）、そして不空（七〇五―七七四）が曼荼羅を伝え、また多くの曼荼羅を自ら描き、建造した。晩唐期になると曼荼羅は既に大変流行しており、これは唐代仏教や世俗の文献の記述、日本の入唐僧が持ち帰った文物の目録のいずれにも見いだせることである。曼荼羅の盛行を背景として、(37)仰山がそれに触発されて円相という方法を創出したというのは、大いにありうることだろう。

『祖堂集』と『伝灯録』所載の仰山語録には、師である潙山霊祐との成熟した機縁問答が多数見られる。前述のように潙山の時代において機縁問答はまだ成熟していなかったため、仰山のものとされる語録は、円相を描くことと長い上堂語を除いた、その他の高度に成熟した簡潔な機鋒にはやはり問題がある。恐らく唐代末期から宋代初期にかけての後裔による増補・潤色が多数含まれているだろう。現行の『袁州仰山慧寂禅師語録』も語風円信と郭凝之によって明代に編纂されたもので、『伝灯録』以後の語録を多く収録しており、さらに信頼性に問題がある。従って本章では、潙仰師弟の禅思想と門風を分析するのにこれらの語録を直接用いることはしなかったのである。

二、曹洞の門風

曹山と洞山を並称するのも、法眼文益の『宗門十規論』に最も早く見える。本書第九章で述べたように、洞山良价（八〇七―八六九）は五洩霊黙・南泉普願・雲巌曇晟の三人に師事したが、彼は咸通年間始めに故意に石頭を持ち上げたのであり、恐らく最も早く青原―石頭系を標榜してこの法系に帰した禅師であろう。洞山は唐の宣宗の大中五年

（八五一）に洪州高安新豊山で寺院を建立し、五百人余りの信徒を集め、法席は大いに栄え、名声は都に伝わり、後唐の懿宗が咸通広福寺の額を賜った。その弟子である洞山道全（？—八九四）と青林師虔（？—九〇四）が住持を継いで第二代と第三代となった。その後、やはり禅僧によって代々住持され、北宋初期になると既に第十代となっていた。(38)『新唐書』芸文志は洞山『大乗経要』一巻、『激励道俗頌偈』一巻を著録する。(39)『伝灯録』洞山章の末尾の注には「師昔在泐潭尋〔譯〕〔繹〕大蔵、纂出『大乗経要』一巻、並『激励道俗偈頌誡』等、流布諸方（師は昔泐潭で一切経をひもといて研究し、『大乗経要』一巻と『激励道俗偈頌誡』等を編纂し、方々に流布させた）」とある。(40)余靖「筠州洞山普利禅院伝法記」は「集『大乗経要』一巻、行於世（『大乗経要』一巻を編纂し、世の中に流布した）」と言う。(41)この二種のテキストは現在いずれも残っていない。唐代末期から宋代初期の機縁問答が全般に「不須看経坐禅（経典を読んだり坐禅したりしなくてよい）」ことを強調していた風潮の中で、洞山が一切経を研究して『大乗経要』を編纂したという物語を曹洞の後裔が捏造することはあり得ないと思われる。従って、これは事実であろう。

南岳斉己（八六四—九四三？）は洞山の弟子である竜牙居遁（八三四—九二三）の偈頌のために序を書いており、次のように言う。

禅門所伝偈頌、自二十八祖、止於六祖、已降則亡。厥後諸方老宿亦多為之、蓋以吟暢玄旨也、非格外之学、莫将以名句擬議矣。洎咸通初、有新豊・白崖二大師所作、多流散於禅林。雖体同於詩、厥旨非詩也。(42)

（禅門に伝授されて来た偈頌は、二十八祖から、六祖に止まり、それ以降はなくなった。その後方々の徳高き老僧も偈頌を沢山作ったのは、思うにそれによって玄妙なる宗旨を詠い上げたのであり、ありきたりでない見識がない限りは、字句によって議論をしようとしてはならない。咸通年間の初めになると、新豊・白崖の二大師が作った偈頌が、禅林によく流布した。形式は詩と同じであるが、その主旨は詩とは異なる。）

洞山は元来は新豊山という名であるため、ここで言う「新豊」は洞山良价を指す。「白崖」は潙山の弟子である香厳智閑を指す。香厳寺が鄧州白崖山にあったからである(43)。ここから、洞山は確かに偈頌で名を馳せており、彼の作が禅林に流布していたことが分かる。敦煌写本S二一六五には「先洞山和尚辞親偈」が書写されている。

不好浮栄不好儒、願楽空門舎俗徒。煩悩尽時愁火滅、恩情断処愛河枯。
六根戒定香風引、一念無生恵力扶。為報北堂休悵(忘)[望]、譬言身死譬如無(44)。

(富貴を好まず儒を好まず、空を旨とする仏門を求めて俗人を捨てた。煩悩が尽き果てる時に愁いの火が消え、恩愛の情が断ち切られた所で執着の河が枯れる。
六根の戒めと禅定は香の薫りがもたらし、一瞬の無生の悟りは智慧の力に支えられる。母上に申し上げます、どうか名残を惜しまれますな、この身は死んだか、もともといなかったものと思し召せ。)

その後、宋代の僧子昇・如祐が編纂した『禅門諸祖師偈頌』には、洞山のものとされる『辞親書』、『後書』及び洞山の母親の『娘回書』が収録され、その中には上に引用した偈と、他の頌二首が含まれている(45)。これら後出の資料は、『辞親偈』以外は、これ以前の如何なるテキストにも見られず、『辞親偈』を敷衍して作られたと思われる。

『宗鏡録』には洞山の偈頌五首と断句一聯が収録されている。

先洞山和尚偈云「者箇猶不是、況復張三李。真空与非空、将来不相似。了了如目前、不容毫髪擬(46)」。

(先洞山和尚偈に言う。「この男すら違うのに、ましてやそこらに転がっている野郎では尚更だ。真空と非空は、比べてみれば似ていないだろう。はっきりと目の前にあれば、髪の毛一筋ほどの疑いも容れる余地はない」。)

洞山和尚悟道偈云「向前物物上求通、只為従前不識宗。如今見了渾無事、方知万法本来空(47)」。

(洞山和尚悟道偈に言う。「以前には何につけても上に悟りに通じようと求めていたが、それはただこれまで根本の宗旨が分かっていなかったから。今では渾然として何事もないことを見抜き、やっと万法が本来空であったと分かった」。)

洞山和尚云「吾家本住在何方、鳥道無人到処郷。君若出家為釈子、能行此路万相当(48)」。

(洞山和尚が言う。「我が家はそもそも何処にあるのか、人跡を絶った鳥の通い路、そこを辿った果てが郷里だ。君がもし出家して釈氏の子となるなら、この道を歩んであらゆる現象が家郷」。)

洞山和尚云「学得仏辺事、猶是錯用心(49)」。

(洞山和尚が言う。「仏の側のことを体得したとしても、やはり誤って心を用いているのだ」。)

洞山和尚偈云「世間塵事乱如毛、不向空門何処消。若待境縁除蕩尽、古人那得喩芭蕉(50)」。

(洞山和尚偈に言う。「世間の俗事は毛のように乱れており、空を旨とする仏門に向かうのでなければ何処で消せるというのか。もし境縁の生起を待って一掃するというなら、古人はどうして中空の芭蕉を空の譬えとするものか」。)

先洞山和尚『心丹訣』云「吾有薬、号心丹、煩悩炉中錬歳年。知伊不変胎中色、照耀光明遍大千。開法眼、睹毫端、能変凡聖刹那間。要知真仮成功用、一切時中鍛錬看。無形状、勿方円、言中無物物中言。有心用即乖真用、無意安禅無不禅。亦無滅、亦無起、森羅万像皆駆使。不論州土但将来、入此炉中無不是。無一意、是吾意。無一智、是吾智。無一味、無不異。色不変、転難弁、更無一物於中現。莫将一物制伏他、体合真空非鍛錬(51)」。

(先洞山和尚『心丹訣』に言う。「私は薬を持っている、それは心丹と呼ばれ、煩悩の炉の中で何年も精錬された。それは胎内での色を変えず、大千世界を遍く照らし輝く。法眼を開き、悟りの端緒を見たなら、凡と聖を刹那の間に変えることができる。真実と仮名とが現象を成り立たせていることを知ろうとするなら、一切時中で鍛錬してみるのだ。もとより無形なのだから、方形でも丸薬でもない、言葉の中には物がなく物の中には言葉がある。意図を持って働かせれば真の用に背き、思いを消し去って禅定に入れれば全てが禅。滅することもなく、生じることもなく、森羅万象を自在に使役する。どこの土地かは問わずにただ持って来て、この炉に入れたらみんなそうなる。一つも意がないのが、私の意だ。一つも智がないのが、私の智だ。一つも味がないのが、全て異なるということだ。色に変化がなければ、転変は捉え難く、中に現れる物など何一つない。物で彼を屈服させようとするな、根本が真の空とぴたりと一致することは鍛錬によってできるのではない」。）

この他、『祖堂集』には洞山悟道の偈がある。

切忌随他覓、迢迢与我疎。我今独自往、処処得逢渠。
渠今正是我、我今不是渠。応須与摩会、方得契如如。[52]

（他に随順して探し求めることを絶対に避けよ、私とは遙かに懸け離れてしまう。私は今一人きりで進み、至る所でそれに巡り逢う。
それは今まさしく私であり、私は今それではない。そのように会得すべきであり、それでこそあるがままの真如と合一できるのだ。）

同書はまた雪峰義存とその弟子である鏡清道怤（八六八—九三七）が各々問答の中でこの偈を引用したことを記している。[53]また『伝灯録』には洞山『無心合道頌』がある。

道無心合人、人無心合道。
欲識個中意、一老一不老。[54]

（道は心を持たずに人と合一し、人は無心であれば道と合一する。

この道理を知ろうとするなら、一人は老い一人は老いない。）

以上の初期のテキストに見られる偈頌八首及び断句一聯は、洞山『激励道俗頌偈』から採られた可能性がある。これらの偈頌の中で、例えば『辞親偈』と「吾家本住在何方」、「世間塵事乱如毛」等のように、あるものは僧侶・俗人に出家して修行し、世俗の情を断ち切ることを勧めている。またあるものは禅理を明らかにしている。例えば「吾有薬号心丹」、「切忌従他覓」、「能変凡聖刹那間」のように、自らの心が仏であり、頓悟して得道することを強調し、また一方では、例えば「者箇猶不是」、「我今不是渠」、「更無一物於中現」、「人無心合道」等のように、この心に対する執着を取り除き、無心によって道に合するのだとする。これらの偈頌は即心是仏と無心是道との関係を集中的に議論しているが、これはまさに中唐後期、晩唐前期に馬祖の後裔が皆注目していた命題であり、馬祖から黄檗までの如来蔵／仏性理論と般若空観を融合させた古典禅思想と完全に一致する。

『祖堂集』洞山章にはさらに『勧学徒』という戒めの語も載せられており、その中には「住止必須択伴、時時聞于未聞。遠行要仮良朋、数数清於耳目。故云『生我者父母、成我者朋友』。親於善者、如霧裏行。雖不湿衣、時時有潤」とある。(55) この一段は上で引用した潙山霊祐の『大潙警策』にも見える。潙山の寺院創建の時期は洞山よりも三十年前後早く、また『大潙警策』は完本が敦煌写本に伝えられるため、洞山のものとされる『勧学徒』は唐末五代期に曹洞の後裔が『大潙警策』を真似て捏造した可能性の方が高い。その他にさらに遅れて現れた『洞山和尚規誡』もあり、その中には「父母生身、方霑利益。豈許結託門徒、追随朋友（父母がこの身を生んでくれたからこそ、利益を受けることができるのだ。どうして門徒と手を結び、朋友に付き従うことを許せようか）」とある。(56) これは『勧学徒』の「生我者父母、成我者朋友」と矛盾しており、寄せ集めの痕跡が特に目に付く。その他、『祖堂集』と『伝灯録』に大量に収録された洞山とその弟子や学徒との成熟した機縁問答は、その多くが内容と方法の面で全て唐末五代期の各種の問答とほぼ同じか類似している。宋代以降にも洞山のものとされるさらに多くの偈・頌・誡・機語等が現れ[57]、明末に語風円信、郭凝之が編集した『瑞州洞山良价禅師語録』、日本の僧玄契が十八世紀に編纂した『瑞州洞山悟本禅師語録』に至っては[58]、その信頼性はさらに疑わしい。

以上に述べたことをまとめると、現行の洞山のものとされる偈頌・語録といった著作の中で、『大乗経要』が最も信頼でき、敦煌文書と『宗鏡録』等の初期のテキストに残された偈頌八首及び断句一聯も、恐らく北宋初期にまだ残っていた『激励道俗頌偈』から採られており、かなり信頼できる。これらの著録と資料によって、洞山が仏典を詳しく研究し、大乗の法要をかなり深く了解していたこと、出家して修行し、世俗の情を断ち切ることの重要性を強調したこと、禅学思想の面では馬祖から黄檗までの「即心是仏、無心是道」という古典禅の宗旨と合致していたことが分かる。

洞山の弟子である曹山本寂（八四〇―九〇一）は唐の昭宗の光化二年（八九九）に撫州崇仁県荷玉山で曹山寺を建立し、山の名を曹山に改め、数百人の門人を集めた。その弟子である曹山慧霞が後を継いで第二代住持となった[59]。鎮南節度使・南平王鍾伝（?―九〇六）は曹山を尊崇し、招聘の使者を遣わしたことが三度ある[60]。

曹山については、南岳玄泰が撰述した塔銘に基づく『宋高僧伝』本伝が最も重要である。伝の中では洞山が最初に石頭希遷の法系を持ち上げたことを明らかにしているのみならず、曹山の門風と指導法をも記している。

後被請住臨川曹山、参問之者堂盈室満。其所訓対、激射匪停、特為毳客標準。故排五位以銓量区域、無不尽其分斉也。復注『対寒山子詩』、流行寓内、蓋以寂素修挙業之優也。文辞遒麗、号富有法才焉[61]。

（後に請われて臨川の曹山に住すると、参問する者で溢れかえった。彼の受け答えは、鋭く射貫くかのようで止まることを知らず、特に僧侶たちの手本となった。そこで五位を排列して悟りと迷い、平等と差別等の区分を量り、その領域をつぶさに明らかにした。また注釈書『対寒山子詩』を作り、世の中に流布したのは、思うに本寂がもともと科挙のための学問を修めていたことの賜物である。言葉は力強く美しく、仏法の資質に富むと言われた。）

「激射匪停」とは問答の時の矢を放つかのような勢いよく鋭い機鋒を形容したものである。曹山がこの点で当時の禅師たちの手本となり、彼もおそらくは機縁問答の成熟を促した先駆者の一人であったことを物語っている。「排五位以銓量区域」とは、法眼『宗門十規論』に「曹洞則敲唱為用（曹洞は問いと答えを用とした）」、「曹洞家風、則有偏有正、有明有暗（曹洞の家風には、偏と正、明と暗がある）」と言う曹洞の門風のことであろう。[62]『伝灯録』は曹山が「及受洞山五位銓量、特為叢林標準（洞山の五位による考察を受け継いで、特に禅林の模範となった）」[63]と言うが、『宋高僧伝』によると、曹山の弟子たちによって増補された可能性はあるにせよ、この五位銓量という門風は曹山によって創始されたものらしい。例えば、『重編曹洞五位』は曹山の弟子である曹山慧霞の述、広輝（年代未詳）の釈、元初の晦然の補と記されている。[64]『祖堂集』と『伝灯録』は曹山と洞山及び弟子たちとのものとする多くの機縁問答を収録しているが、五位銓量の具体的内容にはついぞ言及していない。宋代になると、洞山が雲巖曇晟の伝えた『宝鏡三昧』、『五位君臣偈』、『五位君臣顕訣』、『三種滲漏』を曹山に伝授したという逸話が現れ、曹洞の家風を偏正五位・四賓主・功勲五位・君臣五位・王子五位・内紹外紹等に概括するようになる。[65]これらは曹洞の後裔によって次第に発展・増補されたのであろう。

『宗鏡録』は曹山の名によって偈一首と上堂語一段を載せている。

先曹山和尚偈云「従縁薦得相応疾、就体消機道却遅。瞥起本来無処所、吾師暫説不思議」[66]。

（先曹山和尚の偈に言う。「縁に従って体得すれば道は速やかに体得され、本体の上に機を用いようとすればなかなか実現しない。この心は実体ある場所なき所に生起し、我が師はそれを不思議と言うのみであった」。）

先曹山和尚云「古仏心、牆壁瓦礫是者、亦喚作性地、亦称体全功、亦云無情解説法。若知有、這裏得無弁処。十方国土、山河大地、石壁瓦礫、虚空与非空、有情無情、草木叢林、通為一身。喚作得記、亦云一字法門、亦云総持法門、亦云一塵一念、亦喚作同轍。若是性地不知有、諸仏千般喩不得、万種況不成。千聖万聖、尽従這裏出、従来不変異。故云十方薄伽梵、一路涅槃門[67]」。

（先曹山和尚が言う。「古仏の心とは、牆壁瓦礫であるというのは、性地とも呼び、体全功とも呼び、無情説法とも言う。もし有るということを知ったら、ここで無分別処を得る。十方の国土、山河と大地、石壁と瓦礫、虚空と非空、有情と無情、草木と森林は、全て一つの仏身である。これを授記を得ると呼び、一字の法門とも言い、総持の法門とも言い、一塵一念とも言い、轍を同じくするとも呼ぶ。もし性地において有るということを知らなかったら、諸仏が一千、一万の比喩を用いても教えることができない。全ての聖者はここから現れたのであって、未だかつてここを離れたことはない。そこで、十方の諸仏も、その涅槃の門は一つと言うのだ」。）

『祖堂集』曹山章にも上堂語一段がある。

師毎上堂示誨云「諸人莫怪曹山不説。諸方多有説成底禅師在、你諸人耳裡惣満也。一切法不接不借、但与摩体会、他家差別知解、無奈闍梨何。天地洞然、一切事如麻如葦、如粉如葛、仏出世亦不奈何、祖出世亦不奈何。唯有体尽、即無過患。你見他千経万論説成底事、不得自在、不超始終、蓋為不明自己事。若明自己事、即転他一切事為闍梨自己受用具。若不明自己事、乃至闍梨亦与他諸聖為縁、諸聖与闍梨為境、境縁相渉、無有了時、如何得自由？　若体会不尽、則転他一切事不去。若体会得妙、則転他一切事、向背後為僮僕者。是故先師云『体在妙処』。莫将作等間。到這裏不分貴賤、不別親疎、如大家人守銭奴相似。及至用時、是渠惣不得知東西。這裏便是不弁緇素、不識清濁。若是下人出来著衣、更勝阿郎、奈何縁被人識得伊。専甲向諸人道、向去語則浄潔、事上語却不浄潔、且喚什麼作事上語？ 這裏没量大人弁不得」。(68)

（師は上堂するたびに教え諭して言った。「諸君、わたくし曹山が語らないことを咎めないでほしい。諸方にはうまく言い表す禅師が沢山いるので、そなたらの耳は一杯だろう。一切法は受け入れもせず借りもせず、ただそのように体得するのであり、余所の人々の差別や理解では、そなたらを如何ともしがたい。天地はからりと開けており、一切の事は麻や葦のよう、粉や葛のようにごたごたと切りがなく、仏が出世してもどうしようもないし、祖師が出世してもどうしようもない。ただそのままに体認しきった時に、憂い災いがなくなるのだ。見よ、かの千万の経論に説かれた教えなどでは、自在を得ることができず、時空を超越することはできない。それは自己の事を明らかにしていないからだ。もし自己の事を明らかにしたら、他の一切の事はそなたら自身が用いる道具へと転換する。もし自己の事を明らかにしなかったら、そなたらは聖者らを外在の縁とし、聖者らはそなたらを対象とする。こうして対象と縁とが終わりなく連続するなら、どうやって自由を得るというのだ？ もし体得し切れなかったら、外在の一切事を転換することができない。もしうまいこと体得したなら、他の一切の事を転換して、背後に付き従わせて下僕にする。そこで先師は『妙所において体得する』と言ったのだ。疎かにしてはならないぞ。ここに来れば身分の上下を分けず、親しいかそうでないかの別もなく、でかい屋敷に住む守銭奴のようなものだ。いざ用いる時になると、用いられる側は東も西も分かたない。ここは僧侶と俗人を分けず、清浄と汚濁も知らない。もし下男がしゃしゃり出て羽織をはおり、主人より見目よければ、人々はどうやって彼を見分けるのか。私は諸人に告げる。今後の言葉が清浄であっても、事上の言葉は清浄でない。事上の語とは何か。ここは桁外れの大丈夫も識別しがたいのだ」。）

これらの偈と法要は「自己事」、すなわち自性／仏性を体得することを繰り返し強調する。永明延寿が曹山の偈を引用したのは、「若有悟斯真実法性、此人則能了知三世諸仏、及一切衆生、同一法界、本来平等、常恒不変（もしこの真実の法性を悟る者があれば、この人は三世の諸仏、及び一切衆生が、同じ一つの法界であり、本来平等で、永遠に不変であると悟ることができる）」という如来蔵／仏性理論を証明するためである。[69]この他、曹山はさらに「無情有性」説に賛同し、仏性は「十方国土、山河大地、石壁瓦礫、虚空与非空、有情無情、草木叢林」を含む万物に遍在していると考えた。

もう一つの曹山の重要な著作は、『宋高僧伝』に記されている『対寒山子詩』である。『伝灯録』寒山章にも「曹山本寂注釈、謂之『対寒山子詩』（曹山本寂が注釈を施し、『対寒山子詩』と呼んだ）」とある。[70]「対」の本来の意味は対法、つまり阿毘達摩（abhidharma）であろう。Abhidharma という語は、abhi と dharma という二つの部分からなり、abhi は相対すること、相対して観察すること、dharma は法の意であり、二つが合わさって仏法／仏経について整理・分類・訓詁・注釈といった研究を行うことを指す。これは大蔵経における「論」の内容でもある。[71]従って『対寒山子詩』の「対」の本来の意味は「注」であろう。現行の『寒山詩集』において仏教と関連する詩は、約百十九首あり、そのうち約六十五首が仏教の基本的教義によって俗世を諫め誹る通俗詩、その他の約五十四首が古典禅思想を表現した詩偈である。この二種類の詩は内容・風格・体裁・音韻といった各方面において明らかな違いや矛盾すらあり、これらの詩が同じ作者によるものか否かについて多くの学者がこぞって疑問を呈している。本書附録三は、内容と形式の両面における対比・分析を通じ、また多数の原資料を結びつけて厳密な考証を行い、能う限り充分な論拠によって、これらの禅詩が主として古典禅思想を表しており、その発音と押韻方法も晩唐の人にかなり近いこと、そして真の作者は寒山ではなく、曹山であることを証明する。曹山による『対寒山子詩』撰述は、詩によって詩に注釈する形式であった。これらの注釈としての詩は唐末五代の戦乱の中で原書の詩に紛れ込み、今日我々が『寒山詩集』の中に見出す独特の特色ある禅詩となったのである。『新唐書』芸文志は「『対寒山子詩』七巻、天台隠士」と著録する。(72) ここから北宋期には曹山の名前が既に『対寒山子詩』から消えてしまっていたことが分かる。(73)

これらの禅詩が繰り返し詠う主題は自性/仏性の体得であり、上述の曹山の偈頌と上堂語に完全に一致する。

今日審思量、自家須営造。(二四五)

(今日じっくりと考えてみるに、自分で築いていかねばならないのだ。)

賈客却帰門内去、明珠元在我心頭。(一九九)

(商人は門の中へと帰って行くが、明珠はそもそも我が心に在るのだ。)

我自観心地、蓮花出淤泥。(二六七)

(私が自ら心地を観ると、蓮の花が泥から咲き出ていた。)

我心似秋月、碧潭清皎潔。無物堪比倫、教我如何説。(五一)

(私の心は秋の月が、青緑の淵で澄み渡り冴え冴えと輝くかのよう。比べるに堪えるものは何もないのだから、一体どのように説明したらよいものか。)

不解審思量、只道求仏難。廻心即是仏、莫向外頭看。(二一三)

(深く考えることができず、仏を求めるのは難しいとばかり言う。心をめぐらせればそれが仏なのだ、外側を見ていてはいけない。)

寄語諸仁者、復以何為懐。達道見自性、自性即如来。(二三九)(74)

(諸先生方に申し上げます、一体どのようなお考えをお持ちでしょうか。道に達して自性を見たら、自性こそが如来なのです。）

偈頌は唐末五代期の機縁問答で流行した手法の一つである。洞山と曹山はいずれも偈頌によって仏の教えと禅の真理を宣揚し、学徒を悟りへと導くことに長けていた。洞山の弟子である竜牙居遁はとりわけ偈頌で名高く、『伝灯録』巻二十九に『竜牙居遁偈頌』十八首が収録されている。(75)『禅門諸祖師偈頌』は『竜牙和尚偈頌』九十五首を収録するが、その部分の冒頭には南岳斉己の序があり、「竜牙之嗣新豊也、凡託像寄妙、必含大意。猶夫驪頷蚌胎、炟耀波底。試捧玩味、但覚神慮澄蕩、如遊寥廓、皆不若文字之状矣（竜牙が洞山良价から受け継ぐと、形に託して奥深き妙所を宿らせ、必ずや大いなる要義を内に含んだ。それはあたかも驪竜の下顎に隠された宝珠と蚌貝の中に秘められた真珠が、波打つ水の底で光り輝くかのようである。試みに捧げ持って味読してみると、ただただ心が清らかに澄み渡り、広々とした空の世界に遊ぶかのように思え、いずれも文字の表層を超えている）」とある。(76)従って偈頌は曹洞の門風の主な特色と見なすことができる。

三、徳山の門風

前述のように、五代末期から北宋初期における禅林内外の論評において、徳山宣鑑（七八二—八六五）は晩唐五代の重要な法系の一つに数えられ、しばしば臨済と並列して論じられる。北宋中期以前には、『馬祖四家録』が現れたのとほぼ時を同じくして、『徳山四家録』も現れた。(77)このテキストは現在既に存在しておらず、柳田聖山は恐らく徳山・巖頭全豁（八二八—八八七）・雪峰義存（八二二—九〇八）・玄沙師備（八三五—九〇八）の四家の語録からなっていたであろうと推測する。(78)このテキストの実体が如何なるものかは、既に知ることができないが、同じく達観曇穎『五家宗派』が現れる以前にも、徳山がずっと重要な法系と見なされていたことを証明している。『祖堂集』、『宋高僧伝』及び『伝灯録』が記載する徳山宣鑑の生涯の事跡は、おおむね一致しており、いずれも僧元会が撰述した碑文に基づいているであろう。[79] 三書によると、徳山は最初は蜀の地で律蔵の研鑽を積み、性宗・相宗の諸経論に精通し、「常講『金剛般若』、時謂之『周金剛』（いつも『金剛般若経』を講じて、当時『周金剛』と呼ばれた）」。後に禅の教えを学ぶようになり、竜潭崇信に師事して悟りを得た。咸通年間初め、朗州刺史の薛庭望が朗州武陵・徳山の住持として宣鑑を招き、世に名高い法席が開かれるや、「堂中常有半千人（堂中にはいつも五百人いた）」[80]。本書第九章で既に議論したように、徳山は竜潭を石頭の二代目と宣揚している。これは恐らく洞山に続いてその法系を青原―石頭系に帰属させたのであり、このことが晩唐五代期に独立した一派をなし得た大きな要因の一つであった。

『宗鏡録』は徳山の上堂語二則を収録する。

徳山和尚云「若有一塵一法可得、与汝執取生解、皆落天魔外道。只是箇霊空、尚無纖塵可得、処処清浄、光明洞達、表裏瑩徹」。

（徳山和尚が言う。「もし一塵一法たりとも得られるものがあって、君たちに執着や見解を生じさせたなら、みな天魔外道に落ちてしまう。ただこの霊妙なる空性だけは、毛筋や塵ほどの得られるものもなく、至る所清浄で、光に満ち溢れ、内外隈無く清らかに透き通っている」。）

又云「汝莫愛聖、聖是空名。更無別法、只是箇炟爀霊空、無礙自在、不是荘厳修証得。従仏至祖、皆伝此法、而得出離」[81]。

（また言う。「お前は聖に愛着を生じてはならない、聖とは実質のない虚名である。他でもない、ただ光り輝く霊空というものは、妨げなく自在であり、飾ることもできず修行や証悟できるものでもない。仏から祖師まで、皆がこの法を伝え受け継いで、涅槃に到ることができたのである」。）

『伝灯録』も徳山の上堂語一則を収録する。

師上堂謂衆曰「於己無事、則勿妄求。妄求而得、亦非得也。汝但無事于心、無心於事、則虚而霊、空而妙。若毛端許言之本末者、皆為自欺。毫氂繋念、三塗業因。瞥爾生情、万劫羈鎖。聖名凡号、尽是虚声。殊相劣形、皆為幻色。汝欲求之、得無累乎。及其厭之、又成大患、終而無益」。[82]

（師は上堂して衆僧に言った。「自己において無事であれ、妄りに求めてはならない。妄りに求めて得ても、それは得たのではないのだ。お前はただ心に何事も起こさず、物事に心を動かさなければ、虚にして霊、空にして妙となる。毛先ほども本末を語れば、全て自ら欺くことだ。ちらりとでも思い煩うことが、三悪趣に墜ちる因となる。突然情を生じることが、万劫の長きにわたる束縛となる。聖者や凡夫といった名号は、全ては実質のない虚名である。すぐれた見た目も劣った姿も、全ては幻である。お前が追い求めようとするなら、繋縛されずにはいられない。かと言ってそれを厭い避けようとすれば、これまた大きな災いとなり、結局は利益がないのだ」。）

この法要三則の思想はかなり一致しており、いずれも霊空・無心・無事・無礙の般若の智慧を強調している。これは、徳山が般若経の研鑽を積んだという経歴と合致する。

『宋高僧伝』には「天下言激箭之禅道者、有徳山門風焉（天下の人々は、激しく飛ぶ矢のような禅道となれば、徳山の門風だと言う）」と言う。[83]「激箭」とは機鋒が矢が飛ぶかのように勢いよく鋭いことを言う。『宗門十規論』は五代末期の禅僧を「棒喝乱施、自云曽参徳嶠・臨済（棒と喝を妄りに行い、かつて徳山宣鑑・臨済義玄に参学したことがあると言う）」と批判する。[84]「徳嶠」は徳山のことである。『伝灯録』は首山省念（九二六―九九四）と修行者との問答を記し、「臨済喝、徳山棒（臨済の喝、徳山の棒）」という流行語が見られる。[85] 省念は主に五代末期から北宋初期に活動した。徳山の棒に関する機縁物語が『祖堂集』と『伝灯録』に多く収録されていることと結びつければ、徳山あるいは弟子たちが棒による打擲という機縁の創始者であり、「激箭」のような徳山の門風というのは、これを指すのだろうと推測するだけの理由はあるのである。

四、臨済の門風

『祖堂集』には、臨済義玄（？—八六七）は黄檗希運の紹介によって、高安大愚に拝謁し、二度打たれて開悟し、お返しに大愚を数度殴ったとある。[86]『伝灯録』によると、臨済が黄檗に祖師西来の意を問い、三度質問して三度打たれた。そこで師は弟子に大愚を訪問するよう指示し、大愚がこれこそが黄檗の老婆心ではないかと言って臨済を開悟させ、臨済は大愚を一度殴って謝意を示した。[87] 黄檗の『伝心法要』には機知に富んだ言葉による問答が少量含まれているが、大部分が一般的な問答であり、そこから黄檗の頃にはまだ成熟した機縁問答が現れておらず、棒の機鋒など言うまでもないことが推測できる。『伝灯録』は大愚を帰宗智常の法嗣に列するが、目録に見えるだけで本文はなく、注に「無機縁語句不録（機縁問答の記録がないので収録しない）」とあり、[88] 大愚には世に伝えられた機語が元々なかったことが分かる。臨済悟道の逸話における黄檗・大愚と臨済との棒拳乱れ飛ぶ機鋒は、唐末五代期の捏造であろう。[89]

『宋高僧伝』所載の臨済伝はどうやら最も素朴で信頼できるようである。

釈義玄、俗姓邢、曹州南華人也。参学諸方、不憚艱苦。因見黄檗山運禅師、鳴啄同時、了然通徹。乃北帰郷土、俯徇趙人之請、住于城南臨済焉。罷唱経論之徒、皆親堂室。示人心要、頗与徳山相類。以咸通七年丙戌歳四月十

日示滅。勅謚慧照大師、塔号澄虚。『言教』頗行於世、今恒陽号臨済禅宗焉。(90)

（釈義玄は、俗姓は邢、曹州の南華の人である。方々で参学し、艱難辛苦を厭わなかった。黄檗山の希運禅師に会い、卵から孵ろうとして鳴く雛と、卵の殻をつつく母鶏のようにぴたりと機縁がかなって、はっきりと悟った。そこで北行して故郷へと帰り、趙人の招きに従って、城南の臨済に住した。経論を誦えることを止めた人々は、みなその門下で親しく教えを受けた。そこで人に示した心要は、徳山とよく似ていた。咸通七年丙戌の歳、四月十日に示寂した。勅命によって慧照大師という謚と、澄虚という塔号を賜った。『言教』は世の中によく流布し、いま恒陽は臨済禅宗と呼ぶ。）

この伝は我々に四つの重要な事柄を教えてくれる。第一、臨済は各地を遊学したが、最後には黄檗の下で悟りを得たのであり、大愚とは無関係である。第二、臨済の心要は徳山と類似している。第三、五代末期から北宋初期、『臨済言教』が世間に流布していた。第四、その頃には既に「臨済宗」という呼称があった。

臨済はほぼ大中八年（八五四）以後に鎮州（現在の河北省正定）の臨済院に住し、成徳軍節度使の王紹懿（八五七―八六六年在任）は師と仰いで待遇した。咸通二年（八六一）になって、臨済は河中節度使の招きに応じ、鎮州を離れて蒲州（現在の山西省永済）に赴いた。咸通六年（八六五）、臨済はまたもや魏博節度使の何弘敬の招きに応じ、魏州（現在の河北省大名）に行き観音寺江西禅院に住んだ。(91)臨済の主要な弟子である三聖慧然は鎮州、興化存奨は魏州、幽州譚空は幽州（現在の北京）、定州善崔は定州（現在の河北省定州）、鎮州万歳は鎮州、滄州米倉は滄州（現在の河北省滄州）、涿州紙衣は涿州（現在の河北省涿州）に住しており、またほとんどが地方の軍事長官の支持を得ていた。(92)このように、軍事長官の援助を受け、臨済系は晩唐期に北方で勃興したのである。

『祖堂集』と『伝灯録』は各々臨済の上堂語と機縁問答を幾つか収録しており、『宗鏡録』にも上堂語一則がある。

本章の冒頭で述べたように、現行の『臨済録』は弟子である三聖慧然の編纂、また別の弟子である興化存奨の校訂と題されるが、しかしこの語録の完成形は一〇二九年編纂の『天聖広灯録』に見えるのが最も早く、様々な増補・修訂を経ており、元来のテキストではない。『伝灯録』巻二十八「諸法広語」所載の『鎮府臨済義玄和尚［広］語』は、長い上堂法要であるが[93]、こちらもまたやや簡略な形で『祖堂集』と『宗鏡録』に見えており、比較すると以下のようになる[94]。

表一　『伝灯録』、『祖堂集』、『宗鏡録』所載の臨済上堂語の比較

『伝灯録』巻二八所載「臨済広語」	『祖堂集』	『宗鏡録』
【一】 鎮府臨済義玄和尚示衆曰、今時学人、且要明取自己真正見解。若得自己見解、即不被生死染、去住自由、不要求他、殊勝自備。如今道流、且要不滞於惑、要用便用。如今不得、病在何処？　病在不自信処。自信不及、即便忙忙徇一切境。脱大徳若能歇得念念馳求心、便与祖師不別。汝欲識祖師麼？　即汝目前聴法底是。学人信不及、便向外馳求、得者只是文字学、与他祖師大遠在。莫錯、大徳！　此時不遇、万劫千生、輪廻三界、徇好悪境、向		

驢牛肚裏去也。		
【二】 如今諸人与古聖何別？　汝且欠少什麼？　六道神光、未曽間歇。若能如此見、是一生無事人。一念浄光、是汝屋裏法身仏。一念無分別光、是汝報身仏。一念無差別光、是汝化身仏。此三身即是今日目前聴法底人、為不向外求、有此三種功用。拠教三種名為極則、約山僧道三種是名言。故云身依義而立、土拠体而論。法性身、法性土、明知是光影。大徳、且要識取弄光影人、是諸仏本源、是一切道流帰舎処。大徳、四大身不解説法聴法、虚空不解説法聴法。是汝目前歴歴孤明、勿形段者、解説法聴法。		臨済和尚云、如今諸人、与古聖何別？　爾且欠少什麼？　六道神光、未曽間歇。若能如是、秖是箇一生無事人。欲得与祖仏不別、但莫向外馳求。爾一念清浄光、是爾屋裏法身仏。爾一念無分別光、是爾屋裏報身仏。爾一念無差別光、是爾屋裏化身仏。此三種身、即是今日目前聴法底人。此三種是名言、明知是光影。大徳、且要識取弄光影底人、是諸仏本源、是一切道流帰舎処。爾四大六根及虚空、不解聴法説法。是箇什麼物、歴歴地孤明、勿箇形段、是這箇解説法聴法。
【三】 所以山僧向汝道、五蘊身田内、有無位真人、堂堂顕露、無糸髪許間隔、何不識取？　心法無形、通貫十方、在眼曰見、在耳曰聞、在手執捉、在足運奔。心若不	師有時謂衆云、山僧分明向你道、五陰身田内、有無位真人、堂堂露現、無毫髪許間隔、何不識取！ 有時謂衆云、但一切時中、更莫間断、触	所以向爾道、向五陰身田内、有無位真人、堂堂顕露、無糸髪許間隔、何不識取？　大徳、心法無形、通貫十方。在眼曰見、在耳曰聞。本是一精明、分成六和合。心

在、随処解脱。山僧見処、坐断報化仏頂。十地満心猶如客作児、等妙二覚如担枷帯鎖、羅漢辟支猶如糞土、菩提涅槃繋驢馬橛。何以如斯？　蓋為不達三祇劫空、有此障隔。若是真道流、尽不如此。如今略為諸人大約話破、自看遠近。時光可惜、各自努力。珍重！	目皆是、因何不会？　只為情生智隔、（想）［相］変体殊、所以三界輪廻、受種種苦。大徳心法無形、通貫十方、在眼曰見、在耳曰聞、在手執捉、在脚雲奔。本是一精明、分成六和合。心若不生、随処解脱。大徳、欲得山僧見処、坐断報化仏頭、十地満心猶如客作児。何以如此？　蓋為不達三祇劫空、所以有此障。若是真正道流、尽不如此。大徳、山僧略為諸人大約話破綱宗、切須自看。可惜時光、各自努力！	若不生、随処解脱。

以上の表から分かるように、『伝灯録』所載の「臨済広語」は、第一段以外の第二、三段は『宗鏡録』に見え、第三段は『祖堂集』にも見えるが、文字にやや異同があるだけである。このことから、三書は共通のテキスト、恐らくは五代期に流行した『臨済言教』を基礎としたことが看取しうる。以下ではこれによって臨済の禅法と門風を分析しよう。

第一に、臨済は馬祖から黄檗が提唱した即心是仏を展開させ、「五蘊身田内有無位真人（五蘊によって構成された身の内にはあらゆる枠組みを超えた真人がいる）」と提起しており、無位の真人とはどの人も本来備えている仏性を指す。

汝欲識祖師麼？　即汝目前聴法底是。学人信不及、便向外馳求、得者只是文字学、与他祖師大遠在。……一念浄光、是汝屋裏法身仏。一念無分別光、是汝報身仏。一念無差別光、是汝化身仏。此三身即是今日目前聴法底人。為不向外求、有此三種功用。……五蘊身田内有無位真人、堂堂顕露、無糸髪許間隔。何不識取？

（お前は祖師と相識りたいか？　君たちという私の目の前で説法を聴いている者がそれだ。君たちはそれを信じ切れずに、自己の外に祖師を求めるが、それで得られるのは文字による学識に過ぎず、彼の祖師とは懸け離れておるのだ。……一念の清浄な光は、お前の家の中にいる法身仏だ。一念の無分別の光は、お前の報身仏だ。一念の無差別の光は、お前の化身仏だ。この三身こそが今日目の前で説法を聴いている人なのだ。外側へと求めないので、この三種類の作用があるのだ。……五蘊によって構成された身の内にはあらゆる枠組みを超えた真人がおり、堂々と現れる様は髪の毛一筋ほども違わない。どうしてそれを見てとらぬのだ。）

第二に、臨済は仏性が日常の作用に体現されているという馬祖の宗旨をさらに説き明かし、「心法無形、通貫十方、在眼曰見、在耳曰聞、在手執捉、在足運奔。心若不在、随処解脱（心法には形がなく、世界のあらゆる場所に通じる。眼にあっては見と言い、耳にあっては聞と言い、手にあってはつかみ取り、足にあっては体を運ぶ。もしこれらのどこにも心がなければ、至るところで解脱するのだ）」とした。第三に、臨済は「呵仏罵祖（仏を叱りつけ祖師を罵倒する）」という方法で、学徒が外界に向かって追い求めることを止め、「十地満心猶如客作児、等妙二覚如担枷帯鎖、羅漢辟支猶如糞土、菩提涅槃繋驢馬橛（十地満心の位も人夫風情、等覚や妙覚の悟りは我が身を縛る枷と鎖、羅漢や辟支仏の果報は糞や土くれ、菩提や涅槃は驢馬をつなぐ杭）」とした。

『宗門十規論』は五代末期の禅僧を「棒喝乱施、自云曽参徳嶠・臨済」と批判する。[95]『伝灯録』は臨済の三伝の弟子である首山省念と参学者との問答を記し、「臨済喝、徳山棒（臨済の喝、徳山の棒）」という流行語を伝える。[96]同書はまた臨済の弟子・興化存奨は門人間における喝の乱用を批判していたこと記している。

師謂衆曰「我只聞長廊下也喝、後架裏也喝。諸子、汝莫盲喝乱喝。直饒喝得興化向半天裏住、却撲下来気欲絶。待興化蘇息起来、向汝道未在。何以故？　我未曾向紫羅帳裏撒真珠、与汝諸人虚空裏乱喝作什麼！」(97)。

（師は大衆に言った。「長廊でも洗面所でも、喝を叫ぶ声ばかりだ。皆の者よ、お前たちは闇雲に喝を叫んではならない。たとえお前たちの喝が、空中にいるわしを突き落として息絶えなんばかりにしようと、わしが息を吹き返したなら、まだまだ！　と告げよう。何故だろうか。私は紫羅の帳の中で真珠を撒き散らしたことなどない、お前たちと虚空に向かって妄りに喝を叫び、どうしようというのか」。）

晩唐五代の「棒喝乱施」なる状況にあって、喝の乱用を批判する話が捏造されたとは考えにくいだろう。柳田聖山はこの一段に基づいて、存奨は喝という手法に反対していたと考え、また臨済の弟子の中には三聖慧然と興化存奨という二つの派閥があったと推測する(98)。しかしながら、存奨はここではただ過度な濫用の風潮を批判しているだけであり、こういった風潮が現れたことはあたかも、臨済か遅くともその弟子たちが既に喝という機縁の手法を用い始めており、第二代の弟子の頃になると既に極限まで発展していたことを表している。徳山と臨済は師承が異なるが、五代末期から北宋初期の禅師がこの二家を同じ宗派と見なすことが多かったのは、二家の棒・喝の門風における近似に着目したからであろう。

宋代の禅僧によって総括された臨済の家風には三玄三要・三句・四賓主・四料揀・四照用等がある(99)。これらの用語による概括と論述については、もし臨済のものとされる語録を数に入れなければ、臨済の三伝の弟子である首山省念、及び省念の弟子である谷隠蘊聡（九六五―一〇三二）と汾陽善昭（九四七―一〇二四）の語録に見えるのが最も早い(100)。これらは五代末期から北宋初期の臨済の後裔による展開・敷衍であると考えるのが、より実情に合致するであろう。

五、石霜の門風

『祖堂集』石霜慶諸（八〇七―八八八）章は孫偓が撰述した碑文に基づき、『宋高僧伝』石霜伝は南岳玄泰が撰述した行録に基づいているが、二書及び『伝灯録』が記す石霜の生涯の事跡はおおむね同じである。(101)本書第九章で述べた通り、石霜は前後して潙山霊祐と道吾円智に師事し、道吾を本師とした。その後会昌元年（八四一）頃に長沙石霜山に住み、禅宗の重要な道場を形成した。(102)彼もかなり早くに自身の法系を青原―石頭系に帰属させた人らしく、それによって自身の法系を打ち立てたのである。(103)

現行の石霜のものとされる語録の中には、長めの上堂法要は見られない。『宋高僧伝』に「二十年間、堂中老宿、長坐不臥、屹若檣杌、天下謂之石霜枯木衆是也。南方謂之叢林者、翻禅那為功徳叢林也、為四方清則者無出其右（二十年間、堂中の徳高き老僧は、長時間坐して横にならず、切り株のように屹立し、天下の人は石霜の枯木衆と呼んだ。南方で叢林と呼ぶのは、禅那を功徳の叢林と翻訳したからであり、各地の清浄なる規範となる者でその右に出るものはいなかった）」とある。(104)他の二書にも類似の記述がある。つまり石霜の禅法は坐禅を際立った特色としたもので、機縁問答の独特の門風を打ち立ててはいなかったのである。

後に汾陽善昭は「広智歌一十五家門風」で、石霜の門風を「或君臣、或父子、量器方円無彼此。士庶公侯一道平、愚智賢豪明漸次（君臣であったり、父子であったりと、その器は融通がきいて彼我の区別がない。士人や庶民、高位高官の人も同じ道を歩み、かつ知恵者と愚か者、賢人と豪傑の階梯は明らか）」と称した。(105)石霜楚円「讃諸方尊宿」も「石霜道吾、父子相呼。三門五路、広誘初徒。君臣和合、豈話有無（その石霜と道吾は、父子のように打てば響く対話。三つの入り口と五つの道筋により、広く初学者を導いた。君臣が和合すれば、どうして有無を云々しようものか)」と言う。[106] こういった君臣和合の門風は、石霜の後裔が唐代末期から北宋初期に発展させたものであろう。例えば、石霜の再伝の弟子である同安常察（?—九六一）が撰述した『十玄談』は「賓主黙時全是妄、君臣道合正中邪（賓客と主人が押し黙る時は全てが虚妄、君主と臣下の道が一致すれば正中の邪）」といった機縁による指導法を宣揚している。[107]

六、雪峰の門風

雪峰義存（八二二—九〇八）は芙蓉霊訓（帰宗智常の弟子）と徳山宣鑑に師事し、石頭系出身だと自認していた。雪峰は咸通十一年（八七〇）は福州閩県象骨峰で寺院を建立し、福建観察使を歴任した韋岫、陳岩等に尊崇され、唐の僖宗から真覚大師という号を賜った。その後また閩王の王審知（八六二—九二五）による支援を得て、常に千五百人余りの信徒を集め、閩の地で一番の大道場となった。[108] 雪峰の門下からは玄沙師備（八三五—九〇八）、鼓山神晏（八七三—九四五）、長慶慧稜（八五四—九三二）、保福従展（?—九二八）、雲門文偃（八六四—九四九）といった大師が輩出され、各々閩・粤の地で大道場を住持し、これらの地で独り盛んであった。本書第九章で述べた通り、黄滔は雪峰碑で「達摩六葉、止于曹渓。分宗南北、徳山則南宗五葉。大師嗣［下闕一句］其今六葉焉。……曹渓分派、誰継南宗？　一言冠絶、六葉推雄（達摩からの六代は、曹渓慧能に止まる。南北宗が分かれてから、徳山が南宗第五代となる。雪峰大師がそれを嗣ぎ［一句脱落］、いま第六代となっている。……曹渓の分派では、誰が南宗の正統を嗣ぐのか？　大師の一言が冠絶し、六代目となって覇を唱える）」と言う。[109] 雪峰かその弟子に南宗の正統を勝ち取るという野心があったことが分かる。

『祖堂集』と『伝灯録』の雪峰章はいずれも簡潔な機縁問答を少なからず収録しているが、その信頼性の判断はまだ難しい。『祖堂集』は長い上堂法要一則も収録している。

　有時上堂、衆立久、師云「便与摩承当、却最好省要、莫教更到這老師口裏来。三世諸仏不能唱、十二分教載不起。如今嚼涕唾漢争得会？　我尋常向師僧道、是什摩？　便近前来見答話処、驢年識得摩？　事不得已、向汝与摩道、已是平欺汝了也。向汝道、未跨門以前、早共汝商量了、還会摩？　亦是老婆心也。省力処不肯当荷、但知踏歩向前覓言語。向汝道、尽乾坤是個解脱門、総不肯入、但知在裏許乱走、逢著人便問『阿那個是？　我還著摩？』。只是自受屈、所以道『臨河渇水、死人無数、飯籮裏受餓人、如恒河沙』。莫将等閑。和尚子、若実未得悟入、直須悟入始得、不虚度時光、莫只是傍家相徼、掠虚嫌説悟入、且是阿誰分上事？　亦須著精神好！　菩提達摩来道『我以心伝心、不立文字』。且作摩生是汝諸人心？　不可只是乱統了便休去。自己事若不明、且従何処出得如許多妄想？　向這裏見凡見聖、見有男女・僧俗・高低・勝劣、大地面上炒炒底鋪砂相似。未嘗一念暫返神光、流浪生死、劫尽不息。慚愧！　大須努力好！」[110]。

（ある時上堂し、大衆が長らく立っていると、師が言った。「このように受けとめてもらったら、一番手間がかからないというもので、これ以上この私の口から言わせるでない。三世の諸仏にも言うことができず、十二分教にも載せられないのだ。今、人の吐き出した唾を鵜呑みにしている野郎に分かるわけがないだろう。私がいつも諸君に、何だ、と言うと、近づいてきて答を求めてくるのでは、いつまでも分かるわけがない。仕方がないと、お前たちにこうやって説いていることも、もうお前たちを欺いているのだ。お前たちに言っておくが、まだ門を跨いでおらぬうちに、もうお前たちと相談済みなのだというのが、分かるかな？　これだって老婆心だ。力のいらないところでは自分で担おうとせず、ただ進み出てきて言葉をかけてもらおうと求めるだけなのだ。お前たちに、乾坤からなる全世界が解脱の門なのだぞ、と言っても、ちっとも門に入ろうとせず、ただ中で無闇に走り回り、人に出くわすと『どれなんだろう？　私にやりおおせるだろうか？』と問うばかり。それでは自分を貶めているだけで、だから『河の前で渇き死にする人は無数、飯櫃の中で飢え死にする人はガンジス河の砂の数ほど多い』と言うのだ。いい加減にしていてはならんぞ。諸君、もしまだ悟りを開いていないのなら、ただちに悟らねばならず、空しく時を過ごしていてはならない。禅師の門をのきなみ訪ねて教えを求め、出鱈目に悟りを説いてはならない。これはお前たちでなくて誰のことだというのだ？　頑張るのだぞ！　菩提達摩はやって来て『私は心によって心を伝え、文字を立てない』と言ったが、お前たちの心とは何なのだ？　ただいい加減にやっつけて終わりにしてはいかん。自己の事が明らかでないというなら、どこからこんなに沢山の妄想が出てくるのだろうか？　ここで凡聖・男女・僧俗・高低・優劣という差別相ばかり見ており、まるで地面でじゃらじゃらとうるさい砂利のようだ。六根の不可思議な光によって暫くでも内心を照らし出さないと、生死の世界を流浪するばかりで、いつまでもきりがない。恥ずかしいことだ！　大いに努力せねばならんぞ！」。）

この一則は『伝灯録』には見えない。だが黄滔撰述の雪峰碑でも、雪峰は「常曰『三世諸仏十二分教、到此乃徒労耳』（いつも『三世諸仏と十二分教は、ここに到ると徒労に過ぎない』と言った）」と言及しており[111]、上の引用と基本的な意味が一致している。いずれも「自己事」、すなわち自身が本来備えている仏性をはっきり悟ることを強調している。もし自身の事が分からず、外に向かって追い求めたなら、たとえ三世諸仏の十二分教を使い果たしたとしても、無益な徒労なのである。これはやはり古典禅の自心是仏という基本的宗旨を説き明かしたものである。

現行の『雪峰真覚禅師語録』は、宋代の僧侶である守勲が一〇三二年編纂し、王随が序を撰述したのが最初である[112]。

しかし一〇八〇年になると、この版は既に「散乱漫滅、僅存而不可考、独得文恵王公所為『語録序』刻石（散逸して世の中から姿を消し、ごく一部が残っているだけで考証不可能であり、ただ文恵公王随が作った『語録序』の石刻だけ手に入った）」のであり、そこで孫覚が「旁捜博採、刪其重復、誘僧数人、共讎正之（幅広く捜し集めて、重複する分を削除し、僧侶数人に依頼して共に校訂させ）」、改めて『広録』を編集しなおした。[113] その後さらに、明末の林弘衍が一六三九年に再度編集・刊刻したのが、現行本である。[114] そのため、そのテキストを鑑定することなしに雪峰の禅思想を研究することができないのは明白である。しかしその中に収録される「師規制」は、「永明寺知覚禅師延寿立石（永明寺の知覚禅師延寿が石碑を立てた）」と注に明記し、また具体的な公布の日付を「光化四年閏六月十日沙門義存告示（光化四年の閏六月十日に沙門の義存が告示する）」と記す。考えるに光化四年は四月に天復に改元しているが、この年には確かに閏六月がある（閏六月十日は西暦九〇一年七月二十八日）。雪峰は遙かに閩の地の深山に居たので、まだ改元されたことを知らず、そのため光化の年号を用いた可能性がある。また「師規制」が定める寺院の規則は、宋代に通行した禅苑清規よりも遙かに簡素なため、この文はかなり信頼できるであろう。その詳細は以下の通りである。

師規制

夫出家者、先効軌儀、粛厳其行。行既精矣、乃曰其人方可参選明師、次択其理。且正道寂寥、尽古今而絶逢、包通十方万類、而従来莫二。如此之事、仮世而言之。若以住持之門、依像法而安処、收物情而共居。欲令百川同帰一源、衆流而臻大海。古云「家無二主、国無二王」。二主必諍、二王則競。況僧居無諍、有諍非僧。要令三世住持万所、心安人和、不失其緒者矣。

・或有投帰僧坊、而求変白披緇者、尽令帰奉一主。

・主無二、即免為諍。但依芙蓉先師規制、即知其義也。
・藍田・張際両荘、但逐年輪差了事僧勾当、始終供応塔院、常住供養当院僧徒等、切不得別議住持。
・衆中或有老者・病者、不任自取索、即差了事童行、終始看侍。如無童行、転差沙弥。如無沙弥、輪差大僧始終看侍、無至違越。
・或有郷村檀那、精心礼請唱仏道場、必須衆議、能為法事者差、免俗譏嫌。
・当院出家沙弥・童行・大僧等、無事出院、不辞知事及大衆等、如若却来、便須出院。若為小小因縁、若無重過、却来即罰礼一百拝、放住。如若当時不遵指約、亦須出院。
・当院徒衆等、或非知事、輒行杖木、令人不安、昼時出院。
右件条約住持之事、仰綱維主首及僧徒等、共相遵守、不得違越、終而復始。光化四年閏六月十日、沙門義存告示。

(師規制

そもそも出家した者とは、まず規則に従い、自らの行いを引き締めるものである。行いが厳格になってはじめて、その人は自分の師を選び、その道理を吟味する資格がある。正しい道は形なき虚空であり、古から今まで巡り会えることがないが、あらゆる場所の全てのものに貫通しており、常に一つである。このような事は、世俗の言葉を借りて語られる。いったい当院住職の法門は、形ある教えに依拠して安らかに住まわせ、人々の心情を受けとめて共に暮らせるようにする。百本の川が全て一つの源に帰し、多くの流れが大海原へと到るようにさせたいのである。昔から「家に二人の主なく、国に二人の王なし」と言う。二人の主は絶対に諍いを起こすし、二人の王は競い合うものなのである。ましてや僧侶の住まいには諍いはないもので、諍いがあれば僧侶ではない。もし過去現在未来の三世にわたって、あらゆる場所に仏法を保持しようとするなら、心安らかに仲睦まじくし、秩序を失ってはならない。
・僧坊に身を寄せて、俗人から僧侶になりたいと求める者がいたら、全てただ一人の主に仕えさせるように。
・主が二人いなければ、諍いを免れることができる。ただ芙蓉先師が設けた規則に依拠すれば、その意味が分かる。
・藍田、張際の二つの荘園は、ただ一年交代で寺務を司る僧侶を派遣して取り仕切らせ、終始塔院に必要な物を供給し、ここからの常住財物によって当寺の僧徒を養うのみ。決して独自の住持を立ててはならない。
・衆僧の中で年老いた者・病気の者が、自分で供養を受け取りに行けない場合は、事務を司る童行を差し向けて、一切の世話をさせる。もし童行がいなければ、沙弥を差し向ける。もし沙弥がいなければ、比丘を差し向けて世話をさせよ。この決まりに違背してはいけない。
・村の檀越が、真心を込め礼を尽くして法要を願った場合には、必ず衆僧が一緒に議論し、法事ができる者は差し向け、俗世からの非難を免れるようにせねばならない。
・当寺の出家者、沙弥・童行・比丘が理由なしに外出し、知事や大衆に暇乞いの挨拶をしていなかった場合、もし戻って来た場合は当寺から追放される。もし何らかの事情があった場合や、大きな問題ではなかった場合には、帰って来た際に罰礼百回を受けさせ、再び居住を許す。もしその際に規則に従わなければ、やはり追放される。
・当寺の徒弟で、知事でもないのに罰棒を用い、人を不安にさせた者は、白昼に当寺から追放する。
右の各条によって約束した寺院維持に関する事柄は、綱維や主首および僧徒は共に遵守し、違反しないよう、末永く保持せよ。光化四年閏六月十日、沙門の義存が告示する。）

雪峰はこれらの規則がのっとったのは芙蓉霊訓の規則であると言明しているので、彼の師も寺規を設けていたことが分かる。第一に、雪峰は「先效軌儀、粛厳其行」というように、仏教の伝統的戒律を厳守することの重要性を強調する。第二に、寺主の唯一絶対の地位と寺院の管理権の独占を特に際立たせており、百丈寺の最初の寺規における祖師と寺主を尊崇する傾向と一致する。雪峰寺にも「綱維主首」、「知事」等の階級はあるが、官立寺院における寺主・上座・維那の三綱が共同で寺務をつかさどる体制とは相違している。[115] これは『宝林伝』以来の祖師を尊崇するという観念を反映している。第三に、雪峰寺には藍田、張際という二箇所の常住田・荘園があり、寺の日常の経費を賄っていた。『祖堂集』と『伝灯録』が記している雪峰とその弟子たちの普請労働は、本書第八章で議論した通り、主に寺における各種の雑務であり、大規模な農作業ではないのである。第四に、雪峰は年老いた、または病気の僧侶の世話に殊の外注意しており、禅宗寺院の倫理的な精神を表している。第五に、雪峰は招きに応じて儀式法要を行うことに非常に慎重である。第六に、綿密で厳しい寺院の規律と処罰の条項を設けた。潙山寺と同様に、雪峰寺も「常不滅一千五百徒（いつも門徒は一千五百人を下らなかった）」、このように大きな寺院を管理するには、伝統的戒律以外に更に具体的で細かい規則を増補する必要がある。雪峰の寺規は禅宗寺規の発展過程における重要な一段階であり、禅宗寺院の建設と完成において大きな貢献をしているのであって、等閑視することはできない。賛寧は「雪峰化衆、切乎杜默禅坐、知戒急也（雪峰の門人教化は、沈黙の坐禅を重視し、さらに戒律の重要性を知っていた）」と言う。[116] そうすると雪峰寺では戒律の重視以外に、また坐禅も重要な実践とされたのである。

本書第九章で議論したように、北宋初期の禅師が門風と法系を論じた際には、雪峰とその弟子の玄沙師備を並列して論じる者が多かった。賛寧は雪峰伝末尾の系で次のように言う。

雪峰道也恢廓乎！　駿奔四海学人、所出門生形色不類、何邪？　玄沙乗『楞厳』而入道、識見天殊。其猶諺曰

「青成藍、藍謝青、師何常、在明経」。故有過師之説。一則雪峰自述、塔銘已尽其致也。一則玄沙安立三句、決択群見、極成洞過歟？ 今江表多尚斯学、此学虚通、無繋了達、逍遙勿拘、知乗急也。雪峰化衆、切乎杜黙禅坐、知戒急也。其能各捨一緩、以成一全、則可乎！[117]

（雪峰の道は何と広々していることか！ 天下を駆け巡る学徒たち、彼の下から輩出された門人が見るからに違っているのは、何故だろうか。玄沙は『首楞厳経』によって悟りの道へと入り、その見識は生まれながらに優れていた。それはあたかも諺に「青は藍から作られ、藍は青に及ばない。師と弟子にはどうして固定された地位があろうか、いずれがより経典に通じているかなのだ」と言うもの、かくて師を凌駕する教説が生まれる。一つには雪峰が自ら述べており、塔銘が既に詳しく言い尽くしている。また一つには玄沙が三句を設け、人々の見解を選び取り、全てを見抜いたのだろう。いま江南一帯では多く玄沙の仏学を尊んでいるが、この仏学はあらゆる場所に通じ、自在に通達し、逍遙して囚われがない。学問と智慧において切実に行うことを知っているのだ。雪峰が門徒を教化するには、必ずや沈黙の坐禅を厳格にさせる。これは戒律において切実に行うことを知っているのだ。二人とも一方の実践を捨てて緩め、もう一方を完全なものにしている。これもまた良きことではないか。）

賛寧はまた玄沙伝で「其于建立透過大乗初門、江表学人無不乗風偃草歟（彼らが大乗の最初の門を打ち立ててくぐり抜けたことに、江南の学徒たちは誰しも風を受けて草が倒れ靡くかのように教化されたのである）」と言う。[118] 賛寧の言によると、雪峰は戒律を重視したが、玄沙は大乗経典を重んじ、その禅思想は『首楞厳経』を基盤とした。『伝灯録』玄沙章も彼が「閲『楞厳経』発明心地、由是応機敏捷、与修多羅冥契（『首楞厳経』を読んで心地を明らかにし、そこで素早く機に応じ、経典の説く教えと暗黙のうちに一致した）」とする。[119] 鈴木哲雄は『玄沙宗一大師広録』から些かの語句を捜し出し、それによって玄沙が『首楞厳経』を引用したことを証明した。[120] しかしこの語録は日本の僧である玄光が一六九〇年に刊行したものである。巻首には「光化三年歳次庚申参学小師智厳集（光化三年、歳星が庚申の位置に宿る歳に参学小師の智厳が編纂）」とあり、玄光は跋文で、日本太平山大中禅寺所蔵の宋・孫覚刊本を得たと言うが[121]、その中には明らかに光化三年（九〇〇）以降の出来事が記されている。従ってこの語録は、その他の宋代以降に刊行された唐五代期の語録と同じく、恐らく淵源となったある語本に基づくが、後世の増補・潤色を経るのは免れがたかったのである[122]。もう一つの現行本玄沙語録は『福州玄沙宗一禅師語録』であるが、これは明の林弘衍が一六二六年に編集・刊行したもので、序には「旧有大小録行世、今無有存者。余山居之暇、蒐覧諸集、彙為三巻（以前は大小の語録が世の中に流布していたが、現在では残っているものがない。私は山住まいの暇な折りに、様々な本を収集して読み、集めて三巻にまとめた）」とある[123]。このテキストは主に『伝灯録』、『五灯会元』といった灯史から収集して編纂したもので、明らかに元来のテキストではない。

『伝灯録』巻二十八「諸方広語」は『玄沙宗一師備大師[広]語』が収録されており、その第一則はかなり明らかに『首楞厳経』を援用している。以下に全文を引く。

太虚日輪、是一切人成立。太虚見在、諸人作麼生満目覰不見、満耳聴不聞。此両処不省得、便是瞌睡漢。若明徹得坐却凡聖、坐却三界。夢幻身心、無一物如針鋒許、為縁為対、直饒諸仏出来、作無限神通変現。設如許多教網、未曽措著一分豪、唯助初学誠信之門、還会麼？ 水鳥樹林、却解提綱他甚端的、自是少人聴、非是小事。天魔外道、是孤恩負義。天人六趣、是自欺自誑。如今沙門不薦此事、翻成弄影漢、生死海裏浮沈、幾時休息去？ 自家幸有此広大門風、不能紹継得、更向五蘊身田裏作主宰、還夢見麼？ 如許多田地、教誰作主宰？ 大地載不起、虚空包不尽、豈是小事！ 若要徹、即今遮裏便明徹去、不教仁者取一法如微塵大、不教仁者捨一法如豪髪許、還会麼[124]？

（虚空と日輪は、あらゆる人が成立する根源である。虚空は現に存在しているが、人はどうして目に見ることもできず、耳にも聞くことができないのか。この二つが分からないのは、寝ぼけた男というもの。もしはっきりと分かれば凡聖を打ち砕き、三界を打ち砕くことになる。存在しない幻の身心は、針の先ほどのほんの僅かすら縁や対となることがなく、それはたとえ諸仏が現れて、無限の神通変化を現したとしてもである。多くの教えの網にしても、毛筋ほども設けられることはなく、ただ初学の信心を助けるだけなのだ。分かるかね。池や鳥や林が、かえってずばりと大綱を掲げているのだが、それを聞く者が少ないだけで、決して小事ではない。天魔や外道は、恩義に背くものだ。天や人といった六道は、自分を欺くものだ。今時の沙門はこの事を理解せず、かえって小手先の行いばかり、生死の海に浮沈して、何時になったらけりをつけるのか。幸いにも自己にこの広大なる門風があるというのに、それを受け止めることができず、なおも五蘊身田において主宰者となろうとするが、そんなことは夢にも見られまい。この身に生起する多くの田地には、誰を主宰者とするのか？　大地は載せきれず、虚空も包みきれない、全く小事ではないぞ！　もしここを明白にしたいなら、今ここで明白にし、君たち自身を微塵ほどの法に執着させず、また毛筋ほどの法をも捨てないようにさせることだ。分かるかね。）

「成立」とは安身立命の根本のことで、つまり自身が本来備えている仏性のことである。本書第六章での議論の通り、虚空は『首楞厳経』で最もよく用いられるイメージの一つであり、完全にして常住、かつ形相のない真空である自性／如来蔵を譬えるために繰り返し用いられる。黄檗も『伝心法要』の中で、このイメージを大いに運用し、「即心是仏、無心是道」という古典禅の宗旨を説いた。この他に、『首楞厳経』はまた日輪のイメージを虚空と組み合わせ、虚空は無相であるが、諸相が現れるのを妨げはしないことを明らかにする。黄檗もこのセットになったイメージを引用して、衆生の心は虚空と日輪の如く、光が天下を隅々まで照らし出しても、空寂の性は変わることはないと説いた。

玄沙は「太虚日輪、是一切人成立」によって論を立てたが、それは『首楞厳経』と黄檗の考えを援用して古典禅の宗旨を明らかにすることである。自身の本性を明らかにしなければならず、心田の主宰に執着してもならず、一法を取らず、一法を捨てず、虚空と日輪と同じように、明るく円満で、かつ空寂無相であり、真の空とは妙有で、常に存して不滅なのである。

玄沙の『首楞厳経』についての理解と利用とは、晩唐期から宋代初期における禅僧の中では決して珍しいものではない。『伝灯録』長沙景岑（？—八六八）章に次のようにある。

師曰「酌然言不干典、非智者所談。大徳豈不見『首楞厳経』云『当知十方無辺不動虚空、並其動揺地水火風、均名六大、性真円融、皆如来蔵、本無生滅』」。……講『華厳』大徳問「虚空為是定有？　為是定無？」。師曰「言有亦得、言無亦得。虚空有時但有仮有、虚空無時但無仮無」。云「如和尚所説、有何教文？」。師曰「大徳豈不聞『首楞厳経』云『十方虚空、生汝心内、猶片雲点太清裏』。豈不是虚空生時但生仮名？　又云『汝等一人発真帰源、十方虚空皆悉消殞』。豈不是虚空滅時但滅仮名？　老僧所以道、有是仮有、無是仮無」。[125]

（師「全くである。言葉が経典に基づかないのは、智者の議論ではない。大徳もご存知であろう、『首楞厳経』に『知るべし、十方に果てしなく広がる不動の虚空、そして揺れ動く地水火風は、合わせて六大と名付けられるが、それらの真性は円融しており、全てが生滅を離れた如来蔵である』と言うのを」。……『華厳経』を講じる大徳が「虚空とは絶対の有なのか、絶対の無なのか」と尋ねた。師「有と言ってもいいし、無と言ってもいい。虚空は有の時にはただ仮の有があるだけで、虚空は無の時にはただ仮の無がないだけだ」。「和尚の仰ることには、どんな経文があるのでしょうか」。師「大徳は『首楞厳経』に『十方の虚空は、お前の心中に生まれ、まるでひとひらの雲が大空にぽつんと浮かぶかのよう』と言うのをまさか聞いたことがないのか。虚空が生じる時にはただ仮の名が生じるだけだということではないかね。また『お前たちの一人が真理を明らかにし根源に回帰すると、十方の虚空は全て消え失せる』と言う。虚空が滅する時にはただ仮の名が滅するだけだということではないかね。老僧はだから言ったのだ、有とは仮の有、無とは仮の無だと」。）

同書の千光瓌省章には次のようにある。

後閲覧『楞厳』、文理宏濬、未能洞暁。一夕、誦経既久、就案若仮寐。夢中見日輪自空降、開口呑之。自是倏然発悟、差別義門、渙然無滞。後聞国城永明法席隆盛、専中参問。永明唯印前解、無別指喩。[126]

（後に『首楞厳経』を読んだが、文章の意味が奥深くて、理解しきることができなかった。ある夕べ、もう長い間経典を読んだので、居眠りをするように机に寄りかかった。夢の中で、日輪が空から降ってきて、口を開けてそれを呑み込むのを見た。それから突然悟りを開き、様々に分別される教理が、からりとして何の滞りもなくなった。その後、都の永明の法席が賑わっていると耳にし、特に参じて教えを請うた。永明延寿はただ既に得ていた見解を認めたのみ、他には何も教えなかった。）

『伝灯録』所載の語録は真贋が入り混じってはいるが、しかし「読経や坐禅を用いない」というスローガンが流行する晩唐から宋初においては、「教えを借りて宗旨を悟る」という趣旨の言葉は一般に信頼できるものだろう。景岑は『首楞厳経』の「虚空」によって象徴される道理を、瓌省は「日輪」によって象徴される道理を明らかにしたのであり、その理解はいずれも玄沙に近い。景岑は時代が玄沙よりも早く、玄沙は恐らく彼からある程度の影響を受けたのだろう。瓌省は玄沙の五伝の弟子、法眼文益の三伝の弟子であるが、玄沙から法眼系まで全て経論を重視したことは、後文に詳しく述べる。本書第六章で述べたように、馬祖が既に『首楞厳経』を引用しているが、それは主に「性在作用」という教理を説明したのである。黄檗はさらにこの経を用いることで如来蔵と般若空観を融合させ、古典禅の宗旨を完成させるための経典的基盤の一つとした。趙州従諗の再伝の弟子である長慶道巘は『楞厳説文』を撰述しており、禅門で最初の『首楞厳経』に注を作った人物である。(127) 古典禅の宗旨が完成されるのに伴い、如来蔵の自性を強調しつつ、この自性に対する執着をも取り去ろうとする『首楞厳経』が晩唐の禅林において流行し始めたのは、決して意外なことではないのである。

賛寧は、雪峰は戒律と禅定を重んじ、玄沙は経典を重んじていて、「所出門生、形色不類」であったと見なす。しかし雪峰系は実際には共通の門風を持っていた。挙・徴・拈・代・別という機縁問答を創出したのは恐らく彼らであり、それによって前代あるいは同時代の禅師たちの話柄に対して批評と解明を行ったのである。『祖堂集』と『伝灯録』はいずれもこの種の評語を記録しており、『伝灯録』巻二十七はさらに「諸方雑挙、徴、拈、代、別語」を集中的に収集している。挙語・徴語・拈語はおおむね似通っており、ほぼ全て前代あるいは同時代の禅師の話頭か逸話を選び出して、問いと評論を行い、その中に含まれている禅機を明らかにしている。代語と別語は自身の言葉によって、まだ回答のない不完全な、あるいは不適切な話頭に答えたり、呼応したり代わりに答えたりするものである。これらは「著語」とも総称される。この二書所載の著語について各々統計をとり、五回以上の記載がある禅師は、以下の表の通りである。

表二　『祖堂集』において挙・徴・拈・代・別語を五回以上用いた禅師の統計表

雪峰系禅師	非雪峰系禅師
雪峰義存　九回	雲居道膺　一八回
雪峰の弟子：長慶慧稜　四七回、保福従展　三三回、鏡清道	南泉普願　一二回

怤　一四回、鼓山神晏　一三回、竜華霊照　一三回、玄沙師備　九回、安国弘韜　五回、雲門文偃　五回 雪峰の再伝の弟子：報慈光雲　一七回、招慶省僜（？—九七二）一五回、招慶道匡　一一回	曹山本寂　一一回 石霜慶諸　九回 潙山霊祐　八回 疏山匡仁　七回 雲巌曇晟　六回 薬山惟儼　五回 趙州従諗　五回
合計：一九一回	合計：八一回

表三　『伝灯録』において挙・徴・拈・代・別語を五回以上用いた禅師の統計表

雪峰系禅師	非雪峰系禅師
雪峰義存　七回 雪峰の弟子：長慶慧稜　二六回、保福従展　一四回、玄沙師備　二〇回、鏡清道怤　五回 雪峰三伝の弟子：法眼文益　八一回 雪峰四伝の弟子（全て法眼の弟子）：報慈行言（玄覚導師）二五六回、雲居清錫　三三回、法灯泰欽（九一〇—九七四）二九回、帰宗義柔（？—九九三）二二回、同安紹顕　一一回、崇寿契稠（？—九九二）六回 雪峰五伝の弟子（全て法眼再伝の弟子）：東禅道斉（九二九—	洞山良价　一九回 潙山霊祐　九回 仰山慧寂　九回 趙州従諗　七回 曹山本寂　七回 石霜慶諸　五回 雲居道膺　六回 雲巌曇晟　五回

九九七）　二九回、五雲志逢（九〇九―九八六）　六回	
合計：三四五回	合計：六七回

これらの表によって、著語を五回以上用いたことのある禅師を統計すると、『祖堂集』では、雪峰系禅師は計百九十一回用いており、非雪峰系禅師は合計八十一回用いている。『伝灯録』では、雪峰系禅師は計三百四十五回用いており、非雪峰系は合計六十七回用いている。比較すると、雪峰系が明らかに優位であり、その中でも法眼及びその弟子と再伝の弟子が最も突出しており、『伝灯録』は計二百七十三回を記録している（『祖堂集』は法眼以下の禅師を収録していない）。『伝灯録』東禅道斉章は彼が「初住筠州東禅院、……次住洪州双林院、後住雲居山。三処説法、著語要・捜玄・拈古・代別等集盛行諸方、此不繁録（初めは筠州の東禅院に住し、……次に洪州の双林院に住し、その後雲居山に住した。この三箇所での説法は、著語要・捜玄・拈古・代別等を集めたものが方々で流行したが、ここでは一々記さない）」とする。[128]ここから、法眼の門下では既に各種の著語が書物にまとめられ、流行していたことが分かる。

柳田聖山は、古人の話頭を取り上げて論評することは雪峰門下の全般的傾向であるが、その他の法系も同じようにしており、当時の五家に共通の手法であっただろうと考える。[129]しかしながら、その他の法系における公案の拈弄は殆どが著名な宗師のものとされ、特に南泉、趙州、雲巌、潙山といった人々は時代的にかなり早く、既にこのような著語が現れていたことはあり得ない。従ってよりあり得る状況としては、雪峰系がまずこの門風を創出し、その他の法系の禅師は競ってそれを模倣・捏造して彼らの先師に仮託し、それによって彼らが雪峰系よりも早くこの種の手法を用いたのだと見せつけようとしたのだろう。これは晩唐五代期の禅僧が機縁問答を捏造する際のよくある手法であり、例えば円相を描く・払子を立てる・棒で打つ・喝を叫び罵るといった手法がこの時期に現れてから、全てが遡って馬祖道一及びその弟子たちの行ったこととされ、そのために一部の禅宗史が馬祖の時にあらゆる機縁の手法が既に全て出揃っていたと誤解することになった。『祖堂集』の編者である静と筠は雪峰三伝の弟子であり、『伝灯録』の編者である道原は法眼再伝の弟子であるため、彼らは自身の系統の話を多めに採録したのかもしれない。しかし、前述のような絶対的優位を占める統計データ、及び雪峰以前の著語や拈弄が僅かに各派の宗師に帰される零細なものしかないという状況に依拠すれば、やはりかなりの確信を持って、この種の機縁問答の手法は恐らく雪峰系の閩における禅によって創出され、その後法眼系によって南唐・呉越の地域へと伝えられ、また北宋に導入された、と推測することができる。この手法は禅宗の言葉を公案化させ[130]、その後臨済系の汾陽善昭（九四七―一〇二四）等が影響を受けて、さらに「頌古」のスタイルへと発展させ、それによって宋代の公案禅・文字禅・看話禅の幕が開かれたのである。

七、雲門の門風

雲門文偃（八六四―九四九）の生涯は、主に雷岳と陳守中が撰述した碑文に見える[131]。雲門は睦州道蹤（陳尊宿とも称する、黄檗の弟子）と雪峰義存に師事し、雪峰の門下出身と自認していた。彼は南漢の乾亨元年（九一七）に霊樹如敏（?―九一七、西院大安の弟子）を引き継いで韶州霊樹寺の住持となったが、乾亨七年（九二三）になると南漢の高祖である劉龑（八八九―九四二）の支援を受け、門人を引き連れて韶州曲江県（現在の広東省乳源）の雲門山で開山して寺院を創建した。五年後に落成するや、南漢の高祖は光泰禅院という額を賜り、後に証真禅寺、大覚禅寺に改めた[132]。雲門は韶州で三十年余り教えを説いたが、南漢の高祖と中宗劉晟（九二〇―九五八）から尊崇と支援を受け続け、度々召し出されて宮中で説法を行った。南漢朝廷による支援は、雲門系の南方における繁栄・伝播を成功させた。雷岳が撰述した碑には「師一坐道場、三十余載、求法宝者雲来四表、得心印者葉散諸山（師はひとたび道場に坐すと、三十年余り、法宝を求める者が遙か彼方から群がり集まり、心印を得た者が方々の山へと散らばって行った）」とある。(133)

本章の冒頭で述べたように、現行の『雲門匡真禅師広録』の巻首には門人守堅の編纂、巻末には宋の鼓山・円覚宗演の校定とあるが、実際には後代の禅僧による大量の増補を経ており、元来のテキストではない。『祖堂集』雲門章は偈頌二首、短い上堂語一則、及び機縁問答の短い言葉八則を収録している。(134)『祖堂集』が編纂されたのは、雲門が世を去ってまだ三年であるが、この章では彼が世を去ったことに言及していないので、恐らく雲門死去以前に編纂され始めたのだろう。(135)雷岳と陳守中が撰述した碑文は各々機縁問答数則を収録しており、それらは本書第四章で既に紹介した。『伝灯録』雲門章は上堂語十五則を収録する。これらのかなり古い資料によって、雲門の禅法と門風に関する幾つかの特徴をおおよそ窺い知ることができる。第一に、雲門は「無事、亦無無事（無事であり、また無事でもない）」という二重否定によって、次の道理を明らかにした。すなわち、人々の本来心は円満で不足がなく、祖仏に等しいこと、修行者は自己を自ら悟るべきで、無事なる所に事を起こして自己の外に求めてはならないこと、また特に意を用いて無事無心を体得しようとする必要はないことである。

師云「莫道今日謾諸人、好抝理不得、已向諸人道、遮裏作一場狼藉。忽遇明眼人見、謂之一場笑具、如今亦不能避得也。且問你諸人、従上来有什麼事、欠少什麼、向你道無事、亦是謾你也。須到遮田地始得、亦莫趁口頭問、自己心裏黒漫漫地」。

（師「今日のこの説法を、人を欺くものとは言ってくれるな。これは諸君の要請を押しとどめることもできず、いつも言っているように猿芝居を打つというもの。もし明眼を備えた人が見たなら、物笑いの種だと言うだろうが、こうなった以上は逃げるわけにもいかないのだ。さて君たちは、これまで何があって、何が欠けているというのか。君たちに無事と言ってさえ、やはり君たちを欺くことになるのだ。この境地に到らなければいけないし、口から出任せで質問してもいかん、心が真っ暗闇になってしまうぞ」。）

師上堂云「我事不獲已、向你諸人道直下無事、早是相埋没了也」。

（師は上堂して言った。「私は事やむを得ず、君たちにそのまま無事であれと言ったのだが、それでもう台無しにしてしまったのだ」。）

師云「……却退歩向自己根脚下推尋、看是个甚麼道理。実無糸髪与汝作解会、与汝作疑惑。汝等各各且当人、有一段事、大用現前、更不煩汝一毫頭気力、便与祖仏無別」[136]。

（師「……退いて自分の足下で捜してみて、それが何の道理なのかを見るのだ。実はほんの髪の毛一筋ほどもお前に合点させたり、お前に疑念を懐かせたりはしないのだ。お前たちはそれぞれにその人本人であるべきで、ある出来事が、大いに発揮されて目の前に現れたら、ほんの少しもお前の精力を使わせずに、祖仏と同じになるのだ」。）

「根脚下」とは安身立命の立脚点を指し、「有一段事」とはどの人も本来備えている仏性を指す。第二に、雲門は当時の禅僧が盲目的に方々で参禅し、語録を探し求めて研究しようとしており、本当に本心を会得してはいないと批判する。

師云「……自是諸人信根浅薄、悪業濃厚、突然起得許多頭角、担鉢嚢千郷万里受屈。且汝諸人有什麼不足処、大丈夫漢阿誰無分。触目承当得、猶是不著便。不可受人欺謾、取人処分。才見老和尚動口、便好把特石驀口塞、便是屎上青蝿相似、闘競接将去、三箇五箇、聚頭地商量。苦屈、兄弟。他古徳一期為爾諸人不奈何、所以方便垂一言半句、通汝入路。遮般事拈放一辺、独自著些子筋骨、豈不是有少許相親処」。

（師「……君たちはもとより信根が浅く、悪業が深いために、急に無用な考えを起こして、鉢と袋を担いで遙々と屈辱を受けに行くのだ。そもそも君たちには何の不足があるのか、大丈夫児の資格がない者などいない。目に触れて即座に受け止めたとて、やはり調子はずれだ。人に欺かれたり、人の言いなりになってはいけない。老和尚が口を開くのを見た途端、早速大きな石で口を塞ぎ、まるで糞にたかる青蝿のように競って持ち去り、三々五々、集まって議論している。痛恨の極みだ、兄弟よ。彼の古の高僧はひとたびお前たちのために如何とも し難いとなると、方便として一言半句の教えを与えて、お前が入っていくための道を通じさせるのだ。こうした方便法門などはひとまず置いて、自分で少し筋骨を付けたなら、少しはましになるというものだぞ」。）

師云「……挙一則語、教汝直下承当、早是撒屎著汝頭上。直饒撚一毫頭、尽大地一時明得、也是剜肉作瘡。雖然如此、汝亦須実到遮箇田地始得。若未、切不得掠虚」。

（師「……一則の語を挙して、お前にそのままに受けとめさせるのは、既にお前の頭に小便を撒いたのだ。たとえ一本の細い毛を摘み取り、世界中が一時に悟ったとしても、それはわざわざ肉をえぐって傷口を作るようなものだ。そうではあるが、お前は実にこの境地に到らなければいけない。もしまだならば、上辺だけなぞっていてはならんぞ」。）

第三に、晩唐五代期の禅僧の言葉は全般に俗語や方言を用いていたが、上に引いた中に見える「屎上青蝿」、「撒屎著汝頭上」、「信根浅薄、悪業濃厚」等のように、雲門は卑俗な罵倒語や直接的な言葉を比較的多く使ったようである。[137]『人天眼目』は「三句」と「一字関」によって雲門の家風を概括している。[138]『伝灯録』は雲門の弟子・徳山縁密の次のような上堂語を記録している。「徳山有三句語、一句函蓋乾坤、一句随波逐浪、一句截断衆流（わたし徳山には三句の語ある。一句は乾坤を覆い尽くし、一句は波浪を逐い、一句は煩悩の流れを断ち切る）[139]」。『雲門広録』巻末には徳山縁密のものとされる『頌雲門三句話』三首が付されており、上述の三句を各々敷衍して頌にしている。(140) 一方で『人天眼目』はこの三つの頌を収録して、『普安道頌三句』と称する。(141)『祖堂集』と『伝灯録』の雲門章はいずれもこの三句を収録しておらず、宋代の睦庵善卿がこの三句は徳山縁密の言葉で、後に普安による潤色を経て頌三首とされたのだと既に指摘しており、(142) その説は甚だもっともである。『人天眼目』が言う「一字関」とは、雲門がいつも修行者の質問に一字で答えたことだが、挙げている例はいずれも『雲門広録』から採られており、『祖堂集』と『伝灯録』には類似の答え方が見られないので、これも後世の人による増補であろう。

『雲門広録』巻末には他に雲門のものとされる『遺誡』が付されている。(143) 陳守中が撰述した雲門碑銘には「乃自札『遺誡』、曰『吾滅後、汝等弗可效俗教着孝服哭泣喪車之礼、則違仏制、有紊禅宗也』(そこで自ら『遺誡』を記し、『私が死んだら、お前たちは喪服を着て泣き叫んだり葬儀車を出すような世俗の礼に倣ってはならない。もし倣えば仏の設けた制度に違反し、禅宗を乱すことになる』)」とある。(144) 引用されている数句は、『広語』所収のものとおおむね一致し、このテキストがかなり信頼できるであろうことが分かる。『遺誡』の全文は次の通りである。

夫先徳順化、未有不留遺誡。至若世尊将般涅槃、亦遺教勅。吾雖無先聖人之徳、既忝育衆一方殆尽、不可黙而無示。吾自居霊樹、及徙当山、凡三十余載、毎以祖道寅夕激励。汝等或有言句布在耳目、具眼者知、切須保任。吾今已衰邁、大数将絶、刹那遷易、頃息待尽。然淪溺生死、幾経如是。非独于今矣。吾自住持已来、甚煩汝等輔賛之労、但自知愧耳。吾滅後、置吾於方丈中。上或賜塔額、秖懸於方丈、勿別営作。不得哭泣孝服、広備祭祀等、是吾切意。蓋出家者、本務超越、毋得同俗。其住持等事、皆仍旧貫。接諸来者、無失常則。諸徒弟等、仰従長行訓誨。凡係山門荘業什物等、並尽充本院支用、勿互移属他寺。教有明旨、東西廊物、尚不応以互用、汝当知矣。

(そもそも徳高き先人が亡くなった際には、遺言の誡めを残さなかった人はいない。世尊が般涅槃しようとした時にも、やはり誡めを遺した。私は古の聖人の徳はないが、忝くもこの地域で人々を育み、教化の縁が尽きようとしている以上、黙って何も示さないわけにはいかない。私が霊樹に住んでから、この山に移るまで、計三十数年、いつも仏祖の道によって朝な夕なに励ました。お前たちはもし耳目一杯に見聞きする言葉があれば、眼力を具えた者には分かるので、必ず保たねばならないぞ。私は今はもう老いさらばえ、寿命がもうすぐ尽き果てようとしており、一瞬のうちに変化して、あっという間に死が目の前にやって来る。しかし生死の海に溺れる者は、幾度もこうしてきたのだ。今だけのことではない。私が住持となって以来、諸君には大いに補佐の労を煩わせてしまい、ただ自ら恥じ入るのみ。私が死んだら、私を方丈に安置してくれ。皇帝陛下から塔額を賜るかもしれないが、方丈に掛けるだけにして、特別に普請はしないように。泣き叫んだり喪服を着たり、大げさな祭祀を行ったりするな、それが私の切なる思いだ。思うに出家とは、もともと超越することに力を尽くすもので、世俗と同じようにしてはならない。住持のことについては、全て前例に則る。諸々の来訪者を迎えるには、一定の規則を失ってはならない。諸々の徒弟等は、長行の教えに恭しく従うように。我が山門の荘園事業や備品等に関連すること全ては、全て本院の支出と使用に充てるようにし、他の寺に移してはならない。教えに明らかに述べられているように、同じ寺の東廊と西廊の物でさえ、互いに貸し借りすべきでないのだ。このことを知るべきである。）

雲門は臨終の際に三つの事を言い渡した。第一に、塔院を営造せず、葬儀を執り行わない。第二に、この寺の以前からの変わらぬ規則を厳守する。第三に、この寺の荘園の資産を注意深く保っていく。ここから分かるように、雲門は彼の師の門風を継承し、寺院における日常業務の采配、来訪した僧侶のもてなし、徒弟の受け入れといった面で厳しい規則を設けていた。また寺院の荘園経営に長け、その寺で代々受け継いでいく資産とした。雲門が世を去ってから、弟子である雲門爽、雲門宝、雲門煦が相継いでこの寺の住持となった。余靖「韶州楽昌県宝林禅院記」に「［南漢］

劉氏尤佞於仏、故曲江名山秀水、膏田沃野、率帰於浮屠氏（[南漢]の劉氏はとりわけ仏教に耽溺し、そのため曲江の素晴らしい山と川、よく肥えた土地は、全て仏教徒のものになった）」とある。[145]雲門が創建した大覚禅寺は南漢の頃に韶州曲江で一番の大叢林となっており、その所有する常住荘園は、大変見事な規模であったことは間違いない。こうしたことは晩唐五代期の禅寺の経済的体制を反映しているのである。

八、法眼の門風

法眼文益（八八五―九五八）は律師希覚・長慶慧稜・地蔵桂琛に師事し、玄沙―地蔵系の出身であると自認した。南唐の先主の李昪（八八九―九四三）は九三七年から九四三年の間、法眼を招いて蘇州呉江県（現在の江蘇省呉江）の報恩禅院を住持させ、中主の李璟（九一六―九六一）は保大年間（九四三―九五七）に彼を招いて金陵の清涼大道場に住まわせた。[146]南唐の国主の尊崇と支援を得たことにより、法眼系は五代後期から北宋前期にかけて江蘇・浙江地域で繁栄し、門下からは多くの著名な禅師が現れており、その中で最も重要な者は天台徳韶（八九〇―九七二）・報慈文遂・法灯泰欽（?―九七四）等である。そして天台徳韶は呉越王銭俶（九二九―九八八）の格別な尊崇をも受け、国師として尊ばれた。[147]徳韶の弟子である永明延寿も銭俶に尊崇され、前後して霊隠寺と永明寺の二大道場の住持として招請され、門下の弟子は二千余人の多きに達した。[148]

『祖堂集』は法眼の語録を収録していない。『伝灯録』の編者である道原は法眼の再伝の弟子であるため、法眼及びその弟子と再伝の弟子の語録をかなり多く収録しており、また巻二十八「諸方広語」に『大法眼文益禅師［広］語』、巻二十九に『大法眼禅師頌』十四首を収録する。その後、宋代の各種の灯史とその他の禅宗文献が続けて増補し、明代には語風円信と郭凝之が『伝灯録』以降の資料を編集して『金陵清涼院文益禅師語録』とし、『五家語録』に収録した。[149]この版は明らかに元来のテキストではない。『宋高僧伝』法眼伝は「好為文筆、特慕支湯之体、時作偈頌真讃、別形纂録（文章を書くのが好きで、とりわけ支遁と慧休の文体を慕った。当時作った偈頌や真讃は、別に編纂された文集に見える）」とする。法眼は偈頌を得意としていたのであり、『伝灯録』所収の頌十四首はかなり信頼できることが分かる。以下では主に『伝灯録』所収の広語と偈頌、及び『宗門十規論』に基づいて彼の禅法と門風を分析しよう。

まず法眼の考えでは当時様々な家系が相継いで勃興し、各々独自の門庭施設を持っていたが、「大道無方、法流同味（大いなる道は何にもとらわれないもので、絶え間なく流れ続ける仏法はどこでも同じ意味を持つ）」のであり、禅門は共通の「綱宗」、すなわち古典禅が繰り返し提唱した、自ら本心を悟り見性成仏することに基づくべきなのである。

奉勧且依古聖慈悲門好、他古聖所見諸境、唯見自心。[150]

（古の聖人の慈悲の門に依るべきだとお勧めします、彼の古の聖人が見た諸々の境界とは、ただ自心を見ることなのです。）

心地法門者、参学之根本也。心地者何耶、如来大覚性也。……祖師哀憫、心印単伝。俾不歴堦級、頓超凡聖。只令自悟、永断疑根。……祖師西来、非為有法可伝、以至於此。但直指人心、見性成仏、豈有門風可尚者哉！[151]

（心地法門とは、参学の根本である。心地とは何かというと、如来大覚の性である。……祖師は哀れに思い、心印だけを伝えた。段階を経ることなく、ただちに凡聖を超越させた。ただ自分で悟らせ、疑念の根本を永遠に断ち切った。……祖師が西からやって来たのは、伝えるべき法があって、この地に至ったわけではない。ただ直に人心を指し、見性成仏するのであり、貴ぶべき門風などあろうものか。）

「直指人心、見性成仏」というスローガンは、信頼性に問題のある禅文献を数に入れなければ、黄檗の『伝心法要』に最も早く見え、[152] その次がこれであり、さらに次が法眼の再伝の弟子である永明延寿の『宗鏡録』における二度の言及である。それゆえ、[153] 法眼がこのスローガンを提唱したというのは、信頼できるであろう。

次に、法眼は頓悟漸修に関する宗密の観念を踏襲し、「理在頓明、事須漸証（理は段階を経ずに悟るが、事は漸次に実現する）」、つまり頓悟の後にも、やはり様々な修行を行う必要があると説き、修行者に伝授し教え導くための「門庭建化（方便としての指導法を打ち立て教化すること）」を重んじた。[154] その中で一番重要なのが経論の学習であり、「先明仏意（まず仏の教えを明らかにする）」ことであった。

苟或未経教論、難破識情、駈正見於邪途、汨異端於大義、悞斯後進、枉入輪廻。……凡欲挙揚宗乗、援引教法、須是先明仏意、次契祖心、然後可挙而行、較量疏密。儻或不識義理、只当専守門風、如輒妄有引証、自取識誚。[155]
（もし経論を学んでいないなら、識や情による囚われを打ち破り難く、正しい見方を邪な道へと向かわせ、異端を大義とごっちゃにし、後進の者を誤った方へ導き、果てしなき輪廻の中へと入らせてしまう。……宗旨を宣揚するために経文を引用しようとするなら、まずは仏の趣旨を明らかにし、次に祖師の心にぴたりと一致して、そこではじめて取り上げて用い、粗略と精密とを量るべきである。もし義理を理解できないのなら、ただ師の門風を守るべきである。もし出鱈目な引証ばかりしていたら、自ら誹りを招くこととなるのだ。）

法眼には『因僧看経』頌がある。

今人看古教、不免心中鬧。
欲免心中鬧、但知看古教。
（今の人が古い教えを読めば、かえって心が乱れるもの。

心が乱れるのを免れたければ、ただ古い教えを読むことだ。）

この頌は経典の教えに対する弁証的な姿勢を述べている。一方では経典に執着して、教理による心の乱れに陥ってはならず、また一方では、必ず経典を読んではじめて、騒がしい心の塵を除くことができると言うのである。法眼自身は経論に精通しており、特に唯識と華厳思想を重んじた。彼には『三界唯心』頌がある。

三界唯心、万法唯識。唯識唯心、眼声耳色。
色不到耳、声何触眼。眼色耳声、万法成弁。
万法匪縁、豈観如幻。大地山河、誰堅誰変。

（三界はただ心のみ、万法はただ識のみ。ただ認識作用と心と、この境地では眼に音を聞き耳に色を見る。しかし現象界では色は耳に至らず、声はどうして眼に触れよう。かくて眼は色を、耳は声を対象とし、万法が成立する。万法が縁によって現象するのでないなら、どうして幻の如くに観察され得よう。大地と山河は、何者が維持し変化させているのか。）

これは、三界にはただ心のみ、万法にはただ識のみがあり、心と識もまた幻で実体がないという唯識理論を述べている。法眼にはまた『華厳六相義』頌がある。

華厳六相義、同中還有異。異若異于同、全非諸仏意。
諸仏意総別、何曽有同異。男子身中入定時、女子身中不留意。
不留意、絶名字、万象明明無理事。

（華厳の六相義について。同中にも異がある。もしこの異相が同相を離れていると言うなら、全く諸仏の趣旨ではないのだ。

諸仏の趣旨における全体と部分に、どうして同異があろうか。ある男が入定している時も、他のある女は意を留めず散乱させている。

意を留めず、言語を捨て、その時万象は歴々として理も事もない。）

『華厳経』は総・別・同・異・成・壊という六相を述べている。これは三つの範疇からなり、それによって万物における全体と部分（総別）、同一と差異（同異）、生成と破壊（成壊）という関係を説明した。唐代の華厳の宗師は六相円融によってこの三つの範疇を解釈し、それらが相即相融し、依存転化する関係を説いた(156)。法眼のこの頌は六相円融の意を説いており、とりわけ、全体の中に個別があり、同一の中に差異があるのだが、個別と差異とは本質的には全体・同一を逸脱はしないことを強調する。例えば、ある男が心を専一にして禅定に入っている時も、別な女は心意が外へ散乱している。禅定の時にはそれぞれ差異があるが、しかし霊妙精明なる本来心は同一なのである。『宗門十規論』には次のようにも言う。

大凡祖仏之宗、具理具事。事依理立、理仮事明。理事相資、還同目足。若有事而無理、則滞泥不通。若有理而無事、則汗漫無帰。欲其不二、貴在円融(157)。

（およそ祖仏の宗とは、理と事を具える。事は理によって成立し、理は事を通して明らかになる。理と事が互いに頼りあうのは、目と足と同じである。もし事があって理がなければ、滞って通じることができない。もし理があって事がなければ、茫洋と当て所なくてどこにも戻れない。不二でありたいならば、円融が大切だ。）

これは理事無礙・相互依存・不一不異・偏執してはならないという華厳の観念を明らかにしている(158)。

前述のように、法眼の師祖である玄沙師備は『首楞厳経』を学び、説き明かしたことで名を馳せた。法眼の弟子である報慈文遂は『首楞厳経』に注釈した[159]。また別の弟子である天台徳韶（八九一―九七二）は上堂して次のように言った。

如来一大蔵経、巻巻皆説仏理、句句尽言仏心、因什麼得不会去。若一向織絡言教、意識解会、饒上座経塵沙劫、亦不能得徹。此喚作顚倒知見、識心活計、並無得力処、此蓋為根脚下不明。若究尽諸仏法源、河沙大蔵一時現前、不欠糸豪不剰糸豪。諸仏時常出世、時常説法度人、未曽間歇[160]。

（如来の大蔵経は、どの巻にも全て仏の教えが説かれ、どの句にも全て仏の心が表現されている。どうして会得せずに済まされよう。もしひたすらに言葉による教えに拘り、意識で理解するなら、たとえ上座が無限の時を経ても、究めることはできない。これは顚倒した知見、識心の営みと呼ばれ、それでは決して力を得ることはない。己の足元が明らかでないからだ。もし諸仏の法の根源を究め尽くしたら、無数の大蔵が一時に目の前に現れ、ほんの僅かも過不足がない。諸仏はいつも世の中に現れ、いつも説法して人々を救っているのであり、それは未だかつてまだ途切れたことがない。）

ここには、法眼と同様の経典に対する弁証的な姿勢が表されている。つまり、一方では仏教経典が伝えているのは仏心で、禅者は必ずその中から会得しなければならず、また一方では知見の理障の中に陥って、根本を見失ってはならないということである。徳韶は天台宗の祖師智顗を尊崇し、天台山に入って智者道場を数十箇所建立し、「時謂之後身（当時生まれ変わりと呼ばれた）」。また天台僧である羲寂の頼みを聞き入れ、呉越王銭俶に進言し、新羅と日本に人を遣わして、既に散佚した天台の典籍を捜し、再び完備させたのである[161]。徳韶の弟子である瑞鹿遇安は『首楞厳経』に精通しており、「時謂之安楞厳（当時安楞厳と呼ばれた）[162]」。雁蕩願斉は天台の教理に精通していた[163]。報恩永安は李通玄『華厳経論』を好み、これを経と合刻して、世の中に流布させた[164]。また徳韶のもう一人の弟子・永明延寿は特に禅と教とを会通させたことで名を馳せ、「誦『法華』計一万三千許部［遍］（法華経を一万三千回読誦し）」[165]、常に『華厳経』・『摩訶般若経』・『首楞厳経』・『維摩詰経』・『仁王般若経』・『阿弥陀経』等を読み[166]、彼の著書である『万善同帰集』・『心賦注』・『宗鏡録』等は各種の仏典を大量に引用し、また禅宗と教宗の融合を論証することに力を尽くした[167]。延寿の弟子である千光瓌省は日輪を夢に見て『首楞厳経』の教えを悟り、延寿は彼に印可を与えた[168]。ここから、法眼系が玄沙の門風を継承し、経典の学習を重視していたことが分かる。『宋高僧伝』玄沙伝の末尾には「至今浙之左右、山門盛伝此宗、法嗣繁衍矣。其於建立透過大乗初門、江表学人無不乗風偃草歟！（現在では浙江の東西で、山門が盛んにこの宗の教えを伝え、法嗣が数多い。彼らが大乗の最初の門を打ち立ててくぐり抜けたことに、江南の学徒たちは誰しも風を受けて草が倒れ靡くかのように教化されたのである）」とある[169]。賛寧の時代には、浙東と浙西の禅僧が伝承している玄沙系は、実際には全て法眼の門下から出ていた。『伝灯録』も法眼が「玄沙正宗中興于江表（玄沙の正しい宗旨を長江以南の一帯で中興）」させたとする[170]。そのため、法眼系の門風はあるいは玄沙の遺風を推し進め、経論を重視し、禅宗と教宗を全面的に会通させたと概括できるだろう。

第三に、法眼は五代末期における禅門の弊害について十項目の戒めを提起した。（一）心地がまだ明らかではないのに、妄りに人の師となること。（二）自身の門風を贔屓して、互いに攻撃し合うこと。（三）綱要を謳いながら、宗旨の在処を知らないこと。（四）棒や喝を盛んに繰り出し、機縁の手法を濫用し、問答のタイミングとポイントに即応できないこと。（五）真理と現象が食い違い、妄りに汚穢と清浄について談ずること。（六）良き師、良き友を選ばず、勝手気ままに古今の言を批判すること。（七）盲目的に語録を暗誦し、機に応じて優れた働きを発揮することができないこと。（八）教典に通じず、その内容と道理が分からず、無闇に根拠として引用すること。（九）韻律が分からず、道理が分からないのに、歌頌を作りたがること。（十）自分の短所を擁護し、人の長所を批判し、勝ち負けを争いたがること。[171] このうち第二項と第四項は禅僧が機縁問答の手段や門風を濫用する現象を批判し、第三項と第七項は禅僧が盲目的に語録を暗誦する風潮を咎めており、既に上述の雲門の批判に見られる。この他に、五代末期から北宋初期に活躍した洞山守初も「楚山北面、漢水南江、撃法鼓而会禅徒、挙宗風而明祖道。若以揚眉瞬目、竪拳竪指、謦欬咳嗽、是廚中拭鉢帛。道什麼会也無、也是衲僧破草鞋。……或若開口動舌、説向上向下、這辺那辺、玄会妙会、道出道入、君臣父子、明体明用、尽是謗般若、埋没宗風（荊山は北に面し、漢水は南の長江へと流れる。法鼓を打ち鳴らして禅門の学徒を集め、宗派の風格を発揚して祖師の道を明らかにする。眉を吊り上げ目を瞬かせ、拳を立て指を立て、えへんおほんと咳払いするようなのは、台所で鉢を拭う布巾のようなものだ。何と言った、分かったか、と言うのも、これまた坊主の壊れた草鞋のように、使い古されたやり口だ。……もし口を開き舌を動かして、超越だの救済だの、こちらだのあちらだの、深い体得、優れた体得、道から出るだの道から入るだの、君臣父子、本体と作用だのと説いたなら、全ては般若の智を非難して、宗風を滅ぼしてしまうことになる）」と厳しく非難した。[172] ここから、これらが唐末五代期に機縁問答が成熟するに伴って現れた弊害であることが分かる。第六項は「為参学之人、既入叢林、須択善知識、次親朋友、知識要其指路、朋友貴其切磋（参学する人は、叢林に入ったからには、善知識を選び、次に朋友に親しまねばならない。善知識には道しるべの役割が要求されるし、朋友は互いに切磋琢磨することを重視するのだ）」と戒め、第十項は「破仏禁戒、棄僧威儀、返凌鑠於二乗、倒排斥於三学（仏が設けた禁止条項を破り、僧侶としての威儀ある振る舞いを捨てて、超脱の境地を声聞・縁覚の二乗へと退行させ、あべこべに戒・定・慧の三学を排斥している）」と批判しており、いずれも潙山『警策』と雪峰『師規制』での良き友と交遊し、戒律を厳守せよとの忠告を連想させられる。第十項は禅僧に「抱道之士、潔行之人。肯暫徇於衆情、勉力紹於祖席。会十方之兄弟、建一処之道場。朝請暮参、匪憚労苦。且欲続仏慧命、引道初機、非為治激声名、貪婪利養（仏道を守る士、行いの清らかな人よ。仮に人情に従うことを受け入れ、祖師の法席を受け継ぐことに力を尽くせ。十方からやって来る兄弟を集めて、一つの道場を建立するのだ。朝には教えを請い暮れには参学し、苦労を嫌うことがないように。仏の智慧を受け継ぎ、初学者を導こうとするのは、名声を作り出し、利益を貪るためではない）」と励ましており、これも潙山が僧侶たちに修行に努力するよう諄々と説き聞かせた「老婆心」と同じである。

この他に、本章の上文で述べたように、法眼とその弟子たちは雪峰系の門風を発揚し、挙・徴・拈・代・別といった著語を大量に用いることで前代または同時代の禅僧の話頭を論評した。報慈行言・雲居清錫・帰宗義柔・同安紹顕・崇寿契稠・東禅道斉・五雲志逢といった法眼の弟子及び再伝の弟子たちは、北宋に入って、この機縁の手法を宋代に導入し、拈古・頌古・参古といった公案禅・文字禅・看話禅の発展を促した。

本章では晩唐五代期のおおむね信頼できる禅文献を考察し、またそれを基礎としてこの時期の主要な家系の門風について議論した。概括すると、この時期の禅門における各家系が宣揚した法要とは、全て馬祖から黄檗までの古典禅の宗旨を基礎とし、基本的にこの範囲を超えてはいなかった。機縁問答はこの時期に高度な成熟に到り、禅門で盛んに行われた教学上の実践となり、主要な宗師と家系も確かに独特な機縁の手法と門庭施設を造り出し、各々の門風を形成した。仰山慧寂は恐らく密教の曼荼羅に啓発されて、円相を描くという門風を創出した。洞山良价と曹山本寂の系統は偈頌を得意としていたが、所謂偏正五位などの曹洞宗特有の指導方法は、主に洞山・曹山の後裔が五代から北宋初期にかけて徐々に発展させたものであった。徳山宣鑑の系統は恐らく棒で打つという門風を創出した。臨済義玄の系統は恐らく喝を叫ぶという門風を創出したが、所謂三玄三要・四賓主・四料揀・四照用といった門庭施設は、臨済の後裔である首山省念・谷隠蘊聡・汾陽善昭等が五代後期から北宋初期に発展させたものである。石霜慶諸の系統は本来坐禅を際立った特色としており、所謂君臣和合という門庭施設は、石霜の後裔によるさらなる発展である。雪峰義存及び閩の地における伝承者は恐らく挙・徴・拈・代・別という機縁問答の手法を創出し、後裔である法眼系の禅僧によって北宋へと導入され、宋代の公案禅・文字禅・看話禅の端緒となった。雲門文偃の系統は卑俗な罵倒語や直接的な言語の風格を特徴としており、所謂雲門三句と一字関は、後裔である徳山縁密等が五代末期から北宋初期に発展させたものである。法眼文益の系統は師である玄沙師備の遺風を推し進め、経論を重視し、禅宗と教宗を会通させることを主な特徴とした。また一方では、機縁問答と家系の分化が最高潮に達してから、多くの弊害も現れた。例えば経典を知らず、自身の門風を贔屓し、盲目的に語録を暗誦し、棒で打ったり喝を叫んだりする手法を濫用するなどしたので、雲門文偃・法眼文益といった宗師からの厳しい批判を相継いで受けた。

晩唐五代期の禅宗の家系におけるもう一つの重要な発展とは、各地の地方政権や王国の力強い支援によって、禅宗寺院を積極的に発展させ、構築したことである。この時期に新たに創建された禅宗寺院については、三百二十箇所余りが考察可能であり、主要な家系はほぼ全て自身の寺院を建立しており、その系統か別の系統の禅師によって代々住持された。そして潙山・雪峰・雲門・禾山無殷といった諸派の宗師は[173]、いずれも仏教の戒律に従って寺規を設け、寺院を厳しく管理し、禅宗教団と世俗の人々との境界線をはっきりと区分した。また寺院にいる禅者に、仏教信仰を揺るぎないものにし、高い目標を掲げ、道徳によって自らを律するように要求した。この種の寺院の創立は禅宗の伝承を法系と宗旨の面に体現させたのみならず、実際の宗教団体と経済的体制の面でも実現させた。また直接的に禅宗の繁栄・発展と多くの家系の出現が促されたのみならず、禅宗寺院の独立という既成事実を形成して、北宋期における禅宗寺院の本格的な官寺化と制度化のための基盤を築いたのである[174]。

注

(1) 柳田聖山「語録の歴史——禅文献の成立史的研究」三五二—三六四頁、沖本克己「臨済録における虚構と真実」一七—四九頁、Albert Welter, *The Linji lu and the Creation of Chan Orthodoxy,* 81-163.

(2) Urs App, "The Making of a Chan Record," 1-90。その他さらに以下も参照。椎名宏雄「『雲門広録』とその抄録本の系統」『宗学研究』二四（一九八二）一八九—九六頁、永井政之「雲門の語録の成立に関する一考察」『宗学研究』一三（一九七一）一一一—一一六頁。

(3) 鄭愚「潭州大潙山同慶寺大円禅師碑銘並序」『全唐文』巻八二〇、二三頁a—二七頁a、『宋高僧伝』潙山伝、巻一一、二六四頁。

(4) 鄭愚「潭州大潙山同慶寺大円禅師碑銘並序」巻八二〇、二四頁b。

(5) 『宗鏡録』巻一四、四九二頁b—c、巻九八、九四三頁c。

(6) 『祖堂集』巻一八、八〇三頁、『伝灯録』巻一一、三頁a。

(7) 『宗鏡録』巻四二、六六七頁a。

(8) P四六三八、黄永武編『敦煌宝蔵』第一三四冊、九一—九二頁。

(9) P四六三八は「彦和尚集」と記され、『大潙警策』と禅宗三祖僧璨に帰される『信心銘』とが筆写されている。紙背には献物牒など七種が筆写され、後唐清泰三年（九三六）と記されているので、正面が筆写されたのはこれよりも後のはずである。敦煌写本の表裏の書写年代の差は最高でも五十年であるため、『大潙警策』の書写は、遅くとも九八〇年前後を超えない。田中良昭『敦煌禅宗文献の研究』三三五—四二頁参照。

(10) 『続蔵経』第六三冊。

(11) 『全唐文』巻九一九、三頁a—七頁b。

(12) 田中良昭『敦煌禅宗文献の研究』三三七頁。

(13) 現行本は「如霧露中行」に作るが、ここでは敦煌本によって改める。

(14) Jacques Gernet, *Buddhism in Chinese Society*, 8-9, note 42.
(15) 通行本は「従心変起」に作り、敦煌本は「従心化起」に作るが、ここでは『宗鏡録』の引文により改める。
(16) 通行本は「莫断莫続」、『宗鏡録』引文は「莫断莫絶」に作るが、ここでは敦煌本により改める。
(17) 通行本は「一心不生、万法倶息」に作るが、ここでは敦煌本により改める。
(18) 本書第六章参照。
(19) 鄭愚「潭州大潙山同慶寺大円禅師碑銘並序」『全唐文』巻八二〇、二四頁a。
(20) Poceski, "*Guishan jingce*," in *Zen Classics*, 21-22.
(21)『宋高僧伝』巻一一、二六四頁。
(22) 本書附録二「晩唐五代禅宗寺院考」参照。
(23) 本書第四章参照。
(24)『全唐文』巻八七〇、一五頁a―b。石亭とは仰山慧寂を指す。彼がかつて洪州石亭観音院に居たからである。
(25)『全唐文』巻八一三、九頁b。
(26)『祖堂集』巻一八、八〇二、八〇六―八〇七頁。
(27)『人天眼目』「円相因起」条、巻四、三二一頁c、志謙『宗門円相集』高麗仏籍集佚刊行委員会編『高麗仏籍集佚』(ソウル:東国大学校出版部、一九八五)六三―六四頁。
(28)『宋高僧伝』巻一二、二九一頁。
(29)『祖堂集』巻二〇、八七四―八八一頁。
(30) 石井修道「潙仰宗的盛衰(四)」『駒沢大学仏教学部論集』二一(一九九〇)八六―八七頁。
(31)『伝灯録』巻一二、一〇頁b。
(32) 順之に関する資料と研究は以下を参照。佚名「高麗了悟和尚碑」、及び曽玄等「国主大王重修故了悟和尚碑銘後記」黄寿永編『韓国金石遺文』(ソウル:一志社、一九七八)九二―九七頁、韓基斗「順之に於ける一円相思想」『印度学仏教学研究』

三〇—二（一九八二）一八四—八八頁。

(33)『伝灯録』巻一三、四頁a。

(34) 鈴木哲雄は既にこの点を指摘しているが、ただ順之には言及していない。『唐五代の禅宗』二四一頁。

(35)『宗門十規論』『続蔵経』第六三冊、三七頁c。

(36) 石井修道「潙仰宗の盛衰（二）」『駒沢大学仏教学部論集』一八（一九八五）一一六頁。

(37) 以下を参照。栂尾祥雲（一八八一—一九五三）『曼荼羅の研究』（高野町：高野山大学出版部、一九二七）一—六頁、Charles D. Orzech, "Mandalas on the Move: Reflections from Chinese Esoteric Buddhism Circa 800 C. E.," Journal of the International Association of Buddhist Studies 19.2 (1996): 209-44、呂建福『中国密教史』（北京：中国社会科学出版社、二〇一一）二六九—五二七頁。

(38) 詳しくは本書附録二「晩唐五代禅宗寺院考」参照。

(39)『新唐書』巻五九、一五三〇頁。

(40)『伝灯録』巻一五、一七頁a。

(41)『武渓集』巻九、一二頁a。

(42)『禅門諸祖師偈頌』『続蔵経』第六六冊、巻上、七二六頁c。

(43)『新唐書』芸文志に「智閑『偈頌』一巻、二百余篇」（巻五九、一五三〇頁）とある。『通志』芸文略も一巻として著録する（『通志二十略』巻五、一六四七頁）。陳尚君は『祖堂集』、『景徳伝灯録』に基づいて智閑に帰される偈頌三十一首を校録し、『全唐詩続拾』巻四一、一三二一—一三二六頁に収載した。日本の金沢文庫には『香厳頌』七十六首が所蔵される。校録は石井修道「潙仰宗の盛衰（五）」『駒沢大学仏教学部論集』二二（一九九一）一〇五—一一六頁、衣川賢次「日本金沢文庫蔵抄本『香厳頌』七十六首覆校」『中華文史論叢』八四—四（二〇〇六）二一九—二三六頁参照。これらの偈頌が誰の作かについてはさらなる考証を待たねばならない。

(44) 徐俊『敦煌詩集残巻輯考』巻下、五四二頁。

(45)『禅門諸祖師偈頌』『続蔵経』第六六冊、巻下、七五四頁a―b。
(46)『宗鏡録』巻六、四四四頁c。
(47)『宗鏡録』巻六、四四七頁c。
(48)『宗鏡録』巻一二、四八一頁b。
(49)『宗鏡録』巻一四、四九三頁c。
(50)『宗鏡録』巻四〇、六五二頁a。
(51)『宗鏡録』巻九八、九四六頁c。
(52)『祖堂集』巻五、二五三―五四頁。
(53)『祖堂集』巻七、三三八―三九頁、巻一〇、四七六頁。
(54)『伝灯録』巻二九、一一頁a。
(55)『祖堂集』巻六、三〇六頁。
(56)『緇門警訓』『大正蔵』第四八冊、巻二、一〇五二頁a。
(57)例えば『禅門諸祖師偈頌』所載の「玄中銘」「新豊吟」(巻上、七二三頁b、七二三頁c)等。
(58)二書はいずれも『大正蔵』第四七冊所収。
(59)詳しくは本書附録二「晩唐五代禅宗寺院考」参照。
(60)『祖堂集』巻八、三七八頁、『伝灯録』巻一七、八頁b。
(61)『宋高僧伝』巻一三、三〇八頁。
(62)『宗門十規論』『続蔵経』第六三冊、三七頁c。
(63)『伝灯録』巻一七、八頁b。
(64)『重編曹洞五位』『続蔵経』第六三冊、一九六頁a―二一六頁a。
(65)『禅林僧宝伝』巻一、四九二頁b、『人天眼目』巻三、三二〇頁c、明郭凝之編・日僧玄契重集『撫州曹山本寂禅師語録』

『大正蔵』第四七冊、日僧慧印編『撫州曹山元証禅師語録』『大正蔵』第四七冊。
(66)『宗鏡録』巻四、六五五頁c。
(67)『宗鏡録』巻九八、九四六頁c。
(68)『祖堂集』巻八、三七九頁。
(69)『宗鏡録』巻四、六五五頁c。
(70)『伝灯録』巻二七、一一頁a。
(71)呉汝鈞『仏教大辞典』（北京：商務印書館、一九九二年）五〇三頁。
(72)『新唐書』巻五九、一五三一頁。
(73)詳しい考証は本書附録三「現行本寒山詩集における禅詩の作者についての考証」。
(74)引用した寒山詩及び番号はいずれも項楚『寒山詩注』（北京：中華書局、二〇〇〇年）によった。当該書は『四部叢刊』影宋刻本『寒山子詩集』を底本としている。
(75)『伝灯録』巻二九、一一頁a―一二頁a。
(76)『禅門諸祖師偈頌』七二六頁c。
(77)『林間録』二五六頁a。
(78)柳田聖山「語録の歴史」三八四頁。
(79)『祖堂集』（巻五、二七六頁）に「沙門元会撰碑文」とある。
(80)『祖堂集』巻五、二七三―七四頁、『宋高僧伝』巻一二、二七五頁、『伝灯録』巻一五、二頁a―b。
(81)『宗鏡録』巻九八、九四六頁a。
(82)『伝灯録』巻一五、二頁b―三頁a。
(83)『宋高僧伝』巻一二、二七五頁。
(84)『宗門十規論』三七頁c。

(85)『伝灯録』巻一三、九頁a。
(86)『祖堂集』巻一九、八五五―五六頁。
(87)『伝灯録』巻一二、三頁a―b。
(88)『伝灯録』巻一〇、二頁a。
(89)柳田聖山は、臨済の後裔が黄檗の機縁問答と関連の逸話を捏造することで、黄檗のイメージを再構築したと既に指摘している。「語録の歴史」三八二頁。
(90)『宋高僧伝』巻一二、二七七頁。
(91)公乗億「魏州故禅大徳奨公塔碑」『全唐文』巻八一三、一九頁a、『祖堂集』巻一九、八五四―八五七頁、『伝灯録』巻一二、三頁a―七頁a、『唐刺史考』巻一〇六、一四八七頁、巻七九、一一三九頁、巻九八、一三八七頁。
(92)『伝灯録』巻一二、一二頁a、巻一二、一二頁b、巻一二、一一頁b、巻一二、一二頁b、巻一二、一二頁b―一三頁a、巻一二、一四頁a、巻一二、一三頁b。
(93)『伝灯録』巻二八、二三頁a―b。
(94)『祖堂集』巻一九、八五五―五七頁、『宗鏡録』巻九八、九四三頁。
(95)『宗門十規論』三七頁c。
(96)『伝灯録』巻一三、九頁a。
(97)『伝灯録』巻一三、一二頁b。
(98)柳田聖山「語録の歴史」三九二頁。
(99)例えば『人天眼目』巻二、三二一頁b。
(100)『伝灯録』省念章、巻一三、八頁b―九頁b、『汝州首山念和尚語録』『古尊宿語録』巻八、一一八―三九頁、『石門山慈照禅師鳳岩集』『古尊宿語録』巻九、一四〇―一五七頁、『汾陽昭禅師語録』『古尊宿語録』巻一〇、一五九―一六六頁等。
(101)三書はいずれも石霜の卒年を唐光啓四年（八八八）と記すが、『祖堂集』（巻六、三二二頁）は享年八十歳、『宋高僧伝』

（巻一二、二八三頁）と『伝灯録』（巻一五、一一頁b）は八十二歳だったと記す。『祖堂集』は恐らく「二」字を脱したのであろう。

(102)『祖堂集』（巻六、三一八頁）は「師年三十五而止石霜、更不他遊（師は三十五歳で石霜山に定住し、もう余所には行かなかった）」とする。他に『宋高僧伝』巻一二、二八二―八三頁参照。

(103) 本書第九章の考察参照。

(104)『宋高僧伝』巻一二、二八三頁。

(105)『汾陽無徳禅師語録』六二一頁a―b。

(106)『石霜楚円語録』一九六頁c。

(107)『伝灯録』巻二九、一八頁a。

(108) 黄滔「福州雪峰山故真覚大師碑銘」『唐黄御史公集』巻五、三三頁b―三七頁b。

(109)「福州雪峰山故真覚大師碑銘」巻五、三七頁b。

(110)『祖堂集』巻七、三四六―四七頁。

(111) 黄滔「福州雪峰山故真覚大師碑銘」『唐黄御史公集』巻五、三三頁b―三七頁b。

(112) 王随「福州雪峰山故真覚大師語録序」『雪峰真覚禅師語録』『続蔵経』第六九冊、九〇頁c―九一頁a。

(113) 孫覚「雪峰真覚大師広録後序」『雪峰真覚禅師語録』九一頁a。

(114) 林弘衍「刻雪峰語録縁起」『雪峰真覚禅師語録』七〇頁a。鈴木哲雄『唐五代禅宗史』にこれに関する詳しい論述がある。四四七―五一頁。

(115) 謝重光・白文固『中国僧官制度史』（西寧：青海人民出版社、一九九〇）八四―一二二頁。

(116)『宋高僧伝』巻一二、二八九頁。

(117)『宋高僧伝』巻一二、二八八―八九頁。

(118)『宋高僧伝』巻一三、三〇六頁。

(119)『伝灯録』巻一八、一頁b。
(120)『唐五代禅宗史』四八九―九四頁。
(121)『続蔵経』第七三冊、巻一、一頁b、巻三、二七頁b。
(122)忽滑谷快天はその中に開平元年（九〇七）の一則があると指摘した。『禅学思想史』六八四頁。鈴木哲雄本人もこのテキストは智厳の原本でないばかりか、恐らく孫覚が編集・刊行した本でもあり得ないだろうと考証している。『唐五代禅宗史』四七二―七三頁。
(123)『続蔵経』第七三冊、二八頁c。
(124)『伝灯録』巻二八、二四頁a―b。
(125)『伝灯録』巻一〇、四頁a―五b頁。引用の『首楞厳経』二箇所は巻三、一一八頁c、巻九、一四七頁b。
(126)『伝灯録』巻二六、二四頁b。
(127)銭謙益『大仏頂首楞厳経疏解蒙鈔』『続蔵経』第一三冊、五〇三頁c。
(128)『伝灯録』巻二六、二六頁b―二七頁b。
(129)柳田聖山「語録の歴史」四〇三頁。石井修道も雪峰門下、とりわけ法眼門下がよく著語を用いたという現象に気づいており、これを「拈弄集団」と称している。『宋代禅宗史の研究』八三、九三―一〇四頁。
(130)石井修道が既に法眼系による拈弄は「公案化の萌芽」であると指摘している。『宋代禅宗史の研究』九三頁。
(131)雷岳「雲門山光泰禅院故匡真大師実性碑並序」『南漢金石志』巻一、九―一二頁、陳守中「大漢韶州雲門山大覚禅寺大慈雲匡聖宏明大師碑銘並序」『八瓊室金石補正』巻八〇、二八頁a―三七頁b。
(132)詳しくは本書附録二「晩唐五代禅宗寺院考」参照。
(133)雷岳「雲門山光泰禅院故匡真大師実性碑並序」巻一、一二頁。この方面に関する詳しい議論は、鈴木哲雄「雲門文偃と南漢」『印度学仏教学研究』三三―一（一九八四）九〇―九五頁参照。
(134)『祖堂集』巻一一、五一二―一八頁。

(135) 柳田聖山は『祖堂集』が九五二年より何年も前にもう編纂され始めていたと考える。『祖堂集索引下冊』（京都：京都大学人文科学研究所、一九八四）一五六七―一六〇六頁。
(136) 『伝灯録』巻一九、九頁b―一〇頁b。「有一段事」の「有」字は『五灯会元』によって補った。普済『五灯会元』（北京：中華書局、一九八四）巻一五、九二五頁。
(137) 楊曽文『唐五代禅宗史』五三九―四二、五四八頁。
(138) 『人天眼目』巻二、三一二頁a―b。
(139) 『伝灯録』巻二二、一四頁a。
(140) 『雲門広録』巻三、五七六頁b。
(141) 『人天眼目』巻二、三一二頁a。
(142) 『祖庭事苑』三一八頁b。
(143) 『雲門広録』巻三、五七五頁b。
(144) 『八瓊室金石補正』巻八〇、三七頁b。
(145) 余靖「韶州楽昌県宝林禅院記」『武渓集』巻七、七頁b。
(146) 詳しくは本書附録二「晩唐五代禅宗寺院考」参照。
(147) 『宋高僧伝』巻一三、三一七頁、『伝灯録』巻二五、二頁a―b。
(148) 『宋高僧伝』巻二八、七〇八―七〇九頁、『伝灯録』巻二六、九頁b―一〇頁a。
(149) 『大正蔵』第四七冊。
(150) 『伝灯録』巻二八、二七頁b。
(151) 『宗門十規論』三七頁a。
(152) 『伝心法要』三八三頁c。
(153) 『宗鏡録』巻三、四三一頁b、巻一四、四八八頁c。

(154)『宗門十規論』三六頁b。

(155)『宗門十規論』三六頁b、三八頁b。

(156)法蔵『華厳一乗教義分斉章』『大正蔵』第四五冊、四九九頁a、澄観『大方広仏華厳経疏』巻二八、二一三頁a、巻三七、七八七頁b、巻六一、四九一頁b、巻八三、六四九頁b。

(157)『宗門十規論』三七頁c。

(158)法眼が禅・教を会通させていたことについての詳しい議論は、主に以下を参照。鄧克銘『法眼文益禅師之研究』（台北：東初、一九八七）六九―九二頁、楊曽文『唐五代禅宗史』五五六―七四頁。

(159)『伝灯録』巻二五、一二頁b。『伝灯録』は、法眼が文遂に注釈の文章を全て焼き捨てるように忠告したとするが、法眼系が経論を重視している状況から考えると、この説は必ずしも信頼できない。

(160)『伝灯録』巻二五、一〇頁b―一一頁a。

(161)『宋高僧伝』巻一三、三一七頁、『伝灯録』巻二六、二頁a―b、『仏祖統記』『大正蔵』第四九冊、巻一〇、二〇六頁a。

(162)『伝灯録』巻二六、一九頁b。

(163)『伝灯録』巻二六、一五頁a―b。

(164)『伝灯録』巻二六、一四頁b。恒安『続貞元釈教録』『大正蔵』第五五冊、一〇四八頁a。

(165)『宋高僧伝』巻二八、七〇八頁、『伝灯録』巻二六、一〇頁b。

(166)宋元照重編『永明智覚禅師方丈実録』、国家図書館蔵南宋紹興三十年（一一六〇）刊本残本、楊曽文『宋元禅宗史』二四頁。

(167)延寿が禅・教を会通させたことに関する詳しい議論は、以下を参照。楊曽文『宋元禅宗史』四八―六七頁、董群「延寿対宗密禅教融合論思想的継承和発展」杭州仏学院編『永明延寿大師研究』（北京：宗教文化出版社、二〇〇五）六七―七二頁、宋道発「従宗密的禅教一致論到延寿的禅教融合論」『永明延寿大師研究』二九六―三〇七頁、王鳳珠『永明禅師禅浄融合思想研究』（台北：学生書局、二〇〇七）六五―一〇九頁、Albert Welter, *Yongming Yanshou's Conception of Chan in the Zongjing lu: A Special Transmission within the Scriptures* (New York: Oxford University Press, 2011), 11-43.

(168)『伝灯録』巻二六、二四頁b。

(169)『宋高僧伝』巻一三、三〇六頁。

(170)『伝灯録』巻二四、八頁a。

(171)『宗門十規論』三六頁b―三九頁a。

(172)『古尊宿語録』巻三八、七〇五頁。

(173) 禾山無殷は『垂戒』十巻を著しており、「諸方歎伏、咸謂『禾山可以為叢林表則』(諸方の人々が感嘆して敬服し、こぞって『禾山は叢林の手本となれる』と言った)」とされた。『伝灯録』巻一七、二二頁b―二三頁b、『新唐書』巻五九、一五三〇頁。明刻永明延寿『万善同帰集』には『永明寿禅師垂誡』が付されており、注に「旧本不載此誡、今従『仏祖綱目』考訂(旧本にはこの誡を載せておらず、いま『仏祖綱目』によって考訂する)」とある(『大正蔵』第四八冊、九九三頁b)。この誡は明代以前のテキストには見られず、出所が不明であり、疑問として残しておくしかない。

(174) 禅宗寺院の北宋期における官寺化と制度化に関しての詳しい議論は、以下を参照。Morten Schlutter, *How Zen Became Zen: The Dispute over Enlightenment and the Formation of Chan Buddhism in Song-Dynasty China* (Honolulu: University of Hawaii Press, 2008), 31-54.

附録一　馬祖語録校注

本附録では、馬祖語録の中でも、考証を経ておおむね信頼できることが確定している示衆六則と問答三則に校注を施す（本書第五章参照）。各則の出所は『権載之文集』・『祖堂集』・『宗鏡録』・『宋高僧伝』・『景徳伝灯録』・『天聖広灯録』であり、各々に最も早いか、最も信頼できる、または最も完全なテキストを採用している。テキストの原形を残しておくために、本附録での校訂は明らかな誤りを正す場合に限られる。

本附録の注釈は、引用仏典の出所と物の名称の解説以外にも、馬祖の弟子あるいは再伝の弟子の言葉や、宗密やその他同時代人の評語と記録といった、おおむね信頼できて年代を定められる資料を大量に引用して、馬祖の禅思想を引証する。

本附録は以下の論著・翻訳書・辞典に多くを負っている。柳田聖山「語録の歴史――禅文献の成立史的研究」、入矢義高『馬祖の語録』、Bavo Lievens, *The Recorded Sayings of Ma-tsu*, trans. Julian F. Pas; Cheng Chien, *Sun-face Buddha: The Teaching of Ma-tsu and the Hung-chou School of Chan*; William E. Soothill and Lewis Hodous, *A Dictionary of Chinese Buddhist Terms*、中村元『仏教語大辞典』、呉汝鈞『仏教大辞典』。紙幅に限りがあるため、文中では逐一注記しない。

示衆第一則(1)

【一】

汝等諸人各信自心是仏、此心即是仏心。(2)達磨大師従南天竺国来、唯伝大乗一心之法、(3)以『楞伽経』印衆生心、恐不信此一心之法。『楞伽経』云仏語心為宗、無門為法門。(4)何故仏語心為宗? 仏語心者、即心即仏、今語即是心語。故云仏語心為宗。(5)

（1）『宗鏡録』『大正蔵』第四八冊、巻一、四一八頁b―c、巻二四、五五〇頁c。

（2）『宗鏡録』の引用にはこの句がない。ここでは『祖堂集』（巻一四、六一〇頁）、『伝灯録』（巻六、二頁a）、及び『広灯録』（巻八、六五一頁b）によって補う。

（3）「一心之法」は『大乗起信論』（『大正蔵』第三二冊、巻一、五七六頁a）及びその他の経論に見える。一心とは、『入楞伽経』に「一心者名為如来蔵」（『大正蔵』第一六冊、巻一、五一九頁a）と言うように、如来蔵/仏性を指す。「法」の字は意味合いが幅広く、「仏法」と言うように真理のことであるとともに、一般的な規則・法則・人品・特質等も指し、そのほか感じたり考えたりできるあらゆる事物、すなわち宇宙に存在するあらゆる物質的、精神的な事物をも意味する。ここでは仏法の意であり、仏教の教理と真理のことである。

（4）宗密は「[洪州宗]意准『楞伽経』云……『仏語心』」（『円覚経大疏抄』五三四頁b、『承襲図』三三頁b）と言う。「仏語心為宗、無門為法門」という表現は『楞伽経』の現存する三種の漢訳に実際に見られるわけではないので、馬祖はここでは大意を述べているのであり、引用ではない。「一切仏語心」という短い語は求那跋陀羅訳『楞伽阿跋多羅宝経』の品題であり（『大正蔵』第一六冊、巻一、四八〇頁a、四八九頁a、四九七頁c、五〇五頁b）、この経典の文中に単独でも見られる（巻一、四八四頁a）。しかしながら、この短い語においては、「心」は心性の心を指すのではなく、核心・根本という意味である。馬祖はどうやら故意にこれを心性の心と解釈したようである。仏教経典の文では、「門」には宗旨・宗派・方法・道筋といった様々な意味合いが含まれる。ここでは方法や道筋を指す。

（5）『伝心法要』に「自達摩大師到中国、唯説一心、唯伝一法。以仏伝仏、不説余仏、以法伝法、不説余法。法即不可説之法、仏即不可取之仏、乃是本源清浄心也」、「諸仏与一切衆生、唯是一心、更無別法。……此心即是仏、仏即是衆生」（三八一頁b、三七九頁c）とある。『祖堂集』（巻一四、六一〇頁）、『伝灯録』（巻六、二頁a）、『広灯録』（巻八、四四八頁c）にもこの一節が採録されており、文字に異同がある。

【二】

無門為法門者、達本性空、更無一法。性自是門、性無有相、亦無有門。故云無門為法門。亦名空門、亦名色門。何以故？　空是法性空[1]、色是法性色。無形相故謂之空、知見無尽故謂之色。故云「如来色無尽、智慧亦復然[2]」。随生諸法処、復有無量三昧門[3]、遠離内外知見情執。亦名総持門[4]、亦名施門[5]。謂不念内外善悪諸法、乃至皆是諸波羅蜜門。色身仏是実相仏家用[6]。経云三十二相八十種好、皆従心想生[7]。亦名法性家焔[8]、亦法性功勲。菩薩行般若時、火焼三界内外諸物尽、於中不損一草葉、為諸法如相故。故経云「不壊於身、而随一相[9]」。

（1）「法性」は大乗の観念であり、万事万物の真実の状態のことを指し、あらゆる現象の究極的根源と条件という意味を含む。

（2）この引用は『勝鬘師子吼一乗大方広経』『大正蔵』第一二冊、巻一、二一七頁a、『大宝積経』『大正蔵』第一一冊、巻一一九、六七三頁aに基づく。

（3）三昧は、梵語 samādhi の音訳。三摩地とも音訳し、定の異名である。心や精神が集中して動かず、宗教的意識の瞑想の境地に入ること。

（4）総持は、梵語 dhāraṇī の意訳。陀羅尼と音訳する。仏の言葉を覚えて忘れないでいられる極めて卓越した記憶力を指し、また無限の意味を含み、読み上げることで妨げを取り除き利益を得られるという真言・密語・咒をも指す。馬祖はここでは一つ目の意味で用いている。

（5）「施門」は「布施門」の略称。『大方広仏華厳経』『大正蔵』第九冊、巻六、四三五頁a、『大宝積経』『大正蔵』第一一冊、巻五四、三一八頁b。

（6）実相仏とは法身仏（dharmakāya Buddha）のこと。

（7）三十二相八十種好は仏陀の身体的特徴である。この句は『観無量寿仏経』の意を取ったもので、原文は「汝等心想仏時、是心即是三十二相八十随形好」（『大正蔵』第一二冊、巻一、三四三頁a）である。あるいは『勝天王般若波羅蜜経』「三十二相八十種好、随衆生意如是現之」（『大正蔵』第八冊、巻七、七二三頁a）。

（8）「家」はここでは「の」の意であり、これは唐代の慣用的用法である。

（9）『維摩詰所説経』『大正蔵』第一四冊、巻一、五四〇頁b。

【三】

今知自性是仏、於一切時中、行住坐臥、更無一法可得。乃至真如、不属一切名、亦無無名。故経云「智不得有無(1)」。内外無求、任其本性、亦無任性之心。経云「種種意生身、我説為心量(2)」。即無心之心、無量之量。無名為真名、無求是真求(3)。

（1）『楞伽阿跋多羅宝経』巻一、四八〇頁a、四八〇頁b、及び『大乗入楞伽経』『大正蔵』第一六冊、巻一、五九〇頁c。

（2）『楞伽阿跋多羅宝経』巻三、五〇〇頁b。

（3）第二、三節の中の一部は、『宗鏡録』が引用する青原行思の言葉にも見えるが（巻九七、九四〇頁b）、行思は生前には無名であったので、彼のものと伝えられる言葉は全て疑わしい。

【四】

経云「夫求法者、応無所求(1)」。心外無別仏、仏外無別心(2)。不取善、不捨悪(3)、浄穢両辺、倶不依怙(4)。法無自性、三界唯心(5)。経云「森羅及万象、一法之所印(6)」。凡所見色、皆是見心。心不自心、因色故心。色不自色、因心故色(7)。故経云見色即是見心(8)。

（1）この引用は幾つかの経典に見え、文字にはやや異同がある。例えば『維摩詰所説経』巻二、五四六頁a、『大般若波羅蜜多経』『大正蔵』第七冊、巻五七一、九四八頁a、『勝天王般若波羅蜜経』巻五、七一一頁c、『究竟一乗宝性論』『大正蔵』第四五冊、巻一、一四六頁a。

（2）『越州大珠慧海和尚［広］語』に「僧問『何者是仏？』。師曰『離心之外、即無有仏』」（『伝灯録』巻二八、一六頁b）とある。甘泉志賢は「若能識自心、心外更無別仏、仏外無別心」（『宗鏡録』巻九八、九四三頁b）と言う。『伝心法要』に「此心即是仏、更無別仏、亦無別心」（三八〇頁a）とある。

（3）「捨」、原文は「作」に作る。『祖堂集』（巻一四、六一一頁）、『伝灯録』（巻六、二頁a）、『広灯録』（巻八、四四八頁c）によって改める。

（4）「怙」、原文欠。『祖堂集』（巻一四、六一一頁）、『伝灯録』（巻六、二a頁）、『広灯録』（巻八、四四八頁c）によって補う。権徳輿撰・章敬懐暉碑文に記す懐暉の語に「非遣境以会心、非去垢以取浄」（『権載之文集』巻一八、一四頁a）と言い、『宋高僧伝』天皇道悟伝（苻載撰述の碑に基づく）に記す道悟の語に「垢浄共住、水波同体」（巻一〇、二三三頁）と言う。

（5）「三界唯心」は以下のような多くの経論に見える。『華厳経』巻五四、二八八頁c、『楞伽阿跋多羅宝経』巻二、四八九頁c、『十地経論』『大正蔵』第二六冊、一六九頁a、『成唯識論』『大正蔵』第三一冊、三八頁c等。三界は衆生が暮らし流転している世界で、欲界（kāmadhātu）・色界（rūpadhātu）・無色界（arūpadhātu）からなる。欲界は最も低い領域で、淫欲と貪欲を持つ衆生がここに住んでいる。色界は欲界の上にあって、高次の物質界であり、欲を離れた清浄な世界である。無色界は最も上の領域で、物質を超越しており、精神的要素のみからなる。

（6）この引用は『法句経』『大正蔵』第八五冊、巻一、一四三五頁aに基づく。この経は一般に中国撰述と見なされている。

（7）『二入四行論』「心不自心、由色生心、名為色界。色不自色、由心故色」。

（8）この句については出典が未詳である。馬祖はここでは恐らく大意を述べているのであって引用ではなく、後世にこの句を引用する場合にはいずれも馬祖の言葉と称する。第四節は『祖堂集』（巻一四、六一一頁）、『伝灯録』（巻六、二頁a）、『広灯録』（巻八、四四八頁c）にも見えており、文字に異同がある。この節の一部は『宗鏡録』の中で南岳懐譲の言葉として引用される（巻九七、九四〇頁b）。懐譲は彼が生きた時代には無名だったので、彼のものとされる言葉は全て疑わしい。

【五】

汝若悟此事了、但随時著衣喫飯、任運騰騰。(1)

（1）『宗鏡録』によるこの節の引用は、ある「古徳」のものとされるのみであるが、『祖堂集』（巻一四、六一一頁）、『伝灯録』（巻六、二頁a―b）、『広灯録』（巻八、四四八頁c）、『馬祖語録』（巻一、六頁a）の引用、及び宗密による洪州禅についての総括（後述）によると、この節は馬祖の言葉のはずである。他の四つのテキストでは、この節はかなり長い。「汝但随時言説、即事即理、都無所礙。菩提道果、亦復如是。於心所生、即名為色、知色空故、生即不生。若了此意、乃可随時著衣喫飯、長養聖胎、任運過時、更有何事。汝受吾教、聴吾偈曰、心地随時説、菩提亦只寧。事理倶無礙、当生即不生」。これらのテキストでは、この節及び第一・四節と対応する幾つかの段落が合わさって、上堂法要一則を形成している。しかしながら、一部の学者が指摘するように、『宝林伝』においては、西天の諸祖から馬祖まで、どの祖師も全て伝法偈一首に配当される（水野弘元「伝法偈の成立について」『宗学研究』二（一九六〇）二三頁）。上で引いた一段は『宗鏡録』の記載よりも伝法偈一首が多くなっており、そのためこの四つのテキストの記述は恐らく『宝林伝』に基づく。特に『祖堂集』馬祖章が該書に基づくこと（第二章の考察参照）を考えると尚更である。『越州大珠慧海和尚[広]語』に「汝自不見性、不可是無性。今見著衣喫飯、行住坐臥、対面不識、可謂愚迷」（『伝灯録』巻二八、一二頁b—一三頁a）とある。宗密は洪州禅を総括して「不断不修、任運自在、名為解脱。性如虚空、不増不減、何仮添補。但随時随処息業、養神聖胎増長、顕発自然神妙。此即是為真悟真修真証也」（『禅源諸詮集都序』巻二、四〇二頁c）とする。

示衆第二則[1]

【六】

汝若欲識心、秖今語言、即是汝心。喚此心作仏、亦是実相法身仏、亦名為道。[2] 経云、有三阿僧祇百千名号、[3] 随世応処立名。[4] 如随色摩尼珠、[5] 触青即青、触黄即黄、体非一切色。[6] 如指不自触、如刀不自割、如鏡不自照、随縁所見之処、各得其名。

（1）『宗鏡録』巻一四、四九二頁a。

（2）『百丈広録』に「但是一切挙動施為、語黙啼笑、尽是仏慧」（『古尊宿語録』巻二、三〇頁）とある。宗密は洪州系が「故知能言語動作者、必是仏性」(『承襲図』三三頁a)、「即今能語言動作、貪嗔慈忍、造善悪、受苦楽等、即汝仏性」(『禅源諸詮集都序』巻二、四〇二頁c)と宣揚したことを記している。
(3) 三阿僧祇劫とは、菩薩が修行して仏に成るまでに要する、無限の長さを持った段階の三つ分である。
(4) ここは『楞伽経』に基づいてその意を述べている(『楞伽阿跋多羅宝経』巻四、五〇六頁b、『大乗入楞伽経』巻五、六一五頁c)。
(5) 摩尼とは珠・玉・宝石の総称である。『楞伽経』「亦如摩尼、随心現色」(『大乗入楞伽経』巻二、五九八頁c)。
(6) 宗密は次のように言う。「如一摩尼珠、唯円浄明、都無一切差別色相。以体明故、対外物時、能現一切差別色相。色相自有差別、明珠不曽変易。然珠所現色、雖有百千般、今且取与明珠相違之黒色、以況霊明知見与黒暗無明雖即相違、而是一体。謂如珠現黒色時、徹体全黒、都不見明。如痴孩子或村野人見之、直是黒珠。……復有一類人、指示云『即此黒暗便是明珠。明珠之体、永不可見。欲得識者、即黒便是明珠、乃至青黄種種皆是』。致令愚者的信此言、専記黒相、或認種種相為明珠……(洪州見解如此也。言愚者、彼宗後学也)」。『承襲図』三四頁a—b。

【七】

此心与虚空斉寿。乃至輪迴六道、受種種形、即此心未曽有生、未曽有滅。為衆生不識自心、迷情妄起、諸業受報。迷其本性、妄執世間風息。四大之身、見有生滅(1)、而霊覚之性、実無生滅。汝今悟此性、名為長寿、亦名如来寿量、喚作本空不動性。前後諸聖、秖会此性為道(2)。

（1）四大とは地・水・火・風である。

（2）『宋高僧伝』（巻一一、二四九頁）無業伝（楊潜撰述の碑に基づく）に引く無業の語に「汝等見聞覚知之性与太虚同寿、不生不滅」と言う。志閑撰述の楊岐甄叔碑に引く甄叔の語に「群霊本源、仮名為仏、体竭形消而不滅、金流璞散而常存」（『全唐文』巻九一九、一〇頁b、『宋高僧伝』巻一〇、二三五頁）と言う。『越州大珠慧海和尚[広]語』に「身因性起、身死豈言性滅」（『伝灯録』巻二八、一二頁b）とある。『伝心法要』は「此霊覚性無始已来、与虚空同寿、未曽生未曽滅（三八一頁a）とする。『南陽慧忠国師[広]語』はある雲水の言葉として「彼方知識直下示学人、即心是仏、仏是覚義。……此身即有生滅、心性無始以来、未曽生滅。身生滅者、如竜換骨、蛇脱皮、人出故宅。即身是無常、其性常也」（『伝灯録』巻二八、一頁a—b）とする。「彼方知識」は、学界では一般に洪州系の禅師を指すと考えられている。本書第六章参照。

【八】

今見聞覚知、元是汝本性、亦名本心、更不離此心別有仏。[1] 此心本有今有、[2] 不仮造作、本浄今浄、不待瑩拭。自性涅槃、自性清浄、自性解脱、自性離故。是汝心性、本自是仏、不用別求仏。[3] 汝自是金剛定、不用更作意凝心取定。縦使凝心斂念作得、亦非究竟。[4]

（1）ここは『首楞厳経』に基づく。「阿難、汝性沈淪、不悟汝之見聞覚知本如来蔵。……汝曽不知如来蔵中、性見覚明、覚精明見、清浄本然、周遍法界」（『大正蔵』第一九冊、巻三、一一八頁c）。また『南陽慧忠国師[広]語』は、例の雲水が「彼方知識」について述べた話を次のように記す。「汝今悉具見聞覚知之性、此性善能揚眉瞬目、去来運用、遍於身中。挃頭頭知、挃脚脚知、故名正遍知。離此之外、更無別仏」。慧忠はそれを聞くと「若以見聞覚知是仏性者、浄名不応云法離見聞覚知。若行見聞覚知、是則見聞覚知、非求法也」（『伝灯録』巻二八、一頁b）と反論した。浄名は維摩詰の異訳で、慧忠の引用は『維摩詰所説経』の「法不可見聞覚知、若行見聞覚知、是則見聞覚知、非求法也」（巻二、五四六頁a）に基づく。

（2）『大般涅槃経』には有名な「本有今無」の偈がある（『大正蔵』第一二冊、巻二七、五二四頁b）。南北朝から隋唐期の仏教学者の間で本有始有の論争があったことは、本書第六章参照。

（3）『越州大珠慧海和尚[広]語』に「師曰『心是仏、不用将仏求仏。心是法、不用将法求法。……性本清浄、不待修成』」（『伝灯録』巻二八、九頁a―b）とある。『百丈広録』に「自古自今、仏祇是人、人祇是仏、亦是三昧定。不用将定入定、不用将禅想禅、不用将仏覓仏」（『古尊宿語録』巻一、一六頁）とある。『伝心法要』に「性即是心、心即是仏、仏即是法。一念離真皆為妄想。不可以心更求於心、不可以仏更求於仏、不可以法更求於法」（三八一頁a―b）とある。宗密は洪州の宗旨を総括して「既悟解之理、一切天真自然。故所修行、理宜順此、而乃不起心断悪、亦不起心修道。道即是心、不可将心還修於心、悪亦是心、不可将心還断於心。不断不造、任運自在、名為解脱人。無法可拘、無仏可作、猶如虚空不増不減、何仮添補。何以故？　心性之外、更無一法可得故、故但任心即為修也」（『承襲図』三三頁b、『禅源諸詮集都序』四〇二頁c、『円覚経大疏抄』巻三、五三四頁b）とする。

（4）示衆第二則の一部は『宗鏡録』の中で青原行思の話としても引用される（巻九七、九四〇頁b）。しかし前述の通り、行思のものとされる語録はほぼ全て信頼できない。

示衆第三則(1)

【九】

若此生所経行之処、及自家田宅処所・父母兄弟等、挙心見者、此心本来不去。莫道見彼事、則言心去。心性本無来去、亦無起滅。(2)

(1)『宗鏡録』巻四九、七〇七頁b。

(2)『宗鏡録』ではこの後にさらに数句ある。「所経行処、及自家父母眷属等、今所見者、由昔時見故。皆是第八含蔵識中、憶持在心、非今心去。亦名種子識、亦名含蔵識。貯積昔所見者、識性虚通。念念自見、名巡旧識、亦名流注生死。此念念自離、不用断滅。若滅此心、名断仏種性。此心本是真如之体、甚深如来蔵、而与七識倶」。入矢義高は「心性本無来去」以下を延寿の評語とする（『馬祖の語録』三〇一頁）。しかし文意を考えると、「所経行処」以下は、「若此生所経行之処」等の語句を解説しているのであり、ここからが延寿の評語であろう。

示衆第四則(1)

【一〇】

道不用修、但莫汚染。何為汚染？　但有生死心、造作趣向、皆是汚染。若欲直会其道、平常心是道。(2)何謂平常心？(3)

無造作、無是非、無取捨、無断常、無凡無聖。(4)経云「非凡夫行。非賢聖行。是菩薩行」。(5)只如今行住坐臥、応機接物、尽是道。(6)道即是法界。乃至河沙妙用、不出法界。若不然者、云何言心地法門？　云何言無尽灯？　一切法皆是心法、一切名皆是心名。万法皆従心生、心為万法之根本。

（1）『伝灯録』巻二八、六頁b―七頁b。

（2）『越州大珠慧海和尚[広]語』に「問『云何得作仏去?』。師曰『不用捨衆生心、但莫汚染自性』」、「[僧]又問『如何是修行?』。師曰『但莫汚染自性、即是修行』」（『伝灯録』巻二八、一四頁a―b）とある。『百丈広録』に「亦云禅道不用修、但莫汚染」（『古尊宿語録』巻一、一六頁）とある。

（3）「何」、原文欠。『広灯録』（巻八、四四九頁c）と『馬祖語録』（七頁a）によって補う。

（4）宗密は洪州の宗旨を総括して「仏性体非一切差引種種、而能造作一切差別種種。体非種種者、謂此仏性非聖非凡、非因非果、非善非悪、無色無相、無根無住、乃至無仏無衆生也」（『承襲図』三三頁b）とする。

（5）ここは『仏説維摩詰経』『大正蔵』第一四冊、巻二、五四五頁bから引用されている。

（6）盧簡求撰述の鹽官斉安塔銘はその言葉を「行住坐臥、皆是道場」（『全唐文』巻七三三、二二頁a）と記す。『越州大珠慧海和尚[広]語』に「会道者行住坐臥是道」、「行住坐臥、並是汝性用」（『伝灯録』巻二八、一四頁b、一七頁b）とある。

【十一】

経云「識心達本源、故号為沙門[1]」。名等義等、一切諸法皆等、純一無雑。若於教門中、得随時自在、建立法界、尽是法界。若立真如、尽是真如。若立理、一切法尽是理。若立事、一切法尽是事。挙一千従、理事無別、尽是妙用、更無別理、皆由心之廻転。譬如月影有若干、真月無若干。諸源水有若干、水性無若干。森羅万象有若干、虚空無若干。説道理有若干、無礙慧無若干[2]。種種成立、皆由一心也。建立亦得、掃蕩亦得、尽是妙用、妙用尽是自家。非離真而有、立処即真、立処尽是自家体[3]。若不然者、更是何人？

（1）「源」、「為」二字、原文欠。『広灯録』（巻八、四四九頁c）及び『馬祖語録』（七頁a）によって補う。ここは『中本起経』『大正蔵』第四冊、巻一、一五三頁cから引用されている。「識心」、原文は「息心」に作る。『伝心法要』に「身心自然達道。識心達本源、故号為沙門」（三八二頁b）とある。

（2）『維摩詰所説経』「阿難、汝見諸仏国土、地有若干、而虚空無若干也。如是見諸仏色身有若干耳、其無礙慧無若干也」（巻三、五五四頁a）。

（3）『肇論』「非離真而立処、立処即真也」（『大正蔵』第四五冊、巻一、一五三頁a）。

【十二】

一切法皆是仏法、諸法即解脱。解脱者即真如、諸法不出於真如[1]。行住坐臥、悉是不思議用、不待時節。経云「在在処処、則為有仏[2]」。仏是能仁、有智慧[3]、善機情、能破一切衆生疑網、出離有無等縛。凡聖情尽、人法倶空、転無等輪、超於数量。所作無礙、事理双通。如天起雲、忽有還無、不留礙迹、猶如画水成文。不生不滅、是大寂滅。在纏名如来蔵、出纏名大法身[4]。法身無窮、体無増減。能大能小、能方能円。応物現形、如水中月[5]。滔滔運用、不立根栽[6]。不尽有為、不住無為[7]。有為是無為家用、無為是有為家依。不住於依、故云「如空無所依[8]」。

（1）「真」、原文欠。『広灯録』（巻八、四四九頁c）、『馬祖語録』（八頁b）によって補う。

（2）『大方等大集経』「在在処処、有仏世尊」（『大正蔵』第一三冊、巻三九、二六四頁b）。

（3）「能仁」は釈迦牟尼の初期の訳語の一つである。

（4）この句は『勝鬘経』からの取意。原文は「若於無量煩悩蔵所纏如来蔵不疑惑者、於出無量煩悩蔵法身亦無疑惑」（二二一頁b）。

（5）この句は『金光明経』『大正蔵』第一六冊、巻二、三四四頁b、及び『合部金光明経』『大正蔵』第一六冊、巻五、三八五頁bに見える。

（6）「根栽」は、『広灯録』では「根苗」に作る（巻八、四五〇頁a）。唐代には、花の苗は「花栽」と呼ばれたので、「根栽」と「根苗」は同義である。

（7）この句は『維摩詰所説経』巻三、五五四頁bに基づく。

（8）この句は『華厳経』の偈（巻五一、二七三頁）、また『維摩詰所説経』（巻一、五三八頁a）、『小品般若波羅蜜経』（『大正蔵』第八冊、巻五、五五八頁c）、『大宝積経』（『大正蔵』第一一冊、巻六二、三六〇頁b）、『大集大虚空蔵菩薩所問経』（『大正蔵』第一三冊、巻七、六四〇頁c）といったその他幾つかの経典にも見られる。

【十三】

心生滅義、心真如義[1]。心真如者、譬如明鏡照像。鏡喩於心、像喩諸法。若心取法、即渉外因縁、即是生滅義。不取諸法、即是真如義。声聞聞見仏性、菩薩眼見仏性[2]。了達無二、名平等性、性無有異、用則不同。在迷為識、在悟為智。順理為悟、順事為迷。迷即迷自家本心、悟即悟自家本性。一悟永悟、不復更迷。如日出時、不合於冥。智慧日出、不与煩悩暗俱。了心及境界、妄想即不生[3]。妄想既不生、即是無生法忍[4]。本有今有、不仮修道坐禅。不修不坐、即是如来清浄禅[5]。如今若見此理、真正不造諸業。随分過生、一衣一衲、坐起相随。戒行増薫、積於浄業。但能如是、何慮不通。久立、諸人珍重[6]。

（1）『大乗起信論』の一心二門説（巻一、五八四頁c）に基づく。本書第六章参照。
（2）この句は『大般涅槃経』からの取意。原文は「復有眼見、諸仏如来十住菩薩眼見仏性、復有聞見、一切衆生乃至九地聞見仏性」（巻二六、七七二頁c）である。ただし、同経の別な箇所には「十住菩薩聞見仏性」（巻二五、七七二頁b）とも言う。
（3）この句は『楞伽阿跋多羅宝経』の偈（巻三、五〇五頁b）に基づく。
（4）この句は『大乗入楞伽経』に基づく。原文は「離心意意識妄分別想、獲無生忍」（巻五、六一八頁c―一九頁a）。
（5）如来清浄禅は『楞伽阿跋多羅宝経』で述べられる四種の禅の中で最高のものである（巻二、四九二頁a）。
（6）本節は『広灯録』（巻八、四四九頁c―五五〇頁a）と『馬祖語録』（巻一、七頁b―九頁b）にも見える。

示衆第五則(1)

【十四】

問「如何是修道？」。師云「道不属修。即言修得、修成還壊、即同声聞。若言不修、即同凡夫」。云「作何見解、即得達道？」。師云「自性本来具足、但於善悪事上不滞、喚作修道人。取善捨悪、観空入定、即属造作。更若向外馳求、転疎転遠(2)。但尽三界心量、一念妄想、即是三界生死根本。但無一念、即除生死根本、即得法王無上珍宝。無量劫来、凡夫妄想、諂曲邪偽、我慢貢高、合為一体。故経云『但以衆法、合成此身。起時唯法起、滅時唯法滅(3)』。此法起時不言我起、滅時不言我滅。前念・後念・中念、念念不相待、念念寂滅。喚作海印三昧、接一切法(4)。如百千異流、同帰大海、都名海水。住於一味、即接衆味(5)。住於大海、即混諸流。如人在大海水中浴、即用一切水」。

（1）『広灯録』『続蔵経』第七八冊、巻八、四四八頁c—四四九頁a。

（2）宗密の総括には「洪州意者、……全体貪嗔痴、造善造悪、受楽受苦、此皆是仏性」と言う。『承襲図』三三頁a、『円覚経大疏抄』五三四頁b、『禅源諸詮集都序』巻二、四〇二頁c。宗密の記述では文字が異なり、また貶す意味が込められているが、ある程度は馬祖の宗旨を反映している。

（3）この引用は『維摩詰所説経』巻二、五四五頁aに基づく。

（4）海印三昧とは仏の智慧が大海と同じように、静かに水をたたえてあらゆる光景を映し出すことを譬えている。華厳の伝統によれば、仏は悟りを開いてからすぐさま海印三昧に入り、その過程の中で『華厳経』を説く。

（5）この句は『金剛三昧経』からの取意。原文は「一味実義如一大海、一切衆流無有不入。長者！　一切法味猶彼衆流、名数雖殊、其水不異。若住大海、則括衆流。住於一味、則摂諸味」。Buswell, *The Formation of Ch'an Ideology in China and Korea*, 233 参照。一部の学者は『金剛三昧経』を中国撰述と見なしているが、Buswell はこの経が新羅の僧である法朗によって六八五年頃に捏造されたと考える（同上、一六四―一七六頁）。

【十五】

所以声聞悟迷、凡夫迷悟。声聞不知聖心本無地位・因果・階級、心量妄想、修因証果、住其空定、八万劫二万劫[1]、雖即已悟却迷。諸菩薩観、如地獄苦、沈空滞寂、不見仏性[2]。若是上根衆生、忽爾遇善知識指示、言下領会、更不歴於階級地位、頓悟本性。故経云「凡夫有返覆心、而声聞無也[3]」。対迷説悟、本既無迷、悟亦不立。一切衆生、従無量劫来、不出法性三昧、長在法性三昧中。著衣喫飯、言談祇対、六根運用、一切施為、尽是法性[4]。不解返源、随名逐相、迷情妄起、造種種業。若能一念返照、全体聖心。

（1）声聞の修因証果には全部で四つの段階がある。その一は八万劫、その二は六万劫、その三は四万劫、その四は二万劫である。

（2）「不」、原文「又」に作る。ここでは『馬祖語録』（七頁b）、『古尊宿語録』（巻一、四頁）によって改める。

（3）『維摩詰所説経』に基づく。原文は「凡夫於仏法有返復、而声聞無也」（巻二、五四九頁b）。

（4）宗密の総括に「洪州意者、起心動念、弾指動目、所作所為、皆是仏性全体之用」（『承襲図』三三頁a、『円覚経大疏抄』五三四頁b）とする。

【十六】

汝等諸人、各達自心、莫記吾語。縦饒説得河沙道理、其心亦不増。総説不得、其心亦不減。説得亦是汝心、説不得亦是汝心。乃至分身放光(1)、現十八変、不如還我死灰来。淋過死灰無力、喩声聞妄修因証果。未淋過死灰有力、喩菩薩道業純熟、諸悪不染(2)。若説如来権教三蔵、河沙劫説不可尽、猶如鉤鏁、亦不断絶。若悟聖心、総無余事。久立、珍重(3)。

（1）「分」、原文「今」に作る。ここでは『馬祖語録』（七頁b）、『古尊宿語録』（巻一、四頁）によって改める。

（2）声聞が有余涅槃に入る時には、神通力を解き放って、ある種の身体の転換を行う。それによって自身の三界における存在を停止させて、「火焰三昧」に入り、肉体と心を打ち砕いて一切の煩悩の根本を徹底的に断ち切り、まるで水で濡らされた灰のようになる。しかし大乗の観点から言うと、そのようにして手に入れた涅槃とは危険な頑空である。「淋過死灰」はこの種の空を譬えており、「未淋過死灰」は煩悩を断ち切らずに涅槃に入るという、真実の、活力にあふれた菩薩の空を表す。

（3）この一則は『馬祖語録』六頁a—七頁b、『古尊宿語録』巻一、三—四頁にも見える。

示衆第六則(1)

【十七】

仏不遠人、即心而証。法無所著、触境皆如。豈在多岐、以泥学者。故夸父喫詬、求之愈疏(2)、而金剛醍醐、正在方寸(3)。

（1）権徳輿「道一塔銘」『権載之文集』巻二八、二頁a。

（2）夸父は伝説の神人で、太陽と競走し、途中で喉の渇きのために死んだ（袁珂『山海経校釈』上海：上海古籍出版社、一九八五、巻八、二〇一頁）。喫詬は伝説の大力士で、黄帝が失った玄珠を捜すために派遣したが、見つけられなかった（銭穆『荘子纂箋』台北：東大図書公司、一九九三、「天地」九一頁）。

（3）数多の経典において、醍醐は最も完璧な教理の譬えとされる。

対話第一則　大珠慧海　初めて馬祖に謁す(1)

【十八】

［大珠慧海］初至江西参馬祖。祖問曰「従何処来？」。曰「越州大雲寺来」。祖曰「来此擬須何事？」。曰「来求仏法」。祖曰「自家宝蔵不顧、抛家散走作什麼？　我遮裏一物也無、求甚麼仏法？」。師遂礼拝、問曰「阿那箇是慧海自家宝蔵？」。祖曰「即今問我者是汝宝蔵、一切具足、更無欠少、使用自在、何仮向外求覓？」。師於言下自識本心、不

由知覚、踊躍礼謝(2)。師事六載後、以受業師年老、遽帰奉養。乃晦跡蔵用、外示痴訥。自撰『頓悟入道要門論』一巻(3)被法門師姪玄晏窃出江外、呈馬祖。祖覧訖、告衆云「越州有大珠、円明光透自在、無遮障処也」。

（1）『伝灯録』大珠章、巻六、三頁b―四頁a。

（2）『越州大珠慧海和尚［広］語』「貧道聞江西和尚道『汝自家宝蔵一切具足、使用自在、不仮外求』。我従此一時休去」（『伝灯録』巻二八、八頁b）。

（3）本文献に関する議論は本書第五章参照。

対話第二則　汾州無業　初めて馬祖に謁す(1)

【十九】

［無業］後聞洪州大寂禅門之上首、特往瞻礼。業身逾六尺、屹若山立、顧必凝睇、声仵洪鐘。大寂一見異之、笑而言曰「巍巍仏堂、其中無仏」。業於是礼跪而言曰「至如三乗文学、粗窮其旨。嘗聞禅門即心是仏、実未能了」。大寂曰「只未了底心即是、別物更無。不了時、即是迷。若了、即是悟。迷即衆生、悟即是仏(2)。道不離衆生、豈別更有仏。亦猶手作拳、拳全手也」。業言下豁然開悟、涕涙悲泣、向大寂曰「本謂仏道長遠、勤苦曠劫、方始得成。今日始知法身実相、本自具足、一切万法、従心所生、但有名字、無有実者」。大寂曰「如是如是、一切法性不生不滅(3)、一切諸法本自空寂(4)。経云『諸法従本来、常自寂滅相(5)』。又云『畢尽空寂舎(6)』。又云『諸法空為座(7)』。此即諸仏如来住此無所住処。若如是知、即住空寂舎、坐空法座。挙足下足、不離道場(8)。言下便了、更無漸次。所謂不動足而登涅槃山者也(9)」。

（1）『宋高僧伝』巻一一、二四七―二四八頁。
（2）『越州大珠慧海和尚［広］語』「悟即是仏、迷号衆生」（『伝灯録』巻二八、一七頁ａ）。
（3）この句は『大方等大集経』巻一〇、六一頁ｂに見える。
（4）これと似た表現である「一切諸法皆悉空寂」は、数多の経典に見られる。例えば『妙法蓮華経』『大正蔵』第九冊、巻二、一七頁ｂ、『大方広仏華厳経』巻四六、二四五頁ｃ。
（5）この引用は『妙法蓮華経』巻一、八頁ｂ、及び『添品妙法蓮華経』『大正蔵』第九冊、巻一、一四一頁ｂに基づく。
（6）この引用は『維摩詰所説経』のある偈（巻二、五四九頁ｃ）に基づく。
（7）この引用は『妙法蓮華経』巻四、三二頁ａ、及び『添品妙法蓮華経』巻四、一六六頁ｃに基づく。
（8）この句は『維摩詰所説経』からの取意（巻一、五四三頁ａ）。
（9）「山」、原文「上」に作る。ここでは『祖堂集』無業章によって改める（巻一五、六九一頁）。

対話第三則　酒肉を喫す(1)

【三十】

洪州廉使問曰「弟子喫酒肉即是？　不喫即是？」。師云「若喫是中丞禄、不喫是中丞福(2)」。

（1）『伝灯録』馬祖章、巻六、三頁ｂ。

（2）この「洪州廉使」、「中丞」は恐らく包佶を指す。包佶は唐の徳宗の建中元年（七八〇）に江州刺史・権領転運塩鉄使、建中二年に戸部郎中の位で江淮水陸運塩鉄使に任ぜられ、治所は洪州にあった。唐代は安史の乱以後、当時使を領する者はみな憲銜（訳者付記：主要な職務以外に加えられる名称だけの職）を兼有するものだったので、当時の包佶も中丞と称された。例えば皎然には建中二年に撰述した『贈包中丞書』があり、この書簡では霊澈を包佶に推薦して、洪州での謁見を願っている。包佶がその後馬祖のために碑銘を撰述した状況から推測すると、彼が洪州転運塩鉄使を務めていた頃に馬祖と親しく交際したことが分かる。江西廉使が中丞の職名を兼有するというのは、中唐の頃の臨時の制度であり、後代の禅僧には捏造し難いので、この問答は恐らく信頼できるだろう。賈晋華『皎然年譜』（厦門：厦門大学出版社、一九九二）一〇四―一〇七頁、及び本書第二章と第五章参照。

附録二　晩唐五代禅宗寺院考

本附録では大蔵経・碑誌・文集・史書・筆記・地志といった各種の史料を遺漏なく収集し、晩唐五代期の禅宗寺院について考証した所、合計三百十一箇所となった。さらに本書第八章で考証したように、馬祖門人によって創建され、晩唐五代期にも禅僧によって住持されていた禅宗寺院は十六箇所であり、合計三百二十七箇所である。これらの寺院は、あるものは禅僧によって独自に創建され、あるものは財力・権力を持つ援助者の資金援助によって創建された。明確に「禅寺」「禅院」という題額を持つ寺院は多く、大多数は禅僧が代々住持したことを考証できる。また、禅宗寺院としての世代意識を形成したものも多い。(1)ほか、既存の寺院の一部は、この時期に禅宗寺院へと題額を改めたり、禅僧を招聘して代々住持させたりしているので、やはり本附録の考証対象に含まれる。(2)

鈴木哲雄『唐五代の禅宗――湖南江西篇』、『唐五代禅宗史』、『中国禅宗史論考』、及び石井修道『宋代禅宗史の研究』等は、晩唐から宋代初期までの禅宗寺院について多くの重要な考察を行っており、本附録では全面的に参考とした。紙幅に限りがあるため、文中で逐一注記することはしない。

検索の便宜のため、本附録では現代の省に準じて区分し、各省に分けた上で唐五代期の州府及び時間的順序に基づいて禅宗寺院を排列した。

一、江　西

洞山良价（八〇七―八六九）は唐の大中五年（八五一）に洪州高安（現在の江西省高安市）の新豊山（すなわち洞山）で寺院を創建し、咸通年間になって咸通広福寺という額を賜った。(3) その後、良价の弟子・洞山道全（?―八九四）が第二世住持、もう一人の弟子・青林師虔（?―九〇四）が第三世、曹山本寂（八四〇―九〇一）の弟子・洞山道延（?―九二二）が第四世、道延の弟子・洞山恵敏（?―九四八）が第五世、洞山嗣（?―九六四）が第六世、報慈文遂の弟子・洞山文坦が南唐国主の命により第七世、雲門文偃の弟子・洞山清稟が南唐国主の命により第八世、豫章彦聞が第九世、帰宗道虔の弟子・九峰守詮が第十世となった。(4)

江西観察使の韋宙は唐の咸通二年（八六一）に父である韋丹の洪州南昌にあった石亭を観音院に改め、仰山慧寂（八〇七―八八三）を住持として招聘した。(5) その後、慧寂の弟子・南塔光湧（八五〇―九三八）もここに住んだ。(6)

僧道容は唐の元和年間（八〇六―八二〇）に洪州建昌県（現在の江西省永修県）の雲居山で寺院を創建し、その弟子の全慶と全誨が後を継いで住持した。中和年間（八八一―八八八）になると、江西観察使の鍾伝（?―九〇六）が洞山良价の弟子・雲居道膺（?―九〇二）に頼んでこの寺院に住まわせ、また奏上して竜昌禅院の額を賜った。その後、道膺の弟子・雲居道簡が第二世住持、雲居道昌が第三世、雲居懐岳が第四世、懐岳の弟子・雲居徳縁（『伝灯録』は住縁に作る）が第五世、雲居懐満（『伝灯録』は住満に作る）が第六世、懐満の弟子・雲居智深が第七世、法眼文益の弟子・雲居清錫が第八世、報慈行言の弟子・雲居義能が第九世、義能の弟子・雲居義徳が第十世となった。(7)

雲居道膺の弟子・同安道丕は唐の中和年間（八八一―八八五）に洪州建昌県鳳棲山で同安院を創建し、第一世となった。[8] その後、道丕の弟子・同安慧志が第二世を継ぎ（中同安和尚とも呼ぶ）[9]、九峰道虔の弟子・同安常察（？―九六一）が第三世となり[10]、九峰普満の弟子・同安威もこの寺院に住したことがある。[11]

鍾伝は唐の中和二年（八八二）かそのやや後洪州（現在の江西省南昌市）の上藍山で夾山善会の弟子・上藍令超（？―八九〇）のために翠岩院を創建した。[12] その後、夾山の別の弟子・盤竜可文、九峰道虔の弟子・禾山無殷（八八四―九六〇）[13]、欽山文邃の弟子・上藍自古[14]、法眼文益の弟子・法灯泰欽（？―九七四）と上藍守訥らがこの寺院の住持となった。[15]

鍾伝は中和二年以後、乾寧三年（八八二―八九六）以前に、洪州の末山九峰で洞山良价の弟子・九峰普満（八三四―八九六）のために隆済院を建立した。[16] その後、石霜慶諸の弟子・南際僧一[17]、九峰道虔（？―九二一）[18]、帰宗道虔の弟子・九峰守詮らがこの寺院の住持となった。[19]

鍾伝は唐の天復年間（九〇一―九〇四）に洪州の雲蓋山で雲蓋懐溢のために竜寿禅院を建立した。[20]

仰山慧寂は唐の会昌元年（八四一）に袁州宜春（現在の江西省宜春市）の仰山で棲隠寺を建立した。[21] 弟子の西塔光穆が第二世を継ぎ[22]、南塔光湧が第三世[23]、仰山東塔が第四世となり、同安常察の弟子・仰山良供もこの寺の住持となった。[24]

鍾伝が江西観察使の任に着いていた時（八八二―九〇六）、袁州宜春県（現在の江西省宜春市）の蟠竜山で蟠竜院を建立し、夾山善会の弟子・盤竜可文が恐らくは鍾伝の招きによって第一世住持となった。[25]

僧達奚は唐の文徳元年（八八八）に吉州永新県（現在の江西省永新県）の禾山で大智禅院を創建した。九峰道虔の弟子・禾山無殷が九二二年に復興し、その弟子の契雲が住持を継いだ。[26]

西塔光穆の弟子・資福如宝は唐の天復元年（九〇一）に吉州（現在の江西省吉安県）の崇寿山で資福寺を建立し、第一世となった。[27] その弟子・資福貞邃が継いで第二世となった。[28]

呉の吉州安福県（現在の江西省安福県）の県令である楊公が安国（一に応国に作る）禅院を建立し、南塔光湧の弟子・

清化全付（一に怤に作る、八八二—九四七）を招いて住持させた。楊公が退任した後、村人はまた鴿湖山で清化禅院（一説によれば清化禅院が応国禅院）を建立し、全付を招いて住まわせた。(29)

吉州太和県竜泉場（現在の江西省遂川県）の長である李孟俊は呉の大和元年／後唐の天成四年から天祚元年／後唐の清泰二年（九二九—九三五）の間に、廃寺を基礎として十善禅院を建設し、羅山道閑の弟子・大寧隠微（八八六—九六一）を招いて住まわせた。その後、隠微の弟子の契任と行常が相継いで住持となった。(30)

吉州の西峰蔵経院は南唐の保大六年／後漢の乾祐元年（九四八）に宝竜禅寺と改名した。(31)

撫州南豊県（現在の江西省南豊県）の禅祖寺は唐の会昌二年（八四二）に建てられた。(32)

洞山良价の弟子・疎山匡仁は唐の中和三年（八八三）に撫州崇仁県（現在の江西省崇仁県）の巴山で白雲禅院を創建した。唐の大順元年（八九〇）に撫州刺史の危全諷の支援を受け、金渓県（現在の江西省金渓県）の疎山でまた別に白雲禅院を建立した。この禅院は乾寧元年（八九四）に唐の昭宗から額を賜った。(33) 弟子の疎山証が第二世を継ぎ、別の弟子・疎山和尚（失名）も住持を継いでおり、恐らく第三世である。(34)

洞山良价の弟子・曹山本寂は唐の光化二年（八九九）に撫州崇仁県荷玉山（現在の江西省宜黄県にある）で曹山寺を創建し、山名を曹山に改め、第一世になった（先曹山）。(35) その後、弟子の曹山慧霞が第二世を継ぎ（中曹山）(36)、禾山無殷の弟子・曹山義崇も住持となった。(37)

撫州崇仁県の鄧氏兄弟は唐の天祐元年（九〇四）に禅僧の守勲のために地蔵普安禅院を創建した。(38)

石霜慶諸の弟子・棲賢懐祐は唐の景福年間（八九二—八九三）に江州廬山（現在の江西省九江市）の廃寺（会昌の廃仏で破壊）を基礎として棲賢報国禅院を再建し、乾寧元年（八九四）に棲賢寺の額を賜った。(39) その後、径山洪諲の弟子・棲賢寂(40)、鹿門処真の弟子・仏手行因(41)、法眼文益の弟子の鍾山道欽、浄徳智筠、棲賢慧円(42)、法灯泰欽の弟子・西賢慧聡(43)、報恩法安の弟子・棲賢道堅等が前後して住持となった[44]。

禅僧秦公は唐の光化二年（八九九）に江州廬山凌雲峰で永昌禅院を創建し、後梁の開平二年（九〇八）に額を賜った[45]。

夾山善会（八〇五―八八一）の弟子・永安恵従は呉の天祐十一年／後梁の乾化四年（九一四）に廬山仙居洞で永安禅院を創建し、江西観察使の楊溥が呉の大和五年／後唐の長興四年（九三三）に額を書いた[46]。その後、盤竜可文の弟子・永安浄悟、禾山無殷の弟子・永安慧度が住持となった[47]。

香厳智閑の弟子・双渓常真（田道者と号する）は呉の乾貞二年／後唐の天成三年（九二八）に廬山で双渓院を創建し、宋景徳三年（一〇〇六）に宝岩禅院の額を賜った[48]。

南唐中主の李璟（九一六―九六一）は保大九年／後周の広順元年（九五一）廬山（現在の江西省九江市）の書院を開先禅院に改め、長慶慧稜（八五九―九三二）の弟子・開先紹宗に頼んで住持させた[49]。その後、雲門文偃の弟子・開先清耀[50]、鼓山神晏（八七三―九四五）の弟子・浄徳沖煦（九一六―九七四）[51]、延寿慧輪の弟子・帰宗道詮（九三〇―九八五）らが住持となった[52]。

李煜は南唐の保大十年／後周の広順二年（九五二）に廬山で崇勝禅院を創建した[53]。

信州刺史の某氏はおおよそ唐の咸通六年（八六五）に信州で西禅院を創建し、徳山宣鑑の弟子・瑞竜慧恭（八二〇―九〇三）が住んだ[54]。

二、湖　南

潙山霊祐（七七一―八五三）はおおよそ元和年間の末（八二〇）に潭州長沙県大潙山（現在の湖南省寧郷県にある）で同

住持となった。[56]

慶寺を創建し、会昌の廃仏の際に破壊されたが、その後復興した。[55] 弟子の西院大安（七九三—八八三）、潙山如真、大潙簡、潙山法真、潙山沖逸、潙山彦らが相継いで住持となり、雪峰義存（八二二—九〇八）の弟子・潙山棲もこの寺の住持となった。[56]

薬山惟儼の弟子・道吾円智はおおよそ唐の大和元年（八二七）に潭州瀏陽県（現在の湖南省瀏陽市）の道吾山で寺院を創建した。[57] その後、羅山道閑の弟子・道吾従盛、[58] 関南道吾の弟子・道吾和尚がこの寺の住持となった。[59]

馬祖の弟子・石霜大善は潭州瀏陽県石霜山に住持した。大善自らの創建であったかは未詳だが、[60] 後にこの寺には禅僧によって代々住持された。大善に続き、百丈懐海（七四九—八一四）の弟子・石霜性空が住した。[61] 道吾円智（七六九—八三五）の弟子・石霜慶諸（八〇七—八八八）はおおよそ唐の会昌元年（八四一）に住持として着任し、大道場へと発展させ、唐の僖宗の時に崇勝寺の額を賜った。[62] 慶諸の弟子・石霜輝住が第三世となっているので、[63] 法系によって世代を計算すると、第二世も慶諸の弟子のはずである。その後、法眼文益の弟子・石霜爽もこの寺の住持となった。[64]

南泉普願の弟子・長沙景岑（?—八六八?）は潭州長沙鹿苑寺（現在の湖南省長沙市にある）に住持し、第一世を称した。[65] この寺は遙か昔の晋代に既に創建されており、景岑は恐らく会昌の廃仏で寺が破壊された後で再建したのである。その後、石霜慶諸の弟子・鹿苑暉、資福如宝の弟子・鹿苑和尚、徳山縁密の弟子・鹿苑文襲らがこの寺の住持となった。[66]

潭州の興化禅寺は唐の景福元年から二年（八九二—八九三）の間に建立された。[67]

楚王馬殷（八五二—九三〇）はおおよそ唐の乾寧三年（八九六）かやや後に、洞山良价の弟子・竜牙居遁（八三五—九二三）を招いて潭州益陽県（現在の湖南省益陽市）竜牙山の妙済禅院を住持させた。[68] その後、報恩懐岳の弟子・妙済師浩がこの寺の住持となった。[69]

石霜慶諸の弟子・谷山蔵は潭州長沙県の西の谷山寺（現在の湖南省長沙市にある）に住持し(70)、恐らく彼が創建者である。その後、大光居誨の弟子・谷山有縁、保福の弟子・谷山句、雲門文偃の弟子・谷山豊、羅山道閑の弟子・谷山和尚らがこの寺の住持となった(71)。

石霜慶諸の別の弟子・雲蓋志元は潭州長沙県西南の雲蓋山（現在の湖南省長沙市）に住持し、先雲蓋と称されたので、彼が開山であろう(72)。やはり慶諸の弟子であった中雲蓋和尚が住持を引き継いだ(73)。志元の弟子・雲蓋景禅が続けて住み、後雲蓋和尚と称した(74)。その後、雲蓋景禅の弟子・雲蓋証覚、潭州藤霞の弟子・雲蓋和尚も相継いでここに住んだ(75)。長安延規の弟子・雲蓋用清は宋の太宗の淳化二年（九九一）にこの寺の住持となり、第六世と称したので(76)、その前の二人は第四世、第五世であろう。

大光居誨には相継いで潭州長沙県の伏竜山（現在の湖南省長沙市）で住持となった弟子が三人おり、それぞれ一世、二世、三世伏竜山和尚と称するが、諱は失われて分からない(77)。恐らく第一世伏竜和尚が寺院を創建したのであろう。

天皇道悟の弟子・竜潭崇信は澧州澧陽県（現在の湖南省澧県）で寺院を築いて住み、後には竜潭寺へと発展した(78)。

船子徳誠の弟子・夾山善会（八〇五―八八一）は唐の咸通十一年（八七〇）に澧州澧陽県夾山で霊泉院を創建した(79)。青林師虔の弟子・石門献が住持を継いだ(80)。

澧州澧陽県の慈雲禅寺は唐の光啓二年（八八六）に創建された(81)。

夾山善会の弟子・楽普元安（八三四―八九八）は澧州楽普山で開山して寺院を創建した(82)。

白兆志円の弟子・大竜智洪は朗州（現在の湖南省常徳市）の大竜山に住んで第一世となり、その弟子・大竜景如が第二世を継ぎ、また別の弟子の大竜楚勲が第四世となった(83)。大竜智洪が恐らく寺院の創立者であろう。

同安志の弟子・梁山縁観は朗州の梁山に住んで第一世となり、その弟子・梁山岩が第二世を継ぎ、岩の弟子・善がさらに継いで第三世となった(84)。保福従展（?―九二八）の弟子・梁山簡もこの寺に住んだ(85)。

三、福　建

正幹禅師は唐の貞元五年（七八九）に福州福唐県（現在の福建省福清市）の黄檗山で般若堂を建立し、徳宗から建徳（一に福に作る）禅寺の額を賜った。黄檗希運はここで出家した。広明年間（八八〇―八八一）に鴻庥禅師がここに住持した(86)。

章敬懐暉（七五七―八一六）の弟子・亀山智真と五洩霊黙の弟子・亀山正原は唐の開成元年（八三六）に福州長渓（現在の福建省寧徳市）感徳場の村人・陳亮と黄瑜に請われて亀山に寺院を創建した。唐の大中十三年（八五九）に翠岩禅院の額を賜り、唐の天祐二年（九〇五）に改めて大慈禅院と号した。智真が第一世住持、正原が続けて第二世住持となった(87)。

僧賢は唐の大中二年（八四八）に福州（現在の福建省福州市）で九峰鎮国禅院を創建し、咸通二年（八六一）に額を賜った。潙山霊祐の弟子・九峰慈慧は唐の大順元年（八九〇）前後にここに住持した(88)。

帰宗智常の弟子・芙蓉霊訓は唐の大和七年（八五三）に福州閩県（現在の福建省福州市）の芙蓉山で禅院を創建し、咸通八年（八六七）に咸通延慶禅院の額を賜った(89)。その後、雪峰義存の弟子・芙蓉如体が住んだことがある(90)。

福州長渓の安禅寺は唐の咸通二年（八六一）に建立された(91)。

福州長渓の禅林寺は唐の咸通二年（八六一）に建立された(92)。

福州長渓の禅寂寺は唐の咸通五年（八六四）に建立された(93)。

潙山霊祐の弟子・双峰師復は唐の咸通五年（八六四）に福州の双峰護聖禅院を創建し、唐の咸通六年（八六五）に額を賜った[94]。その弟子・双峰古住が第二世となった[95]。

潙山霊祐の弟子・西院大安は唐の咸通七年（八六六）に福州（現在の福建省福州市）の怡山で西禅寺を創建し、咸通十年（八六九）に清禅院と改称、咸通十四年（八七三）に延寿禅院の額を賜った[96]。石霜慶諸の弟子・南際僧一、覆船洪薦が第二世、第三世住持となった[97]。後唐の長興年間（九三〇―九三三）に、閩王・王延鈞（？―九三五）が雪峰義存の弟子・長慶慧稜（八五九―九三二）を招聘して住持とし、上奏して長慶禅院に改めた[98]。慧稜の弟子・長慶常慧、長慶弘弁、天台徳韶の弟子・広平守威、禅師真行が相継いでここに住持し[99]、鼓山神晏の弟子・浄徳沖煦もここに住んだ[100]。

徳山宣鑑（七八〇―八六五）の弟子・雪峰義存は咸通十一年（八七〇）に福州侯官県（現在の福建省閩侯県）の象骨峰（後に雪峰と改称）で寺院を建立し、乾符二年（八七五）に応天雪峰禅院の額を賜り、光化三年（九〇〇）に応天広福禅院と改名した[101]。

唐の咸通年間（八六〇―八七四）に福州閩県の白馬廟を東禅浄土寺に改めた[102]。

福州の大普慈報国禅院は唐の光啓元年（八八五）に建てられ、竜華霊照（八六〇―九四七）の弟子・報国照が住んだ[103]。

福州の広応禅院は唐の光啓三年（八八七）に建てられた[104]。

福州曹山の轠玉東興禅院は唐の景福二年（八九三）に建てられた[105]。

福州の集禅院は唐の乾寧三年（八九六）に建てられた[106]。

雪峰義存の弟子・玄沙師備（八三五―九〇八）は唐の光化元年（八九八）よりやや前に福州閩清県で玄沙禅院を創建した[107]。

閩王・王審知（八六二―九二五）は唐の光化元年（八九八）に玄沙師備を招聘して福州臥竜山の安国禅院の住持とし

た。[108]その弟子・安国慧球が住持を継ぎ、第二世を称した。[109]

雪峰義存の弟子・安国弘瑫は王審知に頼まれて福州の安国院に住み、[110]その弟子・安国従貴、安国祥相が引き続いて住んだ。[111]

閩王・王審知はおおよそ後梁の開平二年（九〇八）に福州で鼓山禅院を創建し、雪峰義存の弟子・鼓山神晏を招聘して第一世住持とした。[112]神晏の弟子・鼓山智厳、鼓山智岳、鼓山清諤が引き続き第二世、第三世、第四世となった。[113]

巖頭全豁（八二八―八八七）の弟子・羅山道閑は閩王に招聘されて福州の羅山に住持した。[114]道閑の弟子・羅山紹孜と羅山義因、安国弘瑫の弟子・羅山義聡らがここに住んだ[115]

福州長渓県の禅寂尼寺は後梁の乾化四年（九一四）に建てられた。[116]

福州の禅林院は後唐の天成五年（九三〇）に建てられた。[117]

福州の南禅院は後漢の乾祐四年（九五一）に建てられた。[118]

福州越山の吉祥禅院は宋の乾徳二年（九六四）に建てられた。[119]

亀洋無了（七八七―八六七）は唐の長慶二年（八二二）泉州莆田県（現在の福建省莆田市）の亀洋で霊感禅院を建立し、その弟子・東塔志忠（八一七―八八二）が続けてここに住んだ。[120]

泉州（現在の福建省泉州市）の鎮国東禅院は唐の乾符年間（八七四―八八〇）に建立され、広明元年（八八〇）に額を賜った。[121]

泉州刺史の林鄂は乾符年間（八七四―八八〇）に開元寺法華院を禅院に改め、塩官斉安の弟子・常袞を招いて第一世住持とした。[122]

泉州莆田県の石梯建福禅院は唐の乾符四年（八七七）に建てられ、乾寧三年（八九六）に額を賜った。[123]

閩王・王潮（八四六―八九八）はおおよそ唐の景福二年から乾寧四年の間（八九三―八九七）に泉州莆田県で国歓崇福禅院を創建し、西院大安の弟子・崇福慧日を招聘して住持とした(124)。

泉州刺史の王延彬（八八六―九三〇）は唐の天祐三年（九〇六）に泉州で招慶院を創建し、雪峰義存の弟子・長慶慧稜を招聘して住持とした(125)。慧稜の弟子・招慶道匡が続いて住んだ(126)。泉州刺史の黄紹頗は閩の天徳二年／後晋の開運元年（九四四）に保福従展の弟子・招慶省僜を招聘して住持とした。その年の冬に泉州で兵乱が起こり、招慶院は火災で破壊された。留従效が引き継いで泉州清源節度使の任に着き、別荘を喜捨して福先招慶院を再建し、省僜を第一世とした(127)。

泉州刺史の王延彬は後唐の天成元年から四年の間（九二六―九二九）に泉州開元寺で千仏院を建立し、招慶省僜を招いて住まわせた(128)。

泉州刺史の王延彬は後唐の天成三年（九二八）に開元寺で東金身院を建立し、禅師挺賛を招いて住まわせた(129)。

泉州刺史の王延彬は開元寺で慈恩院を建立し、禅師襲礼を招いて住まわせた(130)。

泉州刺史の王継崇は後唐の長興元年（九三〇）に開元寺で清隠院を建立し、禅師師寂を招いて住まわせた(131)。

泉州刺史の留従效は南唐の昇元年間（九三七―九四三）に開元寺で六祖東院を建立し、禅僧如岳を招いて住まわせた(132)。

董思安妻と子董全武は南唐の保大年間（九四三―九五八）に泉州の開元寺で棲隠禅院を建立した(133)。

睡竜道溥の弟子・保福清豁は南唐の保大年間の末（九五八）に泉州の開元寺で上方院を建立した(134)。

潮州大顚（七三二―八二四）の弟子・三平義中（七八二―八七二）は唐の宝暦二年（八二六）に漳州の三平山（現在の福建省平和県）で開元寺を創建した。会昌の廃仏で寺が破壊されたが、おおよそ唐の大中元年から三年の間（八四七―八四九）に漳州刺史・鄭薫からの賛助を受けて再建された(135)。

漳州（現在の福建省漳州市）の保福禅院は後梁の貞明四年（九一八）に創建され、雪峰義存の弟子・保福従展が第一世住持、また別の弟子・保福超悟が第二世住持となった従展の弟子・保福可儔、玄沙師備の弟子・大章契如、睡竜道溥の弟子・保福清豁らがこの院の住持となった。[137]

漳州刺史の王氏は地蔵禅院を創建し、玄沙師備の弟子・地蔵桂琛（八六七—九二八）を招聘して住持とした。[138] 桂琛は後に羅漢禅院に住んだ。[139] 法眼文益の弟子・羅漢智依、羅漢守仁もここに住んだ。[140]

雪峰義存の弟子・隆寿紹卿は漳州の隆寿寺に住持し、保福可儔の弟子・隆寿無逸もこの寺に住持した。無逸の弟子・隆寿法騫が漳州刺史の陳洪銛に請われて第三世住持となっているので、[141] 紹卿と無逸が第一世と第二世であろう。

漳州刺史の陳文顗は宋の開宝三年（九七〇）に報劬禅院を創建し、白竜道希の弟子・報劬玄応を招聘して第一世住持とした。玄応の弟子・報劬仁義が第二世住持となった。[142]

建州建陽県（現在の福建省建陽市）の南禅寺は唐の光啓二年（八八六）に建てられた。[143]

建州建陽県の禅居寺は唐の景福元年（八九二）に建てられた。[144]

建州建陽県の西禅寺は後梁の開平元年（九〇七）に建てられた。[145]

建州邵武県（現在の福建省邵武市）の禅居寺は唐の大中年間（八四七—八六〇）に建てられた。[146]

建州邵武県の南禅寺は後梁の開平年間（九〇七—九一一）に建てられた。[147]

建州邵武県の禅証寺は後唐の天成二年（九二七）に建てられた。[148]

建州将楽県（現在の福建省将楽県）の禅福寺は後唐の天成二年（九二七）に建てられた。[149]

建州将楽県の禅山寺は後唐の天成四年（九二九）に建てられた。[150]

建州建安県（現在の福建省建甌市）の禅林寺は後晋の天福二年（九三七）に建てられた。[151]

建州建安県の南禅寺は南唐の保大元年（九四三）に建てられた。[152]

建州節度使の陳誨はおおよそ九五四年に顕親報恩禅院を創建し、鼓山神晏の弟子・報恩清護（九一六―九七〇）を招聘して住持とした。[153]

汀州（現在の福建省長汀県）の東禅院は後梁の貞明年間（九一五―九二一）に建てられた。[154]

四、浙　江

安禅師は唐の元和四年（八〇九）に越州（現在の浙江省紹興市）で国慶禅院を創建し、唐の咸通九年（八六八）に額を賜った。[155]

越州の四明寺は唐の大中元年（八四七）に廃寺を基礎として再建され、呉越の天宝四年／後梁の乾化元年（九一一）に東明禅院と改称した。[156]

越州の興国禅院は大中元年（八四七）に廃寺を基礎として再建され、広明元年（八八〇）に額を賜った。[157]

浙東観察使の李褒は唐の大中五年（八五一）に越州俳山（現在の浙江省上虞市）の俳心寺の旧址で寺を再建し、[158]後に長慶慧稜の弟子・報慈従瓌がここに住んだ。[159]

百丈懐海の弟子・禹跡契真は唐の大中五年（八五一）に越州会稽県の覚嗣寺の旧址で大中禹跡寺を再建した。[160]

越州の何延竦等は唐の大中五年（八五一）に聖徳禅院を建て、唐の乾符元年（八七四）に応天鎮国禅院という額に改めた。[161]

僧道全は唐の大中五年（八五一）に越州の廃寺を基礎として休光寺を再建し、唐の咸通九年（八六八）に大興善禅院と改称した[162]。

浙東観察使の李褒は唐の大中六年（八五二）に越州会稽雲門山の雲門寺の旧址で大中拯迷寺を再建し、石霜慶諸の弟子・雲門海晏が住んだ[163]。

越州の上福禅院は唐の咸通元年（八六〇）に建てられ、後唐の長興四年（九三三）に上福寺と改称した[164]。

越州諸暨（現在の浙江省諸暨市）の県令である韋氏は唐の咸通七年（八六六）に棲真院を建て、仰山慧寂の弟子・明心慧沐（八一一―八九八）を招聘して住持とした[165]。

越州の保唐禹泉禅院は唐の咸通八年（八六七）に建てられ、呉越の時に保銭院と改称された[166]。

浙東観察使の裴延魯は唐の乾符元年から三年（八七四―八七六）の間に越州で明心院を建て、明心慧沐を招聘して住持とした[167]。

越州の機証禅院は唐の大順二年（八九一）に廃寺を基礎として再建され、呉越の宝正元年／後唐の天成元年（九二六）に重明院と改称した[168]。

雪峰義存の弟子・越山師鼐は呉越の天宝二年／後梁の開平三年（九〇九）に越州で越山禅院を創建し、貞明四年（九一八）に額を賜った[169]。

越州の六通救苦禅院は呉越の宝正元年／後唐の天成元年（九二六）に建てられた[170]。

越州会稽県の興福禅院は後唐の長興四年（九三三）に創建された[171]。

呉越の辺境警備の将校は後晋の天福二年（九三七）に越州会稽の雲峰山で南塔光湧の弟子・清化全付（一に怤に作る、八八二―九四七）のために清化禅院を建立した[172]。

禅師行淳は後晋の天福二年（九三七）に兄である孫鎰の援助を受けて、古い寺院を基礎として新たな寺院を建立し、天福四年（九三九）福祈禅院の額を賜った[173]。

越州興国禅院は後晋の天福六年（九四一）に廃寺を基礎として再建された[174]。

越州保安禅院は後晋の天福七年（九四二）に安禅寺の旧址に再建され、宋の乾徳二年（九六四）に広慈禅院に額を改めた[175]。

牛頭宗の鶴林玄素（六六八―七五二）の弟子・徑山法欽（七一四―七九二）は杭州（現在の浙江省杭州市）で徑山寺を創建した。塩官斉安の弟子・徑山鑑宗（七九三―八六六）が咸通三年（八六二）再興し、第二世を名乗った。鑑宗は法欽とは連続しておらず、法系に基づいて世代を称したのかもしれない。潙山霊祐の弟子・徑山洪諲（？―九〇一）は咸通七年（八六六）に第三世を継いだ。乾符六年（八七九）に乾符鎮国院に改められた[176]。後に後任となった者は慧満扶禅師、法警庠禅師、修禅師等である[177]。

百丈懐海の弟子・大慈寰中（七八―八六二）はおおよそ唐の元和十四年（八一九）に杭州大慈山で寺院を創建し、唐の憲宗が広福院の額を賜った。会昌の廃仏の時に廃され、大中六年（八五二）に再興し、大中八年（八五四）大慈禅寺という額に改め、乾符年間（八七四―八七九）に定慧の二文字を付け加えた[178]。その後、徑山鑑宗の弟子・大慈行満が住持した[179]。

杭州北禅院は唐の大中三年（八四九）に建てられ、尼院であった[180]。

杭州刺史の劉彦はおおよそ唐の大中六年（八五二）に羅漢院を創建し、黄檗希運の弟子・羅漢宗徹を招聘して住持とした[181]。

大梅法常（七五二―八三九）の弟子・天竜和尚は杭州の天竜寺を創建した[182]。後に呉越王銭鏐（八五二―九三二）が雪峰義存の弟子・竜冊道怤（八六八―九三七）を招聘して住持とし[183]、玄沙師備の弟子・天竜重機、羅漢桂琛の弟子・天竜秀もここの住持であった。[184]

禅師符は唐の咸通十二年（八七一）に杭州で報恩寺を建立した。[185]

仰山慧寂の弟子・無著文喜は唐の乾寧年間（八九四―八九八）に杭州鳳凰山で勝果寺を建立した。[186]

呉越王銭鏐は唐の天祐元年（九〇四）に杭州で小径山太平禅院を建立した。[187]

呉越王銭鏐は杭州で瑞竜院（後に銭元瓘が宝山院と改称した）を建立し、白水本仁の弟子・瑞竜幼璋を招聘して住持とした。[188] その後、霊隠清聳の弟子・瑞竜希円が住持となった。[189]

呉越王銭鏐は後梁の貞明二年（九一六）に杭州で功臣禅院を創建した。[190] 香巌智閑の弟子・功臣令道、竜華霊照の弟子・功臣道閑、天台徳韶（八九〇―九七一）の弟子・功臣慶蕭らが住持した。[191]

呉越王銭鏐は後梁の貞明二年（九一六）に杭州で大安寺を創建し、禅師定慧を招いて第一世とした。[192]

呉越王銭鏐は呉越の宝正二年／後唐の天成二年（九二七）に杭州で慧因禅院を創建した。[193]

雪峰義存の弟子・耳相行修（?―九五一）は呉越の宝正二年／後唐の天成二年（九二七）に杭州府城の南山に禅室を構えて、後晋の天福四年（九三九）になると呉越王銭元瓘がそこを耳相院にした。[194]

呉越王銭元瓘（八八七―九四一）は後唐の清泰二年（九三五）に杭州で竜冊寺を創建し、竜冊道怤を招聘して第一世住持とした。[195] その後、義存のもう一人の弟子・翠岩令参、長慶慧稜の弟子・傾心法瑫、令参の弟子・竜冊子興もここに住持した。[196] 天台徳韶の弟子・竜冊暁栄に至って第五世と称しているので、[197] それまでの三人は各々第二世、第三世、第四世であろう。

呉越王銭元瓘は後唐の長興三年（九三二）に杭州で化度寺を創建し、雪峰の弟子・化度師郁を招聘して住持とした。[198]

湖州刺史銭氏は後唐の長興四年（九三三）に杭州で報慈院を創建し、雪峰義存の弟子・竜華霊照（八六〇―九四七）

に住持することを要請した[199]。その後、長慶慧稜の弟子・報慈従瓌がここに住持した[200]。

呉越王銭元瓘は後晋の天福四年（九三九）に杭州で興善寺を建立し、禅師伏虎帰を招いて第一世住持とした[201]。

呉越王銭元瓘は後晋の天福五年（九四〇）に杭州で法因寺を建立し、禅師治を招いて第一世住持とした[202]。

呉越王銭元瓘は杭州で竜華院を創建し、竜華霊照を招聘して住持とした[203]。長慶慧稜の弟子・竜華彦球と竜華契盈[204]、天台徳韶の弟子・竜華慧居と竜華紹鑾がこの寺に住持した[205]。

呉越王銭元瓘もしくは銭弘佐（？—九四七）は後晋の天福年間（九三六—九四四）に杭州で傾心寺を創建し、長慶慧稜の弟子・傾心法瑫を招聘して住持とした[206]。その後、天台徳韶の弟子・光慶遇安がここに住持した[207]。

杭州の雲竜寺は後晋の天福六年（九四一）に建立され、竜華霊照の弟子・雲竜帰が住持した[208]。

禅師晤恩は後晋の開運年間初め（九四四）に杭州で慈光寺を建立した[209]。

呉越王銭弘佐は後晋の開運二年（九四五）に杭州の北山で鷲峰禅院を創建し、禅師伏虎光を招聘して住持とした[210]。

禅師明義智厚は後晋の開運三年（九四六）に杭州で護国禅院（一に宝寿院に作る）を建立した[211]。

呉越王銭弘佐は後晋の開運年間（九四四—九四六）に杭州で禅師清鑑のために薦福院を建立した[212]。

呉越王銭俶（九二九—九八八）は後周の顕徳元年（九五四）に杭州で慧日永明院を建立し、法眼文益の弟子・永明道潜（？—九六一）を招聘して第一世住持とし、天台徳韶の弟子・永明延寿（九〇四—九七五）が第二世、文益の別の弟子・永明道鴻が第三世となった[213]。銭俶はさらに宋の開宝八年（九七五）に永明院で延寿のために塔と塔院を建立した[214]。

呉越王銭俶は杭州の真身宝塔寺で上方浄院を創建し、法眼文益の弟子・宝塔紹岩（八九九—九七一）を招聘して住持とした[215]。

呉越王銭俶は後周の顕徳七年（九六〇）に杭州で霊隠寺を創建し、天台徳韶の弟子・永明延寿を招聘して第一世住持とした[216]。法眼文益の弟子・霊隠清聳と、天台徳韶の他の二人の弟子・霊隠処先、霊隠紹光もここに住んだ[217]。

呉越王銭俶は後周の顕徳七年（九六〇）から宋の乾徳元年（九六三）の間に杭州で報恩院を建立した[218]。法眼文益の弟子・報恩慧明、天台徳韶の弟子・報恩徳謙が恐らく第一世、第二世住持となり[219]、徳韶の他の三人の弟子・報恩法端、報恩紹安、報恩永安（九一一―九七四）が第三世、第四世、第五世となった[220]。

呉越王銭俶は宋の開宝元年（九六八）頃に杭州で普門寺を創建し、天台徳韶の弟子・華厳志逢（九〇九―九八五）を招聘して住持とし、また徳韶の別の弟子・普門希弁（九二一―九九七）に頼んで第二世とした[221]。

呉越王銭俶は宋の開宝元年（九六八）に杭州で奉先寺を建立し、法眼文益の弟子・奉先法瓌、天台徳韶の弟子・奉先清昱が前後してここに住んだ[222]。

呉越の大将・淩超は宋の開宝五年（九七二）に杭州の五雲山に華厳道場を建立し、天台徳韶の弟子・華厳志逢を招いて住まわせた。呉越王銭俶は真際院の額を賜った[223]。

瞿州刺史の翁晟は宋の開宝三年（九七〇）に杭州の西山で禅院を創建し、宝雲寺の額を賜り、永明道潜の弟子・千光瓌省（九〇六―九七二）を招聘して住持させた。道潜の別の弟子・鎮境志澄もここに住持した[224]。

銭惟浚は宋の開宝五年（九七二）に杭州で光慶寺を建立し、天台徳韶の弟子・雁蕩願斉を招聘して住持させた。徳韶の別の弟子・光慶遇安（？―九九二）は宋の開宝七年（九七四）に続けてここに住持した[225]。

呉越王銭俶は宋の開宝八年（九七五）頃に杭州で大和寺（後に六和寺、開化寺と改称）を建立し、天台徳韶の弟子・開化行明（九三一―一〇〇一）を招聘して住持させた[226]。

湖州（現在の浙江省湖州市）の上強禅院は唐の大中元年（八四七）に再建された[227]。

湖州武康県（現在の浙江省徳清県）の護国禅院は唐の咸通五年（八六四）に建立された[228]。

湖州徳清県（現在の浙江省徳清県）の積谷禅院は唐の乾符年間（八七四―八七九）に建立され、後漢の天福十二年（九四七）に大寧保慶寺と改称された[229]。

湖州の村人・呉言は唐の中和二年（八八二）に家を喜捨して景清禅院を建立した[230]。

翠微無学の弟子・道場如訥は唐の中和年間（八八一―八八五）に湖州の道場山で庵を結んで住み、後に正真禅院となった[231]。

呉越王銭弘佐は後晋の開運元年（九四四）に湖州安吉県（現在の湖州市安吉県）で宝徳禅院を建立した[232]。

百丈懐海の弟子・平田普岸は唐の大和八年（八三四）に台州天台県（現在の浙江省天台県）の天台山で平田禅院を創建した[233]。

白水本仁の弟子・瑞竜幼璋は唐の咸通十三年（八七二）かやや後に台州の天台山静安郷で福唐禅院を創建した[234]。

台州刺史の杜雄は唐の乾寧元年（八九四）に天台県の紫凝山で瑞竜院を創建し、徳山宣鑑の弟子・瑞竜慧恭を招聘して住持とした[235]。

台州の幽渓禅院は呉越の天宝三年（九一〇）に建立された[236]。

台州天台県の神禄禅師塔院は後晋の天福七年（九四二）に建立された[237]。

台州天台県の泗洲禅院は後周の顕徳六年（九五九）に旧寺を基礎として再建された[238]。

法眼文益の弟子・天台徳韶（八九一―九七二）は天台山で数多の寺院道場を建立・再建しており、記録に残るものとしては華頂円覚道場（後晋の天福元年、九三六年建立）、般若寺（後周の顕徳四年、九五七年建立）、普門寺（後漢の乾祐三年、九五〇年建立）、景福院（後周の顕徳七年、九六〇年建立）、大覚普光塔院、宝国華厳院、無量寿塔院（宋の建隆元年、九六〇年建立）、弥陀塔院（後周の顕徳年間、九五四―九六〇年建立）、西定慧院（後漢の乾祐元年、九四八年建立）、安国雲居院

（後晋の天福元年、九三六年建立）、旃檀瑞像院、通玄定慧院（後周の顕徳四年、九五七年建立）、西雲寺（後晋の天福八年、九四三年建立）がある。[239]文益の別な弟子・般若敬遵と徳韶の弟子・般若友蟾はいずれも般若寺に住持した。[240]

台州瑞岩の弟子・瑞峰神禄は温州（現在の浙江省温州市）の温嶺で瑞峰禅院を創建した。[241]

禅師閑曠は唐の大中二年（八四八）に明州で旧崇福寺を岳林寺へと再建した。[242]

僧霊持は唐の大中九年（八五五）に明州鄞県の廃寺を基礎として鎮国禅院を再建し、唐の光啓元年（八八五）に額を賜った。[243]

明州分寧県（現在の浙江省寧波市）の尉である任景求は唐の大中十二年（八五八）に家を喜捨して東津禅院とし、五洩霊黙（七四七―八一八）の弟子・棲心蔵奐（七九〇―八六六）を招聘して住持とした。後に額を棲心寺に改めた。[244]

明州の咸通伏竜禅院は唐の咸通三年（八六二）に建立された。[245]

明州雪竇山の瀑布観音禅院は唐の咸通八年（八六七）に廃寺を基礎として再建された。[246]

禅師令顒は唐の文徳元年（八八八）に明州慈渓県（現在の浙江省慈渓市）で霊山禅院を創建した。[247]

明州刺史・黄晟は唐の大順二年（八九一）に長沙景岑の弟子・雪竇恒通（八三五―九〇五）を招いて明州雪竇山（現在の浙江省奉化市）の雪竇寺に住持させた。その後、天台徳韶の弟子・永明延寿がここに住んだ。[248]

僧思明は唐の乾寧元年（八九四）に明州で古い庵を翠岩院へと再建した。光化二年（八九九）に雪峰義存の弟子・翠岩令参がここに住持した。後梁の開平四年（九一〇）に境明院と改名し、宋の大中祥符元年（一〇〇八）に宝積禅院の額を賜った。[249]

明州昌国県（現在の浙江省舟山市）の浄居禅院は唐の天祐二年（九〇五）に創建された。[250]

明州昌国県の新居禅院は後梁の貞明二年（九一六）に創建された。[251]

南泉普願の弟子・子湖利蹤（八〇〇―八八〇）は唐の開成二年（八三七）に衢州（現在の浙江省衢州市）人である翁遷貴から馬蹄山の子湖を喜捨され、禅院を創建し、唐の咸通二年（八六一）に安国禅院の額を賜った。(252)

小馬神照の弟子・連雲有縁（八三五―九〇七）は唐の乾符三年（八七六）に処州縉雲県（現在の浙江省縉雲県）の大賽山で禅院を創建し、竜安の額を賜った。(253)

五、江　蘇

徐温は唐の天祐三年（九〇六）に昇州（現在の江蘇省南京市）で資福禅院を創建した。(254)

南唐中主李璟（九一六―九六一）は南唐の保大二年（九四四）に昇州で清涼寺を創建し、地蔵桂琛の弟子・清涼休復（?―九四三?）を招聘して住持とした。桂琛の別の弟子・法眼文益、文益の弟子・法灯泰欽と報慈文遂、雲門文偃の弟子・清涼明が相継いでここに住持した。(255)

南唐後主李煜は宋の乾徳三年（九六五）に昇州で浄徳院を創建し、法眼文益の弟子・浄徳智筠（九〇六―九六九）を招聘して住持とした。(256)その後、鼓山神晏の弟子・浄徳沖煦（九一七―九七五）と報恩清護もここに住持した。(257)

潤州（現在の江蘇省鎮江市）の僧伽禅院は唐の咸通年間（八六〇―八七四）に旧寺を基礎として再建された。(258)

常州刺史の馬植は唐の大中三年（八四九）に州府（現在の江蘇省常州市）で永福禅寺を建立した。(259)

常州州府の資聖禅院は唐の咸通年間（八六〇―八七四）に建立された。(260)

常州無錫（現在の江蘇省無錫市）の甘露禅院は唐の乾符三年（八七六）に建立された。(261)

唐の光啓二年（八八六）に常州義興県（現在の江蘇省宜興市）の聖像院（一説では白塔院）を法性禅院に改めた。(262)

斉雲維亢は唐の天復元年から天祐元年の間（九〇一―九〇四）に常州晋陵県（現在の江蘇省常州市）で斉雲寺を創建し、南唐の保大年間（九四三―九五七）に広福禅院と改称した。[263] 報慈文遂の弟子・斉雲慧がここに住んだ。[264]

楊行密は唐の天復二年から天祐二年の間（九〇二―九〇五）に常州州府で薦福禅寺を建立し、歙州清協禅師を招いて住まわせた。[265]

晩唐の頃に常州無錫県に広福金沙禅院があり、陸希声が読書する山房であった。[266]

疎山匡仁の弟子・正勤蘊は呉の大和二年／後唐の長興元年（九三〇）頃に常州の正勤院の第一世住持となり、法眼文益の弟子・正勤希奉が第二世となった。[267]

蘇州嘉興県（現在の浙江省嘉興市）の法雲禅院は唐の大和二年（八二八）に建立された。[268]

蘇州昆山県（現在の江蘇省昆山市）の崇恩禅院は唐の開成二年（八三七）に建立された。[269]

蘇州昆山県の南祥禅院は唐の開成四年（八三九）に建立され、その後廃寺となった。光化二年（八九九）に再建された。[270]

蘇州報恩禅院は唐の大中元年（八四七）に建立された。[271]

蘇州常熟県の浄居禅院は唐の会昌年間に廃され、大中年間初め（八四七）に再建された。後周の広順年間（九五一―九五三）に呉越僕射・陳満が禅師堯を援助して復興させた。[272]

蘇州刺史・盧簡求（七八九―八六四）は唐の大中二年（八四八）に廃寺を基礎として報恩寺を再建し、黄檗希運の弟子・蘇州洪憲を招聘して住持とした。唐の咸通五年（八六四）以後に衰退したが、宋の乾徳二年（九六四）になって再興され、天台徳韶の弟子・文謙が住持した。[273]

蘇州長洲県の明覚禅院は唐の大中五年（八五一）に建立された。[274]

蘇州呉江県（現在の江蘇省呉江区）の村人・沈撰は唐の大中七年（八五三）に土地を喜捨して応天禅院を建立し、乾符二年（八七五）に額を賜った。南唐の保大十三年／後周の顕徳二年（九五五）に殿宇を増築した[275]。

蘇州呉県の馬禅寺は唐の大中八年（八五四）に建立された[276]。

蘇州昆山県の興福禅院は唐の大中十年（八五六）に建立された[277]。

蘇州華亭県（現在の上海市松江区）の禅居寺は唐の大中十三年（八五九）に建立された[278]。

蘇州華亭県の富豪二氏が唐の咸通元年（八六〇）に法雲禅院を建立し、同年、詔によって法雲禅寺に昇格した[279]。

蘇州華亭県の清禅尼寺は唐の乾符元年（八七四）に建立された[280]。

蘇州嘉興県（現在の浙江省嘉興市）の村人である鐘離裴は唐の乾符二年（八七五）に福厳禅院を建立した[281]。

蘇州応天禅院は唐の乾符二年（八七五）に建立された[282]。

蘇州呉江県の村人・顧文通は唐の大中年間（八四七—八五九）に自宅を喜捨して報恩禅院を創建した[283]。

潙山霊祐の弟子・霊雲志勤は唐の光化元年から三年（八九八—九〇〇）に蘇州呉県（現在の江蘇省蘇州市）で禅院を創建し、唐の天祐四年（九〇七）に刺史の曹珪が明月禅院と名付けた。その門人が相継いで住持となり、北宋初期には既に七世まで続いていた[284]。

蘇州昆山県の能仁禅院は唐の天佑二年（九〇五）に建立された[285]。

蘇州昆山県の昆福禅院は後梁の開平三年（九〇九）に建立され、貞明五年（九一九）に再建された[286]。

蘇州長洲県（現在の江蘇省蘇州市）の諸葛氏は後梁の乾化三年（九一三）に自宅を喜捨して崇呉禅院を建立した[287]。

蘇州長洲県の禅興寺は後梁の乾化年間（九一一—九一五）頃に建立された[288]。

蘇州長洲県の資寿尼禅院は後晋の天福三年（九三八）に建立された[289]。

南唐昇元元年から六年の間（後晋の天福二年から七年、九三七―九四二）に、南唐先主李昇（八八九―九四三）は法眼文益を招聘して蘇州呉江県（現在の江蘇省呉江区）の報恩禅院を住持させた。[290]

蘇州呉江県の寧境禅院は後晋の開運二年（九四五）に建立された。[291]

蘇州刺史・銭文奉は蘇州で安国長寿禅院を再建し、天台徳韶の弟子・長寿朋彦（九一三―九六一）を招聘して第一世住持とした。その弟子・長寿法斉（九一二―一〇〇〇）が第二世となった。[292]

呉越の時代に銭氏は蘇州で瑞光禅院を建立した。[293]

廬州刺史・周本は呉の天祚元年から三年の間（後唐の清泰二年から後晋の天福二年、九三五―九三七）に揚州（現在の江蘇省揚州市）で風化院を創建し、雲居懐岳の弟子・風化令崇を招聘して第一世住持とした。[294]

六、広　東

西院大安の弟子・文殊円明は広州（現在の広東省広州市）で文殊院を創建した。[295]

仰山慧寂は唐の咸通四年（八六三）に韶州東平山で旧寺を再建し（もとは劉総が出家して建立した寺があり、会昌の廃仏の際に毀された）、乾符二年（八七五）に弘祖禅院の額を賜った。[296]

雪峰義存の弟子・雲門文偃は南漢の乾亨七年／後唐の同光元年（九二三）に韶州曲江県（現在の広東省乳源ヤオ族自治県）の雲門山に寺院を創建した。五年後に落成すると、南漢高祖が光泰禅院の額を賜り、後に証真禅寺・大覚禅寺に改められた。[297] その後、文偃の弟子の雲門爽・雲門宝・雲門煦が相継いで住持となった。[298]

雲門文偃の弟子・双峰竟欽（?―九七七）は韶州曲江県の双峰山で興福院を創建し、別の弟子・双峰慧真が引き続き住持となった[299]。

雲門文偃の弟子・白雲志庠は韶州白雲山で延寿禅院を創建し、別の弟子・白雲志文が第二世住持、志庠の弟子の白雲達正・白雲雲端・白雲雲福が第三世・第四世・第五世となった[300]。

雲門文偃の弟子・大容諲は英州（現在の広東省英徳市）の大容山で西華寺を創建した[301]。

七、安　徽

宣州当塗県（現在の安徽省当塗県）の雲興禅院は唐の咸通元年（八六〇）に創建された[302]。

宣州観察使の崔寓は唐の咸通十四年（八七三）に宣州（現在の安徽省宣城市）の謝仙山で長沙景岑の弟子・雪竇恒通（八三四―九〇五）のために聖瑞禅院を建立した[303]。

僧恵静は咸通年間（八六〇―八七三）に宣州の瑞峰で竹山禅院を創建し、唐の光化三年（九〇〇）額を永安禅院に改めた[304]。

翠微無学の弟子・投子大同は乾符年間・中和年間（八七四―八八四）の頃に舒州桐城県（現在の安徽省桐城市）の投子山で寺院を建立した[305]。その弟子・投子感温が第二世住持となった[306]。

法眼文益の弟子・長安延規は廬州（現在の安徽省合肥市）の長安院の第一世住持となり、その弟子・長安弁実が第二世となった[307]。

歙州休寧県（現在の安徽省休寧県）の報国禅院は唐の咸通六年（八六五）に建立された[308]。

歙州歙県（現在の安徽省歙県）の報恩光化禅寺は唐の景福元年（八九二）に額を賜った[309]。

歙州刺史の陶雅（八五七―九一三）は唐の光化年間（八九八―九〇一）に歙県宝相禅院を建立した。[310]
歙州祁門県（現在の安徽省祈門県）の上元宝林禅院は唐の光化二年（八九九）に建立された。[311]
歙州祁門県の石門禅院は唐の光化二年（八九九）に建立された。[312]
歙州婺源県（現在の江西省婺源県）の智林禅院は唐の乾符二年（八七五）に建立された。[313]
歙州婺源県の大起禅院は唐の乾寧二年（八九五）に建立された。[314]
歙州婺源県の霊隠禅院は唐の天祐元年（九〇四）に建立された。[315]
歙州婺源県の保安院は呉の順義三年／後唐の竜徳三年（九二三）に創建された。[316]

八、湖北

馬祖門人である大陽希頂は郢州（現在の湖北省鐘祥市）の大陽山に住んだが、寺院を創建したかは定かではない。[317]白兆志円の弟子・大陽行沖がここに住持して第一世を称し、別の弟子・四祖清皎が第二世と称したのは、[318]法系によって世代を計算しているのである。その他に、石霜慶諸の弟子・大陽山和尚、霊泉帰仁の弟子・大陽慧堅がここに住んだ。[319]南塔光湧の弟子・芭蕉慧清は郢州の芭蕉山に住んで第一世となり、芭蕉住遇が第二世を継ぎ、芭蕉円が第三世となった。[320]雲門文偃の弟子・芭蕉弘義もこの寺を住持した。[321]

芭蕉慧清の弟子・興陽清譲は郢州の興陽山に住持して第一世となった。続いて慧清の別の弟子・興陽義深が住持して、恐らく第二世となり、報慈徳韶の弟子・興陽詞鐸が第三世となった。[322]西院思明の弟子・興陽帰静、白兆志円の弟子・郢州興陽山和尚もここに住んだ。[323]

玄泉彦の弟子・黄竜晦機は天復三年（九〇三）に呉将・呂舟の援助を受け、鄂州黄竜山（現在の湖北省咸寧市）で永安寺を創建した[324]。晦機の弟子・黄竜智顒は第三世住持となり、帰寂澮権の弟子・黄竜蘊、法眼文益の弟子・黄竜仁もこの寺を住持した[325]。

青林師虔の弟子・石門献は襄州（現在の湖北省襄陽市）の石門山で寺院を創建した[326]。その弟子・石門慧徹が第二世を継ぎ、慧徹の弟子・石門紹遠が第三世となった[327]。霊泉帰仁の弟子・石門遵もこの寺を住持した[328]。

青林師虔の弟子・広徳義は襄州の万銅山にある広徳院の第一世住持となり、その弟子・広徳延が第二世、延の弟子・広徳周続が第三世となった[329]。

曹山本寂の弟子・鹿門処真は襄州の鹿門山にある華厳院の第一世住持となり、その弟子・鹿門譚が第二世となった[330]。長慶慧稜の弟子・鷲嶺明遠は襄州の鷲嶺で第一世住持となり、その弟子・鷲嶺通が第二世、南台守安の弟子・鷲嶺善美が第三世となった。濠州思明の弟子・鷲嶺善本、保福従展の弟子・鷲嶺和尚もここに住持した[331]。

竜牙居遁の弟子・含珠審哲は襄州の含珠山に住み、審哲の弟子・含珠真住が第三世となり、他の二人の弟子・含珠璋、含珠偃も相継いでここに住持した[332]。

雲門文偃の弟子・洞山守初（九一〇―九九〇）は襄州の洞山で第二世となったが、第一世が誰かは不明である。一説ではこの寺は本来は律寺であり、守初が禅寺に改めたとされる[333]。

感潭資国の弟子・白兆志円は安州（現在の湖北省安陸市）の白兆山にある竺乾院の第一世となり、その弟子・白兆懐楚が第二世を継いだ[334]。

香厳智閑の弟子・大安清幹は安州大安山に住持し、恐らく第一世であった[335]。その後、疎山匡仁の弟子・大安省が第三世となった。引き続いて匡仁の別の弟子・大安伝性が住持となっており、彼が第四世であろう[336]。護国守澄の弟子・

大安能、烏牙彦賓の弟子・大安興古もここに住持した[337]。

潙山霊祐の弟子・三角法遇は蘄州（現在の湖北省蘄春県）の三角山に住持し、恐らく第一世である。後に白兆志円の弟子・三角志操が第三世、別の弟子・三角真鑑が第四世となった[338]。その他に報慈徳韶の弟子・三角志謙、清平令遵の弟子・三角令圭がここに住んだが[339]、世代は不明である。

白兆志円の弟子・四祖清皎は蘄州の四祖山で第一世住持となった[340]。

南泉普願の弟子・鄂州茱萸山和尚は随州（現在の湖北省随州市）の随城山護国院で第一世住持となった。その後、疎山匡仁の弟子・護国守澄がここに住持し、守澄の弟子・護国知遠、護国志朗も相継いで住持して、第二世と第三世を称した[341]。これは明らかに守澄を第一世としているから、法系に基づいての呼称である。

黄州刺史の孫彦思は唐の天祐二年（九〇五）に永興禅院を再建した[342]。

九、四　川

六祖禅院は唐の中和四年（八八四）に創建された[343]。

遂州遂寧県（現在の四川省遂寧市）の景福三聖禅院は唐の景福元年から二年（八九二―八九三）に建立された[344]。

前蜀高祖王建は唐の天祐三年（九〇六）に成都（現在の四川省成都市）で竜華禅院を建立し、貫休を招聘して住持させた。その弟子・曇域が住持を継ぎ、その後、正覚、法忍、法宝がその法系を受け継いで、相継いで住持した[345]。

雲門文偃の弟子・香林澄遠（九〇八―九八七）は宋の乾徳二年（九六四）に後蜀の嘉王孟仁操に頼まれて成都（現在の四川省成都市）の香林禅院に住んだ[346]。

黄竜晦機の弟子・黄竜継達は眉州（現在の四川省眉山市）の黄竜山で第一世住持となり、その弟子・黄竜和尚が第二世となった[347]。

成都の普福禅院は後周の広順元年（九五一）に創建された[348]。

十、河　南

白水本仁の弟子・重雲智暉は唐代末期から後梁初期に洛陽（現在の河南省洛陽市）の中灘で温室院を創建した[349]。

洛陽の広順洪寿禅院は後梁の乾化二年（九一二）に建立され、後周の広順二年（九五二）に額を賜った[350]。

僧恵光は後梁の乾化三年（九一三）に洛陽で禅院を建立した[351]。

洛陽の長興保寿禅院は後梁の貞明三年（九一七）に建立され、後唐の長興三年（九三二）に額を賜った[352]。

洛陽の長興応聖禅院は後梁の貞明四年（九一八）に建立され、後唐の長興二年（九三一）に額を賜った[353]。

洛陽の普慶禅院は後梁の貞明六年（九二〇）に建立され、後唐の長興二年（九三一）に額を賜った[354]。

後唐荘宗は同光二年（九二四）に僧契澄のために立徳禅院を建立し、三年に額を賜った[355]。

洛陽の資聖禅院は後唐の同光二年（九二四）に建立され、後晋の天福二年（九三七）に額を賜った[356]。

洛陽の天福宝地禅院は後唐の天成二年（九二七）に建立され、後晋の天福七年（九四二）に額を賜った[357]。

洛陽の安化禅院は後唐の長興二年（九三一）に建立され、後晋の天福三年（九三八）に額を賜った[358]。

僧恵玘は後唐の長興二年（九三一）に洛陽で長興応福禅院を建立し、四年に額を賜った[359]。

洛陽の集福禅院は後唐の長興四年（九三三）に建立され、後漢の乾祐元年（九四七）に額を賜った[360]。

洛陽の天福延慶禅院は後唐の長興年間（九三〇—九三三）に建立され、後晋の天福六年（九四一）に額を賜った。[361]
洛陽の法会禅院は後唐の清泰元年（九三四）に建立され、後晋の開運三年（九四六）に額を賜った。[362]
洛陽の福勝禅院は後唐の清泰年間（九三四—九三六）に建立された。[363]
洛陽の香林禅院は後晋の天福五年（九四〇）に建立され、後漢の乾祐二年（九四八）に額を賜った。[364]
桑維翰（八九八—九四七）は後晋の天福七年（九四二）頃に洛陽の自宅を喜捨して寺院にし、奉仙禅院の額を賜った。[365]
洛陽の悟寂禅院は後晋の開運二年（九四五）に建立され、後漢の乾祐二年（九四八）に額を賜った。[366]
洛陽の奉慈禅院は後晋の開運二年（九四五）に建立され、三年に額を賜った。[367]
洛陽の広順智度禅院は後漢の乾祐元年（九四七）に建立され、後周の広順元年（九五一）に額を賜った。[368]
後周太祖は広順二年（九五二）に洛陽にあった即位前の家を天勝禅院とした。[369]
禅師道源は唐の大中元年（八四七）頃に廃寺を基礎として汝州臨汝県（現在の河南省汝州市）の千峰白雲禅院を再建した。その後、戦乱のために荒廃し、南院慧顒の弟子・風穴延沼（八九六—九七三、もとの名は匡沼、宋代に入って避諱のため改めた）が後唐の応順元年（九三四）頃に再建した。[370]
汝州の宋太師は後漢の乾祐二年（九四九）に自宅を喜捨して寺とし、風穴延沼を招聘して住持とした。後周の広順元年（九五一）に広慧寺の額を賜った。[371]
興化存奨の弟子・南院慧顒は汝州（現在の河南省汝州市）の宝応院で第一世住持となり、風穴延沼の弟子・首山省念（九二六—九九四）が第三世となった。[372]
風穴延沼の弟子・首山省念は汝州省山で第一世となり、また宝安山広教院でも第一世住持となった。[373]
巌頭全豁の弟子・玄泉彦は懐州（現在の河南省沁陽市）の玄泉院で初代となり、その弟子・玄泉第二世和尚が引き続きここに住持した[374]。

蔡州刺史の趙犨は唐の文徳元年（八八八）に上蔡県（現在の河南省上蔡県）で大通禅院を創建し、翠微無学の弟子・清平令遵を招聘して住持とした[375]。

和凝（八九八—九五五）は後晋の天福七年（九四二）頃に滑州（現在の河南省滑県）の自宅を喜捨して寺院にし、悟真禅院の額を賜った[376]。

後晋の高祖は後晋の天福三年（九三八）に河陽（現在の河南省孟州）の旧宅を開晋禅院にした[377]。

相州林慮県（現在の河南省林県）の明教禅院は後晋の天福年間（九三六—九四三）に建立された[378]。

十一、河　北

五洩霊黙の弟子・甘泉暁方（七九九—八七〇）は薊州三河県（現在の河北省三河市）の盤山で甘泉院を創建した[379]。

臨済義玄の弟子・宝寿延沼は鎮州宝寿院で第一世住持となり、その弟子・宝寿和尚が第二世となった[380]。

邢洺磁観察使の某氏は後梁の竜徳三年から後唐の清泰三年（九二三—九三六）に磁州（現在の河北省磁県）で定晋禅院を再建した[381]。

後晋高祖は天福三年（九三八）に邢州（現在の河北省邢台市）の旧宅を広法禅院にした[382]。

十二、陝　西

白水本仁の弟子・重雲智暉は後梁の乾化元年（九一一）に京兆府（治所は現在の陝西省西安市）の終南重雲山で寺を創建し、後唐明宗（九二六―九三三在位）が長興と額を賜った。(383)

禅師思遠は後晋期に京兆府万年県（現在の陝西省西安市）で広慈禅院を建立し、後周太祖が広順三年（九五三）に額を賜った。(384)

五代の王彦超（九一四―九八六）は自宅を喜捨して京兆府で重雲禅寺を建立した。(385)

某節度使は京兆府で永安禅院を建立し、楽普元安の弟子・永安善静を招聘して住持とした。(386)

楽普元安の弟子・青峰伝楚（?―九三七）は後唐の同光年間（九二三―九二六）に鳳翔府（治所は現在の陝西省鳳翔県）の青峰で万寿禅院を創建し、その弟子・青峰清免が第二世となり、清免の弟子・清悦、義成が第三世、第四世となった。(387)

鳳翔府の長興万寿禅院は後唐の長興三年（九三二）に額を賜った。(388) 風穴延沼の弟子・鳳翔長興和尚がここに住持した。(389)

華厳休静の弟子・紫陵匡一は鳳翔府の紫陵山で第一世住持となり、弟子の紫陵微住が第二世となった。(390)

十三、甘　粛

禅師従一は唐の中和四年（八八四）に邠州定平県（現在の甘粛省正寧県）で天光禅院を創建し、景福二年（八九三）に額を賜った。その後、従一の弟子・佐范、佐范の弟子・知信が相継いで住持した。(391)

十四、山　西

汾州平遙県（現在の山西省平遙県）の福智禅院は唐の大和七年（八三三）に建立された。(392)

注

（1）それらの禅宗寺院は以下の通りである。洪州石門山泐潭寺（宝峰寺）、洪州百丈山大智禅寺、明州大梅山禅定寺（観音禅院）、鄧州丹霞山丹霞院、信州鵝湖山鵝湖寺、衡州衡陽横竜寺、江州廬山帰宗禅院、随州大洪山幽済禅院、越州呂後山呂後院、袁州南源山南源寺、杭州天目山千頃院、朗州徳山古徳禅院、婺州五泄山永安禅院（応乾禅院）、澧州薬山薬山寺、幽州盤山盤山寺、温州仏嶴寺。

（2）禅宗寺院における世代の観念については、本書第八章と第九章参照。

（3）余靖「筠州洞山普利禅院伝法記」に「[良价]遇武宗之詔、遂民服隠於箕州。及宣皇御宇、乃復僧儀。南至高安之新豊洞、邑豪雷衡之山也。見其泉石幽奇、乃曰『此大乗所居之地也』。言於雷氏、雷氏施之。……留居十八年、名声四伝。……名聞京師、天子賜咸通広福寺額、並一鐘焉。尋以咸通十年三月、……斂容而化（[良价]は武宗の詔に遭遇して、俗人の服を身に着けて箕州に隠れた。宣宗の代になって、やっと僧侶の姿に戻った。南下して高安の新豊洞に行った。そこは村の豪族である雷衡の山である。この地の山水がひっそりとして趣があるのを目にして、『これは大乗の教えが存する場所だ』と言った。雷氏に告げると、雷氏が布施した。……この地に留まること十八年、名声は天下に広まった。……彼の名声は都にまで鳴り響き、天子から咸通広福寺という額と鐘を賜った。次いで咸通十年三月に、……重々しい表情をして遷化した）」（『武渓集』巻

九、一一頁b―一二頁a）とある。咸通十年（八六九）から十八年遡ると大中五年（八五一）である。『宋高僧伝』洞山伝（巻一二、二八〇頁）に「大中末、於斯［当為新］豊山大行禅法（大中年間の末、新豊山で大いに禅法を行った）」ともある。

（4）余靖「筠州洞山普利禅院伝法記」巻九、一〇頁b―一三頁b、『伝灯録』巻一七、八頁a、巻一七、一二頁a、巻二〇、九頁b、巻二三、三頁a、巻二三、七頁a、『伝法正宗記』七六二頁c。

（5）楊周憲修・趙日冕等纂『新建県志』（『中国方志叢書』本）巻三〇、三三頁a―b。韋宙が江西に鎮したのは八五八―八六一年である。『唐刺史考』巻一五七、二二六六頁参照。『宋高僧伝』文喜伝（巻一二、二九二頁）は慧寂が咸通三年（八六二）に洪州石亭観音院にいたと記す。公乗億「魏州故禅大徳奨公塔銘」（『全唐文』巻八一三、一九頁a）によると、臨済義玄の弟子・興化存奨は、ほぼ咸通元年（八六〇）に義玄を師とした後間もなく、南に行脚し、「過鍾陵、伏遇仰山大師方開法宇、大啓禅局（鍾陵を訪れ、仰山大師が寺院を創建し、大いに禅門を開くのに巡り逢い）」、次いで「遽聞臨済大師已受蒲相蔣公之請（臨済大師が既に蒲相蔣公の願いを受け入れたと耳にして）」、すぐに河中に赴いて師に付き従った。蒲相蔣公とは蔣伸のことで、彼が河中に鎮したのは咸通二年から四年である（『唐刺史考全編』巻七九、一一三九頁）。陸希声「仰山通智大師塔銘」には次のように言う。「希声頃因従事嶺南、遇仰山大師於洪州石亭観音院、洗心求道、言下契悟玄旨。大師嘗論門人、以希声為称首（わたくし希声はその頃に嶺南に赴任することになったので、洪州石亭観音院で仰山大師に会い、心を洗い清めて道を追い求め、言下に奥深き真理を悟った。大師はかつて門人を批評し、わたくし希声を一番弟子とされた）」。（『全唐文』巻八一三、八頁b）。陸希声は咸通元年（八六〇）に商州刺史である鄭愚の幕下に入った（『新唐書』巻一一六、四二二三八頁）。鄭は咸通二年から三年（八六一―八六二）に桂管観察使となり、咸通三年から四年（八六二―八六三）に嶺南西道観察使となった（『唐刺史考』巻二〇四、二七七七頁、巻二七五、三二五六頁、巻二九〇、三三九五頁）。陸希声は咸通二年から四年に鄭愚に付き従って桂管・嶺西にいたことになり、従って彼が初めて嶺南で職務についたのは咸通二年である。

（6）宋斉邱「仰山光湧長老塔銘記」『全唐文』巻八七〇、一五頁b。

（7）晏殊（九九一―一〇五五）「雲居山重修真如禅院碑記」岑学呂編『雲居山志』（『中国仏寺史志彙刊』本）巻七、七二―七五頁、『伝灯録』巻二〇、六頁b。

（8）『伝灯録』鳳棲山同安章は、誤って夾山善会の弟子とする。巻一六、二〇頁b。『禅林僧宝伝』五一九頁b、『嘉泰普灯録』『続蔵経』第七九冊、二九一頁a、『江西通志』巻一二、七頁a。
（9）『禅林僧宝伝』五一九頁b、『嘉泰普灯録』二九一頁a。『伝灯録』は誤って同安威の弟子とする。巻二三、四頁a。
（10）『祖堂集』巻一二、五六五頁、『伝灯録』巻一七、二二頁a—b。
（11）『伝灯録』巻二〇、一三頁b。
（12）王象之『輿地紀勝』（北京：中華書局、一九九二）巻二六、一五頁b、『祖堂集』巻八、四〇八頁、『伝灯録』巻一六、一七頁b。
（13）『伝灯録』巻一六、一八b—一九a頁、巻一七、二三頁a。
（14）徐鉉「洪州西山翠岩広化院故澄源禅師碑銘」『徐公文集』（『四部叢刊』本）巻二七、一頁a—三頁a、『伝灯録』巻二〇、二頁b。
（15）『伝灯録』巻二五、二〇頁b、巻二六、四頁b。
（16）『伝灯録』巻一七、一一頁b、『禅林僧宝伝』五〇六頁b。
（17）『祖堂集』巻九、四三三—四三四頁、『伝灯録』巻一六、九頁a。
（18）『伝灯録』巻一六、一〇頁a—b、『禅林僧宝伝』五〇二頁c。
（19）『伝灯録』巻二六、八頁b。按ずるに『伝灯録』が義詮に作り、上文で引いた余靖「筠州洞山普利禅院伝法記」及び『伝法正宗記』（七六二頁c）等が守詮に作るのは、宋太宗の諱を避けて守に改めたのかもしれない。
（20）欧陽熙「洪州雲蓋山竜寿院光化大師宝録碑銘」『全唐文』巻八六九、一一頁b—一四頁b、陶成等編『江西通志』（『中国方志叢書』本）巻七、二頁b。
（21）『祖堂集』（巻一八、八〇三頁）に「年三十五歳、領衆出世住……師三処転法輪（三十五歳で、人々を率いて住持となり……師は三箇所で法輪を転じた）」とある。慧寂が三十五歳なのは会昌元年（八四一）である。宋斉邱「仰山光湧長老塔銘記」（『全唐文』巻八七〇、一五頁b）によると、仰山が建立した寺は棲隠という名であった。

(22)『伝灯録』巻一二、九頁b。
(23)宋斉邱「仰山光湧長老塔銘記」『全唐文』巻八七〇、一五頁b、『伝灯録』巻一二、一〇頁b—一一頁a。
(24)『伝灯録』巻一二、一一頁a、巻二三、二頁b。
(25)『伝灯録』巻一六、一八頁b—一九頁a、『江西通志』巻八、二五頁a、巻一一一、三〇頁a。
(26)『石門文字禅』巻二三、一九頁a—b。
(27)『伝灯録』巻一二、一七頁b、『江西通志』巻一一二、一三頁a。
(28)『伝灯録』巻一三、三頁b。
(29)『宋高僧伝』巻一三、三一一—三一二頁、施宿『嘉泰会稽志』(『中国方志叢書』本)巻一五、三八頁b。『伝灯録』の記述は異なる。「安福県宰為建応国禅苑、迎以聚徒。本道上聞、賜名清化焉(安福県令は彼のために応国禅苑を建立し、迎え入れて信徒を集めた。江南西道から上奏して、清化という名を賜った)」(巻一二、一六頁a)。
(30)韓熙載「玄寂禅師碑」『八瓊室金石補正』巻八一、三二頁b—三七頁a、『全唐文』巻八七七、一五頁b—一八頁b、『吉安府志』巻九。碑文の中では竜泉県令李孟俊と称するが、竜泉は九六〇年に始めて太和県から分割されており、韓碑は九六二年撰述なので、新しい名称を用いたのである。『吉安府志』によると、李孟俊が寺院を建立した時には竜泉場長であった。
(31)劉将孫「西峰宝竜祥符禅寺重修記」『養吾斎集』(『四庫全書』本)巻一七、一頁a—四頁a、『江西通志』巻一一二、三頁a。
(32)『江西通志』巻一一二、三二頁a。
(33)澄玉「疎山白雲禅院記」『全唐文』巻九二〇、一七頁a—二二頁a、顧祖禹『読史方輿紀要』(北京:中華書局、二〇〇五)巻八六、三九九六頁。
(34)『伝灯録』巻二〇、二頁b。
(35)『禅林僧宝伝』本寂伝に「還止臨川、有佳山水、因定居焉。以志慕六祖、乃名山為曹。……南州帥南平鍾王、雅聞章有道、尽礼致之、不赴(帰ってきて臨川に止まり、素晴らしい山水があったので、定住することにした。曹渓六祖を心に慕っていたので、山を曹山と名付けた。……南州帥南平鍾王は、以前から優れて徳が高いと耳にしていたので、礼を尽くして招いたが、応じなかった)」(四九四頁a)とある。宋孫覿「曹山宝積禅院記」(『撫州府志』巻二一、三一頁b—三二頁b)、『江西通志』(巻一一一、一七頁b)、『宜黄県志』(巻三、八頁b)等の記述によると、曹山は本来は荷玉山という名で、曹山寺が唐の昭宗の光化二年に建てられ、宋の大中祥符元年(一〇〇八)になって宝積禅院に改名された。郁賢皓『唐刺史考』(巻一五七、二二六九頁)によると、鍾伝が江西に鎮したのは中和二年から天祐三年(八八二—九〇六)である。本寂が曹山にいた時期は曹山寺の建立の時期と合致するので、彼が開山の祖師のはずであり、そこで「先曹山」と呼ばれたのである(『祖堂集』茗渓章、巻一四、六二八—六二九頁、『伝灯録』茗渓章、巻六、八頁a)。

(36)『祖堂集』は慧遐に作り、中曹山和尚と称する。巻一一、五三八頁。『伝灯録』巻二〇、一〇頁b。

(37)『伝灯録』巻二三、二頁b。

(38)任光「唐臨川府崇仁県地蔵普安禅院碑銘」『全唐文』巻八七二、三頁b—五頁b。

(39)朱遵度『棲賢寺碑』『全唐文』巻八九三、八頁a、『廬山記』巻二、一〇三五頁a、『伝灯録』巻一六、九頁b—一〇頁a。

(40)『伝灯録』巻一二、二頁a。

(41)『伝灯録』巻二三、二〇頁a—b。

(42)『伝灯録』巻二五、一一頁a—b、一八頁b—一九頁b、二六頁a—b。

(43)『伝灯録』巻二六、三頁b。

(44)『伝灯録』巻二六、二〇頁b。

(45)斉己「湊雲峰永昌禅院記」『全唐文』巻九二一、四頁a—五頁b。

(46)陸元浩「仙居洞永安禅院記」『全唐文』巻八六九、八頁b—一一頁a、『廬山記』『大正蔵』第五一冊、巻二、一〇三六頁b。

(47)『伝灯録』巻二〇、二一頁b、巻二三、二頁b。

(48)『宋高僧伝』巻三〇、七五〇頁(田道者を誤って国道者とする)、『伝灯録』巻一二、一五頁a、『廬山記』巻一、一〇二六頁b。

(49) 馮延巳（九〇三？―九六〇）「開先禅院碑記」『全唐文』巻八七六、一四頁a―一七頁b、『伝灯録』巻二一、一三頁a。
(50) 『伝灯録』巻二三、九頁b。
(51) 徐鉉「故唐慧悟大禅師墓誌銘並序」『徐公文集』巻三〇、二頁a―b、『伝灯録』巻二一、一三頁b。
(52) 『伝灯録』巻二四、一六頁b。
(53) 余靖「江州廬山重脩崇勝禅院記」『武渓集』巻八、二頁a。
(54) 『宋高僧伝』巻一二、二九一頁。
(55) 鄭愚「潭州大潙山同慶寺大円禅師碑銘並序」『全唐文』巻八二〇、二三頁a―二七頁a、『宋高僧伝』巻一一、二六四頁。
(56) 『伝灯録』巻一一、一頁a、巻一一、一頁a―b、巻一九、一六頁b―一七頁a。
(57) 呂肅高・張雄図編『長沙府志』（『中国方志叢書』本）巻五、二四頁a、『湖南通志』巻二三八、二八頁。
(58) 『伝灯録』巻二三、一六頁a。
(59) 『伝灯録』巻一一、一四頁a―b。
(60) 『伝灯録』に「一作竜山」とある。巻八、九頁a―b。
(61) 『伝灯録』巻九、八頁b―九頁a。
(62) 『祖堂集』巻六、三一七―三二二頁、『宋高僧伝』巻一二、二八三頁、『伝灯録』巻一五、一〇頁a―b。
(63) 『伝灯録』巻一六、一二頁b。
(64) 『伝灯録』巻二六、一頁a。
(65) 『伝灯録』巻一〇、二頁b。
(66) 『伝灯録』巻一六、一三頁a、巻一三、四頁a、巻二四、二〇頁a。
(67) 余靖「潭州興化禅寺新鋳鐘記」『武渓集』巻八、一三頁b。
(68) 『祖堂集』巻八、四〇二頁、『宋高僧伝』巻一三、三〇五頁、『伝灯録』巻一七、九頁a―b。『宋高僧伝』は彼が「出世近四十余齢（住持として説法すること四十年余り）」と言う。居遁は九二三年に卒しているので、四十年遡ると八八三年だが、馬殷が湖南に鎮したのは八九六年からなので、この年かやや後と考える。

(69)『伝灯録』巻二一、一九頁b―二〇頁a。

(70)『伝灯録』巻一六、一二頁a。

(71)『伝灯録』巻一七、二頁a、巻一七、二頁a、巻二三、一頁a、巻二三、一六頁a。

(72)『祖堂集』雲蓋和尚章ではその名を源禅とする。巻九、四三五頁。後雲蓋和尚章、巻一二、五六七頁。『伝灯録』巻一六、一一頁b―一二頁a。

(73)『伝灯録』巻一六、一四頁a。

(74)『祖堂集』後雲蓋和尚章、巻一二、五六七頁。『伝灯録』は雲蓋志元の弟子は志罕という名だと記す。巻一七、二四頁a。また中雲蓋には雲蓋景という弟子がいたと記す。巻一七、二頁b。

(75)『伝灯録』巻二三、一八頁b、巻一六、一四頁a。

(76)『伝灯録』巻二六、二八頁b。

(77)『伝灯録』巻一七、一頁b―二頁a。

(78)『祖堂集』(巻五、二四七頁)「所居蘭若臨小渓潭、時属亢陽、郡民多於是処祈求雨沢、故号竜潭和尚焉(住んでいる寺院は小さな谷川と池に面しており、日照りの時期には、郡民がよくここで雨乞いをするので、竜潭和尚と号した)」。『湖南通志』(巻二四〇、一九頁)に崇信が咸通年間(八六〇―八七四)に寺院を建立したとある。

(79)『伝灯録』(巻一五、一八頁a)「唐咸通十一年庚寅、海衆卜於夾山、遽成院宇(唐の咸通十一年庚寅の年、出家者たちは夾山を選び、あっという間に寺院を造り上げた)」。

(80)『伝灯録』巻二〇、一四頁a―b。

(81)王象之『輿地碑記目』(『叢書集成初編』)巻三、五五頁。

(82)『宋高僧伝』巻一二、二八九頁。

(83)『伝灯録』巻二四、二二頁b。

(84)『伝灯録』巻二四、二五頁b、『広灯録』巻一、四二三頁b。
(85)『伝灯録』巻二二、一一頁b。
(86)隠元（一五九二―一六七三）『黄檗山寺志』（一八〇七、『続修四庫全書』本）巻二、一頁b、巻三、一頁b、五頁a―b、黄仲昭（一四三五―一五〇八）編『八閩通志』（福州：福建人民出版社、二〇〇六）巻七五、一一一一頁。
(87)『伝灯録』巻九、一四頁a―b、巻一〇、一二頁a―b、梁克家（一一二八―一一八七）『淳熙三山志』（『宋元珍稀地方志叢刊』本）巻三七、一五五五頁。正原は、『三山志』では正源に作る。
(88)『伝灯録』巻一一、九頁a、『淳熙三山志』巻三八、一五八一頁、『宝刻類編』巻四、一三二頁、『宝刻叢編』巻一九、四六五頁、清陳祚康・魏傑編『九峰志』（『中国仏寺志叢刊』本）巻二、一頁a。
(89)『祖堂集』巻一七、七六六―七六七頁、『伝灯録』巻一〇、一四頁a―b、『淳熙三山志』巻三八、一五八一頁、『九峰志』巻二、二頁a。
(90)『伝灯録』巻一九、一六頁b。
(91)『八閩通志』巻七九、一二三〇頁。
(92)『八閩通志』巻七九、一二三一頁。
(93)『八閩通志』巻七九、一二三一頁。
(94)『淳熙三山志』巻三四、一四二六―一四二七頁。
(95)『伝灯録』巻一二、一五頁a。
(96)允明「唐福州延寿禅院故延聖大師塔内真身記」、石井修道「潙山教団の動向について――福州大安の「真身記」の紹介に因んで」『印度学仏教学研究』二七―一（一九七八）九〇―九六頁、『淳熙三山志』巻三四、一四二七頁、法緯（清代）『西禅長慶寺志』（『中国仏寺志叢刊』本）巻二、三九―四〇頁参照。
(97)『西禅長慶寺志』巻二、四〇―四一頁。
(98)『宋高僧伝』巻一三、三〇九頁、『伝灯録』巻一八、一〇頁a―b、『淳熙三山志』巻三四、一四二七頁、『西禅長慶寺志』

巻二、四一頁。

(99)『伝灯録』巻二一、一五頁b、巻二六、一三頁a—b、『西禅長慶寺志』巻二、四二頁。

(100)徐鉉「故唐慧悟大禅師墓誌銘」『徐公文集』巻三〇、一頁a—三頁a。

(101)黄滔（八四〇？—？）「福州雪峰山故真覚大師碑銘」（九〇八）『唐黄御史公集』巻五、三二頁b—三七頁b、『淳熙三山志』巻三四、一四二八—一四二九頁、徐㶿編『雪峰志』（『中国仏寺史志彙刊』本）巻二、一頁a—b。

(102)『八閩通志』巻七五、一〇九一頁。

(103)『伝灯録』巻二三、三頁b、『淳熙三山志』巻三七、一五三九頁。

(104)『九峰志』巻二、二頁b。

(105)『淳熙三山志』巻三五、一四六一頁。

(106)『八閩通志』巻七六、一一二四頁。

(107)林澂「唐福州安国禅院先開山宗一大師碑文並序」『福州玄沙宗一大師広録』『続蔵経』第七三冊、巻三、二五頁c、『祖堂集』巻一〇、四五四頁、『宋高僧伝』巻一三、三〇五—三〇六頁、『伝灯録』巻一八、一頁a—一〇頁a。

(108)林澂「唐福州安国禅院先開山宗一大師碑文並序」巻三、二五頁c。

(109)『伝灯録』巻二一、五頁b—六頁b。

(110)『伝灯録』巻一九、一頁b—三頁a。

(111)『伝灯録』巻二二、五頁a、巻二二、七頁a。

(112)『祖堂集』巻一〇、四八二頁、『伝灯録』巻一八、一八頁a—二〇頁b。

(113)『祖堂集』巻一〇、四八二頁、『伝灯録』巻一八、一八頁a—二〇頁b、巻二一、一二頁a、巻二二、一二頁b、巻二一、二三頁a、黄任編『鼓山志』（一七六一、『中国仏寺史志彙刊』本）巻四、一頁b—五頁a。

(114)『伝灯録』巻二二、三頁a—b。

(115)『伝灯録』巻二三、一四頁b—一五頁a、巻二三、一六頁a—b、巻二二、四頁b—五頁a。

(116)『八閩通志』巻七九、一一三三頁。

(117)『八閩通志』巻七五、一〇九九頁。

(118)『淳熙三山志』巻三五、一四六三頁。

(119)『淳熙三山志』巻三三、一三八四頁。

(120) 黄滔「亀洋霊感禅院東塔和尚碑」『唐黄御史公集』巻五、一六頁b—一九頁a、『祖堂集』巻一五、六九三頁、『伝灯録』巻八、一頁a—b、『福建通志』巻六二、四三頁a。

(121)『八閩通志』巻七七、一一六一頁。

(122) 元賢（一五七八—一六五七）編『泉州開元寺志』（序一六四三、『中国仏寺史志彙刊』本）一三頁a、『唐刺史考』巻一五三、二一九八頁。

(123)『八閩通志』巻七九、一二一四頁。

(124)『伝灯録』巻一一、一一頁a。

(125)『宋高僧伝』巻一三、三一〇頁、『伝灯録』巻一八、一〇頁a—一二頁a、『福建通志』巻六四、四三頁a。

(126)『伝灯録』巻二一、一〇頁b—一一頁b。

(127)『祖堂集』巻一三、五九九—六〇六頁、『伝灯録』巻二二、七頁a—八頁a、元賢（一五七八—一六五七）『泉州開元寺志』二六頁a—b。『泉州千仏新著諸祖師頌』は、「後招慶明覚大師述」（『大正蔵』第八五冊、一三二〇頁c）と署名されている。明覚大師が省僜の号であることは、『泉州開元寺志』参照。その他に、『祖堂集』が諸祖師頌を収録する際には、いずれも「浄修禅師」の作と記す。浄修も省僜（一に文僜に作る）の号であったことは、『祖堂集序』（一頁）参照。

(128) 省僜『泉州千仏新著諸祖師頌』、千仏は院名を指す。『泉州開元寺志』二八頁a—b。

(129)『泉州開元寺志』一四頁a。

(130)『泉州開元寺志』一四頁a。

(131)『泉州開元寺志』一四頁b。

(132)『泉州開元寺志』一六頁a。
(133)『泉州開元寺志』一六頁a。
(134)『泉州開元寺志』一五頁b。
(135)王諷「漳州三平大師碑銘並序」『全唐文』巻七九一、八頁a—九頁b、『輿地碑記目』巻三、七八頁、郁賢皓『唐刺史考』巻一五五、二二一一頁。
(136)『伝灯録』巻一九、四頁a—七頁a、巻一九、一七頁b—一九頁a。
(137)『伝灯録』巻二二、八頁b、巻二一、九頁a—b、巻二二、一二頁b—一三頁a。
(138)『宋高僧伝』巻一三、三〇九頁、『伝灯録』巻二一、二頁b。
(139)『宋高僧伝』巻一三、二〇九頁、『伝灯録』巻二一、二頁b。
(140)『伝灯録』巻二五、一〇頁a—一一頁a、巻二五、一三頁b—一四頁a。
(141)『伝灯録』巻一八、二一頁a、巻二四、一六頁a—b、巻二六、八頁b。
(142)『伝灯録』巻二四、一三頁b—一四頁a、巻二六、一頁b、『泉州開元寺志』二七頁a—b。
(143)『八閩通志』巻七六、一一四六頁。
(144)『八閩通志』巻七六、一一四六頁。
(145)『八閩通志』巻七六、一一四六頁。
(146)『八閩通志』巻七八、一二〇三頁。
(147)『八閩通志』巻七八、一二〇三頁。
(148)『八閩通志』巻七八、一二〇三頁。
(149)『八閩通志』巻七八、一二〇九頁。
(150)『八閩通志』巻七八、一二〇九頁。
(151)『八閩通志』巻七六、一一三三—三四頁。

(152)『八閩通志』巻七六、一一三三頁。
(153)『伝灯録』巻二一、二三頁b。
(154)『八閩通志』巻七八、一一七九頁。
(155)『嘉泰会稽志』(『中国方志叢書』本)巻八、二六頁a。
(156)『嘉泰会稽志』巻八、二一頁a。
(157)『嘉泰会稽志』巻八、二一頁b。
(158)趙甸(一六四四―一六六一活動)・章士法(一七三六―一七九五活動)編『㑲山㑲心寺志』(『中国仏寺志叢刊』本)巻二、五一頁、『浙江通志』(北京:中華書局、二〇〇一)巻二三一、六四三一―六四三二頁、『唐刺史考』巻一四二、二〇一三頁。
(159)『伝灯録』巻二一、一八頁a。
(160)『輿地碑記目』巻一、一三頁、『嘉泰会稽志』巻七、一〇頁a。
(161)『嘉泰会稽志』巻八、二〇頁b―二一頁a。
(162)『嘉泰会稽志』巻八、二五頁b―二六頁a。この道全は洞山良价の弟子・洞山道全と同時代であり、あるいは同一人物かもしれない。
(163)『伝灯録』巻一六、一三頁a、『浙江通志』巻二三一、六四二八頁、『唐刺史考』巻一四二、二〇一三頁。
(164)『嘉泰会稽志』巻八、二五頁a。
(165)『宋高僧伝』巻三〇、七四五頁。
(166)『嘉泰会稽志』巻八、九頁a。
(167)『宋高僧伝』巻三〇、七四五頁、『唐刺史考』巻一四二、二〇一六頁。
(168)『嘉泰会稽志』巻八、二六頁a―b。
(169)『伝灯録』巻一九、八頁a、『嘉泰会稽志』巻八、一三頁b。『伝灯録』は師鼐の号は鑑真と記す。『会稽志』は誤まって鑑其に作る。

(170)『嘉泰会稽志』巻八、一七頁a。
(171)『嘉泰会稽志』巻七、三三頁a―b。
(172)『宋高僧伝』巻一三、三一一―一二頁、『伝灯録』巻一一、一六頁a、『嘉泰会稽志』巻一五、三八頁b。
(173)張孝友「福祈禅院碑」『唐文拾遺』巻四七、七頁b―八頁b（『越中金石志』に拠る）、『嘉泰会稽志』巻八、二八頁b。
(174)『嘉泰会稽志』巻八、一六頁b。
(175)『嘉泰会稽志』巻八、一六頁a。
(176)李吉甫「杭州徑山寺大覚禅師碑銘並序」『全唐文』巻五一二、一八頁a―b、『宋高僧伝』巻九、二一〇―一一頁、『伝灯録』巻四、一一頁b―一二頁a、宋奎光等編『徑山志』（明天啓四年［一六二四］刊本）巻二、一頁a―六頁a、呉之鯨（一六〇九年の挙人）、『武林梵志』『中国仏寺史志彙刊』（台北：明文書局、一九九四）巻六、二一頁b―二三頁a。
(177)『伝灯録』巻一〇、一二頁a、巻一一、七頁b、『徑山志』巻二、六頁b―一一頁b。
(178)『宋高僧伝』巻一二、二七三―七四頁、『伝灯録』巻九、七頁b―八頁a、呉之鯨『武林梵志』巻二、二四頁b。
(179)『伝灯録』巻一一、二頁a、『武林梵志』巻二、二五頁a―b。
(180)『咸淳臨安志』（『中国方志叢書』本）巻八五、一〇頁b。
(181)『伝灯録』巻一二、八頁b、『唐刺史考』巻一四一、一九八七頁。
(182)『伝灯録』巻一〇、一三頁a、『浙江通志』巻二二六、六三四九頁。
(183)『宋高僧伝』巻一三、三一〇頁、『伝灯録』巻一八、一四頁a。
(184)『伝灯録』巻二四、一一頁a―b。
(185)『武林梵志』巻六、九頁a。
(186)『宋高僧伝』文喜伝、巻一二、二九二―九三頁、『武林梵志』巻二、六頁b、超乾（一六四四―一六六一活動）『聖果寺志』（『中国仏寺志叢刊』本）二四頁b―二五頁aに引く苗衷「重建聖果寺碑記」。
(187)『武林梵志』巻六、四四頁a。

(188)『伝灯録』巻二〇、一七頁b。
(189)『伝灯録』巻二六、二六頁b。
(190)『咸淳臨安志』巻八三、一五頁b、巻九二、一頁b、『宝刻叢編』巻一四、三六一頁。
(191)『伝灯録』巻一二、二頁b、巻二二、一頁a、巻一二、二頁a。
(192)『武林梵志』巻四、六二頁a―b。
(193)『西湖志纂』引く『銭塘県志』、巻五、二頁a―b。
(194)『宋高僧伝』巻三〇、七五五頁、『伝灯録』巻一九、一頁b、『浙江通志』巻九、四三二頁、巻二二六、六二四一頁。
(195)銭元瓘「請建竜冊寺奏」『全唐文』巻一三〇、二三頁a、『伝灯録』巻一八、一四頁a。
(196)『伝灯録』巻一八、一頁a、巻二一、一頁a、巻二二、四頁a。
(197)『伝灯録』巻二六、一七頁b。
(198)『祖堂集』巻一〇、四八〇―八一頁、『伝灯録』巻一八、一七頁b―一八頁a、『浙江通志』所収「陳益公重建明化院記」、巻二三一、六四三四頁。
(199)『咸淳臨安志』巻七八、九頁b。
(200)『伝灯録』巻二一、一八頁a。
(201)『武林梵志』巻四、五六頁b―五七頁a。
(202)『武林梵志』巻三、五頁a。
(203)『伝灯録』巻一八、二三頁a―b。
(204)『伝灯録』巻二一、一二頁a、巻二一、一八頁a。
(205)『伝灯録』巻二六、一九頁b―二〇頁a、巻二六、三頁a。
(206)『伝灯録』巻二一、一四頁a―b、『咸淳臨安志』巻八一、一二頁b。
(207)『伝灯録』巻二六、一六頁a。

(208)『伝灯録』巻二二、三頁a、『咸淳臨安志』巻七八、一五頁a。
(209)『武林梵志』巻一、二六頁a。
(210)『十国春秋』巻八〇、一一三八頁。
(211)朱文藻『崇福寺志』（一八〇一、『中国仏寺史志彙刊』本）巻一、二二頁、巻四、八四頁。
(212)『武林梵志』巻二、二八頁a。
(213)『伝灯録』巻二五、一四頁b、巻二六、九頁b―一〇頁a、巻二六、五頁b、際祥（おおむね一七九六―一八二〇年頃活動）、『浄慈寺志』（『中国仏寺史志彙刊』本）巻一、一頁aに引く旧志、巻一、一二頁b―一五頁bに引く虞集「至正二年重修浄慈報恩光孝禅寺記」。
(214)『仏祖歴代通載』巻一八、六五八頁b、『浄慈寺志』巻一、一頁a―二頁b。
(215)『宋高僧伝』巻二三、六〇一頁、『伝灯録』巻二五、二二頁a。
(216)『伝灯録』巻二六、九頁b―一〇頁a。
(217)『伝灯録』巻二五、一六頁a、巻二六、二頁b、巻二六、二頁b―三頁a。
(218)『咸淳臨安志』巻七九、一六頁a―b。
(219)『伝灯録』巻二五、九頁a―b、巻二六、二頁b。
(220)『伝灯録』巻二六、一二頁b、巻二六、一三頁a、巻二六、一三頁b。
(221)『伝灯録』巻二六、一一頁b―一二頁b、巻二六、一五頁b。
(222)『十国春秋』巻八二、一一六五頁、『伝灯録』巻二六、五頁a、巻二六、一四頁b―一五頁a。
(223)『伝灯録』巻二六、一〇頁a、『武林梵志』巻二、三二頁a―b。
(224)『伝灯録』巻二六、二四頁b、巻二六、二四頁b―二五頁a。
(225)『伝灯録』巻二六、一五頁a―b、巻二六、一六頁a。
(226)『伝灯録』巻二六、一九頁a。

(227)『浙江通志』に引く『呉興掌故』、巻二二九、六三九二頁。
(228)『浙江通志』に引く『武康県志』、巻二二九、六三九八頁。
(229)『浙江通志』に引く『徳清県志』、巻二二九、六三九五頁。
(230)『浙江通志』に引く『呉興掌故』、巻二二九、六三八七頁、『唐刺史考』巻一四〇、一九六二頁。
(231)『伝灯録』巻一五、九頁b、『浙江通志』巻二二九、六三八九頁。
(232)『浙江通志』に引く『孝豊県志』、巻二二九、六四〇〇頁。
(233)『宋高僧伝』巻二七、六八〇―六八二頁、『伝灯録』巻九、八頁a。
(234)『伝灯録』巻二〇、一七頁a―b。
(235)『宋高僧伝』巻一二、二九〇頁、『伝灯録』巻一六、八頁b。
(236)『浙江通志』に引く『台州府志』、巻二三二、六四五六頁。
(237)『嘉定赤城志』(『宋元方志叢刊』本)巻二八、四頁a。
(238)『嘉定赤城志』巻二八、二〇頁b。
(239)『宋高僧伝』巻一三、三一七―二〇頁、『伝灯録』巻二五、二頁a―b、「宋天台般若新寺転塔記」『両浙金石志』巻五、伝灯(明代)『天台山方外志』(『中国仏寺志叢刊』)巻四、五頁a、巻四、六頁a、巻四、一〇頁b、巻四、一一頁b、巻四、一二頁a、巻四、一二頁b、巻四、一三頁a、巻四、一三頁b、巻四、一四頁a、巻四、一〇頁b、巻四、一〇頁b、巻四、一四頁b、巻四、一三頁b。
(240)『伝灯録』巻二五、二五頁a、巻二六、一七頁a。
(241)『伝灯録』巻二三、一〇頁b。
(242)戴明琮(一七世紀)『明州岳林寺志』(『中国仏寺史志彙刊』)巻一、一頁a。
(243)陳舜兪「明州鄞県鎮国禅院記」『都官集』(『宋集珍本叢刊』本)巻八、四頁b。
(244)崔琪「心鏡大師碑」袁桷(一二六六―一三二七)『延祐四明志』(『中国方志叢書』本)巻一七、九頁a―b、『全唐文』巻八〇四、五頁b―八頁b、『宋高僧伝』巻一二、二七六頁。
(245)『宝慶四明志』(『宋元方志叢刊』本)巻一九、一四頁a。
(246)『宝慶四明志』巻一五、一〇頁b。
(247)『宝慶四明志』巻一七、一三頁a。
(248)『宋高僧伝』巻二八、七〇八―七〇九頁、『伝灯録』巻二六、一〇頁a、行正(清代)編『雪竇寺志』(『中国仏寺志叢刊』本)巻四上、一頁a―二頁a。
(249)超備『四明翠山禅寺志略』(『中国仏寺志叢刊続編』本)三六―三七頁。
(250)『延祐四明志』巻一六、二二頁b。
(251)『延祐四明志』巻一六、二二頁a。
(252)『伝灯録』巻一〇、一〇頁a―b。
(253)『宋高僧伝』巻一二、二八五―八六頁、『伝灯録』巻一七、二〇頁b。
(254)繆荃孫等『江蘇通志稿』金石七、六頁b―七頁a。
(255)『伝灯録』巻二四、八頁b―九頁a、巻二四、六頁a、巻二五、二〇頁b―二一頁a、巻二五、一二頁b、巻二三、八頁a―b。
(256)『伝灯録』巻二三、一八頁b―一九頁b。
(257)徐鉉「故唐慧悟大禅師墓誌銘」『徐公文集』巻三〇、一頁b―三頁a、『伝灯録』巻二一、一三頁b、巻二一、一三頁b。
(258)兪希魯(一二七九―一三六八)編『至順鎮江志』(『続修四庫全書』本)巻九、八頁a。
(259)史能之編『咸淳毘陵志』(『続修四庫全書』本)巻二五、一二頁b―一三頁a、『唐刺史考』巻一三八、一八九三頁。
(260)『咸淳毘陵志』巻二五、一五頁a。
(261)佚名(元)『無錫志』(『宋元方志叢刊』本)巻三下、三一頁b。
(262)『咸淳毘陵志』巻二五、二五頁b。

(263)『咸淳毘陵志』(『宋元方志叢刊』本)巻二五、一一頁b—一二頁a。
(264)『伝灯録』巻二六、三頁a。
(265)『咸淳毘陵志』巻二五、一二頁b。
(266)『咸淳毘陵志』巻二五、一三頁a。
(267)『伝灯録』巻二〇、二〇頁b、巻二五、一七頁b。
(268)徐碩撰・管芷湘補校『嘉禾志』(『中国方志叢書』本)巻一〇、一〇頁a。
(269)淩頃(一二六二進士)・辺実編『淳祐玉峰志』(一二五一)(『続修四庫全書』本)巻三、七〇頁a。
(270)佚名(宋代)『呉地記後集』(『四庫全書』本)一一頁a。
(271)『呉地記後集』一二頁b。
(272)范成大編『呉郡志』(『宋元方志叢刊』本)巻三六、三頁b。
(273)銭儼「観音禅院碑銘」范成大編『呉郡志』巻三二、一一頁a—一二頁a(『全宋文』第二冊、巻五七、二五一頁。洪憲)。『伝灯録』(巻一二、一頁a)は蘇州憲禅師とする。
(274)『呉地記後集』八頁a。
(275)『呉郡志』巻三六、五頁a。
(276)『呉地記後集』六頁a。
(277)『淳祐玉峰志』巻三、七〇頁a。
(278)朱端常等編『雲間志』(一一九三、『宋元方志叢刊』本)巻二、四頁a。
(279)沈珹「大唐蘇州華亭県顧亭林市新創法雲禅寺記」『江蘇省通志稿』金石六、七頁a—b、『全唐文』巻七九二、二一頁b—二二頁a。
(280)『雲間志』巻二、五頁a。
(281)陳舜兪「福厳禅院記」『嘉禾志』巻二六、八頁a、『全宋文』巻一五四四、一〇〇頁。

(282)『呉地記後集』一二頁b。
(283)『呉郡志』巻三六、四頁b。
(284)蘇舜欽（一〇〇八―一〇四八）「蘇州洞庭山水月禅院記」『蘇学士文集』（『四部叢刊』本）巻一三、六頁a―b、『方輿勝覧』巻二、一〇頁b―一一頁a、『呉郡志』巻三三、一一頁a、『呉郡図経続記』（『宋元方志叢刊』本）巻二、一八頁b。
(285)『呉地記後集』一〇頁b。
(286)『呉地記後集』一〇頁b。
(287)『呉郡志』巻三一、一〇頁b。
(288)『呉地記後集』八頁b。原文は乾化六年に作るが、乾化年間には六年はないので、誤りであろう。
(289)『呉地記後集』九頁a。
(290)『宋高僧伝』巻一三、三一四頁。
(291)『呉地記後集』一二頁b。
(292)『伝灯録』巻二六、二頁a、巻二六、二九頁a―b。
(293)『呉郡図経続記』巻二、一二頁a―b。
(294)『伝灯録』巻二三、一九頁a―b、朱玉竜『五代十国方鎮年表』（北京：中華書局、一九九七）三七九―三八〇頁。
(295)『伝灯録』巻一一、一〇頁b。
(296)余靖「韶州重建東平山正覚寺記」『武渓集』（『宋集珍本叢刊』本）巻七、一一頁a。陸希声「仰山通智大師塔銘」に「及大師自石亭入東平、会希声（嶺南）府罷、冒暑躡屩、礼辞於岩下（大師が石亭から東平に来られた折、ちょうどわたくし希声は（嶺南）府の職を解かれたので、暑さをおして出かけていき、岩下で丁重に暇乞いした）」（『全唐文』巻八一三、八頁b）とある。陸希声は咸通元年（八六〇）に商州刺史鄭愚の幕に入った（『新唐書』巻一一六、四二三八頁）。鄭愚は咸通二年から三年（八六一―八六二）に桂管観察使、咸通三年から四年（八六二―八六三）に嶺南西道観察使となった（『唐刺史考』巻二〇四、二七七七頁、巻二七五、三二五六頁、巻二九〇、三二九五頁）。陸希声は咸通二年から四年に鄭愚に随行して桂管・

嶺西におり、四年に職を解かれたはずなので、仰山に別れの挨拶をしたのはその頃であろう。
(297) 陳守中「大漢韶州雲門山大覚禅寺大慈雲匡聖宏明大師碑銘並序」『八瓊室金石補正』巻八〇、二八頁a―三七頁b。
(298) 『伝灯録』巻一一、一六頁b、巻一一、一八頁a―b、巻一一、一九頁b。
(299) 『伝灯録』巻一一、一五頁a、巻一一、一五頁a、頼佑「重建双峰寺記略」林述訓修・欧樾華等纂『韶州府志』(『中国方志叢書』本)巻二六、五〇頁a―b。
(300) 余靖「韶州白雲山延寿禅院伝法記」『武渓集』巻八、四頁b。『伝灯録』は志庠の名を祥とし(巻一一、一三頁b)、志文の名を聞とし(巻一一、一六頁b)、達正を韶州後白雲和尚と称する(巻一四、一九頁a―b)。
(301) 『伝灯録』巻一一、一七頁b―一八頁a、『韶州府志』巻二六、六〇頁a。英州が置かれたのは南漢の乾和五年(九四七)。
(302) 『新安志』(『四庫全書』本)巻五、一四頁a。
(303) 『宋高僧伝』巻一二、二八九―二九〇頁、『伝灯録』は名を常通と記す。巻一一、一三頁b―一四頁a。
(304) 李約「瑞峰永安竹山禅院記」『全唐文補編』巻一一一、一四〇〇―一四〇一頁。
(305) 『祖堂集』巻六、二八一頁、『宋高僧伝』巻一三、三〇四頁、『伝灯録』巻一五、六頁a―b。
(306) 『伝灯録』巻一五、一九頁b。
(307) 『伝灯録』巻一五、一七頁a―b、巻一六、一八頁b。
(308) 『新安志』(『中国方志叢書』本)巻四、一一頁a―b。
(309) 『新安志』巻三、一六頁b―一七頁a。
(310) 『新安志』巻三、一八頁b。
(311) 『新安志』巻四、一三頁b。
(312) 『新安志』巻四、一五頁a。
(313) 『新安志』巻五、一三頁a。
(314) 『新安志』巻五、一三頁a。

(315)『新安志』巻五、一三頁b。
(316)『新安志』巻五、一三頁a。
(317)『伝灯録』巻八、一頁b。
(318)『伝灯録』巻二三、一七頁b。
(319)『伝灯録』巻一六、一頁b、大陽慧堅を大陽山堅に作る、巻二三、四頁b、『五灯会元』巻一四、八五六—八五七頁。
(320)『伝灯録』巻一二、一六頁b—一七頁a、巻一三、一頁a、『広灯録』巻一五、五四九頁a、五五三頁c。
(321)『伝灯録』巻二三、一頁b、『広灯録』巻二〇、五一八頁c。
(322)『伝灯録』巻一三、三頁b、巻一三、一頁a、巻一三、一頁b。
(323)『伝灯録』巻一三、一頁b、巻二三、二頁b。
(324)張商英「撫州永安禅院僧堂記」「撫州永安禅寺法堂記」『全宋文』第五〇冊、巻二二三一、一九〇—一九一頁、巻二二三一、一九二—一九三頁。
(325)『伝灯録』巻二四、二一頁a、巻二二、三頁a、巻二六、一頁b。
(326)『伝灯録』巻二〇、一四頁b。
(327)『伝灯録』慧徹章は第二世とする。巻二三、二二頁b。一方、紹遠章では慧徹を第三世、紹遠を第四世とする。巻二四、二四頁b。
(328)『伝灯録』巻二三、四頁b。
(329)『伝灯録』巻二〇、一五頁a—b、巻二三、二二頁b—二三頁a、巻二三、四頁a。
(330)『伝灯録』巻二〇、一頁b、巻二三、三頁b。
(331)『伝灯録』巻二一、一七頁b、巻二四、一六頁a、巻二六、八頁a、巻一七、二〇頁a—b、巻二二、一頁b。
(332)『伝灯録』巻二〇、一三頁a、巻二三、二一頁b、巻二三、四頁a。
(333)『伝灯録』巻二三、五頁b—六頁b、『古尊宿語録』巻三八、七〇五頁、『禅林僧宝伝』五〇八頁c。

(334)『伝灯録』巻一七、二〇頁a、巻二三、二頁b。
(335)『伝灯録』巻二三、一七頁a。
(336)『伝灯録』巻二〇、二〇頁a、巻二〇、二頁b。
(337)『伝灯録』巻二三、二三頁b、巻二三、二四頁a。
(338)『伝灯録』巻一一、一頁b、巻二三、一七頁b、巻二三、一八頁a。
(339)『伝灯録』巻一三、一〇頁b、巻一五、二一頁b。
(340)『伝灯録』巻二三、一七頁b。
(341)『伝灯録』巻一〇、一〇頁a、巻二〇、一九頁b、巻二三、二三頁b、巻二三、二四頁a。
(342)王禹偁「黄州斉安永興禅院」『小畜集』巻一七、六頁a―b。
(343)『宝刻類編』巻六、二一二頁。
(344)『宝刻類編』巻六、二一五頁。
(345)楊億「金縄院記」『全蜀芸文志』巻三八、三三頁a―三四頁b、『全宋文』巻二九七、四頁a―b、『十国春秋』巻四七、六七〇―六七一頁。
(346)『伝灯録』巻二二、一九頁b―二〇頁a、『建中靖国続灯録』『続蔵経』第七八冊、巻二、六四七頁b。
(347)『伝灯録』巻二四、二〇頁b、巻二六、九頁a。
(348)『宝刻類編』巻七、二三六頁。
(349)『伝灯録』巻二〇、一六頁a―一七頁a。
(350)佚名(元代)修・徐松輯『元河南志』(『宋元方志叢刊』本)巻一、二四頁a。
(351)『八瓊室金石補正』巻七九、八頁b―九頁b。
(352)『元河南志』巻一、二一頁b。
(353)『元河南志』巻二、二一頁b。

(354)『元河南志』巻一、二二頁a。
(355)『元河南志』巻一、二〇頁b。
(356)『元河南志』巻一、二三頁b。
(357)『元河南志』巻一、二三頁a。
(358)『元河南志』巻一、二三頁a。
(359)『元河南志』巻一、二三頁a。
(360)『元河南志』巻一、二一頁b。
(361)『元河南志』巻一、二三頁b。
(362)『元河南志』巻一、二一頁b。
(363)『元河南志』巻一、二二頁a―b。
(364)『元河南志』巻一、一六頁a。
(365)『冊府元亀』巻八二一、二四頁b。
(366)『元河南志』巻一、六頁b。
(367)『元河南志』巻一、二一頁b―二二頁a。
(368)『元河南志』巻一、二二頁b。
(369)『元河南志』巻一、二二頁b。
(370)虞希範「風穴七祖千峰白雲禅院記」『全唐文又再補』(『全唐文続編』所収)巻七、二三五〇―二三五一頁、『伝灯録』巻一三、四頁b―八頁a、『広灯録』四八八頁b―四九三頁b、『禅林僧宝伝』四九六頁b。
(371)『禅林僧宝伝』四九六頁b。
(372)『伝灯録』巻一二、一八頁a、巻一三、一〇頁b。
(373)『伝灯録』巻一三、八頁b、『禅林僧宝伝』四九七頁b。

(374)『伝灯録』巻一七、一八頁a―b、巻二三、一一頁b。
(375)『伝灯録』巻一五、五頁a。
(376)『冊府元亀』巻八二一、二四頁b。
(377)『旧五代史』巻七七、一〇二三頁、『冊府元亀』巻五二、一四頁b。
(378)『大清一統志』(『四庫全書』本)巻一五七、七頁a。
(379)郎粛「唐故甘泉院禅大師霊塔記」『唐代墓誌彙編』二四五二頁、『全唐文又再補』巻六、二三二五頁、公乗億「魏州故禅大徳奨公塔碑」『全唐文』巻八一三、一八頁a。
(380)『伝灯録』巻一二、一一頁b、巻一二、一九頁a。
(381)『金石萃編』巻一一九、三六頁a―四四頁a。
(382)『旧五代史』巻七七、一〇二三頁、『冊府元亀』巻五二、一四頁b。
(383)『伝灯録』巻二〇、一六頁a―一七頁a。
(384)劉従乂「大周広慈禅院記」『金石萃編』巻一二一、一六頁a―一七頁a、「広慈禅院残牒」(九五三)『金石萃編』巻一二一、七頁a―b。
(385)駱天驤編『類編長安志』(一二九六、『宋元方志叢刊』本)三一一頁a。
(386)『伝灯録』巻二〇、二一頁b。
(387)梁鼎(九五五―一〇〇六)「宋鳳翔府青峰山万寿禅院記」強振志編『宝鶏県志』巻一四、一〇頁a、『伝灯録』巻二〇、二二頁b―二三頁a、巻二三、二四頁b。
(388)「勅長興万寿禅院牒」『金石萃編』巻一一九、四四頁a―b。
(389)『伝灯録』巻一三、一頁b。
(390)『伝灯録』巻二〇、一三頁b、巻二三、二二頁a。
(391)徐鉉「邠州定平県伝灯禅院記」『徐公文集』巻二八、一三頁b。

(392)　『山西通志』(『四庫全書』本)巻一六九、二八頁a。

附録三　現行本『寒山詩集』における禅詩の作者についての考証

現行本『寒山詩集』所収の詩三百首余りの、風格と内容の雑駁さは、つとに知られている通りである。多くの学者が、これらの詩は同一の作者の手になるものか否かについて疑問を呈してきたが[1]、データが足りないため、作者が寒山以外であると説得力ある考証を行った人はまだいない。本附録では『寒山詩集』中の禅詩を研究の対象に、これまでの学者らによる研究の基礎の上に、内容と形式の両面を比較分析し、また他の原典資料と結びつけながら厳密な考証を行う。それによって、十分な根拠に基づいて、これらの禅詩の本当の作者は寒山ではなく、晩唐の禅師である曹山本寂（八四〇―九〇一）であったことを証明する。その他に、本附録では附論として閭丘胤の序と拾得詩も全て曹山による捏造・仮託であることを論じる。

一、『寒山詩集』中の禅詩と非禅詩との区別及び矛盾

筆者の統計によると、『寒山詩集』の中で仏教と関わる詩は約百十九首、そのうち約六十五首は仏教の基礎的教義によって俗世の人々を戒める通俗詩、約五十四首は古典禅思想を表現した詩偈である。この二種類の詩は内容と形式の上でいずれも明らかな違いや、さらには矛盾をも持っている。

まずは仏教による勧戒の詩を見てみよう。六十五首の詩の中で、十九首は六道輪廻・因果応報を宣揚し、三首は無

常なる人生・果てなき苦海という苦諦を明らかにし、十一首は貪・嗔・痴という三毒の執着を打破し、八首は肉食・殺生する者を批判し、三首は戒律を破る偽僧侶を風刺し、六首は自らが山林に隠居して仏道を修行していると述べ、十五首は世の中の人々に仏教を信じて修行し、幸福を求めるようにと勧める（以上の区分では、厳密を期して、ただ貪欲さを風刺したり人生の短さを嘆くだけで、仏教の言葉を用いていないものは含めない）。ここで何首か例に挙げよう。

世有多解人、愚痴徒苦辛。不求当来善、唯知造悪因。
五逆十悪輩、三毒以為親。一死入地獄、長如鎮庫銀。（九一）(2)
（世の中には物知りの人がおり、愚かで徒に苦労している。来世の善果を求めようとせず、ただ悪因を作ることしか知らない。
五逆十悪をなす者は、三毒を親とする。ひとたび死んで地獄に入れば、倉に収められた銀のようにいつまでも出てこられない。）

「多解人」とは知識の多い人を言う。「当来」とは来るべき世のことで、つまり来世である。(3)「地獄」は地獄道のことである。仏教では天・人・阿修羅・餓鬼・畜生・地獄を六道とし、後の三種類は三悪道とも呼ばれる。この詩は、物知りを自称する人が、実は大変愚かで、将来のために善行を行い功徳を積まないばかりか、逆に五逆・十悪・三毒といった悪業をなし、死後には三悪道の中の地獄道に入って苦しめられると風刺している。

乗茲朽木船、采彼紝婆子。行至大海中、波濤復不止。
唯齎一宿糧、去岸三千里。煩悩従何生、愁哉縁苦起。（六五）
（この朽ち木の船に乗り、あの紝婆の実を摘み取る。進んで行って大海原まで来ると、大波はもはや止まりはしない。

ただ一晩だけの食料を携え、岸からは三千里も離れている。煩悩はどこから生まれるのか、悲しいかなそれは苦から起こるのだ。）

「紝婆子」の下には「仏経西国苦樹名、其子・根・枝倶苦、喩衆生之悪（仏教経典に見られる西国の苦い樹の名、その実・根・枝は全て苦く、衆生の悪に譬える）」という原注がある。白隠『寒山詩闡提記聞』は「朽木船者、五蘊形質也。紝婆子者、苦果也。言人人乗四大仮合幻化敗壊漏船、錯作堅固安逸、思恣五欲、貪求五塵苦果、永在生死苦海中（朽木船とは、五蘊の形質である。紝婆子とは、苦果である。どの人もみな四大が仮に結びついた幻の存在であるぼろぼろの穴の空いた船に乗って、丈夫で安全だと誤解し、五欲の赴くままにまかせ、五塵の苦果を貪欲に追い求め、いつまでも生死の苦海にいる）」と解釈する。(4) この説は非常にもっともで、この詩の主題とは仏教の四諦のうちの苦諦を述べ、人生が果てしない苦海のようであると明らかにすることである。朽木船は人の身の譬え、紝婆子は苦果の譬えであり、両者は巧みな比喩である上に、仏教経典にも合致している。

寄語食肉漢、食時無逗遛。今生過去種、未来今日修。
只取今日美、不畏来生憂。老鼠入飯瓮、雖飽難出頭。（二六九）

（さて肉食する者どもよ、とどまることなく食べる者どもよ。今生とは過去に植えつけられたもの、未来とは今日この日に作られているのだ。
ただ今日の素晴らしさを手に入れようとするばかりで、来世での憂いを恐れもしない。鼠が飯の甕に入ると、腹一杯になっても出て来ない。）

この詩は仏教における三世の因果応報の道理によって肉食・殺生を戒めている。最後の二句は『出曜経』の鼠がチーズ瓶に入ったという話を踏まえ、(5) それをさらに巧みに変化させて、ぴったりのイメージを持った謎かけにしており、肉食はその一時は心地よいものだが、命取りの結末をもたらすことを、活き活きと説明している。

人生一百年、仏説十二部。慈悲如野鹿、瞋忿似家狗。

家狗趂不去、野鹿常好走。欲伏獼猴心、須聴師子吼。(一五二)

(人の一生は百年、仏の説いた教えは十二部。慈悲とは野鹿のようなもの、怒りは飼い犬のようなもの。飼い犬は追い払っても去らず、野鹿はいつも逃げ出したがる。猿の心を折伏したいなら、獅子の咆吼を聴かねばならぬ。)

野の鹿、飼い犬、猿の心とは、いずれも衆生の心性が定まらないことに譬える。獅子の咆吼とは如来が仏法を説くことの比喩で[6]、つまり仏教経典のことである。ここでは仏法を信奉し、仏教経典を読むことに励み、それによって自らの浮ついて定まらない心性を抑えることを世人に勧めている。

以上の分析から、こうした仏教的教訓詩の作者のイメージをおおまかに概括することができる。その人は、四諦・六道輪廻・因果応報・殺生の戒め・三毒の排除といった仏教の基礎的教義によく通じ、心から信じており、またそれによって世の中の人が善行を行い悪行を止め、仏を信じて経典を誦えるよう、敬虔かつ熱意を持って勧めている。

それと比較すると、『寒山詩集』の中の禅詩五十四首の方は全く別の仏教世界を表現している。これらの禅詩の作者はひたすら内在する心性の悟りに注目し、禅宗の自性清浄・即心是仏という基本的概念を繰り返し明らかにしている。例えば次のようである。

余家有一宅、其宅無正主。地生一寸草、水垂一滴露。

火焼六箇賊、風吹黒雲雨。子細尋本人、布裹真珠爾。(二四九)

(私の住む一軒の家、その住まいには定まった主がいない。地に一寸の長さの草が生えるのは、水が露を一滴垂らすからだ。

火は六塵境という賊を焼き捨て、風は黒々とした雲雨を吹き払う。子細に本人を探してみると、布の中に真珠が包み隠されていた。）

「宅」は体軀の譬え、「六箇賊」は色・声・香・味・触・法の六境を指す。中の四句は地・水・火・風の「四大」によって構成されており、人の体軀が「四大」の因縁の和合からなることを述べている。(7) 最後の二句では、「真珠」は自性の譬えで、つまり衆生が本来持っている仏性である。『楞伽経』に「如来蔵自性清浄、転三十二相、入於一切衆生身中、如大価宝垢衣所纏（如来蔵は自性清浄で、三十二相を転じつつ、一切衆生の身のうちに入りこむこと、高価な宝物が垢まみれの衣に包まれているかのよう）」とある。(8)「布裹真珠」の譬喩は、「垢衣纏大価宝／如来蔵」から転化されたものである。

男児大丈夫、作事莫莽鹵。勁挺鉄石心、直取菩提路。

邪路不用行、行之枉辛苦。不要求仏果、識取心王主。（二六三）

（大丈夫児としては、何事をなすにもいい加減ではいかん。鉄や石のような不屈の心を強く打ち立て、ずばりと菩提の道を選ぶのだ。

邪な道を行くことはない、行けば徒に苦労するばかり。仏果を求めるでない、心の本当の主体を知ることだ。）

「直取菩提」は頓悟を言い、「邪路」は外界に仏果を求めることを指し、「識取心王主」は心の中に本来持っている仏性を認識することを強調する。(9)

とりわけ注目に値するのは、これらの禅詩の中に古典禅の故事、観念及び用語が大量に用いられていることである。

それは例えば以下に引く諸例の通りである。

烝砂擬作飯、臨渇始掘井。用力磨碌甎、那堪将作鏡。
仏説元平等、総有真如性。但自審思量、不用閑争競。（九七）

（砂を蒸して飯を作ろうとし、喉が渇いてからやっと井戸を掘り始める。力を入れて瓦礫を磨いても、どうして鏡にできようか。仏の教えによればみな本来平等で、誰しも真如の本質がある。ただよくよく思案なさい、余計な競争などすることはない。）

砂を蒸して飯を作る、喉が渇いてから井戸を掘る、瓦を磨いて鏡を作る、というのは全て、人は平等で差のない真如自性をもとから備えており、修行したり勝ち取ろうとすると逆に得られないのだと述べたものである。砂を蒸して飯を作るという譬喩は『楞厳経』に基づく(10)。喉が渇いてから井戸を掘るという譬喩は、既に『素問』と『墨子』に見えており(11)、よく知られた成語であった。「用力磨碌甎、那堪将作鏡」の二句は南岳懐譲が「磨磚不能成鏡（瓦を磨いても鏡にはできない）」という機知に富んだ語で馬祖道一を悟りに導いたという故事を踏まえることに、多くの研究者が既に気づいており(12)、またこの詩を寒山が初唐の人ではありえないことの証拠とする。しかしながら、本書第二章で述べたように、この故事は最も早いものとしては恐らく馬祖門人が貞元十七年（八〇一）に編纂した『宝林伝』に現れる。「烝砂擬作飯」の詩の作者は、『宝林伝』を読んだことがあるはずである。

昔日極貧苦、夜夜数他宝。今日審思量、自家須営造。
掘得一宝蔵、純是水精珠。大有碧眼胡、密擬買将去。
余即報渠言、此珠無価数。（二四五）

（昔は極めて貧乏で、夜ごと他人のお宝を数えたものだ。今日よくよく思案してみるに、自分で財産を造り上げねばならん。

そこで宝蔵を一つ掘り当てたらば、全て水晶の珠であった。青い目の胡人がわらわらとやって来て、買い取っていこうとこっそり目論んでいる。

私はそこで彼に言った、この珠には値段がつけられないぞと。）

詩の中の宝蔵、水精（晶）珠とは自性／仏性の譬喩である。『如来蔵経』、『大般涅槃経』、『究竟一乗宝性論』等の経論では既に、自分の家に宝蔵が埋まっていても知ることができないのを、衆生がもとから仏性を持っているのに気付けないことの譬喩としている。(13) しかし本書第六章で述べたように、馬祖以来、禅宗ではいつも「自家宝蔵」の語を使って修行者を啓発した。自性が具足しているのだから外に求める必要はないという禅理を説き明かして、この語は禅宗常用のイメージとなったのである。他にも、仏典において既に摩尼珠が常用の譬喩とされてはいたが、このイメージが大量に用いられるようになったのは、やはり馬祖師弟から始まったことである。例えば馬祖は弟子の慧海を大珠と褒め称え、「円明光透、自在無遮障（円かに輝き透き通り、自由自在で何の妨げもない）」とした。『祖堂集』と『伝灯録』には「玩珠吟」、「玩珠頌」、「弄珠吟」、「驪竜珠吟」(14)、「弄珠吟」(15)、「獲珠吟」(16)、「心珠歌」(17) 等が収録されており、作者には恐らく問題があるだろうが、おおむね晩唐五代期に作られている。

余家有一窟、窟中無一物。浄潔空堂堂、光華明日日。

蔬食養微軀、布裘遮幻質。任你千聖現、我有天真仏。（一六二）

（我が家には洞穴が一つあり、洞穴の中には一物もない。きれいさっぱりがらんどう、光に溢れてまぶしいばかり。

るのだ。）

菜食でちっぽけな体を養い、布衾で幻の身を蔽う。たとえ千人の聖人が現れようとも、私には天真の仏がある

寒山有一宅、宅中無闌隔。六門左右通、堂中見天碧。
房房虚索索、東壁打西壁。其中一物無、免被人来惜。
寒到焼輭火、飢来煮菜喫。不学田舎翁、広置牛荘宅。
尽作地獄業、一入何曽極。好好善思量、思量知軌則。（二六九）

（寒山に家が一軒あり、家の中にはしきりがない。六つの門がどこにでも通じ、広間からは青空が見える。どの部屋もがらんとして、東の壁と西の壁だけ。中には一物もないので、来客に惜しまれることもない。寒くなったらとろ火を起こし、腹が減ったら菜っ葉を煮て食う。田舎のじいさんがでかでかと牛や田畑や屋敷を構えるような真似はしない。そんなものはみな地獄行きの業を作ること、一度入ってしまったらもう永遠に終わりがない。それをよくよくじっくりと思案するのだ、思案すれば筋道が分かるだろう。）

二つの詩の中の「有一窟」、「有一宅」はいずれも心性の譬喩である。「千聖」とは諸仏と祖師の総称、「天真仏」は天然に本来備えている仏性を指す。「六門」は六識の譬えである。[18] 銭鍾書は、後者の詩は仏家でよく用いられる手法を採用し、貧しさを心の本体の清浄に譬えていると指摘した。[19] 西谷啓治は前者の詩が空と浄の境地を表現していると言う。[20]

「其中一物無」、「窟中無一物」の二句が、恐らく慧能の得法偈における「本来無一物、何処惹塵埃」を踏まえることに、少なからざる学者が既に注意を払っている。しかし現存の『壇経』は荷沢・洪州の二系による改竄を経ており、

神秀と慧能が偈を競作した事跡が信頼できないだけでなく、慧能の偈も改竄・変遷を経ているのである。敦煌本『壇経』には慧能の偈二首が記されているが、「本来無一物」の句はなく、後の二句はそれぞれ「仏性常清浄、何処有塵埃（仏性は常に清浄、どこに塵埃などあろうか）」、「明鏡本清浄、何処染塵埃（明鏡はもとより清浄、どこが塵埃に染まっていようか）」である。(21) 本書第七章で述べたように、馬祖門人が編纂した『宝林伝』では、慧能の作とされる二首の偈は恐らく既に一首に合わされており、この新たな変化が後に新本『壇経』へと吸収されたのだろう。その他に、入矢義高は、当時の禅僧が玄覚「永嘉証道歌」の「法身覚了無一物、本源自性天真仏（法身は無一物を悟り、根本の自性はありのままで仏である）」の二句を引用することをこぞって好んだと指摘しており、(22) この二句と寒山詩「窟中無一物」、「我有天真仏」との類似は大変明瞭である。しかし本書第七章で考察したように、「永嘉証道歌」の本当の作者は馬祖門人のはずである。

この他、既に引用した寒山の禅詩の中に見られる「寒到焼輭火、飢来煮菜喫」の二句は、明らかに馬祖師弟の常套句である「飢来吃飯、困来即眠（腹がへったら飯を食い、眠くなったら寝る）」を真似ており、洪州禅の「平常心是道」という基本的宗旨を体現している。

寄語諸仁者、復以何為懐。達道見自性、自性即如来。
天真元具足、修証転差廻。棄本却逐末、只守一場獃。（二三九）
（諸兄に申し上げる、何を心がけていらっしゃるのか。道に達して自性を見たらば、自性がそのままに如来である。天真はもとから完全に具わっており、修行して悟ろうとすると益々遠回りになる。根本を捨て去って末梢を追いかけるのでは、ただ愚かな真似をしているばかりだ。）

ここでは見性成仏、天真具足、修証する必要はない、ということを述べている。本書第六章で議論したように、馬祖の洪州禅は本覚無修、天真具足を強調した。馬祖は「自性本来具足。但於善悪事上不滞、喚作修道人。取善舍悪、観空入定、即属造作。更若向外馳求、転疏転遠（自性は本来具足しており、ただ善悪の事柄において囚われなければ、修道の人と呼ぶ。善を取り悪を捨て、空を観じて禅定に入るというのは、つまり作為に類する。もし外界に向かって何かを追い求めるようなら、益々懸け離れてしまう）」[23]、「本有今有、不仮修道坐禅。不修不坐、即是如来清浄禅（本来あって今もあるので、修道や坐禅に頼らない。修道せず坐禅しないというのが、如来清浄禅である）」とする[24]。宗密も洪州の宗旨を概括して「了此天真自然、故不可起心修道。道即是心、不可将心還修於心。悪亦是心、不可将心還断於心。不断不修、任運自在、方名解脱（このありのままの自然を悟るのだから、心を起こして道を修めてはならない。道とはすなわち心であり、心によってさらに心を修めることはできない。悪もまた心であり、心によってさらに心を断ち切ることはできない。断ち切らず修めず、巡り合わせに任せて自在であることこそ、解脱と名付ける）」とする[25]。上で引いた詩は明らかにこの洪州の宗旨を体現している。

世有多事人、広学諸知見。不識本真性、与道転懸遠。
若能明実相、豈用陳虚願。一念了自心、開仏之知見。（一六八）

（世の中には色々とやりたがる人がおり、幅広く諸々の知恵を学んでいる。しかし本来の真なる性を知らないので、道とは益々懸け離れてしまう。
もし実相を明らかにすることができるなら、どうして空虚な願いを述べ立てる必要があろうか。ひとたび念ずるだけで自らの心を悟ったなら、仏の知恵が開かれる。）

「不識本真性、与道転懸遠」という二句は、上で引いた馬祖の言葉の「更若向外馳求、転疏転遠」という意味である。

考えるに、荷沢系では依然として、所謂「知之一字、衆妙之門（知の一文字は、あらゆる霊妙さへの入り口である）」というように、知見を強調している。[26] 洪州の後裔は、黄檗希運が「例皆広求知見、所以求知見者如毛、悟道者如角（大抵誰もが広く知見を求めるので、知見を求める者は羽毛のように多く、道を悟る者は麒麟の角のように少ない）」と言ったように、知見を全力で排除している。[27]

我見人転経、依他言語会。口転心不転、心口相違背。

心真無委曲、不作諸纏蓋。但且自省躬、莫覓他替代。

可中作得主、是知無内外。（二九一）

（人がお経を読むのを観てみると、その言葉によって理解しているだけだ。口では読んでも心では読んでおらず、心と口が食い違っている。

心が真実であって曲がったところがなければ、諸々の纏わり覆い被さってくる煩悩は生じない。ともかくまずは自らを省みよ、他人に代わってもらおうと求めてはならん。

もし自分で自分の主になれたなら、内も外もないということが分かるだろう。）


この詩は経典読誦、特に本当の悟性を欠いた経典読誦に反対しており、これは『祖堂集』、『伝灯録』に収められた晩唐五代期の語録によく見られる急進的観念である。


本志慕道倫、道倫常獲親。時逢杜源客、毎接話禅賓。

談玄月明夜、探理日臨晨。万機倶泯迹、方識本来人。（二八〇）

（もとからの志として求道の友を心に慕っており、求道の友には常に親しむことができるものである。時には煩悩の源を塞いだ客人に出会い、いつも禅を談ずる賓客を迎える。

月明かりの夜に奥深い神秘を語り、日の昇る朝に真理を探究する。諸々の事象は全て跡形もなく消え去り、
そこでやっと本来の人そのものが分かるのだ。)

本書第六章で述べたように、「本来人」は自身が本来持っている仏性を指し、晩唐五代期の禅宗において慣用されるイメージである。『伝灯録』汾州無業章に「問『如何是本来人?』。師云『共坐不相識』(問『本来人とは何ですか?』。師『一緒に坐っていながらその人を識らない』)」とある。(28) 『祖堂集』趙州従諗章に「問『如何是本来人?』。師云『自従識得老僧後、只這個漢更無別』(問『本来人とは何ですか?』。師『わし自身を見識ってからは、まさにこの男に他ならない』)」とある。(29) この二条が本当に彼らの言葉かは必ずしも信頼できないが、晩唐五代期に現れたもののはずである。その他、山奥に隠居していた寒山子には、実際には「時逢杜源客、毎接話禅賓」という機会はあり得ない。(30)

有樹先林生、計年逾一倍。根遭陵谷変、葉被風霜改。
咸笑外凋零、不憐内紋綵。皮膚脱落尽、唯有貞実在。(一五五)
(林よりも先に生えた樹があり、樹齢を数えると倍以上である。根は丘や谷の地形の変化に遭遇し、葉は風や霜に当たって生え替わってきた。
誰しも外側の枯れ衰えた姿を笑い、内に秘めた彩りを愛でようとしない。木肌が全て剝げ落ちたら、残るのはただ変わらない幹だけ。)

『大般涅槃経』に「如大村外有娑羅林、中有一樹、先林而生、足一百年。是時林主灌之以水、随時修治。其樹陳朽、皮膚枝葉悉皆脱落、唯真実在。如来亦爾、所有陳故悉已除滅、唯有一切真実法在(例えば大きな村の外に娑羅の林があり、その中の一本の樹は、林よりも先に生えたもので、もう百年経っていた。その頃林の主が水をやって、その時々に剪定していた。この樹は古くて枯れており、木肌と枝葉が全て落ちて、ただ素のままの幹だけがあった。如来

もまたそのように、あらゆる古いものがもう全て取り除かれて、ただ一切の真実の法だけがあるのだ)」とある。(31)『馬祖語録』に「一日[馬]祖問之曰『子近日見処作麼生?』。山(按指薬山惟儼)曰『皮膚脱落尽、唯有一真実』(ある日馬祖が尋ねた。『そなたは近頃どういうお考えかな?』。山(按ずるに薬山惟儼を指す)『皮膚が全て剝がれ落ちて、一つの真実があるばかりです』)」とある。(32)入矢義高は、上で引いた詩は『涅槃経』にルーツを持ち、直接の出典は薬山の言葉であると言う。(33)しかしこの機縁問答は必ずしも信頼はできない。より信頼できるものとしては、汾州無業の語に「汝等見聞覚知之性与太虚同寿、不生不滅。一切境界本自空寂、無一法可得。……故経云『唯有一事実、余二則非真』(お前達の見聞覚知の性は、太虚と寿命が同じであり、生じもせず滅しもしない。一切の境界は本来空寂であり、一法も得られない。……そこで経に『ただ一つの事実があるだけで、他の二つは真実ではない』と言う)」とあり、(34)黄檗希運は「法即不可説之法、仏即不可取之仏、乃是本源清浄心也。唯此一真実、余二則非真。……学般若人、不見有一法可得、絶意三乗、唯一真実、不可証得(法とはすなわち説くことの出来ない法であり、仏とはすなわち対象として把握することのできない仏であって、つまり根本の清浄なる心である。ただこの一つの真実があるだけで、他の二つは真実ではない。……般若を学ぶ人は、捉えられる法があることを見ずに、三乗の教えをその心から断ち切っている。ただ一つだけの真実は、手に入れられないのである)」と言う。(35)

黙黙永無言、後生何所述。隠居在林藪、智日何由出?

枯槁非堅衛、風霜成夭疾。土牛耕石田、未有得稲日。(六六)

(黙々と押し黙って永遠に話さなければ、後に続く人々は何を述べるというのか。隠居して森の中にいるなら、智慧の太陽はどこから昇るというのか。

隠遁して落ちぶれることはこの身の養いにならぬ、風や霜のせいで若くして病を得ることになる。土牛が石ころだらけの田を耕すようなもので、稲の実りを収穫する日がやってきたことはない。）

「智日」は智慧を指し、仏教では智慧が暗闇を照らし出せるので、太陽に譬える。「堅衛」は養生のことである[36]。この詩は隠居して道（稲）を得られないことを風刺しており、隠逸を賛美する大量の詩を書いた寒山の手になるとは想像しがたい。『祖堂集』には次のような龐蘊の偈が載せられている。

看経須解義、解義始修行。若依了義教、即入涅槃城。
如其不解義、多見不如盲。縁文広占地、心牛不肯耕。
田田都是草、稲従何処生[37]？

（経を読むには意味を理解せねばならず、意味を理解してやっと修行になる。もし了義の教えによるなら、たちまち涅槃の城に入る。
もし意味を理解できなければ、多くのことを見ていても盲人にも及ばない。文字が大地を覆い尽くせば、心という牛はそこを耕そうとしないからだ。
どの田も草で覆い尽くされているなら、稲はどこから生えるというのか？）

この偈は同じように謎かけになっており、「稲」と「道」の字音が似ていることによって掛詞にしている。上で引いた隠居を風刺する詩は龐蘊の禅偈に示唆を受けた可能性が高い。本書第五章で述べたように、現存の龐蘊の詩偈は、後代の人による増補があり得はするが、恐らくかなり信頼できる。

以上の分析から明らかなように、寒山集の中の禅詩は即心是仏・天真具足・本覚無修という禅宗の観念を集中的に表現しており、しかもとりわけ馬祖以後の古典禅の故事・宗旨・用語を目立った特徴としている。これらの禅詩と先の仏教的教訓詩とでは内容における相違や齟齬が大変明瞭である。前者は四諦・輪廻・因果・殺生の戒めといった仏教の基本的教義を宣揚することに勤めており、後者は自性の体得・真我の肯定に専念している。また前者は世の中の人に善を修め悪を止め、経典を読誦して仏を信奉し、仏果を成し遂げることを敬虔に勧め、後者は文字に頼らず、本覚は修めるものではなく、天真はもとより具足し、仏果を求めてはならないことを声高に唱え、修行を外界に向かって仏を求める「邪路」として排斥する。

一九五〇年代に、入矢義高は早くもこのような違いと矛盾を鋭い目で見いだしていた。彼は「寒山詩管窺」の一文において、『宗鏡録』が引く寒山集の禅詩五首を分析し、これら五首は南岳・青原系の禅偈と非常に似ており、寒山集の他の仏教的教訓詩とは内容的に齟齬する箇所があることを指摘し、またさらに「このような思想内容が、寒山詩成立の当初からあったのか、それとも、寒山説話の発展に伴う彼の人間像のふくらみとして付け加わってきたものであるのか」と疑問を呈している。(38)

学界におけるこの矛盾についての一つの解釈とは、寒山が仏から禅へという学習・体得の過程を経たというものである。(39)しかしながら、上述の洪州系及びその後裔に関する故事・用語・伝奇の出現と形成は、多くの場合寒山が生きた年代よりも後のはずである。寒山が生きた年代については、余嘉錫が精確な資料によって、現行『寒山子詩集』に付された初唐の閭丘胤の序、及び序中に述べられる釈道翹が寒山詩を編集したという事跡は偽託であり、晩唐五代期の杜光庭（八四八―九三三）『仙伝拾遺』に見られる寒山子が大暦年間（七六六―七七九）に天台の寒巌に隠居し、その詩が後に徐霊府によって編集されたという記述の方がおおむね信頼できると考証した。(40)その後、多くの学者がさらに論証を行い、(41)現在では既に学界でかなり広く受け入れられている。徐霊府は元和十年（八一五）以後に天台山に住み、(42)『天台山記』という著作があり、これは現存しているが、その中では寒山に言及していない。『仙伝拾遺』も霊府が寒山に出会ったとは述べていないので、遅くとも元和年間（八〇六―八二〇）初めには、寒山は既にこの世にいなかったのであろう。洪州系は貞元、元和年間に勃興した。『宝林伝』は貞元十七年に編纂されている。『祖堂集』と『伝灯録』に見られる成熟した機縁問答は、大部分が晩唐五代期に現れた、もしくは捏造されたものであるから[43]、寒山がこの時に既に世を去っていたことは言うまでもなく、たとえまだ生きていたとしても、山奥に長らく隠居している年老いた隠者には、南北各地でばらばらに生み出された故事と用語をすぐさま熟知・把握・使用できたわけがないのである。禅文献の中には寒山と禅宗の大師が出会ったという故事が幾つかありはする。例えば寒山が天台で潙山霊祐に出会い、彼が「逢潭則止、遇潙則住（潭に巡り逢えば止まり、潙に出会えば住む）」であろうと予言したとか[44]、趙州従諗が天台の国清寺で寒山と拾得に出会い、二人は闘牛の真似をしたという話である[45]。しかしこの二則はいずれも伝奇的彩りに満ちており、しかも寒山が二人の禅師を導いたのであってその逆ではない。これらの捏造の痕跡は大変明瞭であり、信頼できない[46]。比較的筋の通った解釈としては、入矢義高が疑ったように、寒山集に見られる禅詩は後に付け加えられたものであろう。

内容面での相違と矛盾以外に、寒山集に見られる仏教の教訓詩と禅詩とは叙述のパターンの面でも大きな違いがある。教訓詩は悟った者という立場で世の中の人を導く場合が多い。例えば次のようである。

為報火宅主、露地騎白牛。（二七二）
（火の燃えさかる家の主に告げてやろう、露地で白牛にのりなさいと。）
可歎浮生人、悠悠何日了。（二五六）
（嘆かわしくも浮き世の人は、のんべんだらりとしていつ果てるとも知れん。）
如何得到岸、努力莫端坐。（二三二）
（どうしたら岸へ辿り着けるというのか、しっかり努力して行儀良く坐っていてはいかん。）

寄語兀兀人、叮嚀再三読。（一二三）
（薄ぼんやりした人に言っておくが、何度も繰り返して読むのだぞ。）
凡聖皆混然、勧君休取相。我法妙難思、天竜尽廻向。（一五九）
（凡人も聖人もみな混じり合っているので、あなたには見た目で判断しないよう勧める。私の説く法の素晴らしさは計り知れないもので、神々や竜もみな回向する。）
生死如旋火、輪廻似麻稲。不解早覚悟、為人枉虚老。（二六二）
（生死はくるくると回る火のよう、輪廻はそこら中に生い茂る麻や稲のよう。早く悟ることができないなら、人の身で徒に年を重ねるばかり。）
此等諸痴子、論情甚可傷。勧君求出離、認取法中王。（九〇）
（こういった諸々の愚か者たちは、その有様を考えると随分哀れなものだ。君には迷いや煩悩から離れて、万法の中の王を認識するよう勧めよう。）
憐底衆生病、餐嘗略不厭。（二〇七）
（哀れなのは衆生の病、貪り食らって飽くことを知らない。）
汝為埋頭痴兀兀、愛向無明羅刹窟。
再三勧你早修行、是你痴頑心恍惚。（八九）
（お前はひたすら薄ぼんやりだから、無明の羅刹の住む洞窟へと行きたがる。早く修行せよとお前に再三勧めても、お前は頑迷で気もそぞろ。）

このタイプの詩では、話者は悟った者の視点で、高い所から見下ろすようにして世の中の人を憐れみ、諄々と教え諭し、順序立てて戒めを与えている。禅詩はというと、かなり多くが一人称の口ぶりで自身を観察している。例えば以下の通りである。

今日審思量、自家須営造。（二四五）

（今日よくよく思案してみるに、自分で財産を造り上げねばならん。）

我更何所親、暢志自宜老。形容寒暑遷、心珠甚可保。（二七八）

（私はこれ以上何に親しむのか、心を伸びやかにして自然に老いていくべきだ。顔かたちは寒さ暑さにつれて変わっていくが、心の中の珠玉は大いに保っていける。）

余家有一宅、其宅無正主。（二四九）

（我が家には住まいが一つあり、その住まいには定まった主がいない。）

余家有一窟、窟中無一物。……任你千聖現、我有天真仏。（一六二）

（我が家には洞穴が一つあり、洞穴の中には一物もない。……たとえ千人の聖人が現れようとも、私には天真の仏があるのだ。）

賈客却帰門内去、明珠元在我心頭。（一九九）

（宝石商は店の中へと戻って行く。明珠はもともと我が心中にあった。）

円満光華不磨瑩、掛在青天是我心。（二〇〇）

（円かに輝く光の花は磨いて光らせたものではなく、青空にかかっているそれは私の心なのだ。）

我住在村郷、無爺亦無嬢。……自憐心的実、堅固等金剛。（二八九）

（私は村里に住んでおり、おやじもいなければおふくろもいない。……自負しているのは心がしっかりとして、金剛石のように堅固なこと。）

我自観心地、蓮花出淤泥。（二六七）

（心という大地を見ると、蓮の花が泥の中から咲き出でていた。）

吾心似秋月、碧潭清皎潔。無物堪比倫、教我如何説。（五一）

（我が心は秋の月の、澄み渡る碧の淵に冴え冴えと輝くかのよう。これに比べられるものなど何もなく、一体どう説明しろというのか。）

このタイプの詩では、話者の視点は外から内へ、自己へと回帰しており、明珠や秋月のように明るく澄んだ円満な本性を体得している。禅詩の中には部分的には説諭の詩もあるが、その多くは修行者に自性へと回帰し、本来の自己を認識するよう呼びかけるもので、基本的な視線はやはり内向きであり、教訓詩のような外や下に向かうものではない。例えば次のようである。

不解審思量、只道求仏難。廻心即是仏、莫向外頭看。（二一三）

（よくよく思案することもできずに、ただ仏を求めるのは難しいと言うばかり。心を振り向けてみればそれこそが仏なのだ、外側を見ていてはいかん。）

真仏不肯認、置功枉受困。不知清浄心、便是法王印。（二一七）

（真の仏を認識しようとしないなら、力を尽くしてもただ困しみを招くことになる。清浄なる心とは、それそのままが法王の印可だと知らないのだ。）

寄語諸仁者、復以何為懐。達道見自性、自性即如来。（二三九）

（諸々の方々に申し上げる、何を心がけていらっしゃるのか。道に達して自性を見たらば、自性がそのままに如来である。）

文体の面では、仏教的教訓詩と、寒山集に見られるその他の非禅詩は、おおむね一致しており、王梵志の詩の風格にかなり近く、通俗・自然・率直・新奇・警句・諧謔といった多彩な特徴を表している。例えば以下の通りである。

豬喫死人肉、人喫死豬腸。豬不嫌人臭、人返道豬香。

豬死抛水内、人死掘土蔵。彼此莫相噉、蓮花生沸湯。（七〇）

（豚は死人の肉を食い、人は死んだ豚の腸を食う。豚は人の臭さを厭わないし、人は豚をよい香りだと言う。豚は死んだら水中に放り込まれ、人は死んだら土を掘って埋められる。お互いに食い合うことがなくなれば、蓮の花が煮えたぎる湯の中に生えるだろう。）

東家一老婆、富来三五年。昔日貧於我、今笑我無銭。

渠笑我在後、我笑渠在前。相笑儻不止、東辺復西辺。（三六）

（東側の家に老婆が一人おり、ここ数年で金持ちになった。昔は私よりも貧しかったが、今では私に金がないのを笑う。後には彼女が私を笑い、先には私が彼女を笑った。こうして笑い合うのを止めなければ、東も西も一緒くた。）

禅詩も通俗性を特徴とするが、その言葉遣いは単一であり、禅林で流行していた語彙を主に用いている。これは、晩唐以降に大量に現れた禅偈・禅詩と完全に類似する。常用される摩尼珠・心珠・水晶・明月・心地・心田・本来人といったイメージは、禅宗の語録と詩偈の中に繰り返し現れ、その意味は固定化・規格化されている。これらはいずれも衆生が本来具足している仏性の譬喩として使われており、非禅詩のような目新しくて示唆に富み、人の意表を突く感動的パワーに乏しい。

寒山集に見られる禅詩と非禅詩は形式の選択においても明らかな違いがある。禅詩五十四首は全て古詩である。一方で非禅詩二百五十九首のうち、字句・平仄・対句の面で五言律詩の形式に完全に一致するものが四十八首あって、十九%を占めており、律詩に近い五言八句の詩は他にも少なくない(47)。ここから、禅詩の作者は律詩には興味がなかったこと、非禅詩の作者は近体の形式と韻律を用いるのを好んだことが分かる。

音韻学者たちによる寒山の詩韻に関する研究も、以上の疑問をある程度支持してくれる。B・チョンゴル（B. Csongor）は、寒山詩の用韻のうち幾つかの特徴は、敦煌出土の晩唐期の通俗詩と類似する点があると指摘する(48)。若凡は、寒山詩の中には異なった摂に属する韻字がかなり自由に通韻するという現象があると指摘し、この現象は作者が方言の影響を受けていることに起因するとした(49)。プリーブランク（Pulleyblank）の研究は最も人目を引く。寒山詩の用韻を分析することで、彼は全ての詩を寒山（一）と寒山（二）の二種類に分けた。寒山（一）は寒山詩の中で古いもので、ほぼ大半の詩である。このタイプの詩は大部分が『広韻』の独用・同用の規則に合致するだけでなく、多くの詩が『切韻』を初唐の宮廷詩人よりもさらに厳密に遵守してすらいる。そこでプリーブランクは、寒山（一）の作者は初唐もしくは隋代の人であろうと考える。寒山（二）は合計七十九首で、その用韻の特徴は、同じ摂の中の韻部が合流している、上去声が混押する、摂と摂の間である程度通韻する、等々である。これらは寒山（一）とは明らかに違っており、またプリーブランクがまとめた後期中古漢語（Late Middle Chinese）の音韻の特徴と合致するので、彼は寒山（二）の作者は晩唐の人であろうと考える(50)。

プリーブランクの分析と結論には、まだ議論の余地がある。例えば、寒山（一）は『切韻』を初唐の宮廷詩人よりさらに厳密に遵守しているという点については、彼が挙げた最も目立った例は、脂・之の二韻が初唐の詩においては既にほぼ全て合用されているのに、寒山（一）では分離したままで、之韻の独用は十回もあるという点である。しかし脂・之の合併は南方音と北方音で進み具合が違っており、南方では南北朝期にはもう徐々に合併しており、北方では初唐期からやっと合用され始めた[51]。之韻の独用は初唐以降あまり見かけなくなったが、時には現れる場合がある[52]。その他、寒山（一）には厳格な五言律詩が四十七首あるが、寒山（二）では五言律詩一首、七言絶句一首以外、全て古詩である。律詩は本来ルールを遵守すべきものなので、独用の押韻例が比較的多く見られる。古詩は用韻がかなり自由であり、同じ摂かあるいは異なった摂の間で通韻するという現象は、晩唐以前に類例が多い[53]。律詩は初唐後期になってやっと形式が確定したのであり[54]、寒山（一）に含まれる多くの厳格な五言律詩は、初唐以前に作られたことはあり得ない[55]。さらに、余嘉錫以来の数多の学者たちが史料と寒山詩の内容によって行った考証では、寒山（一）の作者が隋及び初唐の人だというプリーブランクの結論は、成立し難いものである。しかし、別の面から考えると、もし寒山が大暦年間に天台に隠居したという説と、寒山（一）の詩の中で隠居して数十年と自ら語っているのを受け入れるなら、その作者は恐らく盛唐期には既に天台に隠棲していたことになる。その生存年代は中唐初期にまで及んでいるが、山奥に隠居して外界の言葉に触れることがなかったので、寒山（一）作者の用韻は依然として初唐・盛唐の状況が反映され、プリーブランクの言う初期中古漢語（Early Middle Chinese）の音韻的特徴に合致しているのである。

寒山（二）の作者は晩唐の人であろうというプリーブランクの結論は、大変注目するに値する。晩唐五代期の中古音韻には大きな変化が生じ、同じ摂の中の韻部は多くが合流する傾向にあり、異なった摂の韻部にも新たな分離・合流が多く生じ、詩歌の用韻は益々ゆるやかで自由になっていたことは、学界では既に共通認識とされている[56]。寒山詩の中の禅詩五十四首では、三十二首がプリーブランクの分析による寒山（二）に分類され、五十九％を占める。特に重要な点は、「烝砂擬作飯」、「余家有一窟」、「寒山有一宅」、「寄語諸仁者」、「世有多事人」、「我見利智人」、「昔日極貧苦」といった、これまでに分析した古典禅の故事・観念・話柄を用いたことが確認できる禅詩は、大部分が寒山（二）に入ることである。この他、プリーブランクが指摘したように、寒山（一）と寒山（二）の区分は絶対のものではなく、多くの要素がこの区分に影響を与えている。それは、一部の韻部は初期中古漢語から後期中古漢語への発展の過程においてはまだ変化を生じていないこと、早い時代の詩にもかなり自由な用韻が現れ得るし、時代的に遅れる詩にもかなり厳密な用韻が現れ得ること、幅広めの韻部は往々にして独用されること、等々である。その他の二十二首の禅詩には、まさしくこれら種々の要素のために寒山（二）の用韻の特徴が現れていないという可能性がある。

二、曹山本寂：『寒山詩集』中の禅詩の本当の作者

前節における内容・形式の二面からの分析によって、寒山集に見られる禅詩の本当の作者は恐らく晩唐の人であることが明らかとなった。では、この作者とは誰であろうか。寒山詩の他の作者を探し出そうとするこれまでの努力は、全てこの疑問符の前で足を止め、結局はやはり具体的で根拠のある名前を提示できないために完成できなかったのである[57]。幸運なことに、本附録ではかなり有力な根拠によってその名前を提示できる。それは晩唐の禅師である曹山本寂である。

曹山は寒山詩に注を作ったことがあり、この事実には研究者たちもみな既に気付いている。『宋高僧伝』曹山本寂伝に「復注『対寒山子詩』、流行宇内、蓋以寂素修挙業之優也。文辞遒麗、号富有法才焉（また『対寒山子詩』に注を作り、世間に流布したのは、思うに本寂がもともと科挙の学問に優れていたことによっている。その言葉は力強く美しく、法才に富むと称された）」とある[58]。同書の封干伝に付された寒山伝には「後曹山寂禅師注解、謂之『対寒山

子詩』（後に曹山本寂禅師が注解し、『対寒山子詩』と呼んだ）」とある。[59]『伝灯録』寒山子章にも「曹山本寂注釈、謂之『対寒山子詩』（曹山本寂が注釈し、『対寒山子詩』と呼んだ）」とある。[60]『対寒山子詩』の「対」の字について、葉昌熾は「対と言うのは、詩を問いと見なし、言葉を選んでそれに答えているのであり、禅機が活き活きとし、互角に渡り合っており、まさに向秀が『荘子』に注し、張湛が『列子』に注したかのようである。ただ奥深い言葉によって名称と道理を分析するのであり、必ずしも経典の訓詁学のように文に沿って注釈するのではない」と解釈する。[61]余嘉錫は「思うに本寂はそれらの詩が奥深い意味合いを多く含んでおり、人には分からないのではと恐れ、そこでその意味を敷衍して、もとの詩と互いに答え合うようにさせた。これはまるで『楚辞』の「天問」に「天対」があるかのようなので、対と言った」と解釈する。[62]この説はある程度筋が通っているが、「対」の字には恐らくもう一つの意味が含まれている。それは対法、つまり阿毘達摩である。阿毘達摩の梵語の原語はabhidharmaであり、この言葉はab-hiとdharmaの二つの部分からなる。abhiは対向や対観、dharmaは法の意であり、合わさると仏法／仏経について整理・分類・訓詁・注釈といった研究を行うことを指しており、それはつまり一切経における「論」の部分の内容でもある。[63]従って『対寒山子詩』の「対」の本来の意味は「注」であろう。

余嘉錫の「その意味を敷衍して、もとの詩と互いに答え合うようにさせ、まるで「天問」に「天対」があるかのよう」という言から示唆を受け、張伯偉はさらに、曹山が寒山詩に注したのは、詩を以て詩に注す、つまり詩の形式によって寒山詩を解明・敷衍・解釈したのだと指摘する。その根拠は三つある。第一に、柳宗元が「天対」を作って屈原「天問」を解説した時、様式上では「天問」を模倣して、四言詩の形式をとった。第二に、宋高僧伝は『対寒山子詩』が世の中に流布した原因に言及した際に「蓋以寂素修挙業之優也、文辞遒麗、号富有法才焉」とする。唐代の科挙の学問は詩賦を中心としたから、「修挙業之優」は曹山が詩賦を得意としたことを表しており、まさに『対寒山子詩』が詩の形式で作られたことを暗示している。第三に、禅門における機鋒鋭い問答は、往々にして詩偈によって詩偈に答えるもので、詩偈によって寒山詩に答えた例すら少なからずある。(64) 張氏の論拠は充分であり、彼の仮説は成り立ち得るだろう。

張氏の見解を基礎として、筆者はさらに新たな仮説を示してみたい。それは、曹山が寒山詩に注をつけるのに用いた詩は、研究者たちがこぞって考えているような、とうに散逸して伝わっていないという状態ではなく、寒山詩の中に紛れ込んで、寒山集の一部分となっているのであり、それがつまり前述の禅詩五十四首だ、というものである。筆者の見解には三つの根拠がある。

第一に、『新唐書』芸文志に「『対寒山子詩』七巻、天台隠士。台州刺史閭丘胤序、僧道翹集。寒山子隠唐興県寒山巖、於国清寺与隠者拾得往還（『対寒山子詩』七巻、天台隠士。台州刺史の閭丘胤の序、僧道翹の集。寒山子は唐興県の寒山巖に隠居し、国清寺で隠者の拾得と行き来した）」とある。(65) 余嘉錫は「宋代の人が刊刻したものは、全て一巻だけである。『新唐書』芸文志が七巻とするのは、思うに本寂が注を作った時に分けたものだろう」、「『対寒山子詩』というのは、本寂が注釈したものの名である。……『新唐書』芸文志はそれを言わず、また本寂の名も出さず、とりわけ粗略である」とする。(66)『新唐書』芸文志が著録したものが曹山の注釈本だというのは、その通りである。しかし『新唐書』芸文志が粗略だというのは必ずしも妥当ではなく、よりあり得るのは曹山の名がその頃既に失われていたという状況である。この他、『崇文総目』釈書類に「『寒山子詩』七巻」とあり、(67) 余嘉錫は「これは本寂の注釈本のはずで、だから巻数が同じなのであり、書名は誤って『対』の字を取り去ってしまったのだ」とする。(68) この説は正しく、おおかた書写した人が曹山の名を見ておらず、また「対」の意味を理解できず、誤って衍字と思い込み、この字を削除してしまったのである。ここから、北宋期に通行していた寒山詩集は、やはり曹山の七巻の注釈本であったが、曹山の名前が既に失われており、その詩は既に寒山の本来の詩集の中に混入していて、渾然として区別がつかなかったことが分かる。実際には、曹山の注釈の詩が本来の詩集の中に混入した時期はさらにもう少し早いはずである。五代末の永明延寿が編纂した『宗鏡録』では寒山詩九首を引用しているが、その全てが禅詩であって、曹山の注釈の詩から混入したもののであろう(69)。

この推断には一つ矛盾点がある。余嘉錫は、道翹が寒山詩を編集したというのは信じられないので、「徐霊府は元和十年に既に天台に来ており、その世代は彼（按ずるに曹山を指す）より遙かに上である（原注：霊府が天台に来てから二十五年して、本寂がやっと生まれた）。本寂の寒山詩注は、徐霊府本に基づくであろう」と指摘する(70)。この説は正しく、曹山が寒山詩に注釈した際に基づいたのは、徐霊府が編集したテキストのはずである。按ずるに『仙伝拾遺』に次のようにある。

寒山子者、不知其名氏。大暦中、隠居天台翠屏山。其山深邃、当暑有雪、亦名寒岩、因自号寒山子。好為詩、毎得一篇一句、輒題於樹間石上。有好事者、随而録之、凡三百余首。多述山林幽隠之興、或譏諷時態、能警励流俗。桐栢徴君徐霊府序而集之、分為三巻、行於人間(71)。

（寒山子は、その姓名が分からない。大暦年間、天台の翠屏山に隠居した。この山は奥深く、夏でも雪が積もっていたので、寒巌とも呼ばれ、そこで自ら寒山子と号した。詩を作ることを好み、詩の一篇や一句が出来上がるたびに、木々の間や石の上に書いた。それを好む人がおり、書くごとに記録していき、全部で三百首余りあった。山林のひっそりとした趣を述べることが多く、また時勢を風刺して、世俗の人々を戒め励ますことができた。桐栢徴君徐霊府が序を書いて編纂し、三巻に分け、世の中に流布した。）

そうすると徐霊府が寒山子詩三百首余りを集め、三巻に編纂したのである。曹山『対寒山子詩』が七巻に増えたなら、詩の数も大幅に増えたはずであり、もし一首ごとに注を付けたなら、六百首余りに上ることになる。しかし現行の『寒山詩集』はやはり三百首余りしかない。この矛盾については、現存している寒山集の中のある詩によって説明を施すことができる。その詩とは次の通りである。

五言五百篇、七字七十九。三字二十一、都来六百首。
一例書巌石、自誇云好手。若能会我詩、真是如来母。（二七一）

（五言詩が五百篇、七言詩が七十九首。三言詩が二十一首で、あわせて六百首。おしなべて岩石の上に書き付け、名人だぞと自慢する。もし我が詩を理解できるなら、真に如来の母である。）

詩の中では詩六百首あり、全て岩石の上に書き付けたと自ら言う。しかし徐霊府は時代的に寒山からそれほど遠くないので、編纂した際に急に三百首もの詩を採り漏らしたはずはない。またこの詩には「若能会我詩、真是如来母」とある。如来の母とは般若の智慧を指す。ここでは寒山詩における仏教的・禅的な趣旨を際立たせて強調しており、寒山集の古い部分の「多述山林幽隠之興、或譏諷時態、能警励流俗」とは合致しないので、寒山の手になるはずはなく、恐らく後代の人に付け加えられたものであろう。そしてそこに反映されているのはまさしく、後に寒山の本来の詩が曹山の注釈の詩と混ぜ合わされた時に、詩集全体の合計が約六百首であったという状況である。曹山は天復元年（九〇一）卒であり、これは唐王朝が倒れるまで僅かに六年である。恐らく『対寒山子詩』には五代の戦乱の中で散逸と混入が生じたのだろう、その間に曹山の名前が失われ、寒山の本来の詩及び曹山の注釈の詩がいずれも一部散逸して、残った詩が一つに混ざり合ったのである。その他にヴィクター・メイヤー（Victor Mair）は、現行の寒山詩集には計三百十一首あるが、これは『詩経』の総作品数とちょうど同じであり、恐らくは偶然の一致ではなく、後代の人が故意に編集・削除・増補したのであろうと指摘した[72]。この説は筋が通っている。

第二に、曹山の身分と経歴は、上で分析した寒山集の禅詩の内容及び形式が持つ種々の特徴と条件に合致している。曹山は晩唐禅宗の大師であり、出家前には科挙の学問を学んで「文辞遒麗」であった。従って寒山詩のような、晩唐期に流行した禅宗の言葉と用韻法に熟達し、それを運用した禅詩を書いた可能性は充分にある。例えば、『祖堂集』には曹山の頌が記されている。

今年田不熟、来年種有期。
愛他年少父、須得白頭児[73]。

（今年の畑に収穫はなかったが、来年には田植えの見込みがある。彼の年若い父を愛するなら、白髪頭の子を得なければならない。）

ここでは田（心田・心地）に植えて稲（道）を得ることを譬喩としており、上で引用した寒山集の禅詩「土牛耕石田、未有得稲日」（六六）の用法と同じである。

その他に『禅林僧宝伝』、『五灯会元』、『曹山語録』等には曹山の偈頌が多数収録されており[74]、それらの内容と言葉、及び用韻も寒山集の禅詩と似ている場合が多い。しかしこれらの偈頌は時期的に遅いため、信頼できるかはやはり確実ではない。

三、附論：閭丘胤序及び拾得、豊干詩の本当の作者

本節では附論として閭丘胤序及び拾得、豊干詩の本当の作者を考察する。何故ならこれらの問題も曹山本寂と密接

に関係しているからである。余嘉錫は次のように言う。

『新唐書』芸文志所載の『対寒山子詩』には、閭丘胤の序があって霊府の序はない。疑うらくは、本寂が霊府の編纂した寒山詩を入手し、仏理を説く内容が多くて、仏教のための宣伝になるのを喜び、霊府の序を嫌って削除した。そして閭丘胤に仮託した序を別に書いて巻首に掲げ、道翹によって編纂されたと偽り、注を作ったところ、閭丘がこれら三人の僧に出会ったという説が世の中に広まったのだろう。(75)

余氏は『新唐書』芸文志が『対寒山子詩』を著録した際に閭丘胤序に言及しているのに基づいて、曹山が徐霊府編纂の寒山詩集を入手してから、徐序を取り去って、自ら序を作り、閭丘胤の名に仮託して、閭丘が豊干、寒山、拾得に出会ったという物語を捏造したと推測する。その説にはある程度の可能性があり、ここでは更にプリーブランクの研究を引くことで根拠を一つ補うことができる。プリーブランクは閭丘序の末尾にある賛の音韻に分析を加え、脚韻における支・脂・之・虞の混押及び上・去の通押は、寒山(二)と同じく晩唐の用韻の特徴を示していると指摘した。(76)そうすると閭丘序も晩唐の人の手になることになり、曹山がこの序を偽作したという余氏の推測を傍証しうる。

余嘉錫はまた次のように言う。

寒山詩を編纂した者は、徐霊府より早い者はいないが、『仙伝拾遺』が寒山の事を述べた際、豊干と拾得には一言も触れていないので、二人の詩は徐のテキストにはなかったのである。『宋高僧伝』拾得伝によると、本寂の注は、実は拾得の詩にも付けられたが、本寂は何処からそれを入手したのだろうか。本寂が自分で探し出して付け加えたのだろうか。それとも『仙伝拾遺』の文章は『太平広記』に削除されて全文ではないのだろうか(〔原注〕文脈をよく見ると、本から拾得の事はないようである)。それは不明である。豊干の詩については、本寂は目にしていない。なぜか?　閭丘の偽の序、及び『宋高僧伝』・『伝灯録』は、いずれもただ道翹が寒山詩三百首余りを見つけ出したこと、及び拾得が偈を述べ、書物へと編纂としたことを言うだけで、豊干の詩があったとは言わない。『新唐書』芸文志は『寒山詩』を著録して、道翹の編纂とする。これは実は本寂が注を付けたものだが、これまたただ寒山が隠者の拾得と行き来があったと言うだけで、豊干には一字たりとも言及していない。『宋史』芸文志は僧道翹『寒山拾得詩』を載せているが、やはり豊干はない。孫従添『上善堂書目』に影宋鈔本『寒山拾得詩』がある。徐乾学『伝是楼宋元書目』には元本『二聖詩』一本があり、寒山・拾得だと注しているが、二聖という名称は、唐代・宋代の古い呼び方を踏襲したのではなかろうか。南宋の刻本になると、二聖は突如として三隠に変わり、ここで初めて豊干詩二首が現れる。今その詩を取り上げて見てみると、第一首には特に言うべきことはないが、語意が雑多で見所がない。第二首には「本来無一物、亦無塵可払。若能了達此、不用坐兀兀（本来無一物であり、払い取るべき塵もない。もしこれを悟ることができるなら、じっと坐するまでもない）」とあり、明らかに六祖慧能の「本来無一物、何仮払塵埃（本来無一物であり、どうして塵埃を払い取る必要があろうか）」という言葉を踏襲している。豊干は先天年間に京兆を教化して回り、その後は足跡が不明、慧能は先天二年八月に示寂しており、二人はちょうど同時代の人で、年の頃は違わないはずであるから、大っぴらに盗作するわけがなく、偽作の痕跡は覆い隠せない。……寒山・拾得の詩は幸いに残っており、宋代の俗僧が更に豊干の詩を偽作して付け加え、三隠と呼んだのである。(77)

余氏はまず『仙伝拾遺』が寒山の事を述べる際に豊干と拾得には一言も言及していないことによって、徐霊府が編纂した詩集には本来二人の詩がなく、曹山の注釈本になってやっと拾得の詩が加えられたのだと推測する。また偽の閭丘序と北宋初期に編纂された『宋高僧伝』・『伝灯録』等は、道翹が寒山と拾得の詩を収集したと言うだけで、豊干の詩があったと言わないことにより、曹山も豊干の詩を見ていないと推断した。南宋刻本に至って、二聖が突然三隠に変わり、初めて豊干詩二首が現れたのであって、しかもそのうち一首は慧能の得法偈を利用しているので、宋僧の偽作であろうと疑っている。

余氏の考察は、おおむね的確であるが、まだ更なる補足・訂正ができる部分もある。まず、余氏は「『宋高僧伝』拾得伝によると、本寂の注は、実は拾得の詩にも付けられた」と言うが、『宋高僧伝』拾得伝を調べてみると、実は曹山が拾得の詩に注を付けたとは言っていない。とはいえ、曹山『対寒山子詩』に拾得詩があったことは、偽の閭丘序から推論する以外に、さらにもう一つの傍証がある。貫休（八三二―九一二）『送僧帰天台寺』という詩には、次のように言う。

天台四絶寺、帰去見師真。莫折枸杞葉、令他拾得嗔。
天空聞聖磬、瀑細落花巾。必若雲中老、他時徳有隣（［原注］天台国清寺有拾得花巾、即波羅巾也）[78]。
（天台四絶寺、帰って師の肖像を見る。枸杞の葉を手折ってはならないぞ、あの拾得を怒らせてしまうから。天空には聖なる磬の音が聞こえ、細い滝には頭巾が舞い落ちる。必ずや雲中の老人のようであれ、いつの日か知己も現れようから（［原注］天台国清寺には拾得の頭巾、すなわち波羅巾があった）。）

ここから、唐末五代の頃には拾得の事跡が既に人口に膾炙したのは、曹山『対寒山子詩』が拾得詩を収録していたこと、及び偽の閭丘の序が述べる物語と関連していたことが分かる。上で引いた『宋高僧伝』では『対寒山子詩』が当時「流行宇内（世の中に流布した）」と述べている。貫休にはまた「寄赤松舒道士二首」があり、その第一首には次のようにある。

子愛寒山子、歌惟楽道歌。
会応陪太守、一日到煙蘿[79]。

（あなたは寒山子を愛し、歌うのは楽道歌ばかり。
ちょうど太守に付き従うことになり、ある日草深き隠逸の場にやってきた。）

後の二句は明らかに閭丘胤が寒山と拾得を訪ねたという故事を用いている。ここから、晩唐期には寒山・拾得の故事と詩歌が人々に語り伝えられていたのは、偽閭丘序及び『対寒山子詩』が世間に流布していたことによると知られる。

次に、拾得という人物と詩も曹山による捏造・偽託の可能性が高いということを、種々の証拠が示している。第一に、『仙伝拾遺』は拾得には一言も言及していないし、偽閭丘序で閭丘が三人の僧に巡り逢ったと述べているのは極めて荒唐無稽であり、初めから信用するに価しない。第二に、『四部叢刊』影宋刊本『寒山子詩集』に付された拾得詩五十四首のうち、八首は寒山詩と全体的あるいは部分的に似ている(80)。また「少年学書剣、叱駅到荊州（少年の頃に書法と剣術を学び、御者を叱咤して荊州へと行った）」（拾二九）(81)、「一入双渓不計春、煉暴黄精幾許斤（双渓に入ってから幾年の春、これまで一体何斤の黄精を精錬したことか）」（拾二三）、「若論常快活、唯有隠居人（いつも楽しくしているということを論じるのなら、ただ隠居した人だけがそうである）」（拾三八）という三首があり、自分についてのこうした叙述は拾得が幼い頃から寺にいたという経歴と一致しない一方で(82)、寒山詩の内容とは合致する(83)。この十一首の詩は拾得詩の二十％を占め、寒山詩を模倣した形跡が大変明らかであり、粗雑な捏造・模倣による産物であろう。第三に、拾得詩五十四首のうち、禅詩が六首あるが、これらは全て古典禅の宗旨・故事・用語を用いていて、既に考察した寒山の禅詩と一致する。例えば次の通りである。

我見頑鈍人、灯心柱須弥。蟻子齧大樹、焉知気力微。
学咬両茎菜、言与祖師斉。火急求懺悔、従今輒莫迷。（拾四〇）

（私が愚鈍な人を見るに、か細い灯心を須弥山を支える柱にしている。蟻が大木をかじるようなもので、自分の力がいかに僅かなのか分かっていない。菜っ葉を二枚咬むのを学んだだけで、祖師と肩を並べると言い出す。すぐさま懺悔するよう求める、今後はもう迷うでないぞ。）

仏への崇拝から「祖師」への崇拝へと転じていった「祖師禅」は、洪州宗以後に現れた新たな禅学の観念であり、それが確立された指標は貞元十七年編纂の『宝林伝』である。また例えば次のようにある。

各有天真仏、号之為宝王。珠光日夜照、玄妙卒難量。
盲人常兀兀、那肯怕災殃。唯貪婬泆業、此輩実堪傷。（拾三三）

（誰もが持つ天真の仏、それを宝王と呼ぶ。珠玉の光は日夜照り輝き、その玄妙さはどうしても量ることができない。盲人はいつもぼんやりとしており、災厄に遭うのを心配することもない。ただただ淫乱放縦を貪るばかり、そんな輩はまったくもって傷ましいものだ。）

「各有天真仏、号之為宝王」は上で引いた寒山の禅詩の「達道見自性、自性即如来。天真元具足、修証転差迴」と同じく、「了此天真自然、故不可起心修道」という洪州宗の宗旨を表している。この他に、宝珠・摩尼珠・水晶で本有仏性を暗喩するイメージも繰り返して現れており、例えば次の通りである。

珠光日夜照、玄妙卒難量。（拾三三）
状似摩尼珠、光明無昼夜。（拾四一）

（その形は摩尼珠に似ており、その光明は昼となく夜となく輝き続ける。）

一顆水精絶瑕翳、光明透満出人天。（拾二八）

（一粒の水晶には傷も曇りもなく、その光明は地上にも天上にも輝き渡る。）

これらの禅詩は寒山集の禅詩と同じく、曹山の創作であろう。曹山は恐らくまず寒山詩を模倣して拾得を捏造し、それからさらに禅詩によって自ら作ったのである。第四に、プリーブランクの研究が示すように、拾得詩の用韻は例外なく全て寒山（二）の晩唐タイプに属するだけでなく、そのうちの数首は北宋の用韻の特徴を示してすらいる。[84]この結論は、拾得詩の大部分が恐らく晩唐期の人である曹山の手になり、ごく一部の数首は恐らく宋代の人によってさらに捏造・混入されたのであろう、という以上の推測を傍証しうる。

最後に、豊干詩は後代の人による偽作だという余嘉錫の結論は既に学界で広く認められているが、ここでさらに次の点を補足することができる。余氏は豊干の「本来無一物、亦無塵可払。若能了達此、不用坐兀兀」という詩は、「明らかに六祖慧能の『本来無一物、何仮払塵埃』という言葉を踏襲している」とし、「二人はちょうど同時代の人で、年の頃は違わないはずであるから、大っぴらに盗作するわけがない」とする。しかし上述のように、敦煌本『壇経』所載の慧能の得法偈にはまだ「本来無一物」の句はなく、この句が最も早く現れたのは恐らく貞元十七年編纂の『宝林伝』であり、豊干の年代からは遙かに遅れるので、[85]偽作の痕跡はさらに明らかである。日本の僧である成尋が宋の神宗の熙寧五年（一〇七二）に撰述した『参天台五台山記』には、豊干の別な詩の前半四句が記されているので、北宋中期かさらにはもっと早くに、豊干に名を託された詩が既に現れていたのであり、その本当の作者は五代から北宋初期の頃の禅僧であろう。[86]

以上の考察をまとめると、寒山集収録の禅詩と仏教的教訓詩は内容と形式のいずれにおいても大きな違いがあり、互いに矛盾する箇所すらあって、一人の作者の手になるはずがない。これらの禅詩は大暦年間後期から晩唐期の古典禅の故事・宗旨・用語を大量に用いており、その字音と用韻の方法は晩唐期の人にかなり近く、盛唐・中唐の頃に山中に隠居していた寒山の手になることはあり得ない。また一方で、晩唐期に曹山本寂は寒山集のために注を作っており、その方法は詩によって詩に注するというもので、内容は禅詩であっただろう。五代後期から北宋までに、曹山の名は既に『対寒山子詩』から失われ、その注釈としての詩は寒山の本来の詩と混じり合って、我々が今日『寒山詩集』において目にするこの独特な禅詩となったのである。その他、曹山は徐霊府が編纂した寒山集を踏襲したが、恐らく徐の序文を取り去って、もう一つ序を作り、閭丘胤の名に仮託して、閭丘が三僧に巡り逢ったという奇談を捏造し、また寒山詩を真似て拾得詩を捏造し、かつ禅詩でその注を作ったのである。後にテキストが乱れて、我々が今日目にする寒山集に付された拾得詩となった。豊干詩はというと、恐らく五代から宋代初期にかけての禅僧に捏造されたものであろう。

注

（1）宋の祖琇は寒山の詩集に後代の人による模倣作が混入していることを指摘した（『隆興仏教編年通論』『続蔵経』第七五冊、巻二〇、二〇九頁b）。元の白珽はこの詩集には偽作が多数混じっていると言う（『湛淵静語』『叢書集成初編』本、巻二、三一頁）。日本の釈清潭は寒山詩を「偽寒山」と「真寒山」の二種類に分けた（『寒山詩新釈』日本：鶏声堂、一九〇七）。余嘉錫は寒山詩に偽作が混じっているとする（『四庫提要弁証』北京：中華書局、一九八〇、巻二〇、一二六四頁）。入矢義高は、寒山詩集の一部は恐らく後代の人に付け加えられたものだろうと指摘した（「寒山詩管窺」『東方学報』二八（一九五八）八二―八四、一一四―一五頁）。入谷仙介、松村昂は、寒山子なる人物の実在を示す証拠はなく、『寒山詩』に収められた一群の詩の作者を寒山子と呼ぶと言えるのみだとする（『寒山詩』東京：筑摩書房、一九七〇、四八四―八五頁）。プリーブランク（Edwin G. Pulleyblank）は寒山詩を寒山（一）と寒山（二）の二種類に分け、各々異なる作者の手になるとした（"Linguistic Evidence for the Date of Han-Shan," in Ronald C. Miao, ed. *Studies in Chinese Poetry and Poetics* [San Francisco: Chinese Materials Center, 1978], 1172-1173）。孫昌武は寒山を、複数の作者の中の主要な一人であったに過ぎないとする

『禅思与詩情』北京：中華書局、一九九七、二五五頁）。

(2) 本附録で引用する寒山詩の番号は全て項楚『寒山詩注』（北京：中華書局、二〇〇〇）による。該書は『四部叢刊』影宋刻本『寒山子詩集』を底本としている。

(3) 李誼『禅家寒山詩注』（台北：正中書局、一九九二）一五〇頁、項楚『寒山詩注』二四六―四八頁参照。

(4) 項楚『寒山詩注』からの再引用、一八二頁。

(5) 項楚『寒山詩注』七〇一―七〇二頁。

(6) 項楚『寒山詩注』三八三―三八四頁。

(7) 項楚『寒山詩注』六五八―六六〇頁。

(8) 『大正蔵』第一六冊、四八九頁a。

(9) 項楚『寒山詩注』四二八―四二九頁。

(10) 入矢義高『寒山』（東京：岩波書店、一九五八）一六三頁。

(11) 入矢義高『寒山』一六三頁。

(12) 例えば入矢義高「寒山詩管窺」一二〇―一二二頁、入谷仙介・松村昂『寒山詩』一三七頁。

(13) 項楚『寒山詩注』六三九―六四〇頁。

(14) 『祖堂集』巻四、二二四―二二九頁。

(15) 『祖堂集』巻一四、六三二頁。

(16) 『伝灯録』巻三〇、一九頁a、『祖堂集』は「楽道歌」と題する、巻一七、七五四―七五五頁。

(17) 『伝灯録』巻三〇、一九頁b―二〇頁a。

(18) 入矢義高『寒山』一三一、一三三頁。

(19) 銭鍾書『管錐編』（北京：中華書局、一九七九）一二八一頁。

(20) 西谷啓治『寒山詩』（東京：筑摩書房、一九七四）八〇頁。

(21) 郭朋『壇経校釈』(北京：中華書局、一九八三)一六頁。
(22) 入矢義高『寒山』一三二頁。
(23) 『広灯録』巻八、四四八頁c—四四九頁a。
(24) 『伝灯録』巻二八、七頁b。
(25) 『禅源諸詮集都序』四〇二頁c。
(26) 『禅源諸詮集都序』四〇三頁a。
(27) 『伝心法要』三八〇頁a。
(28) 『伝灯録』巻八、三頁a。
(29) 『祖堂集』巻一八、七九〇頁。
(30) 「杜源」は生死の煩悩の源を断ち切ることを言う。陳慧剣『寒山子研究』(台北：東大図書、一九九一)二〇五頁、項楚『寒山詩注』七三六頁。
(31) 入矢義高『寒山』一六三頁。
(32) 『四家語録・五家語録』巻一、一五頁b。
(33) 入矢義高『寒山』一六三頁。銭鍾書は薬山が寒山の言葉を踏まえたとする。『談芸録』(北京：中華書局、一九八四)一四頁。銭氏はこの詩は大暦年間に天台山に隠棲していた寒山の真作であって、時間的に薬山より早いものと考え、薬山が寒山を用いたと推測したのだろう。この詩の作者が寒山ではないことについては、また別に論じるべきである。
(34) 『宋高僧伝』巻一一、二四九頁。
(35) 『伝心法要』三八一頁b。
(36) 項楚『寒山詩注』一八三—一八四頁。
(37) 『祖堂集』巻一五、七〇〇頁。
(38) 入矢義高「寒山詩管窺」一一四—一一九頁。

（39）例えば銭学烈『寒山拾得詩校評』（天津：天津古籍出版社、一九九八）四六頁。
（40）余嘉錫『四庫提要弁証』巻二〇、一二五七―一二六四頁。
（41）そのうち王運熙・楊明「寒山子詩歌的創作時代」が最も重要である。『中華文史論叢』四（一九八〇）四七―七五頁。
（42）余嘉錫『四庫提要弁証』巻二〇、一二五九頁、銭学烈「前言」『寒山拾得詩校評』三〇―三一頁。
（43）本書第四章参照。
（44）『祖堂集』巻一六、七二一頁。
（45）『古尊宿語録』巻一四、二四七頁。
（46）少なからざる学者が既にこの点を指摘している。例えば胡適『白話文学史』（台北：啓明書局、一九五七）二四三―二四四頁、Chi-yu Wu（呉其昱）, "A Study of Han-shan," *T'oung Pao* 45（1957）: 397；入矢義高「寒山詩管窺」一二二頁。
（47）王運熙・楊明「寒山子詩歌的創作時代」五一頁。
（48）B. Csongor, "Poetical Rhymes and Dialects in T'ang Times," *Cina* 7（1964）: 21.
（49）若凡「寒山子詩韵――附拾得詩韵」『語言学論叢』五（一九六三）一二六―一二七頁。
（50）Pulleyblank "Linguistic Evidence for the Date of Han-Shan," 163-195.
（51）張潔「支、脂、之、微韻在語音史上的重整与合併」張渭毅編『漢声――漢語音韻学的継承与創新』（北京：中国文史出版社、二〇一一）所収。寒山（一）の作者の本籍地については、咸陽・長安・天台の諸説があり、北方説が優勢である。羅時進「八十年来中国寒山詩集的整理和研究」『中国文学報』六〇（二〇〇〇）一二八―一二九頁。
（52）鮑明偉『唐代詩文韻部研究』（南京：江蘇古籍出版社、一九九〇）四〇〇―四〇一頁、馬重奇『杜甫古詩韵読』（北京：中国展望出版社、一九八五）四頁。
（53）馬重奇『杜甫古詩韵読』一―二一頁、史存直「従唐七家詩的用韵情况看『切韵』的性質」『漢語音韵学論文集』（上海：華東師範大学出版社、一九九七）一九七―一九八頁。
（54）律詩の格律は唐の中宗の神竜年間（七〇五―七〇七）前後に定まった。賈晋華『唐代集会総集与詩人群研究』（北京：北京

大学出版社、二〇〇一）四九〇―四九五頁。

(55) 王運熙・楊明「寒山子詩歌的創作時代」五二―五八頁。

(56) 例えば羅常培『唐五代西北方音』（上海：中央研究院歴史語言研究所、一九三三）三〇―六九、九四―一二二頁、王力『漢語語音史』（北京：中国社会科学出版社、一九八五）二五六―二五七頁、邵栄芬「敦煌俗文学中的別字異文和唐五代西北方音」『邵栄芬音韵学論集』（北京：首都師範大学出版社、一九九七）三三五頁。

(57) 呉其昱は寒山が初唐の僧の智巌であると推測し、根拠としたのは唐の道宣『続高僧伝』智巌伝に記載されている、麗州刺史の閭丘胤が舒州皖公山に行って山で修行している智巌を訪ねたという事跡である。“A Study of Han-shan”411。この説は閭丘の序を基礎としており、閭丘の序がもし信頼できないなら、この説も成り立ち難いことになる。

(58) 『宋高僧伝』巻一三、三〇八頁。

(59) 『宋高僧伝』巻一九、四八五頁。

(60) 『伝灯録』巻二七、一一頁a。

(61) 葉昌熾『寒山寺志』（『中国仏寺史志彙刊』本）巻三、四七頁a―b。

(62) 『四庫提要弁証』巻二〇、一二五七頁。

(63) 呉汝鈞『仏教大辞典』（北京：商務印書館、一九九二）五〇三頁。

(64) 張伯偉「寒山詩与禅宗」『禅与詩学』（杭州：浙江人民出版社、一九九二）二四三―二四八頁。

(65) 『新唐書』巻五九、一五三一頁。

(66) 『四庫提要弁証』巻二〇、一二五七―一二五九頁。

(67) 『崇文総目』（『粤雅堂叢書』本）巻四、七七頁b。

(68) 『四庫提要弁証』巻二〇、一二五七―一二五八頁。

(69) 『宗鏡録』巻二、四二五頁aに「自古多少聖」（二一七）、巻六、四四七頁cと巻九八、九四一頁cに「男児大丈夫」（一六三）、巻九、四六二頁bに「可貴天然物」（一六一）、巻一一、四七六頁bに「昔年曽入大海遊」（一九九）、巻一二、四八一頁

ａに「我家本住在寒山」（二〇四）、巻一九、五二二頁ｂに「寄語諸仁者」（二三九）、巻二一、五三〇頁ａに「五岳俱成粉」（二五九）、巻三一、五九四頁ｂに「余家有一窟」（一六二）、巻九八、九四四頁ｃに「本志慕道倫」（二八〇）を引用するが、字句に異同が多い。入矢義高「寒山詩管窺」一一六―一一九頁参照。

(70)『四庫提要弁証』巻二〇、一二六二頁。

(71)『太平広記』に引かれる、巻五五、三三八頁。

(72) Victor H. Mair, "Script and Word in Medieval Vernacular Sinitic," *Journal of the American Oriental Society* 112.2 (1992): 272. 按ずるに南宋の淳熙十六年（一一八九）の志南刊本『寒山子詩集』は詩三百十一首を収録しており、これが代々流布していた主要な刊本である。所謂『詩経』三百十一篇とは、目次だけで詩のない「小雅」笙詩六首を含む。

(73)『祖堂集』巻二〇、九〇〇頁。

(74)『全唐詩補編・全唐詩続拾』巻三四、一二〇四―一二〇六頁。

(75)『四庫提要弁証』巻二〇、一二六三―一二六四頁。

(76) Pulleyblank, "Linguistic Evidence for the Date of Han-Shan," 174.

(77)『四庫提要弁証』巻二〇、一二六三―一二六四頁。

(78)『全唐詩』巻八三二、九三九一頁。

(79)『全唐詩』巻八三〇、九三六〇―九三六一頁。

(80) 項楚『寒山詩注』八二三―九二二頁。項楚は他にも日本正中年間の刊本から一首を採録しているが、これも寒山詩を増広してできたものである。また『四部叢刊』影高麗刊本からも拾得詩二首を集めているが、この二首は他の諸本ではいずれも寒山詩とする。

(81) 本附録で引用する拾得詩とその番号は全て項楚『寒山詩注』の「拾得詩注」による。

(82)『宋高僧伝』巻一九、四八五頁。

(83) 銭学烈がこの点を既に指摘している。『寒山拾得詩校評』「前言」参照（九六―九七頁）。

（84）Pulleyblank, "Linguistic Evidence for the Date of Han-Shan," 174-175。

（85）『宋高僧伝』封干伝（巻一九、四八四頁）には「封・豊二字、出没不同。韋述史官作封疆之封、閭丘序三賢作豊稔之豊、未知孰是（封・豊の二文字は、表記が定まらない。韋述史官は封疆の封に作り、閭丘序の三賢は豊稔の豊に作り、どちらが正しいかは未詳である）」とある。ここから、賛寧がこの伝を執筆した際に二つの出所があったことが分かる。一つは韋述（？—七五七）撰述の題名は失われた文章、一つは閭丘序である。伝の中で、例えば「及終後、於先天年中在京兆行化（遷化した後、先天年間に京兆長安に姿を現した）」というように序と異なる箇所は、韋述の文章に基づくはずであり、ここから封（豊）干が先天年間（七一三）以前に卒しており、確かに初唐の人であったことが分かる。Chi-yu Wu, "A Study of Han-shan", 395-397.

（86）Robert Borgen, "The Legend of Hanshan: A Neglected Source", *Journal of the American Oriental Society* 111.3（1991）: 577；羅時進「八十年来中国寒山詩集的整理和研究」一三二頁。

参考文献

一、碑　銘

晏殊（九九一―一〇五五）、「雲居山重修真如禅院碑記」岑学呂編『雲居山志』巻七、七二―七五頁所収。

韋処厚（七七三―八二九）、「興福寺内道場供奉大徳大義［七四六―八一八］禅師碑銘」（八一八）『全唐文』巻七一七、二二頁a―二六頁b（『宝刻類編』巻五、一六〇頁に収録）。

允明、「唐福州延寿禅院故延聖大師［大安、七九三―八八三］塔内真身記」（八八四）、石井修道「潙山教団の動向について――福州大安の〝真身記〟の紹介に因んで」『印度学仏教学研究』二七巻第一号（一九七八）、九〇―九六頁所収。

慧岌、「唐東都同徳寺故大徳方便和尚塔銘並序」楊曽文「唐同徳寺無名和尚塔銘並序的発現及其学術価値」、『仏学研究』二〇〇〇、二〇八―二一三頁所収。

慧空、「大唐東都荷沢寺歿故第七祖国師大徳［神会、六八四―七五八］於竜門宝応寺竜首腹建身塔銘並序」（七六五）周紹良・趙超編『唐代墓誌彙編続集』六九〇頁所収。

王維（七〇一―七六一）、「能禅師碑並序」陳鉄民編『王維集校注』八〇七―八四〇頁、『唐文粋』巻六三、三頁a―五頁a所収。

王禹偁（九五四―一〇〇一）、「黄州斉安永興禅院」『小畜集』巻一七、六頁a―b。

王諷、「漳州三平大師〔義忠、七八一―八七二〕碑銘並序」（八七二）『唐文粋』巻六四、七頁b―八頁b、『全唐文』巻七九一、八頁a―九頁b（『輿地碑記目』巻三、七八頁に収録）。

欧陽煕、「洪州雲蓋山竜寿院光化大師〔懐溢、八四七―九三四〕宝録碑銘」（九三四）『全唐文』巻八六九、一一頁b―一四頁b。

賈餗（?―八三五）、「揚州華林寺大悲禅師〔雲坦、七〇九―八一六〕碑銘並序」（八二五）『唐文粋』巻六四、八頁b―一〇頁b、『全唐文』巻七三一、二三頁a―二六頁a。

韓煕載（九〇二―九七〇）、「玄寂禅師〔隠微、八八六―九六一〕碑」（九六二）『八瓊室金石補正』巻八一、三二頁b―三六頁a、『全唐文』巻八七七、一五頁b―一八頁b（『輿地碑記目』巻二、三六頁に収録）。

義存（八二二―九〇八）、「難提塔銘並序」（九〇三）『全唐文補編』巻一一六、一四四四頁。

邱玄素〔偽託〕、「天王道悟禅師碑」『全唐文』巻七一三、三頁a―四頁a。

皎然（七二〇?―七九三?）、「唐湖州仏川寺故大師塔銘並序」『昼上人集』巻八、五一頁b―五三頁a。

――、「唐湖州大雲寺故禅師瑀公碑銘並序」『昼上人集』巻九、五八頁b―六〇頁a。

――、「蘇州支硎山報恩寺法華院故大和尚碑並序」『昼上人集』巻九、五七頁a―五八頁b。

金献貞、「海東故神行禅師〔?―七七九〕之碑並序」（八一三）『海東金石苑』巻一、二七頁a―三一頁a、『朝鮮金石総覧』巻一、一一三―一一六頁。

金穎、「新羅国武州迦智山宝林寺諡普照禅師〔体澄、八〇四―八八〇〕霊塔碑銘並序」（八八三）『海東金石苑』巻一、三二頁a―三六頁b、『唐文拾遺』巻六八、二〇頁a―二四頁b、『朝鮮金石総覧』巻一、六〇―六四頁。

――、「[新羅国]〔原欠二字〕江府月巌山月光寺詔諡円朗禅師〔大通、八一六―八八三〕大宝禅光霊塔碑並序」（八九〇）『朝鮮金石総覧』巻一、八三―八六頁。

「高麗了悟和尚碑」『韓国金石遺文』九二―九七頁。

金廷彦、「［高］麗国光州晞陽県故白鶏山玉竜寺制謚洞真大師［慶甫、八六九―九四八］宝雲之塔並序」（九四九？）『海東金石苑』巻一、二八頁a―三四頁a、『朝鮮金石総覧』巻一、一八九―一九四頁。

―――、「高麗国広州慧目山高達院故国師制謚元宗大師［璨幽、八六九―九五八］慧真之塔碑銘並序」（九五八）『朝鮮金石総覧』巻一、二〇七―二一五頁。

虞希範、「風穴七祖千峰白雲禅院記」（九五〇）『全唐文又再補』、『全唐文補編』巻九、二三五〇―二三五一頁（『洛陽名碑集釈』より採録）。

権徳輿（七六一―八一八）、「唐故洪州開元寺石門道一［七〇九―七八八］禅師塔銘並序」（七九二）『権載之文集』巻二八、一頁a―三頁a、『唐文粋』巻六四、一〇頁b―一一頁b、『文苑英華』巻七八六、三頁b―六頁b（『輿地碑記目』巻二、三三頁に収録）。

―――、「唐故章敬寺百巌大師［懐暉、七五七―八一六］碑銘並序」（八一七）『権載之文集』巻一八、一三頁a―一四頁b、『唐文粋』巻六四、六頁b―七頁b（『集古録』巻九、一四頁b―一五頁a、『宝刻類編』巻五、一四六頁、陳思『宝刻叢編』巻八、二四二頁に収録）

公乗億、「魏州故禅大徳奨公［存奨、？―九二五］塔碑」（八八九）『文苑英華』巻八六八、一三頁a―一七頁a、『全唐文』巻八一三、一九頁a。

「広慈禅院残牒」（九五三）『金石萃編』巻一二一、七頁a―b。

黄溍（一二七七―一三五七）、「百丈山大智寿聖禅寺天下師表閣記」（一三三六）『金華黄先生文集』巻一一、一九頁b―

二〇頁b、『勅修百丈清規』一一五七頁a—c。

黄滔（八四〇?—?）、「福州雪峰山故真覚大師［義存、八二二—九〇八］碑銘」（九〇八）、『唐黄御史公集』巻五、三二頁b—三七頁b、『全唐文』巻八二六、五頁a—九頁a（『輿地碑記目』巻三、七六頁に収録）。

——、「亀洋霊感禅院東塔和尚碑」『唐黄御史公集』巻五、二七頁b—三〇頁a、『全唐文』巻八二六、一頁a—三頁b。

崔賀、「武州桐裏山大安寺寂忍禅師［慧徹、七八五—八六一］碑頌並序」（八七二）『朝鮮金石総覧』巻一、一一六—一一九頁。

崔琪、「心鏡大師碑」『延祐四明志』巻一七、九頁b—一二頁b、『全唐文』巻八〇四、五頁b—八頁b（『輿地碑記目』巻一、一四頁に収録）。

崔彦撝（八六八—九四四）、「高麗国故無為岬寺先覚大師［逈微、八六四—九一七］遍光霊塔碑銘並序」（九一八?）『海東金石苑』巻三、三五頁b—四〇頁b、『唐文拾遺』巻七〇、五頁a—九頁b、『朝鮮金石総覧』巻一、一七〇—一七四頁。

——、「有唐新羅国師［子］山［興寧禅院］教諡澄暁大師［折中、八二六—九〇〇］宝印之塔碑銘並序」（九二四）、『朝鮮金石総覧』巻一、一五七—一六二頁。

——、「有唐高麗国海州須弥山広照寺故教諡真澈禅師［利厳、八七〇—九三六］宝月乗空之塔碑銘［並序］」（九三七）『海東金石苑』巻三、一頁a—七頁a、『唐文拾遺』巻六九、四頁a—九頁b、『朝鮮金石総覧』巻一、一二五—一三〇頁。

——、「高麗国弥智山菩提寺故教諡大鏡大師［麗厳、八六二—九三〇］玄機之塔碑銘並序」（九三九）『海東金石苑』巻

三、七頁b—一一頁b、『唐文拾遺』巻六九、一七頁b—二一頁b、『朝鮮金石総覧』巻一、一三〇—一三四頁。

——、「高麗国溟州普賢山地蔵禅院故国師朗円大師〔開清、八三五—九三〇〕悟真之塔碑銘並序」（九四〇）『海東金石苑』巻三、一二頁a—一六頁b、『唐文拾遺』巻七〇、一頁a—五頁a、『朝鮮金石総覧』巻一、一四〇—一四四頁。

——、「有晋高麗〔国〕中原府故開天山浄土寺教諡法鏡大師〔玄暉、八七九—九四一〕慈灯之塔碑銘並序」（九四三）『海東金石苑』巻三、二二頁b—三〇頁b、『唐文拾遺』巻六九、九頁b—一七頁b、『朝鮮金石総覧』巻一、一五〇—一五六頁。

崔仁渷、「新羅国故両朝国師教諡朗空大師〔行寂、八三二—九一六〕白月棲雲之塔碑銘並序」（九一七）『海東金石苑』巻二、二三頁b—二九頁b、『朝鮮金石総覧』巻一、一八一—一八六頁。

崔致遠（八五七—九二八？）、「有唐新羅国故知異山双谿寺教諡真鑑禅師〔慧昭、七七四—八五〇〕碑銘並序」（八八七）劉喜海編『海東金石苑』巻一、三七頁a—四四頁a、陸心源編『唐文拾遺』巻四四、一頁a—七頁a、朝鮮総督府編『朝鮮金石総覧』、巻一、六六—七二頁所収。

——、「有唐新羅国故両朝国師教諡大朗慧和尚〔無染、八〇〇—八八八〕白月葆光之塔碑銘並序」（八九〇）『海東金石苑』巻二、一頁a—一四頁a、『唐文拾遺』巻四四、七頁a—一九頁b、『朝鮮金石総覧』巻一、七二—八三頁。

——、「大唐新羅国故鳳巌山寺教諡智証大師〔道憲、八二四—八八二〕寂照之塔碑銘並序」（九二四）『海東金石苑』巻二、一五頁a—二三頁b、『唐文拾遺』巻四四、一九頁b—二八頁a、『朝鮮金石総覧』巻一、八八—九七頁。

至隟、「大唐袁州萍郷県楊岐山故甄叔〔？—八二〇〕大師塔銘」（八三二）『唐代墓誌彙編続集』九一三頁、『全唐文』巻九一九、一〇頁b—一一頁a（『宝刻類編』巻五、一七二頁に収録）。

司空図（八三七―九〇八）、「香巖長老〔智閑〕賛」『司空表聖文集』巻九、二頁a―b、『全唐文』巻八〇八、八頁b。

朱遵度、「棲賢寺碑」、『全唐文』巻八九三、八頁a―b。

徐鉉（九一六―九九二）、「邠州定平県伝灯禅院記」『徐公文集』巻二八、一三頁b。

――、「故唐慧悟大禅師墓誌銘並序」『徐公文集』巻三〇、一頁a―三頁a。

――、「洪州西山翠岩広化院故澄源禅師碑銘」『徐公文集』巻二七、一頁a―三頁a。

徐岱、「唐故招聖寺大徳慧堅〔七一九―七九二〕禅師碑銘並序」（八〇六）高峡編『西安碑林全集』第二冊、巻二〇、二〇五六―二〇七八頁所収。

沈珹、「大唐蘇州華亭県顧亭林市新創法雲禅寺記」（八六〇）国家図書館善本金石組編『隋唐五代石刻文献全編』巻二、一五六頁b―一五七頁a、『全唐文』巻七九二、二一頁b―二二頁a所収（『宝刻類編』巻六、一九七頁、『宝刻叢編』巻一四、三九四頁等に収録）。

任光、「唐臨川府崇仁県地蔵普安禅院碑銘」『全唐文』巻八七二、三頁b―五頁b。

斉己（八六四―九四三?）、「淩雲峰永昌禅院記」（九一七）『全唐文』巻九二一、四頁a―五頁b。

銭儼（九三七―一〇〇三）、「観音禅院碑銘」范成大編『呉郡志』巻三一、一〇頁b―一一頁b、曽棗荘・劉琳等編『全宋文』第二冊、巻五七、二五一頁所収。

蘇舜欽（一〇〇八―一〇四八）、「蘇州洞庭山水月禅院記」『蘇学士文集』巻一三、六頁a―b。

「嵩山〔三字脱落〕故大徳浄蔵〔七七五―七四六〕禅師身塔銘並序」（七四六）『金石萃編』巻八七、一五頁a―一六頁b、『全唐文』巻九九七、一〇頁a―一一頁a。

曽玄等、「国主大王重修故了悟和尚碑銘後記」『韓国金石遺文』九二―九七頁。

宋斉邱（八八七―九五九）、「仰山光湧〔八五〇―九三八〕長老塔銘記」（九四四）『全唐文』巻八七〇、一四頁b―一六頁b（『宝刻類編』巻七、二三九頁に収録）。

宋儋、「大唐嵩山会善寺故大徳道安〔五八四―七〇八〕禅師碑並序」（七二七）『全唐文』巻三九六、一二頁a―一四頁b、陸心源編『唐文続拾』巻三、一三頁b―一八頁a（『宝刻類編』巻三、八三頁、『金石録補』巻一三、一二四頁に収録）。

孫紹、「有唐高麗国武州故桐裏山大安寺教謚広慈大師〔允多、八六四―九四五〕碑銘並序」（九五〇）『海東金石苑』巻三、四四頁a―四七頁b、『唐文拾遺』巻七〇、九頁b―一二頁b、『朝鮮金石総覧』巻一、一七四―一七九頁。

智本、「百岩寺奉勅再修重建法堂記」（八五四）『唐文続拾』巻八、一〇頁b―一三頁a。

張説（六六七―七三一）、「唐玉泉寺大通禅師〔神秀、六〇六―七〇六〕碑銘並序」（七〇六）『張説之文集』巻一九、一二頁b―一六頁b、『唐文粋』巻六四、一頁a―三頁a、『全唐文』巻二三一、一頁a―四頁b（『宝刻類編』巻二、五七頁に収録）。

張彦遠、「三祖大師碑陰記」（八六一）『唐文粋』巻六三、三頁a、『全唐文』巻七九〇、二二頁b（『輿地碑記目』巻二、四三頁に収録）。

張孝友、「福祈禅院碑」『唐文拾遺』巻四七、七頁b―八頁b（『越中金石志』により採録）。

張商英（一〇四三―一一二二）、「大宋随州大洪山霊峰寺禅寺記」（一一〇二）張仲炘編『湖北金石志』三二二一―三二二三頁、如巹編『緇門警訓』巻一〇、一〇九六頁a―一〇九七頁b所収（『輿地碑記目』巻三、六二頁に収録）。

――、「忻州定襄県新修打地和尚塔院記」（一〇九〇）胡聘之編『山右石刻叢編』巻一五、二六頁a―b所収。

――、「撫州永安禅院僧堂記」『全宋文』第五〇冊、巻二二三一、一九〇―一九一頁。

――、「撫州永安禅寺法堂記」『全宋文』第五〇冊、巻二一三二、一九二―一九三頁。

張正甫（七五二―八三四）、「衡州般若寺観音大師〔懐譲、六七七―七四四〕碑銘並序」（八一五）『唐文粋』巻六二、五頁b―六頁b、『全唐文』巻六一九、一頁a―三頁a。

澄玉、「疎山白雲禅院記」『全唐文』巻九二〇、一七頁a―二二頁a。

「勅長興万寿禅院牒」（九三二）、収王昶編『金石萃編』、巻一一九、四四頁a―b。

陳詡、「唐洪州百丈山故懐海〔七四九―八一四〕禅師塔銘」（八一八）『全唐文』巻四四六、四頁b―七頁a（『宝刻類編』巻五、一五五頁に収録）。

陳思、『宝刻叢編』。『叢書集成初編』本。

陳守中、「大漢韶州雲門山大覚禅寺大慈雲匡聖宏明大師〔文偃、八六四―九四九〕碑銘並序」（九六四）陸増祥編『八瓊室金石補正』巻八〇、二八頁a―三七頁b、呉蘭修編『南漢金石志』巻二、二九頁、董誥等編『全唐文』巻八九二、四頁a―一二頁b所収。

陳舜兪（?―一〇七二）、「明州鄞県鎮国禅院記」『都官集』巻八、四頁b。

鄭愚（八三七進士）、「潭州大潙山同慶寺大円禅師〔霊祐、七七一―八五三〕碑銘並序」（八六六）『唐文粋』巻六三、六頁a―八頁b、『全唐文』巻八二〇、二三頁a―二七頁a。

唐技、「龔公山西堂勅諡大覚禅師〔智蔵、七三八―八一七〕重建大宝光塔碑銘」（八六四）褚景昕編『贛県志』巻五〇、二頁a―三頁a。

唐伸、「澧州薬山故惟儼〔七四四―八二七〕大師碑銘並序」（八三五）『唐文粋』巻六二、四頁a―五頁b、『全唐文』巻五三六、一二頁b―一五頁a。

「唐中岳沙門釈法如［六三八―六八九］禅師行状」（六八九）『金石萃編』巻六、五頁b―七頁b、『唐文拾遺』巻六七、一六頁b―一八頁b。

独孤及（七一五―七六七）、「舒州山谷寺覚寂塔隋故鏡智禅師碑銘並序」（七七二）李昉等『文苑英華』巻八六四、八頁b―一二頁b、姚鉉編『唐文粋』巻六三、一頁b、独孤及『毘陵集』巻九、七頁b―一〇頁b、『全唐文』巻三九〇、二一頁b―二四頁b所収（『金石録』第一四九〇番に収録）。

裴休（七九一―八六四）、「圭峰禅師［宗密、七八〇―八四一］碑銘並序」（八五五）『金石萃編』巻一一四、二二頁b―三二頁b、『全唐文』巻七四三、一二頁b―一七頁b（欧陽修編『集古録』巻九、一二頁b―一三頁a、『金石録』第一九〇〇番等に収録）。

白居易（七七二―八四六）、「伝法堂碑」（八一九）『白居易集箋校』巻四一、二六九〇―二九六二頁（王象之編『輿地碑記目』巻一、二〇頁に収録）。

――、「唐江州興果寺律大徳湊公［神湊、七四四―八一七］塔碣銘並序」（八一七）『白居易集箋校』巻四一、二七〇一―二七〇二頁（趙明誠編『金石録』第一七五二号、『輿地碑記目』巻二、三五頁等に収録）。

――、「沃洲山禅院記」（八三二）『白居易集箋校』巻六八、三六八四―三六八五頁（『輿地碑記目』巻一、一三頁に収録）。

苻載［念常による編集を経ている］、「荊州城東天皇寺道悟［七二七―八〇八］禅師碑」念常編『仏祖歴代通載』巻一五、六一五頁a、『全唐文』巻六九一、一頁a所収。

武翊黄、「百丈山法正［?―八一九］禅師碑銘」『全唐文』（誤って柳公権のものとしている）巻七一三、一二頁b（『金石録』第一七八四番、『宝刻類編』巻四、一二八頁、『輿地碑記目』巻二、三二頁に収録）。

馮延巳（九〇三？—九六〇）、「開先禅院碑記」（九五四）『全唐文』巻八七六、一四頁a—一七頁b（『宝刻類編』巻七、二四三頁に収録）。

法正（？—八一九）等、「懐海禅師塔碑陰記」（八一八）徳煇編『勅修百丈清規』巻八、一一五七頁a所収。

朴昇英（？—九二四）、「有唐新羅国故国師諡真鏡大師〔審希、八五五—九二三〕宝月淩空之塔碑銘並序」（九二四）『海東金石苑』巻二、三〇頁b—三五頁a、『唐文拾遺』巻六八、九頁b—一四頁a、『朝鮮金石総覧』巻一、九七—一〇一頁。

「有晋高麗国踊巖山五竜寺故王師教諡法鏡大師〔慶猷、八七一—九二一〕普照慧光之塔碑銘並序」（九四四）『海東金石苑』巻三、三一頁a—三五頁a、『唐文拾遺』巻七〇、一三頁b—一六頁b、『朝鮮金石総覧』巻一、一六二—一六六頁。

余靖（一〇〇〇—一〇六四）、「廬山承天帰宗禅寺重修記」『武渓集』巻七、四頁b。

——、「潭州興化禅寺新鋳鐘記」『武渓集』巻八、一七頁b—一八頁b。

——、「韶州月華山花界寺伝法住持記」『武渓集』巻九、八頁a—b。

——、「筠州洞山普利禅院伝法記」『武渓集』巻九、一八頁a。

楊億（九七四—一〇二〇）、「金縄院記」『全蜀芸文志』巻三八、三三頁a—三四頁b、『全宋文』巻二九七、四—五頁。

雷岳、「雲門山光泰禅院故匡真大師〔文偃、八六四—九四九〕実性碑並序」（九五八）『南漢金石志』巻一、一〇—一一頁、『唐文拾遺』巻四八、五頁b—一〇頁b。

李華（七一五—七六六）、「荊州南泉大雲寺故蘭若和尚〔恵真、六七三—七五一〕碑」（七五一）『文苑英華』巻八六〇、一〇頁b—一五頁a、『全唐文』巻三一九、一一頁a—一四頁b（『輿地碑記目』巻三、五八頁に収録）。

――、「潤州鶴林寺故径山大師［玄素、六六八―七五二］碑銘」（七五二）『文苑英華』巻八六二、五頁b―一一頁a、『唐文粋』巻六四、三頁a―五頁b、『全唐文』巻三二〇、一二頁a―一六頁b。

――、「故左渓大師［玄朗、六七三―七五四］碑」（七五四）『文苑英華』巻八六一、七頁a―一一頁b、『唐文粋』巻六一、二頁b―四頁b、『全唐文』巻三二〇、一頁a―四頁b（『輿地碑記目』巻一、一四頁、『宝刻類編』巻五、一七四頁に収録）。

――、「東都聖善寺無畏三蔵碑」『文苑英華』巻八六一、一頁a―七頁a、『全唐文』巻三一九、一四頁b―一九頁b。

李吉甫（七五八―八一四）、「杭州径山寺大覚禅師［法欽、七一四―七九二］碑銘並序」（七九三）『文苑英華』巻八六一、一頁a―五頁b、『全唐文』巻五一二、一七頁b―二一頁a（『金石録』第一八九八番、『宝刻叢編』巻一四、三六〇頁に収録）。

李兼（?―七九一）等、「馬祖禅師舎利石函題記」（七九一）陳柏泉「馬祖禅師石函題記与張宗演天師壙記」『文史』一四（一九八二）二五八頁、『全唐文再補』『全唐文補編』二一五三頁。

李嗣源（八六七―九三三）、「千峰禅院勅」『全唐文補編』巻九六、一一八六頁（『金石録補』より採録）。

李充、「大唐東都敬愛寺故開法臨壇大徳法玩禅師［七二四―七九〇］塔銘並序」（七九一）『唐代墓誌彙編』一八六三頁。

李商隠（八一三?―八五八）、「唐梓州慧義精舎南禅院四証堂碑銘並序」（八五三）『全唐文』巻七八〇、一頁a―七頁a（『輿地碑記目』巻四、九〇―九一頁に収録）。

李朝正、「重建禅門第一祖菩提達摩大師碑陰文」（八一七）『全唐文』巻九九八、一頁a―三頁b（この碑は一九三五年に河北省磁県で出土、陳垣『中国仏教史籍概論』八八頁参照）。

李夢遊、「高麗国尚州曦陽山鳳巖寺王師贈諡静真大師〔競譲、八七八―九五六〕円悟之塔碑銘並序」（九六五）『海東金石苑』巻四、三頁b―一六頁a、『朝鮮金石総覧』巻一、一九六―二〇七頁。

李約、「瑞峰永安竹山禅院記」（九七〇）『全唐文補編』巻一一二、一四〇〇―一四〇一頁（『光緒広徳県志』より採録）。

李邕（六七八―七四七）、「大照禅師〔普寂、六五一―七三九〕塔銘」（七四二）『全唐文』巻二六二、三頁b―一〇頁a（『金石録』第一一九四番に収録）。

陸希声、「仰山通智大師〔慧寂、七五二―八四二〕塔銘」（八九五）『全唐文』巻八一三、八頁b―一〇頁a（『宝刻類編』巻七、二三九頁に収録）。

陸元浩、「仙居洞永安禅院記」（九三二）『全唐文』巻八六九、八頁b―一一頁a。

柳宗元（七七三―八一九）、「曹渓第六祖賜諡大鑑禅師碑」『柳宗元集』巻六、一四九―一五二頁、『唐文粋』巻六三、三頁a―五頁a。

―――、「衡山中院大律師〔希操〕塔銘」『柳宗元集』巻七、一七三―一七四頁。

劉禹錫（七七二―八四二）、「大唐曹渓第六祖大鑑禅師〔恵能、六三八―七一三〕第二碑」『劉禹錫集箋証』巻四、一〇五頁、『唐文粋』巻六三、五頁a―六頁a。

劉従乂、「大周広慈禅院記」（九五五）『金石萃編』巻一二一、一六頁a―一七頁a。

劉将孫、「西峰宝竜祥符禅寺重修記」『養吾斎集』巻一七、一頁a―四頁a。

梁粛（七五三―七九三）、「〔処〕〔虔〕州刺史李公墓誌銘」『文苑英華』巻九五一、一〇頁a―一一頁b、『全唐文』巻五二一、一頁a―二頁b。

梁鼎（九五五―一〇〇六）、「宋鳳翔府青峰山万寿禅院記」鄧夢琴・強振志編『宝鶏県志』巻一四、一〇頁a所収。

廖侁「横竜寺記」載李瀚章等編『湖南通志』巻二三九、四六七頁b—四六八頁a、『全宋文』第四二冊、巻一三九、二八〇—二八一頁。

林澂、「唐福州安国禅院先開山宗一大師［師備、八三五—九〇八］碑文並序」（九三〇）『福州玄沙宗一大師［師備］広録』巻三、二五頁b—二六頁c所収。

盧簡求（七八九—八六四）、「杭州塩官県海昌院禅門大師［斉安、七五二—八四二］塔碑」（八四三）『文苑英華』巻八六八、一頁a—四頁a、『全唐文』巻七三三、二一頁a—二三頁a。

郎粛、「甘泉院僧暁方塔記」（八七一）周紹良・趙超編『唐代墓誌彙編』二四五二頁。

楼鑰（一一三七—一二一三）、「朝請大夫曹君墓誌銘」『攻媿集』巻一〇六、一四九七頁。

二、その他の原典資料

賾蔵主編、『古尊宿語録』。二冊。北京：中華書局、一九九四。

惟白、『大蔵経綱目指要録』。『大正新修法宝総目録』所収。台北：新文豊出版公司、一九八五。

――、『建中靖国続灯録』（一一〇一）。『続蔵経』第七八冊一五五六。

隠元（一五九二—一六七三）、『黄檗山寺志』（一八〇七）。『続修四庫全書』本。

于省吾（一八九六—一九八四）・姚孝遂（一九二六—一九九六）等編、『甲骨文字詁林』。四冊。北京：中華書局、一九九六。

『雲門匡真禅師広録』。『大正蔵』第四七冊一九八八。

蘊聞編、『大慧普覚禅師語録』。『大正蔵』第四七冊一九九八A。

恵運、『恵運禅師将来教法目録』（八四七）。『大正蔵』第五五冊二一六八A。
慧洪（一〇七一―一一二八）、『禅林僧宝伝』。『続蔵経』第七九冊二五六〇。
――、『林間録』。『続蔵経』第八七冊一六二四。
――、『石門文字禅』。『四庫全書』本。
慧印編、『撫州曹山元証禅師語録』。『大正蔵』第四七冊一九八七。
慧皎（四九七―五五四）著、湯用彤校注、『高僧伝』。北京：中華書局、一九九二。
慧均、『大乗四論玄義』。『続蔵経』第四六冊七八四。
慧南（一〇〇二―一〇六九）編、『江西馬祖道一禅師語録』、『四家録』、『四家語録五家語録』。『続蔵経』第六九冊一三二一。
――、『四家録』。南京図書館所蔵。
――、『石霜楚円禅師語録』。『続蔵経』第六九冊一三三八。
慧弼編、『雪峰慧空〔一〇九六―一一五八〕禅師語録』。『続蔵経』第六九冊一三四六。
円行、『霊岩寺和尚請来法門道具等目録』。『大正蔵』第五五冊二一六四。
円信・郭凝之編、『瑞州洞山良价禅師語録』。『大正蔵』第四七冊一九八六。
――、『潭州潙山霊祐禅師語録』。『大正蔵』第四七冊一九八九。
――、『袁州仰山慧寂禅師語録』。『大正蔵』第四七冊一九九〇。
――、『金陵清涼院文益禅師語録』。『大正蔵』第四七冊一九九一。
円珍（八一四―八九一）、『日本比丘円珍入唐求法目録』（八五七）。『大正蔵』第五五冊二一七二。

――、『智証大師請来目録』（八五九）。『大正蔵』第五五冊一一〇七三。
円仁（七九四―八六四）、『入唐新求聖教目録』（八四七）。『大正蔵』第五五冊一一〇六七。
――、『日本国承和五年入唐求法目録』（八三八）。『大正蔵』第五五冊一一〇六五。
――、『慈覚大師在唐送進録』（八四〇）。『大正蔵』第五五冊一一〇六六。
――、『入唐求法巡礼行記』（八三八―八四七）。東京：中央公論社、一九九〇。
――、小野勝年校注、白化文・李鼎霞・許徳楠修訂校注『入唐求法巡礼行記校注』石家荘：花山文芸出版社、一九九二。
袁珂（一九一六―二〇〇一）、『山海経校釈』。上海：上海古籍出版社、一九八五。
袁桷（一二六六―一三二七）、『延祐四明志』。『中国方志叢書』本。
延寿（九〇四―九七五）、『宗鏡録』。『大正蔵』第四八冊二〇一六。
――、『万善同帰集』。『大正蔵』第四八冊二〇一七。
王維著、陳鉄民校注、『王維集校注』。四冊。北京：中華書局、一九九七。
王禹偁（九五四―一〇〇一）、『小畜集』。『四部叢刊』本。
王堯臣（一〇〇一―一〇五六）等、『崇文総目』。『粤雅堂叢書』本。
王欽若（九六二―一〇二五）等編、『冊府元亀』。一二冊。北京：中華書局、一九八二。
王象之（一一九六進士）、『輿地碑記目』。『叢書集成初編』本。
――、『輿地紀勝』。北京：中華書局、一九九二。
王存（一〇二三―一一〇一）、『元豊九域志』。二冊。北京：中華書局、一九八四。

王昶（一七二五―一八〇七）編、『金石萃編』。『続修四庫全書』本。
王讜著、周勲初校証、『唐語林校証』。二冊。北京：中華書局、一九八四。
王溥（九二二―九八二）、『唐会要』。三冊。北京：中華書局、一九五五。
欧陽修（一〇〇七―一〇七二）、『新唐書』。二〇冊。北京：中華書局、一九七五。
――、『集古録』。『四庫全書』本。
欧陽詢（五五七―六四一）等編、『芸文類聚』。上海：上海古籍出版社、一九八一。
契嵩（一〇〇七―一〇七二）、『伝法正宗記』。『大正蔵』第五一冊二〇七八。
郭凝之・玄契編、『撫州曹山本寂禅師語録』。『大正蔵』第四七冊一九八七。
郭朋編、『壇経校釈』。北京：中華書局、一九八三。
覚岸（一二八六―?）、『釈氏稽古略』。『大正蔵』第四九冊二〇三七。
覚夢堂、「重校五家宗派序」。智昭編『人天眼目』所収。
楽史（九三〇―一〇〇七）、『太平寰宇記』。『叢書集成初編』本。
『金沢文庫資料全書・仏典』。横浜：金沢文庫、一九七五。
『寒山子詩集』、南宋淳熙十六年（一一八九）釈志南刊本。
『観心論（破相論）』。『大正蔵』第八五冊二八三三。
元照編、『永明智覚禅師方丈実録』。国家図書館蔵南宋紹興三十年（一一六〇）刊本残本。
元賢（一五七八―一六五七）、『泉州開元寺志』（一六四三）。『中国仏寺史志彙刊』本。
元鵬、『雲居山志』。『中国仏寺志叢刊』本。

吉蔵（五四九―六二三）、『大乗玄論』。『大正蔵』第四五冊一八五三。

――、『涅槃経遊意』。『大正蔵』第三八冊一七六八。

許応鑅（一八二〇―一八九一）・謝煌（一八四七進士）等編、『撫州府志』。『中国方志叢書』本。

許慎（五八？―一四七？）、『説文解字』。北京：中華書局、一九六三。

皎然（七二〇？―七九三？）、『昼上人集』。『四部叢刊』本。

『究竟一乗宝性論』。『大正蔵』第三一冊一六一一。

厳耕望編、『石刻史料叢書』。四二〇冊。台北：芸文印書館、一九六六。

玄奘（六〇二―六六四）・弁機（？―六四九）著、季羨林等校注、『大唐西域記校注』。北京：中華書局、一九八五。

権徳輿（七六一―八一八）、『権載之文集』。『四部叢刊』本。

胡聘之（一八四〇―一九一二）編、『山右石刻叢編』。『続修四庫全書』本。

顧祖禹（一六三一―一六九二）、『読史方輿紀要』。北京：中華書局、二〇〇五。

呉鋼編、『全唐文補遺』。七冊。西安：三秦出版社、一九九四。

呉之鯨（一六〇九年の挙人）、『武林梵志』、『中国仏寺史志彙刊』所収。台北：明文書局、一九九四。

呉之鯨、『武林梵志』。『四庫全書』本。

呉任臣（一六二八？―一六八九？）、『十国春秋』。四冊。北京：中華書局、一九八三。

呉蘭修、『南漢金石志』。『叢書集成初編』本。

悟明、『聯灯会要』。『続蔵経』第七九冊一五七七。

恒安編、『続貞元釈教録』。『大正蔵』第五五冊二一五八。

黄永武編、『敦煌宝蔵』。一四〇冊。台北：新文豊出版公司、一九八一―一九八六。
広輝、『重編曹洞五位顯訣』。『続蔵経』第六三冊一二三六。
高峡編、『西安碑林全集』。広州：広東経済出版社、一九九九。
黄寿永編、『韓国金石遺文』。漢城：一志社、一九七八。
黄溍（一二七七―一三五七）、『金華黄先生文集』。『四部叢刊』本。
江蘇古籍出版社編、『中国地方志集成』。南京：江蘇古籍出版社、一九九六。
項楚校注、『寒山詩注』。北京：中華書局、二〇〇〇。
黄宗羲（一六一〇―一六九五）、『南雷集』。『四部叢刊』本。
黄仲昭（一四三五―一五〇八）編、『八閩通志』。二冊。福州：福建人民出版社、二〇〇六。
黄滔（八四〇？―？）、『唐黄御史公集』。『四部叢刊』本。
『黄檗山断際禅師宛陵録』。『大正蔵』第四八冊二〇一二B。
『合部金光明経』。『大正蔵』第一六冊六六四。
光溥編、『石門山慈照禅師鳳岩集』。『古尊宿語録』所収。
国家図書館善本金石組編、『歴代石刻史料彙編』。一六冊。北京：北京図書館出版社、二〇〇〇。
――、『隋唐五代石刻文献全編』。四冊。北京：北京図書館出版社、二〇〇三。
『金光明経』。『大正蔵』第一六冊六六三。
『金剛三昧経』。『大正蔵』第九冊二七三。
最澄（七六七―八二二）、『伝教大師将来越州録』。『大正蔵』第五五冊二一六〇。

『最上乗論』（弘忍〔六〇二―六七五〕のものとされる）。『大正蔵』第四八冊二〇一一。

賛寧（九一九―一〇〇一）、『大宋僧史略』（九七八―九九九）。『大正蔵』第五四冊二一二六。

――、『宋高僧伝』（九八八）。二冊。北京：中華書局、一九八七。

志謙、『宗門円相集』、高麗仏籍集佚刊行委員会編『高麗仏籍集佚』所収。漢城：東国大学校出版部、一九八五。

施宿（？―一二一三）、『嘉泰会稽志』。『中国方志叢書』本。

子昇編、『禅門諸祖師偈頌』。『続蔵経』第六六冊一二九八。

史能之編、『咸淳毗陵志』。『続修四庫全書』本。

司馬光（一〇一九―一〇八六）、『資治通鑑』。二〇冊。北京：中華書局、一九七一。

志磐、『仏祖統紀』。『大正蔵』第四九冊二〇三五。

子文編、『仏果克勤禅師心要』。『続蔵経』第六九冊一三五七。

謝道承（一六九一―一七四一）等編、『福建通志』。『四庫全書』本。

謝旻・陶成（一七〇九進士）等編、『江西通志』。『中国方志叢書』本。

上海古籍出版社編、『続修四庫全書』。上海：上海古籍出版社、一九九五。

守遂編、『潙山警策註』。『続蔵経』第六三冊一二三九。

朱長文編、『呉郡図経続記』。『宋元方志叢刊』本。

周勛初編、『唐人軼事彙編』。二冊。上海：上海古籍出版社、一九九五。

周紹良主編、『全唐文新編』。二二冊。長春：吉林文史出版社、二〇〇〇。

周紹良・趙超編、『唐代墓誌彙編』。二冊。上海：上海古籍出版社、一九九二。

――、『唐代墓誌彙編続集』。上海：上海古籍出版社、二〇〇一。
周復俊（一四九六―一五七四）編、『全蜀芸文志』。『四庫全書』本。
宗密（七八〇―八四一）、『禅源諸詮集都序』。『大正蔵』第四八冊二〇一五。
――、『中華伝心地禅門師資承襲図』。『続蔵経』第六三冊一二二五。
――、『大方広円覚修多羅了義経略疏』。『大正蔵』第三九冊一七九五。
――、『円覚経大疏釈義鈔』。『続蔵経』第九冊二四五。
祝穆・祝洙（一二五六進士）編、『宋本方輿勝覧』。上海：上海古籍出版社、一九九一。
『汝州首山省念和尚語録』。『古尊宿語録』所収。
徐鉉（九一六―九九二）、『徐公文集』。『四部叢刊』本。
徐俊、『敦煌詩集残巻輯考』。北京：中華書局、二〇〇〇。
徐碩（一二六八進士）編、管芷湘補校、『嘉禾志』。『中国方志叢書』本。
徐松（一七八一―一八四八）、『登科記考』。三冊。北京：中華書局、一九八四。
舒大剛等編、『宋集珍本叢刊』。一〇八冊。北京：線装書局、二〇〇四。
『小品般若波羅蜜経』。『大正蔵』第八冊二二七。
正守、『嘉泰普灯録』（一二〇四）。『続蔵経』第七九冊一五五九。
紹曇、『五家正宗賛』（一二五四）。『続蔵経』第七八冊一五五四。
『勝天王般若波羅蜜経』。『大正蔵』第八冊二三一。
『勝鬘師子吼一乗大方広経』、求那跋陀羅訳。『大正蔵』第一二冊三五三。

浄符、『法門鋤宄』（一六六七）。『続蔵経』第八六冊一〇六四。

浄覚（六八三—七五〇？）、『楞伽師資記』。『大正蔵』第八五冊二八三七。

岑学呂（一八八二—一九六三）編、『雲居山志』。『中国仏寺史志彙刊』本。

神清（？—八二〇）、『北山録』。『大正蔵』第五二冊二一一三。

『信心銘』（僧璨のものとされる）。『大正蔵』第四八冊二〇一〇。

成尋著、王麗萍校点、『新校参天台五台山記』。上海：上海古籍出版社、二〇〇九。

成文出版社編、『中国方志叢書』。全五三五九冊。台北：成文出版社、一九六六—一九八五。

静・筠編、孫昌武・衣川賢次・西口芳男校点、『祖堂集』。北京：中華書局、二〇〇七。

善卿、『祖庭事苑』（一一〇八）。『続蔵経』第六四冊一二六一。

銭易、『南部新書』。『叢書集成初編』本。

銭学烈、『寒山拾得詩校評』。天津：天津古籍出版社、一九九八。

銭謙益（一五八二—一六六四）、『大仏頂首楞厳経疏解蒙鈔』。『続蔵経』第一三冊二八七。

銭穆（一八九五—一九九〇）、『荘子纂箋』。台北：東大図書公司、一九九三。

潜説友著、汪遠孫校補、『咸淳臨安志』、『中国方志叢書』本。

祖琇、『隆興仏教編年通論』。『続蔵経』第七五冊一五一二。

楚円（九八六—一〇三九）編、『汾陽無徳禅師語録』。『大正蔵』第四七冊一九九二。

蘇舜欽（一〇〇八—一〇四八）、『蘇学士文集』。『四部叢刊』本。

宋奎光等編、『径山志』。『中国仏教史志彙刊』本。

宋敏求（一〇一九—一〇七九）編、『唐大詔令集』。上海：学林出版社、一九九二。
曹学佺（一五七四—一六四七）編、『蜀中広記』。『四庫全書』本。
『曹溪大師別伝』。『続蔵経』第八六冊一五九八。
曽棗荘・劉琳等編、『全宋文』三六〇冊。上海：上海辞書出版社、二〇〇六。
僧詳、『法華伝記』。『大正蔵』第五一冊二〇六八。
僧肇（三八四—四一四）、『肇論』。『大正蔵』第四五冊一八五九。
宗杲（一〇八九—一一六三）、『正法眼蔵』。『続蔵経』第六七冊一三〇九。
田中良昭訳注、『宝林伝訳注』。東京：内山書店、二〇〇三。
戴明琮（十七世紀）、『明州岳林寺志』。『中国仏寺史志彙刊』本。
大寧、「法門鋤宄叉序」、浄符『法門鋤宄』所収。
『大正新修大蔵経』。全一〇〇冊。大蔵出版編集部編。東京：大蔵経刊行会、一九二四—一九三五、台北：新文豊出版公司、一九八三—一九八五。
『大集大虚空蔵菩薩所問経』。『大正蔵』第一三冊四〇四。
『大乗起信論』。『大正蔵』第三二冊一六六六。
『大乗入楞伽経』。『大正蔵』第一六冊七六二。
『大乗本生心地観経』。『大正蔵』第三冊一五九。
『大乗無生方便門』。『大正蔵』第八五冊二八三四。
『大智度論』、鳩摩羅什（三四三？—四一三）訳。『大正蔵』第二五冊一五〇九。

『大般涅槃経』、曇無讖（三八五—四三三）訳。『大正蔵』第一二冊三七四。
『大般若波羅密多経』、玄奘（五九六—六六四）訳。『大正蔵』第五—七冊二二〇。
『大仏頂如来密因修証了義諸菩薩万行首楞厳経』、『大正蔵』第一九冊九四五。
『大方広仏華厳経』、仏陀跋陀羅訳。『大正蔵』第一二冊二七九。
『大宝積経』。『大正蔵』第一一冊三一〇。
『大方等大集経』、『大正蔵』第一三冊三九七。
『大方等如来蔵経』、仏陀跋陀羅（三五九—四二九）訳。『大正蔵』第一六冊六六六。
脱脱（一三一四—一三五五）等編、『宋史』。四〇冊。北京：中華書局、一九八五。
段成式（?—八六三）、『酉陽雑俎』。北京：中華書局、一九八一。
致祐、『大元延祐重刊人天眼目後序』、智昭編『人天眼目』所収。
智顗（五三八—五九七）述、灌頂（五六一—六三二）記、『観音玄義』。『大正蔵』、第三四冊一七二六号。
——、『妙法蓮華経玄義』。『大正蔵』第三三冊一七一六。
——、『摩訶止観』。『大正蔵』第四六冊一九一一。
智儼（六〇二—六六八）、『華厳五十要問答』。『大正蔵』第四五冊一八六九。
智昇、『開元釈教録』。『大正蔵』第五五冊二一五四。
——、『続古今訳経図紀』。『大正蔵』第五五冊二一五二。
智昭編、『人天眼目』（一一八八）。『大正蔵』第四八冊二〇〇六。
中華書局編輯部編、『宋元方志叢刊』。全八冊。北京：中華書局、一九九〇。

中華大蔵経編輯局編、『中華大蔵経』。全一〇六冊。北京：中華書局、一九八四―一九九六。
中華電子仏典協会、『電子仏典集成光盤』。台北：www.cbeta.org
中国古籍善本書目編輯委員会編、『中国古籍善本書目・子部』。上海：上海古籍出版社、一九九四。
『中本起経』、曇果・康孟祥訳。『大正蔵』第四冊一九六。
『中論』、鳩摩羅什訳。『大正蔵』、第三〇冊一五六四。
褚景昕編、『贛県志』。『中国方志叢書』本。
晁迥（九五一―一〇三四）、『法蔵砕金録』。『四庫全書』本。
――、『道院集要』。『四庫全書』本。
晁公武撰、孫猛校証、『郡斎読書志校証』。二冊。上海：上海古籍出版社、一九九〇。
張説、『張説之文集』。『四部叢刊』本。
張仲炘編、『湖北金石志』。『歴代石刻史料彙編』本。
張興言・謝煌等編、『宜黄県志』。『中国方志叢書』本。
『超宗慧方禅師語録』。『続蔵経』、第六九冊一三四五。
超備、『四明翠山禅寺志略』。『中国仏寺志叢刊続編』本。
朝鮮総督府編、『朝鮮金石総覧』。二冊。京城：朝鮮総督府、一九一九。
趙不悔・羅願（一一三六―一一八四）等編、『新安志』。『中国方志叢書』本。
趙明誠（一〇八一―一一二九）編、金文明校証、『金石録校証』。桂林：広西師範大学出版社、二〇〇五。
澄観（七三八―八三九）、『大方広仏華厳経疏』。『大正蔵』第三五冊一七三五。

――、『大方広仏華厳経随疏演義鈔』。『大正蔵』第三六冊一七三六。
陳耆卿、『嘉定赤城志』。『宋元方志叢刊』本。
陳尚君編、『全唐詩補編』。全三冊。北京：中華書局、一九九二。
――、『全唐文補編』。全三冊。北京：中華書局、二〇〇五。
陳舜兪（?―一〇七二）、『都官集』。『宋集珍本叢刊』本。
――、『廬山記』。『大正蔵』第五一冊二〇九五。
陳田夫、『南岳総勝集』、『宛委別蔵』本。
『鎮州臨済慧照禅師語録』。『大正蔵』第四七冊一九八五。
通容（一五九三―一六六一）、『五灯厳統目録』。『続蔵経』第八〇冊一五六七。
丁丙（一八三二―一八九九）、『善本書室蔵書志』。北京：中華書局、一九九〇。
鄭樵（一一〇四―一一六二）、『通志二十略』。北京：中華書局、一九九五。
天頙編、『禅門宝蔵録』（一二九三）。『続蔵経』第六四冊一二七六。
『添品妙法蓮華経』。『大正蔵』第九冊二六四。
『伝教大師全集』。大津：比叡山図書刊行所一九二七年版。
杜潔祥編、『中国仏寺史志彙刊』二輯全八〇冊。台北：明文書局、一九八〇。
杜朏、『伝法宝記』。『大正蔵』第八五冊二八三八。
陶岳（九八〇進士）、『五代史補』。『四庫全書』本。
道原、『景徳伝灯録』。『四部叢刊』本、『大正蔵』第五一冊二〇七六。

道世（？—六八四）編、周叔迦・蘇晋仁校注、『法苑珠林校注』。北京：中華書局、二〇〇六。

道誠編、『釈氏要覧』（一〇一九）。『大正蔵』第五四冊二一二七。

道宣（五九六—六六七）、『続高僧伝』。『大正蔵』第五〇冊二〇六〇。

——、『広弘明集』。『大正蔵』第五二冊二一〇三。

——、『量処軽重儀』。『大正蔵』第四五冊一八九五。

董誥（一七四〇—一八一八）等編、『全唐文』。全一〇冊。一八一四。北京：中華書局、一九八三。

鄧夢琴・強振志等編、『宝鶏県志』。『中国方志叢書』本。

独孤及（七一五—七六七）、『毘陵集』。『四部叢刊』本。

徳煇編、『勅修百丈清規』。『大正蔵』第四八冊二〇二五。

徳清（一五四六—一六二三）、『廬山帰宗寺志』。『中国仏寺志叢刊』本。

『頓悟入道要門論』。『続蔵経』第六三冊一二二三。

『入楞伽経』。『大正蔵』第一六冊一六七一。

念常編、『仏祖歴代通載』。『大正蔵』第四九冊二〇三六。

裴休（七八七？—八六〇）編、『黄檗山断際禅師伝心法要』。『大正蔵』第四八冊二〇一二A。

白化文・張智主編、『中国仏寺志叢刊』。全一三〇冊。揚州：広陵書社、一九九六。

白化文・劉永明・張智主編、『中国仏寺志叢刊続編』。全一〇冊。揚州：広陵書社、二〇〇一。

白居易著、朱金城箋校、『白居易集箋校』。全六冊。上海：上海古籍出版社、一九八八。

白珽（一二四八—一三二八）、『湛淵静語』。『叢書集成初編』本。

『百丈広録』、『四家録』、『古尊宿語録』所収。
范成大（一一二六―一一九三）、『呉郡志』。『宋元方志叢刊』本。
潘自牧（一一九六進士）編、『記纂淵海』。『四庫全書』本。
普済（一一七九―一二五三）編、『五灯会元』。全三冊。北京：中華書局、一九八四。
『福州玄沙宗一大師広録』。『続蔵経』第七三冊一四四五。
『仏性論』。『大正蔵』第三一冊一六一〇。
『仏説観無量寿仏経』。『大正蔵』第一二冊三六五。
『仏説不増不減経』、菩提流支訳。『大正蔵』第一六冊六六八。
『仏説仏名経』。『大正蔵』第一四冊四四〇。
『仏説法句経』。『大正蔵』第八五冊二九〇一。
『仏説維摩詰経』、支謙訳。『大正蔵』第一四冊四七五。
法蔵（六四三―七一二）、『華厳一乗教義分斉章』。『大正蔵』第四五冊一八六六。
――、『華厳経探玄記』。『大正蔵』第三五冊一七三三。
――、『華厳遊心法界記』。『大正蔵』第四五冊一八七七。
――、『修華厳奥旨妄尽還源観』。『大正蔵』第四五冊一八七六。
――、『大乗起信論義記』。『大正蔵』第四四冊一八四六。
『宝刻類編』。『叢書集成初編』本。
『宝蔵論』。『大正蔵』第四五冊一八五七。

彭定求（一六四五―一七一九）等編、『全唐詩』（一七〇七）。全二五冊。北京：中華書局、一九六〇。
『龐居士語録』。『続蔵経』第六九冊一三三六。
本覚、『釈氏通鑑』。『続蔵経』第七六冊一五一六。
『卍新纂大日本続蔵経』。東京：国書刊行会、一九七五―一九八九。
『卍大日本続蔵経』。中野達慧主編。全一五〇冊。京都：蔵経書院、一九〇五―一九一二、台北：新文豊出版公司、一九八八。
妙源編、『虚堂和尚語録』。『大正蔵』第四八冊二〇〇〇。
『妙法蓮華経』、鳩摩羅什訳。『大正蔵』第九冊二〇二。
『無錫県志』。『四庫全書』本。
『明州大梅山常禅師語録』。『金沢文庫資料全書・仏典』第一冊、『禅籍篇』。
文益（八八五―九五八）、『宗門十規論』。『続蔵経』第六三冊一二二六。
『文殊師利所説摩訶般若波羅蜜経』。『大正蔵』第八冊七二六。
柳田聖山編、『禅学叢書・古尊宿語要』。京都：中文出版社、一九七三。
――、『四家語録・五家語録』。京都：中文出版社、一九八三。
兪希魯（一二七九―一三六八）編、『至順鎮江志』。『続修四庫全書』本。
『維摩詰所説経』、鳩摩羅什訳。『大正蔵』、第一四冊四七五号。
尤袤（一一二七―一一九四）、『遂初堂書目』。『海山仙館叢書』本。
姚寛（一一〇五―一一六二）、『西渓叢語』。北京：中華書局、一九九三。

姚鉉（九六八—一〇二〇）編、『唐文粋』（一〇一一）。『四部叢刊』本。
楊億（九七四—一〇二〇）、『武夷新集』。『四部叢刊』本。
楊衒之著、範祥雍校注、『洛陽伽藍記校注』。上海：上海古籍出版社、一九七八。
楊周憲（一六六四進士）・趙日冕等編、『新建県志』。『中国方志叢書』本。
楊曽文編、『敦煌新本六祖壇経』。北京：宗教文化出版社、二〇〇一。
——、『神会和尚禅話録』。北京：中華書局、一九九六。
葉昌熾（一八四七?—一九一七）、『寒山寺志』。『中国仏寺史志彙刊』本。
羅濬等編、『宝慶四明志』、『宋元方志叢刊』本。
李瀚章（一八二一—一八九九）等編、『湖南通志』。『続修四庫全書』本。
李吉甫（七五八—八一四）、『元和郡県図志』。全二冊。北京：中華書局、一九八三。
李亢、『独異志』。北京：中華書局、一九八三。
李遵勗（九八八—一〇三八）、『天聖広灯録』（一〇二九）。『続蔵経』、第七八冊一五五三。
李昉（九二五—九九六）等編、『太平御覧』。北京：中華書局、一九六〇。
——、『太平広記』。全一〇冊。北京：中華書局、一九六一。
——、『文苑英華』。北京：中華書局、一九六六。
陸継煇（一八三九—一九〇五）編、『八瓊室金石補正続編』。『続修四庫全書』本。
陸心源（一八三四—一八九四）編、『唐文拾遺』。『全唐文』第一一冊。
——、『唐文続拾』。『全唐文』第一一冊。

陸増祥（一八一六—一八八二）編、『八瓊室金石補正』。『続修四庫全書』本。

陸耀遹（一七七四—一八三六）編、『金石続編』。『続修四庫全書』本。

柳宗元（七七三—八一九）、『柳河東集』。全二冊。上海：上海人民出版社、一九七四。

劉禹錫（七七二—八四二）著、瞿蛻園注、『劉禹錫集箋証』。全三冊。上海：上海古籍出版社、一九八九。

劉喜海（？—一八五三）編、『海東金石苑』。全四冊。『石刻史料叢書』本。

劉昫（八八八—九四七）等編、『旧唐書』。全一六冊。北京：中華書局、一九七五。

劉将孫、『養吾斎集』。『四庫全書』本。

呂粛高・張雄図等編、『長沙府志』。『中国方志叢書』本。

呂懋先・帥方蔚等編、『奉新県志』（一八七一）。『中国地方志集成』本。

淩万頃（一二六二進士）・邊実編、『淳祐玉峰志』（一二五一）。『続修四庫全書』本。

『楞伽阿跋多羅宝経』、求那跋陀羅（三九四—四六八）訳。『大正蔵』第一六冊六七〇。

梁克家（一一二八—一一八七）、『淳熙三山志』。『宋元珍稀地方志叢刊』本。

林弘衍編、『雪峰真覚禅師語録』（一六三九）。『続蔵経』、第六九冊一三三三。

林述訓・欧樾華等編、『韶州府志』。『中国方志叢書』本。

林宝著、岑仲勉校記、郁賢皓・陶敏整理、孫望審訂、『元和姓纂』。全三冊。北京：中華書局、一九九四。

霊祐（七七一—八五三）、『大潙警策』。敦煌写本Ｐ四六三八、黄永武編『敦煌宝蔵』第一三四冊、九一—九二頁、『全唐文』（「警策文」と題する）巻九一九、三頁b—七頁b所収。

『歴代法宝記』。『大正蔵』第五一冊二〇七五。

楼鑰（一一三七—一二一三）、『攻媿集』。『叢書集成初編』本。

三、研究論著

Adamek, Wendi L. "Robes Purple and Gold: Transmission of the Robe in the *Lidai fabao ji*" (Record of the Dharma-Jewel through the Ages). *History of Religions* 40.1 (2000): 58-81.

———. "Imaging the Portrait of a Chan Master." In *Chan Buddhism in Ritual Context*, ed. Bernard Faure, 36-73.

———. *The Mystique of Transmission: On an Early Chan History and Its Contexts*. New York: Columbia University Press, 2006.

———. *The Teachings of Master Wuzhu: Zen and Religion of No-religion*. New York: Columbia University Press, 2011.

App, Urs. "Facets of the Life and Teaching of Chan Master Yunmen Wenyan (864-949)." Ph.D. diss. Temple University, 1989.

———. "The Making of a Chan Record: Reflections on the History of the *Record of Yunmen* 雲門広録."『禅文化研究所紀要』一七（一九九一）一—九頁。

Barrett, Timothy H. Li Ao: Buddhist, *Taoist, or Neo-Confucian?* New York: Oxford University Press, 1992.

Berling, Judith. "Bringing the Buddh a Down to Earth: Notes on the Emergence of Yü-lu as a Buddhist Genre." *History of Religions* 27.1 (1987): 56-88.

Blofeld, John, trans. *The Zen Teaching of Huang-po on the Transmission of Mind*. New York: Grove Press, 1958.

———, trans. *The Zen Teaching of Hui Hai*. 1962. Reprint, New York: Samuel Weiser, 1972.

———, trans. *The Zen Teaching of Instantaneous Awakening*. Leicester: Buddhist Publishing Group, 1987.

Bodiford, William M, ed. *Going forth: Visions of Buddhist Vinaya. Essays Presented in Honor of Professor Stanley Weinstein*. Honolulu: University of Hawaii Press, 2005.

Bol, Peter K. "*This Culture of Ours": Intellectual Transitions in T'ang and Sung China*. Stanford: Stanford University Press, 1992.

訳者付記：劉寧訳『斯文——唐宋思想的転型』南京：江蘇人民出版社、二〇〇一。

Broughton, Jeffrey L. *The Bodhidhsrma Anthology: The Earliest Records of Zen*. Berkeley and Los Angeles: University of California Press, 1999.

———. *Zongmi on Chan*. New York: Columbia University, 2009.

Brown, Brian Edward. *The Buddha Nature: A Study of the Tathāgatagarbha and Ālayavijñāna*. Delhi: Motilal Barsidass Publishers, 1991.

Brown, Peter. "The Saint as Exemplar in Late Antiquity." *Representations* 1.2 (1983): 1–25.

Buswell, Robert E., Jr. *The Korean Approach to Zen: The Collected Works of Chinul*. Honolulu: University of Hawaii Press, 1983.

———. *The Formation of Ch'an Ideology in China and Korea: The Vajrasmādhi-Sūtra, a Buddhist Apocryphon*. Princeton: Princeton University Press, 1989.

———. "The 'Short-cut' Approach of K'an-hua Meditation: The Evolution of a Practical Subitism in Chinese Ch'an

Buddhism." *In Sudden and Gradul*, ed. Peter N. Gregory, 321–77.

———, ed. *Chinese Buddhist Apocrypha*. Honolulu: University of Hawaii Press, 1990.

———, ed. *Encyclopedia of Buddhism*. 2 vols. New York: Macmillan, 2004.

———, ed. *Currents and Countercurrents: Korean Influences on the Buddhist Traditions of East Asia*. Honolulu: University of Hawaii Press, 2005.

Buswell, Robert E., Jr., and Robert M. Gimello, eds. *Paths to Liberation: The Mārga and Its Transformations in Buddhist Thought*. Honolulu: University of Hawii Press, 1992.

Chang, Chung-yuan, trans. *Original Teachings of Chan Buddhism*. New York: Vintage Books, 1971.

Chappell, David W. "The Teachings of the Fourth Ch'an Patriarch Tao-hsin (580–651)." In *Early Ch'an in China and TiBet*, ed. Whalen Lai and Lewis R. Lancaster, 89–130.

———, ed. *Buddhist and Taoist Practice in Medieval Chinese Society*. Honolulu: University of Hawaii Press, 1987.

———. "Hermeneutical Phases in Chinese Buddhism," in Donald S. Lopez, Jr., ed., *Buddhist Hermeneutics*, 175–205.

Chen, Huaiyu. *The Revival of Buddhist Monasticism in Medieval China*. New York: Peter Lang, 2007.

Chen, Jinhua（陳金華）. *Making and Remaking History: A Study of Tiantai Sectarian Historiography*. Tokyo: The International Institute for Buddhist Studies, 1999.

———. "An Alternative View of the Meditation Tradition in China: Meditation in the Life and Works of Daoxuan (596–667)." *T'oung Pao* 88.4–5 (2002): 332–95.

———. *Monks and Monarchs, Kinship and Kingship: Tanqian in Sui Buddhism and Politics*. Kyoto: Scuola Italiana di

Studi sull'Asia Orientale, 2002.

———. *Philosopher, Practitioner, Politician: the Many Lives of Fazang* (643-712). Leiden: Brill, 2007.

Ch'en, Kenneth K. S. *Buddhism in China: A Historical Survey*. Princeton: Princeton University Press, 1964.

———. *The Chinese Transformation of Buddhism*. Princeton: Princeton University Press, 1973.

訳者付記：福井文雅・岡本天晴訳『仏教と中国社会』東京：金花舎、一九八一。

Cheng, Chien (i.e. Mario Poceski). *Sun-Face Buddha: The Teaching of Ma-tsu and the Hung-chou School of Chan*. Berkeley: Asian Humanities Press, 1992.

Cheng, Hsüeh-li. "Zen and San-lun Madhyamika Thought: Exploring the Theoretical Foundation of Zen Teachings and Practices." *Religious Studies* 15 (1979): 343-63.

Chou, Yi-liang (周一良、1913-2001). "Tantrism in China." *Harvard Journal of Asiatic Studies* 8.3-4 (1945): 241-332.

訳者付記：銭文忠訳『唐代密宗』上海：上海遠東出版社、一九九六。

Cleary, Thomas, trans. *Sayings and Doings of Pai-chang*. Los Angeles: Center Publications, 1978.

———, trans. *The Flower Ornamant Scripture*, 3 vols. Boston & London: Shambala Publications, 1978.

Cole, Alan. *Fathering Your Father: The Zen of Fabrication in Tang Buddhism*. Berkeley: University of California Press, 2009.

Collcutt, Martin. "The Early Ch'an Monastic Rule: Ch'ing Kuei and the Shaping of Ch'an Community Life." In *Early Ch'an in China and Tibet*, ed. Lai and Lancaster, 165-184.

Conze, Edward. *Buddhism: Its Essence and Development*. New York: Harper and Row, 1959.

———. *Buddhist Thought in India: Three Phases of Buddhist Philosophy*. 1962. Reprint, Ann ArBor: University of Michigan Press, 1967.

Cook, Francis H. "Fa-tsang's Treatise on the Five Doctrines: An Annotated Translation." Ph.D. diss. University of Wisconsin, 1970.

———. *Hua-yen Buddhism: The Jewel Net of Indra*. University Park: The Pennsylvania State University Press, 1977.

Csongor, B. "Poetical Rhymes and Dialects in T'ang Times," Cina 7 (1964): 20-32.

Delehaye, Hippolyte. *The Legends of the Saints*, trans. Donald Attwater. New York: Fordham University Press, 1962.

Demiéville, Paul (1894-1979). *Le concile de Lhasa: Une controverse sur le quiétisme entre les Bouddhistes de l'Inde et de la Chine au VIIIe siècle de l'ère chrétienne*. Paris: Press Universitaires de France, 1952.

訳者付記：耿昇訳『吐蕃僧諍記』蘭州：甘粛人民出版社、一九八四。

———. Entretiens de Lin-tsi. Paris: Fayard, 1972.

———. "The Mirror of the Mind." In *Sudden and Gradual*, ed. Gregory, 13-40.

Dudbridge, Glen. *Religious Experience and Lay Society in T'ang China*. Cambridge: Cambridge University Press, 1995.

Dumoulin, Heinrich. *Zen Buddhism*: A History. Vol. 1. Trans. James W. Heisig and Paul Knitter. Rev. ed. New York: Macmillan,1994.

Ebrey, Patricia Buckley, and Peter N. Gregory, eds. *Religion and Society in T'ang and Sung China*. Honolulu: University of Hawaii Press, 1992.

Eckel, Malcom David. To See the Buddha: *A Philosopher's Quest for the Meaning of Emptiness*. Princeton: Princeton University Press, 1992.

Faure, Bernard. "Bodhidharma as Textual and Religious Paradigm." *History of Religious* 25.3 (1986): 187-198.

———. "The Concept of One-Practice Samadhi in Early Ch'an." *Traditions of Meditation in Chinese Buddhism*, ed. Peter N. Gregory, 99-128.

———. *The Rhetoric of Immediacy: A Cultural Critique of Chan/Zen Buddhism*. Princeton: Princeton University Press, 1992.

———. *Chan Insights and Oversights: An Epistemological Critique of the Chan Tradition*. Princeton: Princeton University Press, 1993.

———. *The Will to Orthodoxy: A Critical Genealogy of Northern Chan Buddhism*, trans. Phyllis Brooks. Stanford: Stanford University Press, 1997.

訳者付記：蔣海怒訳『正統性的意欲——北宗禅之批判系譜』上海：上海古籍出版社、二〇一〇。

———, ed. *Chan Buddhism in Ritual Context*. London and New York: RoutledgeCurzon, 2003.

Ferguson, Andy. *Zen's Chinese Heritage: The Masters and Their Teachings*. Somerville, MA: Wisdom Publications, 2011.

Foulk, T. Griffith. "The Ch'an School and Its Place in the Buddist Monastic Tradition." Ph.D. diss. University of Michigan, 1987.

———. "The Ch'an Tsung in Medieval China: School, Lineage, or What?" *The Pacific World*, New Series 8 (1992):

18-31.

———. "Myth, Ritual, and Monastic Practice in Sung Ch'an Buddhism." In *Religion and Society in T'ang and Sung China*, ed. Ebrey and Gregory, 147–208.

———. "Sung Controversies Concerning the 'Separate Transmission' of Chan." In *Buddhism in the Sung*, ed. Gregory and Getz, Jr., 220–294.

Foulk, T. Griffith, and Robert H. Sharf. "On the Ritual Use of Chan Portraiture in Medieval China." In *Chan Buddhism in Ritual Context*, ed. Faure, 74–150.

Gardner, Daniel K. "Modes of Thinking and Modes of Discourse in the Sung: Some Thoughts of the Yü-lu ('Recorded Conversations') Texts." *The Journal of Asian Studies* 50.3 (1991): 574–603.

Gernet, Jacques. *Buddhism in Chinese Society: An Economic History from the Fifth to the Tenth Centuries*. Trans. Franciscus Verellen. New York: Columbia University Press, 1995.

Gimello, RoBert M. "Apophatic and Kataphatic Discourse in Mahayana: A Chinese View." *Philosophy East and West* 26.2 (1976): 117–136.

———. "The Sudden/Gradual Polarity: A Recurrent Theme in Chinese Thought." *Journal of Chinese Philosophy* 9 (1982): 471–486.

Gimello, Robert M., and Peter N. Gregory, eds. *Studies in Ch'an and Huayen*. Honolulu: University of Hawaii Press, 1983.

Granoff, Phyllis and Koichi Shinohara, eds. *Monks and Magicians: Religious Biographies in Asia*. Oakville, Ont.: Mosaic

Press, 1988.

Gregory, Peter N. "The Problem of Theodicy in the Awakening of Faith." *Religious Studies* 22.1 (1986) : 6–78.

———. "What Happened to the 'Perfect Teaching'? Another Look at Hua-yen Buddhist Hermeneutics." In Donald S. Lopez, Jr., ed., *Buddhist Hermeneutics*, 207–230.

———. *Tsung-mi and the Sinification of Buddhism*. Princeton: Princeton University Press, 1991.

———. *Inquiry into the Origin of Humanity: An Annotated Translation of Tsung-mi's Yüan jen lun with a Modern Commentary*. Honolulu: University of Hawaii Press, 1995.

———, ed. *Traditions of Meditation in Chinese Buddhism*. Honolulu: University of Hawaii Press, 1986.

———, ed. *Sudden and Gradual Approaches to Enlightenment in Chinese Thought*. Honolulu: University of Hawaii Press, 1987.

訳者付記：馮煥珍ほか訳『頓与漸——中国思想中通往覚悟的不同法門』上海：上海古籍出版社、二〇一〇。

Green, James, trans. *The Sayings of Layman P'ang: A Zen Classic of China*. Boston: ShamBhala, 2009.

Gregory, Peter N., and Daniel A. Getz, Jr., eds. *Buddhism in the Sung*. Honolulu: University of Hawaii Press, 1999.

Griffiths, Paul J., and John P. Keenan, eds. *Buddha Nature: A Festschrift in Honor of Minoru Kiyota*. Tokyo: Buddhist Books International, 1990.

Grosnick, William H. "Nonorigination and Nirvana in the Early Tathāgata-garbha Literature." *Journal of the International Association of Buddhist Studies* 4.2 (1981) : 33–43.

Hakeda Yoshito, trans. *The Awakening of Faith*. New York: Columbia University Press, 1967.

Heine, Steven. *Opening a Mountain: Kōans of the Zen Masters.* Oxford University Press, 2002.

Heine, Steven, and Dale S. Wright, eds. *The Kōan: Texts and Contexts in Zen Buddhism.* Oxford: Oxford University Press, 2000.

———. *The Zen Canon: Understanding the Classic Texts.* New York: Oxford University Press, 2004.

———. *Zen Classics: Formative Texts in the History of Zen Buddhism.* New York: Oxford University, 2006.

———. *Zen Ritual: Studies of Zen Buddhist Theory in Practice.* New York: Oxford University Press, 2008.

———. *Zen Masters.* New York: Oxford University Press, 2010.

Hershock, Peter D. *Liberating Intimacy: Enlightenment and Social Virtuosity in Ch'an Buddhism.* AlBany: State University of New York Press, 1996.

Hirai Shun'ei（平井俊栄）. "The School of Mount Niu-t'ou and the School of the Pao-T'ang Monastery," trans. Silvio Vita, *Philosophy East and West* 37.1-4（1987）: 337-372.

Hirakawa Akira（平川彰）. *A History of Indian Buddhism: From Śākyamuni to Early Mahāyāna.* Trans. and ed. Paul Groner. Honolulu: University of Hawaii Press, 1990.

Hu, Shi（胡適、1891-1962）."Ch'an/Zen Buddhism in China: Its History and Method." *Philosophy East and West* 3.1（1953）: 3-24.

訳者付記：小川隆訳「胡適『中国における禅——その歴史と方法論』」『駒沢大学禅研究所年報』一一、二〇〇〇。

Hubbard, James B., and Paul L. Swanson, eds. *Pruning the Bodhi Tree: The Storm over Critical Buddhism.* Honolulu: University of Hawaii Press, 1997.

Hucker, Charles O. *A Dictionary of Official Titles in Imperial China.* Stanford: Stanford University Press, 1985.

Jan, Yün-hua (冉雲華). "Tsung-mi: His Analysis of Ch'an Buddhism." T'oung Pao 53 (1972): 1-53.

———. "Two Problems Concerning Tsung-mi's Compilation of Ch'an-tsang." *Transactions of the International Conference of Orientalists in Japan* 19 (1974): 37-47.

———. "Conflict and Harmony in Ch'an Buddhism." *Journal of Chinese Philosophy* 4 (1977): 287-302.

Jia, Jinhua (賈晋華). "Doctrinal Reformation of the Hongzhou School of Chan Buddhism." *Journal of International Association of Buddhist Studies* 2001.2: 7-26.

———. "Mazu Daoyi: A Complete Biography." *Taiwan Journal of Religious Studies* 1.2 (2001): 119-150.

———. "The Creation and Codification of Monastic Regulations at Mount Baizhang." *Journal of Chinese Religions* 33 (2005): 39-59.

———. *The Hongzhou School of Chan Buddhism in Eighth-through-Tenth Century China.* Albany: State University of New York Press, 2006.

Johnston, William M., ed. *Encyclopedia of Monasticism*, 2 vols. Chicago: Fitzroy Dearborn, 2000.

Jorgensen, John J. "The 'Imperial' Lineage of Ch'an Buddhism: The Role of Confucian Ritual and Ancestor Worship in Chan's Search for Legitimation in the Mid-T'ang Dynasty." *Papers on Far Eastern History* 35 (1987): 89-133.

———. "Hagiography: Buddhist Perspectives," in William M. Johnston, ed., *Encyclopedia of Monasticism*, 1: 563-564.

———. *Inventing Hui-neng, the Sixth Patriarch: Hagiography and Biography in Early Ch'an.* Leiden , Boston: Brill, 2005.

———. "Korea as a Source for the Regeneration of Chinese Buddhism: The Evidence of Ch'an and Son Literature," in Robert Buswell, Jr., ed., *Currents and Countercurrents: Korean Influences on the Buddhist Traditions of East Asia*, 73–152.

Kalupahana, David J. *Buddhist Philosophy: A Historical Analysis*. Honolulu: University of Hawaii Press, 1976.

Kieschnick, John. *The Eminent Monk: Buddhist Ideals in Medieval Chinese Hagiography*. Honolulu: University of Hawaii Press, 1997.

King, Sallie B. *Buddha Nature*. AlBany: State University of New York Press, 1991.

Kubo Tsugunari（久保継成）, and Yuyama Akira（湯山明）, trans. *The Lotus Sutra*. Berkeley: Numata Center for Buddhist Translation and Research, 1993.

Lai, Whalen. "Chan Metaphors: Waves, Water, Mirror, and Lamp," *Philosophy East and West* 29（1979）: 243–255.

———. "Ma-tsu Tao-i and the Unfolding of Southern Zen," *Japanese Journal of Religious Studies* 12.2–3（1985）: 173–192.

Lai, Whalen, and Lewis R. Lancaster, eds. *Early Ch'an in China and Tibet*. Berkeley: Asian Humanities Press, 1983.

Lamotte, Étienne. History of Indian Buddhism: From the Origins to the Śaka Era. Trans. Sara Webb-Boin and Jean Dantinne. Louvain-Paris: Peeters Press, 1988.

Lievens, Bavo. *The Recorded Sayings of Ma-tsu*. Trans. Julian F. Pas. Lewiston: Edwin Mellen Press, 1987.

Liu, Ming-wood（廖明活）. *Madhyamaka Thought in China*. Leiden: Brill, 1994.

Lopez, Donald S., Jr., ed. *Buddhist Hermeneutics*. Honolulu: University of Hawaii Press, 1988.

訳者付記：周広栄ほか訳『仏教解釈学』上海：上海古籍出版社、二〇〇九。

Mair, Victor H. *Tun-huang Popular Narratives*. Cambridge: Cambridge University Press, 1983.

———. "Script and Word in Medieval Vernacular Sinitic," *Journal of the American Oriental Society* 112.2 (1992): 269–278.

———. *Tracks of the Tao, Semantics of Zen*. Philadelphia: Order from Dept. of Oriental Studies, University of Pennsylvania, 1991.

Maraldo, John C. "Is There Historial Consciousness within Ch'an?" *Japanese Journal of Religious Studies* 12.2–3 (1985): 141–172.

Martin, Collcutt. "The Early Ch'an Monastic Rule: Ch'ing kuei and the Shaping of Ch'an Community Life." *Early Ch'an in China and Tibet*, ed. Lai and Lancaster, 165–184.

Matsumoto Shiro（松本史朗）. "The Doctrine of Tathāgata-garBha Is Not Buddhist." In *Pruning the Bodhi Tree: The Storm over Critical Buddhism*, ed. Hubbard and Swanson, 165–173.

———. "Critiques of Tathāgata-garbha Thought and Critical Buddhism."『駒沢大学仏教学部論集』三三（二〇〇二）三六〇―三七八頁。

McMullen, David. *State and Scholars in Tang China*. Cambridge: Cambridge University Press, 1988.

———. "Li Chou: a Forgotten Agnostic of the Late-Eighth Century," *Asia Major* Third Series 8.2 (1995): 57–105.

McRae, John R. "The Ox-head School of Chinese Ch'an Buddhism: From Early Ch'an to the Golden Age." *In Studies in Ch'an and Hua-yen*, ed. Gimello and Gregory, 169–252.

——. *The Northern School and the Formation of Early Ch'an Buddhism*. Honolulu: University of Hawaii Press, 1986.

——. "Shenhui and the Teaching of Sudden Enlightenment in Early Chan Buddhism." *In Sudden and Gradual*, ed. Gregory, 227–278.

——. "Encounter Dialogue and the Transformation in Ch'an." In *Paths to Liberation: the Marga and Its Transformations in Buddhist Thought*, ed. Buswell and Gimello, 339–369.

——. "Shenhui's Vocation on the Ordination Platform and Our Visualization of Medieval Chinese Ch'an Buddhism." *Annual Report of the Institute for Zen Studies, Hanazono University* 24 (1998): 43–66.

——. "The Antecedents of Encounter Dialogue in Chinese Ch'an Buddhism." In *The Kōan: Texts and Contexts in Zen Buddhism*, ed. Heine and Wright, 54–70.

——. *Seeing through Zen: Encounter, Transformation, and Genealogy in Chinese Chan Buddhism*. Berkeley: University of California Press, 2003.

訳者付記：小川隆訳『虚構ゆえの真実——新中国禅宗史』東京：大蔵出版、二〇一二。

Miao, Ronald C., ed. *Studies in Chinese Poetry and Poetics*. San Francisco: Chinese Materials Center, 1978.

Mizuno Kōgen（水野弘元）. *Buddhist Sutras: Origin, Development, Transmission*. Tokyo: Kosei, 1982.

Nienhauser, William H., Jr., ed. *The Indiana Companion to Traditional Chinese Literature*. 2 vols. Bloomington: Indiana University Press, 1986 & 1998.

Ng Yu-Kwan（呉汝鈞）. *T'ian-t'ai Buddhism and Early Madhyamika*. Honolulu: University of Hawaii Press, 1993.

Ogata Sohaku. *The Transmission of the Lamp: Early Masters*. Wolfboro: Longwood Academic, 1990.

Orzech, Charles D. "Maṇḍalas on the Move: Reflections from Chinese Esoteric Buddhism Circa 800 C. E.," *Journal of the International Association of Buddhist Studies* 19.2 (1996): 209-244.

Peterman, Scott D. "The Legend of Huihai." PhD diss. Stanford University, 1986.

Poceski, Mario. "The Hongzhou School of Chan Buddhism during the Mid-Tang Period." PhD diss. University of California, Los Angeles, 2000.

———. "Mazu yulu and the Creation of the Chan Records of Sayings." In *The Zen Canon: Understanding the Classic Texts*, ed. Heine and Wright, 53-80.

———. "*Guishan jingce* (Guishan's Admonitions) and the Ethical Foundations of Chan Practice," *Zen Classics*, ed. Heine and Wright.

———. *Ordinary Mind as the Way: The Hongzhou School and the Growth of Chan Buddhism*. Oxford: Oxford University Press, 2007

Poo, Mu-chou. "The Images of Immortals and Eminent Monks: Religious Mentality in Early Medieval China," Numen 42 (1995): 172-196.

Power, William. *The Record of Tung-shan*. Honolulu: University of Hawaii Press, 1986.

PulleyBlank,Edwin G. "Linguistic Evidence for the Date of Han-Shan," in *Studies in Chinese Poetry and Poetics*, ed. Ronald C. Miao, 1172-1173.

Rawlinson, Andrew. "The Ambiguity of the Buddha-nature Concept in India and China," in *Early Ch'an in China and TiBet*, ed. Lai and Lancaster, 259-280.

Ray, Reginald. *Buddhist Saints in India: A Study in Buddhist Values and Orientations*. New York: Oxford University Press, 1994.

Reischauer, Edwin O., trans. *Ennin's Diary: The Record of a Pilgrimage to China in Search of the Law*. New York: Ronald Press, 1955.

Sasaki, Ruth Fuller et al., trans. *A Man of Zen: The Recorded Sayings of Layman P'ang*. New York: Weatherhill, 1971.

Sasaki, Ruth Fuller, trans., Thomas Yūhkō Kirchner, ed. *The record of Linji*. Honolulu : University of Hawaii Press, 2009.

Schlütter, Morten. "A Study in the Genealogy of the Platform Sutra." Studies in Central and East Asian Religions 2 (1989): 53-115.

———. *How Zen Became Zen: The Dispute over Enlightenment and the Formation of Chan Buddhism in Song-Dynasty China*. Honolulu: University of Hawaii Press, 2008.

Sharf, Robert H. *Coming to Terms with Chinese Buddhism: A Reading of the Treasure Store Treatise*. Honolulu: University of Hawaii Press, 2002.

訳者付記：夏志前・夏少偉訳『走進中国仏教――《宝蔵論》解読』上海：上海古籍出版社、二〇〇九。

———. "On Pure Land Buddhism and Ch'an/Pure Land Syncretism in Medieval China," *T'oung Pao* 88.4-5 (2002): 282-331.

Sheng-yen, trans. *The Sword of Wisdom*. TaiBei: Dharma Drum Corp., 1999.

Shih, Heng-ching (釈恒清). *The Syncretism of Ch'an and Pure Land Buddhism*. New York: Peter Lang PuBlishing,

1992.

Shim Jae-ryong. *Korean Buddhism: Tradition and Transformation.* Seoul: Jimoondang, 1999.

Shinohara Koichi. "Two Sources of Chinese Buddhist Biographies: Stupa Inscriptions and Miracle Stories," in Phyllis Granoff and Koichi Shinohara eds., *Monks and Magicians: Religious Biographies in Asia*, 119-229.

Solonin, K.J. "Tangut Chan Buddhism and Guifeng Zongmi."『中華仏学学報』一一（一九九八）三六五—四二四頁。

———. "Tang Heritage of the Tangut Buddhism." *Manuscripta Orientalia* 6.3 (2000): 17-24.

———. "Hongzhou Buddhism in Xixia and the Heritage of Zongmi (780-841): A Tangut Source." *Asia Major* 16.2 (2003): 57-103.

Soothill, William E. and Lewis Hodous, eds. *A Dictionary of Chinese Buddhist Terms.* Delhi: Motilal Banarsidass Publishers, 1937.

Stone, Jacqueline. *Original Enlightenment and the Transformation of Medieval Japanese Buddhism.* Honolulu: University of Hawaii Press, 1999.

Sutton, *Florin G. Existence and Enlightenment in the Lankāvatāra-sūtra: A Study in the Ontology and Epistemology of the Yogācāra School of Mahāyāna Buddhism.* Albany: State University of New York Press, 1991.

Suzuki Daisetsu（鈴木大拙、1870-1966）."Zen: A Reply to Hu Shih." *Philosophy East and West* 3.1 (1953): 25-46.

———. trans. *The Lankāvatāra Sūtra: A Mahayana Text.* London: Routledge, 1932.

Swanson, Paul L. *Foundations of T'ien-t'ai Philosophy: The Flowering of the Two Truths Theory in Chinese Buddhism.* Berkeley: Asian Humanities Press, 1989.

Takasaki Jikidō（高崎直道）. *A Study of the Ratnagotravibhāga (Uttaratantra): Being a Treatise on the Tathāgatagarbha Theory of Mahāyāna Buddhism*. Rome: Istituto Italiano per il Medio ed Estremo Orient, 1966.

Teiser, Stephen. *The Scripture on the Ten Kings and the Making of Purgatory in Medieval Chinese Buddhism*. Honolulu: University of Hawaii Press, 1994.

Twitchett, Denis. "The Monasteries and the Chinese Economy in Medieval Times." *Bulletin of the School of Oriental and African Studies* 19.3 (1957): 526–549.

———. *Financial Administration under the T'ang Dynasty*. 2nd ed. Cambridge: Cambridge Unversity Press, 1970.

———, ed. *The Cambridge History of China, Volume 3: Sui and T'ang China*. 589–906. Part 1. Cambridge: Cambridge University Press, 1979.

Wang, Youru. *Linguistic Strategies in Daoist Zhuangzi and Chan Buddhism: The Other Way of Speaking*. London and New York: RoutledgeCurzon, 2003.

Watson, Burton, trans. *The Zen Teachings of Master Lin-chi: A Translation of the Lin-chi lu*. Boston: Shambala, 1993.

Weinstein, Stanley. *Buddhism under the Tang*. New York: CamBridge University Press, 1987.

訳者付記：張煜訳『唐代仏教』上海：上海古籍出版社、二〇一〇。

———. "Schools of Buddhism: Chinese Buddhism." In *Encyclopedia of Religion*, ed. Mircea Eliade, vol. 2, 482–487. New York: Macmillan, 1987.

Welter, Albert. *The Meaning of Myriad Good Deeds: A Study of Yung-ming Yen-shou and the Wan-shan t'ung-kuei chi*. New York: Peter Lang, 1993.

———. "Lineage." *Encyclopedia of Buddhism*, 461–465.

———. "The Problem with Orthodoxy in Zen Buddhism: Yongming Yanshou's Notion of *zong* in the Zongjin lu (Records of the Source Mirror)." *Studies in Religion/Science Religieuses* 31.1 (2002): 3–18.

———. "Lineage and Context in the Patriarch's Hall Collection and the Transmission of the Lamp." In *Zen Canon*, ed. Heine and Wright, 137–180.

———. *Monks, Rulers, and Literati: the Political Ascendancy of Chan Buddhism*. New York: Oxford University Press, 2006.

———. *The Linji lu and the Creation of Chan Orthodoxy: The Development of Chan's Records of Sayings Literature*. New York: Oxford University Press, 2008.

———. *Yongming Yanshou's Conception of Chan in the Zongjing lu: A Special Transmission within the Scriptures*. New York: Oxford University Press, 2011.

Wright, Dale S. "Historical Understanding: The Ch'an Buddhist Transmission Narratives and Modern Historiography," *History and Theory* 31.1 (1992): 37–46.

———. "Emancipation from What? The Concept of Freedom in Classical Ch'an Buddhism," *Asian Philosophy* 3.2 (1993): 113–124.

———. "The Discourse of Awakening: Rhetorical Practice in Classical Chan Buddhism." *Journal of the American Academy of Religion* 61.1 (1993): 23–40.

———. *Philosophical Meditations on Zen Buddhism*. Cambridge: Cambridge University Press, 1998.

Wright, Arthur F. "Biography and Hagiography: Hui-chiao's *Lives of Eminent Monks*," 京都大学人文科学研究所編『創立廿五周年記念論文集』三八三—四三二頁。

Wu Chi-yu（呉其昱）. "A Study of Han-shan," *T'oung Pao* 45（1957）: 392–450.

Wu, Jiang. *Enlightenment in Dispute: The Reinvention of Chan Buddhism in Seventeenth-Century China.* Oxford: Oxford University Press, 2008.

Yampolsky, Philip B. *The Platform Sūtra of the Sixth Patriarch.* New York: Columbia University Press, 1967.

Yanagida Seizan（柳田聖山）. "*The Li-Dai Fa-Pao Chi* and the Ch'an Doctrine of Sudden Awakening." Trans. Carl W. Bielefeldt. In *Early Ch'an in China and TiBet*, 13–50.

———. "The 'Recorded Sayings' Texts of the Chinese Ch'an School." Trans. John R. McRae. In *Early Ch'an in China and TiBet*, 185–205.

Yang, Lien-sheng. "Buddhist Monasteries and Four Money Raising Institutions in Chinese History." *Harvard Journal of Asiatic Studies* 13（1961）: 174–191.

Yifa. *The Origins of Buddhist Monastic Codes in China: An Annotated Translation and Study of the Chanyuan qinggui.* Honolulu: University of Hawaii Press, 2002.

Zeuschner, Robert B. "The Concept of li nien（'Being free from thinking'）in the Northern Line of Ch'an Buddhism," in *Early Ch'an in China and Tibet*, 131–148.

Ziporyn, Brook. *Evil and/or/as the Good: Omnicentrism, Intersubjectivity and Value Paradox in Tiantai Buddhist Thought.* CamBridge, Mass.: Harvard University Press, 2000.

Zürcher, Erik (1928–2008). *The Buddhist Conquest of China: The Spread and Adaptation of Buddhism in Early Medieval China*. 2 vols. Leiden: Brill, 1959.
訳者付記：田中純男ほか訳『仏教の中国伝来』東京：せりか書房、一九九五。

阿部肇一、『増訂中国禅宗史の研究——政治社会史的考察』東京：研文出版、一九八六。

——、『禅宗社会と信仰——続中国禅宗史之研究』東京：近代文芸社、一九九三。

安藤俊雄（一九〇九—一九七三）、『天台学——根本思想とその展開』京都：平楽寺書店、一九六八。

郁賢皓、『唐刺史考全編』五冊、合肥：安徽大学出版社、二〇〇〇。

郁賢皓・胡可先、『唐九卿考』北京：中国社会科学出版社、二〇〇三。

石井修道、「洪州宗における西堂智蔵の位置について」『印度学仏教学研究』二〇—一（一九七八）二八〇—二八四頁。

——、「真福寺文庫所蔵の〝裴休拾遺問〟の翻刻」『禅学研究』六〇（一九八二）七一—一〇四頁。

——、『宋代禅宗史の研究』東京：大東出版社、一九八七。

——、「南陽慧忠の南方宗旨の批判について」『中国の仏教と文化——鎌田茂雄博士還暦記念論集』（東京：大蔵出版、一九八八）三一五—三四四頁。

——、「南宗禅の頓悟思想の展開——荷沢神会から洪州宗へ」『禅文化研究所紀要』二〇（一九九〇）一〇一—一五〇頁。

——、「百丈教団と潙山教団」『印度学仏教学研究』四一—一（一九九二）一〇六—一一一頁。

——、「百丈教団と潙山教団（続）」『印度学仏教学研究』四二—一（一九九三）二八九—二九五頁。

――――、「百丈清規の研究」『駒沢大学禅研究所年報』六（一九九五）一五―五三頁。

――――、「潙仰宗の盛衰（一―六）」『駒沢大学仏教学部論集』一八―二三、二四（一九八五―一九九一、一九九三）一一一―一六二、九六―一三八、一八―七六、八五―一一〇、八七―一二三、八三―一二一頁。

石川力山、「馬祖禅形成の一側面」『宗学研究』一三（一九七一）一〇五―一一〇頁。

――――、「馬祖像の変化過程」『印度学仏教学研究』二〇―二（一九七二）三〇九―三一一頁。

伊吹敦、『禅の歴史』京都：法蔵館、二〇〇一。

入矢義高、「寒山詩管窺」『東方学報』二八（一九五八）八一―一一五頁。

――――、『寒山』東京：岩波書店、一九五八。

――――、『馬祖の語録』京都：禅文化研究所、一九八四。

入谷仙介・松村昂、『寒山詩』東京：筑摩書房、一九七〇。

印順（一九〇六―二〇〇五）、『如来蔵之研究』台北：正聞出版社、一九八一。

――――、『中国禅宗史』一九七一、上海：上海書店、一九九二。

宇井伯寿（一八八二―一九六三）、『禅宗史研究』一九三九、東京：岩波書店、一九六六。

――――、『第二禅宗史研究』一九四一、東京：岩波書店、一九六六。

――――、『第三禅宗史研究』一九四二、東京：岩波書店、一九六六。

栄新江、「唐代禅宗的西域流伝」『禅学研究の諸相――田中良昭博士古稀紀念論集』五九―六八頁。

王運熙・楊明、「寒山子詩歌的創作時代」『中華文史論叢』四（一九八〇）四七―七五頁。

王栄国、「馬祖道一伝法活動考論」邢東風編『馬祖語録』二二五―二四三頁。

王重民（一九〇三―一九七五）、『敦煌遺書論文集』台北：明文書局、一九八五。

王鳳珠、『永明禅師禅浄融合思想研究』台北：学生書局、二〇〇七。

王力、『漢語語音史』北京：中国社会科学出版社、一九八五。

王利民、「馬祖道一贛州弘法考」張采民編『郁賢皓先生八十華誕紀念文集』二四七―二五五頁。

大石守雄、「古清規について」『禅学研究』一一（一九五三）八一―八八頁。

――、「清規の研究」『禅学研究』五四（一九六四）一〇九―一一五頁。

小川一乗、『如来蔵・仏性の研究――ダルマリンチェン造宝性論釈疏の解読』京都：文栄堂書店、一九七四。

小川隆、『神会――敦煌文献と初期の禅宗史』京都：臨川書店、二〇〇七。

――、『語録のことば――唐代の禅』京都：禅文化研究所、二〇〇七。

小川弘貫、『中国如来蔵思想研究』東京：中山書房、一九七六。

沖本克己、「百丈清規と禅院清規」『印度学仏教学研究』一七―二（一九六九）七三三―七七五頁。

――、「百丈古規について」『禅文化研究所紀要』一（一九八〇）五一―六一頁。

――、「臨済録におくる虚構と真実」『禅学研究』一（一九九五）一七―四九頁。

――、『趙州――飄々と禅を生きた達人の鮮かな風光』京都：臨川書店、二〇〇八。

何雲、「馬祖道一評伝」『世界宗教研究』一（一九八九）一九―二九頁。

何茲全、『五十年来漢唐仏教寺院経済研究』北京：北京師範大学出版社、一九八六。

賈晋華、『皎然年譜』厦門：厦門大学出版社、一九九二。

――、「平常心是道与中隠」『漢学研究』一六―二（一九九八）三一七―三四九頁。

――、『唐代集会総集与詩人群研究』北京：北京大学出版社、二〇〇一。

――、「伝世寒山詩集中禅詩作者考弁」『中国文哲研究集刊』二二（二〇〇三）二九三―三三八頁。

――、「伝世宝誌禅偈考弁」『中国禅学』三（二〇〇四）一二一―一三二頁。

――、「洪州系的分化与石頭系的興起――解構禅宗伝統両系五宗世系図」『中華文史論叢』七八（二〇〇四）五四―九七頁。

――、「伝世洪州禅文献考辨」『文献』二（二〇一〇）一四七―一八二頁。

――、『古典禅研究――中唐至五代禅宗発展新探』香港：牛津大学出版社、二〇一〇。

賈晋華・傅璇琮、『唐五代文学編年史――五代巻』瀋陽：遼海出版社、一九九八。

鏡島元隆、「百丈清規成立とその意義」『禅研究所紀要』六―七（一九七六）一一七―一三四頁。

郭朋、『中国仏教思想史』福州：福建人民出版社、一九九四。

葛兆光、『増訂本中国禅思想史――従六世紀到十世紀』上海：上海古籍出版社、二〇〇八。

鎌田茂雄、「中唐の仏教の変動と国家権力」『東洋文化研究所紀要』二五（一九六一）二〇一―二四五頁。

――、『中国華厳思想史の研究』東京：東京大学東洋文化研究所、一九六五。

――、『中国仏教思想史研究』東京：春秋社、一九六九。

――、『宗密教学の思想史的研究』東京：東京大学出版会、一九七五。

――、『朝鮮仏教史』東京：東京大学出版会、一九八七。

韓基斗、「順之に於ける一円相思想」『印度学仏教学研究』三〇―二（一九八二）一八四―一八八頁。

――、『韓国仏教思想研究』ソウル：一志社、一九八〇。

季羨林（一九一一―二〇〇九）、『禅与文化』北京：中国言実出版社、二〇〇六。

魏道儒、『中国華厳宗通史』南京：江蘇古籍出版社、一九九八。

衣川賢次、「日本金沢文庫蔵抄本「香厳頌」七十六首覆校」『中華文史論叢』八四―四（二〇〇六）二一九―二三六頁。

邱環、『馬祖道一禅法思想研究』成都：巴蜀書社、二〇〇七。

姜伯勤、『唐五代敦煌寺戸制度』北京：中華書局、一九八七。

龔雋、『大乗起信論与仏学中国化』（修訂版）台北：仏光出版社、二〇〇一。

――、『禅史鉤沈――以問題為中心的思想史論述』北京：生活・読書・新知三聯書店、二〇〇六。

京都大学人文科学研究所編、『創立廿五周年記念論文集』京都：京都大学人文科学研究所、一九五四。

屈大成、『大乗「大般若涅槃経」研究』台北：文津出版社、一九九四。

――、『中国仏教思想中的頓漸観念』台北：文津出版社、二〇〇〇。

久野芳隆、「流動性に富む唐代の禅宗典籍――敦煌出土本における南禅北宗の代表的作品」『宗教研究』一四―一（一九三七）一一七―一四四頁。

邢東風、「馬祖四川行跡考――関於馬祖早期経歴若干問題的検討」『馬祖語録』二四四―二七六頁。

――、「馬祖道一江西行跡調査記」『馬祖語録』二七七―三〇八頁。

――編、『馬祖語録』鄭州：中州古籍出版社、二〇〇八。

厳耕望（一九一六―一九九六）、『魏晋南北朝仏教地理稿』台北：中央研究院歴史語言研究所、二〇〇五。

胡順萍、『永明延寿〝一心〟思想之内涵要義与理論建構』台北：万巻楼図書公司、二〇〇四。

胡適、『白話文学史』台北：啓明書局、一九五七。

――、『胡適文存』台北：遠東図書公司、一九七九。
――、『胡適集』黄夏年編、北京：中国社会科学出版社、一九九五。
顧偉康、『禅宗――文化交融与歴史選択』上海：知識出版社、一九九〇。
呉経熊（一八九九―一九八六）、『禅学的黄金時代』台北：中華大典編印会、一九六七。
呉言生、『禅宗哲学象徴』北京：中華書局、二〇〇一。
――、『禅宗思想淵源』北京：中華書局、二〇〇一。
――、『禅宗詩歌境界』北京：中華書局、二〇〇一。
呉汝鈞、『仏教大辞典』北京：商務印書館、一九九二。
――、『遊戯三昧――禅的実践与終極関懐』台北：学生書局、一九九三。
呉立民主編、『禅宗宗派源流』北京：中国社会科学出版社、一九九八。
孔維勤、『永明延寿宗教論』台北：新文豊出版公司、一九八三。
江燦騰、『中国近代仏教思想的諍弁与発展』台北：南天書局、一九九八。
――、『新視野下的台湾近現代仏教史』北京：中国社会科学出版社、二〇〇六。
洪修平、『禅宗思想的形成与発展』高雄：仏光出版社、一九九一。
黄西元、『一代巨匠、両宗祖師――永明延寿大師及其影響研究』北京：宗教文化出版社、二〇〇九。
黄敏枝、『唐代寺院経済的研究』台北：台湾大学文学院、一九七〇。
恒清、『仏性思想』台北：東大図書公司、一九九七。
光泉主編、『呉越仏教』（巻三―五）北京：宗教文化出版社、二〇〇八。

杭州仏学院編、『永明延寿大師研究』北京：宗教文化出版社、二〇〇五。

――、『呉越仏教』（巻一―二）北京：宗教文化出版社、二〇〇六。

近藤良一、「百丈清規の成立とその原形」『北海道駒沢大学研究紀要』三（一九六八）一七―四八頁。

――、「唐代禅宗の経済基盤」『日本仏教学会年報』三七（一九七二）一三七―一五一頁。

――、「百丈清規成立の要因」『印度学仏教学研究』二一（一九八七）二三一―二四六頁。

佐藤達玄、『中国仏教における戒律の研究』東京：木耳社、一九八六。

史存直、『漢語音韻学論文集』上海：華東師範大学出版社、一九九七。

椎名宏雄、「初唐禅者の律院居住について」『印度学仏教学研究』一七―二（一九六九）三二五―三二七頁。

――、「祖堂集の編成」『宗学研究』二一（一九七九）。

――、「宝林伝逸文の研究」『駒沢大学仏教学部論集』一一（一九八〇）二三四―二五七頁。

――、「宝林伝巻九巻十の逸文」『宗学研究』二二（一九八〇）一九一―一九八頁。

――、「『雲門広録』とその抄録本の系統」『宗学研究』二四（一九八二）一八九―一九六頁。

――、『宋元版禅籍の研究』東京：大東出版社、一九九三。

――、「馬祖四家録の諸本」『禅文化研究所紀要』二四（一九九八）、一六一―一八一頁。

――、『洞山――臨済と並ぶ唐末の禅匠』京都：臨川書店、二〇一〇。

篠原寿雄・田中良昭編、『敦煌仏典と禅』東京：大東出版社、一九八〇。

謝重光、『漢唐仏教社会史論』台北：国際文化公司、一九九〇。

――、「晋唐寺院的園圃種植業」『中国社会経済史研究』三(一九九〇)一―七頁。

――、『中古仏教僧官制度和社会生活』北京：商務印書館、二〇〇九。
謝重光・白文固、『中国僧官制度史』西寧：青海人民出版社、一九九〇。
若凡、「寒山子詩韻――附拾得詩韻」『語言学論叢』五（一九六三）一二六―一二七頁。
朱玉竜、『五代十国方鎮年表』北京：中華書局、一九九七。
周勛初、『周勛初文集』七冊、南京：江蘇古籍出版社、二〇〇〇。
周叔迦（一八九九―一九七〇）、『周叔迦仏学論著全集』七冊、北京：中華書局、二〇〇六。
周祖譔主編、『中国文学家大辞典――唐五代巻』北京：中華書局、一九九二。
周裕鍇、『禅宗語言』杭州：浙江人民出版社、一九九九。
徐文明、「胡適〝白居易時代的禅宗世系〟指謬」『原学』六（一九九五）三六九―三七七頁。
――、「薬山惟儼的宗系和禅風」『世紀之交的探索』（北京：北京師範大学出版社、二〇〇〇）一五一―一六六頁。
――、「曹洞宗帰宗青原一系的原因初析」『普門学報』二（二〇〇一）一二六―一三六頁。
蕭馳、『仏法与詩境』北京：中華書局、二〇〇五。
邵栄芬、『邵栄芬音韻学論集』北京：首都師範大学出版社、一九九七。
聶清、「証道歌作者考」『宗教学研究』一（一九九九）一三一―一三七頁。
沈曽植（一八五〇―一九二二）著・銭仲聯（一九〇八―二〇〇三）輯、『海日楼札叢――外一種』北京：中華書局、一九六二。
岑仲勉（一八八五―一九六一）、『岑仲勉史学論文集』北京：中華書局、一九九〇。
任継愈、『漢唐中国仏教思想論集』北京：生活・読書・新知三聯書店、一九六三。

――主編、『中国仏教史』三冊、北京：中国社会科学出版社、一九八一―一九八八。

――主編、『中国哲学発展史――隋唐』北京：人民出版社、一九九四。

鈴木大拙、『鈴木大拙全集』三二冊、東京：岩波書店、一九六八―一九七一。

鈴木哲雄、『唐五代の禅宗――湖南江西篇』東京：大東出版社、一九八四。

――、「雲門文偃と南漢」『印度学仏教学研究』三三―一（一九八四）九〇―九五頁。

――、『唐五代禅宗史』東京：山喜房仏書林、一九八五。

――、「百丈広録にみられる思想」『印度学仏教学研究』四六―二（一九八八）五八三―五八八頁。

――、『中国禅宗史論考』東京：山喜房仏書林、一九九九。

――、『雪峰――祖師禅を実践した教育者』京都：臨川書店、二〇〇九。

清潭、『寒山詩新釈』日本：鶏声堂、一九〇七。

石峻等編、『中国仏教思想資料選編』四巻、北京：中華書局、一九八一―一九八三。

関口真大、『禅宗思想史』東京：山喜房仏書林、一九六四。

銭鍾書（一九一〇―一九九八）、『談芸録』北京：中華書局、一九八四。

――、『管錐編』五冊、北京：中華書局、一九七九。

冉雲華、『宗密』台北：東大図書公司、一九八八。

――、『中国禅学研究論集』台北：東初出版社、一九九〇。

――、「唐故招聖寺大徳慧堅禅師碑考」『従印度仏教到中国仏教』一四五―一七四頁。

――、『従印度仏教到中国仏教』台北：東大出版公司、一九九五。

――、「黒水城残巻〝承襲図〟研究」柳存仁編『慶祝潘石禅先生九秩華誕敦煌学特刊』（台北：文津出版社、一九九六）七五―八七頁。

――、「禅宗第七祖之争的文献研究」『中国文化研究所学報』六（一九九七）四一七―四三七頁。

――、『永明延寿』台北：東大図書公司、一九九九。

蘇樹華、『洪州禅』北京：宗教文化出版社、二〇〇五。

宋道発、「従宗密的禅教一致論到延寿的禅教融合論」杭州仏学院編『永明延寿大師研究』二九六―三〇七頁。

孫昌武、『唐代文学与仏教』西安：陝西人民出版社、一九八五。

――、『中国文学中的維摩与観音』北京：高等教育出版社、一九九六。

――、『中国仏教文化史』五冊、北京：中華書局、二〇一〇。

高崎直道、『如来蔵思想の形成――インド大乗仏教思想研究』東京：春秋社、一九七四。

――、『如来蔵思想』東京：春秋社、一九八八。

田中良昭、「初期禅宗と戒律」『宗学研究』一一（一九六九）三一―三六頁。

――、「彦和尚集とされる敦煌本大潙警策について」『印度学仏教学研究』二二―二（一九七四）六三〇―六三五頁。

――、『敦煌禅宗文献の研究』東京：大東出版社、一九八三。

――、『慧能――禅宗六祖像の形成と変容』京都：臨川書店、二〇〇七。

田中良昭博士古稀紀念論集刊行会、『禅学研究の諸相――田中良昭博士古稀紀念論集』東京：大東出版社、二〇〇三。

段玉明、『中国寺廟文化』上海：上海人民出版社、一九九四。

中国仏教協会編、『中国仏教』四冊、北京：知識出版社、一九八九。

張伯偉、『禅与詩学』杭州：浙江人民出版社、一九九二。

張采民編、『郁賢皓先生八十華誕紀念文集』北京：中華書局、二〇一一。

張弓、『漢唐仏寺文化史』二冊、北京：中国社会科学出版社、一九九七。

趙昌平、『趙昌平自選集』桂林：広西師範大学出版社、一九九七。

陳寅恪、『金明館叢稿二編』北京：生活・読書・新知三聯書店、二〇〇一。

陳允吉、『唐音仏教弁思録』上海：上海古籍出版社、一九八八。

――、『古典文学仏教溯源十論』上海：復旦大学出版社、二〇〇二。

――、『仏教与中国文学論稿』上海：上海古籍出版社、二〇一〇。

陳引馳、『隋唐仏学与中国文学』二冊、南昌：百花洲文芸出版社、二〇一〇。

陳慧剣、『寒山子研究』台北：東大図書公司、一九九一。

陳垣（一八八〇―一九七一）、『清初僧諍記』北京：中華書局、一九六二。

訳者付記：野口善敬訳『訳註清初僧諍記――中国仏教の苦悩と士大夫たち』福岡：中国書店、一九八九。

――、『釈氏疑年録』一九二三、揚州：江蘇広陵古籍刻印社、一九九一再版。

――、『中国仏教史籍概論』一九五五、上海：上海書店、一九九九再版。

訳者付記：西脇常記・村田みお訳『中国仏教史籍概論』東京：知泉書館、二〇一四。

塚本善隆編、『肇論研究』京都：法蔵館、一九五五。

土屋太祐、『北宋禅宗思想及其淵源』成都：巴蜀書社、二〇〇八。

鄭茂煥、「宝林伝における正法眼蔵の意味」『宗学研究』一三二（一九八九）二四六―二五一頁。

杜寒風、『晩唐臨済宗思想述評』台北：仏光出版社、二〇〇七。

杜継文・魏道儒、『中国禅宗通史』南京：江蘇古籍出版社、一九九三。

杜正民、「当代如来蔵学的開展与問題」『仏学研究中心学報』三（一九九八）二四三―二八〇頁。

湯用彤（一八九三―一九六四）、『漢魏両晋南北朝仏教史』二冊、一九二八、上海：上海書店、一九九一再版。

――、「論中国仏教無十宗」『哲学研究』三（一九六二）四七―五四頁。

――、「中国仏教宗派問題補論」『北京大学学報』五（一九六三）一―一八頁。

――、『隋唐仏教史稿』北京：中華書局、一九八二。

湯一介、『儒道釈与内在超越問題』南昌：江西人民出版社、一九九一。

董群、「延寿対宗密禅教融合論思想的継承和発展」杭州仏学院編『永明延寿大師研究』六七―七二頁。

鄧克銘、『法眼文益禅師之研究』台北：東初出版社、一九八七。

栂尾祥雲（一八八一―一九五三）、『曼荼羅の研究』高野町：高野山大学出版部、一九二七。

常盤大定（一八七〇―一九四五）、『宝林伝の研究』東京：東方文化学院東京研究所、一九三四。

――、『支那仏教史蹟踏査記』東京：竜吟社、一九三八。

礪波護、『隋唐の仏教と国家』東京：中央公論社、一九九九。

永井政之、「雲門の語録の成立に関する一考察」『宗学研究』一三（一九七一）一一一―一一六頁。

――、『雲門――立て前と本音のはざまに生きる』京都：臨川書店、二〇〇八。

中川孝、「寒山詩雑感」『集刊東洋学』一一（一九六四）六七―七九頁。

中村元、『仏教語大辞典』東京：東京書籍、二〇〇〇。

西口芳男、「馬祖の伝記」『禅学研究』六三（一九八四）一一一―一四六頁。

西谷啓治、『寒山詩』東京：筑摩書房、一九七四。

忽滑谷快天、『禅学思想史』一九二三、東京：名著刊行会、一九六九。

馬重奇、『杜甫古詩韻読』北京：中国展望出版社、一九八五。

潘桂明、『中国禅宗思想歴程』北京：今日中国出版社、一九九二。

――、『中国仏教思想史稿』六冊、南京：江蘇人民出版社、二〇〇九。

平井俊栄、『中国般若思想史研究――吉蔵と三論学派』東京：春秋社、一九七六。

平川彰・梶山雄一・高崎直道編、『如来蔵思想』東京：春秋社、一九八二。

傅偉勲、『従西方哲学到禅仏教』北京：生活・読書・新知三聯書店、一九八九。

傅璇琮、『当代名家学術思想文庫　傅璇琮巻』瀋陽：万巻出版公司、二〇一〇。

――主編、『唐才子伝校箋』五冊、北京：中華書局、一九八七―一九九五。

傅璇琮・張忱石・許逸民編、『唐五代人物伝記資料綜合索引』北京：中華書局、一九八二。

方広錩、「関於『禅蔵』与敦煌禅籍的若干問題」『蔵外仏教文献』第一輯（北京：宗教文化出版社、一九九五）三九二―四二五頁。

――、『中国写本大蔵経研究』上海：上海古籍出版社、二〇〇六。

方立天、『中国仏教哲学要義』二冊、北京：中国人民大学出版社、二〇〇二。

――、『隋唐仏教』『方立天文集』第二巻、北京：中国人民大学出版社、二〇〇六。

――、『禅宗概要』北京：中華書局、二〇一一。

鮑明偉、『唐代詩文韻部研究』南京：江蘇古籍出版社、一九九〇。

牟宗三、『仏性与般若』二冊、台北：学生書局、一九九七。

牧田諦亮、「宝誌和尚伝攷――中国における仏教霊験受容の一形態」『東方学報』二六（一九五六）六四―八九頁。

――、『五代宗教史研究』京都：平楽寺書店、一九七一。

松本史朗、『禅思想の批判的研究』東京：大蔵出版、一九九四。

真野正順、『仏教に於ける宗観念の成立』東京：理想社、一九六四。

水野弘元、「伝法偈の成立について」『宗学研究』二（一九六〇）二三―三七頁。

道端良秀、『唐代仏教史の研究』東京：書苑、一九八五。

村上俊、『唐代禅思想研究』京都：花園大学国際禅学研究所、一九九六。

明復、『中国僧官制度研究』台北：明文書局、一九八一。

諸戸立雄、『中国仏教制度史の研究』東京：平河出版社、一九九〇。

柳田聖山（一九二二―二〇〇六）、『初期禅宗史書の研究』京都：法蔵館、一九六七、『柳田聖山集』巻六。

――、「馬祖禅の諸問題」『印度学仏教学研究』一七―一（一九六八）三三―四一頁。

――、『無の探求――中国禅』東京：角川書店、一九六九。

――、「禅宗語録の形成」『印度学仏教学研究』一八―一（一九六九）三九―四七頁。

――、『初期の禅史Ⅰ――楞伽師資記・伝法宝記』東京：筑摩書房、一九七一―一九七六。

――、「新続灯史の系譜――叙の一」『禅学研究』六九（一九七八）一―三九頁。

――、「語録の歴史――禅文献の成立史的研究」『東方学報』五七（一九八五）二一一―六六三頁、『禅文献の研究』

『柳田聖山集』巻二。

———、『柳田聖山集』巻一—三、六、京都：法蔵館、一九九九—二〇〇六。

———、『唐代の禅宗』東京：大東出版社、二〇〇四。

柳田聖山・常盤義伸、『絶観論——英文訳注・原文校定・国訳』京都：禅文化研究所、一九七六。

山崎宏、『隋唐仏教史の研究』京都：法蔵館、一九八〇。

余嘉錫（一八八三—一九五五）、『四庫提要弁証』北京：中華書局、一九八〇。

余英時、『歴史与思想』台北：聯経出版公司、一九七六。

———、『中国思想伝統的現代闡釈』南京：江蘇人民出版社、一九九五。

姚衛群、『仏教般若思想発展源流』北京：北京大学出版社、一九九六。

楊恵南、『仏教思想新論』台北：東大図書公司、一九八六。

楊曽文、『唐五代禅宗史』北京：中国社会科学出版社、一九九九。

———、「唐同徳寺無名和尚塔銘並序的発現及其学術価値」『仏学研究』（二〇〇〇）二〇八—二一三頁。

———、『宋元禅宗史』北京：中国社会科学出版社、二〇〇六。

楊曽文・蔣明忠・郭輝図編、『馬祖道一与中国禅宗文化——二〇〇五年度四川什邡馬祖文化節紀念論文集』北京：中国社会科学出版社、二〇〇六。

楊曽文・園慈編、『雪峰義存与中国文化』北京：中国社会科学出版社、二〇一〇。

吉津宜英、『華厳禅の思想史的研究』東京：大東出版社、一九八五。

羅時進、「八十年来中国寒山詩集的整理和研究」『中国文学報』六〇（二〇〇〇）一二八—一二九頁。

――、「有関寒山生平若干問題探考」『中国文化論叢』九（二〇〇〇）一〇二―一一七頁。
羅常培、『唐五代西北方音』上海：中央研究院歴史語言研究所、一九三三。
頼永海、『中国仏性論』上海：上海人民出版社、一九八八。
頼賢宗、『如来蔵説与唯識思想的交渉』台北：新文豊出版公司、二〇〇六。
――、『仏教詮釈学』北京：北京大学出版社、二〇〇九。
李誼、『禅家寒山詩注』台北：正中書局、一九九二。
李壮鷹、「談談禅宗語録」『北京師範大学学報』一（一九九八）六五―七一頁。
李沢厚、『新版中国古代思想史論』天津：天津社会科学院出版社、二〇〇八。
李芳民、『唐五代仏寺輯考』北京：商務印書館、二〇〇六。
劉果宗、『禅宗思想史概説』台北：文津出版社、二〇〇一。
劉沢亮、『黄檗禅哲学思想研究』武漢：湖北人民出版社、一九九九。
呂澂（一八九六―一九八九）、『中国仏学源流略講』北京：中華書局、一九七九。
――、『呂澂仏学論著選集』五冊、済南：斉魯出版社、一九九一。
呂建福、『中国密教史』北京：中国社会科学出版社、二〇一一。
廖明活、『中国仏性思想的形成和開展』台北：文津出版社、二〇〇八。
林鎮国、『空性与現代性――従京都学派・新儒家到多音的仏教詮釈学』台北：立緒文化事業公司、一九九九。
――、『弁証的行旅』台北：立緒出版社、二〇〇二。
盧国竜、『中国重玄学：理想与現実的殊途与同帰』北京：人民中国出版社、一九九三。

楼宇烈、『中国仏教与人文精神』北京：宗教文化出版社、二〇〇三。

監訳者あとがき

賈晋華先生のお名前を初めて意識したのは、二〇〇四年の『中華文史論叢』に掲載された「洪州系的分化与石頭系的興起——解構禅宗伝統両系五宗世系図」であった。『仏祖歴代通載』に記された「其略云」の三字を見逃すことなく『全唐文』所収の「天王道悟禅師碑」が依拠するに足りないことを指摘する（本書第三章参照）、その論証の手堅さと鮮やかさに受けた感銘は今も強く胸に刻まれている。その後、周祖譔主編『中国文学家大辞典——唐五代巻』（一九九二年）を利用するうちに項目執筆者としてお名前をお見かけすることが多く、同じく多数の項目を執筆された陳尚君氏とともに中国における唐五代研究をになう重要な学者のひとりであることが了解されて来た。今回、村田みおさんと一緒に本書の翻訳に従事できたのは、禅思想研究者として、また唐五代思想史の研究者としてこの上なく名誉なことと受け止めている。

賈先生は一九五三年生まれ、厦門《あもい》大学で長く中国古典文学を講じた周祖譔門下で修士課程を修め、しばらく母校で教鞭を執ったのち渡米、一九九九年にコロラド大学より比較文学の博士学位を授与されたが、この経歴が先生の学風をつよく決定づけているようにおもう。賈先生の厦門大学時代の仕事に前述の『中国文学家大辞典』への執筆があるが、人物や寺院などに関するデータを網羅的に収集し読者に惜しみなく開示する先生の作風は、この事業を通じて培われたものと思われる。また本書巻末の参考文献一覧を見た読者は、中英日三言語にわたる膨大な先行研究が列挙されていることに一驚されるであろうが、これは米国で学位を取得し、帰国後もかの地との交流を保ち英文著作を発表し続けている賈先生にしてはじめて可能なことである。

そもそも本書の題名に掲げられる「古典禅」が、英語圏の学界でいう classical Chan Buddhism の中国語訳であり、訳者らもあえてそのまま日本語に移入した概念である。賈先生が念頭に置くのは、前世紀末のアメリカにおいて一部の学者が主張した、唐代禅の語録はすべて宋代の禅僧が創作したものであるという説である。これに対し、宋代以降編纂の資料から唐代の記録として信頼に足る部分を弁別し、「古典禅」を考察可能な唐代の歴史的事実としてよみがえらせるのが本書の目的であろう。特にいくつかの文献について大胆に作者を比定した章や、第五章の語録に対する論断などは議論を呼ぶところでもあろうが、ある趨勢に対する反論として誰かがやらねばならなかったことを賈先生はあえて成し遂げられたのだと、筆者は理解する。そしてそれが可能であったのは、性格の異なるさまざまな資料を穏当に取り扱う古典学の根底あってのことだろう。宋代に成書した資料だからその内容が宋代の創作であると言われれば、中国における書物というものの編まれ方を知る者なら誰しも極論であると感ずるであろうし、と言って一文字残らず忠実な記録が伝承されるわけではないのも予想がつくことである。しかし賈先生はそれを常識として曖昧に処理せず、このあとがき冒頭に紹介したような綿密な読書によって、利用可能な資料とそうでない資料を弁別しようとされたのである。

原著者についてもう一つ付言しておきたいのは、研究者の世代ということについてである。賈先生は文化大革命のさなかに中学・高校時代を過ごし、卒業後は三年の労働体験を経て、文革終結直後の一九七七年に大学に入学された。こうして中国古典学のために絶学を継ぎ未来を開く道程にあって逢着したであろう困難や内面の悲喜は、筆者には到底うかがい知ることが出来ない。先に名を挙げた陳尚君氏は一九五二年の生まれ、わずか一歳の違いとはいえ恐らくは賈先生ともまた異なった体験を持っていることだろう。かつて賈先生とお会いした折、この世代の先生方には一人ひとり自伝を書いていただきたいと思うことがありますと申し上げたことがある。後になって何と不躾なことをと反省もしたが、しかし率直な願望としては今も同じ思いを抱いていることを、ここに告白したい。

いったい専門書の翻訳というものにどんな意味があるのか、幸い禅思想に寄せられる人々の関心の幅はひろく、本書に限っては日ごろ中国語を読まない人々に紹介する意義は疑いなくあると言えるし、これから斯学に志す学生・院生も、監訳者が作業を進めながら脳裏に浮かべていた読者である。日本語に翻訳された海外の中国禅研究書にはすでに、印順著・伊吹敦訳『中国禅宗史――禅思想の誕生』、ジョン・マクレー著・小川隆訳『虚構ゆえの真実――新中国禅宗史』がある。印順著は台湾仏教を代表する学僧の手になる魅力的な中国禅成立史であり、マクレー著は米国出身研究者による挑戦的な著作であって、本書においても両書はしばしば参考されている。ここに大陸中国出身の中国古典学者による成果としての本書が加わり、一人でも多くの読者に迎えられるのを念願する次第である。そして、成果を受け取った以上は何らかの形で応答することが日本の学界の、少なくとも訳者らの責務であるとも感じている。

本訳書が成るにあたっては実に多くの方々のお陰を蒙っている。まず内輪褒めから始まって恐縮だが、村田みおさんの神速とも言える訳稿作成と細かな表記の統一にまで気を配った丁寧な仕事がなければ、本訳書は永遠に日の目を見なかっただろう。また、監訳者による校閲の大半は二〇一四年秋より二〇一五年九月にかけてのサバティカル期間中になされた。この点、研究休暇を認めていただいた東北大学大学院文学研究科と、三浦秀一教授をはじめとする中国思想研究室の関係各位に御礼申し上げたい。その一年はカリフォルニア大学バークレー校に滞在したが、同校で知遇を得たロバート・シャーフ教授や図書館員の何剣葉氏らのこともなつかしく思い出される。また、本書の翻訳を許可くださり、中華社会科学基金の申請にあたっては手続きの一切を差配してくださった上海人民出版社に御礼申し上げる。そして、出版を引き受けていただいた汲古書院の三井久人社長と、何かと手際の悪い筆者らに辛抱強く付き合ってくださった編集部の小林詔子氏に甚深の謝意を捧げあとがきを結びたい。

二〇一七年九月三十日

齋藤智寛

【著訳者紹介】

原著者：賈晋華（JIA Jinhua　か　しんか）
1953年生まれ、コロラド大学ボルダー校比較文学科修了、PhD（比較文学）。
現在、香港理工大学中国文化系教授。専攻は中国伝統思想・宗教、中国古典文学。
主要業績として、著書に『古典禅研究——中唐至五代禅宗発展新探』（牛津大学出版社、2010年；上海人民出版社、2013年修訂版）、*The Hongzhou School of Chan Buddhism in Eighth—through Tenth-Century China*（State University of New York Press, 2006）、『唐代集会総集与詩人群研究』（北京大学出版社、2001年；2015年第2版）、『皎然年譜』（厦門大学出版社、1992年）、主編に『仏教与中国伝統』（上海人民出版社、2017年）、『香港所蔵古籍書目』（上海古籍出版社、2003年）、共編・共著に『李沢厚与儒学哲学』（上海人民出版社、2017年）、*Gendering Chinese Religion: Subject, Identity, and Body*（State University of New York Press, 2014）、『唐五代文学編年史——五代巻』（遼海出版社、1998年；2013年第2版）などがある。

監訳者：齋藤智寛（さいとう　ともひろ）
1974年生まれ、東北大学文学研究科博士後期課程修了、博士（文学）。
現在、東北大学大学院文学研究科准教授。専攻は中国中世思想、禅思想史。
主要業績として、編著に大野晃嗣ほか共編『東北大学附属図書館所蔵中国金石文拓本集——附関連資料』（非売品、今野印刷、2013）、共訳に浄慧著・何燕生ほか共訳『中国仏教と生活禅』（山喜房仏書林、2017）、論文に「『首楞厳経』と臨済禅」（『『臨済録』研究の現在——臨済禅師1150年遠忌記念国際学会論文集』禅文化研究所、2017）、「『大辯邪正経』と『六祖壇経』」（『古典解釈の東アジア的展開——宗教文献を中心として』京都大学人文科学研究所、2017）などがある。

訳者：村田みお（むらた　みお）
1980年生まれ、京都大学文学研究科博士後期課程修了、博士（文学）。
現在、近畿大学国際学部講師。専攻は中国宗教思想。
主要業績として、共訳に陳垣著、西脇常記・村田みお訳『中国仏教史籍概論』（知泉書館、2014年）、共著に藤井淳編『最澄・空海将来『三教不斉論』の研究』（国書刊行会、2016年）、論文に「六朝隋唐期の仏典書写をめぐる思想的考察」（『中国学の新局面』日本中国学会第一回若手シンポジウム論文集、2012年）、「血字経の淵源と意義」（『中国思想史研究』34号、2013年）、「金字経の思想的系譜——中国六朝期から日本平安期まで」（『東方学報』京都88冊、2013年）などがある。

索　　引

1、「書名索引」には、書名、詩文作品名のほか、『景徳伝灯録』巻二十八「諸方広語」所収の語録のように本書において独立作品に準ずるものとして扱われている資料名も採録した。また、佚書については書名か否か議論の分かれるものも含まれるが、本書が書名とみなしていれば採録した。
2、「碑文・文書索引」には、碑銘、塔銘の題名、金石書の書名、敦煌文書およびカラホト文書所伝の作品名および各種文書の整理番号を採録した。
3、『祖堂集』『宋高僧伝』『景徳伝灯録』のように全編にわたって頻出する書名はあえて採録していない。
4、本索引は本訳書において新たに付したもので、文責は訳者にある。なお、最終校正にあたっては川端柾輝氏（東北大学大学院）の協力を得た。

書名索引

カ行

タ行

マ行

ヤ行

ラ行

碑文・文書索引

タ行

ナ行

ハ行

ヤ行

ラ行

Study on Classical Chan Buddhism:

A New Examination of the Development of Chan Buddhism during the Mid-Tang to Five Dynasties Period

by JIA Jinhua

translated by SAITO Tomohiro and MURATA Mio

2017

KYUKO-SHOIN
TOKYO

本書の刊行にあたっては、2017年国家社科基金中華学術外訳項目の助成を得た。

中华社会科学基金（Chinese Fund for the Humanities and Social Sciences）资助。

古典禅研究：中唐至五代禅宗发展新探／贾晋华著，—修订本．—上海：上海人民出版社，2013（当代中国哲学丛书）
ISBN978-7-208-11439-5

古典禅研究
——中唐より五代に至る禅宗の発展についての新研究——

二〇一七年十一月三十日　発行

原著者　賈　晋　華
監訳者　齋藤智寛
訳者　村田みお
発行者　三井久人
整版印刷　三松堂株式会社

発行所　汲古書院
〒102―0072　東京都千代田区飯田橋二―五―四
電話　〇三（三二六五）九七六四
FAX　〇三（三二二二）一八四五

ISBN978-4-7629-6604-0 C3015